AdI
Annali d'Italianistica
Arizona Center for Medieval and Renaissance Studies
Arizona State University
Lattie F. Coor Hall #4438
PO Box 874402
Tempe, AZ 85287-4402

http://www.ibiblio.org/annali   e-mail: dino.cervigni@asu.edu

Annali d'italianistica, Inc., was founded at the University of Notre Dame in 1983; in 1989 it moved to the Department of Romance Studies at the University of North Carolina at Chapel Hill.
It is currently housed at the Center for Medieval and Renaissance Studies Arizona State University.

FOUNDER & EDITOR IN CHIEF
Dino S. Cervigni
The University of North Carolina at Chapel Hill, Professor Emeritus
ASSOCIATE EDITOR
Anne Tordi, PhD, *The University of North Carolina at Chapel Hill*
CO-EDITORS
Norma Bouchard, *San Diego State University*
Alessandro Carrera, *University of Houston*
Jo Ann Cavallo, *Columbia University*
Carmine Di Biase, *Jacksonville University*
Valerio Ferme, *University of Colorado at Boulder*
Chiara Ferrari, *The City University of New York, College of Staten Island*
Massimo Lollini, *Oregon University*
Dennis Looney, *The University of Pittsburgh*
Carlo Lottieri, *Università degli Studi di Siena*
Federico Luisetti, *The University of North Carolina at Chapel Hill*
Gaetana Marrone, *Princeton University*
Cristina Mazzoni, *The University of Vermont*
Olimpia Pelosi, *SUNY, Albany*
Luca Somigli, *The University of Toronto*
John Welle, *The University of Notre Dame*

© 2017 by Annali d'Italianistica, Inc.
ISSN 0741-7527

ADVISORY BOARD

Andrea Battistini, *Università degli Studi di Bologna*
Francesco Bruni, *Università di Venezia*
Giuseppe A. Camerino, *Università del Salento*
Paolo Cherchi, *University of Chicago*
Louise George Clubb, *University of California, Berkeley*
Vincenzo De Caprio, *Università della Tuscia, Viterbo*
Giulio Ferroni, *Università della Sapienza, Roma*
Valeria Finucci, *Duke University*
John Gatt-Rutter, *La Trobe University (Melbourne)*
Walter Geerts, *Universiteit Antwerpen*
Antonio Lucio Giannone, *Università del Salento*
Willi Hirdt, *Universität Bonn*
Christopher Kleinhenz, *University of Wisconsin, Madison*
Edoardo A. Lèbano, *Indiana University*
Alfredo Luzi, *Università di Macerata*
Albert N. Mancini, *The Ohio State University*
Ennio Rao, *The University of North Carolina, Chapel Hill*
Paolo Valesio, *Columbia University*
Rebecca West, *The University of Chicago*
Antonio Vitti, *Indiana University, Bloomington*

PETER BONDANELLA
(1943-2017):
LA MEMORIA E LA TESTIMONIANZA

In un giorno primaverile, dopo avere fortemente lottato, Peter evade dal carcere di una stancante malattia dove si trovava rinchiuso da tempo. In verità, già da quando aveva scelto di lasciare le colline dell'Indiana per le vaste pianure del West, l'evasione costituiva il memorabile tragitto della sua esistenza. Come in un film dell'amato Fellini, da allora egli anelava a costruirsi una vita di gesti liberi, traversando tutto un paesaggio impregnato d'aria pura e montana con la sua Harley-Davidson.

Ho incontrato Peter vari anni fa, a Bloomington, dove lui si era recato da giovane assistente: io all'inizio della mia avventura americana e lui ormai docente affermato. Presentavo un intervento sui personaggi femminili felliniani in occasione di un convegno da lui stesso organizzato per l'American Association for Italian Studies, di cui poi diventò presidente, 1984-87. Fare la sua conoscenza ha giocato un ruolo fondamentale per la mia successiva attività di italianista. Mi avevano colpito fin d'allora il suo entusiasmo, la sua competenza e serietà di pensiero, ma soprattutto il suo modo di argomentare con passione quando si parlava di cinema. Affabulatore carismatico, alla preparazione critica sapeva unire la capacità di coinvolgere il pubblico con tocco sapiente.

Peter Bondanella ha aperto nuove prospettive per generazioni di studenti, colleghi o semplici lettori, guidandoli nell'intimo sentire di quelle figure artistiche con cui tante volte ci ha intrattenuto, sulla pagina e a voce. I suoi scritti, alcuni curati con Julia, hanno avuto un profondo impatto su noi tutti. Includono monografie (Guicciardini, Machiavelli, Eco, Fellini, Rossellini), edizioni critiche dei classici (Dante, Boccaccio, Cellini, Vasari, Machiavelli), la *History of Italian Cinema*, con gli ultimi *Hollywood Italians* e *The Italian Cinema Book*. Ma Peter non era solo un prolifico e appassionato studioso; era anche dotato di una rara generosità. Concepiva la professione come luogo dove si può instaurare un'alchimia tra esseri umani, un luogo dove è possibile coltivare un comune sentire.

Quando annunciò il suo ritiro dalla scena accademica e gli dissi che era una scelta del tutto prematura, rispose con una suggestiva immagine che ho amato molto: quella di un Peter spericolato che si stagliava all'orizzonte con la sua Harley, negli spazi immensi del West americano. Un'immagine, questa, sospesa in una successione onirica e felliniana del tempo che si dilata all'infinito. Una scommessa forse contro l'umore dei tempi. Peter vive ora intensamente la sua nuova libertà, proiettato verso il mistero più fulgido.

A Julia, che gli è stata vicino, dai gradini più bassi del quotidiano alle ultime alture, possa questa mia fugace rimembranza significare il sentire comune di tutti noi che abbiamo conosciuto, lavorato e voluto bene a Peter.

Gaetana Marrone, *Princeton University*

ANNALI D'ITALIANISTICA

**Volume 37
Year 2019**

Urban Space and the Body

Guest-editors:

SILVIA ROSS (UNIVERSITY COLLEGE CORK) AND GIULIO GIOVANNONI
(UNIVERSITÀ DEGLI STUDI DI FIRENZE)

Cities consist of much more than the built environment and the physical space they occupy: they are experienced by and through the body. As humans, we inhabit, traverse and construct our urban space, shaping the city, as it in turn shapes us. This interdisciplinary issue of *Annali d'italianistica* intends to explore the many ways in which the city is perceived by the body and how urban space influences the corporeality of those who pass through or abide within it. This volume aims to investigate the ways in which Italian cultural production and related disciplines engage with the body and urban issues in areas encompassing architecture, urban planning, literature, film studies, geography, history, linguistics, philosophy, art history, sociology, drama and theatre studies, anthropology, among others. We are particularly interested in:

the performance of place;
ruins, wounded cities and sick bodies;
in and out of place — gender and sexuality in the city;
architectures of affect and emotion;
mobility and immobility in the city;
disability and the urban sphere;
industrialization, the environment and the body;
invisible subjects and hidden spaces;
the migrant body in the urban sphere;
streetwalking and *flânerie*;
post-human approaches to urban studies;
sensing the city;
bodies, borders and abject spaces;
urban spaces of childhood;
public assemblies and urban spaces;
danger zones and bodily safety;
policing the body in the city;
cyborgs and virtual worlds;

systems of urban circulation;
public festivals, bodies, and ideologies;
urban space, bodies, and the affirmation of collective and individual identities.

Goals and outcomes:
The 2019 *Annali* issue on "Urban Space and the Body" seeks to (1) advance the debate on urban space and the body within the Italian context as well as from different disciplinary perspectives, taking into account their mutual influences; (2) explore theoretical perspectives, as well as theoretically informed case studies on the corporeal and urban space in a comparative context; and (3) enhance critical awareness about the complex and problematic (political, social, economic, cultural, etc.) effects of architecture and urban design on the body.

This volume explores a theme which was also the subject of an international conference (with keynote speakers Gillian Rose and Serenella Iovino) organized through the "Cross-disciplinary Approaches to Urban Space" network of scholars and universities (http://crossdisciplinaryurbanspace.com), held at University College Cork on 9-10 June 2017, and announced at:
http://www.ucc.ie/en/italian/conferences/urbanspaceandthebody/
Facebook: https://www.facebook.com/crossdisciplinaryurbanspace/.
This volume, however, does not consist of conference proceedings but rather a peer-reviewed journal issue dedicated to the topic described above.

Submission process:
Interested authors should **submit as soon as possible a 200-300-word abstract** of their research topic, outlining their theoretical approach and their paper's focus. **Essays, in Italian or English, are due in September through December 2018**. The volume will appear in the fall of 2019. Contributors should familiarize themselves with the editorial norms of the journal, available online, for all essays, in English or Italian.

Please send the abstract, contact details, a brief bio, and essay to both guest-editors' email addresses:

Silvia Ross **Giulio Giovannoni**
s.ross@ucc.ie giulio.giovannoni@unifi.it

Full-length essays (ranging typically from 6,000 to 9,000 words) should be submitted to both guest-editors as an attachment in Word no later than **31 December 2018**. Early submissions of essays are most welcome.

ANNALI D'ITALIANISTICA
Volume 35, 2017

VIOLENCE RESISTANCE TOLERANCE SACRIFICE IN ITALY'S LITERARY & CULTURAL HISTORY

Edited by

CHIARA FERRARI, OLIMPIA PELOSI, DINO S. CERVIGNI

---

17   **Chiara Ferrari, Olimpia Pelosi, Dino S. Cervigni**, *Violence Resistance Tolerance Sacrifice in Italy's Literary & Cultural History*

37   **Giusi Strummiello**, *Violenza dell'umano / (Non-)violenza dell'inumano*

51   **Ellie Emslie Stevens**, *Eschatological Inversions in Isaiah and Dante: From Malicious to Redemptive Violence*

71   **Marta Celati**, *Violence and Revenge in Fifteenth-century Political Literature*

89   **Olimpia Pelosi**, *"Offerire a Dio il nostro corpo come vittima mortificata": violenza mistica in Isabella Cristina Berinzaga (1551-1624), Maria Domitilla Galluzzi (1595-1671) e Chiara Isabella Fornari (1697-1744)*

119   **Linda L. Carroll**, *"Tanto che l'arò amazò": Violence in Angelo Beolco's Plays and in His Associates' Lives*

147   **Lucia Gemmani**, *Violenza ludica ed erotica per esorcizzare la guerra: i giochi nell'*Adone *di Marino*

177   **Cristina Mazzoni**, *Violence in Fairy Tales: Basile's* Lo cunto de li cunti *and Garrone's* Il racconto dei racconti

193   **Roberto Risso**, *"Vogliam noi rubare il mestiere al boia?" Storia e violenza nel romanzo storico del primo Ottocento*

219 **Maurizio Capone**, *Nievo al cospetto di Napoleone:
condanna etica e razionalizzazione storica della violenza napoleonica
nelle "Confessioni d'un italiano"*

239 **Francesco Capello**, *Rifiuto dell'io, intolleranza del vuoto
e sacrificio narcisistico in Clemente Rebora*

279 **Franco Baldasso**, *Curzio Malaparte
and the Tragic Understanding of Modern History*

305 **Andrea Sartori**, *Antonio Barolini (1910-1971):
Loss and Community Against the Ethics of Power*

325 **Luca Pocci**, *Violenza, potere e corpo politico
in Calvino: "La decapitazione dei capi"*

341 **Luciano Parisi**, *Raccontare la violenza:
le ragioni di Giacoma Limentani*

359 **Michela Meschini**, *Molestie sociali e prigioni morali:
la doppia esclusione della donna nella letteratura postcoloniale italiana*

385 **Massimiliano L. Delfino**, *A Cinematic Anti-Monument against Mafia
Violence: P. Diliberto's* La mafia uccide solo d'estate

403 **Vito Zagarrio**, *"A History of Violence":
violenza, resistenza, tolleranza, sacrificio nel cinema italiano*

421 **Danila Cannamela**, *The Pharmakeía of Blood:
Misuse, Abuse, & Reuse in the Young Cannibals' Narrative of Violence*

447 **Enrico Zucchi**, *Tolleranza, violenza, diritti.
In margine a una recente raccolta di studi sulla tolleranza*

ITALIAN BOOKSHELF

www.ibiblio.org/annali

Edited by
Dino S. Cervigni and Anne Tordi
with the collaboration of
Alessandro Grazi

(Department of Hebrew and Jewish Studies, University of Amsterdam),

Monica Jansen

(Department of Languages, Literature and Communication, Utrecht University),

Enrico Minardi

(School of International Letters and Cultures, Arizona State University)

Review Article
457 Poets of the Italian Diaspora. A Bilingual Anthology. A cura di **Luigi Bonaffini e Joseph Perricone**. Introduzioni di **Sante Matteo e Francesco Durante**. New York: Fordham UP, 2015. Pp. 1500. (**Paolo Spedicato**, *Universidade Federal do Espírito Santo, Brasil*)

GENERAL & MISCELLANEOUS STUDIES
489   Andrea Ambrogetti. *Aldo Moro e gli americani*. Roma: Edizioni Studium, 2016. Pp. 218. (**Federica Colleoni**, *Università di Bologna*)

492   Piero Bassetti. *Let's Wake Up, Italics! Manifesto for a Glocal Future*. Studies in Italian Americana 12. New York: John D. Calandra Italian American Institute, 2017. Pp. 138. (**Giusy Di Filippo**, *Independent Scholar*)

494   K. E. Bättig von Wittelsbach (a cura di). *Sul confine. Interferenze letterarie franco-italiane*. Firenze: Franco Cesati, 2015. Pp. 124. (**Monica Biasiolo**, *Universität Augsburg*)

499   Francesco Ciabattoni. *La citazione è sintomo d'amore. Cantautori italiani e memoria letteraria*. Roma: Carocci Editore, 2016. Pp. 163. (**Metello Mugnai**, *West Chester University of Pennsylvania*)

501   *Giorgio Manganelli e il viaggio*, a cura di **Sara Bonfili e Giampaolo Vincenzi**. Roma: Artemide, 2016. Pp. 125. (**Diego Stefanelli**, *Università di Pavia*)

503   Stephanie Malia Hom. *The Beautiful Country: Tourism and the Impossible State of Destination Italy.* Toronto: University of Toronto Press, 2015. Pp. 320. (**Cristiana Furlan**, *McGill University*)

506   Paolo Matteucci. *Le Alpi Marittime nella letteratura dell'Ottocento e del Novecento.* Cuneo: Nerosubianco edizioni, 2014. Pp. 128. (**K. E. von Wittelsbach**, *Cornell University*)

508   Anthony Mollica, ed. *Studies in Honour of Guido Pugliese.* Welland, ON: Soleil, 2015. Pp. 396. (**Konrad Eisenbichler**, *Victoria College, University of Toronto*)

512   Pasquale Verdicchio. *Bound by Distance: Rethinking Nationalism through the Italian Diaspora.* New York: Bordighera Press, 2016. Pp. 234. (**Cristina Mazzoni**, *University of Vermont*)

JEWISH STUDIES

515   Carlotta Ferrara degli Uberti. *Making Italian Jews. Family, Gender, Religion and the Nation.* Palgrave Macmillan. Basingstoke, UK. 2017. Pp. XXIII, 254. (**Alessandro Grazi**, Department of Hebrew and Jewish Studies, *University of Amsterdam*)

518   Clotilde Pontecorvo e Asher Salah (a cura di). *Diari risorgimentali: due ragazzi ebrei si raccontano. Libro delle cronache (1861-1862) di Giuseppe Luzzatto. Giornale ebdomadario (1863-1864) di Amalia Cantoni.* Livorno: Salomone Belforte, 2017. Pp. 234. (**Alessandro Grazi**, Department of Hebrew and Jewish Studies, *University of Amsterdam*)

FILM STUDIES

521   Ryan Calabretta-Sajder. ***Divergenze in celluloide. Colore, migrazione e identità nei film gay di Ferzan Özpetek.*** Milano: Mimesis, 2016. Pp. 246. (**Giovanna Faleschini Lerner**, *Franklin & Marshall College*)

524   Silvio Carta. *Visual Anthropology in Sardinia.* Oxford: Peter Lang 2015. Pp. 209. (**Myriam Mereu**, Independent Scholar, *Università degli studi di Cagliari*)

527   Luciana d'Arcangeli, William Hope and Silvana Serra, eds. *Un nuovo cinema politico italiano? Vol. 2. Il passato sociopolitico, il potere istituzionale,*

la marginalizzazione. Kibworth Beauchamp: Troubadour, 2014. Pp. 247. (**Alan O'Leary**, *University of Leeds*)

530   Loredana Di Martino, and Pasquale Verdicchio, eds. *Encounters with the Real in Contemporary Italian Literature and Cinema*. Newcastle upon Tyne (UK): Cambridge Scholars Publishing, 2017. Pp. 395. (**Rachel Johnson**, *University of Leeds*)

533   *L'avventura. International Journal of Italian Film and Media Landscapes* **1 (2015).** (**Andrea Privitera**, PhD Candidate, *University of Western Ontario e Università di Padova*)

MIDDLE AGES & RENAISSANCE

535   Michael J. B. Allen. *Icastes: Marsilio Ficino's Interpretation of Plato's Sophist*. Tempe, Az: Arizona Center for Medieval and Renaissance Studies, 2016. Pp. 317. (**Enrico Minardi**, *Arizona State University*)

538   Erminia Ardissino. *L'umana "commedia" di Dante*. Ravenna: Longo Editore, 2016. Pp. 161. (**Nicla Riverso**, *University of Washington*)

541   *Boccaccio 1313-2013.* Ed. **Francesco Ciabattoni, Elsa Filosa and Kristina Olson.** Ravenna: Longo Editore, 2015. Pp. 369. (**Annachiara Monaco**, *Università degli Studi di Napoli Federico II*)

544   Giuseppe Antonio Camerino. *"Con più arte la rincalzo." Percorsi compositivi nella "Commedia" di Dante*. Letteratura e Interpretazione VII. Collana diretta da Domenico Cofano. Foggia: Edizione del Rosone, 2016. Pp. XXI+213. (**Dino S. Cervigni**, Emeritus, *University of North Carolina at Chapel Hill*)

547   Erin J. Campbell. *Old Women and Art in the Early Modern Italian Domestic Interior*. Farnham Surrey: Ashgate Publishing Limited, 2015. Pp. 187. (**Elisa Marani**, *John Cabot University*)

549   Linda L. Carroll. *Commerce, Peace, and the Arts in Renaissance Venice. Ruzante and the Empire at Center Stage*. London: Routledge, 2016. Pp. xii-178. (**Maria Galli Stampino**, *University of Miami*)

552   William J. Connell. *Machiavelli nel Rinascimento italiano*. Milano: Franco Angeli, 2015. Pp. 267. (**Marianna Orsi**, *Indiana University, Bloomington*)

554 Davide Conrieri e Pasquale Guaragnella (a cura di). *Lettura della Secchia rapita.* Lecce: Argo, 2016. Pp. 256. (**Stefano Nicosia**, *Università di Parma*)

557 George Corbett and Heather Webb, eds. *Vertical Readings in Dante's 'Comedy.'* Vol. 1. Cambridge: Open Book Publishers, 2015. Pp. 290. (**Valentina Sferragatta**, *Università degli Studi di Napoli Federico II*)

560 Diodata Malvasia. *Writings on the Sisters of San Luca and Their Miraculous Madonna.* Ed. and trans. Danielle Callegari and Shannon McHugh. Toronto: Iter Academic Press, 2015. Pp. 142. (**Cristina Mazzoni**, *University of Vermont*)

562 Filippa Modesto. *Dante's Idea of Friendship. The Transformation of a Classical Concept.* Toronto: University of Toronto Press, 2015. Pp. 255. (**Enrico Bolzoni**, *Université de Poitiers*)

564 Thomas E. Peterson. *Petrarch's* Fragmenta: *The Narrative and Theological Unity of* Rerum vulgarium fragmenta. Toronto: University of Toronto Press, 2016. Pp. 329. (Federica Pich, *University of Leeds*

567 Angelo Poliziano. *Coniurationis Commentarium.* Introduzione, traduzione e commento a cura di Marta Celati. Ciceronianus. Scrittori latini per l'Europa 5. Alessandria: Edizioni dell'Orso, 2015. Pp. 111. (**Ennio Rao**, *The University of North Carolina at Chapel Hill*)

569 Roberta Ricci and Simona Wright, eds. *The Renaissance Dialogue. Special Issue of NeMLA Italian Studies.* Vol. 38. Ewing, NJ: The College of New Jersey, 2016. Pp. 245. (**Daniela D'Eugenio**, *Vanderbilt University*)

572 Sherry Roush. *Speaking Spirits: Ventriloquizing the Dead in Renaissance Italy.* Toronto: University of Toronto Press, 2015. Pp. 263. (**Suzanne Magnanini**, *University of Colorado, Boulder*)

575 Giovan Francesco Straparola. *The Pleasant Nights.* Ed. and trans. Suzanne Magnanini. The Other Voice in Early Modern Europe: The Toronto Series 40. Toronto: Iter Inc., Centre for Reformation and Renaissance Studies, 2015. Pp. 501. (**Sherry Roush**, *The Pennsylvania State University, University Park*)

SEVENTEENTH, EIGHTEENTH, & NINETEENTH CENTURIES

577   Nirit Ben-Aryeh Debby. *Crusade Propaganda in Word and Image in Early Modern Italy: Niccolò Guidalotto's* Panorama of Constantinople *(1662).* Toronto: Center for Reformation and Renaissance Studies, 2016. (**Paolo Pucci**, *University of Vermont*)

580   Vincenzo Lagioia. *"La verità delle cose." Margherita Luisa d'Orléans: donna e sovrana d'ancien régime.* Roma: Edizioni di storia e letteratura, 2015. Pp. 266. (**Alessandro Vettori**, *Rutgers University*)

583   Vernon Hyde Minor. ***Baroque Visual Rhetoric.*** **Toronto: University of Toronto Press, 2016. Pp. 272.** (Irene Zanini-Cordi, *Florida State University*)

587   Craig A. Monson. *Habitual Offenders. A True Tale of Nuns, Prostitutes, and Murderers in Seventeenth-Century Italy.* Chicago: University of Chicago Press, 2016. Pp. 333. (**Aria Zan Cabot**, *Truman University*)

590   Giuseppe Parini. *Soggetti per artisti.* A cura di **Paolo Bartesaghi e Pietro Frassica.** Pisa: Fabrizio Serra Editore, 2016. Pp. 264. (**Marino Forlino**, *Scripps College*)

592   Gianluca Rizzo and Michael Hackett, eds. with Brittany Asaro. *Five Comedies: Carlo Goldoni.* Toronto: University of Toronto Press, 2016. Pp. 374. (**Carla Cornette,** PhD candidate, *University of Wisconsin-Madison*)

TWENTIETH & TWENTY-FIRST CENTURIES: LITERATURE, THEORY, CULTURE

595   Quinto Antonelli. *Intimate History of the Great War: Letters, Diaries, and Memoirs from Soldiers on the Front.* Trans. Siân Elaine Gibby. New York: Bordighera Press, 2016. Pp. 322. (**Mattia Roveri**, *New York University*)

598   Matteo Brera. *Novecento all'indice. Gabriele D'Annunzio, i libri proibiti e i rapporti Stato-Chiesa all'ombra del Concordato.* Roma: Edizioni di Storia e Letteratura, 2016. Pp. XVI+359. (**Mara Nerbano**, *Accademia di Belle Arti di Firenze*)

600   Ottorino Cappelli. *Italians in Politics in America. Conversations with Italian-American Legislators of the State of New York.* Maria Federici Series in Politics and Government 1. New York: John D. Calandra Italian American Institute, 2015. Pp. 326. (**Giuseppe Sorrentino**, *Wagner College*)

602   Cesarina Casanova. *Per forza o per amore. Storia della violenza familiare nell'età moderna.* Roma: Salerno, 2016. Pp. 160. E-book. (**Anna Maria Cantore**, *Università degli Studi di Bari*)

605 Daniela Cavallaro. *Educational Theatre for Women in Post-World War II Italy: A Stage of Their Own.* London: Palgrave Macmillan, 2017. Pp. 265. (**Francesca Spedalieri**, *The Ohio State University*)

608   **Laura Chiesa.** *Space as Storyteller. Spatial Jumps in Architecture, Critical Theory, and Literature.* Evanston, IL: Northwestern University Press, 2016. Pp. 250. (**Marzia Beltrami**, PhD candidate, *Durham University*)

611   **Francesco Ciabattoni.** *La citazione è sintomo d'amore. Cantautori italiani e memoria letteraria.* Roma: Carocci, 2016. Pp. 163. (**Enrico Minardi**, *Arizona State University*)

614   **Paul Colilli.** *Agamben and the Signature of Astrology. Spheres of Potentiality.* Lanham: Lexington Books, 2015. Pp. 215. (**Andrea Sartori**, *Brown University*)

617   **Selena Daly.** *Italian Futurism and the First World War.* Toronto: University of Toronto Press, 2016. Pp. 265. (**Nicoletta Policek**, *University of Cumbria, UK*)

620   **Giuseppe Gazzola.** *Montale, The Modernist.* Biblioteca dell'"Archivum Romanicum" Serie I: Storia, Letteratura, Paleografia 464. Firenze: Leo S. Olschki Editore, 2016. Pp. 232. (**Monica Jansen**, *Università di Utrecht*)

623   **Monica Jansen e Maria Bonaria Urban** (a cura di). *Televisionismo. Narrazioni televisive della storia italiana negli anni della Seconda Repubblica.* Venezia: Edizioni Ca' Foscari, 2015. Pp. 174. (**Eleonora Lima**, *University of Wisconsin-Madison*)

626 **Han Lamers, and Bettina Reitz-Joosse.** The *Codex Fori Mussolini*: A Latin Text of Italian Fascism. Bloomsbury Academic, London, 2016. Pp. X + 139. (**Nick Carter**, *Australian Catholic University*)

628   **Federica Lorenzi and Lia Perrone** (a cura di). *Le nuove forme dell'impegno letterario in Italia.* Ravenna: Giorgio Pozzi Editore, 2015. Pp. 207. (**Fadil Moslemani**, PhD candidate, *The University of Chicago*)

631   Giuseppe Lupo. *La letteratura al tempo di Adriano Olivetti*. Roma: Edizioni di Comunità, 2017. Pp. 316. (**Ugo Perolino**, *Università "G. d'Annunzio," Chieti-Pescara*)

633   Tommasina Gabriele. *Dacia Maraini's Narratives of Survival: (Re)Constructed*. Madison, N.J.: Fairleigh Dickinson University Press, 2016. Pp. 153. (Patrizia Sambuco, *Independent scholar*)

636   Elisa Martínez Garrido. *I romanzi di Elsa Morante. Scrittura, poesia ed etica*. Lugano: Agorà, 2016. Pp. 240. (**Nicoletta Mandolini**, IRC GOI PhD Scholar, PhD Candidate, *University College Cork*)

638   Andrea Mirabile. *Piaceri invisibili: retorica della cecità in D'Annunzio, Pasolini, Calvino*. Lingue e Letterature Carocci 226. Roma: Carocci, 2017. Pp. 155. (**Carlo Annelli**, *Truman State University*)

641   Antonio Morena. *Mussolini's Decennale: Aura and Mythmaking in Fascist Italy*. Toronto: University of Toronto Press, 2015. Pp. 208. (**Mary Migliozzi**, *Villanova University*)

643   Anna Maria Ortese. *Celestial Geographies*. A cura di **Gian Maria Annovi e Flora Ghezzo**. Toronto: University of Toronto Press, 2015. Pp. 485. (**Cosetta Seno**, *University of Colorado at Boulder*)

647   Emanuela Patti. *Pasolini after Dante. The "Divine Mimesis" and the Politics of Representation*. Cambridge: Legenda, 2016. Pp. 177. (**Mark Epstein**, *Princeton University*)

650   Barbara Pezzotti. *Investigating Italy's Past through Historical Crime Fiction, Films, and TV Series. Murder in the Age of Chaos*. New York: Palgrave Macmillan ,2016. Pp. 270. (**Diego Stefanelli**, *Università di Pavia*)

652   Umberto Saba and Pier Antonio Quarantotti Gambini. *Caro 48. Carissimo Saba. Lettere edite e inedite 1930-1957*. Ed. Daniela Picamus. Preface Giorgio Baroni. Trieste: IRCI/Simone Volpato, 2016. Pp. 143. (**Charles Klopp**, *The Ohio State University*)

655   *Edoardo Sanguineti: ritratto in pubblico*. **A cura di Luigi Weber. Milano: Mimesis, 2017. Pp. 157.** (**Ugo Perolino**, *Università G. d'Annunzio, Chieti-Pescara*)

658   Barbara Stagnitti, a cura di. *Fili d'incantesimo. Produzione letteraria, amicizie, fortuna di una scrittrice fra Otto e Novecento*. Padova: Il Poligrafo, 2015. Pp. 336. (**Daniela Bombara**, *Università di Messina*)

662   Tusiani, Joseph. *In una casa un'altra casa trovo. Autobiografia di un poeta di due terre*. A cura di **Raffaele Cera e Cosma Siani**. Milano: Bompiani, 2016. Pp. 446. (**Ioana Raluca Larco**, *University of Kentucky*)

POETRY & FICTION

665   Helen Barolini. *Visits*. New York: Bordighera Press, 2016. Pp. 330. (**Katja Liimatta**, *The University of Iowa*)

667   Oscar Luca D'Amore. *Al di qua del Pacifico*. Manocalzati (Avellino): Il Papavero, 2014. Pp. 82. (**Olimpia Pelosi**, *State University of New York at Albany*)

669   Giuseppe Sgarbi. *Lei mi parla ancora*. Ginevra: Skira, 2016. Pp. 118. (**Olimpia Pelosi**, *State University of New York at Albany*)

671   Maria Nivea Zagarella. *La puisia di Maria Nivea Zagarella / The Poetry of Maria Nivea Zagarella. A Trilingual Anthology (Sicilian/English/Italian)*. Introduction and translation into English verse by Gaetano Cipolla. Pueti d'Arba Sicula 16. Mineola, NY: Legas, 2017. Pp. 166. (**Ennio Rao**, *The University of North Carolina at Chapel Hill*)

BRIEF NOTICES

672   *La lingua e la letteratura italiana in prospettiva sincronica e diacronica. Atti del VI Convegno internazionale di italianistica dell'Università di Craiova (19- 20 settembre 2014)*. A cura di **Elena Pîrvu** . Firenze: Franco Cesati Editore, 2015. Pp. 752. (Daniela Bombara, *Università di Messina*)

Chiara Ferrari, Olimpia Pelosi, Dino S. Cervigni

Violence Resistance Tolerance Sacrifice in Italy's Literary & Cultural History: An Introduction

Abstract: In this introduction to the study on "Violence, Resistance, Tolerance, and Sacrifice in Italy's Literary and History," we present the volume's nineteen essays, contextualizing them within a theoretical, historical, cultural, and literary framework. Violence is present in nature, human history, nations, communities, and every human. Each one of us must contend with the inhuman aspect present within ourselves. Just as it occurs in all nations, violence has shaped Italy's history and culture in all their manifestations. As educators and scholars, we ought to be aware of the overwhelming presence of violence in all human endeavors and artifacts as we ponder intellectual, emotional, and practical ways to counterbalance it, as the volume's essays have sought to show and its title suggests.

Key Words: Violence, Resistance, Tolerance, Sacrifice, Forgiveness.

> "(For what can war but endless war still breed?)
> Till truth and right from violence be freed […]."
> (John Milton, "To my Lord Fairfax" 1694)[1]

> "Non c'è pace tra le nazioni
> senza pace tra le religioni.
> Non c'è pace tra le religioni
> senza dialogo tra le religioni.
> Non c'è dialogo tra le religioni
> senza una ricerca sui fondamenti delle religioni."
> (Hans Küng, *Ebraismo* 5)[2]

1. *Does Everything Begin with, and Unfold, through Violence?*

About three years ago, when this volume's three editors announced the topic for

---

[1] Here is Milton's sonnet: "On Lord Fairfax, on the Siege of Colchester": "Fairfax, whose name in arms through Europe rings,/ Filling each mouth with envy or with praise,/ And all her jealous monarchs with amaze,/ And rumors loud that daunt remotest kings,/ Thy firm unshaken virtue ever brings / Victory home, though new rebellions raise / Their Hydra heads, and the false North displays / Her broken league to imp their serpent wings./ O yet a nobler task awaits thy hand / (For what can war but endless war still breed?) / Till truth and right from violence be freed,/ And public faith cleared from the shameful brand / Of public fraud. In vain doth Valor bleed,/ While Avarice and Rapine share the land."

[2] The same threefold emblematic statement is also found in Küng's *Cristianesimo,* 5, and *Islam,* 5

Annali 2017, we were convinced that the proposed topic was timely; after three years of reflecting, reading, and editing, while also following contemporary events close to us and faraway, we are all the more aware that the topic's choice was wise and that the essays published in this thirty-fifth volume of *Annali d'italianistica* may help Italianists and humanists reflect, not just in a detached intellectual manner but also in a personal, engaged, and ethical mode, on the phenomenon of violence.[3]

Violence is a frightening occurrence. It was present at the very beginning of the universe as we know it and of humankind, is part and parcel of our history, and, to varying degrees, affects each one of us personally from the beginning to the end of our lives. Ancient, modern, and contemporary thinkers have seen violence at the core of all human undertakings. Thus, from ancient philosophers — Heraclitus ("We must recognize that war is common and strife is justice, and all things happen according to strife and necessity" Diels and Kranz 22B80)[4] — to Petrarch ("Sed sic sine lite atque offensione nil genuit natura parens"; "Mother Nature gave birth to nothing without struggle and injury" *De Remediis Utriusque Fortune* 2.7.65, p. 534) and beyond, it has been argued that violence, struggle, and war are ubiquitous.

As ancient as humanity, religion itself is oftentimes viewed as enmeshed with violence. Moses, David, and Saul were leaders and warriors. So was also the prophet Muhammad. And yet, while the Hebrew Bible presents the *lex talionis* (the eye-for-an-eye code of justice), it also commands not to hate one's brother, to love one's neighbors (Lev. 19.17-18), and nowhere does it say to hate one's enemies. As far as Islam is concerned, the Quran describes wars and battles, but it also contains many verses urging forgiveness, and among God's

---

[3] While some scholars argue for a restricted and focused understanding of violence, here violence is being analyzed in its broadest significance, affecting the self (self-inflicted violence), the other, the community, and the society at large in countless ways, physically, emotionally, intellectually. The victims of violence are by and large the most vulnerable members of society — children, women (*Companion Reader on Violence against Women*), the elderly, the poor, the disenfranchised, the helpless, the innocent — and the least empowered societies, such as nations torn by factions, rebellions, and wars. The World Health Organization and related associations provide a wealth of data concerning the victims of violence, *e.g.*: worldwide, more than one million people die of violence every year, while the United States leads the world in the rate at which its children die from firearms (http://www.independent.co.uk/news/world/americas/gun-violence-children-america-us-study-deaths-injuries-statistics-a7797621.html).

[4] The philosophy of Heraclitus (c. 500 BCE - c. 475 BCE) is obscure, and the quotation above needs to be contextualized within the philosopher's complex view: "Though the logos is as I have said, men always fail to comprehend it, both before they hear it and when they hear it for the first time. For though all things come into being in accordance with this logos, they seem like men without experiences, though in fact they do have experience both of words and deeds such as I have set forth, distinguishing each thing in accordance with its nature and declaring what it is. But other men are as unaware of what they do when awake as they are when they are asleep" (Diels and Kranz 22B1).

names are "The Beneficent" and "The Merciful" (Surah 1.1). Neither a leader nor a warrior like the biblical Moses, Saul, David, or like Muhammad, Christ, who "was born into a society traumatized by violence," as Karen Armstrong writes (136), enjoins his followers to love one's enemies. And yet, even in the Gospels one comes across such striking statements as "I did not come to bring peace, but a sword" (Matthew 10.34) and "The one who has no sword must sell his cloak and buy one" (Luke 22.36).[5]

Nature, the physical space within which humans live, appears in its frightening aspects (earthquakes, hurricanes, tornadoes, volcanic eruptions, etc.) almost as often as in its benevolent and nurturing manifestations. Thus, from the beginning of humankind's history to the present time, violence in all its manifestations and human responses to it — resistance, tolerance, compassion, sacrifice — have accompanied and even guided human beings as much as, or likely even more than, its opposite: peace. Human responses to violence include not only additional violence and resistance to it, but also acceptance, tolerance, compassion, sacrifice. Here then are some of the questions which the phenomenon of violence forces us to consider: What is violence, where are its roots, and how can it be assessed? Should humans pursue it, seek to resist to it, control it, and overcome it? Or should they allow themselves to be overcome by it in some form of sacrifice? Should sacrifice itself (including its symbolic and discursive forms) be used to control and redirect violence within a community?

2. *What Is Violence?*

Violence is present at the beginning of time. Faith tells Christian believers that God created everything from nothing, a notion hardly comprehensible to human beings. But precisely because it is unimaginable to think of a creation from nothing, the Bible itself portrays God involved in several acts of creation, by word and deed, making at the beginning heaven and earth, which was without form and void, like an abyss. As God hovered over the abyss, which was dark, a mighty wind swept over the surface of the waters (Gen. 1-2). Did the biblical God employ any form of violence in His act of creation? Did He struggle to create heaven and earth, separate light from darkness, the waters above from the waters below, and make every living being and finally man and woman? If the biblical God did not become involved in violence and struggle — a struggle, however, to which the biblical text refers — a literal reading of the Scriptures certainly tells us that the Creator worked and that at the end of the six days of creation he rested.[6] But rest presupposes labor, from which humans are never

---

[5] One should bear in mind, furthermore, that wars and violence have predominantly, if not exclusively, been perpetrated by males, as Armstrong reiterates throughout her study: "Civilized man was essentially a man of war, full of testosterone" (29).

[6] Scriptural scholars emphasize the extent to which the biblical traditions present in Genesis — the Yahvist (J), the Elohist (E), and the Priestly (P) — seek to overcome the

delivered after the biblical curse (Gen. 3.14-19) because it is part of divine malediction brought about, in the biblical account, by the primogenitors' disobedience and hubris and can be viewed as a form of struggle relatable to Heraclitus's notion of a continuous strife in all earthly and human affairs. In fact, labor and strife are unending phenomena in human life. Such modern thinkers as Hannah Arendt (1906-1975) argue that "the modern age's emancipation of labor will not only fail to usher in an image of freedom for all but will result, on the contrary, in forcing all mankind for the first time under the yoke of necessity [...]," that is, a modern reshaping of ancient slavery (*The Human Condition* 130). And even if — Arendt goes on writing — humans' emancipation from labor, "the only strictly utopian element in Marx's teachings," were to take place, "the development of automation [...] will not turn [the utopia of yesterday] into the reality of tomorrow, so that eventually only the effort of consumption will be left of 'the toil and trouble' inherent in the biological cycle to whose motor human life is bound" (130-31), precisely as Danila Cannamela argues in her essay on contemporary consumerism.

While operating with markedly different notions of primordial forces and agency, and without being in contrast with the biblical narrative of creation, modern science's view of the beginning of the universe also emphasizes violence. We read in fact (http://science. nationalgeographic.com /science/ space/ universe/origins-universe-article/) that "our universe's origin centers on a cosmic cataclysm unmatched in all of history — the big bang. This theory was born of the observation that other galaxies are moving away from our own at great speed, in all directions, as if they had all been propelled by an ancient explosive force. Before the big bang [...] the entire vastness of the observable universe [...] was compressed into a hot, dense mass just a few millimeters across [...] theorized to have existed for just a fraction of the first second of time." Then, "some 10 billion to 20 billion years ago, a massive blast allowed all the universe's known matter and energy — even space and time themselves — to spring from some ancient and unknown type of energy." "Expansion has apparently continued, but much more slowly, over the ensuing billions of years." "[...] as time passed and matter cooled, more diverse kinds of atoms began to form, and they eventually condensed into the stars and galaxies of our present universe."[7]

---

struggles of the gods in creation myths among the peoples surrounding Israel (Rad 64-65). And yet, biblical references to the Leviathan (*e.g.*, Job 3.8), the serpent (Gen. 3), and the Dragon of Revelation (12.3) allude to primordial mythological narratives of creation. God himself is often celebrated as a warrior god, as Armstrong writes (114-15) quoting Psalm 109.5-6: "When he grows angry he shatters kings, he gives the nations their deserts; smashing their skulls, he heaps the world with corpses."

[7] "A Belgian priest named Georges Lemaître first suggested the big bang theory in the 1920s when he theorized that the universe began from a single primordial atom. The idea subsequently received major boosts by Edwin Hubble's observations that galaxies are

Just as violence, in its extreme form, marked the birth of the universe at its very beginning, analogous, extreme, violent forces control the universe also at the present time. In 2011 *Science Daily* reported, "Astronomers recently discovered the most massive black holes to date. Found in two separate nearby galaxies roughly 300 million light years away from Earth, each black hole has a mass equivalent to 10 billion suns." The same source provides a short explanation of black holes: "Black holes are made of matter so dense that even light can't escape their intense gravitational fields. Exploding stars — known as supernovae — can create relatively small black holes only a few times more massive than the sun, but researchers think these monster black holes are formed in different ways, such as multiple smaller black holes merging into one, or by swallowing vast amounts of stars and gas while galaxies are forming. The gigantic black holes discovered by [scientists] Ma and her colleagues are so enormous they are capable of consuming anything within a region five times the size of Earth's solar system."[8] More recently, in January 2015, *Science Daily* announced an even more extraordinary discovery of a new quasar: "Shining with the equivalent of 420 trillion suns, the new quasar is seven times brighter than the most distant quasar known (which is 13 billion years away). It harbors a black hole with mass of 12 billion solar masses, proving it to be the most luminous quasar with the most massive black hole among all the known high redshift (very distant) quasars."[9] That is, this recently discovered quasar devours daily, between breakfast and supper, millions of stars comparable to our sun. Might a plunge into a huge black hole, similar to an apocalyptic fall, be destined to conclude humankind's journey after the first, biblical, primordial fall, marking also the end of life and history as we know it? Or will a rogue and loose meteor, escaping all attempts of our highly technological society to stop it, hit the Earth, cause havoc, put an end to our civilization, or even wipe out the Earth from the universe? Or, rather, will it be the frightening task of humans themselves to cause the destruction of the entire universe through a most unfathomable act of violence? Or have we not already begun the annihilation of the natural world surrounding us through countless acts of violence?[10]

---

speeding away from us in all directions, and from the discovery of cosmic microwave radiation by Arno Penzias and Robert Wilson." "The big bang theory leaves several major questions unanswered. One is the original cause of the big bang itself. Several answers have been proposed to address this fundamental question, but none has been proven — and even adequately testing them has proven to be a formidable challenge" (http://science. nationalgeographic.com /science/space/universe/origins-universe-article/)
[8] This information comes from http://www.sciencedaily.com/releases/2011/12/11120 6115258.htm (accessed March 3.6.2015).
[9] This news release, dated February 25, 2015, appears in *Science Daily*: http://www.sciencedaily.com/releases/2015/02/150225142452.htm (accessed March 3.6.2015).
[10] Eco criticism has developed, and is further expanding, an impressive body of knowledge on the violence humans perpetrate on the habitat.

Whatever conception we are willing to accept — God's violent or non-violent creation, or the cataclysmic primordial big bang, which could be read as the scientific version of the biblical creation narrative — the world in its immensity; the ocean, rivers, and waters; and the earth we inhabit — all of them keep us in awe of their beauty and fearful because of their violence. And here lies the very problematic condition of nature: precisely the oceans, rivers, mountains, valleys, rains, and air which make our lives possible, can — and in fact, do — cause major destruction and oftentimes wipe out hundreds or thousands of people.

And yet, all these natural phenomena, per se very frightening, do not constitute the most terrifying manifestation of violence, which consists of the fact that we humans inflict violence on the natural world, upon other human beings, even upon ourselves, as modern history, the history of the twentieth century, and of the ongoing century have demonstrated, and still demonstrate, beyond any doubt.

All these considerations bring us to the fundamental question: Why do we humans cause so much violence upon Nature, other humans, and upon ourselves?

3. *The Violence within Each One of Us*
In philosophical terms, violence defines human identity. Drawing on Heidegger, who analyzes ancient classical literature and quotes Sophocles's *Antigone*, **Giusi Strummiello**, one of the contributors to this volume, synthesizes this argument in her study entitled *Il logos violato*:

[...] l'uomo è essenzialmente violento, è definito dalla violenza non solo nel suo operare (e quindi in modo accessorio e accidentale), ma anche e soprattutto nel suo stesso essere. Questa è pertanto la vera definizione greca di uomo: non animale razionale (una definizione "zoologica", per Heidegger [...]), ma ciò che vi è più di violento, e perciò di più inquietante.

(*Il logos violato* 94)

Strummiello sees this violence as intrinsic and centrifugal: it initiates within the self and moves outside toward everybody else and everything else (94). Reflections on violence should therefore acknowledge the responsibility that each individual bears for perpetuating and disseminating forms of personal or collective violence even when such involvement seems indirect and distant from our sphere of agency.

According to this view, it is imperative that every reflection on violence begin with a personal acknowledgement: Each individual lies at the origin of violence. It is not society that is primarily responsible for violence, nor the family, nor the other; that is, it is not true that everybody else is responsible for violence except me. As long as I continue saying, "I am not responsible for any form of violence," I refuse to accept my role in the countless forms of violence tearing apart the society, the city, and the family within which I live. Thus, each one of us must recognize the role we have played — first, individually; second, collectively — in perpetuating and disseminating violence in all forms and degrees.[11]

Contemporary society at large, and many of us individually, have lost the understanding, the sense, the awareness of sin. For our society, which has become secular; for those of us who are non-believers; and even for those of us who are believers, sin has by and large become an alien concept that has lost most of its resonance, or it is a belief that has not taken hold of our deepest selves.[12]

A concept related to that of sin and, like sin, on the verge of becoming hackneyed, is that of injustice. We know that almost everything in the world can be viewed as unjust. We may even be able to concede that we have been unjust or we are ready to state that we have suffered some kind of injustice, and yet we may even be convinced — rightly and wrongly — that we can do nothing about the many injustices of the world.

Violence is different. Nowadays it is rampant and destroys the natural world, nations, societies, families, individuals, our own selves. When it affects others, it often does so in terrifying ways that call into question our own sense of safety and well-being. In brief, while we may have lost the sense of sin, its significance, or its consequences; and while we may even have become inured to the most grievous manifestations of injustice, unfairness, and inequality, we have not yet lost sight of the impact of violence on our lives and the lives of others — at least not yet.

In her contribution published in this volume, "Violenza dell'umano / (Non)violenza dell'inumano," **Giusi Strummiello** focuses on the innateness of violence while reflecting on the notions developed by Theodor W. Adorno, Emmanuel Lévinas, Judith Butler, and Slavoj Žižek. Violence — Strummiello argues — brings about a rupture within the individual, separating each one of us from one's own humanity; violence breaks individuals apart from the community to which they belong; thus, violence constitutes the breach that distances what is human from what is inhuman. At the same time, precisely because of its pervasiveness, violence points to each individual's unavoidable dependence on other human beings. Through its opposite, i.e., non-violence, we recognize human precariousness and fallibility as we state our right not to be hurt and the need to resist the impulse to offend. One becomes human — Strummiello argues — precisely by inhabiting that living space between the

---

[11] Some of these reflections are derived — with adaptations to our specific field of inquiry, Italian studies — from several philosophers, historians, theologians, including the excellent study by Strummiello, titled *Il logos violento. La violenza nella filosofia*.

[12] For an extensive treatment of the problem of evil, from ancient to modern time, see the volume edited by Peterson, *The Problem of Evil*.

right not to be offended and the need to resist the urge to offend. But while Butler — Strummiello points out — sees a horizontal rapport between the self and the Other that allows for solidarity, non-violence, and tolerance, Žižek perceives an unbridgeable breach between the self and the Other, whom he envisions as a faceless monster. Faced by these starkly different philosophical positions, Strummiello considers also the role of human laws in controlling human violence, as she points out that violence needs to be opposed while reaffirming the possibility for love to assert itself.

4. *Violence in the History of Humankind: Past and Present*

Insofar as violence is present in the universe, in the nature itself of the Earth that humans inhabit, and in each individual, one must also confront the all-pervasiveness of violence in human history, which has always been marked by turbulence and war. Historians unanimously agree that humankind's history forms a narrative of warfare — a bloody story all but briefly interrupted by transitory moments of truces rather than genuine peace. Although the human generations of the Western world may think that they have experienced, and are still experiencing, decades of peace since WWII, the twenty-first century has begun to unfold precisely as Hannah Arendt (1906-75), writing in 1969, characterized the twentieth century: namely, as "a century of violence," of which "wars and revolutions" have become the "common denominator" of human existence (*On Violence* 3).

Until the arrival of the secular state, usually linked to the American Revolution first and then to the French Revolution, wars were fought for political, economic, and aggrandizing purposes, oftentimes under the disguise of religion. In a fascinating book entitled *Fields of Blood. Religion and the History of Violence,* Karen Armstrong demonstrates that all of humankind's history is a history of violence — indeed, of bloody violence — and that this violence cannot be attributed, neither exclusively nor primarily, to religion. Religion — she argues — has been a constitutive concern of every political power responsible for war until the rise of secular states, that is, as mentioned above, until the American and the French Revolutions. During the last 250 years, after the separation of religion from the state, wars have continued even with the modern secular state, indeed with a virulence that by far exceeds anything seen before. Unquestionably, modern technology has increased, and it still further increases, the deadliness of war to an extent unimaginable to previous generations and even hardly comprehensible to us, the living.[13] And while wars

---

[13] In *The Sociology of War and Violence*, Malešević writes that "the modern era (the last three centuries) account for 90 per cent of all war casualties from the beginning of proper warfare in 3000 BCE to the present day." He further points out that this slaughter is occurring "at the same time that human life is nominally most valued. In other words, there is an inherent discrepancy between a normative universe that cherishes human life

beget even more violence, they do not necessarily bring about better forms of government, and they invariably incite to violence the non-human aspect of every individual: the hideous aggressive side of every human being.

5. Italy's Literary Culture as a Manifestation of Violence, Acceptance, Tolerance, Sacrifice

Italy, with its extensive coastline, has fully participated in the past and recent history of warfare and violence that have devastated the peoples of diverse ethnicities and faiths on the three continents bordering the Mediterranean.

Italy's literary culture begins most auspiciously with the *Laudes creaturarum* (*Antologia della poesia italiana* 22-24) by St. Francis, who wrote or dictated this joyful hymn, almost certainly accompanied by music, by summoning every element of creation. St. Francis praises God "cum tucte le *s*ue creature" — through and with all creatures — as he admires the beauty, splendor, and usefulness of the inanimate world (no animal is referred to explicitly in the poem) without pointing to nature's destructive forces; in fact, the whole world is portrayed as united by a natural kinship of brotherhood — the fire is called "brother fire" (v.17) — and sisterhood: water (v. 15) and death (v. 27) are viewed as sisters, while the Earth is sister and mother (v. 20). His first explicit mention of human beings may be read as emblematic of their most essential and positive attribute: to be able to forgive and bear sickness and tribulations:

Laudato si', mi' Signore per quelli ke perdonano per lo tuo amore
et sostengo infirmitate et tribulatione.

(vv. 23-24)

(May you, my Lord, be praised through those who forgive for your love
and bear sickness and tribulation.)

To forgive implies a previous offense and thus a prior form of violence, which cannot always be avoided because of human weaknesses, and which bears on that aspect of the "inhuman" constitutive of every human, as we have seen above. Thus for St. Francis "sickness and tribulations" partake of a continuum of manifestations of the fallen human nature affecting every individual. Shortly afterward, he praises God even for the final moment of human life, death, the sum and conclusion of all forms of human sufferings striking at the core of

---

and scorns war and violence while simultaneously practicing killing at an exceptional and unprecedented rate" (120). In a recent book — *How Everything Became War and the Military Became Everything: Tales from the Pentagon* —Brooks examines what happens to a society — American society and, by necessity and extension, the world at large — when traditional boundaries between war and peace disappear and wars, skirmishes, guerrilla clashes, and neighborhood shootouts seem to spread everywhere and affect every living human being. Violence caused by easily accessible guns has become truly universal.

human existence:

Laudato si', mi' Segnore, per sora nostra morte corporale,
da la quale nullo homo vivente pò skappare:

(vv. 27-28)

(Praised be, my Lord, for our sister, which is the death of our mortal bodies,
a death no living human being can avoid.)

In brief, St. Francis addresses all painful aspects of human existence, from direct violence inflicted upon humans by other humans to life's countless trials and tribulations as well as death, calling blessed all those who bear everything in peace ("Beati quelli ke'l sosterranno in pace" v. 25) because God will crown them ("sirano incoronati" v. 26). According to St. Francis, therefore, two are the possible outcomes in human life: that of those who bring about violence and refuse tolerance and sacrifice — "guai a cquelli ke morranno ne le peccata mortali" ("woe to those who will die in mortal sin" v. 21) — and that of those who forgive, accepting suffering and embracing sacrifice: "beati quelli ke [sora nostra morte corporale] trovarà ne le tue sanctissime voluntati / ka la morte secunda no'l farrà male" ("blessed are those whom [death] will find in your most holy will,/ because eternal death will not harm them" vv. 30-31). Thus, St. Francis's hymn contains in a nutshell some of the major themes of this volume: the presence of violence in the world, the need for humans to accept and tolerate it — he even speaks of forgiveness — and the possibility for all human trials and tribulations, even death, to become a redeeming sacrifice. But the certitude of a "second death" befalling the wicked bears out, at the same time, a belief in a justice that opposes uncontrolled violence.

It is precisely the issue of justice, or what we may call a controlled response to violence, that several essays in this volume address and problematize, particularly as it relates to some of the most grievous historical events and phenomena of the twentieth century: fascism and the persecution of Jews, the mafia, and terrorism. If we move outside the boundaries of Christian faith and onto more secular terrain, a "second death" coincides with silence or with the normalization of these tragic events. In his gloss of the writings by W. B. Sebald (18 May 1944 – 14 December 2001), Slavoj Žižek succintly addresses what is at stake in the search for a compensatory principle that is truly just: "When a subject is hurt in such a devastating way that the very idea of revenge according to *ius talionis* is no less ridiculous than the promise of the reconciliation with the perpetrator after the perpetrator's atonement, the only thing that remains is to persist in the 'unremitting denunciation of injustice'" (*Violence* 189). Analyses of violence are inevitably tasked with unpacking what remains after the trauma and what cannot be completely subsumed, much less naturalized, by compensatory mechanisms or overarching theoretical frameworks. Redemption is, at least from a secular standpoint, always unfinished business.

What St. Francis outlines in his "Laudes creaturarum" and is further developed in the writings of the first Franciscans (*Fonti francescane*), lies at the basis of Dante's poetic rendition of the spiritual other world, as **Ellie Emslie Stevens** illustrates in her "Eschatological Inversions in Isaiah and Dante: From Malicious to Redemptive Violence," which focuses on the employment of the term and concept of "violence" in the prophet Isaiah and the *Divine Comedy*. In Isaiah's holy mountain, in Dante's Earthly Paradise, and in the Dantean Paradise, no violence exists; by contrast, the souls in Dante's Hell are continuously affected by violence, a parodic reversal of what they practiced on Earth. Thus Dante fully develops the fundamental Christian principles already present in St. Francis's *Laudes creaturarum*: those who have embraced Christ's violent, bloody, and redemptive death — the souls in Heaven but also those in Purgatory — either exult in their eternal glory or welcome and even rejoice in their transforming purifications. By contrast, the souls in Hell, who have refused Christ's redemptive sacrifice by inflicting violence upon others and rejecting forgiveness, are forever condemned to eternal punishment. In this manner rewards and punishments create a system of justice, redressing what was amiss on Earth.

In brief, while violence always generates violence, forgiveness may bring about peace. The essays that follow will likewise reflect on the phenomenon of violence, albeit from varying perspectives.

Just as violence affects the beginnings of Italy's literary culture, violence is at work also in some of Italy's most glorious moments: Humanism and the Renaissance. "Cain rules the world. If anyone doubts it let him read the history of the world": This statement of Léopold Szondi (1893-1986) depicts the "murderous inclination" described as an "innate aggressive drive," inextricably rooted in the mind of "the human beast" since primordial times — a human tendency that, according to his views, can only be "repressed but never" eradicated.[14] Szondi's depiction of the ferocity of human nature may be read to introduce appropriately the essay of **Marta Celati**, "Violence and Revenge in Fifteenth-century Political Literature." Her inquiry focuses on the accounts of famous early Renaissance conspiracies written by some of the masterminds of the *studia humanitatis*: the *Porcaria coniuratio* by Leon Battista Alberti, the *De bello Neapolitano* by Giovanni Pontano, the *Coniurationis commentarium* by Angelo Poliziano, and the *Porcaria* by the lesser famous Orazio Romano. These writings focus on Stefano Porcari's insurrectional plot against Pope Nicholas V in Rome, the revolt attempted against Ferdinand of Aragon in Naples, and the Congiura de' Pazzi conspiracy against the Medicis in Florence. As Celati remarks, the major motivation that inspired these writings was the fact that their authors "were deeply engaged in the political life of their states" and therefore

---

[14] A psychiatrist, psychoanalyst, and psychopathologist, Szondi wrote, among other books, *Kain: Gestalten des Bösen* (literally, Cain: Forms of Evil). All quotations are taken from Eibl-Eibesfeldt (1).

felt "mostly committed to composing literary works in support of political rulers." Celati's inquiry shows how this *"corpus"* of writings is entirely "political," since its intent is to achieve effective "propagandistic aims" that would favor the targeted rulers. Consequently, the conspirators' actions are cast within a climax of "verbal violence" and of gruesome images, chosen first and foremost to degrade the attackers to the rank of ruthless criminals, and subsequently to refer to them as de-humanized savage beasts with an innate ferocious instinct, whose extent Pontano describes with the Latin term *immanitas*. By contrast, the violent and repressive response orchestrated by the rulers against whom the conspiracy was perpetrated is praised by the humanists as noble, righteous, and necessary, fully revealing their noble ethical standards.

The next essay, by **Olimpia Pelosi** — "Offerire a Dio il nostro corpo come vittima mortificata": violenza mistica in Isabella Cristina Berinzaga (1551-1624), Maria Domitilla Galluzzi (1595-1671) e Chiara Isabella Fornari (1697-1744)" — focuses on a twofold aspect of violence. The first springs from within as a self-inflicted pain, while the second derives from without: the suspicious and vigilant eye of the post-Tridentine Roman church. The contrastive analysis of these three women's spiritual writings points out similar patterns such as their violent and abusive familial background, their perception of feminine corporeality as negative and abject, their total submission to male spiritual directors, their compelling need to offer their bodies as sacrificial victims while pursuing a perfect *imitatio Christi*, and last, but not least, their new perception of the divine as an embracing, loving infinity.

Concerning secular affairs, the tumultuous time of "violent conflicts" undertaken by the Serenissima between 1494 and 1529, and the deeply rooted violence which surfaces in the plays of Angelo Beolco (also known as Il Ruzante), are the topics that **Linda L. Carroll** deals with in her "'Tanto che l'arò amazò': Violence in Angelo Beolco's Plays and in His Associates' Lives." Carroll outlines the escalating violence which pervades the playwright's production, also pointing out that in one of his plays, entitled *Bilora,* "violence culminates in the only known on-stage murder in Italian Renaissance comedy." Carroll contextualizes Beolco's violent literary choices within a well-documented historical frame of murderous political infighting among hostile factions and with a detailed description of the climate of destructiveness that "roiled" Venice and its territories.

War is also the theme of **Lucia Gemmani**'s inquiry: "Violenza ludica ed erotica per esorcizzare la guerra: i giochi nell'*Adone* di Marino." The essay presents the poet of the *meraviglia* as *poeta ludens* who metaphorizes and demystifies the devastating fury of conflicts by converting it into a ritualized game in Cantos V, XIII, XV, and XX of his *Adone* (1623). Gemmani extrapolates from the so-called "poema di pace" a multiplicity of violent elements disguised under symbolic, parodic, mythopoetic, and sacrificial components. The essay's interpretive strategy clearly shows that Marino's lyrical universe is a protean space where concepts of "war and game" are strictly intertwined in a "one-to one" connection.

Bridging Baroque literature tales with their postmodern cinematic adaptation is the scope of **Cristina Mazzoni**'s contribution: "Violence in Fairy Tales: Basile's *Lo cunto de li cunti* and Garrone's *Il racconto dei racconti*." Her investigation compares and contrasts Giambattista Basile's *Pentamerone* with its cinematic adaptation by Matteo Garrone in 2015. Mazzoni observes that, although Basile's fairy-tale collection is "saturated" with a baroque sense of "violence, cruelty, blood, and death," all its violence is counterbalanced and softened by a form of ludic "humor" that the writer infuses in his narrative universe. On the contrary, Garrone's film version (which is limited only to three tales) is constructed on a significant "intensification of violence" which appears to be pervasive, escalating, and more prolonged when compared to its literary archetype. Mazzoni notices that in the cinematic adaptation of *Lo cunto* there is neither a happy ending, nor a hope of salvation. The viewer is in fact overwhelmed by a "prominence" of "graphic and disturbing" images that evoke a sense of negative and uncanny spatiality, where sacrificial patterns are connected with a somber sense of magic and "destructive" violence, "especially as it is directed" toward feminine characters.

Moving to the nineteenth century, **Roberto Risso**'s essay, "'Vogliam noi rubare il mestiere al boia?' Storia e violenza nel romanzo storico del primo Ottocento," examines the "presence and function of violence in the *ventisettana*" edition of Manzoni's *Promessi sposi*. Risso points out that violent imagery unravels already in the novel's introduction, through the baroque metaphors of of the "Guerra illustre contro il Tempo" and of the "Historia [che] passa in rassegna" gli anni "già fatti cadaveri [e] li schiera di nuovo in battaglia." Manzoni's novel is defined as a story permanently fueled by violence "at all levels: verbal [...], psychological [...], collective [...], historical." Risso shows how this very violence reverberates, as an archetypal model, on the second generation of Italian historical novelists such as D'Azeglio, Grossi, Tommaseo, Guerrazzi, and Cantù. Fully involved in the passionate climate of the Risorgimento, Manzoni's disciples take to the extreme the images of "active and reactive" violence, emphasizing its cathartic and patriotic function.

Next, **Maurizio Capone**'s essay, "Nievo al cospetto di Napoleone: condanna etica e razionalizzazione storica della violenza napoleonica nelle *Confessioni d'un italiano*," further expands on Risso's reflections in that it is centered on Ippolito Nievo, the author who inherited the tradition of the "romanzo storico" and modified it in the light of the changed historical context. *Le confessioni* was written between 1857 and 1858, on the threshold of Italy's unification, and was published posthumously in 1867. In the analysis of the several violent episodes contained in the novel, particular attention is devoted to the "double" brutal "fact" of "violence perpetrated by Napoleon's troops" that involves at once a building and a woman, both representing the past: the castle of Fratta and an elderly noblewoman. Capone indicates that the novel bears an "ambivalent" attitude toward violence. On the one hand, Nievo's "robust" elaboration of a personal "philosophy of history," which nearly anticipates the modernist novel, allows him to firmly condemn gratuitous and self-referential violence; on the other hand, he is inclined to accept and justify brutal and even ferocious "historical violence" finalized to just cause of freedom and political independence. Modern readers may see this attitude as verging on the Marxian idea of "violence as lever of history."

As we reach the twentieth century, a set of questions emerges when we cast a comprehensive view on the essays collected in this volume, and — an equally instructive task — interrogate the interstitial spaces and areas of convergence produced by their different perspectives and focus: Can we harness vulnerability to empower the Self rather than to harm the Other? What would this harnessing look like in a secular context? That is, can it be thought outside the confines of religious self-sacrifice or self-immolation? Vulnerability is here defined as "precarious life," along the lines conceptualized by Judith Butler in relation to a non-violent ethics or, as she put it, "one that is based upon an understanding of how easily human life is annulled" (xvii).

In his essay "Rifiuto dell'io, intolleranza del vuoto e sacrificio narcisistico in Clemente Rebora," **Francesco Capello** exposes a pseudo-altruistic "underside" of sacrificial self-identity that is seldom brought to light as it inevitably clashes with claims of personal ethical conduct and motives. In a vein reminiscent of Derrida's meditation on the economy of the gift, yet original in its application of psychoanalytic theory, Capello's analysis reveals the deeply self-interested nature of sacrificial discourse where the "gifting" of the self can actually disguise, as it does in Rebora's case, a fundamentally narcissistic operation that refuses to grant autonomy to the Other.

Capello's hermeneutical stance prompts us to consider an element of wider import for this volume. The point is not to call into question the sincerity or validity of religious belief but rather to explore the discursive suture (historically far from seamless) of religious and secular sacrificial constructs as it emerges (or is deployed) in different contexts and towards different ends.

The contradictions that arise in attempts to impose a Christological model upon secular phenomena such as violence and war are brought into stark relief in the essay "Curzio Malaparte and the Tragic Understanding of Modern History" by **Franco Baldasso**. His analysis of Malaparte's radical rejection of post-war narratives of collective sacrifice and national redemption, articulated by Catholics as well as Communists, points to the limitations of such a model. The disturbing Christological figures in the novel *La pelle* "underscore the tragic fallacy behind totalitarian secularization of religious concepts" and provide a vivid account of the redemptive impossibility of the horrors of WWII. In a way that is not devoid of irony, Malaparte's own fascist past seems to have found a discursive barrier in the epistemological tabula rasa conjured by *Kaputt* and *La* *pelle.*

If textual violence in its negative "disfiguring" connotations is deliberately amplified by Malaparte, it is recovered and recoded positively in the essay that follows. The "figure" reconstituted in **Andrea Sartori**'s essay, "Antonio Barolini (1910-1971): Loss and Community against the Ethics of Power," is one of melancholia: the translated text as a site that commemorates a loss that cannot be fully mourned and attempts to "domesticate" material violence — to control it by displacement. Multiple losses — of an original language, country of origin, and of a personal friend killed by the Nazis during the Resistance — are inscribed onto the object: a text written by Barolini in his native Italian language, subsequently translated into English by his wife Helen, and finally rewritten in Italian from the translation, hence becoming the "pre-text" for a critique of totalitarian violence and of essentialist political discourses.

In "Violenza, potere e corpo politico in Calvino: *La decapitazione dei capi*," **Luca Pocci** probes the relationship between power and violence through a critical re-examination of four essays published by Calvino in 1969 — fragments of a novel that he envisioned but later abandoned for fear that it might be taken literally or misunderstood in the charged social and political atmosphere of the *anni di piombo*. Pocci's essay links Calvino's meditation to the analytical frameworks of Giorgio Agamben and René Girard, identifying several points of convergence among the three authors. This reading strategy furthers our understanding of Calvino's oeuvre but also — and of special relevance for the theme of this volume — unpacks and magnifies the often opaque yet extremely productive mechanisms of ritualized violence.

As we have seen, several essays in this volume, albeit from different perspectives and with varying degrees of historical specificity, analyze forms of violence that are rooted in, or operate against the background of Italian fascism. In this respect **Luciano Parisi**'s essay, "Raccontare la violenza: le ragioni di Giacoma Limentani," is no exception as it focuses on literary and musical texts that evoke painful memories of the persecution of Jews under the Italian dictatorship. The number of traumatic layers examined, however, is multiplied in Parisi's essay as the act of victimization it describes is the gang rape by a fascist squad of a Jewish teenage girl. Indeed, the frequency with which violence against women, and violence related to gender difference, occurs in conjunction with discrimination based on other categories of difference such as race, ethnicity, and religious affiliation, prompts us to reflect on the overlapping spaces of vulnerability of the subject and on the mechanisms of justification that often accompany and facilitate the aggression toward vulnerable groups.

To "accompany" and to "facilitate" here do not mean to imply that the discursive and symbolic levels are to be kept separate from physical or material violence when one measures the impact or identifies the causes of violence. This point is underscored by **Michela Meschini** in her essay, "Molestie sociali e prigioni morali: la doppia esclusione della donna nella letteratura postcoloniale italiana," where the concept of "molestie morali" (Hirigoyen) that describes subtle, if no less pernicious, forms of aggression is used precisely to extend the sphere of injury to "non-material" and "invisible" practices. Meschini fruitfully links these practices to the notion of "systemic violence" elaborated by Žižek, a violence that permeates society and allows the system to function in a seemingly anonymous and automatic fashion: "[…] something like the notorious 'dark matter' of physics, the counterpart to an all-too-visible subjective violence" (2). The female characters in the novels by Ornela Vorpsi and Ubah Cristina Ali Farah illustrate this perverse relation of inside/outside for, as Meschini argues, the internalization of systemic violence crystallizes into a kind of moral prison of "divieti, limiti, riduzioni, e stereotipi — in cui la donna è costretta 'normalmente' a vivere e a costruire la propria individualità."

A very different theorization of the relationship between systemic violence and vulnerability is presented in the essay by **Massimiliano L. Delfino**, "A Cinematic Anti-Monument against Mafia Violence: P. Diliberto's *La mafia uccide solo d'estate*." Here the cinematic language of docudrama and the biological field of immunization merge to "inoculate" the spectator and, by extension, the body politic of Italian society. Much like a vaccine, a controlled exposure (in this case, viewing) to the source of violence (mafia's killings) aims to build stronger defenses against mafia culture. Vulnerability, it seems, can be deployed as strength by the organism at the individual as well as collective level. Indeed, Delfino's essay prompts us to reconsider the ethical implications of exploiting vulnerability — a tool that all too often has been used negatively in cinematic representations, as **Vito Zagarrio** reminds us in his wide-ranging retrospective analysis, "'A History of Violence': violenza, resistenza, tolleranza, sacrificio nel cinema italiano." We cannot, however, lose sight of the fact that the antidote itself can be "weaponized" and reinserted in the cycle of violence. Cinematic and literary representations of violence can be exchanged and consumed, even when they are created and circulated as critiques of consumerism, as the essay by **Danila Cannamela**, "The Pharmakeía of Blood: Misuse, Abuse, & Reuse in the Young Cannibals' Narrative of Violence" illustrates.

At the volume's conclusion, in "Tolleranza, violenza, diritti. In margine a una recente raccolta di studi," **Enrico Zucchi** reflects on two interconnected notions — individuals' rights and tolerance — which bear directly on the topic under scrutiny. Undisputedly, every individual possesses fundamental rights, which everyone is allowed to exercise freely while respecting everybody else's rights. Acceptance of the other's legitimate exercise of individual rights is the *sine qua non* to avoid conflict in every society, community, and smallest human nucleus. Both a mental habit and a practical virtue, tolerance becomes paramount when the other's beliefs and practices differ from, or even conflict with, one's own. But tolerance also signifies the individual's capacity to bear pain or hardship by practicing endurance, fortitude, and stamina vis-à-vis life's hardships and everyday dealings with fellow human beings.

5. *Conclusions: Violence, Literature, and the Educator*

Some philosophers are willing to accept their discipline as a philosophy of violence (Strummiello, *Il logos violato*); some historians, like Karen Armstrong, see humankind's history as "fields of blood"; Christianity views every human being as torn and defiled within and thus capable of tearing their fellow humans apart. As far as literature is concerned, we may agree with Armstrong: "From a very early date, prophets and poets helped people to contemplate the tragedy of life and face up to the damage they did to others" (398). But we are all too aware that literature is also born out of violence, has often become a violent discourse, or at the very least it has time and again turned into a manifestation of the inhuman present in every human. If we believe in a future, better life, we hold this belief only through faith or through a very heightened self-esteem, which is oftentimes crushed by harsh reality. Our skepticism toward utopias has grown considerably, and traditional accounts of earthly paradises have all but disappeared.[15] As educators, intellectuals, and scholars, we are compelled to question the extent to which literature — in our case, Italian literature and culture — may have contributed to the universal violence running through humankind's history and seek ways to counteract it. In becoming aware of the pain that violence inflicts on others, we can perhaps become more tolerant of the pain that others cause to us and renew our attention to the pain perpetrated on vulnerable categories: the innocent, children, women, the helpless.[16]

To the extent that writers and scholars are human and are thus rooted in history, they too partake in the inhuman, violent aspect common to all human beings. Dealing with words, seeking to describe worlds external to them or to create with words a reality that exists only in their imagination, writers practice some form of violence in their acts of creation. Thus, as makers of words and makers of worlds with words, as our literature's greatest writers — Dante,

---

[15] All forms of writings seeking to describe Edenic or utopic worlds are prompted by the desire to escape the sad, tragic world which we all inhabit. In an extensive article, "The Ends of Utopia," Kumar examines the reasons for the "loss, [...] the decline or death of utopia" (555). The author concludes thus: "The loss of utopia — if only for the time being — must nevertheless be a cause for regret. For over four hundred years it was one of the main vehicles for the expression of the hopes, aspirations, and schemes of humanity. It was a principal way of attempting to tame the future. [...] But even if we cannot resurrect utopia today, we have plenty to reflect on in past visions. The study of past utopias is perhaps the best way to ensure that the form survives, awaiting — who knows? — its time again" (564). On utopia at the time of the Enlightenment, see *Dictionnaire de l'utopie au temps des Lumières*.

[16] On the pain inflicted on the helpless we refer to Cavarero, *Orrorismo, ovvero della violenza sull'inerme*; also, more generally: Sontag, *Regarding the Pain of Others*; on the suffering body: Scarry, *The Body in Pain*.

Petrarch, Boccaccio — remind us, they partake of, or seek to emulate, God's primordial act of creation, which, as we have seen above, may seem to us as not devoid of violence.

Just as violence pertains to the essence of human beings, it is also inherent in human discourse. Poets, artists, writers, and thus also literary critics, are involved in some form of violence in that they seek to achieve, or imitate, a purity which no longer exists, a human identity which has been fractured, a rationality which is always compromised, and a reality, true or imaginary, which is pleasing as often as it is also terrifying. Furthermore, the overwhelming evidence is that authors are more often drawn to subjects that deal, not with peace but war, not with harmony but disharmony, not with weakness but force, while they often approach literary forms with critical tools that emphasize the text's negative and violent aspects rather than its positive and peaceful renderings and manifestations.[17]

The question becomes: How do we teach Italian studies? Insofar as we agree that humankind's history has been painfully marked by violence from its beginning until the present time, we must also accept Italy's responsibility in causing the shedding of blood of its own people and others as well. Then, joining Karen Armstrong, if we wish to teach our students a way to attain "a viable world, we have to take responsibility for the pain of others and listen to narratives that challenge our sense of ourselves" (*Fields of Blood* 400). Armstrong poignant conclusion is that all of us "wrestle — in secular or religious ways — with 'nothingness,' the void at the heart of modern culture" (400). She closes with this sobering but also uplifting consideration:

> When we confront the violence of our time, it is natural to harden our hearts to the global pain and deprivation that makes us feel uncomfortable, depressed, and frustrated. Yet we must find ways of contemplating these distressing facts of modern life, or we will lose the best part of our humanity. Somehow we have to find ways of doing what religion — at its best — has done for centuries: build a sense of global community, cultivate a sense of reverence and "equanimity" for all, and take responsibility for the suffering of the world.
> (401)[18]

Therefore, in acknowledging our role within the critical enterprise, let us reflect on the many violent manifestations in the texts we analyze and the reality we witness; let us develop a kind attitude toward Nature, which nurtures us in a

---

[17] This form of violence corresponds to the violence of philosophers. Here we are simplifying, adapting, and developing what Strummiello writes in regard to philosophy (*Il logos violato* 386-88) as we apply some of her reflections to literary studies.

[18] Toward the end of a very dense book on Islam (*Islam: passato, presente e futuro*), Küng proposes a hermeneutic, a pedagogy, and a praxis of peace to be pursued by the three monotheistic religions (716-20). He reflects on peace also at the end of his book on Judaism ("Epilogo: nessun nuovo ordine mondiale senza un nuovo ethos mondiale," *Ebraismo* 671-95) as well as in his study of Christianity (*Cristianesimo* 763-79).

truly Franciscan way; and let us embrace a tolerant, accepting, welcoming relationship with the other, a compassionate approach toward all those who suffer, and even a forgiving way of life.

Chiara Ferrari, *The City University of New York, College of Staten Island*
Olimpia Pelosi, *State University of New York, Albany*
Dino S. Cervigni, Emeritus, *The University of North Carolina, Chapel Hill*

Works Cited

Antologia della poesia italiana. Ed. Cesare Segre and Carlo Ossola. Vol. 1. *Duecento-Trecento*. Torino: Einaudi-Gallimard, 1997.
Arendt, Hannah. *The Human Condition*. 1958. Introd. Margaret Canovan. Chicago: The U of Chicago P, 1998.
_____. *On Violence*. New York: Harcourt, Brace & World, 1969.
Armstrong, Karen. *Fields of Blood. Religion and the History of Violence*. New York: Alfred A. Knopf, 2014.
Brooks, Rosa. *How Everything Became War and the Military Became Everything: Tales from the Pentagon*. New York: Simon and Schuster, 2016.
Butler, Judith. *Precarious Life: The Powers of Mourning and Violence*. London and New York: Verso, 2006.
Cavarero, Adriana. *Orrorismo, ovvero della violenza sull'inerme*. Milano: Feltrinelli, 2007.
Companion Reader on Violence against Women. Ed. Claire M. Renzetti, Jeffrey L. Edleson, Raquel Kennedy Bergen. Los Angeles: Sage, 2012.
Dictionnaire de l'utopie au temps des Lumières. Ed. Bronislaw Baczko, Michel Porret, and François Rosset. Genève: Georg, 2016.
Diels, Hermann, and Walther Kranz. *Die Fragmente der Vorsokratiker*. Zürich: Weidmann, 1985.
Eibl-Eibesfeldt, Irenäus. *Love and Hate. On the Natural History of Basic Behaviour Patterns*. Trans. Geoffrey Strachan. London: Methuen, 1971.
Fonti francescane. Scritti e biografie di san Francesco d'Assisi. Cronache e altre testimonianze del primo secolo francescano. Scritti e biografie d'Assisi. Padova: Edizioni Messaggero, 1982.
Francis of Assisi, Saint. "Laudes creaturarum." *Antologia della poesia italiana* 22-24.
The Holy Quran. Transl. Maulana Muhammad Ali. http://www.aaiil.org/text/hq/trans/ma_list.shtml
Kumar, Krishan. "The Ends of Utopia." *New Literary History* 41.3 (2010): 549-69.
Küng, Hans. *Cristianesimo. Essenza e storia*. Transl. Giovanni Moretto. Milano: BUR, 1997. [1994. *Das Christentum*.]
_____. *Ebraismo*. Transl. Giovanni Moretto. Milano: BUR, 1993. [1991. *Das Judentum*.]
_____. *Islam. Passato, presente e futuro*. It. ed. Massimo Faggioli and Alessandro Vanoli. Transl. Serena De Maria et alii. Milano: Rizzoli, 2005. [2004. *Der Islam*.]
Malešević, Siniša. *The Sociology of War and Violence*. Cambridge, NY: Cambridge UP, 2010.
Milton, John. *Minor Poems*. Introd. and notes Samuel Thurber. Boston: Allyn and Bacon,

1901.
Nicosa, Antonio. *Angels, Mobsters, and Narco-Terrorists: The Rising Menace of Global Criminal Empires.* Mississauga, Ont: John Wiley & Sons, 2005.
On Violence. A Reader. Ed. Bruce B. Lawrence and Aisha Karim. Durham, NC: Duke UP, 2007.
Petrarch, Francis. *Les Remèdes aux deux fortunes. De Remediis Utriusque Fortune.* 1354-1366. Ed. and transl. Christophe Carraud. Grenoble: Jérôme Millon, 2002.
The Problem of Evil: Selected Readings. Sec. ed. Ed. Michael L. Peterson. Notre Dame: The U of Notre Dame P, 2016.
Rad, Gerhard von. *Genesis. A Commentary.* Philadelphia: The Westminster P, 1972.
Scarry, Elaine. *The Body in Pain. The Making and Unmaking of the World.* New York: Oxford UP, 1985.
Sontag, Susan. *Regarding the Pain of Others.* New York: Picador, 2003.
Strummiello, Giusi. *Il logos violato. La violenza nella filosofia.* Bari: Edizioni Dedalo, 2001.
Szondi, Léopold. *Kain: Gestalten des Bösen.* Bern: Huber, 1969.
Žižek Slavoj, *Violence*, London, Profile Books, 2008.

Giusi Strummiello

Violenza dell'umano / (Non-)violenza dell'inumano

Sinossi: Quale può essere oggi la risposta della filosofia alla violenza? Di fronte ad un fenomeno che, nel suo intensificarsi e spettacolarizzarsi, sembra sempre più eccedere lo spazio di un suo possibile contenimento concettuale, la filosofia è chiamata a riorganizzare e a problematizzare il proprio discorso. Se la violenza è assunta come ciò che tende a separare, perché introduce sia una cesura all'interno dell'individuo, allontanandolo dalla sua stessa umanità, sia un'interruzione nello spazio della condivisione tra gli individui, ferendone la comune appartenenza all'ordine dell'umano, allora la filosofia dovrebbe assumerla come ciò che nomina la mobilità del confine tra umano e disumano. In questo saggio si cerca appunto di pensare lo spazio aperto da tale movimento di scarto continuo all'interno dell'umano. In modo particolare, il saggio si confronta con le posizioni di Judith Butler e Slavoj Žižek, analizzando e discutendo il ruolo che, nelle loro analisi, assume l'inumano, ovvero il fondo abissale aperto dalla cesura della violenza nell'umano.
Parole chiave: Filosofia, violenza, non-violenza, responsabilità, umano, inumano, universale, diritti, giustizia.

1. Ha senso oggi fermarsi a riflettere, da un punto di vista filosofico, sulla violenza? Questo gesto non appare essere irrimediabilmente in ritardo sulla realtà, oltre che inadeguato a contenere, nello spazio asfittico e ristretto di un tema o di un concetto ("la violenza"), la oscena materialità di un fenomeno che, nelle sue più recenti manifestazioni sulla scena mondiale, sembra rappresentare, invece, l'eccesso di questo stesso concetto? E non si tratta solo della spettacolarità degli attacchi terroristici sempre più efferati o dell'ostentata edificazione di muri, ma anche del silenzioso inabissamento di vite umane alle porte dell'Europa, della crescita delle diseguaglianze, dell'esclusione e della sistematica persecuzione delle categorie più deboli e indifese, dell'imbarbarimento del linguaggio e dell'inasprimento del confronto politico.

Quanto Jeanne Hersch dice a proposito di una "digressione filosofica" riguardo ai diritti umani universali può valere anche per una proposta di una filosofia della violenza: di fronte ad atti che incidono nel profondo la carne viva della nostra esistenza, "una digressione filosofica [...] può sembrare inutile o persino inaccettabile, quasi indecente" (*I diritti umani da un punto di vista filosofico* 59).

All'impatto della violenza sembrerebbe più appropriato rispondere non con una riflessione teorica ma con l'immediatezza della reazione emozionale. La situazione nella sua emergenza invoca un intervento e non una pausa di riflessione. Solo la forza emotiva può essere in grado di corrispondere all'onda d'urto della violenza. Al tutto della violenza, che satura la scena, va contrapposto il tutto della risposta emotiva: quest'ultima è immediata e altrettanto totale, proprio perché non pretende di addomesticare nella neutralità dei concetti e nel freddo rigore delle argomentazioni il fenomeno brutale della violenza.

Infatti, che farsene del discorso filosofico, quando questo sospende l'azione per prendere le misure alla realtà e metterla, in un certo senso, a distanza, smorzando, così, l'urgenza della vita a vantaggio di un'attitudine contemplativa che, attraverso la categorizzazione e l'astrazione, sembra volere rendere tollerabile l'intollerabile e, dunque, intelligibile il volto insensato e deformante della violenza?

Ma, proprio questo interrogativo, che sembra destituire il ruolo della filosofia, chiama ancora una volta in causa la filosofia stessa, interpellandola circa la sua utilità. Messa alla corda dalla forza bruta della materialità esistenziale, la filosofia è disorientata, fa esperienza di un certo grado di spossessamento che, tuttavia, può risultare salutare: non aver presa sulla realtà (violenta), secondo il canone stabilito, può indurre forse la filosofia a riorganizzare e problematizzare la propria concettualità con una postura all'altezza dei tempi. Ecco che, allora, rispondere alla violenza non dovrebbe più necessariamente voler dire fare esercizio di benevolenza, compiacendosi dell'efficacia del potere di persuasione del discorso filosofico.

Proprio perché sempre sfugge alla sua presa concettuale, proprio perché sempre in eccesso rispetto al suo contenimento teorico, la violenza può spingere la filosofia a una conversione dello sguardo: senza infingimenti, uscendo dalla ritualizzazione dei discorsi e sottraendosi ad una attenzione vuota e formale, il suo compito non dovrebbe essere quello di offrire, dialetticamente, soluzioni consolatorie, riparatrici e riconciliatrici del fenomeno della violenza, bensì quello di far spazio alla violenza stessa.

Se assumiamo la violenza come ciò che tende irrimediabilmente a separare, perché introduce sia una cesura all'interno dell'individuo, allontanandolo dalla sua stessa umanità (l'uomo violento è un soggetto che si fa disumano), sia un'interruzione nello spazio della condivisione tra gli individui, ferendone la comune appartenenza all'ordine dell'umano (l'azione violenta mette l'uno di fronte all'altro, la vittima offesa nella sua umanità e l'altro, il nemico disumano), allora la filosofia dovrebbe assumerla come ciò che nomina la mobilità del confine tra umano e disumano.[1] Considerare l'orizzonte concettuale

---

[1] Questa lettura della violenza come fattore di divisione di una comunità sembra contrapporsi alla lettura di essa quale fattore, invece, di coesione delle comunità e delle società umane. Basti pensare, a tal proposito, agli importati studi di René Girard sulla violenza fondatrice, basata sul meccanismo vittimario e sul dispositivo sacrificale (si consideri, tra gli altri, soprattutto *La violenza e il sacro*; *Delle cose nascoste sin dalla fondazione del mondo*). Tuttavia, mi sembra, che anche in Girard ci si riferisca alla

aperto da tale movimento di scarto continuo all'interno dell'umano, potrebbe forse contribuire a ridisegnare un nuovo paradigma di ciò che al fondo ci sostanzia come esseri umani. In altri termini — ed è la tesi che, in queste pagine, vorrei provare a verificare — si tratterà, per la filosofia, di interrogarsi su come ripensare, da un punto di vista concettuale, lo spazio della violenza tra l'umano e il disumano, al fine di renderlo adeguatamente abitabile.

Per far questo, il trattamento filosofico di tale spazio attraversato dalla violenza deve innanzitutto marcare la propria differenza da un suo trattamento morale: quest'ultimo sfocia sempre più spesso negli appelli delle cosiddette anime belle alla tolleranza e alla pacificazione in nome di un sublime umano, svincolato dal radicamento in una reale dimensione. E, infatti, come mette in guardia a tal proposito Hersch, "l'angelismo e le sue illusioni si fanno qui complici del peggio" (*I diritti umani da un punto di vista filosofico* 60). Il trattamento in senso etico della violenza e dei suoi protagonisti solo in apparenza sembra mettere capo ad un allentamento della tensione nel movimento della violenza: in realtà, esso sclerotizza l'atteggiamento sovrano di un io offeso nella sua umanità — la vittima innocente — che, per questa sua connotazione morale, è garantito, al di là di ogni dubbio, nelle sue azioni contro un nemico disumanizzato.[2]

In questa prospettiva, non articolerò il mio discorso in riferimento a quelle

---

violenza, in questo caso sacrificale, come allo strumento che ristabilisce un ordine proprio perché riporta in vita quelle differenze che definiscono gli ordini culturali e sociali e perché sostituisce, alla violenza indifferenziata di tutti contro tutti, la violenza di tutti contro uno, la vittima. La violenza, così, rimette in campo le opposizioni, permette di tornare a parlare di un ordine fatto di un dentro e di un fuori, dello spazio della comunità e dello spazio abitato dalla vittima sacrificale e esclusa, di un noi riconciliato di fronte ad un tu che tutti riconoscono come responsabile delle violenze che hanno scosso dalle fondamenta la comunità. Non è affatto un caso, allora, che, nel momento in cui deve indicare agli uomini la strada della rinuncia alla violenza, Girard si appelli ad un "universo di responsabilità assoluta", nel senso di una riconciliazione senza intermediari sacrificali, in grado di smascherare la mistificazione della polarizzazione tra la vittima, considerata colpevole, e i persecutori, che si ritengono innocenti: "L'umanità intera si trova già di fronte ad un dilemma ineluttabile: bisogna che gli uomini si riconcilino per sempre senza intermediari sacrificali oppure che si rassegnino all'estinzione prossima dell'umanità. [...] Ormai non si tratta più di propendere educatamente ma in modo distratto per un 'vago ideale di non violenza'. [...] Orma si tratterà sempre più di una necessità implacabile. La rinuncia alla violenza definitiva e senza riserve, si imporrà a noi come condizione *sine qua non* di sopravvivenza per l'umanità stessa e per ciascuno di noi. [...] l'irruzione di una vera scienza dell'uomo ci introduce in un clima radicalmente diverso, prepara un universo di responsabilità assoluta..." (*Delle cose nascoste sin dalla fondazione del mondo*, 185-186). Per un approfondimento dell'analisi della violenza in Girard e, più in generale, sul rapporto tra filosofia e violenza, si veda Strummiello, *Il logos violato*.

[2] Sull'etica e sull'ideologia vittimaria che caratterizzano la nostra storia più recente, si veda l'acuto saggio di Giglioli, *Critica della vittima*.

riflessioni filosofiche che replicano, secondo la logica binaria sia del discorso moralizzante sia di quello ontologizzante, la polarizzazione e la statica contrapposizione dei termini della violenza. La mia attenzione, invece, sarà rivolta a quelle posizioni che puntano l'attenzione sulla dimensione abissale su cui si tende la violenza, ovvero sullo spazio aperto dal suo mobile oscillare nelle cesure dell'umano. In modo particolare, prenderò in considerazione il confronto tra Judith Butler e Slavoj Žižek, valutando il ruolo che nelle loro analisi assume proprio il fondo abissale aperto dalla cesura della violenza nell'umano.

2. Uno dei temi di fondo della riflessione di Judith Butler è rappresentato proprio dalla questione della violenza. Essa, infatti, attraversa l'intero itinerario speculativo della pensatrice americana, ma è nella produzione degli ultimi anni, sull'onda soprattutto di eventi drammatici quali l'attacco alle Twin Towers di New York, che tale questione si salda sempre più con quella dell'umano. Nelle sue riflessioni più recenti, così come sottolineato ad esempio da Adriana Cavarero, il suo sforzo teorico "si focalizza sulla necessità di ripensare radicalmente la violenza legandola a un'ontologia che evidenzi nell'umano una costitutiva vulnerabilità" (*Il soggetto belligerante* 13).

In *Vite precarie* Butler parte appunto dall'analisi dei meccanismi di risposta agli attacchi terroristici dell'11 settembre 2001. Pur non misconoscendo la legittimità del dolore provato per l'ingente perdita di vite umane, pur non sminuendo il valore di sentimenti quali la paura e l'angoscia, Butler si chiede se sia necessario che tali esperienze conducano alla violenza o se non si dia, invece, un altro modo di rispondere all'offesa subita: un modo, specifica Butler, che non punti dunque tutto sull'indignazione morale, sul lutto e sulla urgenza di una riparazione immediata del male subito, ma che si affidi ad un'attenta e critica analisi del fenomeno della violenza, così da poter "cominciare a immaginare un mondo in cui quella stessa violenza possa essere ridotta al minimo" (*Vite precarie* 10).

Ora, per Butler, è la stessa offesa che offre la possibilità di prefigurare una risposta diversa alla violenza. Ciò che l'offesa manifesta è, infatti, la nostra inestirpabile condizione di esposizione e di dipendenza dall'Altro, a cui nessuna strategia securitaria o nessun atto (violento) di sovranità da parte dell'io può porre rimedio. E fare esperienza, tramite l'offesa, di questa continua dislocazione rispetto ad ogni illusione di centralità sovrana dell'io, significa poter cominciare a configurare lo spazio di una "comunità politica globale", caratterizzata da un'"inevitabile interdipendenza" (10).

Un'etica e una politica responsabili andranno così fondate a partire dalla consapevolezza della vulnerabilità e precarietà radicali della vita umana.

È, infatti, come Butler ribadisce in *Critica della violenza etica*, dal modo in cui si risponde all'offesa che possiamo ricavare "la possibilità di diventare umani" (137) e, quindi, dare una risposta non-violenta alla violenza. Se la violenza, come abbiamo visto, ci mette di fronte alla vulnerabilità e precarietà tanto della mia vita quanto di quella degli altri, allora è a partire da una sua presa in carico che potrà generarsi una pratica non-violenta. Ciò vuol dire che è solo insistendo "nel non voler risolvere il dolore, nel non arginare troppo presto la propria vulnerabilità facendo ricorso alla violenza" (135) che è possibile definire i contorni di un'autentica responsabilità etica.

In questa prospettiva, la non-violenza non si impone come un principio assoluto o una virtù universalizzabile: essa è piuttosto una pratica che sorge dallo scarto che si stabilisce, nel soggetto offeso, tra avere accesso alla punizione violenta dell'altro e lottare contro questa azione. Nell'esortazione all'azione non-violenta da parte di Butler non c'è alcuna esaltazione di purezza, bensì l'assunzione dell'opacità e impurità del nostro esistere, del conflitto in cui siamo "impantanati":

[...] la non violenza come "esortazione" etica non potrebbe essere davvero compresa se non fosse per la violenza che persiste nel farsi e sostenersi del soggetto [...]. Non si tratta della non violenza come principio, ma di una pratica, essa stessa fallibile, che cerca di prendersi cura della precarietà della vita e di non trasformare quella vita [la vita precaria dell'altro] in una non-vita.

(Butler, *La non violenza è necessaria e impossibile* 133; 141).

Non è, in definitiva, dal riconoscimento di una comune vulnerabilità che può derivare una pratica di non-violenza, bensì dalla comprensione della portata delle proprie azioni violente in relazione a quelle vite a cui si è ineluttabilmente legati.

Questo, tuttavia, non significa per Butler "razionalizzare l'offesa o esaltarne la virtù" (*Critica della violenza etica* 137), ma, come indicato ad esempio da Lévinas e Adorno, accettarne l'inevitabilità e il dilemma che ne consegue.[3] Perché ciò che qui è fondamentalmente in gioco è la costruzione di un modello di etica fondato su un diverso paradigma dell'umano: l'umano risiederebbe nel continuo costituirsi e destituirsi del soggetto, nel dramma di un'affermazione di sé che viene continuamente sconfessata. Si è umani solo nella forma dell'interruzione, della dislocazione, della continua oscillazione tra "il bisogno di rivendicare il diritto di non essere offesi" e "la necessità di resistere a tale bisogno", ossia tra l'inumano e l'umano (139).

È nel conflitto dunque che si diventa umani, è dal tormento di chi è offeso che nasce la risposta etica. La capacità di restare in oscillazione appare pertanto decisiva. Ma tra che cosa si dovrebbe oscillare? Qui, lo spazio di oscillazione della violenza si distende tra l'inumano e l'umano o, piuttosto, si tende sull'inumano in direzione dell'umano? E, poi, cosa esattamente rappresenta l'inumano e qual è il suo rapporto con l'umano?

---

[3] Per le riflessioni sul nesso di persecuzione e responsabilità in Lévinas, Butler si richiama soprattutto alle pagine di *Altrimenti che essere* e *Difficile libertà* (*Critica della violenza etica* 117-36).

La risposta a questi interrogativi giunge, nel testo di Butler, nel momento della ripresa del confronto con Adorno. Butler si sofferma su un frammento del filosofo tedesco in cui è descritto l'angoscioso dilemma in cui versa colui che subisce un'offesa (anche se, in questo caso, non si tratta di una violenza fisica, ma della perdita di un legame affettivo):

> All'amante offeso e messo da parte balena d'improvviso una verità, cruda e abbagliante, come quando acuti dolori illuminano l'interno del corpo. Egli riconosce che nell'intimo dell'amore accecato — che non ne sa nulla e nulla potrebbe saperne — vive l'esigenza della liberazione da ogni accecamento. Egli ha subìto un torto; e di qui deduce l'esigenza del diritto, che — nello stesso tempo — è costretto a respingere, poiché ciò che desidera non può nascere che dalla libertà. In tale angustia il respinto diventa uomo.
> (Adorno, *Minima moralia* 193)

Per Butler, il senso del passo citato sta nel rendere evidente il movimento attraverso il quale la vittima di un'offesa è contemporaneamente presa dall'esigenza di rivendicare un diritto e di desistere da tale pretesa:

> Si può leggere questa situazione come una contraddizione paralizzante. Credo però che non sia questo il significato che intende attribuirgli Adorno. Al contrario, quello che comprende insieme la spinta alla rivendicazione e la capacità di resisterle è un modello di straordinaria portata etica, che conferisce all'azione dell'etica un gesto ambivalente. Si cerca sempre di proteggersi e immunizzarsi dalle offese dell'altro, ma quando si riesce davvero a erigere un muro si finisce per diventare inumani. Per questo assumere l'"autoconservazione" come essenza ultima dell'umano è un grave errore, a meno che non si ammetta pure che l'"inumano" è costitutivo dell'umano. Uno dei principali problemi che incontra chi insiste sull'autoconservazione come fondamento dell'etica è che così finisce per trasformare quest'ultima in una pura etica del sé, se non addirittura in una forma di narcisismo morale. Perché solo continuando a oscillare tra il bisogno di rivendicare il diritto a non essere offesi o respinti e la necessità di resistere a un tale bisogno, si può davvero "diventare umani".
> (*Critica della violenza etica* 139)

In Adorno, dunque, il movimento di una doppia ingiunzione starebbe alla base di un'etica della responsabilità lucida nella sua ambivalenza. Si è umani nel frammezzo delle due ingiunzioni, sospesi sull'inumano. Perché, come sembra chiarire Adorno in alcuni passaggi delle lezioni sulla moralità riportati da Butler, siamo inumani in entrambe le direzioni del dilemma: sia nel momento in cui affermiamo la nostra autorità morale, sia nel momento in cui riconosciamo la fallibilità di tale autorità. Si è inumani sia perché dotati di volontà sia perché destituiti di questa stessa volontà. Emblematica, a tal proposito, è la figura dell'Odradek di un racconto di Kafka: un rocchetto di spago che presenta caratteristiche umane pur restando quanto di più lontano ci possa essere da un essere umano (*Il pensiero del padre di famiglia* 147-48). Ma sebbene l'inumano rappresentato dall'Odradek kafkiano costituisca la "traccia" o il "residuo" attraverso cui l'umano si decostruisce come soggetto autocentrato, esso non assurge mai in Adorno ad ideale in sé o a norma. L'inumano, che non è l'opposto dell'umano, è soltanto il mezzo per divenire umani. Così l'umano si definisce come ciò a cui tendere, passando dall'inumano. Solo in questo modo è possibile immaginare un coinvolgimento morale con il mondo, che vada oltre la chiusura individualista fatta in nome dell'identità tra volontà e norma. Scrive Butler:

> Quando Adorno ci dice che solo diventando inumani possiamo aspirare a diventare umani, ciò che intende sottolineare è soprattutto il disorientamento che si annida al cuore della deliberazione morale: il fatto che l'"io" che cerca di tracciare il proprio percorso non è autore della mappa che sta leggendo, che non possiede tutti i linguaggi necessari per poterla leggere, e che a volte non riesce neppure a trovarla, quella mappa. L'"io" emerge come soggetto deliberante, in grado cioè di decidere, solo una volta che il mondo è apparso come quadro di compensazione, come esternalità che deve essere conosciuta e mediata da una distanza epistemologica. Ciò significa che qualcosa di storico è dovuto succedere perché si sia prodotta la possibilità stessa di questa divergenza e, di conseguenza, la possibilità stessa di deliberazione morale. E significa anche che le nostre decisioni non avranno alcun senso fino a quando non acquisiremo una certa comprensione delle condizioni che rendono *ab origine* la nostra decisione possibile.
> (Butler, *Critica della violenza etica* 148)

Accogliere la cesura della violenza e sostenere il conflitto angoscioso da essa generato significa, allora, combattere un'etica che assume il sé (anche e soprattutto il sé offeso — la vittima della violenza) quale fondamento e misura del giudizio morale, fonte di determinazione di ciò che è vita e di ciò che non lo è e impegnarsi per un'etica della responsabilità. Mantenere l'oscillazione dolorosa della violenza significa vivere propriamente sul limite e accettare il peso del suo senso, perché solo ciò che ci rende vulnerabili e fragili — la nostra costitutiva esposizione all'alterità dell'Altro — ci fonda come autentici soggetti responsabili:

> Non c'è soluzione in sé di questo conflitto, solo un modo di vivere la difficoltà di questa richiesta. Lottare contro la violenza significa, si potrebbe dire, mobilitare l'aggressività al servizio di questa lotta; significa spostare lo scopo dell'aggressività dalla violenza alla lotta, un cambiamento che comprende l'impegno di essere chiamato/a in causa da coloro le cui vite compiono delle rivendicazioni su di noi. Per fare ciò deve esserci un intervento critico in quelle norme che producono in maniera differenziale la vita di coloro che è considerata come una vera e propria vita. A questi fini non abbiamo bisogno di sapere in anticipo che cosa "sarà" una vita, ma solo di ritrovare e sostenere quelle modalità di rappresentazione e apparenza che permettono che la rivendicazione della vita venga fatta e sentita. [...] Superare il confine [tra la paura di essere ucciso/a e la tentazione di uccidere] è, davvero, vivere quel confine, vivere l'impasse e trovare una modalità di condotta che non cerchi di risolvere l'angoscia di quella posizione troppo velocemente con una decisione. Non agire è, dopotutto, un modo di comportarsi; ed è anche un modo di resistere.
> (Butler, *La non violenza è necessaria e impossibile* 147)

Come si evince da queste parole, il fondamento della scelta morale responsabile è rinvenuto, nella prospettiva butleriana, nel limite strutturale del contesto che dà significato ai soggetti che vi sono implicati. La responsabilità si costruisce sulla linea dell'orizzonte impenetrabile della situazione in cui ci si trova gettati ed esposti. Il limite rappresentato dall'alterità dell'Altro, infatti, non solo limita la mia umanità, ma, anzi, si fa sua condizione di possibilità. Strana situazione questa che è data dall'assumere insieme la duplice direzione del limite: ciò che aliena il soggetto, lo decentra, lo opacizza è allo stesso tempo ciò che lo fonda come soggetto di decisione e che fonda, al contempo, la visibilità e rappresentazione di sé e degli altri.

3. È proprio su questa ambivalenza del limite, e quindi del ruolo dell'inumano, che mi sembra si appunti la critica di Žižek alle analisi di Butler.

Che margine di manovra, si chiede infatti Žižek, ha effettivamente il soggetto nello sfondo impenetrabile in cui si trova? Per Žižek, che in questo percorso critico segue Lacan,[4] occorre assumere il limite non in un senso estrinseco rispetto all'autonomia del soggetto, come una sorta di superficie che mette semplicemente in contatto l'umano con l'inumano. Come appunto segnalato da Lacan, anche in questo limite, che coincide con il livello zero della libertà, il soggetto ha la possibilità di esercitare la propria autonomia. Perché, anche se è certo che non è possibile far come se il contesto, l'Altro, non ci fosse, resta sempre la possibilità, da parte del soggetto, di tagliare il proprio legame con esso, mettendosi fuori con un gesto che Freud ha nominato "pulsione di morte" e l'idealismo tedesco "negatività assoluta".

Questo vuol dire, nell'ottica di Žižek, assumere l'alterità dell'Altro non come la dimensione in cui e attraverso cui ritrovare, in maniera quasi organica e naturale, la presenza solidale degli altri e compiere, così, la propria realizzazione come uomo. Ciò è espresso in maniera forte, ad esempio, dalla legge divina mosaica. Nella tradizione ebraica, osserva Žižek, tale Legge è vissuta come intervento violento e traumatico che irrompe dall'esterno a regolare una situazione, altrimenti incontrollabile, e a disciplinare i legami con l'altro, altrimenti distruttivi:

Il pronunciamento dei Dieci Comandamenti sul Monte Sinai, indiscutibilmente la scena madre dell'interpellanza religiosa e ideologica, è esattamente l'opposto di qualcosa che emerge "in modo organico" come risultato di un percorso di scoperta e realizzazione del sé: il pronunciamento del Decalogo *è violenza etica allo stato puro*. La tradizione giudaico-cristiana è allora in netta contrapposizione con la questione gnostica della filosofia *New Age* della ricerca e realizzazione del sé, ed è necessario imporre la legge con la forza perché la legge copre la sfera di una violenza ancor più fondamentale, la violenza dell'incontro con il prossimo: lungi dal disturbare un contesto sociale armonico di per sé pre-esistente, l'imposizione della Legge cerca di disciplinare almeno in parte

---

[4] I riferimenti sono soprattutto ai *Seminari* III, VII e XI.

una relazione impossibile che sarebbe altrimenti stressante. Quando il Vecchio Testamento ordina di amare e rispettare il prossimo, non sta parlando del nostro *doppio-semblable*, ma del prossimo in quanto Cosa traumatica. Contrariamente alla filosofia New Age che in ultima analisi riduce il mio prossimo/Altro al riflesso della mia immagine o allo strumento attraverso il quale posso realizzare chi sono veramente [...], il giudaismo inaugura una tradizione per la quale persiste nel prossimo un nucleo traumatico estraneo.

(Žižek, *Il prossimo e altri mostri* 96)

L'altro che incontriamo è assolutamente altro e con esso non è possibile, pertanto, alcuna reciprocità: esso rappresenta propriamente l'inumano, l'"abisso impenetrabile dell'assoluta Alterità, di una Cosa mostruosa che non può essere 'ingentilita'" (100). Il suo addomesticamento può avvenire solo con il ricorso all'ordine simbolico, all'ordine della legge appunto. Si ha bisogno dell'intervento dell'ordine della Legge, dell'ordine simbolico impersonale per addomesticare l'altro e stabilire con esso una relazione di comunanza. Una comunità con l'altro, allora, non si forma sulla base della condivisione di qualcosa che accomuna, nel riconoscimento reciproco che passa attraverso il riconoscimento di ognuno della propria e della stessa vulnerabilità. Un essere in comune non si crea sulla base di ciò che si ha in comune, ma esibendo in comune proprio il niente che si ha in comune.

Qual è, da questo punto di vista, la differenza rispetto a Butler? Mi sembra che in Butler si possa parlare, in un certo senso, di un rapporto di orizzontalità tra il sé e l'Altro, tra l'inumano e l'umano, per cui dall'inumano si passa all'umano senza soluzione di continuità, come se ci si muovesse su un unico piano d'immanenza, in un pieno senza vuoti, scarti o slittamenti. Stando a questa visione, è come se la legge, la norma, contemporaneamente ci fosse e non ci fosse o, meglio, come se continuasse ad esserci attraverso e nonostante la sua critica. Sarebbe questa orizzontalità a consentire, nella prospettiva di Butler, di pensare il senso di responsabilità per gli altri, la solidarietà, la tolleranza e la pratica non violenta. Con Žižek, invece, mi sembra si inauguri una visione di verticalità tra l'umano e l'inumano: tra di essi non si darebbe nessun passaggio, ma solo una radicale e ineliminabile cesura. Non c'è alcuna completezza, compattezza, tra il sé e il contesto in cui esso si viene a trovare. Non c'è per Žižek nessun rapporto armonico con gli altri, non si è affatto parte di un ordine del mondo. L'io, il soggetto, non è una presenza in questo ordine, ma un'assenza, un vuoto:

Allora la risposta non dovrebbe consistere nell'asserzione del mio diritto di esistere in armonia con gli altri e tollerando gli altri, ma in un'affermazione più radicale: prima di tutto io esisto? Non sono io piuttosto un buco nell'ordine dell'essere? [...] io costituisco una minaccia per l'intero ordine dell'essere non nella misura in cui esisto concretamente come parte di quest'ordine, ma proprio nel momento in cui sono un buco in quest'ordine.

(*Il prossimo e altri mostri* 118-19)

Senza dubbio, l'operazione filosofica di Butler, come visto, assume in pieno, senza timori o falsi pudori, lo spazio di movimento (l'oscillazione) della violenza, ponendosi, di conseguenza, il compito di stare in questo spazio nella maniera più adeguata e giusta possibile. Ma nei suoi esiti, mi sembra che tale operazione venga meno ai suoi stessi assunti: è come se quella cesura nell'ordine dell'umano, rappresentata dalla violenza e dall'inumano su cui questa si apre, venisse in un certo qual modo ricomposta, ricompattata; come se i lembi della ferita venissero ricuciti, come se cioè l'irreparabile venisse accolto per essere riparato, come se l'intollerabile venisse reso tollerabile. Butler, così, nonostante i suoi intenti e tutte le sue precauzioni, finirebbe per accentuare l'intonazione morale nella sua risposta alla violenza.

Žižek, al contrario, sembra resistere alla tentazione di far aderire, fino a renderlo innocuo, l'inumano all'umano e di prefigurare una conciliazione, sia pure a venire, al modo di Butler. La proposta di Žižek sarebbe, così, radicalmente conseguente all'impegno di evitare qualsiasi esaltazione di una purezza sia in senso morale che politico: la politica non sarebbe il luogo della realizzazione della giustizia e dell'uguaglianza, ma la dimensione "impossibile" che ha al suo fondo l'eccesso reale e smisurato di ogni simmetria e reciprocità.

4. Ora, ciò che consentirebbe a Žižek di sfuggire a tale tentazione e di offrire una lettura della violenza all'altezza dei tempi è il modo in cui egli concepisce il concetto di inumano.

Quello che, per Žižek, infatti, fa difetto nella visione di Butler è la mancata inclusione dell'"*inumano* in sé" nell'ambito dell'umano, la mancata considerazione di una "dimensione che elude il rapporto diretto tra gli uomini" (*Il prossimo e altri mostri* 121).[5] Ora, osserva Žižek, Butler sembra, almeno apparentemente, ben disposta nei confronti di un'assunzione dell'inumano nell'umano. Basti considerare proprio il modo in cui Butler cerca di descrivere e spiegare l'ambiguità adorniana relativa all'inumano. Butler, secondo Žižek, ha acutamente messo in evidenza ciò che in tale ambiguità è effettivamente in gioco: l'inumano, nonostante la consapevolezza del fatto che esso rappresenti la riduzione violenta di intere categorie di esseri umani, viene comunque concepito come il prodotto dell'alienazione dell'umanità e pertanto come elemento da combattere per il recupero della stessa umanità. In questo modo, nella lettura di Butler, sfuggirebbe ad Adorno tutto il senso dell'impenetrabilità dell'inumano,

---

[5] Una "mancanza" che lega Butler a Lévinas: "Questa dimensione manca anche in Lévinas. In un paradosso propriamente dialettico, Lévinas (pur con tutte le sue celebrazioni dell'alterità) tralascia di prendere in considerazione non l'identiticità sottostante a tutti gli esseri umani ma la stessa Alterità 'inumana' di fondo: l'Alterità di un essere umano ridotto all'inumanità" (*Il prossimo e altri mostri* 124). È soprattutto nella tematica del volto, presente in *Totalità e infinito*, che Lévinas metterebbe in atto, secondo Žižek, una strategia di "ingentilimento" dell'eccesso mostruoso rappresentato dall'inumano.

sulla cui base qualcosa come l'umano, in senso normativo, si può dare. In sostanza, Adorno non spiegherebbe il senso dell'inumano come limite dell'umano: si tratta infatti dello stesso essere umano, o l'inumano è, all'opposto, un limite reale — altro — costitutivo dell'uomo?

In altre parole, sebbene [Adorno] riconosca che l'essere umano è essenzialmente finito, non totale, che il tentativo di porre l'Umano come "soggetto assoluto" lo deumanizza, non spiega come questo limite interno all'Umano definisca l'"essere umano": l'essere umano è soltanto il limite dell'"umanità", o esiste una nozione reale del limite costitutivo dell'essere umano?

(*Il prossimo e altri mostri* 121)

Sulla base dell'interpretazione di Butler, tuttavia, si cadrebbe, per Žižek, in una situazione insostenibile, per cui da una parte si devono denunciare come inumane tutte quelle situazioni che costringono la nostra autonomia e volontà, dall'altra si deve riconoscere che una condizione di costitutiva inumanità — l'esposizione passiva all'Altro — è la vera base dell'essere umano. Ma come è possibile, poi, distinguere tra l'inumanità negativa e quella positiva, costitutiva dell'umanità? La risposta di Butler a questo interrogativo, per Žižek, porterebbe proprio a quel paradosso prima segnalato:

[...] possiamo e dobbiamo elaborare delle norme che ci permettano di giudicare le diverse forme di violazione, distinguendo tra una dimensione inevitabile e insormontabile, da un lato, e le sue condizioni socialmente contingenti e reversibili dall'altro.
(Butler, *Critica della violenza etica* 144)

Ciò che, a questo punto, pur nella differenza, tanto Adorno quanto Butler non tematizzerebbero, sarebbe proprio la condizione dell'inumano. Per coglierla, basterebbe per Žižek tornare alla distinzione kantiana tra giudizio negativo e giudizio indefinito: mentre nel giudizio negativo un predicato è negato al soggetto — nell'esempio kantiano: l'anima non è mortale —, in quello indefinito si afferma un predicato negativo — l'anima è non-mortale. In questo secondo tipo di giudizio si afferma realmente qualcosa, perché si include l'anima nell'estensione illimitata degli enti non-mortali. E si afferma qualcosa, allorché la rinvengo come eccesso, come la parte che resta dopo che dall'intera estensione degli esseri possibili si è eliminata la parte costituita dal mortale (*Critica della ragion pura* b98 197).

Ora, applicata alla definizione di inumano, tale distinzione consente di concepire quest'ultimo non già come ciò che semplicemente nega l'umano o che rinvia a qualcosa di esterno al genere umano (come nel caso del giudizio: non è umano), bensì come qualcosa di reale, "un eccesso orribile che, pur negando quello che consideriamo l'essere umano', è intrinseco all'essere umano" (Žižek. *Il prossimo e altri mostri* 123).

L'inumano quale limite dell'umano è l'eccesso che ritrovo al suo fondo nel momento della sua destituzione, ma che non ha più niente in comune con l'umano. L'elemento che ritrovo al livello zero dell'essere umano non è un'identità o una "sublime essenza umana" (Žižek, *Diritti umani per Odradek?* 97), ma una radicale e mostruosa alterità. Di fronte ad esso non è possibile alcun riconoscimento, non è possibile alcuna esperienza di orizzontalità e reciprocità, di empatica vulnerabilità.

Se l'altro ci traumatizza, se la sua presenza mi destabilizza, il ruolo della legge, a questo punto, quale sarà? Far rispettare il prossimo nella sua alterità e tollerarlo per tenerlo a distanza? Ma, si chiede ancora Žižek, è davvero "il non universalizzabile prossimo l'orizzonte definitivo della nostra attività etico-politica"? (Žižek. *Vivere alla fine dei tempi* 185). O è possibile proporre un'universalità etica che includa il prossimo nella sua alterità singolare?

> La questione è se ogni universalità etica sia necessariamente basata sull'esclusione dell'abisso del prossimo, o, se al contrario, ci possa essere un'universalità che non esclude il prossimo. La nostra risposta è la seconda: e cioè l'universalità fondata sulla "parte dei senza parte", l'universalità singolare semplificata da quelli che non hanno un determinato posto all'interno della totalità sociale, che sono "fuori posto" in essa e in quanto tali rappresentano direttamente la dimensione universale. Questa identificazione con gli esclusi deve essere rigorosamente contrapposta alla simpatia e comprensione liberali per la loro condizione, e agli sforzi che ne risultino di includerli nella struttura sociale.
>
> (Žižek, *Vivere alla fine dei tempi* 185-86)

L'inumano è il nome proprio di tale universale singolare che sono gli esclusi, le vittime di persecuzioni e di violenze: queste figure, in quanto destituite della propria identità e quindi umanità, non hanno più alcun ruolo all'interno di una totalità sociale e politica, sono la parte di chi non ha parte in un determinato sistema del mondo. Esse rappresentano quel vuoto, quell'esser fuori dai cardini dell'essere, quell'eccesso inemendabile che, proprio perché svincolato da una precisa collocazione e, dunque, identificazione in questo ordine, nella sua singolarità finisce per rappresentare l'autentico universale.[6] L'universale singolare dell'inumano è incarnato in Žižek dalle figure dell'Odradadek kafkiano e del Muselmann agambeniano evocato in *Quel che resta di Auschwitz*:

> [...] io vedo l'esistenza nell'ombra di coloro che sono condannati a farsi carico di una vita spettrale, al di fuori dell'ordine globale, confusi sullo sfondo, innominabili, sommersi nella massa informe della "popolazione", senza un ruolo preciso da attribuire a se stessi, in maniera diversa da come la vede Butler. Direi che questo tipo di esistenza nell'ombra è

---

[6] Per un approfondimento della questione dell'universale, in relazione soprattutto al tema dei diritti umani e della loro violazione, mi permetto di rinviare a Strummiello, *Diritti e violenza tra universalizzazione e globalizzazione* e *(Pre-)politiche dell'umano. La riduzione all'elementare tra diritti e violenza*.

a tutti gli effetti lo spazio dell'universalità politica: in politica si afferma l'universalità quando un simile agente, privo di un proprio posto, '"fuori dal sistema", pone se stesso come la perfetta incarnazione dell'universalità contro tutti coloro che prendono posto all'interno dell'ordine globale. E questo gesto è allo stesso tempo quello della soggettivazione, dal momento che il "soggetto" designa per definizione un'entità che *non è "sostanza"*: un'entità dislocata, un'entità che manca di un proprio posto all'interno del tutto.

(Žižek, *Dialoghi sulla sinistra* 312)

Con Žižek, forse più che con Butler, appare allora praticabile un pensiero della violenza in grado di porsi effettivamente nel suo spazio e di disporsi concretamente per un impegno etico incondizionato: l'impegno per l'eccesso dell'inumano. Solo dirigendo lo sguardo verso questo eccesso è possibile fondare una giustizia nella dimensione dell'universalità in senso proprio:

Allora, una giustizia veramente cieca non può trovare fondamento nella relazione con il volto dell'Altro, in altre parole, nella relazione con il prossimo. La giustizia enfaticamente *non* è giustizia per il prossimo (riguardo al prossimo).

(Žižek, *Il prossimo e altri mostri* 158)

Occorre avere il coraggio di assumere in pieno l'impossibilità di entrare in relazione con l'altro mostruoso perché è attraverso tale assunzione che possiamo vedere veramente cos'è la violenza e che possiamo dare ad essa una risposta.

Infatti, voler capire l'Altro, voler comprendere le ragioni intrinseche della sua crudeltà significa camuffarne il portato violento e quindi, in un certo senso, tollerarne la violenza. Il prossimo non ha nulla di angelico, è un mostro senza volto e per amarlo dobbiamo sottostare al comando della legge. Scrive Žižek:

[...] la giustizia deve ignorare tutto il camuffamento che è il volto. [...] È di fondamentale importanza che il giudaismo, la religione della rigida osservanza della lettera della Legge, per primo abbia imposto di amare il prossimo: il prossimo non è rappresentato da un volto. Come abbiamo visto, il prossimo è piuttosto un mostro senza volto. È qui che bisogna rimanere fedeli all'eredità ebraica: per arrivare al "prossimo" che dobbiamo amare dobbiamo passare attraverso la lettera "morta" della Legge, che pulisce il prossimo del suo fascino immaginario, "della ricchezza interiore di una persona" che si mostra attraverso il suo volto, riducendolo a *puro soggetto*. Lévinas sottolinea a ragione il sommo paradosso di come "la coscienza ebraica, formata proprio attraverso il contatto con questa severa moralità, con i suoi severi rigidi vincoli e le sue sanzioni, ha imparato ad avere in assoluto orrore il sangue, mentre la dottrina della non violenza non ha arrestato il naturale corso della violenza nel corso degli ultimi duemila anni".

(*Il prossimo e altri mostri* 160)

Il gesto severo e perentorio della legge non cerca facili scorciatoie nei confronti della violenza dell'altro, non persegue soluzioni consolatorie: la violenza si combatte e l'amore può realizzarsi solo sul fondo negativo di questo eccesso di crudeltà.

Università degli Studi di Bari Aldo Moro

Opere citate

Adorno Theodor W. *Minima moralia. Meditazioni della vita offesa.* Torino: Einaudi, 1994.
_____. *Probleme der Moralphilosophie.* Frankfurt am Main: Suhrkamp, 1997.
Agamben Giorgio. *Quel che resta di Auschwitz. L'archivio e il testimone.* Bollati Boringhieri: Torino, 1998.
Butler Judith. *Vite precarie.* Roma: Meltemi, 2004
_____. *Critica della violenza etica.* Milano: Feltrinelli 2005.
_____. *La non violenza è necessaria e impossibile. Risposta a Catherine Mills e Fiona Jenkins.* "aut aut" 344 (2009): 126-47.
_____, Ernesto Laclau e Slavoj Žižek. *Dialoghi sulla sinistra. Contingenza, egemonia, universalità.* Roma: Laterza, 2010.
Cavarero Adriana. *Il soggetto belligerante.* "aut aut" 344 (2009): 13-24.
Giglioli Daniele. *Critica della vittima. Un esperimento con l'etica.* Roma: Nottetempo, 2014.
Girard René. *Delle cose nascoste sin dalla fondazione del mondo.* Milano: Adelphi, 1996.
_____. *La violenza e il sacro.* Milano: Adelphi, 1992.
Hersch Jeanne. *I diritti umani da un punto di vista filosofico.* Milano: Bruno Mondadori, 2008.
Kafka Franz. *Il pensiero di un padre di famiglia.* In *Racconti.* Milano: Feltrinelli 1982; 147-48.
Kant Immanuel. *Critica della ragion pura.* A c. di C. Esposito. Milano: Bompiani 2014.
Lacan Jacques. *Il seminario. Libro III. Le psicosi (1955-1956).* Torino: Einaudi, 2010.
_____. *Il seminario. Libro VII. L'etica della psicoanalisi (1959-1960).* Torino: Einaudi, 2008.
_____. *Il seminario. Libro XI. I quattro concetti fondamentali della psicoanalisi. 1964.* Torino: Einaudi, 2003.
Lévinas E. *Altrimenti che essere o al di là dell'essenza.* Torino: Jaca Book, 2011.
_____. *Difficile libertà.* Torino: Jaca Book 2004.
_____. *Totalità e infinito. Saggio sull'esteriorità.* Torino: Jaca Book, 2012.
Strummiello Giusi. *Il logos violato. La violenza nella filosofia.* Bari: Edizioni Dedalo, 2001.
_____. *Diritti e violenza tra universalizzazione e globalizzazione.* "Annuario filosofico" 28 (2012): 241-57.
_____. *(Pre-)politiche dell'umano. La riduzione all'elementare tra diritti e violenza.* "spaziofilosofico" 3 (2011): 247-56.
Žižek Slavoj. *Diritti umani per Odradek?.* In *Politiche della vergogna.* Roma: Nottetempo, 2009. 89-109.
_____. *Il prossimo e altri mostri: appello alla violenza etica.* In *Odia il prossimo tuo. Il movente teologico dello scacchiere politico.* Massa: Transeuropa 2006. 87-166.
_____. *Vivere alla fine dei tempi.* Milano: Ponte alle Grazie, 2011.

Ellie Emslie Stevens

Eschatological Inversions in Isaiah and Dante: From Malicious to Redemptive Violence

Abstract: This article progresses in the wake of the large chorus of witnesses who have approached the intersection of Dante with the Bible. In particular, it examines a similitude between Dante's text and the text of Isaiah in the way in which both texts incorporate a mountain devoid of violence that replaces fear and destruction with landscapes of restoration and hope. Driving the analysis is an investigation of the polysemous employment of the term *violenza* in the *Commedia* across eschatological horizons, from *Inferno* to *Purgatorio*, and finally *Paradiso*. Moreover, in light of the motif of inversion in the poem, this article points to an inversion in the representation and expression of violence among souls in *Paradiso*.
Key Words: Dante, Isaiah, *Violenza*, Hope, Bible, Inversions, *Commedia*, Mountain.

Diehard Hopefuls: Isaiah, Dante, and Their Readers
Near the UN headquarters in New York City, a verse from the book of Isaiah is engraved into a monument in Ralph Bunche Park. It stands as the unofficial UN mission statement and it reads, "and they shall turn their swords into ploughshares, and their spears into sickles: nation shall not lift up sword against nation, neither shall they be exercised any more to war" (Isa. 2.4).[1] In the verse immediately preceding this one in the book of Isaiah are the words, "Come and let us go up to the mountain of the Lord" (Isa. 2.3). In essence, Isaiah extends an invitation to come to the Lord's holy mountain, followed by a picture of the transmutation of tools of violence into tools of the harvest. Not only shall there be no more violence, but also on God's holy mountain those very instruments once used to inflict pain and death will now be used to sustain life.

Given the bellicose landscapes around the globe today, this mission may seem like a lofty goal for the UN: Semi-automatic guns recycled and turned into grain mills and fighter drones used for bread distribution seem like a farfetched dream. During Isaiah's lifetime, it would likely have fallen on dubious ears as well, even if modern instruments of warfare had existed. The Kingdom of Assyria in the 8th and 9th centuries B. C. used unprecedented amounts of violence and intimidation in an attempt to take over all of Palestine and Syria en

---

[1] All quotes from the Bible in this essay will come from the Douay-Rheims translation. The quote as it is inscribed in Ralph Bunche Park, however, is taken from the King James Version, which reads, "They shall beat their swords into plowshares and their spears into pruninghooks: nation shall not lift up sword against nation, neither shall they learn war any more" (Isa. 2:4).

Annali d'italianistica 35 (2017). *Violence Resistance Tolerance Sacrifice*

route to Egypt, ultimately crushing Israel and Judah as part of its military campaign. Considered against the repeatedly violent backdrops of the Palestine, Syria and Egypt of today, it seems that energizing an impetus for hope to achieve harmonious coexistence is ever more of the essence. Notwithstanding the regions' millennia-long embitterment, Isaiah's hopeful vision of peace that emerges during the darkest times in his day has had a way of piercing even the darkest political periods in our own time and, as always, it insists on hope. The time period during which Dante's *Commedia* was composed is no exception. Amid the political strife and ubiquitous violence of the late Middle Ages, where landscapes were fractured and made bloody by divided allegiances to the Pope (Guelphs) on the one side and to the Holy Roman Empire (Ghibellines) on the other, readers nonetheless see hope in Dante, burgeoning through strife. This article will seek to show how Dante's hope irradiating through darkness contains more than mere traces of Isaiah's words and ideas of hope from nearly two millennia before him.

As the pilgrim Dante traverses the eschatological topographies of the *Commedia*, an inversion takes place in the way in which Dante the poet renders the frightening phenomenon of violence. The violence perpetrated on Christ, His redemptive sacrifice on behalf of humankind, brings about the joy of the blessed in *Paradiso*, and it allows the penitent souls in *Purgatorio* to achieve their purification. By contrast, the sinners in *Inferno* refused and rejected Christ's redemptive sacrifice, which, by way of the Dantean *contrapasso*, turns now into an eternal, parodic torture for them. Focusing on the term *violenza*, I will seek to illustrate the polysemous employment of the term, from *Inferno* to *Purgatorio*, and finally *Paradiso*.

Likewise, the book of Isaiah demonstrates a similar transference with respect to the expression of violence; what is on the one hand described as the iniquitous physical articulation of man's corruption against man is, on the other hand, re-contextualized as a mechanism in the process of divine purification of that same violent human errancy. More important, violence in Isaiah is ultimately considered against the backdrop of God's holy mountain, whereupon violence, pain and destruction are no longer operable realities. While the texts of both Dante and Isaiah are saturated with violent imagery, both are also driven by the possibility of replacing destruction with restoration and supplanting fear with hope. I would suggest that this transformation in both texts between fearsome images of condemnation and exhortations of the hope of restoration is only possible because of the crux upon which both Dante's and Isaiah's texts are rooted, allegorically in Dante and prophetically in Isaiah: the crux *par excellence*, the cross of Christ's crucifixion, alluded to in both texts through the presence of a holy mountain.

Authorizing Hopefulness: From Prophecy to Poetry
It has been extensively noted over the centuries of commentaries that the

Commedia is like a canvas upon which Dante demonstrates to his readership his vast understanding of the Bible, not to mention classical poetry and philosophy, as he fills the pages of his poetry with dense biblical and philosophical panoramas.[2] In an especially concentrated episode in which Dante exhibits his robust biblical foundation, Dante the pilgrim masters three theological exams, under the auspices of no less than Saints Peter, James and John, all intimate with the incarnated Christ and all authors of scripture. In the second of these exams, Dante is examined by St. James on hope in *Paradiso* 25.

Just before Dante responds to the saint's questions, Beatrice steps in and puts in a persuasive word for Dante, explaining to James that this pilgrim has the most hope among all the living: "'La Chiesa militante alcun figliuolo / non ha con più speranza [...]'" ("'The Church Militant has no son with more hope'" *Par.* 25.52-53).[3] To conclude the exam, James asks Dante, to whom he now refers as "'te che ti dilette / di lei'" ("'you who take delight in hope'"), what the goal of his hope is, "'quello che la speranza ti 'mpromette'" ("'what promise hope holds out to you?'" *Par.* 25.85-86, 87). Dante, interestingly, refers immediately to a verse from Isaiah: "'Dice Isaia che ciascuna vestita / ne la sua terra fia di doppia vesta:/ e la sua terra è questa dolce vita'" ("'Isaiah says that each in his own land shall be vested in a double garment, and their own land is this sweet life'" (*Par.* 25.91-93). Dante is referring to Isaiah 61.7: "For your double confusion and shame, they shall praise their part: therefore shall they receive double in their land, everlasting joy shall be unto them."

The goal of Dante's hope, like Isaiah's, is therefore in the power of great reversals, or inversions, away from the negative and towards the positive: instead of "shame [...] everlasting joy" (Isa. 61.7). It is evident that Dante wants to present himself as utterly imbued with hope, for he has not only Beatrice, but also James, an author of scripture, describe and name him in terms of his hope; likewise, he sees that this hope, rooted in God, is capable of replacing tragic endings with redemptive ones. Dante's allusion to the book of Isaiah as a source of his own future hope seems to make it a potent starting point for examining Dante's "holy mountain," or the Mountain of Purgatory, in light of Isaiah's holy mountain.

Engaging the Interpretations
Historically, the debates around Dante's use of the Bible have been based on several seemingly impassable points of contention. A few of the notable ones include: 1) whether or not to read Dante as a poet, a theologian, or a prophet: a fusion of the theologian-poet or a combination of all three; 2) whether Dante

---

[2] On the question of the classical and biblical foundations in Dante's works, see Brownlee; Hawkins, esp. chapters 1-9; Picone; and Benfell, esp. the introduction.
[3] All quotes from Dante's *Commedia* in Italian come from the Giorgio Petrocchi edition. All quotes in English come from the translations furnished by Robert and Jean Hollander.

intended the literal level of the *Commedia* to be read as true; 3) whether the Epistle to Can Grande can be attributed to Dante (thus authorizing the relevance of the much relied upon interpretational key, which proposes the scandalous idea of reading Dante according to biblical exegesis); 4) the fantastic problem of allegory; 5) whether and how Beatrice fits into the theological reading of the text; and 6) whether Dante's rewriting of biblical texts is heretical or rather an act of genius.[4]

Despite the contentiousness of some of these debates, scholarship on the topic of Dante and the Bible has persisted. Among the many works, a few are especially relevant to the themes of this article, especially the writings of Peter Hawkins and Stanley Benfell, who have published comprehensive and detailed studies on the way in which Dante not only appropriates the Bible, but also inhales and exhales it as his own. Hawkins's particular genius manifests in the way he identifies Dante's "scriptural self" — a term he borrows from John Alford (Hawkins 22) — his careful examination of the poet's "biblical discourses" and "scriptural speech," the poet's "self-authorized" and "self-

---

[4] Concerning the commentary tradition on this topic, I intend to highlight but a few of the most significant voices that have shaped the discussion — some more and some less controversial — starting with Croce, who in many ways prompted the subsequent debates with his question nearly a hundred years ago of whether Dante's claims to authorial sanctity render his poetry superior to others (Croce 169). A generation later, Auerbach declared new theories for understanding not only the structuring of Dante's opus, i.e., figural and biblical typology, but also theories related to the way in which Dante manages to give birth to concrete realities despite the densely philosophical nature of his work. Following in his wake, Singleton published the famous assertions that "the fiction of the Divine Comedy is that it is not fiction" ("The Irreducible Dove" 129) and that "Dante imitates God's way of writing" (*Commedia* 15-16). These pronouncements have undergirded readings of Dante since then, inviting readers to play by the rules of Dante's own exegetical guidelines, considering the "make-believe" narrative device of framing his fiction as non-fiction, while nonetheless understanding that the text is purely fictional. In roughly the same generation Nardi very provocatively asserted to the contrary that "chi considera la visione dantesca e il rapimento del poeta al cielo come finzioni letterarie, travisa il senso" ("anyone who considers Dante's vision and his rapture into heaven as literary fiction is missing the point" (Nardi 392; my trans.). Yet a generation later, and appearing robustly in the line of provocateurs, Bloom wrote *Ruin the Sacred Truths*, which presents Dante as audacious and heretical. He argued that "Dante was a ruthless visionary, passionately ambitious and desperately willful," and his poem, "for all its learning, is not deeply involved in the Bible" (46, 47). Then Barolini, perhaps the most provocative of all, famously took the approach of "detheologizing" Dante, an approach which is her way of keeping the form engaged with the content, thereby capturing the ideology within; in essence, taking the control back from Dante in order to allow for a reading free from author-imposed guidelines. She stated, "it is precisely in the ideology of the form that we can perceive the means through which Dante controls his readers and shapes their readings" (*Undivine Comedy* 17.) Barolini sought to reveal Dante's strategies and uncover the traces of his intentional (and albeit fictionalizing) non-fictionalizing of his biblical landscapes.

authenticating" authority, and the way the poet boldly "reactivates" the Bible in the *Commedia* as well as his other works. Benfell, furthermore, understands this act of biblical appropriation as Dante's way of "revitalizing" the Bible and making it relevant, for the ultimate goal of bringing readers into a new encounter with the Holy Word. Benfell demonstrates how what is most important for Dante is that "the truths of the Bible are lived; if they do not have an existential force, he has little interest in the text's historical accuracy. He thus updates the Bible [...] rather, he seeks to brings readers back to the sacred text through a reading of his poem" (194).

Following in the wake of the large chorus of witnesses who have approached the intersection of Dante with the Bible, I will continue the investigation of the way in which Dante's text reflects the text of Isaiah, proposing an examination along comparative thematic and rhetorical lines, and beginning with inversions of the meaning of the word *violenza* across eschatological horizons. According to the *Catholic Encyclopedia*, eschatology "deals with the doctrines of the last things," that is: "death, judgment, heaven and hell." Defined as such, Dante's *Commedia* constitutes an eschatological database (albeit fictional), with names and "addresses" for the immediate afterlives of the notable (or at times not so notable) literary and historical persons before Dante. Dante scholars have shown that such eschatological horizons not only beg us to embrace new (and at times, inverse) definitions of time,[5] and order,[6] but they also invite us to pay close attention to the transforming significance of words.[7]

The Motif of Inversion
Whether semantic, linguistic, thematic or structural levels, inversions are not uncommon devices in Dante's poetics. The very essence of the *contrapasso* in *Inferno* illustrates the presence of inversions at the thematic level, as all readers of the *Commedia* know full well. Thus, for instance, those that fueled the storms

---

[5] In Singleton's commentary to *Par.* 27.67-72, he highlights the existence of an "inverted snowstorm" in Paradise as well as corresponding imagery of "inverted rain" described by Dante in the *Vita nuova* 23.25. For Singleton, this presence of the inverted "snowstorm" in *Paradiso* "contributes to an experience which the reader will undergo as he passes, with the pilgrim Dante, from time to eternity, from the universe with the earth at the center to a universe that has God as its center: a complete change in gravitation, from the material to the spiritual."

[6] Both Longfellow and Grandgent in their commentaries to *Par.* 2.23 detail the phenomenon of inverse movements in *Paradiso* by explaining how Dante describes the flight of an arrow in inverse order, "the arrival, the ascent, the departure; — the striking of the shaft, the flight, the discharge from the bow-string" (Longfellow).

[7] For a discussion of the inverse way in which Dante has the Siren name herself, "'Io son', cantava, 'io son dolce serena'" (*Purg.* 19.19), and the way in which Dante has Beatrice name herself, "'ben son, ben son Beatrice'" (*Purg.* 30.73), see Hollander, *Allegory* (144n).

of their lust get tossed around in violent storms (*Inf.* 5); those who perverted the church find themselves upturned in baptismal fonts with their feet forever on fire (*Inf.* 19); and so on. Inverting meanings and objects is a common motif in Dante's infernal cavern. There are literal physical inversions, as with feet upturned, inverting the physical form in the most literal and physical of ways. There are also metaphorical or teleological inversions, such as baptism, which was intended to bring about new life used inversely to bring about endlessly new deaths. Additionally, there are examples of inversion in which the subject becomes the object, as with the punishment of lust and gluttony. We see inversions on the structural level: *Inferno* itself is the physical inverse of the Mountain of Purgatory. We see it again in *Purgatorio* in the form of metaphorical inversions, for the physical states of the penitent souls appear as the inverse of their sin: the once boasting prideful are now humbly bent over with the reified weight of pride on their backs (*Purg.* 10.136-37), and so on. It remains now to be seen how the meaning and use of the word *violenza* is seemingly inverted, creating a polysemy between the word *violenza*, as it is contextualized and defined in *Inferno* and as it is contextualized and expressed in *Paradiso*. Its remarkable absence in *Purgatorio* plays a further role in suggesting an overall shift in the signification of the word *violenza* and in its role throughout the *Commedia*.

Polysemy: Serendipity or Expressive Design?
Violence sets the tone that dominates Dante's *Inferno*. The very purpose of its countless distorted and deformed inhabitants is either to inflict some variety of violent punishment on one another, or to be the recipient of it for eternity. Not only does the entire seventh circle of *Inferno* detail the specifics of violence — whether it is violence against God, nature, man or the self — but the imagery of the damned throughout all of the infernal landscape is violent in and of itself.[8]

Furthermore, in discussions about the *Commedia,* it is common to find scholarship that refers to "the violent" natures of souls or to the "violent" nature of their punishments, to the perpetual "violence" demonstrated in their interactions, or to the "violence" that they committed on Earth. Examples are too numerous to list; employed as such a generic term, the term "violence" (*violenza*) does not appear to necessitate further inquiry. What is noteworthy, however, is that upon a closer look, this seemingly standard term, in fact, appears to be used quite intentionally and only in specific episodes in the *Commedia*.

Surprisingly, in the entire *Commedia,* a text of some 111,000 words, the word *violenza* occurs five times only, while its cognate *violento* (as a noun and

---

[8] For a thorough examination and interpretation of violence in the seventh circle of *Inferno* — in particular the re-defining of violence as it is not synonymous with *bestialitade* — see Lansing's excellent article on violence and the chain of being.

also an adjective) appears three additional times for a total of eight occurrences. *Violenza* and its cognates appear a total of four times in *Inferno,* the same frequency with which they also appear in *Paradiso*, and not once do they appear in *Purgatorio*. Therefore, notwithstanding the fact that souls throughout *Inferno* and *Purgatorio* do suffer violently (eternally in *Inferno* and temporarily in *Purgatorio*), and notwithstanding the fact that the concept of violence is so comprehensively embodied through the torturous fires, deformations and scenes of carnage in the *Inferno,* what we are concerned with is the poet's careful selection and limitation of the word *violenza* to specific instances.

It is important to note first that the consideration of specific meanings of words denoting violence in the *Commedia* is neither unprecedented nor uncomplicated. In the eleventh canto of *Inferno*, the pilgrim himself asks Virgil a question regarding the varying placements and punishments of the violent souls, to which an unimpressed Virgil replies with condescension:

> Ed elli a me "Perché tanto delira",
> disse, "lo 'ngegno tuo da quel che sòle?
> o ver la mente dove altrove mira?
>   Non ti rimembra di quelle parole
> con le quai la tua Etica pertratta
> le tre disposizion che 'l ciel non vole,
>   incontinenza, malizia e la matta
> bestialitade? E come incontinenza
>   men Dio offende e men biasimo accatta?"

(Inf. 11.76-84)

(And he: "Not often do your wits stray far afield, as they do now — or is your mind bent on pursuing other thoughts? Do you not recall the words your Ethics uses to expound the three dispositions Heaven opposes, incontinence, malice and mad brutishness, and how incontinence offends God less and incurs a lesser blame?")

(Inf. 11.76-84)

Though Virgil subsequently explains the different classifications of violence ("incontinenza, malizia e la matta bestialitade"), modern scholarship nonetheless grappled for some time with the mechanics of how to define clearly and separate such subcategories in the context of Dante's usage. Though Virgil is explicit about Aristotles's *Ethics* as the obvious source of these categorizations, various scholars have discussed at some length how to clarify the less than obvious differences among these terms in the *Commedia*.[9] While existing scholarship thus far has dealt with the semantic and categorical nuances of the subcategories, I will examine here the shifting meaning of the word *violenza*.

---

[9] In his commentary to *Inferno* 11.76-90, Hollander provides a sketch of the debate, referring to Mazzoni's essay on *Inferno* 11 (*Lectura Dantis Neapolitana*) and other scholars for a more detailed analysis.

It is critical to note, also, that in all three canticles additional terms — such as *forza* (force), *percuotere* (strike), or *molesto* (torment or molest), to select but a few — denote violent concepts. Surely in a text whose dominant themes revolve around the violence that has pervaded history and is so central to the Christian afterlife, one would expect a trove of words signifying violence. What remains interesting is how the word *violenza* seems to manifest different meanings in the three different canticles, unlike the relatively consistent use of its related synonyms across the poem.[10] Arguably, Dante the poet intentionally differentiated his uses of *violenza* with respect to the canticles, and thus the issue invites us readers to explore the word's differing significance in each of the otherworldly loci.

Establishing the Definition
The poet explicitly chooses the word *violenza* in *Inferno* to furnish a broad definition *per se* of what is considered violence. As such the word is given a status apart from its synonyms. The first four instances of the word, occurring in *Inferno*, appear in what one might term the standard definition of violence. According to the *Dante Encyclopedia*, violence is defined along with fraud:

> *Malizia* (malice), which has *ingiuria* (injustice) for an end: this is an end that affects another (*altrui contrista*) or, more broadly, maltreats or destroys the person or goods of someone else or oneself. The means adopted — of force by the violent and guile by the fraudulent — is what differentiates the two forms of malice (*Inf.* 11.22-27).
>
> (859-60)

The word *violenza* appears four times in *Inferno* and it describes: 1) the general category of all the *violent* souls who dwell in the seventh circle (*Inf.* 11.28); 2) the general category of sinners who use the *violence* of their own hand against their own life (*Inf.* 11.40); 3) the general category of those who inflict *violence* upon others (*Inf.* 12.48); and 4) the episode of the *violent* and unavenged death of Dante's father's cousin, Geri del Bello, whom Dante the Pilgrim seems to notice in the ninth *bolgia* (*Inf.* 29.31).[11] The first three episodes are general

---

[10] In *Purgatorio*, for example, the word *percuotere* is used once to denote the violent act of striking men with a tail — "che con la coda percuote la gente" (*Purg.* 9.6) — and again in a naturalistic, non-violent sense to denote the temporary blinding of the eyes by the sun, "occhi pur teste dal sol percossi" (*Purg.* 32.11). Furthermore in *Paradiso*, the word *percuotere* is used not only to indicate the abstract concept of reaching the goal of one's purpose — "lo stral di mia intenzione percuote" (*Par.* 13.105) — but it is also used to express the absolutely physical sense of striking one's chest in an act of bewailing sin, "mie peccata e 'l petto mi percuoto" (*Par.* 22.108).

[11] In *Inferno* the contexts for the four instances of the words *violenza* (once), *violenta* (twice), and *violenti* (once) are: "Di vïolenti il primo cerchio è tutto" (*Inf.* 11.28); "Puote omo avere in sé man vïolenta" (*Inf.* 11.40); "O duca mio, la violenta morte" (*Inf.* 29.31); "qual che per violenza in altrui noccia" (*Inf.* 12.48).

descriptive categories as explained by Virgil to Dante as they pass through the seventh circle, while only one of them applies to a specific episode.[12] The word *violenza* here (in both its adjectival and noun forms) is nonetheless used in such a straightforward way as not to merit further inquiry.

What does stand out, however, is that the poet chooses to use a different word, *forza,* in the very same tercet to describe the three subcategories of sinners who direct their "violence" against God, against the self and against one's neighbor: "'A Dio, a sé, al prossimo si pòne / far forza [...]'" ("'Violence may be aimed at God, oneself, or at one's neighbor'" *Inf.* 11.31-32). Later in the same canto this use of the word "forza" appears again to detail the subcategory of the three kinds of "violence" that can be done to one's neighbor: "Morte per forza e ferute dogliose / nel prossimo si danno, e nel suo avere / ruine, incendi e tollette dannose" ("Violent death and grievous wounds may be inflicted upon a neighbor or, upon his goods, pillage, arson, and violent death" *Inf.* 11.34-36). So it appears that when "violence" is a general category, Dante uses the word *violenza*, or its cognates, but when it is used to introduce the subcategories, he chooses the word *forza*.[13]

Beyond its *dis legomenon* (two appearances) in *Inferno* 11, and its *hapax legomenon* (single appearance) in *Inferno* 12 and 29, the word *violenza* seems to have exhausted its impact as a word to denote general categories of malice and injustice, since, hereafter in the *Commedia*, *violenza* will not appear again until *Paradiso*, when it takes on a whole new significance.

Before we leave our examination of *Inferno*, however, it is vital to note that, where these violent sinners dwell in the seventh circle of *Inferno*, stand physical reminders of the violence done to Christ: the shattered stones resulting from the harrowing of Hell at Christ's death, the very same violence, the denial of which has condemned the sinners eternally to this realm. All the violent pains of *Inferno* have issued from the sinners' refusal to accept Christ's sacrifice — the highest form of sacred violence on earth. Their eternal and unredemptive violence is the result of this denial.

---

[12] Although the word *violenza* in *Inferno* 29 does not directly contribute to the initial and general categorization of the sinners as explained by Virgil, might it possibly reflect that, for Dante, there is another general, though entirely personal, category of violence, that is, violence done to a member of Dante's own family?

[13] It is interesting, though peripheral, to note that in this section of *Inferno*, while Dante uses *violenza* for main categories, he uses *forza* instead for subcategories of three. There are three subcategories for the direction of violence: toward God, toward oneself and toward one's neighbor, and three subcategories for violence against one's neighbor or their goods: pillage, arson and violent death. The division of three, of course, evokes the Trinity, and does so in a way that is classically infernal: it inverts what (in the Trinity) is meant for good and renders it an instrument of evil.

Inverse Landscapes and Inverse Hearts

Just as *Purgatorio* was created through the physical inversion of hollowed out Earth protracted upwards,[14] the souls that dwell in *Purgatorio* reflect emotionally and spiritually inverse responses to their punishments compared to the souls in *Inferno*. Both sets of souls are assigned painful lots and their punishments are similar: the avaricious and prodigals in *Inferno* are condemned to push heavy weights against one another (*Inf.* 7.26-33), while the prideful in *Purgatorio* must walk bent over with weights on their backs (*Purg.*10.136-39, 11.26). And yet, the responses of the souls are opposite: the penitent souls recite prayers and pray for others (*Purg.* 11.25) while the souls in *Inferno* shout curses (*Inf.* 7.26). These souls refuse and reject their punishment, which is in fact a true torment, whereas the souls in *Purgatorio* fully accept, even welcome, their purifying penance, which they view not as a punishment but rather as a necessary part of their desired and hopeful journey toward the vision of God.

One might argue that the penance endured by the souls in *Purgatorio* is of a violent nature; however, according to the definition of violence just mentioned, it becomes clear that, while painful, the process of purgation is rooted in God's loving discipline, not in malice, that the end is justice, not injustice, and that the souls fully accept their purifying sufferings. Therefore, there is no *violenza* in *Purgatorio*, for in fact every punishment constitutes the process of transformation into the image of God by the power of His love and the souls' full acceptance and participation.

All the same, *Purgatorio* is home to words that reflect pain. Episodes abound in which the topic discussed with the penitent souls refers to previous times of cruelty (*crudele*, *Purg.* 20.91), malice (*malizia*, *Purg.* 16.60), and evil (*mal*, *Purg.* 20.43), or to the nefarious physical expressions of those sentiments, ranging from the general term for striking (*percuotere*, *Purg.* 9.6*)*, to the more detailed and grisly descriptions of slaying (*ancise*, *Purg.* 20.115*)* and torment (*tormento*, *Purg.* 10.116*)*, just to mention a few. There is no doubt that *Purgatorio* is a place where memories and discussions of pain still chafe the minds of the souls. However, no violence, according to Dante's description of it in *Inferno*, is performed in *Purgatorio*. The fact that the word "violence" has been omitted, while all of the other words denoting violence have remained, draws our attention. Whether or not the poet intentionally omitted the word *violenza*, the absence of the word that has thus far been used in *Inferno* to denote the general category of violence *per se*, is no longer relevant for signifying.

As one considers that Mount Purgatory has no need for the word *violenza* to describe general categories of the state of the souls, another mountain comes to mind where there is no violence despite a similar context of destruction and chastisement.

---

[14] This explanation is, of course, provided by Virgil as he and the pilgrim prepare to exit the infernal cavern (*Inf.* 34.123-26).

Those familiar with the book of Isaiah know that the most recent scholarship considers the book to be divided into two parts, the first of which details prophetic warnings of God's eventual punishment together with the promise of consequent rehabilitation (Sweeney 78-79; Peterson 47-48). The tone is censorious and the language is direct and harsh: Israel's persistently godless mindset and selfish behavior will be punished through the violent siege of foreign armies as well as through endless types of affliction (Isa. 24.1-4). Interspersed between these severe admonitions, however, are visions of hopeful restoration that will take place on God's holy mountain. Once the people have been punished and purified, God will allow a remnant to live and thrive again, to be restored and rebuilt and protected by God on Mount Zion. In the second part of Isaiah, the period of punishment has already been realized, the besieging armies have come and gone, and the exiles are returning to their homeland, whereupon the rebuilding is underway. Among the hope-filled promises of restoration that were pronounced before the period of persecution and exile is the following poetic vision in which Isaiah says:

The wolf shall dwell with the lamb: and the leopard shall lie down with the kid: the calf and the lion, and the sheep shall abide together, and a little child shall lead them. The calf and the bear shall feed: their young ones shall rest together: and the lion shall eat straw like the ox. And the sucking child shall play on the hole of the asp: and the weaned child shall thrust his hand into the den of the basilisk. They shall not hurt, nor shall they kill in all my holy mountain.

(Isa. 11.6-9)

This theme is repeated several times in the first part of the book of Isaiah. Another such verse appears in Isaiah 25.8-9:

He shall cast death down headlong forever: and the Lord God shall wipe away tears from every face, and the reproach of his people he shall take away from off the whole earth: for the Lord hath spoken it. And they shall say in that day: Lo, this is our God, we have waited for him, and he will save us: this is the Lord, we have patiently waited for him, we shall rejoice and be joyful in his salvation.

(Isa. 25.8-9)

The last verse we will consider is the one with which we opened this essay, also belonging to the first half of the book of Isaiah:

And in the last days the mountain of the house of the Lord shall be prepared on the top of mountains, and it shall be exalted above the hills, and all nations shall flow unto it. And many people shall go, and say: Come and let us go up to the mountain of the Lord, and to the house of the God of Jacob, and he will teach us his ways, and we will walk in his paths: for the law shall come forth from Sion, and the word of the Lord from Jerusalem. And he shall judge the Gentiles, and rebuke many people: and they shall turn their swords into ploughshares, and their spears into sickles: nation shall not lift up sword against nation, neither shall they be exercised any more to war.

(Isa. 2.2-4)

To say that the most basic thematic structure of Dante's *Commedia* — warnings of punishment for the unrepentant violent sinners on the one hand and promises of restoration for the repentant on the other hand — echoes the most fundamental themes in Isaiah would be quite commonplace, if not an oversimplification of both texts. To suggest, though, that there is something significant about the presence of a holy, Christ-centered mountain of transformation at the center of both texts, upon which there is overt signaling of the absence of *violenza*, would suggest a more direct influence of the Isaiah text on Dante.

Dante would have been well acquainted not only with Isaiah, but also with the tradition of medieval commentators who read these passages. The commentators understood the "mountain of the Lord" in these passages in a variety of surprising ways. In his commentary on Isaiah, Cyril of Alexandria, the 5th-century patriarch and an influential theologian, says that the mountain "is referring not to the actual city but to a spiritual building, the Church which is likened to a mountain. For the Church is indeed lifted up and conspicuous and known by all peoples throughout the world" (Wilken 34). In his commentary on Isaiah, John Chrysostom, the 4th-century priest in Antioch and bishop in Constantinople, argues that the mountain refers to "the invincible strength of the Church's teachings" (Wilken 35). Then St. Augustine explains in a sermon the mountain as it originates in the book of Daniel: "This mountain was a small stone that grew till it filled the world, as Daniel said" (Dan. 2.34). Augustine also exhorts, "Approach the mountain, climb up the mountain, and when you climb it, don't go down. There you will be safe, there you will be protected; Christ is your mountain of refuge" (Wilken 38). Lastly, Gregory the Great, the 6th-century bishop of Rome, in his commentary to 1 Kings, continues to add to the interpretations of the mountain in Isaiah. Referring to the Virgin Mary, he says, "This mountain was made the highest because Mary shone above all the saints. And as a mountain implies height, so house signifies a dwelling place. Therefore, she is called mountain and house, because she, illuminated by incomparable merits, prepared a holy womb for God's only begotten Son to dwell in" (Wilken 39).

Clearly, there was not a single interpretation agreed upon by all of patristic Christendom, but it is interesting to see how nearly all of these early biblical commentaries could have contributed to Dante's own rendering of his holy mountain. Surely Dante's mountain is a reflection of the church — as Cyril of Alexandria argued about Isaiah's mountain — for we can see clearly that Dante's mountain is inhabited by the penitent church body. In addition, Dante's mountain is dense with doctrine, as John Chrysostom says about Isaiah's mountain. Whether it is in the doctrine of the end times, as illustrated by the

Earthly Paradise, or the doctrine that is breathed into Dante's rewriting of the Beatitudes, or the doctrine of the Trinity,[15] countless scholars have written scores of commentaries on the Christian doctrine spilling forth from the pages of *Purgatorio*.

We know that Augustine glosses Isaiah's mountain as the Kingdom of the Lord. It is, furthermore, easy to deduce God's presence among the penitent souls from the very Beatitudes themselves, which Dante has the souls invoke in *Purgatorio* 11:7-9, and from the supplications of the penitent souls, precisely as they pray: "'Vegna ver' noi la pace del tuo regno,/ ché noi ad essa non potem da noi,/ s'ella non vien, con tutto nostro ingegno'" ("'May the peace of your kingdom come to us, for we cannot attain it of ourselves if it come not, for all our striving'"). Thus the Spirit of the Kingdom of God dwells in the penitent souls and the Kingdom is among them. Finally, as Gregory sees that Isaiah's holy mountain is especially Marian in its essence, we see reflected in Dante's *Purgatorio* an equally Marian influence in that each terrace is adorned with some episode from the life of Mary: the Annunciation, the Wedding at Cana, Finding Jesus in the Temple, the Visitation, Birth of Christ, and so on (*Purg.* 10, 13, 15, 18, 20).

Even more relevant is the Christological nature of both Dante's and Isaiah's holy mountains. As the patristic scholars noted, whether Isaiah's mountain is an embodiment of the church, its doctrine, the Kingdom of the Lord, the Lord himself, or Mary, it is nonetheless and unarguably Christ-centered at its core. The same, in parallel, can be said about Dante's *Purgatorio*.

That Dante absorbed these commentaries on Isaiah's holy mountain and integrated them into the depictions of his own holy mountain seems to be more than a great coincidence but rather a viable influence. Regardless of whether the poet intentionally modeled his holy mountain upon Isaiah's, the motif of the mountain is nonetheless resonant on many chords, and thus I suggest that Isaiah is a conceivable influence and reason for which the word *violenza* does not appear in all of *Purgatorio*. For on Dante's holy mountain, as on Isaiah's, "They shall not hurt, nor shall they kill" (Isa.11.9) and "they shall turn their swords into ploughshares, and their spears into sickles" (Isa.2.4).

In more recent scholarship, Carol Kaske has noted the biblical foundation of Dante's mountain. She argues that Mount Purgatory embodies the "New Law" of grace in contrast to the "Old," unfulfillable law, described by Paul in Romans 7, defined by many of the early commentators as the "natural law." Supported by Singleton's famous essay, "In exitu Israel de Aegypto," Caske sets the context for reading *Purgatorio* in the framework of Exodus and thus identifies the mountain of Dante's "*Exodus"* as Mt. Sinai.

It is a commonplace to mention how Dante scholars over the centuries have

---

[15] See, e.g., Longfellow's commentary to *Pur.* 29.83; Benfell's work for an exposition of themes concerning the Beatitudes; Tozer's commentary to *Purg* 3.35-36.

identified the Exodus story as essentially the figure, or type, or Scriptural allegory, if you will, for the rest of the Bible.[16] In the same way that the Israelites were brought out of Egypt into the Promised Land, sinners are brought out of bondage and into redemption, the lost find their way home, and the godless find their way to God through the love and sacrifice of Christ. As such, it follows that if Dante's Mount Purgatory were indeed a type of Mt. Sinai, as Caske argues, then it would build an even stronger case for Dante's Mount Purgatory to be concurrently — by virtue of the figure, or type, or Scriptural allegory — Isaiah's holy mountain, not to mention the mountain of Jesus's famous sermon.[17] What is important and essential to all of these mountains is that they are places of holy transformation, of renunciations of violence and beginnings of peace, of submissions to God's perfect will and abandonments of one's own will, of deaths to self so that souls can be made new in God's promise. All of this is only possible through the presence of Christ, as Dante so explicitly shows us, and Isaiah so distinctively alludes to.

---

[16] In *Biblical Dante,* Benfell makes the astute comment, "Some scholars, however, have made a determined effort to separate Auerbach's *figura,* also called *typology,* out from allegory, and so to spare it the opprobrium often directed towards the latter term […]. But for Augustine and other patristic and medieval exegetes, we look in vain for a terminological consistency that makes this distinction. As de Lubac and Pepin have shown, what we often call 'typology' was most frequently termed 'allegory' in the Latin patristic tradition. In fact, the terms 'type,' 'allegory,' and 'figura' are frequently interchangeable" (29).

[17] In general the meaning of the non-specific word *har* in Hebrew and *oros* in Greek used to denote mountains in the Bible, whether referring to singular places or to entire ranges of mountains, does not carry ubiquitous connotations. In some instances, the *harim,* often translated as the "high places," are the mountains upon which the illicit worship of false gods took place by pagan communities and the Israelites alike (Isa. 65:7; Jer. 3:6). In others places, however, it was used to indicate a hiding place or a place of refuge by the Israelites (Judg. 6:2, Ps.11:1). Interestingly, the word *har* as a figural noun refers to both encountering hopeless calamities (Jer.13:16) as well as to its opposite, of overcoming its foes (Isa. 41:15). The word *har* is also used in the most neutral, purely geographical sense to indicate the space of hill countries and mountain regions, places where one finds gazelles, leopards, partridges and lost sheep (1 Chron.12:8, Song of Sol. 4:8, 1 Sam. 26:20 and Nah. 3:18, Jer. 50:6). Only in some instances does it refer to places made holy and set apart by God, and in these instances the word mountain does not appear without a proper noun modifier, such as with Mount Sinai (upon which the Mosaic law is issued, Exod. 19-24), Mt. Gerizim and Mt. Ebal (the mountains upon which blessings and curses were bestowed, as in Deut. 27:11-13), Mount Carmel (where God reveals his power, invalidating the prophets of Baal: 1 Kings:18), Mount of Transfiguration (where Christ is pronounced by God as his son: Matt. 17:1-13), Mount of Olives (upon which Jesus and disciples prophesy, pray and weep over Jerusalem: Matt. 24:3-26:2; Mark 13:3-7; Luke 21:7-38), to name the most obvious. (For more examples, consult Brown-Driver-Briggs Bible Dictionary, Smith's Bible Dictionary, and Strong's Exhaustive Concordance.)

Powerful Hope and Compulsion to Love

In *Paradiso*, we see striking new contexts for the word *violenza*, uttered by Beatrice for the first three instances at the beginning of *Paradiso* in canto 4. The last instance of the word in canto 20 comes not even from a mouth, but rather from the eye of the Eagle, comprised of souls that appear as stars in the Heaven of Jupiter. No longer does the word issue forth from the pagan Virgil, who has left the Pilgrim on the top of Mount Purgatory, or from the inquisitive pilgrim, but it now has new, more beatific sources.

In the first three instances in *Par.* 4, the word is used as a part of Beatrice's disapproval of violence, which, as Singleton, among others, has pointed out, is grounded in Aristotle's *Nichomachean Ethics*, a source that dominates the doctrine of much of this canto (Commentary to *Paradise* 4.73-74, 76-78, 100-102,103-05). More specifically, in this canto Beatrice is answering Dante's queries regarding the nature of the will, distinguishing between the absolute and conditional will, and when the will to do good is influenced by the compulsion of violence.

Beatrice's first use of the word is in her reiteration of Dante's question:

> "Tu argomenti: 'Se 'l buon voler dura,
> la vïolenza altrui per qual ragione
> di meritar mi scema la misura?'"
>
> *(Par.* 4.19-21).

("You reason: 'If the will does not even waver in devotion to the good, how can the violence of another reduce my measure of reward?'")

The second instance is in her response:

> "Se vïolenza è quando quel che pate
> niente conferisce a quel che sforza,
> non fuor quest'alme per essa scusate."
>
> *(Par.* 4.73-75)

("Even if the violence is done when the one who bears it in no way consents to the one who deals it out, these souls were not excused on that account.")

The essence of her response, as glossed by Hollander is that "Beatrice is brutally clear: Since the will by its very nature always seeks the good, any capitulation to external force is a violation of God's love" (Commentary to *Paradise* 4.73-81). Essentially what Beatrice is saying, via the definition of "compulsory" from the *Ethics*, is that laying down one's life in the face of violence is the only option that reflects God's love and God's will.[18] Beatrice's elaboration of the idea

---

[18] Singleton, Commentary to *Paradise* 4.73-74: "*Eth. Nicom.* III, 1, 1109b-1110a (see Aquinas, *Opera omnia,* vol. XXI, 70, or R. Spiazzi, 1964, 111): "Videntur autem involuntaria esse, quae violenta vel propter ignorantiam facta. Violentum autem est cuius principium extra tale existens in quo nihil confert operans vel patiens. Puta si spiritus

shows, however, that it is not a simple surrender at all. Rather, the laying down of one's life is at the same time the surging up of one's will, as she says in the last of the three verses:

> "[...] ché volontà, se non vuol, non s'ammorza,
> ma fa come natura face in foco,
> se mille volte vïolenza il torza."
>
> (*Par.* 4.76-78)

("For the will, except by its own willing, is not spent, but does as by its nature fire does in flame, though violence may force it down one thousand times.")

What stands out in this discussion of violence and the will is the radically different place that violence takes with respect to life and death. In *Inferno*, the word *violenza* defines major categories of injury and injustice that lead to death. In this canto of *Paradiso*, however, though the violence in question may lead to the death, for instance, of an innocent martyr, it does not have the last word; rather, the power of the will, when in accord with God's will, continues to burn, unable to be squelched by *violenza*. The will of God, and in God, is the victor over violence, and is triumphant, like the flaming of an unquenchable fire, over death.

By contrast to the souls in *Inferno*, for whom the result of denying Christ's sacred violence is their eternal and unredemptive violence, the souls in *Paradiso* embrace the power of the divine violence done to Christ, and, as a result, experience a redefined type of *violenza*. It is as if the act of accepting the violence to Christ has enabled the inversion of the expression and experience of *violenza* for the souls in *Paradiso*.

We see this inversion clearly in the heaven of Jupiter; when the pilgrim sees souls dazzling in the form of an Eagle, the word *violenza* issues forth from the eye of the Eagle. In this scene, *violenza* no longer depicts a malice that ends in death, or even the death of a martyr; rather, in this last appearance, the word carries a positive and eternally life-giving meaning:

> "*Regnum celorum* vïolenza pate,
> da caldo amore e da viva speranza,
> che vince la divina volontate [...]."
>
> (*Par.* 20.94-96)

(*Regnum celorum* suffers violence from fervent love and living hope. These conquer the very will of God.)

As is widely noted, the phrase *regnum celorum violenza pate* is a reference to

---

tulerit aliquo, vel homines domini existentes.'" (Involuntary actions seem to be those that arise either from violence or from ignorance. The compulsory action [violentum] is one whose principle is from outside and to which the person involved or the recipient contributes nothing, for example, if he is driven somewhere by the wind, or if he is in the power of other men.)

the book of Matthew: "The kingdom of heaven suffereth violence, and the violent bear it away" (11.12). The Rev. H. F. Tozer notes in his commentary to this passage in *Paradiso* that

Our Lord is there speaking of believers pressing into His kingdom; here, in like manner, the reference is to the breaking down of the barriers, which would exclude from Heaven the persons spoken of. In the case of Trajan this was effected by the hope *(viva speranza)* which animated St. Gregory; in that of Ripheus by his own love *(caldo amore.)*

Violence in this scripture, and in *Paradiso*, refers to a living hope to enter heaven. The word *violenza* no longer appears in the context of injury or injustice leading to death, but rather in the context of the faith and hope that lead to life, and life everlasting. In *Paradiso violenza* thus denotes a desire that animates living creatures on earth to suffer earthly violence in order to avoid *Inferno*'s eternal violence and enter God's eternal life-giving kingdom, generated by faith, love, and hope through the redeeming sacrifice of Christ. The meaning of the word *violenza* is hereby transformed, released from its dark connotations, and made to express the forceful passion that animates all the blessed for eternity in selflessness and submission in love, in and through God. It carries the total and complete inversion of its infernal meaning and, at the same time, it bursts forth with echoes to eschatological inversions that we see on Isaiah's holy mountain.

"A Crown for Ashes"
In the same chapter of Isaiah from which, as I have argued, Dante draws to prove to James the nature of his hope, there appears a list of wonderful inversions in the context of what would have been a future time (for Isaiah) of the Lord's coming to comfort all those on his holy mountain (Mount Zion). Isaiah (and later Jesus) says:

The spirit of the Lord is upon me, because the Lord hath anointed me: he hath sent me to preach to the meek, to heal the contrite of heart, and to preach a release to the captives, and deliverance to them that are shut up. To proclaim the acceptable year of the Lord, and the day of vengeance of our God: to comfort all that mourn: To appoint to the mourners of Sion, and to give them a crown for ashes, the oil of joy for mourning, a garment of praise for the spirit of grief: and they shall be called in it the mighty ones of justice, the planting of the Lord to glorify him. And they shall build the places that have been waste from of old, and shall raise up ancient ruins, and shall repair the desolate cities, that were destroyed for generation and generation.

(Isa. 61.1-4)

This promised Isaiahan ascent that takes souls from grieving states of mourning upwards to completely renewed states wherein the oil of joy pours freely and souls rejoice bearing garments of praise is unmistakably prefigured in the Exodus imagery that begins *Purgatorio* with the verses "In Exitu Israel," sung by the penitent souls arriving on the shores of *Purgatorio*. Furthermore, Isaiah's prophetic vision of rehabilitation and reconstruction is obviously realized and depicted by the stories of ascent of each soul in *Purgatorio*, wherein, totally overcoming earthly violence, prideful souls become humble, envious ones become compassionate, anger yields to self-control, greed surrenders to generosity and lust gives way to chastity. Dante's Mount Purgatory, like Isaiah's mountain, is a place where the work of restoration is achieved, where the promise of Exodus is realized, and where the fruit of reparation yields healing and healthful transformation. Thus, what was at one time absorbed in the grief of violence and ruin is now exuberant with the joy of renovation. Furthermore, in both Isaiah and Dante, all of this healing and transfiguration is attributed to the mission of the Christ, "la gloria di colui che tutto move" (*Par.* 1:1).

If any symbol has ever had the power to invoke the idea of transformation from violence to hope, it is the cross, as we read in Isaiah, "the chastisement of our peace was upon him, and by his bruises we are healed" (53.5). Christ endured the utmost violence at the hand of men, a sacred violence totally dissimilar from the type designed for sinners in Dante's *Inferno* and even in *Purgatorio*. For Christ was sinless and allowed to be subjected to death on the cross to redeem all human beings. And yet, in the act of violence perpetrated upon Jesus, even though it was done through human injustice, divine justice nonetheless becomes the fruit, as Beatrice explains to Dante in *Paradiso* 7. Furthermore, even though malice drove the hearts of those who demanded his crucifixion, it was from an infinite act of love that God allowed it to be done. Therefore, in the very midst of the act of crucifying, God took what was enacted out of hate and transformed it into an inheritance of redemptive hope, whose ultimate manifestation is love. The historical cross became the turning point on which humanity's violence was rendered ultimately powerless and, simultaneously, the point at which the hopeful and love-filled *violenza,* captured by Dante's reiteration of Matthew's words in *Paradiso* 20.94-96, came into existence. It certainly is not the case that after the crucifixion human beings stopped inflicting violence upon one another, but rather that death in light of the cross is redefined.

In *Isaiah* life is redeemed and restored through images of animosity transcended and peacefulness surpassing conflict in every fiber of the natural world. In Dante's *Paradiso*, life after death is redefined in tones so ethereal and lovely as to make it begin to be desirable. Through both, we see a lineage of hope, grounded in love more powerful than all the world's *violenza*.

Pepperdine University

Works Cited

Alighieri, Dante. *La Commedia secondo l'antica vulgata*. Ed. Giorgio Petrocchi. Milano: Mondadori, 1966-67.

_____. *Inferno*. Trans. Robert & Jean Hollander. Intro and notes by Robert Hollander. New York: Doubleday, 2000.

_____. *Paradiso*. Trans. Robert & Jean Hollander. Intro and notes by Robert Hollander. New York: Doubleday, 2007.

_____. *Purgatorio*. Trans. Robert & Jean Hollander. Intro and notes by Robert Hollander. New York: Doubleday, 2003.

Auerbach, Erich. *Dante: Poet of the Secular World*. Trans. Ralph Manheim. New York: New York Review Books, 2007.

Barolini, Teodolinda. *Dante's Poets: Textuality and Truth in the* Comedy. Princeton: Princeton UP, 1984.

_____. *Undivine Comedy: Detheologizing Dante*. Princeton: Princeton UP, 1992.

Benfell, V. Stanley. *The Biblical Dante*. Toronto: U of Toronto P, 2011.

Bloom, Harold. *Ruin the Sacred Truths: Poetry and Belief from the Bible to the Present*. Cambridge, MA: Harvard UP, 1989.

_____. *The Western Canon: The Books and the School of the Ages*. New York: Harcourt, Brace and World, 1994.

Brown, Francis, C. Briggs, and S.R. Driver. *The Brown-Driver-Briggs Hebrew English Lexicon*. Peabody: Hendrickson Publishing, 1996.

Brownlee, Kevin. "Dante and the Classical Poets." *The Cambridge Companion to Dante*. Ed. Rachel Jacoff. Cambridge: U of Cambridge P, 1993. 100-119.

Catholic Encyclopedia. http://www.newadvent.org/cathen/05528b.htm

Colilli, Paul. "Harold Bloom and the Post-theological Dante." *Annali d'italianistica* 8 (1990): 132-43.

Croce, Benedetto. *La poesia di Dante*. Roma: Laterza, 1921.

Grandgent, Charles H., ed. *La divina commedia*. 1909. Boston: D. C. Heath, 1913.

Hawkins, Peter. *Dante's Testaments: Essays in Scriptural Imagination*. Stanford: Stanford UP, 1999.

Hollander, Robert. *Allegory in Dante's* Commedia. Princeton: Princeton UP, 1969.

_____. "Theologus-Poeta." *Dante Studies* 118 (2000): 261-302.

The Holy Bible. Douay/Rheims Version. Baltimore: John Murphy, 1899.

Iannucci, Amilcare, ed. *Dante. Contemporary Perspectives*. Toronto: U of Toronto P, 1997.

Kaske, Carol. "Mount Sinai and Dante's Mount Purgatory." *Dante Studies* 89 (1971): 1-18.

Kleinhenz, Christopher. "Dante and the Bible: Biblical Citation in the Divine Comedy." Iannucci 74-93.

Lansing, Richard. "Dante's Concept of Violence and the Chain of Being." *Dante Studies* 99 (1981): 67-87.

Lectura Dantis Neapolitana. Ed. P. Giannantonio. Napoli: Loffredo, 1985.

Longfellow, Henry Wadsworth, trans. *The Divine Comedy*. Boston: Ticknor & Fields, 1867.

Mazzoni, Francesco. "Canto XI dell'*Inferno*." *Lectura Dantis Neapolitana* 25-45.

Nardi, Bruno. "Dante profeta." *Dante e la cultura medievale*. Roma: Laterza, 1949.

Pequigney, Joseph. "Violence." *The Dante Encyclopedia*. Ed. Richard Lansing. New York: Routledge, 2000.

Petersen, David. L. *The Prophetic Literature: An Introduction*. Louisville, Ky:

Westminster John Knox Press, 2002.
Picone, Michaelangelo. "Dante and the Classics." Iannucci 51-73.
Singleton, Charles. *Commedia: Elements of Structure.* Cambridge, MA: Harvard UP, 1954.
———. *"In exitu Israel de Aegypto."* Ed. John Freccero. *Dante: Critical Essays.* Englewood Cliffs, N.J.: Prentice Hall, 1965. 102-21.
———. "The Irreducible Dove." *Comparative Literature* 9 (1957): 129-35.
———, ed. and trans. *Paradise.* Princeton: Princeton UP, 1975.
Smith, William. *Smith's Bible Dictionary.* Peabody: Hendrickson Publishing, 1993.
Strong, James. *Strong's Exhaustive Concordance of the Bible, updated ed. KJV.* Peabody: Hendrickson Publishing, 2009.
Sweeney, Marvin A. "The Latter Prophets." *The Hebrew Bible Today: An Introduction to Critical Issues.* Ed. Steven L. McKenzie and Matt Patrick Graham. Louisville, Ky: Westminster John Knox Press, 1998. 69-94.
Tozer, Rev. H. F., ed. and trans. *La divina commedia.* Oxford: Clarendon P, 1901.
Wilken, Robert, ed. and trans. *Isaiah Interpreted by Early Christian and Medieval Commentators.* Grand Rapids: William B. Eerdmans Publishing, 2007.

Marta Celati

Violence and Revenge in Fifteenth-century Political Literature

Abstract: This article investigates how the issue of violence is treated in Italian fifteenth-century political literature, with specific attention to a particular strand of texts that deal with the topic of conspiracy and enjoyed widespread diffusion in the second half of the 1400s. These works belong to different literary genres and offer significant case studies that allow us to explore the multiple functions of the idea of violence in literature and politics in the *Quattrocento*. Violence emerges a crucial factor and plays a pivotal role as a thematic, stylistic and ideological element in these works. In particular, the ideological overtones that this multifaceted component acquires, as both a structural and stylistic element, contribute to revealing the common political ground on which all these pieces of literature lay.
Key Words: Literature, Politics, Humanism, Renaissance, Violence, Conspiracy.

The fertile interplay between politics and literature is a well-known distinctive trait of Italian Renaissance culture, especially in the fifteenth century. This characteristic element clearly emerges in a specific strand of political literature that enjoyed extensive diffusion in the second half of the 1400s: an epoch that may be rightly defined as the "age of conspiracies" and that gives rise to the development of literary works devoted to the specific topic of political plots. This historical categorisation has been coined to label the precise time span between 1460 and 1480, when a considerable number of conspiracies took place in some of the most important states in the Italian peninsula.[1] Nevertheless, this specific definition is relevant not only from a historical perspective, but can be deservedly extended to the realm of literature and to the whole of the second half of the century, so as to encompass the parallel widespread production of several literary texts on the issue of conspiracies. In these works, violence is a crucial factor and plays a pivotal role as a thematic, stylistic and ideological element. This strand of historical and political literature, which has been only recently identified and analysed,[2] consists of a substantial corpus of texts belonging to different literary genres and offers significant case studies that

---

[1] From a historical point of view, the centrality of the issue of conspiracies in the 1400s has been underlined by Riccardo Fubini, with specific regard to the 60s and 70s of the century: Fubini, "L'Età delle congiure."

[2] On the development of this monographic genre of literary works on the topic of conspiracy in the fifteenth century see Celati's "Introduction" to Angelo Poliziano, *Coniurationis commentarium* 6-12.

allow us to investigate the multiple functions of violence in fifteenth-century literature and politics. The ideological overtones that the idea of violence acquires in these works, as both a structural and stylistic component, contribute to revealing the common political ground on which all these pieces of literature lie, although they display distinctive traits and perspectives.

The development of this literary output in the second half of the 1400s is closely connected with the emergence of new political ideologies, which reflected the simultaneous process of consolidation of new centralised powers throughout Italy. It is significant that propagandistic aims were at the core of many of these texts, which were written by humanists who were deeply engaged in the political life of their states. Albeit in a few cases these accounts of conspiracies cannot be directly traced back to the intention of celebrating and upholding the current rulers threatened by the plot, in most of these works the depiction of the conspirators' violent actions, and, on the other hand, the vivid portrayals of the brutal reprisal inflicted on the plotters fulfil the purpose of underpinning the established governments' viewpoint on the events. Thus, the image of a political regime jeopardised by the conspirators, as we shall see, appears as a fair and just political power, the only one able to keep the state in concord and prosperity, according to classical monarchical principles.

This paper focuses on the most important works in this corpus of texts on conspiracies, most of which were written by some of the chief humanists of the Italian *Quattrocento*. The earliest works on this topic were composed in 1453: Leon Battista Alberti's epistle *Porcaria coniuratio*, and the epic poem *Porcaria* written by a not very well known poet, Orazio Romano, both devoted to Stefano Porcari's conspiracy against pope Nicholas V in Rome in 1453.[3] Another pivotal text from this literary corpus is Giovanni Pontano's *De bello Neapolitano*, the historical account of the "first conspiracy of the barons" against Ferdinando of Aragon, king of Naples, including the narration of the war that followed the plot, between 1459-1465.[4] This was the only historiographical work produced by Pontano, who undertook this ambitious project straight after the war, in 1465, and worked on it until his death, in 1503. Finally, the most famous work is probably Angelo Poliziano's *Coniurationis commentarium*, the first account of the Pazzi conspiracy against the Medici brothers, written in 1478, immediately after the attack:[5] an elegant literary narration that can be considered the cornerstone of the Medici propaganda after the plot.

In all these works, the conspirators' plots are marked and represented at once as violent and criminal actions. This image is explicitly conveyed in the

---

[3] Alberti's *Porcaria Coniuratio* is edited by Regoliosi in Alberti's *Opere latine*. Orazio Romano's poem is edited by Lehnerdt. On the poem see also D'Elia.
[4] On Pontano's work see Monti Sabia; Bentley 184-253; Tateo 223-33; Ferraù 81-129; Senatore.
[5] The most recent edition of the text is my Poliziano, *Coniurationis commentarium*.

opening of texts, so as to underline immediately the brutality and dangerousness of the political attack and to ascribe to it a broader moral connotation, which mainly corresponds with the classical categories of *facinus* and *scelus* and therefore to the idea of crime. It is no coincidence that these very same words are those most frequently adopted by humanists to define the conspiracies.[6] These terms, along with several other verbal expressions, motifs and interpretive categories, are drawn from the chief classical work on this historical topic: Sallust's *De coniuratione Catilinae*, which is predictably the *auctoritas* most extensively employed by humanists as their major model.[7] In most of the fifteenth-century works on conspiracies, such as Poliziano's *Commentarium*, Alberti's *Porcaria coniuratio*, and Orazio Romano's *Porcaria*, the opening definition of the plot as a *facinus* or *scelus* not only immediately recalls the prototype of Sallust, but also emphasises the fierce and criminal character of the attack, highlighting its violent nature:

Pactianam coniurationem paucis describere instituo, nam id in primis memorabile facinus tempestate mea accidit parumque abfuit quin Florentinam omnem rem publicam penitus everteret.[8]

(Coniurationis commentarium §1)
(I proceed to narrate briefly the Pazzi conspiracy, since it was the most memorable crime which took place in my time and was not far from overthrowing the whole Florentine republic.)

Facinus profecto, quo a vetere hominum memoria in hanc usque diem neque periculo horribilius, neque audacia detestabilius, neque crudelitate tetrius a quoquam perditissimo uspiam excogitatum sit.[9]

(Porcaria coniuratio § 2)
(It was such an evil crime that nowhere has a more hideous murder been contrived in human history even by the most wicked men, nor a crime more horrendous for its dangerousness, nor more hideous for its recklessness, nor more gruesome for its cruelty.)

Insidias patriae qui struxit et arma parenti | Ipse parens refer et sceleri si Roma nefando | Annuerit, tenues nam si fragor impulit auras, | Romuleos iterum formidat curia raptus.[10]

(Porcaria, I, vv. 1-4)

---

[6] On this terminology see also Chiabò 130-31.
[7] On the reception of Sallust in the Middle Ages and Renaissance, see La Penna 409-39; Skinner, "The Vocabulary of Renaissance Republicanism"; Osmond, "'Princeps Historiae Romanae'"; Ead., "Catiline in Fiesole and Florence."
[8] This and the other passages of the *Commentarium* in this article are quoted from the most recent edition of the text: Poliziano, *Coniurationis commentarium*, with an indication of the paragraph number. All translations are mine.
[9] All passages of the *Porcaria coniuratio* are quoted from the edition by Regoliosi in Alberti 1265-81 (with the indication of the the paragraph number). All translations are mine.
[10] All passages of the *Porcaria* are quoted from Orazio Romano. All translations are mine.

(Of him who plotted threats against the fatherland and wars against his father, you father, sing, and if Rome had fallen in an infamous conspiracy, and the tumult shakes the breezes, the Curia would have to fear again the rapes of Romulus.)

The same angle subtends also to Pontano's longer work, where, for example, the infamous attack planned by the rebel nobleman Marino Marzano against king Ferdinando in Teano, in May 1460, is described as an "atrocious and hideous crime" ("facinus indignum et atrox").[11] This episode was often recalled in the Aragonese propaganda as one of the crucial events in the conflict. It also acquired a symbolical connotation and was frequently evoked as an *exemplum* of both the viciousness of the plotters and Ferrante's physical and intellectual virtues, demonstrated in his ability to detect the ambush, flee from his enemies and fight them. Although Pontano's work covers a long chronology and numerous episodes (and consequently it may appear more fragmented in giving a precise characterization of the intricate historical events) the description of the conspiracy as an outrageous political action continually surfaces in the unfolding of the story.

Besides this general and idiosyncratic characterisation of the political plot as a brutal offence, in all works the stress is continuously put on images conveying the idea of violence, in particular in the portrayals of the conspirators and in the description of their plans and actions. The organisers and perpetrators of the attacks against the rulers are depicted in dark shades as immoral and vicious figures, whose traits are mainly drawn from the model of the Sallust's Catiline, the classical and traditional prototype of conspirators. Among the most distinctive vices and negative qualities ascribed to them — moral corruption, ambition, envy, greed and yearning for power — it is a general violent and fierce attitude that often surfaces as their main feature and is seen as playing a prominent role in their misdeeds. The work where the portrayals of the plotters are sketched with the most intensely negative colours is Poliziano's *Commentarium*, where the author often relies on anecdotal episodes to put emphasis on the cruel and aggressive natures of the Medici's enemies. For example, he depicts Iacopo Pazzi, the leader of the plot, as driven by an innate and uncontainable anger even in his usual activities, such as gambling (which is also considered another typical vice of plotters in the classical tradition, such as in Cicero's *In Catilinam* 2, 23).[12] In particular, he describes Iacopo throwing the gambling table against whoever is in front of him whenever he loses the game:

[...] sicubi male iactus caderet, Deos atque homines diris agere, non nunquam et alveolum tessararium, aut quod aliud irato offerretur, temere in proximum quemque iaculari. (§ 4)
([...] whenever he lost in throwing dice he swore at gods and men, and sometimes flung

---

[11] Monti Sabia 92. On Marino Marzano see Sardina in *Dizionario biografico degli italiani*.
[12] See Poliziano, *Coniurationis commentarium* 73.

the gaming table, or whatever he could grasp driven by his anger, at anyone in the vicinity.)

Another emphatic representation of the inconsiderate and self-destructive violence that drives the conspirator to attack the Medici brothers appears in the metaphorical image of the fire that Iacopo Pazzi would set in order to destroy not just the state but also himself (a portrayal influenced by a famous passage in Sallust's *De coniuratione Catilinae*, 31, 9):

Non enim sperabat homo insolens et ambitiosus decoctoris ignominiam aequo animo ferre posse: studebat itaque uno incendio sese suamque omnem patriam concremare. (§ 8)
(This insolent and ambitious man had no hope of tolerating with calm spirit the ignominy of the bankrupt: thus he aimed to burn in one fire both himself and his fatherland.)

The tendency to behave violently, therefore, is seen as a distinctive feature of the plotter, who, consequently, becomes a negative exemplar, a vicious man who put into action his harmful plans by carrying out the conspiracy.

A parallel descriptive approach appears in Pontano's *De bello Neapolitiano*, where the leaders of the rebellion against the king are ascribed similar negative traits and are sketched as inclined to violent behaviour. In particular, in portraying Giovani Antonio Orsini, the prince of Taranto and the head of the seditious barons, Pontano mentions the man's impatience for political subversion and upheaval, the lack of any eagerness or respect for anything holy and honest, and the urge to do whatever his mind could plan (Monti Sabia 85). Moreover, as Monti Sabia has pointed out, Pontano draws from Sallust's portrayal of Catiline the attributes of the ambivalent and contradictory nature of the leader of the plot. The humanist indeed, besides assigning a few good qualities to Orsini, narrates some episodes in which the character proves to be both ruthless and thoughtful, such as during the siege of Minervino, when he left for many days a hanged corpse to be seen by his niece, who was imprisoned in the castle's jail, but he still provided her every day with good food (Monti Sabia 14). This cruel image conveys the idea of pointless violence that is an end in itself. But most significantly it unveils the humanist's general bent to indulge in portraying macabre and morbid pictures with an expressive style. This stylistic nuance, as we shall see, often underlies humanist works on conspiracies and contributes to building up the general overtone of brutality that imbues the ideological viewpoint of the texts.

Nevertheless, a more unspoken and veiled type of violence comes to light in the depiction of the conspirators' habits, attitudes and gestures, and in the illustration of the thoughtless and inconsiderate reasons that lead them to perpetrate their crime (once again, following the classical model of Sallust's *De coniuratione Catilinae*). These descriptive elements clearly characterise Poliziano's work, for example the description of Iacopo Pazzi, who is portrayed as a volatile man on the verge of indulging in unreasonable actions:

Ipse pallidus atque exanguis caput iactare semper et, quod levitatis maximum foret argumentum, nunquam ore, nunquam oculis, nunquam manibus consistere. (§ 3)
(He, pale and wan, always used to shake his head and never kept his mouth, eyes and hand still: which is the clearest sign of inconstancy.)

Also Francesco Salviati, the archbishop of Pisa, and Francesco Pazzi, two other leading figures in the plot, are ascribed a vicious attitude and are implicitly accused as guilty of hideous misdeeds, in contempt of any religious or human law:

Is Franciscus [*scil*. Salviati] homo fuit, id quod Dii atque homines sciunt, omnis divini atque humani iuris ignarus et contemptor, omnibus flagitiis et facinoribus coopertus, luxuria perditus et lenociniis infamis. (§ 10)
(This Francesco Salviati was ignorant and scornful of any human or religious law — both god and men know that — guilty of any baseness and crime, lost in lust and procuring.)

Sanguinarius praeterea homo [*scil*. Francesco Pazzi] erat et qui, dum rem quamcunque is animo volveret expeditum iret, nullo honestatis, nullo religionis, nullo famae aut nominis respectu detineretur. (§ 15)
(He was a bloodthirsty man and, as long as he could put into action anything he was planning, he was not restrained by any respect for honesty, religion, honour or reputation.)

As for Leon Battista Alberti's work — the more balanced and unbiased account of Stefano Porcari's abortive conspiracy — it is noteworthy that the plotter is depicted in more unspoken and tenuous negative shades, but the violent inclination of the rebel is still highlighted in the representation of his attempts to urge the common people to rise up against the pope (an episode that took place before the actual conspiracy):

Stephanus Porcarius eques romanus [...] per eos dies, quibus Eugenii pontificis maximi funus celebrabatur, suos ad concives pro concione orationem habere instituit, non minus vehementem, quam turbulentam. Quoad enim in se fuit, hortari aggressus est ut, captis armis, veteris romani populi et nominis et libertatis meminissent. [...] Cum vero ex magistratu rediisset, quod videre licuit, non posita animi pristina protervia, sed aucta ambitione, iterato se turbulentissimum exhibuit. Nam per eum quidem diem, quo, pro vetere consuetudine, ludi agonales celebrabantur, orta inter nonnullos adolescentulos rixa et studiis partium plusculis circum tumultuantibus, presto affuit Porcarius vultu, gestu, manu, verbis, clamore omnia tentans, quibus insanum vulgus ad odium eorum, qui rebus preessent, incenderet atque ad arma concitaret. (§§ 3; 7).
(Stefano Porcari, a Roman knight [...] in the days when the celebration of Eugene IV's funeral was held he decided to deliver a speech to his fellow citizens who were gathered in an assembly: a speech that was not less vehement and turbulent than effective in urging people to rise up. As far as he was concerned, he started to encourage them to take up arms and remember ancient Rome's noble name and liberty. [...] When the office he was appointed to by the pope ended, it was evident that the old insolence had not abandoned his spirit; on the contrary, his ambition was even higher and he was again ready to provoke uprising. The day when, in respect of ancient tradition, Agone's games

were celebrated, after a fight between young men began and several groups of people rioted, Porcari arrived there immediately and tried with his facial expression, gesturing, words, shouts to inflame the foolish mass and call the common people to arms, fomenting their hatred for the rulers.)

The terminology used by the author suggests the idea of overflowing aggressiveness and, at the same time, represents Porcari's oratorical ability to move people to follow his criminal plans, by means of his rhetorical skills, eloquence, and gestures, which are recurrently mentioned throughout the text. In doing so, Alberti insists on conveying the image of verbal violence, a slighter but no less effective and dangerous kind of coercion that may lead to unpredictable and tragic political consequences. It is no accident that the humanist's epistle includes the lengthy oration that the leader of the conspiracy delivered to his accomplices the day before the planned attack: a well-crafted speech shaped after the model of Catiline's harangue in Sallust's work and perfectly framed as a classical *oratio*, in accordance with classical rhetorical tenets and Ciceronian *partitiones*. More generally, in Alberti's output political oratory is often represented as a device through which eloquent men (or personifications of men, as in some *Intercenales*) can persuade the common people to hideous actions, such as upheavals and violent rebellions, which are considered by the humanist the most dangerous threats to the *concordia* in societies.[13] In the epistle on the conspiracy, in particular, Porcari's rhetorical tools are often ascribed the purpose of manipulating and moving popular masses to action by raising hatred and evil impulses. This bitter viewpoint reflects Alberti's unsettled and pessimistic political thought. Despite his recurrent caustic criticism of the most hideous traits of power,[14] the humanist never shows sympathy for subversive plans and attempts to overthrow the political *status quo*, as the *Porcaria coniuratio* reveals.[15] This decisive disapproval for any violent uprising subtends the whole text, although it is concealed in the epistle's complex and evasive ideological framing.

Images of brutal cruelty are predictably one of the main ingredients in most narratives of the actual attacks perpetrated against the rules, or in the descriptions of the plans organised by the plotters. In Poliziano's text the description of the assault against the Medici brothers in the church of Santa

---

[13] For this element in the *Intercenales* see Rossi.

[14] This criticism is articulated in many passages of his works, such as the *Momus*, the earlier work *Theogenius*, and some *Intercenales*. On the *Momus* see in particular Fubini, "Leon Battista Alberti, Niccolò V e il tema della 'infelicità del principe'"; on the *Theogenius*, see Boschetto.

[15] Some scholars have connected Alberti's disapproval of Nicholas V's papacy with his implied understanding for Porcari: see in particular, Cassani; Tafuri, "'Cives non esse licere'" 44-45. On the other hand, other scholars do not see in Alberti sympathy for the conspirator, but a more complex attitude: Grafton 311; Furlan 267; Borsi, *Introduzione alla "Porcaria coniuratio"* 211-12.

Maria del Fiore represents the tragic peak in the unfolding of events. In particular, the assassination of Giuliano de' Medici, Lorenzo il Magnifico's youngest brother, is pictured with dramatic and vivid colours in order to convey the idea of the savage violence undergone by the victim. This depiction encapsulates the tragic poignancy of the whole episode: a result that is fulfilled also by the sophisticated and flowing intertwining of references to the major classical poets, in particular Virgil and Ovid (Poliziano, *Coniurationis commentarium* 80). Poliziano also insists in underscoring the cruelty of the assault by representing the attackers as chasing the survivor, Lorenzo, murdering the innocent emissary of the Medici's bank, Francesco Pazzi, and giving a vivid picture of the general chaotic excitement in the background of the scene:

Ibi primum peracta sacerdotis communicatione, signo dato, Bernardus Bandinus, Franciscus Pactius aliique ex coniuratis, orbe facto, Iulianum circumdant. Princeps Bandinus, ense per pectus adacto, iuvenem transverberat. Ille moribundus aliquot passus fugitare, insequi illi. Iuvenis, deficiente spiritu, terrae concidit; iacentem Franciscus, repetito saepe ictu, pugione traiicit. Ita pium iuvenem neci dedunt. [...] Videre erat tumultuantem populum, viros mulieresque, sacerdotes, pueros, fugitantes passim quo pedes vocarent. Omnia fremitu plena et gemitu, nihil exaudiri tamen expressae vocis: fuere et qui crederent templum corruere. Qui Iulianum trucidarat, Bernardus Bandinus, non contentus suis partibus, ad Laurentium contendit. Ille se commodum cum paucis in sacrarium coniecerat. Bandinus ob iter Franciscum Norium, prudentem virum et mercaturis Medicae familiae praefectum, ense per stomachum adacto, uno vulnere perimit.. (§§ 34; 37-38)
(As soon as the priest received the Eucharist, Bernardo Bandini, Francesco Pazzi and the other conspirators, after giving the signal, place themselves in a circle and surround Giuliano. First Bandini sticks the sword in the young man's chest and pierces him. He, mortally wounded, tries to flee and take a few steps but they chase him. Giuliano, breathless, breaks down, and, while he lies on the ground, Francesco strikes him violently with a dagger many times. In this way they murder the pious young man. [...] You could see people acting tumultuously, and men, women, priests, children fleeing wherever they could. Everywhere you could hear clamour and cries, but nobody was able to understand anything of the words uttered. Some people even believed that the church was about to collapse. Bernardo Bandini, who had murdered Giuliano, still not satisfied with what he had already done, tried to seize Lorenzo. But he had just escaped with a few of his men into the sacristy. Bandini, having bumped into Francesco Nori, wise man and trade agent of the Medici family, pierces his stomach with his sword and murders him with just one strike.)

Descriptions of brutal actions perpetrated by the conspirators are also frequent in Pontano's *De bello Neapolitano*, where, because of the length and heterogeneity of the text, the narration is built up by the juxtaposition of several single episodes that trace the development of the war between the rebel barons, allies of the Angevin pretender to the throne, John of Anjou, and Ferdinando of Aragon. Pontano often indulges in portraying scenes of fierce violence, emphasising, in so doing, not only the viciousness of the conspiracy, but also, more generally, the savagery of military conflict. Thus, in this specific case, the accent is on a particular kind of violence: the brutality of war, the cause of grief and death. This image, therefore, epitomises a broader and universal idea of violence, which, at the same time, is seen as a direct consequence of the political plot. Thus, the blame for the conflict is implicitly laid on the insurgent noblemen, who are responsible for the conspiracy and, consequently, for people's suffering. It is indeed noteworthy that Pontano often portrays scenes of callous military actions: plundering, gory murders, rapes. These crimes, according to the humanist's view, were mainly committed by the plotters' troops and only occasionally by the Aragonese soldiers; nevertheless, in the latter case, the responsibility for these actions is usually implicitly ascribed to the atrocity and violence endemic to any war, or, in the case of plundering, to the army's urgent need for money.[16] In the light of Pontano's tendency to home in on the most ferocious aspects of political conflict, it is not surprising that he devoted his very last treatise, the *De immanitate* (1502), to the topic of savagery and to categorising this degeneration of human instinct.[17] The *immanitas* is regarded as the most hideous human behaviour that leads the individual to lose his status of human being and to become a beast. The choice of this unusual subject as the topic of a theoretical exposition (the other treatises by Pontano were all devoted to human virtues) proves the humanist's deep interest in both cruelty as a human component, although blameworthy, and the inconsiderate use of violence (which is what, literally, *immanitas* is).

In the descriptions of the plotters' attacks on rulers in the literary accounts of abortive conspiracies (which were never carried out because of their early discovery), the conspirators' plan is illustrated at length, such as in Alberti's epistle (§§ 21-23) and Orazio Romano's *Porcaria*.[18] In both works, once again, the accent is put on the plotter's violent intentions. Stefano Porcari had planned to attack the papal curia with armed men, carry out a slaughter (Alberti adopts the strong term *caede*, § 23, "slaughter"), tie up the pope and murder him. The aim of killing the pope is openly mentioned in the *Porcaria*, while Leon Battista, despite saying that Porcari wanted to kill all religious men in the curia ("omnem pontificiam turbam funditus extinguere" § 23), seems to leave the issue vague: he contends that the plotter planned to abduct Nicholas V tied in

---

[16] This approach informs the narration of the dishonorable sacking of the temple of San Michele (on which see Monti Sabia 41n20), where the humanist dwells on the soldiers' brutal raids, but explains that the king's choice of seizing the riches of the temple is due to the urgent need for money for the war, and he adds that, after the final victory, Ferdinando would give all the gold and silver back to the holy sanctuary (Monti Sabia 114-15).
[17] On the description of violent actions caused by war in the *De bello Neapolitano* see Monti Sabia 67-68. The *De immanitate* is published in *Ioannis Ioviani Pontani De immanitate liber*.
[18] Alberti 1267-68 (§§ 21-23); *Porcaria* I, vv. 235-319.

chains, but says that they perhaps did not predetermine to murder him.[19] Nevertheless, in Alberti's epistle, an even more emphatic description of the conspirators' evil intentions is put into the mouth of the foreign religious men who are part of the curia, the "barbari": the humanist depicts them as being deeply shocked by the plot and blaming all Roman people for the crime.[20] However, although Leon Battista admits to sharing the traumatic condition of terror in which all Roman clerics live, he seems to implicitly distance himself from the radical position of the curial foreign men. Indeed, in the second half of his work, he offers us a portrayal of the contrasting opinions that the different religious groups in Rome have on the conspiracy, but shapes it as a complex and unresolved comparison of conflicting perspectives, among which the author's viewpoint remains veiled. Nonetheless, the crucial role played by the idea of violence in the text (as an element that informs the plotter's words, nature, gestures and intentions) still surfaces and betrays Alberti's decisive disapproval of the conspiracy. This standpoint is also revealed by the extensive and studied use of the model of Sallust and, more generally, by the overall ideological overtone that permeates the work, which proves to be in complete opposition to any subversive attempt to overthrow established powers.[21]

In Orazio Romano's *Porcaria*, instead, it is Porcari himself who, after descending into a fantastic and morbid hell, tells all the tragic events and his evil plans to the infernal judge, Minos (and also quotes the speech he delivered to his fellow citizens):

Tunc ego mentis inops furiali concitus ira | Multa parans animo leges et foedera rupi | Exilii et furtim Latiam sum vectus ad urbem, | Infensus patriae dominoque parentibus et diis. | [...] Mox alios furto implicitos vel sanguine mecum | Ad mea tecta voco iuvenes, quibus omnis edendi | Gloria et aeterno vitam consumere ludo, | Pollicitis duxi variis, sermone furentes | Inflammavi animos [...].
Ipse ego iam dudum auratis vincire catenis | Aut ante ora deum sacrum mactare parentem | Constitui atque omnes in praedam vertere cives, | Extirpare genus, totas rescindere gentes. (I, 241-44; 247-51; 268-71).
(Devoid of judgement and overexcited by furious anger, I plotted plans in my mind, fled from the exile and furtively came back to the city in Lazio, as an enemy of the fatherland, ruler, ancestors and gods. [...] I call to my home many young men, entangled in deceit and blood, devoured by yearning for glory; I drove them with several promises to consume their life in eternal deception and with a speech inflamed their furious spirits [...]. I myself planned to tie with gold chains the pope and murder him in front of the holy gods and drive all citizens to plunder, eradicate ancestry and destroy the noble families.)

The sophisticated and vigorous epic style framed by Orazio Romano

---

[19] Alberti 1268 (§ 24). On the different plans, according to Porcari's confession, see Modigliani 42-45.
[20] Alberti 1268-69 (§§ 27-29).
[21] On the model of Sallust in the *Porcaria coniuratio* see Borsi 157-63; Grafton 307; and Osmond, "Catiline in Renaissance Conspiracy Histories" (209-13).

emphasises the dramatic undertones of the poetic narration. These stylistic effects are achieved by the employment of verbal references, *iuncturae* and wording drawn from the most eminent classical epic *auctoritates* (Virgil, Lucan and Statius), and, most significantly, by the use of a lively and expressive vocabulary that continuously recalls the semantic fields of violence and crime. This poetic technique is extensively used throughout the poem and ends up enhancing the dramatic tone of the narrative. In this and other sections, the role played by mordant images of violence is not only thematic or ideological, as in most of the passages previously analysed; conversely, in the *Porcaria* this factor is enlisted also as a stylistic component which, together with other rhetorical and thematic elements, builds up the overall texture of the work: its meaning, its political overtones, and its sophisticated poetic architecture. We may say, more precisely, that the refined stylistic texture of the *Porcaria* and its poetic intensity are produced also by picturing colourful and expressive scenes that represent and convey the idea of violence, by means of specific motifs, expressions, wording, and images which are embedded in the whole poem.

This stylistic trait clearly comes to light in the most imaginative and macabre scenes of the poem, which take place in an imaginary and ghoulish hell, inhabited by the typical infernal figures of classical literature, including Dante's *Commedia*: Charon, Cerberus and Minos. Violence proves to be the thematic and stylistic element on which the ghastly atmosphere of most descriptions rotates. In particular, the vivid representations of the infernal punishment inflicted on the conspirators are fashioned by means of images of great expressiveness, in a morbid style. Two of the most gruesome depictions in the poem describe the deaths of Stefano Porcari's accomplices: Angelo di Maso, Porcari's brother-in-law, falls off Charon's boat into the Acheron and is devoured by green snakes; his son Clemente, witness to that death, tears his eyes from their sockets with his fingernails and, once disembarked, falls down a cliff into the mouth of Cerberus, who devours him (I, 163-85; 205-16). Similar intense and horrific representations recur throughout the poem and construct both its sophisticated stylistic veneer and its ideological perspective, surrounding the whole narration of the conspiracy with a vicious undertone. It is not only the imaginary death of the plotters in the hell that is couched in emphatic and striking images, but also the depiction of the actual punishment inflicted on them by the pope. Orazio Romano, indeed, alludes to the conspirators' hanged bodies, placing them in a dark and gloomy setting and underlining the torment they suffered (I, 370-73). Moreover, the expressive image of plotters' leader who goes down into the hell in his dead body, with black bruises on his broken neck due to hanging, and meets the infernal ferryman Charon, encapsulates the idea of unforgiving violence which backfires on the guilty man (I, 154-55).

Violence is also enlisted as a stylistic ingredient in other humanist accounts of conspiracies, where the colourful and vivid narration of the events unfolds through the caustic representations of ferocious scenes of inhuman brutality. In Poliziano's *Commentarium*, in particular, these images are shaped by an expressionistic tone that informs the portrayals of crucial events. If in Orazio Romano's poem the intense gruesome style created by images of violence permeates diffusely the entire text, in the *Commentarium*, the most emphatic and horrific scenes concentrate on the narration of the vengeance against the evil plotters. For example, Poliziano sketches the macabre and ghoulish depiction of the Florentine people who, in order to show their closeness to the Medici and support their revenge against the state's enemies, carry their spears around the city with pieces of corpses on the top (an image that is inspired by Suetonius *Vita Divi Iuli* 85, 1):

Omnia direpta, cadavera ipsa foede lacerata: iam ante Laurentii fores caput humanum lanceae praefixum, iam humeri partem attulerant. (§ 54)
(Everything is plundered, corpses are brutally torn apart: people carried along a human head or a piece of a shoulder on top of their spears and brought them in front of Lorenzo's gate.)

But probably the most intense and expressionistic image appears in the representation of the execution of the archbishop Salviati, who, hanged from the same window from which Francesco Pazzi had been strung up, in an out of control impetus before dying, bit his accomplice's chest, popping his eyes out of his head:

Mox et Pisanus praesul ex eadem, qua et Franciscus Pactius fenestra pendebat, supra ipsum exanimum corpus suspenditur. Cum deiiceretur (id quod mirum quidem omnibus visum iri arbitror, nemini tamen ignotum eo tempore extiterit), sive id casus aliquis sive rabies dederit, ipsum illud Francisci cadaver dentibus invadit alteramque eius mamillam, vel cum laqueo suffocatus est, apertis furialiter oculis, mordicus detinebat. (§ 58)
(Then also the archbishop of Pisa was hanged from the same window from which Francesco Pazzi had been hanged, right on top of his lifeless body. While Salviati was thrown down (I surmise that what happened will be considered extraordinary by anyone, nevertheless in my time it was certainly well known) — it might have happened by chance or because of anger — he stuck his teeth into Francesco's corpse and, as he was strangled by the noose, his eyes ferociously wide, he held onto the man's chest with a bite.)

These passages offer an emblematic example of the interplay between the stylistic and ideological functions played by violence as a literary element. As we have seen, in these humanist works, the political message conveyed by the comprehensive representation of the historical events is not only built by means of thematic and narrative motifs, but also by stylistic and rhetorical tools: the idea of violence, in this case, is the main constituent of both these literary aspects, thematic and stylistic. These elements are perfectly balanced and intermingled, so as to produce and put forward effectively a precise political view, which is aimed at condemning the plotters.

In particular, the passages aforementioned introduce another pivotal ideological factor which is framed and put forward by recalling the concept of violence: it is the harsh revenge inflicted on the enemies of the fatherland. This kind of viciousness proves to be parallel, although opposed, to the cruel actions perpetrated by the conspirators. For example, in the narration in the *Commentarium*, once the conspiracy fails, the whole city becomes the scene of ferocious reprisal against the plotters, who are captured and brutally killed. As we have seen, Poliziano indulges in the depiction of macabre images that represent the savage vengeance waged against the traitors of the state, such as the lengthy description of the torture inflicted on Iacopo Pazzi's corpse, which was unearthed twice, dragged around the city, abused by a group of young boys, and finally thrown into the river Arno.[22] In these representations, the plotters' viciousness is reflected, in a kind of mirror-like correspondence, in the violence performed by rulers, who, after managing to survive and protecting their government, react harshly to defeat their antagonists with the active support of their people. It is noteworthy that in Orazio Romano's epic poem, as we have seen, this vengeful violence characterises both the "infernal" and "earthly" punishment, underlying both the images of the plotters' hanged corpses and the description of torment they undergo in the underworld. So, in these humanist works, in light of the emphasis put on the picture of the cruel attack against the government, the unmerciful punishment inflicted on the conspirators turns out to be the emblem of a fair revenge.

From this point of view, the idea of violence that surfaces in these texts reveals its dual nature. The condemnation of the plotters, decisively stated through the denunciation of the heinous crimes they committed, is combined with the sympathetic representation of the violent vengeance they suffer as a fit punishment. This unspoken idea of *contrapasso* underlies the political perspective of most texts.[23] In these works the plot is depicted as a fierce subversive attack against the whole civic community and therefore as a threat that can jeopardise the common people's life. In view of this political perspective, the pitiless revenge inflicted on plotters coincides with the justified reaction of the entire state. Thus the two overlapping images of violence, which belong respectively to the crime and the punishment, coexist and foster the same propagandistic view. Consequently, it is not a coincidence that in most texts the common people play an active role in the reprisal carried out against the plotters and appear bonded and allied with their rulers. For example, in the *Porcaria* the poet represents some men as walking nearby the hanged bodies and mocking

---

[22] Poliziano, *Coniurationis commentarium*, §§ 82-85, pp. 66-68.
[23] Violent forms of political repression were already considered legitimate by the civic community in the previous century, as Ricciardelli writes: "Every form of repression implies the mutual acceptance, by members of a community, of the legitimization of the office which is doing the repressing" (66).

them with sarcastic disapproval (*Porcaria* I, 369-83). But it is in the *Commentarium* where the citizens take the most active part in the revenge against the attackers. As already mentioned, Poliziano indulges in depicting the Florentine people as raging against the conspirators' corpses, carrying pieces of dead bodies around the city, or abusing Iacopo Pazzi's cadaver for days. This element, as well as the whole narrative perspective of the text, corresponds completely to Lorenzo de' Medici's political strategy after the conspiracy, which was aimed at legitimising and consolidating his authority in Florence.[24] In the *Commentarium*, this goal is achieved by underlining both the isolation of the plotters and the strong mutual relationship between Lorenzo, who survives the attack, and the Florentine people, who back him and react to the brutal assault with the same violence displayed by the conspirators.

But in the complex representation of crime and punishment that characterises these works, another crucial element must be considered, which is opposite to the revenge: it is the concept of clemency. This is one of the most important princely virtues traditionally ascribed to monarchs in both classical and fifteenth-century political literature.[25] It is significant that in humanist texts on political plots clemency is regarded as a distinctive trait of political leaders in dealing with enemies, and, in some cases, it is evoked by the author in order to urge the ruler to be merciful with the conspirators. From this perspective, clemency proves to be the counterpart of reprisal. Thus, paradoxically, in works where violence is a cornerstone, its political antithesis, clemency, appears as a key factor within the same propagandistic perspective. *Clementia* is, indeed, the fundamental virtue of a just political power, which is violent and revengeful with the most blameful adversaries, but is merciful with people who deserve mercy. This narrative element also shows that the ruler's decision about the destiny of the traitors is totally dependent on his judgement.

In particular, clemency emerges as a crucial political matter in the texts on Porcari's conspiracy. In both Alberti's epistle and Orazio Romano's poem the papacy is regarded as a secular state and the pope is seen as a ruler who has to deal with threats to his government. It is no accident that Alberti ascribes to the pope attributes typical of monarchs, in particular the virtue of *clementia*. The humanist underlines the pope's merciful attitude in many passages:

[...] pontifex, cum per ipsa pontificatus initia instituisset quam posset plurimos sibi omnis conditionis homines conciliare omni qua posset beneficentia et facilitate, hunc alioquin honestum et presertim romanum civem beneficio devinciendum atque a turbidis consiliis ad spem honesti otii revocandum statuit mansuetudine. [...] ne quid pro suscepto instituto aggrederetur, quod non piissimi et misericordis esset, non extinguendam duxit

---

[24] On the political perspective of the text see Celati, "Introduction" 12-18.
[25] On this virtue in humanist literature *de principe*, see Cappelli LXXIX-LXXXI. Moreover, for the pivotal role of the idea of clemency in the process of centralisation of political power in the fifteenth century see Skinner, *Visions of Politics* II, 122-25.

hominis temeritatem, sed paulo cohercendam. (§§ 6; 8)
Numquam ferme inventum a veterum memoria, ut qui pontifex arma odisset, in arma incideret. Hunc pacis esse studiosum, in principes plus satis facilem, ut extrinsecos impulsores non multum verear, et perinde intestina quidem malorum contagia non multum momenti habitura censeam. (§ 35)
(The pope, who was just initiating his pontificate, was disposed to show mercy and try to reconcile all sorts of people to himself by acts of benevolence and tolerance. He wanted, therefore, to persuade this otherwise honest and certainly very Roman citizen, hoping he would abandon his criminal intentions for the hope of honourable peace. [...] As a man of great piety and mercy, in order not to do anything different from what he had planned, he decided not to punish the man for his dangerous behaviour, but to restrain him gently.
[...] Never since antiquity has a pope who hated arms had to fight a war. This pope is eager for peace, and more than willing to deal with princes. Hence, I am not much afraid of external threats and I think the plague of internal evils will subside.)

The idea of mercy is evoked as a fundamental princely virtue also in Orazio Romano's poem. In the *Porcaria*, as well as in other texts on Porcari's plot, such as Giuseppe Brivio's *Conformatio Curiae Romanae*, the allusion to clemency is directly associated with both the image of the just government of Nicholas V and the architectural restoration of Rome planned by the pope, aimed at reconstructing the city and renovating its buildings, fortifications, streets and aqueducts.[26] This ambitious plan is frequently celebrated in the literary works devoted to Nicholas V. But what is most remarkable is that in both Brivio and Orazio Romano's works the most powerful defense against subversive attacks is not only the massive fortification of the city but also the virtue of the pope, above all his clemency. In the *Porcaria*, in particular, the image of a compassionate and just ruler is recurrently recalled in the most eulogistic section of the poem. Although this element appears to be in contrast with the numerous pictures of the violent punishment inflicted on the plotters, the well-rounded figure of the fair ruler is shaped by means of these conflicting but complementary components: his right to revenge and to forgive.

In the intricate fifteenth-century political and cultural scenario, a considerable contribution to conceiving and spreading a new theory of rulership was made by humanist literature. In particular, as we have seen, in the most famous accounts of political plots the narrative perspective of the texts is aimed at conveying a specific political ideology and is framed by means of a complex and accurate employment of the idea of violence: a polyvalent element which plays a stylistic, thematic, and ideological function in all works. But the multifunctional role that images of violence play in this literary output also reveals the ambiguous character of this multifaceted concept, which is not easily

---

[26] On this architectonic plan see Westfall. Other important studies on Nicholas V's plan and the uncertain role that Leon Battista Alberti could have had in it are: Tafuri; Grafton; Burrough, *From Signs to Design* and "Alberti e Roma". Brivio's text is published in Tommasini 111-23.

classifiable in fixed categories. This ambiguity emerges clearly in the interconnected meanings and overtones that the opposed representations of reprisal of and clemency convey. Nevertheless, the employment of this multiform element proves to adhere to the centralised political thought that underlies all these works and that dominated in the historical background in which they were composed. So violence, as a polymorphic literary component, becomes the expression of the complex cultural and political horizon of the humanist age itself: an age of historical transitions, political evolutions and contradictory perspectives, which had a deep influence on the growth of sixteenth-century political thought.

University of Oxford

Works Cited

Alberti, Leon Battista. *Opere latine*. Gen ed. Roberto Cardini. Roma: Istituto Poligrafico e Zecca dello Stato, 2010.

_____. *Porcaria Coniuratio*. Ed. Mariangela Regoliosi. Alberti. *Opere latine* 1265-81.

Bentley, Jerry H. *Politics and Culture in Renaissance Naples*. Princeton: Princeton UP, 1987.

Brivio, Giuseppe. *Conformatio Romanae Curiae*. Tommasini 111-23.

Brown, Alison, ed. *Language and Images of Renaissance Italy*. Oxford: Clarendon Press, 1995.

Burrough, Charles. "Alberti e Roma." *Leon Battista Alberti*. Ed. Anne Engel and Joseph Rykwert. Centro internazionale d'arte e di cultura di Palazzo Te. Milano: Electa, 1994. 134-57.

_____. *From Signs to Design: Environmental Process and Reform in Early Renaissance Rome*. Cambridge: MIT Press, 1990.

Borsi, Stefano. *Introduzione alla "Porcaria coniuratio" di Leon Battista Alberti*. Foggia: Libria, 2015.

Cappelli, Giovanni Maria. "Introduction." Pontano. *De Principe* XI-CX.

Cassani, Alberto Giorgio. "*Libertas, frugalitas, aedificandi libido*. Paradigmi indiziari per Leon Battista Alberti a Roma." *Le due Rome del Quattrocento: Melozzo, Antoniazzo e la cultura artistica del '400 romano: Atti del Convegno internazionale di studi, Università di Roma "La Sapienza", Facoltà di lettere e filosofia, Istituto di storia dell'arte, Roma 21-24 febbraio 1996*. Ed. Sergio Rossi e Stefano Valeri. Roma: Lithos, 1997. 296-321.

Celati, Marta. "Introduction." Poliziano. *Coniurationis commentarium* 1-43.

Chiabò, Miriam. "Cicerone e Sallustio modelli per gli scritti sulla congiura di Stefano Porcari." *Congiure e conflitti* 129-38.

Congiure e conflitti. L'affermazione della signoria pontificia su Roma nel Rinascimento: politica, economia, cultura. Ed. Miriam Chiabò, Maurizio Gargano, Anna Modigliani, Patricia Osmond. Roma: Roma nel Rinascimento, 2014.

D'Elia, Anthony F. "Stefano Porcari's Conspiracy against Pope Nicholas V in 1453 and Republican Culture in Papal Rome." *Journal of the History of Ideas* 68.2 (2007): 207-31.

Dizionario biografico degli italiani. Ed. Alberto M. Ghisalberti, Massimiliano Pavan, Fiorella Bartoccini e Mario Caravale. Roma: Istituto dell'Enciclopedia Italiana, 1960 -.
Ferraù, Giacomo. *Il tessitore di Antequera. Storiografia umanistica meridionale*. Roma: Istituto Storico Italiano per il Medio Evo, 2001.
Fubini, Riccardo. "L'Età delle congiure: i rapporti tra Firenze e Milano dal tempo di Piero a quello di Lorenzo de' Medici (1464-1478)." *Italia quattrocentesca* 220-52.
_____. *Italia quattrocentesca: politica e diplomazia all'età di Lorenzo de' Medici*. Milano: Franco Angeli, 1994.
_____. "Leon Battista Alberti, Niccolò V e il tema della 'infelicità del principe.'" *La vita e il mondo di Leon Battista Alberti. Atti del Convegno internazionale, Genova (19-21 febbraio 2004)*. 2 vols. Firenze: Olschki, 2008. 2: 441-69.
Furlan, Francesco. "*Leonis Baptistae Alberti Porcaria coniuratio*: scheda critica e filologica" *Albertiana* 5 (2002): 261-67.
Grafton, Anthony. *Leon Battista Alberti. Master Builder of the Italian Renaissance*. London: Allen Lane, 2001.
La Penna, Antonio. *Sallustio e la "rivoluzione" romana*. Milano: Feltrinelli, 1968.
Modigliani, Anna. *Congiurare all'antica. Stefano Porcari, Niccolò V, Roma 1453*. Roma: Roma nel Rinascimento, 2013.
Monti Sabia, Liliana. *Pontano e la storia. Dal "De bello Neapolitano" all'"Actius"*. Roma: Bulzoni, 1995.
Orazio Romano. *Horatii Romani Porcaria [...] accedit Petri de Godis Vicentini De coniuratione Porcaria dialogus e codice vaticano erutus*. Ed. Maximilian Lehnerdt. Lipsiae: In aedibus B. G. Teubneri, 1907.
Osmond, Patricia. "Catiline in Fiesole and Florence: The After-Life of a Roman Conspirator." *International Journal of the Classical Tradition* 7 (2000): 3-38.
_____. "Catiline in Renaissance Conspiracy Histories: Hero or Villain? The Case of Stefano Porcari." *Congiure e conflitti* 203-16.
_____. "'Princeps Historiae Romanae': Sallust in Renaissance Political Thought." *Memoirs of the American Academy in Rome* 40 (1995): 101-43.
Poliziano, Angelo. *Coniurationis commentarium*. Intro., transl., comm. and ed. Marta Celati. Alessandria: Edizioni dell'Orso, 2015.
Pontano, Giovanni. *De Principe*. Ed. Guido Maria Cappelli. Roma: Salerno Editrice, 2003.
_____. *Ioannis Ioviani Pontani de immanitate liber, edidit, italice vertit, commentariolo instruxit Liliana Monti Sabia*. Napoli: Loffredo, 1970.
Ricciardelli, Frabizio "Violence and Repression in Late Medieval Italy." *The Culture of Violence in Renaissance Italy. Proceedings of the International Conference Georgetown University at Villa Le Balze, 3-4 May, 2010*. Ed. Samiel Kline Cohn Jr. and Fabrizio Ricciardelli. Firenze: Le Lettere, 2012. 55-80
Rossi, Giovanni. "Alberti e la scienza giuridica quattrocentesca: il ripudio di un paradigma culturale." *Alberti e la cultura del Quattrocento. Atti del Convegno internazionale (Firenze, 16-17-18 dicembre 2004)*. Ed. Roberto Cardini and Mariangela Regoliosi. Firenze: Edizioni Polistampa, 2007. 110-15.
Sardina, P. "Marino Marzano." *Dizionario biografico degli italiani* 71 (2008): 446-50.
Senatore, Francesco. "*Pontano* e la guerra di Napoli." *Condottieri e uomini d'arme nell'Italia del Rinascimento*. Ed. Mario Del Treppo. Napoli: Liguori-GISEM, 2001. 281-311.
Skinner, Quentin. *Visions of Politics*. 3 vols. Cambridge: Cambridge UP, 2002.
_____. "The Vocabulary of Renaissance Republicanism: A Cultural Longue-durée."

Brown 87-110.
Tafuri, Manfredo. "'Cives non esse licere': Niccolò V e Leon Battista Alberti." Tafuri 33-88.
_____. *Ricerca del Rinascimento. Principi, città, architetti*. Torino: Einaudi, 1992.
Tateo, Francesco. *I miti della storiografia umanistica*. Roma: Bulzoni, 1990.
Tommasini, Oreste. "Documenti relativi a Stefano Porcari." *Archivio della Società romana di storia patria* 3 (1880): 63-127.
Westfall, Carroll William. *In This Most Perfect Paradise: Alberti, Nicholas V, and the Invention of Conscious Urban Planning in Rome, 1447-55*. University Park: Pennsylvania State UP, 1974.

Olimpia Pelosi

"Offerire a Dio il nostro corpo come vittima mortificata": violenza mistica in Isabella Cristina Berinzaga (1551-1624), Maria Domitilla Galluzzi (1595 -1671) e Chiara Isabella Fornari (1697-1744)*

Sinossi L'indagine si concentra sugli scritti di tre mistiche vissute tra il Cinque e il Settecento, il cui percorso spirituale matura nella temperie pre-quietista e quietista e la cui autorialità, a lungo obliata, è riemersa dal silenzio degli archivi solo in tempi recenti. Attraverso l'analisi comparata dei testi e l'ausilio di strumenti critici postmoderni e di genere, si rileva come il "portato" esistenziale violento che ha plasmato l'adolescenza delle autrici confluisca in un desiderio veemente di "spogliarsi" della fisicità, intesa come *sōma* (vale a dire come unione biopsichica di corpo e di mente) per raggiungere in totale "annichilazione" (annientamento del sé) la fusione col divino. Gli scritti presi in esame delineano con vivido realismo i crudi percorsi di sofferenza fisica e mentale lungo i quali le mistiche si sforzano di mimare la passione di Cristo e su cui, giorno dopo giorno, distruggono il corpo e lo offrono in "santo sacrificio", in un rituale di cui sono al tempo stesso officianti e vittime sacrificali. In chiusura di saggio si rileva che — se il sacrificio "simbolico" può apparire da un lato come sterile ed inutile implosione autodistruttiva di donne già infragilite e assoggettate dai gravami societari e dottrinali — d'altro canto esso si rivela pure fruttifera via di fuga da contesti ideologici angusti e violenti; il sacrificio permette alle mistiche non solo di costruire un sé autoriale, ma anche di intuire una nuova percezione del divino inteso come spazialità infinita. Agli occhi della posterità, ciò le può accostare idealmente agli spiriti più illuminati delle loro epoche che, in ambito filosofico e scientifico — ed in opposizione ai miopi dettami tridentini — elaborarono i concetti cosmologici di infinità e molteplicità.

Parole chiave: Controriforma, misticismo femminile, quietismo, corpo, violenza, vittime, sacrificio, sofferenza, offerta, infinito.

Prodromi ermeneutici. Tre biografie spirituali al femminile tra Rinascimento e Barocco: la "quiete" ineffabile e la violenza del "sōma".[1]
La presente riflessione vuol esser qui un sintetico ragguaglio sui resoconti

---

*L'espressione ("vittima mortificata") è tratta da Fornari, *Trattato mistico delle virtù esteriori (e interiori)* 25 (citato d'ora in poi come *Trattato*) e riecheggia pressoché *verbatim* la frase paolina contenuta in Rom 12, 1: "[...] presentate i propri corpi [in greco: *sōmata*] come *thysia* [vittima] vivente, santa, gradita", contenuta in Destro e Pesce 2002, 87. Gli autori dell'articolo sottolineano altresì come gli innumeri interpreti che li hanno preceduti concordino nell'affermare che "Paolo in questi versetti usa un linguaggio *cultuale* e in particolare sacrificale" (87). Sullo stesso argomento si veda anche Gundry 1976. Tra le multiple suggestioni critiche che hanno ispirato il titolo di questo saggio e che appartengono a più d'una specola esegetica, compaiono: Masure 1950; Galimberti 1987; Galvagno 1995; Testoni 2002; Girard 1972 e 2003; Baumgarten 2002; Dunnill 2013.

[1] Il concetto di *sōma* qui adoperato si ispira alla tesi di Kristeva 1980 che lo definisce come un *unicum* bio-psichico, in cui si attua una "interdipendenza tra il simbolico e il semiotico" (Oliver 2005, 559; traduzione personale). Per il concetto di *sōma* come entità psicofisica esistente già in epoca omerica si vedano Reale 1999 e Cesaro 2010.

mistici che sono stati prodotti — il primo in ambito laicale, i due ultimi in spazi claustrali — da tre donne i cui percorsi spirituali si snodano a ridosso dei rigori tridentini e procedono lungo l'argine della corrente quietistica che dilaga, capillare e tenace, nella tumultuosa temperie dell'Europa tardo-rinascimentale e barocca.[2] Il credo quiestista (tracce del quale son già rinvenibili nello gnosticismo alessandrino del secondo secolo cristiano e che s'insinua nelle epoche storiche successive sino a raggiungere la Germania medievale e a serpeggiare negli scritti dei mistici spagnoli del *siglo de oro*) persegue quale obiettivo-cardine l'unione mistica della creatura col divino, conseguita attraverso un progressivo, totale annullarsi ("annichilazione") dell'umana volontà nel silente, abissale ed oscuro abbraccio dell'Uno.[3] Nel variegato cosmo dei microuniversi quietistici che costellarono in fitte tramature trasversali il tessuto religioso e sociale della penisola — e che furono ufficialmente messi al bando dalla Chiesa di Roma tra il 1687 e il 1688 — s'inseriscono le vicissitudini mistiche della laica milanese Isabella Berinzaga, della cappuccina piemontese Maria Domitilla Galluzzi, al secolo Severetta (ambedue condannate al silenzio dall'Inquisizione), e della romana Anna Felice Fornari, monacata col nome di Chiara Isabella, nel convento delle Clarisse di Todi (di cui fu badessa a partire dal 1735 sino alla sua scomparsa; la sua causa di beatificazione fu inoltrata nella prima metà dell'Ottocento.[4] Ad una mappatura, se pur sommaria, dei loro

---

[2] Il quietismo, che come movimento organizzato raggiunge il suo pieno sviluppo nella seconda metà del secolo decimosettimo, è preceduto da una fase germinale designata come "pre-quietismo" (Petrocchi 1948, 13) di cui i principali esponenti italiani sono Isabella Berinzaga ed il suo direttore spirituale, il gesuita Achille Gagliardi (1537-1607) e i cui rappresentanti spagnoli si possono identificare nei cosiddetti *Alumbrados* (Illuminati) operanti tra il quindicesimo e il sedicesimo secolo e intorno a cui, in un primo tempo, furon accusati di orbitare gli stessi Ignacio de Loyola, Teresa d'Avila e Giovanni della Croce. Padre riconosciuto del quietismo d'epoca barocca è Miguel de Molinos (1628-1696), sacerdote e mistico spagnolo, residente a Roma a partire dal 1665. Ivi, nel 1675, egli diede alle stampe in lingua spagnola la *Guia espiritual* (*Guida spirituale*), considerata il manifesto della dottrina quietista. Nel 1685 Molinos fu tacciato d'eresia dal Sant'Uffizio. Processato e condannato nel 1687, gli toccò in sorte la carcerazione a vita. Una più blanda reprimenda ricevette nel 1688 l'altro maggiore esponente del quietismo romano, il cardinal Pier Matteo Petrucci (1636-1701), alcuni dei cui trattati, ispirati al quietismo, furono inseriti nell'*Index librorum prohibitorum*. Per una storia minuziosa del quietismo italiano si consulti il succitato e ancora validissimo Petrocchi; e Malena 2003.
[3] Si senta il pensiero della Berinzaga, mediato da Gagliardi, in Gioia 1996, 312: "Perché, vedendomi annichilato nell'abisso (sic) del niente [...] correrò subito a immergermi e attuffarmi nell'eterno abisso dell'esser divino, gridando: *Abyssus, abyssum invocat!* [*Sl* 41, 8] (sic); e, qui sommamente mi compiacerò del mio niente e della spropriatione di tutte le cose create."
[4] Il "portato" mistico di Isabella Berinzaga è affidato alla penna di Achille Gagliardi, suo direttore spirituale, e trasposto nel trattato *Breve compendio di perfezione cristiana* che, pubblicato per la prima volta in Italia sotto il velo dell'anonimato nel 1611, diverrà "uno dei libri guida della spiritualità del grand siècle." (La citazione è da Pozzi e Leonardi

percorsi spirituali, traspare — al di là delle singole personalissime sfumature interpretative del pensiero quietista — un comune, portante denominatore: al fine di raggiungere l'"unione hipostatica" che annulla il confine tra umano e divino, il corpo femminile s'inscrive, come "vittima sacrificale", in un draconiano codice di sofferenza.[5] Le privazioni fisiche ed i tormenti spirituali si modulano nelle donne attraverso una *discesa* che conduce verso innumeri gradi di "nudo patire", antesignana di un'"emersione" ascensionale ed unitiva al divino.[6] Nella trama dolorosa degli "arazzi" mistici di Isabella, Chiara Isabella e Maria Domitilla si disegnano, incalzanti, le immagini di una violenza vivida, costellata di torture fisiche autoinflitte, tentativi di distruzione totale della propria fisicità, "possessioni" demoniache che fanno da antitetico *pendant* alla pace sconfinata di cui dovrebbe esser tramite "l'orazione di quiete".[7] Contraddizione, questa, solo apparente, dal momento che il quietismo, nella sua plurisecolare evoluzione sincretica, fa suoi gli empiti della carità violenta dei Vittorini, li tramanda alla mistica renano-fiamminga e affida la nozione dell'unione "a presa diretta" col divino (ottenuta attraverso una "dilatazione"

1988, 393). L'edizione critica più recente del *Breve compendio* è quella assemblata da Gioia 1996. Gagliardi raccolse anche, dalla viva voce della Berinzaga, il resoconto dettagliato delle sue visioni, il cui manoscritto è stato pubblicato da Gioia (1994) con il titolo: *Per via di annichilazione*. Il manoscritto della *Vita da lei narrata (1624)* della Galluzzi è stato edito da Pelosi nel 2003 (e sarà, da qui in poi, citato con la forma abbreviata di *Vita*). Per l'intero *corpus* degli scritti fornariani (compilati per la causa di beatificazione) si vedano Pozzi e Leonardi 593-94 e 720; e Mazzoni 1995, 432-33. Nella presente indagine si son riportati stralci dal *Trattato*, redatto *manu propria* dalla Fornari (apparso postumo nel 1758, di cui pochi *excerpta* compaiono in Pozzi e Leonardi, 595-609), e dalle *Memorie* (di mano anonima) del 1768. A quanto consta, le settecentine non sono state mai più riedite in tempi recenti. Per notizie sulla beatificazione della Fornari si consulti *La Gazzetta privilegiata di Bologna* 71. Sulla Fornari si veda anche il contributo di Bartolomei Romagnoli, 2016. Del repertorio critico più recente fiorito intorno alle tre mistiche, si rende conto in nota bibliografica.

[5] La definizione "unione hipostatica" fa parte del lessico berinzaghiano e si rinviene in Gioia 1994, 205. Il concetto di violenza e di vittima sacrificale è stato trattato da Girard 1977, 131, in "termini di economia significante" in cui l'"atto violento diviene significante dell'essere [e] significante del sacro che rende possibile la fondazione dell'ordine sociale." (La citazione è da Reineke 1997, 80. La traduzione è personale.) La visione kristeviana vertente sullo stesso argomento si concentra sul fatto "che il corpo della vittima è sacrificato sull'altare [dell'ordine] simbolico [...]" (Oliver 1993, 40. La traduzione è personale).

[6] L'espressione "nudo patire" si ritrova in *Memorie* 228 e fa pure parte del lessico mistico di Maria Maddalena de' Pazzi (1566-1607) e di quello di Veronica Giuliani (1660-1727). *Herkunft* (discesa) e *Entstehung* (emersione) sono originariamente termini nietzschiani che Foucault, 1984, ha rielaborato per le sue riflessioni sulla corporeità. (Si veda anche, sull'argomento, Weigel 1996, 43.)

[7] L'orazione di quiete è la forma più alta di preghiera mentale e si raggiunge quando l'anima, sospesa in completo distacco da agenti esterni, si fonde in silenziosa unione col divino.

violenta dell'anima) alla poetica limpidezza del mistico "eterodosso" Miguel de Molinos: [8]

Porque el reino de los cielos padece violencia y no le conquistan los pusilánimes y delicados, sino los que *se violentan* [...]. La razón iluminada en el sabio es una alta y sencilla elevación [...] totalmente introvertida y de todo lo creado abstraída. Esta es la que mueve y atrae con *suave violencia* los corazones de los humildes y dóciles [...].
(*Guia espiritual*, 232, 238)[9]

Spinto dal desiderio "insaziabile" di ritornare ai territori dell'*Arché*, spazio originario e libero, l'io mistico femminile, irretito nei margini d'un *locus* storico e sociale dominato dall'autorità maschile, si riappropria della corporeità e adopera i multiformi segni delle torture che in essa rimangono impressi come tramite per precipitarsi in un "movimento spiralico [...] ascensionale" verso la croce;[10] e, con la libera scelta del farsi "violenza", proietta il corpo come arco sacrificale, che congiunge il finito all'infinito.[11]

Apprentissages violenti: "l'afflitto corpo" delle mistiche, metafora speculare del corpus familiare[12]
L'autobiografia spirituale di Isabella Berinzaga è dettata "di propria bocca"

---

[8] Ugo di San Vittore (1096?-1141) e Riccardo di San Vittore (1110?-1173) sono voci mistico–teologiche assai ascoltate nel contesto medievale europeo che concepiscono, anticipando Bonaventura da Bagnoregio, l'unione col divino *per affectum*, come slancio impetuoso della volontà. Ambedue elaborano il concetto di "violenza dell'amore" caritativo sulla scorta del *Cant.*, 4. 9. Secondo Ugo l'amore per Dio è "l'irruenza (*impetus*) [...], nonché la violenza di un desiderio ardente diretto all'amato." (La citazione è tratta da Ruh 1995, 423.) Su Riccardo di San Vittore e sul suo "influsso di lungo periodo sulla mistica renana di Eckhart, Tauler e Ruusbroec" si veda Bianco 2014, 41. Si senta lo stesso Riccardo nel suo *De quatuor gradibus violentae charitatis* (*I quattro gradi della violenta carità*): "Sono ferita dalla carità" [...]. O veemenza dell'amore! O violenza della carità! [...] La carità ferisce, la carità lega, la carità prostra, la carità porta al deliquio. Quale di questi effetti non è travolgente? Quale non è violento?" (Traduzione di Sanson 1993, 59, 63, 65). Sulla violenza dell'amore del Vittorino ha scritto Talos 2012.
[9] "Perché il regno dei cieli richiede forza e non lo conquistano le persone pusilanimi e fragili, ma quelli che *si fanno violenza* [...]. Nel saggio la ragione illuminata è un'alta e semplice elevazione dello spirito [...] del tutto introversa ed astratta dal creato. È essa a smuovere e attrarre con *soave violenza* i cuori degli umili e dei docili." (Traduzione di Vitale 2007, 110, 113-14). Miei sono i corsivi in testo e in nota.
[10] Di "dominio maschile" ha parlato Bourdieu 2015. Il termine *insatiabilis* e la sua traduzione italiana sono in Sanson 84-85. L'espressione "movimento spiralico" è mutuata dalla definizione coniata da Azzaro 2008, 66, per indicare alcuni dei tratti peculiari dell'architettura barocca sacra di Roma.
[11] Nel *Per via di annichilazione* si legge: "Andando alla oratione [Isabella] fece a se stessa un grandissimo sforzo e violenza" (230). Il concetto del corpo femminile mistico come ponte verso il divino si ritrova in Carriero 2001. Si veda anche Classen 2007, 143.
[12] L'espressione "afflitto corpo" si ritrova in *Vita* 65.

(*Breve compendio* 28n42) e vien trascritta *verbatim* dal suo *alter ego* spirituale, Achille Gagliardi; son redatti invece di proprio pugno *La Vita* della Galluzzi e il *Trattato* della Fornari. Multipli gli anelli di congiunzione che legano gli itinerari spirituali delle tre donne e le conducono alla "docile" passività che ne permea il corpo e la mente: [13] *in primis* il ceto d'appartenenza — che si può ascrivere al *niveau* della nobiltà impoverita, ma rigidamente rinchiusa nel suo orgoglio di casta per quel riguarda la Berinzaga e la Galluzzi — ed alla borghesia mercantile medio-alta "comodamente provvist[a] di beni di fortuna" come si legge nelle *Memorie* (2);[14] ed, in secondo luogo, la loro esposizione, sin dall'infanzia, ad un contesto familiare punteggiato di abusi fisici, per quel che concerne la Berinzaga; e di dirette o indirette violenze psicologiche altrettanto deleterie, per la Galluzzi e la Fornari. Isabella Berinzaga, orfana di madre, è vittima, già adolescente, del clima violento — e a volte plateale — creato dalla quotidiana pratica delle armi esercitata dai componenti maschili della famiglia;[15] ad esso s'aggiungono le sevizie della zia che, visti vani i tentativi di farle prendere il velo, sfoga su di lei il suo sadismo autoritario, cercando con ogni mezzo di "sorvegliare" e "punire" il corpo della giovinetta per piegarne la volontà:[16]

[Alcune] femine andarono a dire alla zia, che non voleva più andar monaca; il che sentendo ella, all'improvviso la pigliò per le treccie, e tanto la strascinò e battè, che stette molti giorni sì balorda [stordita], che non sapeva in che mondo fosse [...]. E da quell'hora avanti, la zia cominciò a travagliarla in tal maniera, che non le dava pur

---

[13] Il riferimento è a Foucault 1976, 27.
[14] Per quel che riguarda le citazioni delle settecentine fornariane, non ho ritenuto apportare alcuna modifica ectodica ai testi, e ho preferito non regimare l'uso fluttuante della punteggiatura, delle maiuscole, delle scempie e delle doppie, degli apostrofi e degli accenti, dell'*h* etimologica e pseudoetimologica; come pure ho lasciato immutati l'uso della *t* al al posto della *z* , della *et* al posto della *e* e i plurali terminanti in *j*.
[15]*Per via di annichilazione* 122, 266: "[...] Primieramente dal padre e dal (sic) zio più volte fu per esser ammazzata, per false opinioni suggerite da altri contro di lei innocentemente [...]. Haveva gran travaglio dal padre e suoi fratelli, perché hoggi facevano una questione e dimane (sic) un'altra, e alle volte all'improvisa (sic) l'era portata nova [notizia] che havevano ferito altri, o loro erano stati feriti; e ben tre o quattro volte le venne nova che suo padre era stato ammazzato. Vedeva di più la robba (sic) andar in ruina per i loro disordini, ai quali non poteva rimediare, con incredibile suo cordoglio; oltre che tutti questi mali, spesso la zia e un (sic) zio secolare li improperavano a lei, com'ella ne havesse havuto parte [...]. Una volta, comandandole la zia che facesse una cosa, che non si poteva fare se un'altra non fosse andata in luogo suo, perch'ella potesse di là partirsi, perché non la fece, sopravenendo (sic) suo padre, disse la zia: 'Voi sete (sic) cattivo, e i vostri frutti sono anche simili a voi.' Il che sentendo [il padre], cavò subito il pugnale per ammazzarla, ma lei saltò giù d'una finestra della cantina, e lui le gettò dietro il pugnale, che restò così fisso nel muro, che non si poteva cavare; et ella [Isabella], per il gran terrore [...] s'ammalò di febre (sic) per undici mesi." Di "violenza" familiare "ritualizzata" e di "liturgia della violenza" parla Bartholini 2013, 15.
[16] L'ovvio riferimento è al titolo di Foucault.

un'hora di riposo [...]; e se non faceva così presto come ella voleva, le levava il cibo, overo la batteva tanto aspramente che non si poteva poi muovere per alcuni giorni [...]. E durò dieci anni continui, che non passava una settimana che non la battesse, anco quando era grande com'è adesso; e quello che parerà incredibile e pur è verissimo, alle volte in strada publica l'ha battuta, oltre havendo la febre quartana, e di più stando in articolo di morte [...]. Vedendo questa sua zia, ch'era di complessione delicatissima, volse fargliela mutare, e perciò non la lasciava mai mangiar cosa buona, ma cibi grossi e alle volte guasti, che le cagionarono grave indigestione con gran pena [...]; perciò le occorreva spesso per l'aborrimento di tai cibi [,] vomitarli [...]. E durò tre anni in questa maniera di vivere, sin che le venne [...] la febre (sic) e i medici dissero apertamente che la zia l'haveva rovinata.

(*Per via di annichilazione* 265-67)[17]

Scomparsi il padre e la zia, Isabella Cristina si ritaglia un suo spazio nella comunità gesuitica milanese di San Fedele come aggregata laica della Compagnia di Gesù, ricusando, come notano Pozzi e Leonardi, "non meno il matrimonio che la claustrazione" e optando autonomamente per "una vita di devozione nel secolo" (392).[18] A scelta compiuta, la "Dama milanese" (così com'è rispettosamente definita dai suoi estimatori)[19] diviene protagonista di un esaltante quanto accidentato itinerario spirituale che la lascerà, stremata, alle soglie dell'annientamento psicofisico e la farà cadere sotto l'occhio impietoso del Santo Uffizio.[20] L'infanzia e l'adolescenza di Severetta Galluzzi si dispiegano in un àmbito familiare incline a pratiche di penitenza che rasentano il masochismo. Così ella descrive le abitudini paterne:

Mio padre [...] si fece scrivere in molte divote compagnie, in particolare [...] de' Disciplinanti, l'esercitii de' quali faceva pontualmente (sic) trovandosi alli offitii e processioni con l'habito di sacco, come la Compagnia richiedeva, disciplinandosi in processione conforme a' tempi. Et io gli vidi le spalle tutte scorticate dalla disciplina fatta

---

[17] La zia della Berinzaga non tralasciava occasione per punire con violenza la nipote *coram populo*: in una riunione familiare, dissentendo da lei Isabella su futili questioni,"sua zia, con tutto che [Isabella] havesse la febre (sic), con molta còlera e scandalo di chi vide, la pigliò per le trezze (sic) e la strascinò (sic) per tutta la sala, facendola sbattere della testa nel muro, sin tanto che si straccò [si sfinì, svenne]." (*Per via di annichilazione* 273).
[18] Sulle mistiche laiche del periodo rinascimentale e barocco (anche definite *bizoche* o *pinzochere*) e sul loro non ben definito 'allineamento' in un particolare 'ruolo' nell'assetto tridentino, si senta Modica 2005, 226.
[19] L'espressione si ritrova in Petrocchi 1954, 252.
[20] Isabella Berinzaga, appena sedicenne, inizia a frequentare la chiesa di San Fedele. D'allora in poi rimarrà, nel bene e nel male, legata all'attività comunitaria della congregazione e al suo direttore spirituale, Achille Gagliardi con cui, a partire dal 1584, avrà "una diuturna comunicazione [...] con un reciproco interiore aiuto nello spirito." L'ammonizione papale e l'imposizione del silenzio ad Isabella (ed al Gagliardi, che verrà definitivamente allontanato da Milano) arriverà sul finire del 1594. Per le citazioni si veda Gioia 1994, 36. Dell'"intenso legame" di co-dipendenza che s'instaurava tra donne mistiche e direttori spirituali si occupa Modica 2005, 207.

nella festa della processione del Santissimo Sacramento, l'ultimo anno di sua vita.

(*Vita* 4-5)

Influenzata dal modello genitoriale, la fanciulla introietta una quotidianità scandita da digiuni ed atti di contrizione fisica e mentale, che gradualmente contribuiscono a creare l'immagine di un Sé "decorporeificato" e che scatenano profonde crisi d'agorafobia[21]:

> Così piccolina amavo star in casa, e [...] quando mi volevano portar fori di casa, piangevo; e quando hebbi sciolte le manine mi diffondevo [difendevo] in modo che offendevo la faccia di chi mi voleva per forza portarmi fuora e mi buttavo indietro più che potevo. E quando cominciai andar da me sola, mi nascondevo in un piccolo luoghetto che era da una parte della scala et ciò anco feci quando fui più grandina, sebbene bisognava che vi stesse curva et ingenocchiata, tanto era piccolo.

(*Vita* 6)

Pur se non gravata da violenze quotidiane, la vita di Severetta antecedente al chiostro appare costruita all'insegna della *chiusura*, marcata da un profondo e ricercato senso d'isolamento e da un puntiglioso rifuggire dal mondo esterno e dalle relazioni sociali. Nel corpo femminile, schermato, e quasi segregato in spazi estremamente circoscritti, inizia ad insorgere la necessità, via via più incalzante, di "compulsive prayer" in parallela coalescenza con la pratica di "compulsive fasting" (Bell 79, 206). Nella sua pervadente "fame d'assoluto" Domitilla perviene alla "demonizzazione" del cibo e al "controllo" della propria corporeità: [22]

> Mentre dimorai in Genova [da una zia], perché non ritrovai il mio luoghetto, dove a casa come in una celletta, mi solevo ritirare in solitudine [...], alcune mie cugine di mia età, mi erano moleste perché non aderivo alla loro ricreatione: si che vedendomi star così retirata et quieta [...] si ridevano di me [...] e [...] mi facevano piangere; e desideravo il mio buco, dove, a casa mia, me ne stavo contenta come in monastero [...]. Quando occorreva che non era menata alla Santa Messa e che, per compagnia di qualche fanciulla

---

[21] La citazione si rinviene in Lapierre e Aucouturier 1982, 71. Di "decorporeità" parla anche Griffero 2010, 31.

[22] Dopo la monacazione Maria Domitilla per molti anni recita il rosario pronunciando "cinquemila [...] mortificationi [...] al giorno, [...] et ogni venerdì seimilaseicentosettantasei, in memoria delle battiture del [...] Signore" (*Vita*, 90). In *Vita* 72, ella scrive dell'"interno lume" che le somministrava un'"ardente fame" spirituale. Nelle *Memorie* sulla Fornari, 54, si parla della "fame [...] tormentosa del Pane Divino". Nello stesso arco temporale in cui Bell pubblicava la sua ricerca (dove assimilava, con un approccio di natura psicologica, l'*anorexia mirabilis*, o *inedia prodigiosa*, delle mistiche a quella che in linguaggio clinico è classificata come *anorexia nervosa*), Bynum 1985 dava alle stampe l'indagine su donne mistiche e cibo in cui sottolineava "women's use [of food] as a symbol [...] in a cultural context" (*Preface* 14). L'espressione "fame d'assoluto" è usata da Sánchez de Murillo 2001, 125 e da Forcina 2000, 18. Sul rifiuto del cibo e sulla "fame mistica" al femminile hanno scritto anche Kroll e Bachrach 2005, 83-88.

o di altro impedimento, arrivava l'hora di desinare, e mi trovavo non haver recitato le mie solite oracioni, ero scontentissima e mi pareva *che il dolore mi stracciasse lo stomaco*; né havendo animo di dire questo mancamento mio al padre mio e madre, che mi chiamavano a benedir et andar a tavola, benedivo la mensa, poi m'ingegnava ritirarmi un tratto in un cantone, dove non potessi esser veduta, et ivi, piangendo, mi percotevo il petto et affrettavo di dir più volte: " Perdonatemi o Signore" et un Pater Noster et un'Ave Maria al Santissimo Costato, poi camminavo *a desinare, ma con tanto dolore che m'era amaro il cibo*. E ciò m'è durato tutto il tempo che sono stata nel secolo. E perché mia sorellina mangiò una volta senza haver detto le sue oracioni, sentii tal dispiacere che li gridai [...]; e piangendo temevo che ella, *con quel cibo non ingiottisse* (sic) *il Demonio*.

(*Vita* 8-9, 11)[23]

Alle soglie dell'età adulta, Severetta esce dal "secolo" e scompare dietro le mura cappuccine di Santa Franca in Pavia dove diverrà una controversa "santa viva" e intratterrà coripondenze epistolari con le dame del *gotha* aristocratico europeo in una parabola ascendente di notorietà che si concluderà bruscamente nel 1658 col rigido imperativo al silenzio emesso dall'Inquisizione romana.[24]

Anna Felice Fornari trascorre un'infanzia che può sembrare in superficie più serena e protetta (anche se già incline ad *habitus* penitenziali);[25] ma che, ad un'indagine più approfondita, risulta non esente da costrizioni psicologiche esercitate dalla figura materna, soprattutto per quel che concerne il controllo della sfera pulsionale/affettiva e l'instillazione del timore pervasivo/ossessivo del peccato carnale.[26] Così come riportato nelle anonime *Memorie* assemblate per perorarne "la causa di beatificazione" (Pozzi Leonardi 593), quando Anna Felice

[g]iunse [...] circa al decimo anno della sua età [...] le avvenne allora un accidente

---

[23] Miei i corsivi.
[24] L'espressione si trova, declinata al plurale, nel titolo di Zarri 1990. Per il carteggio tra la Galluzzi e le nobildonne dell'*entourage* imperiale asburgico e per le accuse di stregoneria che le furon mosse, si veda Matter 2005, 313-30.
[25] Si usa qui il temine *habitus* nel senso bourdieuiano. Bourdieu 2015 definisce l'*habitus* come quell'insieme ideologico e normativo radicato nelle strutture profonde dell'apparato statale e societario d'un'epoca che influenza (e indirettamente indirizza ed orienta) le tendenze degli individui ad esso appartenenti. Sulle inclinazioni autolesionistiche della Fornari, manifestatesi sin dall'infanzia, si senta l'anonimo redattore delle *Memorie* 3: "Perlochè cominciò anche in quella tenera età a castigare il suo dilicato corpicciuolo con varj strumenti di penitenza [...] che l'industrioso amore, che aveva verso Dio, le suggerì e l'insegnò di formare."
[26] *Memorie* 6: "Aveva la sua buona Madre strettamente inculcato alle sue figlie, che stessero riguardate di non lasciarsi mai toccare da veruno, altrimenti avrebbono (sic) esse con grave colpa offeso il Signore; e di ciò ricordandosi la modestissima fanciulla si credette rea di peccato mortale; e poi ne apprese tale ribrezzo e idea di deformità che non ebbe cuore di confessarsene pel lungo corso di dieci anni." Sull'aspetto negativo e divorante dell'archetipo materno si veda Nucci 2013, che coniuga paradigmi specificamente junghiani con le riflessioni di scuola post-junghiana di Neumann 1955. Di "parental domination" esercitata, in generale, sulle donne mistiche si occupa Bell 55.

inaspettato, che quantunque non macchiasse punto la di lei candida Purità, pure per le conseguenze, che ne provennero, fu un accidente per lei strano, fatale, e lagrimevole. Un giovinetto poco maggiore di Anna Felice, che praticava in sua casa frequentemente, ebbe ardire un giorno di toccarla disonestamente; il semplice tocco fu passaggiero (sic) [ma] alla fanciulla del tutto improvviso e irreparabile; s'inorridì ella nell'accorgersene, e gettò un urlo assai sensibile, sicchè fece spaventare e fuggire il temerario tentatore con di lui molta vergogna.

(*Memorie* 5-6)

Il fuggevole contatto corporeo sarà per l'adolescente la causa scatenante di un profondissimo turbamento nel quale la psiche si dissocia e si frammenta fra la scoperta traumatica della propria fisicità, il timore delle pene infernali e la ribellione dapprima sotterranea, poi sempre più esplicita e conflittuale, con l'autorità materna. Credendosi ormai dannata, Anna Felice non riesce ad esporre al confessore quello che ritiene un peccato mortale e

per opprimere i rimorsi della sua coscienza, nonchè erronea, si avvisò di cambiare il sistema di vivere, cominciò ad usare ornamenti, ed abiti secondo l'usanza del Mondo, e praticare le consuete femminili vanità e leggerezze, quantunque però avesse attento riguardo di mantenere monda ed intatta la sua coscienza da qualunque peccato grave […]. Si accorse la buona Angela sua madre di questa impensata mutazione di condotta e di vita; le fece opportunamente delle riprensioni.

(*Memorie* 6)

Nel momento più dilaniante del conflitto interiore l'adolescente decide di rinchiudersi volontariamente nel "rifugio" del chiostro e di ostentare una vocazione che le manca del tutto, prendendo i voti appena quindicenne in totale fragilità e confusione mentale;[27] e resterà per lunghissimi anni invischiata nelle panie d'un devastante stato neurotico in cui si vede persa in "un abisso" o gettata "nel profondo pozzo di un niente senza fondo" (*Trattato* 58) dove, tra penosi intervalli, sarà visitata dalla luce dell'Assoluto.

"Sorelle d'armi": dalla scrittura "por mandato" alla scrittura come offerta sacrificale [28]

La vicenda spirituale delle tre donne prese in esame è connotata da una pratica comune, condivisa da tutte le mistiche "maggiori" o "minori" dell'era tridentina: la loro scrittura non è frutto d'un'impulsiva proclività, ma nasce sotto l'egida d'un controllo e d'una forzatura, come resoconto strappato attraverso l'insopprimibile voto d'obbedienza; è infatti il confessore ("figura" fasciata dalla versipelle ambiguità della cultura controriformistica) che, come scrive Pomata, in maniera "a volte simpatetica a volte repressiva" — ma comunque sempre ottemperante ai rigidi dettami conciliari — "comanda" alle figlie

---

[27] "Refugio" è termine usato da Molinos 86. Di "rifugio" parla anche de Certeau 2008, 329.
[28] La suggestione deriva dai titoli di McNamara 1996 e di Herpoel 1999.

spirituali di stilare in minuziosi resoconti le visioni, siano esse luminose o immerse nel *mare tenebrarum* della psiche sofferente.[29] Nella *forma mentis* della gerarchia ecclesiastica del tempo la relazione scritta delle esperienze mistiche al femminile assolve ad un duplice compito, permettendo agli esaminatori di sceverare, attraverso un minuzioso scrutinio, la "sottile linea di confine tra il visionarismo e l'eresia" (Contini Pellegrini 27); e facilitando altresì la costruzione (nel caso la scrittura si conformi ai precetti conciliari) di esempi d'agiografia edificante, teoricamente propedeutici a cause di beatificazione e/o di santità.[30] Nel caso di Isabella Berinzaga ci si trova di fronte alla storia di una "scrittura" prodotta da una persona "di sesso femina (sic)" e "di stato secolare" che diviene talmente 'obbediente' da venir cancellata da un' appropriazione perpetrata dal Gagliardi ad *maiorem gloriam* della Compagnia di Gesù.[31] In veste "preposito" della sua comunità, egli incontra Isabella dall'inizio del maggio 1584 fino alle due prime settimane di settembre di quello stesso anno e le fornisce in "nudi punti" gli esercizi spirituali per il conseguimento dell'orazione mentale; ed ella, "dopo averli meditati," comunica oralmente le

---

[29] Le citazioni sono prese dalla nota introduttiva di Pomata 2005, XXXIV. Della scrittura 'obbediente' in ambito tridentino s'è occupato Lollini 1995. Sul ruolo di controllo dei confessori in era controriformistica si vedano Bell 1990, Prosperi 1999 e De Boer 2001. Si sentano anche le istruzioni di Bartolomé de Medina (1528-1580), teologo domenicano, compilatore di manuali per confessori dell'epoca: "Con queste confessioni [...] le sottomettano di maniera che nessuno le possa levare loro dalle mani." (Medina 1582, cc. 48r-49v).

[30] Dell'"uso della biografia finalizzato a costruire "consenso" per i monasteri o alla "predisposizione di materiali per un futuro processo di canonizzazione" parla Modica 206.

[31] Si senta Gagliardi ad *incipit* d'opera: "Sono più di sedeci (sic) anni che li padri della Compagnia di Giesù (sic) di S. Fedele in Milano hanno havuto cura d'un'anima, alla quale il Signore ha conceduto doni grandi e gratie singolari; et è questa persona di sesso femina (sic) [...], di stato secolare, allevata sempre nella propria casa e famiglia, di età [che] passa i trentatrè anni, di nome è detta Isabella e Christina Bellinzaga (sic)." (*Per via di annichilazione* 93). In altro luogo Gagliardi ammette esplicitamente che la 'maternità' dell'opera appartiene ad Isabella e che uno scritto di lei già esisteva: "Oltre che già prima, per ordine de i (sic) padri, haveva di mano sua scritto gran parte della vita sua; donde ancora, come diremo a suo luogo, habbiamo cavato molte cose. Sarà dunque questa fatica che hora facciamo, una nuova maniera di descrivere tutta la vita sua, e insieme un'esempio (sic) posto in forma di arte per incaminar (sic) gl' altri (sic) all'imitatione delle sue virtù." (98). E, tormentato dai timori d'uno scrutinio inquisitoriale, ammette esplicitamente: "Onde io affermo e sono apparecchiato, quando bisognasse, a farne solenne giuramento, che io non vi ho avuto altra parte che quanto ho detto, se non darle i nudi punti." (*Breve compendio* 28n42). E vien da chiedersi se tale ammissione sia da ascriversi più al timore di un'eventuale condanna (per le proposizioni potenzialmente 'eretiche' contenute nel *Breve compendio*) che non ad un sia pur tardivo riconoscimento all'autorialità di Isabella.

visioni e rivelazioni divine che le sono state elargite.[32] Dalla trascrizione dei resoconti su foglietti ch'egli definisce "cartucce" (*Breve compendio* 28), Gagliardi trarrà i materiali per le sue opere più importanti che lo condurranno sia alla fama europea che nell'occhio del ciclone inquisitoriale. Vittima offerta sull'altare della convenienza e del sospetto, dopo la condanna al silenzio emanata dal santo Uffizio, ad Isabella verranno strappate ad un tempo la maternità autoriale, la credibilità mistica e la dignità di persona.[33] Di contro, la scrittura femminile imposta a Maria Domitilla rampolla come un reiterato grido di protesta e come offerta sacrificale alla divinità, e non al confessore, che viene anzi passato al vaglio da una mente lucida e consapevole del proprio ruolo di donna che vive sul proprio corpo i segni del divino:

Illustre et molto Reverendo Padre et mio confessore, veggo hormai chiaramente, per isperienza, che il suo prudente spirito ha disegnato farmi diventar perfetta nella virtù dell'obbedienza, la quale non consiste solo nell'obbedire in tutte quelle cose che sono necessarie alla salute et all'acquisto della perfetione, ma bisogna arrivare ad obbedire in cose ardue e difficili, le quali, al giuditio humano, paiono impossibili; né qui si ferma la virtù, ma bisogna ascender [...] alla cieca non solo in cose *indifferenti* che al giuditio humano paiono non necessarie, anzi inutili; ma in cose molto contrarie alla propria volontà et che, in quanto al spirito paiono humanamente pericolose; et che, in quanto alla parte sensitiva, non mancarebbero (sic) cause per iscusarsi, et alla ragione scrupoli per difendersi. Ma per diventar perfetta nella santa obbedienza, vedo che bisogna superare ogni cosa, et obbedir *alla cieca, indifferentemente* [...].[34] Nondimeno sono tanta (sic) imperfetta che ancora sento un non so che in eseguire la presente obbedienza [...]. Per amor del Signore [...] darò principio a tal obbedienza, *offerendo* (sic) a Sua Divina Maestà tanti atti d'amore [...] di mortificatione e d'altra virtù, quante saranno le lettere e parole che formarò (sic) in questo mio scrivere.

(*Vita* 3) [35]

---

[32] L'espressione "preposito" si trova in *Per via di annichilazione* 95. Le citazioni successive son tratte dal *Breve compendio* 28n42.
[33] Si sentano Pozzi e Leonardi 393: "Così fu emarginata colei che in via eccezionale era stata affigliata (sic) con un voto di obbedienza alla compagnia [di Gesù] come una sorella d'armi [...]. Al tramestio di tanti [...] cicalecci [...] teologici fa riscontro il silenzio di lei, vera applicazione di quella passività inerme che aveva abbreviato nel suo scritto [...]. Il biografo [del cardinal] Acquaviva [...], preposito generale [...] [della] congregazione [...], riduceva a misura di donnicciola l'alta femminilità della Berinzaga [...] e vi metteva sopra quest'epitaffio: "Vixit deinde Isabella ingloria, et famae expers et infamiae."
[34] Sulla *cieca obbedienza* imposta dai confessori e direttori spirituali si veda Prosperi 1999, 355. Sulla impossibilità di contenere l'esperienza ineffabile nei limiti angusti del resoconto scritto e sul tormento che ne deriva si senta la Galluzzi: "Et uno de' travalii che mi soleva dare il Nemico [il demonio] si era perché, scrivendo tanto spesso, [io] consumava tanta carta, che nel fine ogni volta dicevo a Vostra Reverenza [il direttore spirituale] che letta, l'abbruciasse, a ciò non fosse d'altri veduta; et il Nemico [il demonio] mi mostrava che ciò era contro la povertà e che elli me ne haverebbe fatto tanto fuoco nell'Inferno di tanta carta che inutilmente imbrattavo" (*Vita* 186).
[35] Il corsivo è mio. Bergamo 1989, 11 e sgg., scrive sull'indifferenza mistica di matrice ignaziana come "la condizione d'equilibrio della volontà."

Nell'ancor più paludata (e fors'anche rimanipolata) scrittura "por mandato" di Chiara Isabella Fornari (che sembra approdata nel secolo dei lumi da già distanti plaghe barocche) il confessore committente scompare dietro la cortina oscura e imponente della sacralità tridentina, celato dietro la figura del "divino amore," per conferire carisma alle parole della "già defonta (sic) [...] religiosa" e trasformare una "povera e miserabile donna" in un'icona da venerare:[36]

> Pertanto sulle prime mosse di questo Trattato delle virtù che s'intraprende a scrivere da me, povera, e miserabile donna per comandamento espresso del divino Amore (sempre però con i regolamenti, instruzioni, ed istraordinaria comunicazione di superna, lucida, ed infiammata sapienza, che il suddetto divino Signore si compiacque esibirmi, acciò con esatta prontezza, e sollecitudine le supreme, ed indispensabili ordinazioni del suo assoluto altissimo impero restino da me adempiute) sono in procinto d'asserire, che quando niun favore, e niun ben temporale, anzi neppur eterno dovesse l'anima conseguire dal suo Creatore, nientedimeno la virtù meriterebbe d'esser amata, e praticata da chiunque, per essere cosa utile, gradevole, ed onesta in sè stessa.
>
> <div align="right">(<i>Trattato</i> 5-6)</div>

Traspare dalle differenti impalcature strutturali e dalle modulazioni stilistiche di queste "scritture nascoste, sofferte [...], cedute, rubate" (Contini-Pellegrini 35) l'espressione del *sōma* che si lega strettamente al *sema*:[37] Il corpo delle mistiche opera, soffre e grida nei testi e, così facendo, come rileva Carriero, riconquista la centralità e la libertà che gli erano state negate.[38]

"Nelle tribolationi dell'anima [e] del corpo". I "teatri del corpo e del dolore": corpo malato, corpo umiliato, corpo "vessato," "corpo glorioso."[39]
"La ciencia mística no es de ingenio, sino de experiencia; no es inventada, sino

---

[36] "Por mandato", cioè per comando, per imposizione. Pozzi e Leonardi 594, ventilano l'ipotesi di una possibile rimanipolazione stilistica del *Trattato* voluta dai committenti. Il penultimo virgolettato è preso dal frontespizio del *Trattato*.

[37] Il termine *sema* non è qui inteso nell'accezione di tomba, propria della tradizione orfica (e platonica) ma nel senso omerico di segno indicatore di una "emergent reality" narrativa. (Per il virgolettato si veda Foley 1999, 32. Sul connubio *soma-sema* si consulti anche Fontanille 2004.)

[38] Della centralità corporea femminile si occupa Carriero 2014, 126-35. Del corpo femminile come "nucleo di libertà" scrive Forcina 2000, 31.

[39] La prima espressione citata si ritrova in *Per via di annichilazione* 191. Il titolo del paragrafo è nato sotto la fascinazione di altri titoli, quelli di McDougall 1990, di Naro 2005, di D'Incà 2012, e dall'espressione *corpus gloriosum* contenuta in Tommaso d'Aquino 2006, 22. Di "chiarezza di gloria" si parla anche nel *Per via di annichilazione* 227 e n. 641, per descrivere "l'ottavo e ultimo grado" della via unitiva quietista che porta alla fruizione del divino. Sul corpus "trasfigurato" si veda il titolo di Chiodi 2010. Il termine "vessato", nel significato di invasato, infestato dallo spirito del male, si rinviene in Menghi 1572, 425. Petrucci 1681, 306, parla di "vessazione [...] diabolica" negli stessi termini. Della possessione demoniaca e dei suoi effetti scrive anche Bergamo 1989, 27.

probada; no leída, sino recibida."[40] Nel suo piano dispiegarsi l'enunciato del Molinos mostra con nitida precisione come "il cammino interiore" necessario per raggiungere i territori in cui riposa l'Amato passi attraverso gli "ejercicios penales" per mezzo dei quali si riesce a gestire il controllo della propria mappa corporea o somatosensoriale.[41] L'itinerario della "spoliazione" di Isabella Berinzaga s'inoltra per le livide lande della disfunzionalità fisica, erompente in malattie improvvise e divoranti che divengono la sua quotidiana *tunica corporis* e sono enfatizzate dalla grottesca crudeltà della "cura":[42]

> L'anno del '73, il Signore le fece un'altra gratia [...] (per usar il nostro modo di parlare in simili materie); e fu, che venendole un grave accidente [svenimento] e volendola riscaldare, perch'era tutta fredda, le posero uno scaldaletto pieno di fuoco alli piedi, senza altro avedimento, e le abrugiò la gamba e il piede destro, prima che niuno se ne accorgesse [...]; e vedutala così miseramente guasta da quel fuoco [le fantesche] per horrore, fuggirono fuor di camera, gridando e dimandando aiuto come pazze [...]. Essendo poi guarita e già fatta la pelle di fresco, stando in un altro accidente, quella stessa fantesca, che l'aveva abrugiata, pigliò un panno per far le freghe e, non ricordandosi del male, usò tanto (sic) forza, che le levò e riversò la pelle della gamba tanto quanto è il spatio di una mano, e il sangue scorreva per tutto [...]. Le venne poi una discesa [ascesso] nella testa, e se le gonfiò tutta, e anche la faccia; e volendo il barbiere di casa tagliar in bocca dov'era il male, tagliò altrove e aprì una vena dell'occhio destro, donde cominciò ad uscir sangue in tanta copia che non si poteva stagnare.
>
> (*Per via d'annichilazione* 257-58)[43]

In quanto a Domitilla, ella così narra le sue "pene" (*Vita* 112):

> Mi venne una melanconia grande nell'interno, che mi fece venir la febbre [...]. Appena risanata dalla febbre [...], dicendomi la maestra [che] conducessi un vaso da lavar li

---

[40] Molinos 67: "La scienza mistica non è un' attività dell'intelletto, ma dell'esperienza; non è inventata, ma vissuta; non è letta, ma ricevuta." (Vitale 7).

[41] Molinos, 194, 117 parla di "interior camino" e di "ejercicios penales" ("esercizi corporali"). (Le traduzioni in parentesi si trovano in Vitale 87, 38.) Il termine somatosensoriale definisce, in ambito neurologico, i percorsi neurali che presiedono, fra le altre, alle sensazioni tattili, alle funzioni muscolari e alla sensibilità algesica. In tempi recenti la definizione è entrata nel campo della critica letteraria. Si consulti Salgaro 2009. A questo proposito, sulla scorta di Merleau Ponty 1945, Griffero 2010, 31 conia la definizione di "isole [...] corporee". Di "esperimenti con la sofferenza" parla Schutte 2005, 259.

[42] Il termine "spoliazione" è vocabolo assai ricorrente nel lessico del *Per via di annichilazione* e si riferisce al progressivo distacco dalle lusinghe terrene ottenuto attraverso la mortificazione del corpo e dell'anima. L'espressione *tunica corporis* si ritrova in Márquez 1620, 91.

[43] Il *Per via di annichilazione* abbonda di descrizioni delle "infermità e dolori" (110) patiti dalla Beringaza; non ultimi: ossa slogate, ascessi molari, scorbuto, apostemi "nel cervello e nelle orecchie" (112), "attrattione di nervi e ritiramento del cuore (117). Come nota Gioia 112, n. 115, "Isabella" a causa dei suoi innumerevoli mali fisici, diviene una vera propria "martire" della rozza "medicina cinquecentesca."

panni nella lavanderia, io non intendevo bene qual fosse; gli condussi il più grande, qual è inmaneggiabile ad un facchino; e, portandolo io su una scala, mi cadè addosso e mi fece piegar indietro, di modo che patì assai la schiena; puoi (sic) lo condussi alla maestra la qual, condutto, mi mandò a pigliar l'altro non sapendo il mio male. Io v'andai, lo portai, et lavai tutta [la] mattina, stando molto curva. Ma quando mi pensai levar, non potei raddrizzarmi [...]. Mi sopravvenne una gran febbre e restò il corpo mio grave come di piombo e dicevano le madri che questo era segno di morte.

(*Vita* 64-65)

Le *Memorie* su Chiara Isabella Fornari ridondano di descrizioni dettagliate di "orribili fiumi di patimenti" (363); ma quel che più colpisce è una scarna lista (da lei compilata e riportata *verbatim* dall'anonimo redattore) da cui emerge, chiarissima, la volontà di assoggettare il corpo ed allenarlo alla sofferenza per raggiungere quello che Glucklich definisce come un livello di "pena modulata, che rende il corpo trasparente e facilita l'emergenza di una nuova identità" spirituale; e dove "esiste solo un piccolo spazio tra lei e il Crocefisso":[44]

Sette ore di Orazione Mentale al giorno [...]. Tre giorni la settimana digiuni in pane ed acqua. Non mangi mai carne. Dormi (sic) sulle tavole. Vadi (sic) scalza. Vadi vestita con tonaca grossa e con camicia di lana. Tenghi (sic) la camera poverissima, non tenendovi altro, che un letticciuolo di tavole [...], un Crocifisso di carta [...] ed una Croce grande, la quale il Venerdì in quelle tre ore, che mi sono concesse di riposo, servirà per distendermici sopra ad imitazione del mio Signore. La notte dormire solo tre ore.

(*Memorie* 25-26)

Dalla ricerca penosa ed euforica "della mortificatione de' sensi esteriori del proprio corpo" (*Trattato* 165) all'esposizione del corpo al ludibrio della comunità, il passo è breve. "Peregrine" degli scoscesi territori dell'anima, le mistiche devono a un certo punto misurarsi con la conflittualità che si scatena negli spazi "reclusi" (Davis 4) siano essi "profani" o consacrati, in cui il loro corpo è costretto a dimorare.[45] Così riporta della Berinzaga il suo scriba Achille Gagliardi:

[Isabella] fu infamata appresso i padri della Compagnia [di Gesù] [...] come scandalosa e poco honesta [...]. Fu da altre donne spregiata, calpestata, spacciata per donna di scandalo e occasione di peccato mortale, e sfuggita perciò d'esser veduta. E volsero (sic) insino andarla a battere in casa.

(*Per via di annichilazione* 123-24)

---

[44] Della lista fornariana che include "sedeci (sic) punti" si son riportati gli stralci più significativi. Glucklich 2001, 207, così s'esprime a proposito delle finalità mistiche della sofferenza: "Modulated pain makes the "body-self" transparent [...], facilitates the emergence of a new identity [...], and makes way for a new and greater "'presence.'" (La traduzione è personale.) Son debitrice a Davis 2008, 51 per l'ultima citazione. Della propensione mistica femminile all'autodistruzione parla Reineke 123.

[45] L'espressione "peregrine" si ritrova in *Vita* 174. L'ultimo virgolettato parafrasa il titolo di Faranda 2007. Per l'abiezione come "portato" della mistica al femminile si veda Kristeva 1980.

Queste le esperienze della Galluzzi:

> Vostra Reverenza [il confessore] [...] mi fece [per obbedienza] alcune volte andar in refettorio con grosse pietre al collo e sopra le spalle e dir "mia colpa" [...]. Tal volta con strazzi e bende in testa [...] mi faceva prostrar in mezzo al refettorio e calpestar da tutte [le monache], baciar a tutte li piedi [...]. Ottenei più volte da Vostra Reverenza di star alla porta della chiesa con le mani legate dietro le spalle, con li occhi bendati, con bacchetta a canto, pregando le madri a voler percoter questa superba e misera creatura [...]. Mi faceva [...] sputar in faccia [...] dalle [...] novitie [...], distender in terra et che esse mi mettessero li piedi sopra la bocca dicendomi sopra: "Inutile religiosa [!]"
> (*Vita* 75, 78)

In quanto alla Fornari, ella

> Soffrì [...] continuate persecuzioni [...] da alcune Religiose di questo Monastero, le quali la schernivano, e tacciavano con mille imposture, tanto in pubblico, che in privato [...]. Alcune la seguitavano per il Monastero, rimproverandola e caricandola di gravissime imputazioni [...]. E questo successe non meno al tempo ch'era suddita, di quello che quando era Superiora.
> (*Memorie* 77)

Nel perseguimento dell'"oblazione" di sé il *sōma* femminile innesca un meccanismo che parzialmente spegne i bisogni primari della fame, della sete, del sonno, in una scomposizione della fisicità che quasi avviene per "strata" (Davis 7); e l'autoinflitta tortura diviene "vigilante sentinella sopra le [...] tumultuanti passioni" che deve "svellere e strappar le radici [...] nascoste nella malignità del nostro falso fondo" ed "offerire a Dio il nostro corpo come vittima mortificata [...], *mori et deficere*" (*Trattato* 90, 12, 25 13). Il vissuto mistico femminile scivola sulla china d'un vuoto, in una scissione lacerante tra la personale ricezione del divino e la rigidità dell'impalcatura dottrinale che incombe coi suoi invalicabili confini.[46] Affondata nella devastante "oscurità" del dubbio, "precipitata in un fondo bassissimo" e sprofondata "nel suo niente" (*Trattato* 23, 24, 124), la psiche femminile riversa nel resoconto autobiografico in nodo violento ed intricato il suo stato dissociativo che scava un varco tra quelle che Mino Bergamo ha definito "la regione" carnale e quella spirituale della "soggettività."[47] Ed ecco l'irrompere dell'*Unheimliche* (il perturbante), colmo di pulsioni selvagge e centrifughe in cui i poli opposti di santità e

---

[46] Si senta Bergamo 1989, 34-35: "Quella di chi scrive un'autobiografia spirituale, mi sembra essere una situazione particolarmente favorevole allo sviluppo di una tensione fra i modelli dottrinali e i dati dell'esperienza: perché, quando si cerca di applicare alla propria vita un determinato modello, quando si tenta di rileggere la propria esistenza in funzione di una certa dottrina [...], si rischia sempre d'imbattersi nella resistenza del fatto, nella singolarità dell'evento che non rientra negli schemi adottati."

[47] Di "corpo agitato e percorso da un'oscura sofferenza" parla Faranda, 58. Le definizioni di "regione" e "soggettività" sono in Bergamo, *La scrittura come modello* 1991, 5.

dannazione si toccano e precipitano in caduta libera e ravvicinata.[48] La mente delle mistiche produce le inquietanti immagini di un'entità malvagia "celata" che invade -dai margini in cui era stata accuratamente ricacciata- il recinto del sacro e induce al desiderio di autodistruzione.[49] Si senta la Berinzaga attraverso la mediazione scrittoria del Gagliardi:

> Con esser stata cacciata una volta senza assolutione [...], con dirle spesso [il confessore] che era sedotta dal demonio, e perciò ne sarebbe dannata il dì del giudicio, con quelle parole: *Va maledetta, etc.* [*Mt* 25, 41] [...]. Patì [...] sedeci (sic) infermità gravi [...], con gravissima battaglia del demonio il quale visibilmente con horribile forma la batteva ponendole diversi spaventi e facendo molti rumori per la camera, massime sotto la lettiera, alzandola e lasciandola poi cadere [giù] con impeto [...]. E alle volte saria stata otto hore continue serrata in una camera a piangere, passando le notti intiere senza dormire, con tanta copia di lacrime che passavano insino il capezzale; e il demonio non mancava di soggerirle (sic) che si gettasse in un pozzo, dal che s'asteneva solo per non offender il Signore.
>
> (*Per via di annichilazione* 124, 114, 267-68)

Alla dinamica ed icastica caratterizzazione demoniaca della Berinzaga fa da contrappunto la descrizione della Galluzzi, già venata dai desideri repressi e dagli archetipi negativi che s'agitano ed irrompono dal "fondo del cuore":[50]

> Il Demonio m'assaliva con travaliosi (sic) spettacoli, hora in forma d'horribili bestie di mezz'huomo [e] mezzo cavallo, che pareva la sua grandezza empisse tutta la cella [...]. Seguitò venirmi a travaliar molti giorni, in diverse forme horribilissime, hora di bestia, hora di bruttissima strega, vecchia e trista, che pareva mi volesse far intorno delle sue stregarie, hora in forma di bruttissimi homini nudi che spasseggiavano (sic) per la cella; la qual vista m'era di maggior pena, che tutte le altre.
>
> (*Vita* 93)

Il *perturbante* compare nelle *Memorie* di Chiara Isabella con modulazioni inquietanti e assai più iperboliche e "disturbate" rispetto alla sinteticità della Berinzaga e della Galluzzi. Ed è, questa, situazione assai singolare, se si tien conto che l'itinerario spirituale della badessa todina si snoda negli anni

---

[48] Il termine si riferisce a Freud 1919 che fu uno di primi (sulla scorta di Schelling e di Nietzsche) ad elaborare il concetto di *Unheimliche* (*uncanny*, perturbante) come di un qualcosa che che si avverte per certi versi vicino, familiare ma che è, al tempo stesso sconcertante e che perciò un genera un ambivalente senso di attrazione/repulsione connotato da un timore angoscioso. Tra le rielaborazioni posfreudiane c'è quella di Kristeva 1980 che lega il perturbante alla sua teoria sull'abiezione ed il simbolico.

[49] Nella Grecia arcaica Il luogo sacro (*hierón*) aveva come 'inner sanctum" il *témenos*, spazio o recinto consacrato alla divinità. Sull'argomento scrive Thomson 1949, 329 e sgg. Del sacro come esperienza ambivalente di *mysterium fascinans* e di *mysterium tremendum* ha parlato Otto 1958. Reineke 106, parla di "disorder [...] lurking always in the margins of any ordered experience." L'espressione "lurking force " è pure impiegata da de Certeau 2000, 1.

[50] L'espressione in virgolettato è tratta dal titolo di Papàsogli 1991.

immediatamente precedenti alle prime avvisaglie dell'*Aufklärung* italiana ed europea, pressappoco nello stesso periodo storico in cui Vico gettava le fondamenta dell'antropologia filosofica e Voltaire muoveva suoi primi passi sulla scena culturale di Francia. In quei medesimi anni la mente di Chiara Isabella si ritrae e s'aggroviglia in immagini primordiali di cupa violenza ed entra in quello che Benjamin ha definito come l'elemento "arcaico" del pensiero.[51] "In podestà delle tenebre" (*Memorie* 20), persa in atmosfere allucinate (che fan risovvenire, almeno in parte, i trascorsi di Jeanne des Anges, la badessa indemoniata di Loudun) Chiara Isabella si ritrova a dividere il suo spazio con demoni di carne e sangue, che la perseguitano e ne attaccano il corpo, mordendola e battendola ferocemente, piagandola ed immobilizzandola, prendendola "per la gola" e cercando di "strangolarla", nonché recandole in camera "istromenti da uccidersi, come coltelli" o "corpi morti, cadaveri [...] putridi [e] fracidi [...] che rendevano un intollerabile fetore" (*Memorie* 78-80); ed altresì cercano di possederne il corpo, facendo appello a quello che Scurati (19) definisce il "fondo animale":[52]

I Demonj [...] le apparivano [...] nelle più sconce ed oscene figure [...]. Le comparivano [...] in forma di ben formati giovani, e cercavano di toccarla e baciarla; facevano atti li più impuri, osceni e disonesti; si mettevano a letto con lei stessa e suscitavano nel senso accensioni le più ardenti.

(*Memorie* 14-15)

Le *Memorie* si infittiscono d'episodi via via più inquietanti, dove il corpo della Fornari vien avvistato dalle consorelle allo stesso tempo in "tre luoghi" diversi del monastero (85). In questo frangente "Chiara Isabella, o per meglio dire il Demonio in forma sua [...], con una figura straordinaria, brutta, adirata [...], molto sfigurata e deforme" [...] e "con gli occhi accesi" proferisce "molte improprietà, parole indecenti, ingiurie e minacce", lancia "con disprezzo da un luogo all'altro le sagre Reliquie" e urla "orribili [...] bestemmie" (*Memorie* 83, 79). Il desiderio di assoluto che pur riempie la mente di Chiara Isabella si smarrisce per sette anni in questo magma di violenta istintualità, affonda nelle sabbie mobili di uno sdoppiamento profondo dove il demonio giunge a presentarsi "in figura di confessore" (50) o in sembianza di Crocifisso, altresì istigandola a tentare il suicidio per annegamento.[53]

---

[51] A questo proposito si veda Weigel 1996, 19.
[52] Per la possessione delle suore orsoline di Loudun (1632) che scosse con la sua delirante platealità e il suo cruento epilogo la Francia di Richelieu, si vedano Bergamo 1986 e de Certeau 2000.
[53] "Un giorno i Demonj l'assalirono fortemente, suggerendole, che per liberarsi di tanti travagli ed angustie [...] non vi era altro scampo per liberarsene, se non di gettarsi nel pozzo [...] ch'è nella sagrestia del Monastero [...]. Trovossi, a quello, in somma oscurità ed agitazione fuori del credibile e così commossa, angustiata e poco meno fuori di sestessa (sic), si vide in un istante dentro il detto pozzo con la testa fino a mezza vita; e all'improvviso da mano invisibile venne tirata fuori" (*Memorie* 13-14).

In bilico sugli "inquieta limina" che separano la santità dalla blasfemia, in uno spazio dove istanze diametralmente opposte si scontrano e s'attorcono nella dolorosa via apofatica verso la perfezione, le mistiche sperimentano in *corpore vivo* ciò che Riccardo di San Vittore aveva detto a proposito del quarto e più alto grado della carità violenta:[54] "Ma chi riuscirebbe a spiegare in modo appropriato la violenza di questo grado supremo? Che cosa c'è — chiedo — che penetri più intimamente il cuore umano, che lo torturi più dolorosamente, che lo scuota con maggior violenza?"[55] Nella sua veemenza, che diviene quasi furore, il percorso desolatamente penoso delle mistiche approda al desiderio ultimo dell'"imitazione [...] del Crocifisso Amore" (*Vita* 171).[56] In Isabella Berinzaga il processo di proiezione identificazione con Cristo — che si colora sin dall'infanzia d'una tenerezza e d'una fisicità materna — [57] è veicolato attraverso una scrittura "ritirata" ed allusiva che dell'"umanità crocifissa di Gesù" (*Memorie* 54) somatizza ed introietta fisicamente il digiuno, le percosse, e gli orrori dell'agonia :[58]

Che il Signore sentiva una satietà interiore che suppliva ogni difetto di cibo e sonno; e questo procedeva dalla veemenza della elevatione [...]; le diede il Signore a sentire le cause del sudor di sangue nell'horto [...] che, nella flagellatione il maggior dolore che patì il Signore fu nelle battiture sopra il cuore, e questo, perché per il sudore di sangue nell'horto il cuore restò afflitto da gravissimo dolore [...]. Che la corona, che fu posta in testa al Signore era a modo d'un cappello basso che lo copriva sino a mezzo al collo; e che alcune delle spine, trapassarono sino appunto al palato della bocca, penetrando tutto il cervello; e che furono cacciate tanto per forza che il sangue, non potendo uscire di là, usciva per gli occhi e per le orecchie [...]. Che morì con la bocca aperta, il che nacque dalla asprezza della passione [...]. Che morì con gli occhi aperti [...] con [...] estrema afflittione del patire.

(*Per via di annichilazione* 206-07, 210)[59]

---

[54] L'espressione *inquieta limina* è parte del titolo di Brezzi 1992.
[55] Vitale 85. La teologia apofatica o negativa (*via negationis*) le cui radici dionisiane e agostiniane giungono fino ad Eckhart ed a Cusano è punto cardine del quietismo. Essa postula l'inconoscibilità e di conseguenza l'inintelligibilità del divino che può essere definito solo attraverso tutto quello che esso *non* è. Si veda sull'argomento Boesel e Keller 2010.
[56] Il parossismo mistico trova le sue rispondenze nel platonico "*deinon*" [...], il "selvaggio e senza legge" che scatena gli istinti di violenza e di morte. (La citazione è da Cavarero 1995, 74.)
[57] "Sino da piccola, prima d'arrivare alli 5 anni, meditando la passione del Signore, non trovando quel dolore efficace che havrebbe voluto, s'imaginò (sic) che fosse sua madre quella persona che era flagellata, crocifissa etc, e anche nella meditatione di San Bonaventura seguitò a esercitarsi ne i misterij del Signore" (*Per via di annichilazione* 195). Su Cristo in figura di madre ha scritto Bynum 1982.
[58] Uso il termine nel senso di scrittura "obliqua [...], ritirata," indiretta (come da Olivieri 2011, 94). Di "intensa" somatizzazione femminile dell'"esperienza religiosa" parla Bynum 1991, 194. (La traduzione del virgolettato è personale.)
[59] La cruda graficità di quest'ultima immagine ricorda "la morte violenta e gloriosa" (Recupero 205) di Rolando (*Chanson de Roland*), in cui l'eroe-martire offre in sacrificio

Lo slancio unitivo di Maria Domitilla Galluzzi si presenta, in un altro suo scritto, come dinamico coinvolgimento fisico:

[Cristo] così fortemente mi teneva seco in croce che parevo con lui crocifissa e tutte le piaghe del suo sant(issi)mo corpo piagassero il mio indegno e che, sentendomi tali dolori, da essi mi sentivo tutta ardere del soavissimo amore di così amabilissimo Sig(no)re il quale, pian piano, si ellevò in alto così unito seco questo mio indegno corpo al quale così, in aria, per gran pezzo fece sentir, goder, patir de suoi dolori da capo a piedi.

(*Passione* 101)

Di Chiara Isabella Fornari si riportano i "fierissimi martirj [...] che la rendettero somigliante ne' spasimanti dolori [...] al medesimo suo Divino Amore Crocifisso." Nottetempo viene "veduta [...] camminare per il Monastero" con [una] [...] "pesante Croce in ispalla" e vagare per i corridoi del convento. Alle "Educande", che la spiano dalle fessure della porta, appare il corpo di Chiara Isabella, livido e segnato dalle corde, issato sulla grande croce ch'ella tiene in cella (*Memorie* 124, 129). E in ultimo il sangue, segno "di dolore [...], violenza [...], autonomia" (Lombardi Satriani 101), riga le *Memorie* della Fornari nel momento in cui la donna sperimenta "i dolori e le pene [...] ed altri patimenti Passionali" (29, 130). È lo stesso anonimo redattore delle *Memorie* che dà conto dei versamenti ematici avvolgendoli nell'aura del *mysterium tremendum*:

Io che scrivo queste memorie ebbi la consolazione di esaminare e di baciare [...] alcune [...] camicie [...] già della Ven[erabile] Suor Chiara Isabella, e confesso il vero che mi [h]anno riempiuto di un *sacro orrore*, osservandole inzuppate quasi tutte di sangue, che conserva una soave [...] fragranza (*Memorie* 131; mio corsivo).

L'*hàima*, il sangue versato in mimetica proiezione con la passione cristica, si fa simbolo dell'ambivalenza ierofanica, essendo ad un tempo nucleo di vita e antesignano di morte, fluido propiziatorio del "santo sacrificio" (*Passione* 204), ove i corpi femminili si propongono allo stesso tempo come vittime ed officianti.[60] Se il sangue sparso dalla violenza che percorre la storia cinque-

---

il proprio corpo per la salvezza della Francia: "Co sent Rollant que la mort li est pres;/ Par les oreilles fors s'en ist li cervel." (Già sente Rolando che la morte gli è presso;/ dalle orecchie fuori se ne esce il cervello." (Citato dall'edizione Burgess 1990, *Lassa* 168, 198. Traduzione personale). Appare chiaramente nel *Per via di annichilazione* come le descrizioni estremamente realistiche della passione cristica corrispondano specularmente ai sintomi delle malattie di Isabella, ad esempio quando ella sente "nel cuore un mulino tutto pieno di rasoij", o le "saette sùbite che trapassando le danno grandissimo dolore, con fare uscir del sangue"; o quando soffre per i "dolori che patisce la settimana Santa [...] che le fanno uscir sangue dagli occhi e dalle orecchie, secondo che sono o sopra il cervello, o dalle parti" (116, 119).

[60] Cavarero 1995, 59: "Sangue versato e disperso in nome del principio maschile, sangue custodito e trasmesso in nome di quello femminile. Ossia un sangue che [...] si dissecca in arabeschi di morte, e un sangue [...] che scorre in pulsazioni di vita." Il sangue come metafora liquida barocca si ritrova in *Vita* 111. Così esclama Domitilla in una quasi pre-

settecentesca della penisola "si dissecca" e diviene sterile e cupa macchia d'orrore, esso rimane fluido nel pensiero mistico femminile e si fa "fragrante" metafora del martirio simbolico, riflessione speculare del cristico *corpus gloriosum*.[61] Pazienti esploratrici delle "vaste" ed impervie "contrade dell'anima", nei momenti gioiosi dell'unione mistica che seguono i patimenti e le torture autoinflitte e non, le cercatrici di Dio si abbandonano in lui "a guisa d'uno che dopo d'haver fatto lunghissimo viaggio, arrivando a casa sua, si riposa" (*Per via di annichilazione* 221).[62]

In limine. "L'immenso, l'Increato": "i corpi infranti" e "l'abisso infinito"
Questi, ad una pur sommaria indagine, alcuni dei lembi di terra strappati all'"arcipelago", ancora in parte "sommerso", dell'"autorialità femminile debole" più e meno nota che giacciono, ancora in parte, nel "mare" silenzioso degli archivi ecclesiastici o statali.[63] Dallo scandaglio, a larghi tratti, della "corografia" simbolico-narrativa degli scritti presi in esame, sembrerebbe emergere la storia d'una sconfitta:[64] quella della corporeità femminile, ancora

---

leopardiana percezione: "M'annegarò (sic) in quest'oceano del pretiosissimo sangue." Pace 2005, 29, così scrive a proposito del valore simbolico del martirio: "E il martire è, allo stesso tempo, il sacerdote che officia e la vittima sacrificale." Bubbio 2004, 22 si sofferma sul "dogma della reversibilità" sacrificale, per cui "l'innocente può, anzi *deve* espiare colpe altrui." Si veda anche Recupero 2012, 213, che riecheggia Girard 2003, quando afferma che nella "figura di Gesù coincidono la vittima sacrificata e l'atto sacrificale". Per il sacrificio come scambio simbolico inquadrato nell'offerta del sé si vedano Baudrillard 1976, Derrida 1991 e 1999 e Mauss 2012.

[61] A proposito di martirio simbolico si senta Gagliardi che nel *Breve compendio* esorta, sull'esempio della Berinzaga, a "spogliarsi" di qualsiasi desiderio e volontà in un'offerta totale di sé che implica "non solo" il "sacrificarsi a Dio, ma [il] darsi in holocausto [...] che è quasi un darsi in preda a Dio" (226, 231). Domitilla così s'esprime nella *Vita*: "Nelli atti mentali e di martirio mi univo a tutti li martiri e desideravo non solo morire con tutti loro, ma haver tutti li corpi di tutte le creature, per darmi, con tutti al martirio"(90). Ancor più oltre si spinge la Fornari. Come riportato dal compilatore delle *Memorie*, 41, ella "desiderava ardentemente di spargere il proprio sangue e soffrire [...] qualunque martirio. Invidiava santamente la sorte de' Ministri di Dio che con le loro Missioni nelle terre degli Infedeli la propagano, e con ardore bramava di essere a parte de' loro stenti [...] e de' più fieri loro tormenti, ed anche del loro martirio."

[62] Molinos 103 parla di "desiertos y tenebrosos caminos" ("strade deserte e tenebrose" Vitale 30) percorsi dalle anime mistiche. L'espressione "contrade dell'anima" si ritrova in Bergamo 1991, 143. Si senta l'intera domanda dello studioso: "Dov'è il luogo segreto, inaccessibile a tutte le creature, in cui l'anima si unisce all'Increato? Dove si consumano, nell'anima, le nozze mistiche dell'anima con l'Amato?" Così Maria Domitilla esprime la difficoltà d'attraversare i 'territori' spirituali che conducono alla perfezione: "Oh, Dio mio, che soffriria passar per milioni di taglienti spade, fra spine e sassi, fra montagne fatte d'acuti rasoi e ogni altro tormento" (*Vita* 183).

[63] Le espressioni tra virgolette appartengono a Graziosi 2005, 145, 149. Sul silenzio femminile si veda Perrot 1998.

[64] Il termine "corografia" si rinviene nel titolo di Arellano 2013.

una volta defraudata, vilificata e assoggettata, sia pur in nome dello spirito.⁶⁵ "Il corpo femminile — "misero [...], afflitto [...], debole e tormentato" — nel momento in cui si offre "a tante pene" (*Vita* 100, 127, 119, 141) si fa metafora speculare, dolorante e dolorosa del corpo cristico e allo stesso tempo di un *corpus* societario intriso di violenza e di instabilità; e, a guisa di esso, si "smembra", si scompone e si nullifica.⁶⁶ Inutili e dannosi potrebbero apparire sotto questa luce i diversi e straziati sentieri che conducono le donne alle fonti del divino dal momento che su di essi il loro *sōma* si fa luogo indifeso, "foglio candido", ove l'autorità, sia essa umana o divina, è libera d'"incidere" i suoi segni (o i suoi marchi) come più le aggrada.⁶⁷ Eppure, questi corpi "fratturati" o "infranti" che attraversano con "docilità e pieghevolezza" le terre desolate dell'abiezione psicofisica, disegnano una geografia mistica che non obbedisce più ad una visione bidimensionale, ma dispiega il sacro in multipli livelli e procede ad una "spazializzazione della spiritualità" che diviene *unbound*, sciolta ed affrancata da qualsiasi idea di limite.⁶⁸ Il concetto di *illimitatezza del divino* enucleato dalle mistiche richiama la presocratica idea dell'*ápeiron* (lo sconfinato) che, elaborata in ambito presocratico da Anassimandro, si distende e si arricchisce nelle successive stratificazioni mistico-speculative del pensiero occidentale (con le riflessioni, tra le altre, di Plotino, d'Agostino d'Ippona, dello

---

⁶⁵ Innumeri sono le immagini d'assoggettamento e di "vassallaggio" con le quali le mistiche prese in esame si relazionano alla divinità. Isabella Berinzaga, nel *Per via di annichilazione* 216, si definisce "indegnissima schiava e serva [del Signore]". Nelle sue visioni di "splendidissima luce" Domitilla viene appellata da Dio: "O diletta schiava dell'individua Trinità." (*Vita* 191). Fornari, nel *Trattato* 62, parla di "soggezione, ed inchino di schiavitudine [all'] Uomo Dio, Gesù Cristo Crocifisso". Bourdieu, 35, 31, 41, 44, sottolinea acutamente "a relation of complicity" della vittima e la sua prona, "lucida" accettazione dell'assoggettamento: "Symbolic violence is instituted through the adherence that the dominated cannot fail to grant to the dominant (and therefore to the domination)."
⁶⁶ Di corpo cristico come "double gendered [...] site" parla Bynum 1991, 118, 123. Per il contesto storico religioso delle epoche in cui le mistiche operarono, si vedano Bonora 2001 e Rosa 2006; per il corpo sofferente delle mistiche che "vivevano" attraverso la loro fisicità la "contraddizione del più vasto corpo sociale" si veda Reineke 113. (La traduzione è personale.)
⁶⁷ Molinos 104: "Lo que importa es preparar tu corazón a manera de un blanco papel, donde pueda la divina sabiduría formar los caracteres (sic) a su gusto." ("Devi rendere il tuo cuore come un foglio bianco dove la divina sapienza possa formare i caratteri a suo piacimento." (Traduzione di Vitale, 30.) Di corpo "inciso" dalla sofferenza parla Niola, 1997, 56. Di oblatività "scritta" nel corpo scrive Carriero 2014, 130. Di corpo come "sito" si occupa Davis 52. Il concetto antropologico del corpo della vittima come "testo" è in Charuty 2008. Di corpo come "libro" su cui si inscrivono i segni della sofferenza e del "redemptive suffering" ha scritto anche van Blommestein 2012 e 2014.
⁶⁸ Per l'abiezione femminile si veda Kristeva 1980. Di "corpi fratturati" parla Reineke 113; l'espressione "corpi infranti" fa parte del titolo di Ricci 2013. I termini "docilità" e "pieghevolezza" son rinvenibili in *Memorie* 10. Il virgolettato conclusivo di paragrafo appartiene a Gottlieb, 1994, 64. (La traduzione è personale.)

Pseudo-Dionigi, di Anselmo d'Aosta e della mistica ebraica medievale fiorita in ambito provenzale) per poi giungere fino alle elaborazioni umanistico-rinascimentali di Niccolò di Cusa.[69] Attraverso il limpido pensiero di Isabella Berinzaga *il senza fine* si manifesta nelle incorrotte regioni dell'anima in "infiniti misteri e [...] gradi infiniti" (*Per via di annichilazione* 225, 271); esso prende la forma, nel "paesaggio interiore" di Maria Domitilla Galluzzi d'"un infinito abisso di ogni bene [...], infinito, eterno, incomprensibile " (*Vita* 181-82;) ed emerge quale "amabile amore infinito [...], abisso [....] infinitamente infinito [...], immenso [...] ed increato" (12, 203, 231 275) nel *Trattato* della Fornari.[70] Figlie volontarie dell'"amore disarmato," seppur rinchiuse nella terrena paucità dei loro destini storici e nella "finitudine corporale," le mistiche quietiste riescono ad eludere l' inquadramento tridentino "scagliando" i loro corpi, come frecce scoccate dall'arco veemente della carità, nei multidimensionali orizzonti dell'anima, colmi degli "spazi infiniti" descritti dal Molinos;[71] e s'avvicinano, inconsapevolmente, a chi in quegli stessi anni, a rischio della reclusione, della tortura o della vita stessa, osava sfidare con le armi della ricerca filosofica e/o empirica le viete strettoie tolemaiche a cui

---

[69] Anassimandro di Mileto visse tra il 610 e il 546 avanti Cristo. Plotino, la cui esistenza si snodò tra il 204 e il 270 dell'era cristiana tra l'Egitto e la Campania (e che è unanimemente considerato l'iniziatore del neoplatonismo), definì nel suo pensiero l'infinità dell'Uno. Agostino di Tagaste, vescovo di Ippona, visse tra il il 354 e il 430 ed elaborò nelle sue opere la concezione dell'infinità divina. Dello Pseudo-Dionigi (definizione dietro cui si cela un anonimo autore che si ritiene esser vissuto sulla fine del quinto secolo) si conserva la raccolta di scritti intitolata *Corpus Dyonisianum*, all'interno di cui si trova il *De Mystica Theologia* che sistematizza il pensiero mistico apofatico o negativo occidentale e dove si discetta dell'infinito mistero divino. Anselmo d'Aosta (1033-1109) espose nel suo *Monologion* (1076) il concetto di un Dio infinito. Alain de Lille (detto anche Alanus ab Insulis, 1128 (?) -1203), rielaborando il concetto espresso nel probabilmente alto-medievale *Liber XXIV Philosophorum* — in cui Dio veniva definito "sphaera infinita" — descrive il divino come una "[...] sphaera intelligibilis cujus centrum ubique, circumferentia nusquam"; cioè, una sfera intelligibile, il cui centro si trova dappertutto, ma [la cui] circonferenza non si trova in nessun luogo. (La citazione latina è tratta da d'Alverny 1965, 164. (La traduzione è personale.) Isacco il Cieco, mistico ebraico studioso della *Kabbalah*, vissuto in Provenza tra il 1160 e il 1235, elaborò la concezione dell'*Ein Sof* (il Dio senza fine) e dell'*Ohr Ein Sof*, o Luce Infinita. Niccolò Cusano (1401-1464), che riprese il concetto di Alain de Lille nel suo *De docta ignorantia* (1440), asserì che è impossibile intendere il concetto dell'infinità di Dio con strumenti razionali.
[70] L'espressione "inner landscape" si ritrova in Gottlieb 70.
[71] Sulla scorta di Ricoeur, Righetti 167 parla di "finitudine corporale". Di "violence du désire tendu" (violenza del desiderio teso) presente nell'*enquête mistica* parla Giard 2007, 43. (Traduzione personale). Così Molinos 225:" ¡Oh, qué infinitos espacios hay dentro del alma que ha llegado a esa divina soledad! ¡Oh, qué íntimas, qué retiradas, qué secretas, qué anchas y qué inmensas distancias hay dentro de la feliz alma [...]! ("Oh che spazi infiniti dentro l'anima giunta a questa divina solitudine! Oh, che immense distanze, intime, raccolte e segrete, si dispiegano nell'anima felice[!]" (Vitale 106).

ancora s'appigliavano le gerarchie ecclesiastiche di un'epoca splendida e brutale.[72] Ed è per questo che, a chi li legga dalle sponde di una non meno antinomica postmodernità, i testi presi in esame appaiono come l'inaspettata aporia, la negletta ma solida pietra d'inciampo della levigata e rutilante "via sacra" della Controriforma. Fasciato dalla sua quieta "offerta di sé", il *sōma* delle mistiche, emerge dalle "tribulationi [...] come rosa tra le spine, che quante più ve ne sono ella tanto è più bella e vigorosa"; diviene deflagrante carico di rottura che mina e torce la fastosa e fragile architettura tridentina; e s'accosta, in sommessa umiltà, agli illimitati spazi del nascente pensiero speculativo e scientifico, foriero del sentire moderno.[73]

State University of New York at Albany

Opere citate

Alain de Lille. *Textes inédits*. A c. di Marie-Thérèse d'Alverny. Paris: Vrin, 1965.
Apophatic Bodies: Negative Theology, Incarnation, and Relationality. A c. di Chris Boesel e Catherine Keller. New York: Fordham UP, 2010.
Aquinas Thomas, St. *Summa Theologiae*. Vol. 55. *The Resurrection of the Lord (3a. 53-59)*. A c. di Thomas Gilby. New York: Cambridge UP, 2006.
Arellano, Ignacio. "Corografía mística: Babilonia y Sión en los autos sacramentales de Calderón." *Bulletin of Spanish Studies* 90. 4-5 (2013): 473-94.

---

[72] Sul "lato oscuro" e violento del Rinascimento hanno scritto Lee 2015 e Davies 2016. Per gli intelletti perseguitati dalla *longa manus* inquisitoriale si pensi a Giordano Bruno, arso vivo in Campo de' Fiori nel 1600 (e alla visione cosmologica copernicana dei suoi *La cena de le ceneri* e *De l'infinito, universo et mondi*, ambedue dati alle stampe nel 1584); ed alle peripezie che intristirono l'esistenza di Galileo Galilei e culminarono nelle accuse di eresia e nella condanna delle sue tesi eliocentriche (1616).

[73] A proposito dell'annullamento quietista della volontà si senta Gagliardi nel *Breve compendio* 229: "Una quiete passiva con che, a guisa d'un agnello [l'anima] se ne sta quieta e lascia fare a Dio tutto quello che vuole." La suggestiva immagine della rosa fra le spine compare in *Breve compendio* 273. Sul mutamento della percezione dello spazio e dei suoi confini e sulla sua influenza sullo *Zeitgeist* secentesco così s'esprime De Bernart 2002, 6: "L'idea [...] secondo cui era sul piano più squisitamente gnoseologico che poteva cogliersi l'aspetto più innovativo della filosofia bruniana veniva ripresa da Ernst Cassirer che [...] osservava come 'contrariamente a quanto si pensa non è per il concetto di natura che Bruno può essere considerato il precursore di Keplero e Galileo [...]; il punto di svolta rispetto ai suoi [...] contemporanei [...] si rinviene nella sua teoria della conoscenza dove il concetto di infinito, [di] infinità dell'essere unico [...] diventa il punto centrale dell'indagine.'" Sulle molteplici sfaccettature della cultura e della spiritualità barocche, proiettate nella dimensione dell'illimitato, si senta anche Eco 1967, 31, 154: "[...] La spiritualità barocca viene vista come la prima chiara manifestazione della cultura e della sensibilità moderna [...]. [Il] Barocco reagisce in fondo a una nuova visione del cosmo introdotta dalla rivoluzione copernicana, suggerita quasi in termini figurali dalla scoperta della ellitticità delle orbite planetarie attuate da Keplero [...]. La poliprospetticità dell'edificio barocco risente di questa concezione non più geocentrica, e quindi non più antropocentrica — di un universo ampliato in direzione dell'infinito."

Aspects of Violence in Renaissance Europe. A c. di Jonathan Davis. New York: Routledge, 2016.

Azzaro, Bartolomeo. "Formatività simbolica borrominiana in Sant'Ivo alla Sapienza." In *L'Università di Roma "La Sapienza" e le Università italiane*. A c. di Bartolomeo Azzaro. Roma: Gangemi, 2008. 47-68 .

Bartholini, Ignazio. *Violenza di prossimità: la vittima, il carnefice, lo spettatore, il "grande occhio"*. Milano: Franco Angeli, 2013.

Bartolomei Romagnoli, Alessandra. "Chiara Isabella Fornari, clarissa." In *Nuovo dizionario di mistica*. Città del Vaticano, 2016. 474-77.

Baudrillard, Jean. *L'Échange symbolique et la mort*. Paris: Gallimard, 1976.

Baumgarten, Albert I. *Sacrifice in Religious Experience*. Leida: Brill, 2002.

Bell, Rudolph. "Telling Her Sins: Male Confessors and Female Penitents in Catholic Reformation Italy." *That Gentle Strength: Historical Perspectives on Women in Christianity*. Charlottesville: UP of Virginia, 1990. 118-33.

_____. *Holy Anorexia*. Chicago: The U of Chicago P, 1985.

Bergamo, Mino. *La scrittura come modello di vita*. Urbino: Università di Urbino, 1991.

_____. *L'anatomia dell'anima: da François de Sales a Fénelon*. Bologna: il Mulino, 1991.

_____. "Il problema del discorso mistico: due sondaggi." In *Asmodée. Asmodeo. Idee, immagini, segni. Idées, images, signes* 1 (1989): 9-36.

Bianco, Carmela. *Incommunicabilis exsistentia: profili simbolico-politici della persona in Riccardo di San Vittore*. Milano: Franco Angeli, 2014.

Bibbia. Testo integrale C.E.I. A c. di Pietro Vannetti S.J. Milano: Piemme, 1988.

Blommestein van, Sharmain. "Medieval Redemptive Suffering: Female Mystical Expressions of Pain and Pleasure and Medieval Society's Influence on Mystical Spirituality." *The International Journal of Religion and Spirituality in Society* 4. 2 (2014): 39-53.

_____."Body as Book: Mortification of the Flesh, Self-Harm, and Wounds as Rhetorical Sign and Agency." *International Journal of the Book* 9.4 (2012): 161-73.

Bonora, Elena. *La Controriforma*. Roma: Laterza, 2001.

Bourdieu, Pierre. *Habitus and Social Research: The Art of Application*. A c. di Cristina Costa e Mark Murphy. New York: Palgrave MacMillan, 2015.

_____. *Masculine Domination*. Traduzione di Richard Nice. Stanford CA: Stanford UP, 2001.

Breve compendio di perfezione cristiana: un testo di Achille Gagliardi S.I. A c. di Mario Gioia. Roma: Gregorian UP, Brescia: Morcelliana, 1996.

Brezzi, Francesca. *Inquieta Limina: tra filosofia e religione*. Roma: Anicia, 1992.

Bruno, Giordano. *De l'infinito, universo et mondi. La cena de le ceneri*. In *Opere italiane*. A c. di Antimo Negri. Firenze: Olschki, 1999.

Bubbio, Paolo D. *Il sacrificio: la ragione e il suo altrove*. Roma: Città Nuova, 2004.

Bynum, Caroline Walker. *Wonderful Blood: Theology and Practice in Late Medieval Northern Germany and Beyond*. Philadelphia: U of Pennsylvania P, 2007.

_____. *Fragmentation and Redemption: Essays on Gender and the Human Body in Medieval Religion*. New York: Zone Book, 1991.

_____. *Holy Feast and Holy Fast: The Religious Significance of Food to Medieval Women*. Berkeley: U of California P, 1987.

_____. *Jesus as Mother: Studies in the Spirituality of the High Middle Ages*. Berkeley: U of California P, 1982.

Carriero, Carolina. "Per una mistica della corporeità: debolezza e resa in Carlo Maria Martini e Simone Weil." *Quaderni di cultura junghiana* 3 (2014): 126-35.

———. "Il 'paradigma della corporeità' nel pensiero femminile: l'oblazione come oltrepassamento della responsabilità verso l'altro." *Dialegesthai. Rivista telematica di filosofia* [in linea] 3 (2001) https://mondodomani.org/dialegesthai/cc01.htm

Cavarero, Adriana. *Corpo in figure: filosofia e politica della corporeità*. Milano: Feltrinelli, 1995.

Certeau Michel de. *Fabula mistica: XVI-XVII secolo*. Traduzione di Silvano Facioli. Milano: Jaca Book, 2008.

———. *The Possession at Loudun*. Traduzione di Michael B. Smith. Chicago: The U of Chicago P, 2000.

Cesaro, Antimo. "Soma, psiche, Aristeia: per uno statuto antropologico dell'uomo omerico." In *Corpo, politica e territorio. Luoghi e non luoghi della corporeità*. Roma: Edizioni Nuova Cultura, 2010. 55-80.

Charuty, Giordana. "Le Corps écrit: la victime dans le sacrifice divinatoire en Mésopotamie." In *Du corps au texte. Approches comparatives*. A c. di Brigitte Baptandier e Giordana Charuty. Nanterre: Société d'Éthnologie, 2008. 185-206.

Chiodi, Giulio M. "Il corpo e la sua trasfigurazione: considerazioni di teologia simbolica." In *Corpo, politica e territorio*. 81-105.

Classen, Albrecht. *The Power of a Woman's Voice in Medieval and Early Modern Literatures: New Approaches to German and European Women Writers and to Violence against Women in Pre-Modern Times*. A c. di Albrecht Classen e Marilyn Sandidge. Berlino: De Gruyter, 2007.

Contini, Alessandra e Ernestina Pellegrini. "Io senza garanzie": donne e autobiografia. Dialogo ai confini fra storia e letteratura." *Quaderns d'Italià* 6 (2001): 19-36.

Davis, Carmel B. *Mysticism and Space*. Washington, D. C.: The Catholic U of America P, 2008.

Davies, Jonathan. *Aspects of Violence in Renaissance Europe*. New York: Routledge, 2016.

De Bernart, Luciana. *"Numerus quodammodo infinitus": per un approccio storico-teorico al "dilemma matematico" nella filosofia di Giordano Bruno*. Roma: Edizioni di Storia e Letteratura, 2002.

De Boer, Wietse. *The Conquest of the Soul: Confession, Discipline, and Public Order in Counter-Reformation Milan*. Leida: Brill, 2001.

Derrida, Jacques. *Donner la mort*. Paris: Galilée, 1999.

———. *Donner le temps. I. La Fausse monnaie*. Paris: Galilée, 1991.

Destro, Adriana e Mauro Pesce. "I 'corpi' sacrificali: smembramento e rimembramento. I presupposti culturali di Rom. 12, 1-2." *Atti del VII Simposio di Tarso su S. Paolo Apostolo*. A c. di Luigi Padovese. Roma: Istituto Francescano di Spiritualità, Pontificio Ateneo Antoniano, 2002. 85-113.

D'Incà, Renzia. *Il "teatro del dolore": gioco del sintomo e visionarietà*. Pisa: Titivillus, 2012.

Dunnill, John. *Sacrifice and the Body: Biblical Anthropology and Christian Self-Understanding*. Burlington, VT: Ashgate, 2013.

Eco, Umberto. *Opera aperta*. Milano: Bompiani, 1967.

Faranda, Laura. *Dimore del corpo: profili dell'identità femminile nella Grecia classica*. Roma: Meltemi, 2007.

Fénelon. *L'amore disarmato: antologia dalle lettere*. Introduzione, scelta dei testi e note a c. di Benedetta Papàsogli. Traduzione di Stella Morra. Milano: Edizioni Paoline, 1996.

Foley, John M. *Homer's Traditional Art*. University Park: The Pennsylvania State UP, 1999.

Fontanille, Jacques. *Soma* et *Séma: figures du corps*. Paris: Maisonneuve & Larose, 2004.
Forcina, Marisa. *Soggette: corpo, politica, filosofia. Percorsi nella differenza*. Milano: Franco Angeli, 2000.
Fornari, Chiara I. *Trattato mistico delle virtù esteriori (e interiori) scritto per obbedienza da una religiosa già defonta* (sic). In Venezia: presso Simone Occhi, 1764.
Foucault, Michel. "Nietzsche, Genealogy, History." In *The Foucault Reader*. A c. di Paul Rabinow. Traduzione di Donald F. Bouchard e Sherry Simon. London: Penguin, 1984. 76-100.
―――. *Sorvegliare e punire: nascita della prigione*. Traduzione di A. Tarchetti. Torino: Einaudi, 1976.
Freud, Sigmund. *The Uncanny*. Traduzione di David McLintock. London: Penguin, 2003.
Galimberti, Umberto. *Il corpo*. Milano: Feltrinelli, 1987.
Galluzzi, Maria D. *Vita da lei narrata (1624)*. Testo critico, introduzione e note a c. di Olimpia Pelosi. Chapel Hill: Annali d'Italianistica Studi e Testi, 2003.
Galvagno, Rosalba. *Le Sacrifice du corps: frayages du fantasme dans les "Métamorphoses" d'Ovide*. Parigi: Panormitis, 1995.
Gazzetta privilegiata di Bologna. Anno 1840, n. 71.
Giard, Luce. "Michel de Certeau: le projet mystique." In *Les Enjeux philosophiques de la mystique*. Actes du colloque du Collège International de Philosophie, 6-8 avril 2006. A c. di Dominique E. De Courcelles. Grenoble: Millon, 2007. 37-44.
Girard René. *Le Sacrifice*. Paris: Seuil, 2003.
―――. *The Scapegoat*. Traduzione di Yvonne Freccero. Baltimora: Johns Hopkins P, 1986.
―――. *La Violence et le sacré*. Paris: Grasset, 1972.
Glucklich, Ariel. *Sacred Pain. Hurting the Body for the Sake of the Soul*. New York: Oxford UP, 2001.
Gottlieb, Freema. "The Kabbala, Jung, and the Feminine Image." In *Jung and the Monotheisms. Judaism, Christianity, and Islam*. A c. Di Joel Ryce- Menuhin. New York: Routledge, 1994. 63-73.
Graziosi, Elisabetta. "Arcipelago sommerso: le rime delle monache tra obbedienza e trasgressione." In *I monasteri femminili come centri di cultura fra Rinascimento e Barocco*. Atti del convegno storico internazionale, Bologna, 8-10 dicembre 2000. A c. di Gianna Pomata e Gabriella Zarri. Roma: Edizioni di Storia e Letteratura, 2005. 145-73.
Griffero, Tonino. *Atmosferologia: estetica degli spazi emozionali*. Roma-Bari: Laterza, 2010.
Gundry, Robert H. *Sōma in Biblical Theology. With Emphasis on Pauline Anthropology*. New York: Cambridge UP, 1976.
Herpoel, Sonja. *A la zaga de Santa Teresa: autobiografías por mandato*. Amsterdam: Rodopi, 1999.
Jeanne des Anges. *Autobiografia: il punto di vista dell'indemoniata*. A c. di Mino Bergamo. Venezia: Marsilio, 1986.
Kristeva, Julia. *Desire in Language: A Semiotic Approach to Literature and Art*. Traduzione di Thomas Gora, Alice Jardine e Leon S. Roudiez. New York: Columbia UP, 1980.
―――. *Pouvoirs de l'horreur: essai sur l'abjection*. Parigi: Éditions du Seuil, 1980.
Kroll, Jerome e Bernard Bachrach. *The Mystic Mind: The Psychology of Medieval Mystics and Ascetics*. New York: Routledge, 2005.
Lapierre, André, Aucouturier, Bernard. *Il corpo e l'inconscio in educazione e terapia*.

Traduzione di Magda Agnoletto. Roma: Armando, 1982.
Lee, Alexander. *The Ugly Renaissance: Sex, Greed, Violence and Depravity in an Age of Beauty*. New York: Anchor Books, 2015.
Lollini, Massimo. "Scrittura obbediente e mistica tridentina in Veronica Giuliani." *Annali d'Italianistica* 13 (1995): 351-70.
Lombardi Satriani, Luigi M. *De sanguine*. Roma: Meltemi, 2000.
Malena, Adelisa. *L'eresia dei perfetti: Inquisizione romana ed esperienze mistiche nel Seicento italiano*. Roma: Edizioni di Storia e Letteratura, 2003.
Márquez, Juan. *Origine delli Frati Eremitani dell'ordine di S. Agostino*. Tortona: appresso Nicolò Viola, 1620.
Masure, Eugène. *Le Sacrifice du corps mystique*. Paris: Desclée de Brouwer, 1950.
Matter, E. Ann. "Le cappuccine di Pavia: povertà, potere e patrocinio." In *I monasteri femminili,* 313-30.
_____. "Interior Maps of an Eternal External: The Spiritual Rhetoric of Maria Domitilla Galluzzi D'Acqui." In *Maps of Flesh and Light: The Religious Experience of Medieval Women Mystics*. A c. di Ulrike Wiethaus. Syracuse: Syracuse UP, 1993. 60-73; 166-71.
Mauss, Marcel. *Essai sur le don: forme et raison de l'échange dans les sociétés archaïques*. Parigi: PUF, 2012.
Mazzoni, Cristina. *Saint Hysteria: Neurosis, Mysticism, and Gender in European Culture*. Ithaca: Cornell UP, 1996.
_____. "Italian Women Mystics: A Bibliographical Essay." *Annali d'Italianistica* 13 (1995): 401-35.
McDougall, Joyce. *I teatri del corpo: un approccio psicoanalitico ai disturbi psicosomatici*. Traduzione di A. Serra. Milano: Cortina, 1990.
McNamara, Jo Ann. *Sisters in Arms. Catholic Nuns through Two Millennia*. Cambridge: Harvard UP, 1996.
Medina, Bartolomé de. *Breve instruttione de' confessori, come si debba administrare il sacramento della penitentia*. In Venetia: appresso Domenico Nicolini, 1582.
Memorie della vita e delle virtù della Serva di Dio Suor Chiara Isabella Fornari. Venezia: appresso Simone Occhi, 1768.
Menghi, Girolamo. *Compendio dell'arte essorcistica et possibilita delle mirabili et stupende operationi delli demoni et dei malefici*. Bologna: nella Stamperia di Giovanni Rossi, 1572.
Merleau Ponty, Maurice. *Phénoménologie de la perception*. Paris: Gallimard, 1945.
Modica, Marilena. "Misticismo e quietismo nel Seicento siciliano." In *I monasteri femminili* 205-30.
Molinos, Miguel de. *Guia espiritual*. A c. di S. Gonzalez Noriega. Madrid: Editora Nacional, 1977.
_____. *Guida spirituale*. Traduzione di Veronica Vitale. Firenze: Olschki, 2007.
Neumann, Erich. *The Great Mother: An Analysis of the Archetype*. Traduzione di Ralph Manheim. New York: Pantheon Books, 1955.
Niola, Marino. *Il corpo mirabile: miracolo, sangue, estasi nella Napoli barocca*. Roma: Meltemi 1997.
Nucci, Flaminia. *Il mistero della Madre. Dal complesso materno alla nascita dell'anima*. Padova: Libreria Universitaria, 2013.
Oliver, Kelly. "Julia Kristeva." In *The Columbia History of Twentieth–Century French Thought*. A c. di Lawrence D. Kritzman. New York: Columbia UP, 2005. 558-62.
_____. *Reading Kristeva*: *Unraveling the Double-Bind*. Bloomington: Indiana UP, 1993.

Olivieri, Ugo M. *Lo specchio e il manufatto: la teoria letteraria in M. Bachtin, "Tel Quel" e E. H. Jauss*. Milano: Franco Angeli, 2011.
Otto, Rudolf. *The Idea of the Holy: An Inquiry into the non-Rational Factor in the Idea of the Divine and its Relation to the Rational*. Traduzione di John W. Harvey. New York: Oxford UP, 1958.
Pace, Enzo. "Il potere della perdita. Autonomia e riconoscimento del martirio." In *Martirio. Il sacrificio di sé nelle tradizioni religiose*. A c. di Michelina Borsari e Daniele Francesconi. Modena: Fondazione Collegio di S. Carlo e Banca Popolare dell'Emilia, 2005. 17-42.
Papàsogli, Benedetta. *"Il Fondo del cuore": figure dello spazio interiore del Seicento francese*. Pisa: Editrice Libreria Goliardica, 1991.
Pelosi, Olimpia. "Spoliata di sé e d'ogni cosa": la scrittura negata di Isabella Berinzaga (1551-1624)." *Annali d'italianistica* 25 (2007): 311-23.
———. "Tra eros e *caritas*: le 'pene d'amore' di Maria Domitilla Galluzzi." *Annali d'Italianistica* 13 (1995): 307-32.
Perrot, Michelle. *Les Femmes ou le silences de l'histoire*. Paris: Flammarion, 1998.
Per via di annichilazione: un inedito testo mistico del '500. A c. di Mario Gioia. Roma: Gregorian UP. Brescia: Morcelliana, 1994.
Petrocchi, Massimo. "Per la storia della spiritualità del Cinquecento: interpretazioni della 'Dama Milanese' e del gesuita Gagliardi." *Archivio storico italiano* 112 (1954): 252-64.
———. *Il Quietismo italiano del Seicento*. Roma: Edizioni di Storia e Letteratura, 1948.
Petrucci, Pier Matteo. *Lettere e trattati spirituali e mistici*. II. In Venetia: presso Gio. Giacomo Hertz, 1681.
Pomata, Giovanna. "Introduzione." In *I monasteri femminili* XXVII-XLIV.
Pozzi Giovanni e Claudio Leonardi. *Scrittrici mistiche italiane*. Genova: Marietti, 1988.
Prosperi, Adriano. *Tribunali della coscienza: inquisitori, confessori, missionari*. Torino: Einaudi, 2009.
———. "Diari femminili e discernimento degli spiriti: le mistiche della prima età moderna in Italia." In *America e Apocalisse e altri saggi*. Pisa: Istituti Editoriali e Poligrafici Internazionali, 1999. 43-65.
Reale, Giovanni. *Corpo, anima e salute: il concetto di uomo da Omero a Platone*. Milano: Cortina, 1999.
Recupero, Maria G. "*Pathos* del martire, *ethos* del corpo: una riflessione simbolico-politica." In *Il corpo nell'immaginario. Simboliche politiche e del sacro*. A c. di Fiammetta Ricci. Roma: Edizioni Nuova Cultura, 2012. 205-22.
Reineke, Martha J. *Sacrificed Lives: Kristeva on Women and Violence*. Bloomington: Indiana UP, 1997.
Riccardo di San Vittore. *I quattro gradi della violenta carità*. Traduzione di Manuela Sanson. Parma: Pratiche Editrice, 1993.
Ricci, Fiammetta. *I corpi infranti: tracce e intersezioni simboliche tra etica e politica*. Roma: Edizioni Nuova Cultura, 2013.
Ricoeur, Paul. *Finitude et culpabilité. L'homme faillible*. Paris: Aubier, 1950.
Righetti, Filippo. "Ricoeur interprete di Freud: ermeneutica e testimonianza dell'energetica esistenziale." In *Paul Ricoeur. Intersezioni. Lo sguardo. Rivista di filosofia* 12. 2 (2013): 163-78.
Rosa, Mario. *Clero cattolico e società europea nell'età moderna*. Roma: Laterza, 2006.
Ruh, Kurt. *Storia della mistica occidentale*. Volume I. *Le basi patristiche e la teologia monastica del XII secolo*. Traduzione di Michele Fiorillo. Milano: Vita e Pensiero, 1995.

Sánchez de Murillo, José. "Il compito antropologico della filosofia del profondo." In *Antropologia cristiana. Bibbia, teologia, cultura*. A c. di Bruno Moriconi. Roma: Città Nuova, 2001. 109-32.
Santità femminile e Inquisizione: La "Passione" di Suor Domitilla Galluzzi (1595-1671). A c. di Paolo Fontana. Roma: Libreria Editrice Vaticana, 2007.
Schutte Jacobson, Anne. "Orride e strane penitenze: esperimenti con la sofferenza nell'autobiografia spirituale di Maria Maddalena Martinengo." In *I monasteri femminili* 259-72.
Scurati, Antonio. *Letteratura e sopravvivenza*. Milano: Bompiani, 2012.
Talos, Marius. "How Can Love Be Violent? Reflections on Richard of St. Victor's on the Four Degrees of Violent Love." *Agathos. An International Review of the Humanities and Social Sciences* 3.1 (2012): 61-69.
Teatro del dolore e dell'amore: la vicenda spirituale di Carmela Prestigiacomo. A c. di Massimo Naro. Trapani: Il Pozzo di Giacobbe, 2005.
Testoni, Ines. *Il sacrificio del corpo: dialogo tra Caterina da Siena e Simone Weil*. Genova: Il Nuovo Melangolo, 2002.
The Song of Roland. Traduzione, introduzione e note a c. di Glyn Burgess. Londra: Penguin, 1990.
Thomson, George D. *Studies in Ancient Greek Society: The Prehistoric Aegean*. Londra: Lawrence & Wishart, 1949.
Verso una neuroestetica della letteratura. A c. di Massimo Salgaro. Roma: Aracne, 2009.
Weigel, Sigrid. *Body-and Image-Space: Re-reading Walter Benjamin*. Traduzione di Georgina Paul, Rachel McNicholl e Jeremy Gaines. New York: Routledge, 1996.
Zarri, Gabriella. *Le sante vive: profezie di Corte e devozione femminile tra '400 e '500*. Torino: Rosenberg & Sellier, 1990.
Zito, Paola. *Il veleno della quiete: mistica ereticale e potere dell'ordine nella vicenda di Miguel Molinos*. Napoli: Edizioni Scientifiche Italiane, 1997.

Linda L. Carroll

"Tanto che l'arò amazò"[1]:
Violence in Angelo Beolco's Plays and in His Associates' Lives

Abstract. Violent conflicts roiled Italian life in the last years of the fifteenth century and the first years of the sixteenth as Venice defended its maritime state from the Turks and its mainland state from European and Italian aggressors. In the mainland wars, Venice also fought a faction of local nobles who attempted to return Venice's mainland state to the Holy Roman Empire that included relatives and affiliates of playwright Angelo Beolco (Il Ruzante). A surging population and a severe drop in formerly lucrative commerce increased pressures on individuals as well as on society as a whole. In this period, violent acts increased, with an unusually high instance involving members of the Venetian patrician families who invited Beolco to perform in their city and who associated with him in other ways. Some members of the families participated directly in the wars as soldiers; they also were implicated in urban swordfights, the murder of wives, knifings, and robbery. Not by chance, violent conflict also lay at the heart of the works of the Paduan playwright, the illegitimate son of a Milanese banking scion and (probably) a household servant, which center on a contest between two men over a woman, one of whom wields an unfair advantage. In his *Bilora*, the violence culminates in the only known on-stage murder, in Italian Renaissance comedy, of a Venetian broker by a Paduan peasant whose wife he has stolen. The broker's behavior symbolizes the ways in which the new Venetian owners of agricultural land recouped losses in commerce with the resources of the mainland and imposed control on its inhabitants. The present essay explores the roots of these violent acts in the struggle of their perpetrators to retain a control over their lives that was being wrenched from their grasp by those stronger and wealthier than themselves.
Key Words. Beolco, Ruzante, violence, Venice

The Wars of the League of Cambrai
In 1494, the probable year in which an illegitimate son was born to the Paduan branch of a wealthy but declining Milanese family of imperial affiliation and a servant likely of recent peasant origin, Charles VIII invaded Italy (Sambin, "Lazzaro" 38-40; Piovan, "Tre schede"). This was the first of multiple invasions of the peninsula by France, the Holy Roman Empire and Spain in an ongoing contest for its conquest that included the wars of the League of Cambrai (1509-

---

[1] "Until I have killed him": uttered by the character Bilora as he practices slaying the elderly Andronico who has persuaded Bilora's wife to come away with him. Angelo Beolco (Il Ruzante), *Bilora* in *Teatro*, ed. Zorzi 548-79, 577.

1517), undeclared fighting in the early 1520s, and the war of the League of Cognac (1526-29) (Mallett and Hale 221-27). Simultaneously the Turkish Porte attacked Venice's maritime empire and the Italian coast.

The Cambrai wars opened in May of 1509 with the disastrous defeat of the Venetian army at Agnadello, which lay west of Crema on the edge of Venice's mainland dominion. As Venice's army fled eastward, towns refused entrance even to its high officials and Venetian governors. Free of Venetian rule, many mainland towns were returned by their former ruling class to the centuries-old fealty to the Holy Roman Empire reified in the nobles' feudal properties and titles (Preto). Among the most ardent were Paduan nobles. Many of them, while belonging to the faculty of the university and exercising professions, shared the goal of other imperialists to regain control of local government. They also aimed to recover the rich agricultural land with its assured income and prestige that they had increasingly been selling to Venetians, whose loss of maritime commerce prompted them to invest their liquid wealth in other sources of income and provisions. As soon as the Venetian governors of Padua had departed, a group of imperial nobles established their government of the city under *podestà* Conte Alvaroto. They soon welcomed Leonardo Trissino, who volunteered to serve as Maximilian I's governor. Among those involved in the movement were Beolco's uncles Zuan Jacopo and Melchiore, the latter of whom gave the name Imperio to a son born around this time; the brother of Beolco's stage partner Marc'Aurelio Alvaroto and other Alvaroto family members; Anton Francesco dei Dottori, a close friend of Beolco's father who was physician to Leo X; and Bernardino Speroni, father of Sperone; members of the Castegnola family (a Castegnola, probably Hironimo, would play Bilora in Beolco's later play) (Piovan, "Giovanni Francesco"; Bonardi; Menegazzo, "Ricerche" 252-57).

By July, Venice's leaders realized how much the loss of the mainland state was costing them in agricultural rents and other income (Costa). They focused on nearby Padua, which also served as the hub of their mainland defense (Polano, Concina), housed many industries, and provided their university.[2] A plan for Padua's reconquest was proposed to the Council of Ten by Alvise da Molin, Alvise di Prioli, Andrea Trevisan, Alvise Mocenigo, and Nicolò Bernardo (Sanuto 8: 507-08; Kaplan; Costa). Molin's son Marco was a member of the *compagnia della calza* Immortali, which in 1520 would host the first performance in which Ruzante was recorded by name in Venice. The *compagnie della calza* were troupes of young Venetian patricians who staged festive events and helped their members launch their careers and marriages. Alvise Priuli and

---

[2] The two cities' deep and strong economic interconnectedness, preserved in such documents as the *Estimo* (record of real estate holdings for tax purposes) and notarial records, has attracted the attention of scholars. Seminal are Ventura and Baratto. See the extensive bibliography cited in Beolco, *La prima oratione*; Carroll, "'Leonardus pictor florentinus.'"

Andrea Trevisan had kinsmen in the Immortali, while Trevisan and Mocenigo had kinsmen in the Ortolani, the *compagnia* that invited Ruzante to Venice most frequently. Bernardo's and Mocenigo's sons were members of the Triumphanti, the *compagnia* whose 1525 festivity rehearsal included a Ruzante comedy that drew so many government officials, among whom Nicolò Bernardo himself, that important government meetings had to be cancelled (Carroll, "Venetian Attitudes" and *Commerce*, chapter three).

On July 17, the Venetian army entered Padua's walls through a combination of ruse and force, led by Andrea Gritti and assisted by property-owning patricians with peasant forces that they had organized. Imperial partisans, after an initial effort at defense, were defeated. While some managed to escape, many were captured and sent to Venice. The leaders were imprisoned, including in the granary near Piazza San Marco where they were confined in cages. In December, four of the leaders were hanged in Piazza San Marco despite appeals for clemency and the declaration of one that he had been asked by Piero Pesaro, a prominent patrician, to remain in Padua and gather intelligence for Venice. The prisons' harsh conditions led to the deaths of others, especially those of advanced age. Rebels deemed less dangerous were allowed to live in the city but required to report frequently, many kept there for years. At the end of the war, the widow of leader Antonio Conte was still confined to Venice; when she dictated her will, members of many rebel families gathered around her bed, including Marc'Aurelio Alvaroto.[3] Most rebel families had their possessions confiscated, resulting in their long-term impoverishment. The Venetian government used some of their properties to reward *condottieri* but sold others, especially rich agricultural lands. The commission selling them was composed of the fathers of some of Beolco's closest patrician associates; these associates purchased most of the properties (Venturi; Carroll, "Venetian Attitudes"; Carroll, *Commerce*, chapter three; Del Torre 160-75).[4]

Several times over the course of the war, Venetian possession of Padua was again threatened and patricians volunteered themselves, their men, and their funds for its defense (*e.g.* Sanuto 9: 143-48, 204-11; 17: 247-59). Their number, beyond the five proposers of the 1509 plan, included a high proportion of patricians with personal or family connections to the *compagnie* inviting Beolco or attending his performances, many of whom also had valuable holdings in Padua and its territory. At the end of the war, the marble arch at Portello, the river port in Padua where boats departed for and arrived from Venice, was rebuilt in Roman style expressing Venice's renewed dominion. The project was supervised by the *capitanio* (military governor) of Padua, Marc'Antonio Loredan, father of Immortale Zuan Francesco Loredan (Carroll, "Per un

---

[3] Padua, Archivio di Stato (hereafter ASPd), *Notarile*, busta 3969, fols. 330v-31r.
[4] For the original records of the sale, see Venice, Archivio di Stato (hereafter ASVe), *Ufficiali ale Raxon Vecchie*, reg. 48.

itinerario").

The wars created the very real prospect of the Republic's demise through military conquest. They disturbed the Republic's social institutions and networks of authority and governance. Cowardly retreats and losses by Venetian forces in the battle of Agnadello and other battles subjected them to derision including by Machiavelli (Carroll, "Machiavelli's Veronese Prostitute"). Fighting disrupted income and provisioning from the mainland; Turkish aggression and the enmity of northern states truncated what maritime commerce remained in the face of Portuguese competition and cost Venice pieces of its *stato da mar* (maritime state). Most famously, the plot of the *Calandria* (1513) of Cardinal Bernardo Dovizi da Bibbiena is set in motion by Venice's loss to the Turks of its first maritime colonies, Modon and Coron.

Portraits of the Pesaro family in Titian's *Madonna di Ca' Pesaro* (Venice, Santa Maria Gloriosa dei Frari) communicate patrician reactions to the disastrous situation. While the doughty bishop Jacopo, who commissioned them in 1519, maintains an air of confidence that is a relic of his role as commander of the papal army fighting the Turk at the turn of the century, his brothers' faces are somber and marked with care. A young son, of the new generation whose entire lives were and would be conditioned by the losses, turns to the public a face pallid with anxiety as if to ask, "What will become of me?" (Carroll, *Commerce*, chapter one).

Venice's patrician class, which had never before experienced such humiliation, compensated for it with an increase in patrician privileges and a logic of violence and retribution in the treatment of non-patricians. During the reconquest of Padua, non-patricians who sacked the city after the order to stop were severely punished, while patricians were not. Similar episodes and differentiation would recur over the course of the war (Costa; da Corte fol. 96r-v; Sanuto 8: 528-29). In the Friuli, the intersection of the war and Carnival permitted a bloody revolt against Venetian domination by peasant troops under the leadership of the noble Antonio Savorgnan. After it was put down, the Council of Ten had Savorgnan assassinated on the street (Muir, 133-40, 150-51, 187-88). However, even some patrician crimes were grave enough to warrant prosecution. The Republic's high commissions ordered the execution of the patrician Gasparo Valier in 1511 despite the pleas of his influential kinsmen (Sanuto 12: 137, 139, 186, 188-90). While he was charged with murder, potentially unjustifiably because the victim was an outlaw with a price on his head, Valier's connection to contraband and to the Council of Ten, together with his location in Treviso near the border with imperial territories and wearing of the German-style *scufia* (cap), hint that traffic with the enemy may have been the real reason.

Patrician affiliates of Beolco were involved in an unusually high proportion of violent acts. Occasional episodes had occurred already prior to the Cambrai war, such as the wounding of Zuan Foscarini by Zuan Francesco Bolani, the latter the kinsman of an Ortolano (Sanuto 4: 273). Instances increased during the war. In December of 1513, shortly after a prolonged volunteer defense stint in Padua, Zuan Batista Grimani qu. Hironimo, with relatives in the three *compagnie* discussed, assaulted a patrician official who was taking some prostitutes to prison. Unfortunately, the official died of his wounds. Zuan Batista was tried and found guilty, sentenced to either prison or a loan to the state. An uncle agreed to make the loan after the government offered a satisfactory repayment schedule. However, the real punishment was suffered by one of Zuan Batista's men: having taken on himself the blame for the homicide, he was banished from the Venetian dominion and all its ships (Sanuto 17: 336, 339, 381, 492; 18: 187, 191, 192, 196, 197, 198-99, 223, 228).

In those same days, May 27 to 29 of 1514, two other patricians were killed in jealous arguments over women (Sanuto 18: 223, 228). Courtesans and prostitutes occupied an important place in Venice at the time, many having arrived with the mainlanders fleeing the war and possibly accounting for the high number of unmarried women recorded in a census oriented toward the defense of the city (Carroll, rev. of Kerr). The favor they enjoyed is expressed in the burial in the Basilica of Santa Maria Gloriosa dei Frari of the courtesan Agnola Caga-in-calle in September 1514. In Ruzante's *Betia*, Nale and his wife Tamia recall that she worked for Agnola.[5]

A shocked Marin Sanudo recorded the large number of murders (ten) committed by patricians in 1515, complaining that the perpetrators were still living in Venice because the legal cases had been assembled but not prosecuted. The diarist had just detailed the murder of a Venetian government functionary while arresting a patrician in accordance with a sentence. The murderer was the arrested man's son, Alessandro Marcello di Lorenzo di Santa Marina, who was a professional soldier. Alessandro was prosecuted and banished with a large bounty on his head and execution as the penalty for violating the sentence (Sanuto 13: 508, 509-10; 20: 154). Frustration at wartime defeats may have played a role in Alessandro's lashing out. He had been among the Venetian forces failing to prevent the capture of Brescia by the enemy and his close relative, Alessandro Marcello di Zuan da Santa Marina, had been the governor of Maran, a critical Venetian stronghold on the coast of Friuli, when it was captured by imperial forces in 1513. The imperials gained access to the town because Marcello had allowed himself to be persuaded by a treacherous priest to open the town gate for him. The priest, soon caught and subjected to a grisly public execution, became a byword for infamy (Beolco, *Moscheta* IV, 3, 654-55).[6]

---

[5] Beolco, *Betia*, in *Teatro*, V, v. 791, 1120. All further citations will be made in the text and to this edition unless otherwise noted.
[6] Padua, Biblioteca Universitaria Centrale, ms. 874, *Cronaca di Venezia dalle origini fino all'a. 1552*, 3 vols, 3: 13r, 50r-v, 54v-55r; Padua, Biblioteca Universitaria Centrale, ms.

The war's political elements may have underlain other violent acts, such as the 1515 murder of Bernardo Giustinian qu. Lorenzo by Anzolo Bragadin. Although the murderer was claimed to be jealous of Giustinian's liaison with a serving woman, the victim's perceived excessive connection with the enemy may have been involved. Giustinian, probably the brother of Ortolano Lunardo, had recently been addressed as "friend" by the former Spanish ambassador to Venice during the harvesting of grain by the Spanish forces that occupied Venice's mainland state, much of it from farms belonging to Venetians. Giustinian also wore the *scufia* potentially signalling imperial-Spanish partisanship. The serving woman worked for Nicolò Aurelio, a secretary of the Council of Ten, who in 1514 had married the daughter of a Paduan rebel executed in 1509; at the time of the marriage her uncle too was executed as a rebel. In 1524, the year in which Aurelio and his wife attended a comedy in Padua that was probably Beolco's, Aurelio himself would be tried for illicitly cancelling certain banishments. His sentence of exile was lifted in 1525 immediately after some Paduans who had been called to Venice on suspicion of subversive activities were allowed to return home (Sanuto 20: 345; 19: 170-71; 19: 246-47; 36: 403-4, 413, 414, 415, 418, 419, 421-22, 437, 441, 463-64; 37: 341, 377, 500, 504, 578; 39: 78-79; Carroll, "'I have'"). The complexities of the connections demonstrate how interwoven and treacherous personal and state relations could become.

Postwar Violence
At the war's conclusion, as often happens with one fought on home territory and with local partisans, violence that had officially ended on the battlefield continued sporadically in civil life.[7] Such intertwined roots are evident in the murder of Alvise Donà in 1517 in Piove di Sacco. For many years, the Donà, owners of extensive agricultural property and leases in the area, had used harsh methods to extract *decime (tithes)* and other income from the peasant leaseholders. In 1499, for example, the *podestà* of Padua had complained to the Collegio that Francesco and Alvise Donà exacted bribes and practiced usury with the peasants and would not yield their arms to him.[8] Although the matter was referred to the Ten, nothing happened. Then during the war, as Ruzante relates in the *Anconitana*, the peasants of the Piove region suffered repeated abuse at the hands of military forces of both the enemy side, who were

---

392, *Raccolta di notizie storiche Venete dall'anno 1498-1553*, fols. 18v-19r; Sanuto, 17: 377-78, 381; 18: 25, 37-38, 45, 47-48.

[7] For the post-World War II period, Carlo Cassola's *La ragazza di Bube* provides an excellent example.

[8] ASVe, *Archivio Gradenigo Rio Marin* (hereafter *AGRM*), busta 79, fasc. 5; ASPd, *Estimo 1418*, filza 427, fols. 67r, 103v, 130v, 138r, 146r; ASPd, *Notarile*, busta 2679, fol. 58r; busta 1334, fols. 176r, 231v, 362r, 363v; busta 1531, fols.15r-v, 342v-43r, 348r-v, 413v; busta 2733, fols. 148r-50r.

reconnoitering there after failed sieges of Padua, and the Venetian side, who were assembling there in the defense effort. At the war's end, Donà family financial pressures may have reinforced their harshness in exacting rents from agricultural property still too damaged by the war to yield much. Alvise needed to repay his recently widowed mother's and his recently deceased wife's families their dowries, eventually accomplished with Donà land. His Polani brother-in-law had to pay compensation for the loss of his investment in a disastrous round of Alexandrian galleys.[9] In another sign of financial strain, his wife's brother-in-law, Sebastian Bolani, who was probably Alvise's nephew as well, was convicted of thievery, blasphemy, and falsification of coins.[10] The situation exploded in June when Piove peasants killed Alvise, probably the one complained about in 1499, and wounded a Bolani relative.[11]

The family had connections with Ruzante's world. Donà's father-in-law, Giacomo Polani, was a member of the wool guild of Padua, as were members of the Beolco family. Polani had extensive business dealings and property in Padua, including a home at the Santo adjacent to that of his fellow Venetian Alvise Cornaro, whose family in its eagerness for patrician status claimed descent from a murderous son of a doge. Cornaro, who himself owned extensive properties in the area south of Padua stretching toward Piove, would soon become Ruzante's patron.[12]

---

[9] For repayment ASPd, *Estimo1518*, busta 352, fols. 223r-224r. For galleys, Sanuto, vols. 20-24 *s.v. galee di Alessandria*; Polani, Piero; for their context: Carroll "Dating"; Carroll, *Commerce*, Introduction and Chapter Three.

[10] Alvise's wife Zuana Polani was the sister of Hironimo Polani, whose wife was Andriana Bolani, sister of Sebastian; the Bolani siblings' mother was probably Maria Donà, Alvise's sister. I am grateful to Jan-Christoph Rössler for this last hypothesis. Sanuto 16: 414, 676; 17: 7; 18: 339; 24: 64. Marriages of multiple relatives of two families were becoming increasingly common in the patriciate of the time especially among the less wealthy whose small real estate holdings would thus be consolidated rather than fragmented. A month after Alvise's murder, Sebastian, imprisoned in Venice, gave a procura to Alvise's mother Lucia Donà to collect money owed him, likely from property in Piove: ASVe, *AGRM*, busta 200, fasc. 1; ASPd, *Estimo 1518*, busta 352, fol. 186r. Lucia had given Sebastian her *procura* for a division of property in 1512: ASVe, *AGRM*, busta 357, unnumbered pergamena.

[11] Sanuto 2: 1093; while Sanudo terms Alvise the brother of Francesco qu. Alvise, no sources report a brother by that name but they do report a son Alvise, who was the son-in-law of Giacomo Polani qu. Alvise and brother-in-law of Sebastian Bolani. The Francesco Donà of this episode is unlikely to have been the future doge but instead the homonymous kinsman who was the *consuocero* of Giacomo Polani: ASVe, Misc. Codici I, Storia Veneta 17, Marco Barbaro, *Arbori dei patritii veneti*, copied by Tommaso Corner and Antonio Maria Tasca (1743), vol. 3, 317, 335; ASVe, *Avogaria di Comun*, Balla d'Oro, vol. 163 III, fol. 189v; ASVe, AGRM, busta 62, fasc. 25; busta 44, fasc. 8; Sanuto, 24: 409.

[12] Padua, Biblioteca Civica, B.P. 801 V *Memorie di famiglie nobili di Padova descritte nel Collegio dell'arte della lana e di famiglie nobili applicate all'esercizio di banchiere e*

Contributing to the high level of violence after the war was the Republic's cashiering of most officers and soldiers as soon as it concluded, leaving fighting men idle and armed in mainland towns and the capital (Sanuto 23: 512-13, 560-62; 24: 63-64, 84, 260-62). Particularly troublesome were the major noble *condottiero* families of the towns on the western edge of the dominion, who knew that their importance to defending the border required Venice to privilege them. A conflict between two such Brescian families erupted in early 1518 when the patriarch of the Martinengo family abducted an Averoldo girl; the legal consequences lasted for years, Martinengo absolved only after the death of his Averoldo adversary (Sanuto 24: 113, 415; 25: 363, 368, 417, 420, 493, 495-96, 522; 26: 40, 479; 27: 266-67, 284, 369, 509; 28: 12, 90, 91, 114, 122, 123, 124, 125, 126, 337). One of the leading families of Montagnana, a fortress town playing an important role in the defense of Venice's southwestern border, were the Guioti (Guidoti). Their lengthy and prestigious military service to the Republic included, in the Cambrai wars, the soldiering of Hironimo, the brother of Beolco's stepmother (Sanuto 8: 260, 261; 9: 326; 11: 267; 18: 103; 20: 410, 418, 427, 507; 21: 344; Piovan, "Giovanni Francesco Beolco e Antonio Francesco Dottori"). Although he killed two cousins in a fight in 1518 and harbored banished criminals in 1521, his service to the Republic was deemed so valuable that punishment was attenuated or neglected (Sanuto 15: 579; 23: 465; 24: 262, 317, 488; 25: 535; 26: 61, 122; 27: 337-38; 29: 12; 30: 287; 34: 261).

Carnival of 1518, beyond the usual entertainment (in Treviso the youthful governor sponsored a joust by the company of *condottiero* Mercurio Bua and the staging of Plautus's *Amphitrion*) and highjinks (in Venice a masker running along the rooftop of the Procuratie fell to his death), witnessed a patrician murder. Vincenzo Molin was killed by Marco Michiel, disguised in a Carnival costume, whose presence in Venice violated an order of banishment punishing a previous act of violence against a rival in love (Sanuto 25: 217-19, 248, 253). Some said that Michiel's assault was motivated by his jealousy of Vincenzo's cousin, others said it was revenge on Vincenzo for acting through his powerful father Alvise to have Michiel banished, and still others said that Michiel was retaliating against Alvise's failure to fulfill his promise to help Michiel get the ban lifted by providing funds for a loan to the state. Alvise Molin restrained his other son, Marco, a close associate of Ruzante's, from avenging the assault, and was praised by Venetian leaders for breaking the cycle of revenge.[13]

---

cambista, raccolte dal c. Giovanni Lazara, unnumbered folio, 1485; ASPd, *Notarile*, busta 2678, fol. 480r; busta 2138, fol. 267r; busta 247, fol. 196; busta 250, fols. 37v-38r; busta 255, fols. 271v, 477r; busta 1057, fols. 177r-v, 257r-v; busta 1290, fol. 303r; busta 1759, fol. 453r; busta 1389, fol. 605; Menegazzo, "Ricerche" 233; Menegazzo, "Alvise Cornaro" 429-35.

[13] Egnazio, *De exemplis* 104, 115-16. I am grateful to the Newberry Library for a Short-term Fellowship (1986) that allowed me to read this work.

A visit of the French ambassador the following year gave rise to an ugly episode in Padua in which armed students sacked the homes of Jews to find gifts for him. Not coincidentally, the students were Mantuans, to whom Venice extended certain immunities to retain the favor of the strategically located neighboring state. When the *capitanio* of Padua went to calm the students, they attacked him. One was captured and was saved from hanging only by the ambassador's appeal. A patrician was dispatched to undertake a trial, which would also include the murder of a della Torre by fellow students. The students instead came to Venice to protest the *capitanio*'s treatment of them. As Sanudo remarked, the University was in "gran combustion" (a great conflagration). Several student suspects were ordered to present themselves in Venice but apparently never did; as often happened, the case quietly disappeared (Sanuto 26: 461, 462-63; 27: 11, 22). By June of 1519, 120 murders having resulted in a single month from the number of men going about armed in Venice, the appropriate officials were called before the Signoria and instructed about arms, presumably to enforce the ban on them (Sanuto 27: 437-38).

French arrogance set off another episode of violence in the summer of 1520 that involved mainland peasants. A Frenchman who had stopped at a tavern on the way to Padua wounded a peasant for accidentally knocking his hat off and another who defended him. A skirmish ensued in which the Frenchman was killed and his companions assailed. Several peasant suspects were arrested and confined to the cages in Venice, some soon released for lack of evidence. Although a trial was held, all of the peasants sentenced were among those who had escaped arrest, much to the anger of the French ambassador (Sanuto 28: 583, 593, 601, 673; 29: 66, 145, 146, 180, 199, 205, 259, 279, 280, 281, 282, 283; 33: 351). It seems that, given the waning of the three-year peace signed in 1518, Venetian officials were cognizant that they would soon be calling again upon the peasants, especially of that locale, to preserve their mainland state.

Religious and financial motives joined in a violent episode of the spring of 1521, again involving the Donà family and having at its heart the practice of turning the priesthood into a sinecure supported by tithes and enriched by various forms of gainful activity. The victim was the priest Alvise Donà qu. Hironimo qu. Alvise, who lived in Piove di Sacco where he enjoyed numerous benefices and managed the properties of the family and of other patricians. He was murdered for his large amount of cash by a son of his son-in-law.[14] The assassin's identity reveals that the victim was one of those priests called out by Ruzante in his *Prima oratione* for impregnating peasant women, with one of whom he was living at the time and who was also killed along with her (their)

---

[14] Sanuto 30: 55, 69, 76-77; ASPd, *Estimo 1518*, busta 126, fol. 176r; busta 352, fols. 149r-50v; busta 354, fols. 107r, 9v; busta 341, fol. 122r; ASVe, *AGRM*, busta 79, fasc. 5; ASPd, *Notarile*, busta 1334, fols. 176r, 231v, 362r, 363v; busta 1531, fols. 15r-v, 342v-43r, 413v; busta 2733, fols. 148r-50r, 318r-v, 350-53, 372v-73r, 409r-10v.

daughter. Donà's benefices were reassigned to the youthful Cardinal Francesco Pisani, whose brother was a member of the Immortali and at whose sister's wedding Ruzante would give his only performance in the Ducal Palace.

The religious direction of the lives of patrician women seems to lie at the root of another crime. On the day that the trial of the peasants accused of killing the Frenchman began, the bishop of Torcello complained to the government that Arseni Diedo's sons had entered his house to kill him because of his plans to reform a convent where two of their sisters were nuns. Patrician nuns, frequently pressured to enter the convent by their families to avoid marital dowries, claimed independence and sometimes pleasures of the flesh within convent walls as compensation.[15] Although the case was turned over to the Heads of the Ten, no further action was recorded by Sanudo.

Perhaps the Diedo sisters were jealous of a beautiful, wealthy in-law whose secular enjoyments a few months later would include dancing with the Prince of Sanseverino at a Carnival festivity given by the Ortolani, hosted by Piero Pesaro, and featuring a comedy by Ruzante and Menato (Sanuto 29: 537, 567). Swords were drawn at a connected party, celebrating the marriage of Ortolano Agustin Contarini qu. Marc'Antonio with the daughter of Alvise Corner qu. Donado, because of injurious words. Involved were the Prince of Sanseverino; the men of Count Antonio Martinengo, a *condottiero* for the Republic and also inducted into the Ortolani; and other members of the *compagnia*. Martinengo was a Brescian noble enfeuded to the empire, while the *compagnia* was composed of those patricians most inclined to favorable relations with the empire. At the time, Venice was poised between an alliance with Francis I and one with the new and powerful emperor Charles V. During the following Carnival the bride's sister would publicly defile the reputations of the wives of several patricians, possibly because they did not follow Ortolano Marco Grimani's abandonment of a pro-imperial stance for a turn toward France (Carroll, *Commerce*, chapter two). The injurious words of 1521 may have involved similar questions of loyalty.

War Again Looms
As undeclared fighting increased in the Lombard theater in the early 1520s, Alessandro Marcello achieved pardon for his crime through acts of soldierly valor. Further, he was entrusted with the leadership of an important detachment of *stradioti* (swift light cavalry) when its *condottiero* Jacomo Vicoaro was captured by the enemy (Sanuto 32: 441-42; 33: 394). The government sent him

---

[15] Sanuto 29: 145; see the typical case of the heavily indebted Sebastiano Contarini, whose daughter decided to enter the convent after the family began to alienate their agricultural land to provide a marital dowry: ASVe, *AGRM*, busta 222, unnumbered fascicle "Informazione de' beni Mestre e Mestrina e loro Esenzioni"; see in general Sperling.

on numerous dangerous missions, especially the defense of Cremona, the most western and exposed of Venice's mainland towns.[16] As the emperor and the pope intensified pressure on the Republic to abandon France and join forces with them, armed soldiers again frequented Venice, fighting and wounding one another (Sanuto 32: 425). Although the many homicides prompted government officials to reiterate the ban on weapons, the holiday season saw the wounding of a patrician by two Carnival maskers (Sanuto 33: 415, 549-50). Condemning masking, Sanudo pointed out that all maskers were armed, implying that the custom was used to circumvent the arms prohibition. Other violent acts included robberies of patricians by fellow patricians (Sanuto 35: 391-92). Even after Carnival, the violence continued, with Ruzante's fellow comic Zuan Polo arrested for murder (Sanuto 34: 20).

At Carnival of 1524, shortly after the Republic was pressured into the imperial-papal alliance and their forces captured Milan, the Ortolani processed through Venice (Sanuto 35: 393). Dressed in velvet robes with ducal sleeves, they were accompanied by servants and an entourage costumed as peasants whose number included Zuan Polo and Ruzante and who wielded farm implements and sang country songs. The revelers saluted Doge Andrea Gritti and Marco da Molin, by then a Procuratore di S. Marco, before retiring to a tavern for supper. Ruzante's short performance piece *Lettera all'amorosa* is commonly associated with the festivity. The *Lettera* concludes with a winking greeting to Francesco Donà; he was not the one complained about in 1499, by then deceased, but most likely the future doge, recently returned from service as *capitanio* and *vice-podestà* of Padua (Sanuto 35: 197; Padoan 110-12). In that office he had gained the love of Padua's citizens, especially for providing them with grain.[17] Beolco had a deep personal connection to him: Donà's father-in-law Antonio Giustinian, an investor in a troubled round of Flanders galleys assisted by Beolco's Milanese financier family, had sold a farm to Angelo's great-uncle Antonio da Pernumia.[18]

Days after the festive procession, imperial and Venetian forces, including Alessandro Marcello, participated in capturing Cremona from the French, who subsequently withdrew from Italy.[19]

Desperately searching for funds to pay for the approaching war, the Venetian government devised a means of profiting from homicides. Murderers who rendered a monetary gift to the state would be granted a *salvacondotto* (a

---

[16] Sanuto vols. 34, 35, 36, 37 *s.v.* Marcello, Alessandro di Lorenzo (misidentified in vol. 33 as 'di Lunardo').
[17] Padua, Biblioteca del Seminario, Sezione Antica, cod. 555, Antonio Monterosso, *Reggimenti di Padova dal 1459 sino 1533*, vol. 4, fasc. XI, fol. 6r.
[18] ASPd, Notarile, busta 1760, fols. 106r-107r; for the galleys: Carroll, *Commerce*, Introduction.
[19] See the numerous entries in Sanuto, vols. 34, 35, *s.v.* Marcello, Alessandro.

safe conduct allowing a banished criminal to return to the Venetian state) (Sanuto 34: 297). Moreover, the banishment could be lifted if the criminal provided evidence that he had killed another criminal (Cozzi). As was predictable, the number of murders rose. In 1524, they stood at 22 in a month, along with attempts at murder including one within the Martinengo family, another over prostitutes, and one by a member of the clergy (Sanuto 36: 405, 438, 470-71, 534; 37: 165). In such an atmosphere, crime in general increased. There was even an organized gang of young patricians known as the "white shirt" criminals who concealed their weapons under white shirts as they went around at night causing trouble. Their leader, Girolamo Paradiso, of a tiny and dying clan, was caught and imprisoned (Sanuto 36: 258, 262, 519, 522; 37: 214, 255, 556).

Violence knit together city and country life, as in two episodes of late 1525. In Venice, a pregnant woman and her two small children were brutally murdered during a robbery. The patrician in whose home she and her husband were servants, the Immortale Marchiò Michiel, came to the Maggior Consiglio to request a safe conduct for a banished peasant to allow him to identify the culprits, also peasants, to Venetian magistrates. The safe conduct was granted and a bill to arrest the malefactors, already brought to Venice, was passed. Arrested and tortured, they confessed that when Michiel went to his farm in their village, Campo Nogara, they came to Venice to steal the savings of his servant, a friend of theirs. The victim's wife having recognized them, they killed her. Although the peasants who had testified appealed for compensation, including the lifting of a banishment, the only bills placed concerned the malefactors' public execution.[20] Other robbers, the following month, broke into an *osteria* in Fosson. The locale, near Campo Nogara, was favored by hunters including Alvise Cornaro, who had a lodge there where a few years later Beolco's *Dialogo facetissimo* would be performed. Stefano Querini, the other Immortale inductee celebrated in 1520, was lodging there on his way from his holding at Le Papozze and carrying a large amount of cash. Several malefactors tried to gain entrance to rob him and the owner. The owner having locked them out that night, they returned the following night and killed him and two women. Eventually caught, they were executed by the Venetian governor of Chioggia with the exception of one who, as a priest, was under ecclesiastical jurisdiction.[21]

---

[20] Sanuto 39: 420; 40: 337-38, 351-52, 361, 375-76; ASPd, *Estimo 1518*, busta 356, fol. 147r.

[21] Sanuto 40: 417, 418, 807. Clerical violence created special problems for both the state and the religious community, as clerics and the Church claimed that only the Church, and not civil authority, had jurisdiction. For this reason, some took holy orders to be able to commit crimes with relative impunity. The treatment of the entire religious community by the state and lay people could be negatively influenced by clerical crime: see, *inter alia*, Gios 106, 164, 233-34.

A New League and a New War
Francis I returned to Italy in 1524 at the head of his army, only to be captured by Charles V's forces at Pavia in February 1525. A year later, after agreeing to Charles's conditions, he was freed and formed the League of Cognac to conquer Italy. Venice announced its participation in June. Supported by Clement VII, the League would eventually extend to Milan, Mantua and Ferrara, all states to which Paduan (and other) imperialists had fled after their city was retaken by Venice in 1509. Their rebellion had thus led them to the painful situation that they were obliged in the 1520s by the heads of their new states to support precisely those enemies from whom they had rebelled almost twenty years before. One prominent example will serve for all, a cousin of Beolco's stage partner: Giacomo Alvaroto qu. Conte, who had seen his father die of exposure in the cruel and debasing cages and subsequently been required by Venice to pay a large fine and accept disadvantageous conditions to be granted access to his lands in the *padovano* (Paduan territory). He entered the service of Alfonso d'Este, often serving as the duke's ambassador to Venice.[22] When Alfonso finally joined the league in late 1527, he chose Alvaroto to handle the matter, sending him first to the pope and then to Venice (Predelli and Bosmin 196 [entry] 63; Sanuto 38: 66; 46: 319).

On June 2, 1526 the official documents of the League signed by Francis arrived in Venice and the Senate wrote secretly to Piero Pesaro the *provedador zeneral* (civilian overseer of the army) in Lombardy to prepare for war. On that same day, Beolco purchased an expensive horse from Zuan Corner, son of Immortale Fantin and future son-in-law of Alvise Cornaro, giving the latter a *procura* (power of attorney) to pay for it from the tiny legacy that he had extracted from his father's estate.[23] While the act is often interpreted as another sign of the playwright's passion for horses, Emilio Menegazzo — noting that the title *strenuus* (soldier) prefixed to Beolco's name in the document was applied solely to soldiers, that Beolco was absent from documents for the succeeding two years, and that his account of war in his texts seemed to reflect actual experience — advanced the plausible hypothesis that he had joined the Venetian forces (Menegazzo, "Stato" 330 n. 76). The document yields the further clue of the feudal form of Beolco's surname and title ("dominus Angelus de Beulco"), which held the potential double value of garnering him respect on the mainland and signaling a tie to the empire.

If Beolco did indeed join Venetian forces in the League headed by France, what could have induced him, a member of a network of relatives and associates

---

[22] Sanuto 12: 117-18; 18: 232, 381; 31: 78-79, 82, 84, 397; 38: 66l; 46: 319; ASVe, Consiglio dei Dieci, *Parti Miste*, reg. 37, fols. 65r, 81r-v; ASPd, *Estimo 1518*, busta 6, fol. 127r-v; busta 144, fol. 3v.
[23] ASVe, Senato, *Secreta*, reg. 51, 41r-42v; Sanuto 41: 437-38, 442-46; Sambin, "Altre testimonianze" 61-62, 78; ASPd, *Notarile*, busta 5031, fols. 201r-202v.

with deep imperial ties, to do so? The answer may lie in a confluence of other loyalties and of personal characteristics. For Venice, the war was one in defense of its mainland state and Beolco had connections to numerous Venetian officials associated with the defense effort. Pesaro had both hosted his 1521 performance for Antonio Martinengo's induction and possessed a family connection that stretched back fifty years, as he was the son of a principal investor in the Flanders galleys assisted by the Beolco.[24] It is likely that the two also had some contact in the fortified town of Este, where Pesaro, Alvise Cornaro and the Speroni-Alvaroti all owned property and Beolco witnessed a document for Cornaro.[25] One of the military companies defending the western border near Crema under Pesaro's direction was Antonio Martinengo's, which he had passed to his kinsman Marc'Antonio early in the year (Sanuto 42: 118, 120). Also telling is that a member of Jacomo Vicoaro's company, by then returned to Vicoaro's leadership, was the principal in the notarial document preceding Beolco's and of the same date (Sanuto 40: 163, 588; 42: 151). He too purchased a horse, in this case from Alvise Cornaro's brother-in-law (Sambin, "Testamenti," 126-27 n. 16). Other connections between Beolco and mainland defense were the Venetian governors of Padua. The *podestà*, Sebastian Giustinian, had been the Venetian governor of Brescia at the time of the defeat at Agnadello, and was the first to send word of it to Venice. He was also the father of the Ortolano Marin, a close associate of Beolco's from whom Beolco probably learned of Thomas More's *Utopia*, which he is the first known author to have used as inspiration in another literary work (Sanuto 8: 247-48; Carroll, "Ruzante's Early Adaptations; Carroll, "Utopia"). The *capitanio*, Hironimo Loredan qu. Lunardo, was the brother of Lorenzo, one of three members of the Council of Ten who had led government officials to Beolco's play the year before (Sanuto 37: 559).

Beolco's personal situation may also have influenced his choice. As an illegitimate son who could not inherit and a writer whose works did not support him, Beolco needed the backing of a patron. The need was perhaps felt more acutely after Carnival of 1526, when he gave his final performance in Venice at a scandalous festivity. The relationship with Cornaro, a jealous man whose household Beolco had by then joined, did not allow alternatives for his art. The Lombard war, however, may have provided a different opportunity. One of the tasks that the Senate enumerated for Pesaro was the raising of *fanti* or foot soldiers, the *cernide* praised by Machiavelli drawn largely from the peasant population (Lenci; Gullino; Canton; Franzin; Pezzolo; Pieri 525-35). Beolco

---

[24] ASVe, *AGRM*, busta 250, second *vacchetta*, fols. 18v, 23v, 24r, 30r, 31r, 33r, 43v, 55r; Carroll, *Commerce*, Introduction.

[25] ASPd, *Estimo 1518*, busta 352, fol. 303r-v; ASPd, *Notai d'Este*, busta 648; busta 649, esp. fol. 242r, which is transcribed in Menegazzo, "Ricerche" 263-64; ASPd, *Estimo 1518*, busta 6, fols. 30r-33v, 70v; Beolco, *Lettera all'Alvaroto*, par. 6, 1229.

demonstrated his capabilities in similar endeavors in a scene of *Betia* (IV, vv. 1-260, 359-77) in which Zilio (Beolco's character) and Nale (Alvaroto's character) organize their associates to battle for possession of the eponymous heroine. While the play's first version was probably early, Beolco continued to rewrite it during the 1520s.

One of the League of Cognac's first objectives was the retaking of Milan, which had passed into imperial hands early in 1526; League members hoped to bring with it as much Lombard territory as possible, specifically Cremona and Lodi. Unfortunately, Pesaro's plans to do so failed, having been based on advisors' rosy promises; moreover, the campaign resulted in the death of Marc'Antonio Martinengo. Pesaro avenged him with a redoubled attack on the enemy that unfortunately resulted in the deaths of further important Venetian army commanders including Julio Manfron (another *condottiero* member of the Ortolani) and Alessandro Marcello. Alarmed by this and other problems including Pesaro's perceived self-indulgence and his conflicts with military experts, Alvise Pisani exhorted the Senate to elect a *proveditore generale* to oversee the army. He himself was chosen and under his direction Cremona was finally taken.[26] In the meanwhile, the Martinengo company, with Vicoaro's assistance, took various locales in the *cremonese*, and in late June Venetian forces took Lodi (Sanuto 42: 225-27, 298, 483, 525; 43: 153; 44: 159-60; 45: 404, 516, 519).

Pavia, captured by League forces in October of 1527, came under imperial assault in early 1528. Vicoaro's company was among the reinforcements sent to assist Roberto da Sanseverino in the city's defense but their efforts were insufficient. The city was lost and many leaders of the Venetian army, including Vicoaro, were killed and others captured. While some *condottieri* were allowed to ransom themselves, the Venetians were not.[27] Reports held that the imperial forces had been admitted to the town by a guardian of the city's gates who had been hired away from the imperial command in Milan. The loss of a city of such great symbolic and material importance and reportedly through treachery drew great concern in Venice's governing councils. Called before the Senate, the putative traitor denied everything. In the end, the Senate placed blame on the ill will of the locals and the negligence of the soldiers. However, the possible voluntary cession of the city continued to shadow the episode, as did other reports of complicity with the empire during the entire war.

That service in the army of a Venice allied with France would have put Beolco in the painfully conflicted situation of fighting against the empire and

---

[26] Padua, Biblioteca del Seminario, Sezione Antica, ms. 609, fols. 138r-47r; Padua, Biblioteca universitaria centrale, ms. 874, *Cronaca di Venezia*, 3: 103v-104r; ASVe, Senato, *Secreta*, reg. 51, fols. 92r-93v.
[27] Sanuto, 46: 172-73; 47: 302, 315, 355, 445, 447, 478, 548; 49: 54, 203-6; ASVe, Senato, *Secreta*, reg. 53, fols. 63v-64r, 64v-65v, 73v-74r, 74r-v, 78r-v.

against exiles at Charles's court or in an imperial-aligned Italian state would go a long way to explaining the tension and sense of the absurd in the plays of this period (*Reduce, Bilora, Moscheta*) (Pazzaglia). It would also motivate the prominence that the theme of exile assumes in them (discussed below). The situation could be even more complicated if the feudal form of Beolco's name and the hints of treachery in the plays reflect Beolco's intent to effect an underlying loyalty to the empire on the Lombard front. The fight over Pavia provided a plausible opportunity, and perhaps not only to Beolco. Accusations of financial treachery were made at the time against the patrician Corner family. A Head of the Council of Ten predicted that the 26,000 ducats given at the time by the family to Clement VII to acquire a cardinalate for Francesco would contribute to the ransom that the pope paid to the Spanish, who in turn would use the funds to fight Venice. Events soon proved him accurate, the timing of the payment such that that some of the money likely supported the Spanish capture of Pavia (Sanuto, 46: 25, 421, 468-69, 579-80, 615; 47: 336, 463, 480, 516, 532; 48: 34, 43, 44-49; 49: 137, 192, 369-70).

In June of 1528, Francesco Corner came to Venice to receive his cardinal's hat, remaining until early the following year. During his sojourn, Ruzante addressed the *Seconda oratione* to him, describing the terrible sufferings that famine had inflicted on the peasants and that had been worsened by the confiscation of the grain that they grew to feed the cities. Noting that the peasants, unlike city dwellers, have no law protecting them, Ruzante calls on the cardinal to create one law that will apply to all and be fair and equal. He too will benefit, Ruzante points out, because it will prevent the peasants from turning to Luther and sacking Rome again.

Imperial adherents of the mainland towns fell under suspicion again during the Cognac wars. In 1528 and 1529, the Heads of the Council of Ten called in from Padua and its territory the sons of Bernardino Speroni, including Sperone; Zuan Antonio Zaccarotto, probably the cousin of the Giacomo who was a character in the *Dialogo facetissimo*; Francesco Alvarotto, probably the cousin of Marc'Aurelio; Stefano dei Dottori; and Beolco's step-uncle Hironimo Guioti (Bonardi 607-12; Menegazzo, "Ricerche" 242-57; Sambin, "Briciole" 108).

During this war too, the conduct of some patricians, including Beolco affines, mirrored its violence and upheaval. Although Girolamo Paradiso of the "white shirt" criminals had been allowed to purchase a pardon, his return to society did not last long. In 1527 his brother-in-law Antonio Grimani di Vincenzo qu. Antonio, at whose 1523 wedding banquet Ruzante performed for the only time in the Ducal Palace, died at his hand and Paradiso was again exiled (Sanuto 40: 646; 46: 21; 54: 439). Antonio Martinengo was murdered in 1528 in his chamber with a young girl and a young boy (Sanuto 47: 273, 274-75, 276). As Sanudo sternly pronounced, such a death was merited by Martinengo's murder of his first wife. In 1529, Piero Sanudo di Zuan Batista was arrested for murder and other misdeeds in Mestre, although his later sentencing was for interfering with a public official. Despite exile to Famagosta, he attended the coronation of Charles V in Bologna a few months later, a political affiliation irksome to a Venice finally brought to heel by the emperor. He continued to defy his banishment with visits to his properties in Ravenna. From his residence in Ferrara, he petitioned to be allowed to manage his properties, having no one else to do so; not surprisingly, his petition was denied (Sanuto 50: 324, 343; 52: 86-87; 54: 94; 58: 456).

Some formerly scapegrace patricians, by contrast, took advantage of the need for public servants created by the war to achieve respectability. The Immortale Francesco Sanudo, who had wounded Jacomo Armer in 1521, made his peace with him in 1525 and saw a daughter into the convent. He was subsequently elected *governador di le entrade* (governor of revenue) on a loan to the state of 2,000 ducats. A widower, he made a good second marriage. There were limits, though; his offer of valuable cloth and his farm as the prerequisite loan for candidacy for a procuratorship was not accepted (Sanuto 31: 183-84, 199; 32: 340, 447, 450, 458; 33: 92; 38: 45; 41: 374-75; 42: 148, 263, 264; 45: 359; 46: 329, 355; 50: 45-46, 182).

After the failed 1528 French-led siege of Naples, in which ardent patrician leaders including Alvise Pisani and Piero Pesaro died, the war trailed to an end in 1529. The participants' mutual accusations of each seeking a separate peace merely continued their unreliable performance of their obligations to each other during the war. The government again imposed internal order, evident in

alcune condanation fate nel illustrissimo Conseio di X a dì 11 di l'instante contra alcuni zentilhomeni andati più volte con arme per la terra con armadi, facendo insulti, insolentie et male operation contra li ministri publici et altri.
(Sanuto 52: 86-87)
(several sentences imposed by the most illustrious Council of Ten on the eleventh of this month [October, 1529] upon several patricians who on numerous occasions went about the city armed and with an armed entourage, committing insults, acts of insolence, and misdeeds against public officials and others.)

Again, as with the Cambrai wars, some personal violence spilled into the first postwar period. Most notable was the murder, in the presence of her small son, of Marc'Antonio Venier's wife, who had been publicly accused of adultery some years before. Although Venier himself was suspected, blame was finally assigned to two servants, one of his and another of the Nogarola of Verona. Venier shared feudal lordship of the castle of Sanguané, located south of Verona; it had been defended in the war as a bulwark of the border with Mantua. The Nogarola were among the few non-Paduan mainland families whose rebellion against Venice in 1509 had cost them the permanent appropriation of property, their feud at Bagnolo which the Venetian state sold to the Pisani. Moreover, some Nogarola family members suffered permanent exile, including Hironimo, who found refuge at the Aragonese court in Naples. During the

Cognac war, Marc'Antonio Venier had been kept apprised of events both near his castle and in Naples. His wife was a member of the Zorzi family, which owned extensive property in areas contested with the papacy. The cluster of factors raises the question of whether political elements were involved in his wife's murder, a question that the sources do not answer (Sanuto 55: 128-29, 134, 135, 190, 196, 210, 248, 282-83; Carroll, *Commerce* 86-88).

Hironimo Guioti too proved unable to control his criminal behavior. When he was banished in 1531 and sentenced, he made a secret financial deal with public officials to have the confiscation of his property nullified. When the arrangement came to light, it was invalidated by the councils, although two years later they struck an official deal (Sanuto 54: 611; 55: 274, 276-78, 324, 668; 58: 232, 265-66). The money that Hironimo used for a loan to diminish his sentence was lent to him from his sister's estate and thus Beolco's half-brothers. When one of them, Ludovico, gave Beolco his *procura* for the division of the inheritance in 1536 that took that loan into account, he did so from the *preson forte* (fortified prison) of the Ducal Palace. It is not known at what time and for what crime he was confined there.[28]

Bagnolo would become the site of the first known villa built for a Venetian patron by Palladio (Cooper 4). The architect's search for calm and orderly structure, so appealing to the Venetian patriciate as it set down roots in the mainland dominion at the end of the Cognac war, may have been inspired by his birth in Padua at the outset of the Cambrai Wars (Puppi 13-20). While the imperial template of Palladio's forms is often read as reflecting the humanistic norms with which his mentor Gian Giorgio Trissino familiarized him, it is important to remember that Trissino also had affiliations with the contemporary empire. Having departed Vicenza in 1509 together with Maximilian and other rebel nobles, he resided at Maximilian's court as an exile from Venetian territory; his kinsman Lunardo was imperial governor of Padua until Venice retook it. With the election of Leo X, Gian Giorgio moved to Rome and was soon named by Leo as his ambassador to Germany (Dionisotti; Faggin; Olivieri 175-77; Barbieri). His leadership of the noble faction seeking a *modus vivendi* with the empire extended to a full-blown embrace of it in writings that cast the emperor as the savior of Italy from its ills. Thus a classical style, especially one connected with Gian Giorgio, could also have been interpreted by contemporaries as manifestly connecting with the Holy Roman Empire that, with the 1529 Peace of Bologna and coronation of Charles V, established its domination of the peninsula (Lewis). Whatever preference of international alliance Venetian patricians held in their hearts, most understood that détente with the empire would promote the blossoming of the agriculture that their villas anchored and that would substitute their lost commerce as a source of personal

---

[28] Lovarini, "Notizie" 22-23; ASPd, *Archivio dell'Ospitale, Archivio della Scuola della Carità*, busta 232, fols. 14r-v, 79r.

wealth and of personal and public provisions.

Violence in Beolco's Plays
Violence, an almost constant presence in Beolco's plays, exists in an intricate relationship with his core theme of equality. The early *Pastoral*'s coarse but shrewd Ruzante, who achieves parity with the refined Arcadian shepherds by saving one of them, wants to skin his imperious father alive (Scene 19, 122-23) and celebrates his sudden death (Scene 21, 130-31). The *Prima oratione* concludes with laws to equalize priests and laymen in support of offspring by requiring priests either to be castrated or to marry. The oration's hunting scene, often praised for its warm depiction of the relationship between hunter and hound, also depicts their ruthless killing of prey. The same scene of *Betia* in which Zilio and Nale ready the fighting force contains the first expression of concern about exile (IV, vv. 48-94, 361-65). After sending Zilio out to recruit their acquaintances, the married Nale, who is pursuing Betia as her second husband, turns to the public and vows that even if it means exile he will fight the forces organized by Betia's mother to prevent the marriage. It seems more than chance that the character played by Alvaroto, upon whose family exile had imposed so much suffering, first raised the issue. When Taçio, the *degan* (village mayor) pleads with Nale for peace, he cites the "undoing" that results from banishment; for a similar reason Betia's mother relinquishes her urge to gut Zilio (IV,vv. 233-34, 375; vv. 406-7, 387), while relishing the prospect of Zilio being hanged. She thus accepts the advantages of an effective state system of justice despite its limits on her personal revenge. Zilio does not: upon grasping that Nale seriously intends to be Betia's second husband, he knifes him (V, vv. 431-32, 440-41). The two settle their conflict with a pact of open marriage to which each will contribute equally through the participation of both wives. However, the lover that Nale's wife took while he was pretending to be dead lurks on the outside, threatening to insert himself into the arrangement despite his lack of a wife to maintain equality (V, vv. 1449-1465, 506-09).

Revenge, justice, and their reconciliation take center stage in the following plays. Menego, of the early 1528 *Dialogo facetissimo*, plans to avenge Nale's theft of his wife by committing suicide such that Nale will appear to have murdered him and be punished with exile (Scene 5, pars. 79-81, 707-09).[29] In the *Seconda oratione*, probably delivered in the late summer of that year, Ruzante calls for one law that will be equal for both the peasants and the city people. He warns Cardinal Francesco Cornaro that he and the Church must take care of the famine-scourged peasants if Rome is to be spared another brutal sacking by them and their defection to Lutheranism (pars. 12, 15-23, 1212-19). The *Reduce* opens with a depiction of the violence of the Lombard battlefield

---

[29] The uniqueness of the character's name may indicate that this Ruzante-like role was played by another actor during Beolco's absence.

and closes with the beating of Ruzante by his wife's new boyfriend (Scene 1, pars. 2-3, 516-17).

Bilora (Weasel), played not by Beolco but by a member of the Castegnola family and named for the killer of barnyard birds, takes violence in the service of justice to its extreme. Impoverished and cruel, Bilora loses his wife to the elderly Venetian broker Andronico, who makes her queen of his comfortable household. Bilora, while recognizing his defects as a husband, cannot abide the loss and the blow to his pride. He goes to Venice seeking her, bullying an acquaintance into helping him by boasting of his banishment for multiple murders (Scene 7, par. 64, 567; Scene 10, par. 84, 573-75). After Andronico rejects Bilora's husbandly rights (Scene 8, par. 70, 569), Bilora in a lonely and terrifying reprise of the actor's profession rehearses how he will attack Andronico "tanto che l'arò amazò" (until I have killed him) and depart on a swift horse (Scene 11, 574-77). This time there is no stopping him. As he approaches Andronico's house, the old man steps onto the street and is knifed to death in the only on-stage murder in Italian Renaissance comedy (Davico Bonino 7-11). Rather than ending with Bilora's flight, the play closes with his succinct enunciation of the issues:

Dame mo la mia femena. Te la divi lagar stare. Poh, moa, a' cherzo che 'l sea morto, mi. Mo no 'l sbate pí né pe' né gamba. Poh, l'ha tirò i lachiti, elo. Miedio, bondi! L'ha cagò le graspe, elo... Te l'hegi dito.

(Scene 12, par. 99, 578-79)

"Give me my woman, now. You should have left her be. Oh, wow, I think he's dead, I do. Now he's not shaking either his leg or his foot. Wow, he's kicked the bucket, he has. Oh, my God, good night. He's shat his grapestalks, he has. I told you so.)

Bilora iterates the social compact of the husband's right to his wife, Andronico's violation of it, his fair warning to Andronico, Andronico's ignoring of it, and Bilora's rightful revenge. Given the parallels between family and state, recognized perhaps most articulately by Aristotle in his *Politics* and implicitly alluded to both in the *Tyrannicide* of Lucian of Samosata on which *Bilora* is modeled and in *Bilora* itself, is the issue of whether it was ever justifiable for a member of the body politic to kill the body's ruler (Carroll, "Nontheistic" 889-90; Greenblatt). A basic consideration regarding such an act is that it puts a member of a society on the same level as its highest authority, in whom the power to execute is normally vested. It is noteworthy that Beolco pressed his case for equality to its zenith in a period in which Venetian patricians, treated like peasants by both their unreliable Cognac allies and their imperial foes, fought alongside their peasant *fanti* on the same battlefields to save the mainland state that supported them both.

The imposition of imperial power on the peninsula through the Peace of Bologna and Charles's coronation by Clement (1529) incited the patriciate to compensate their losses by imposing their own power within their state.[30] Beolco, back from the battlefield and with no patronage in Venice, took up residence again with Cornaro, while performing occasionally in Padua and Ferrara and managing the rural properties of Paduan and Venetian religious individuals and institutions. The plays of the period reflect this changed dynamic. In the *Dialogo facetissimo*, Menego's wife is restored to him and peace is established by the priest of Diana (recognized as representing Alvise Cornaro). Menato first instigates and then resolves the love triangles of the *Moscheta*: after his attempts to reclaim Ruzante's wife produce a war of words, thievery, and sexual encounters that include the soldier Tonin, Menato directs the couple into a *ménage à trois*, which Ruzante this time accepts.

Such dual tendencies bookend *Fiorina* (*ca.* 1530). In the Prologue Ruzante, dressed as a servant, apologizes for servants who speak ill of their masters, widely interpreted as an apology to Cornaro for the murder of his double, Andronico. The plot is set in motion by Ruzante's kidnapping of Fiore from her intended Marchioro but the conflict is resolved by the fathers of Fiore and Ruzante, who arrange for the pair to marry and for Marchioro to marry Ruzante's sister. By the late Plautine plays (*Piovana, Vaccaria*), the search for love partners by the unmarried lower-class male characters is much diminished; concomitantly, violence and references to exile taper off. In *Piovana* (1532), the only act of violence is the storming of the church that Garbugio, the Beolco character, claims has been commandeered by some Lutherans but where in fact the captured Nina and Ghetta are being held by a pimp (III, 4, 944-49). Ghetta tells Garbugio that he will be banished from the market as bad merchandise and Garbugio and his master strategize to avoid banishment while capturing some malefactors (II, 4 par. 65, 916-17; III, 4, pars. 102, 103, 946-47). *Vaccaria*'s father uses no other force but his authority to exact the first night with the courtesan whom his son loves and with whom he has contracted for a year with money that he and the servants obtained from his wealthy wife through multiple ruses (IV, 8 and 10, 1144-47, 1148-53). It is not clear if the father is serious about his plan or the mother about hers to avenge her husband's betrayal by allowing the son to marry the courtesan (V, 6, 1164-67).

Violence is resolutely excluded from the final plays, though it casts its shadow upon them.[31] In *Anconitana* (1534?), violence is remembered and a personalized equality voluntarily achieved. One of the women characters is taken by a soldier as a child, while paternal violence causes the other, her sister, to run away from home. She is captured, along with two men, by pirates, sold by a Moor, and ransomed by a Venetian merchant (IV, 2, 840-45). Dressed as a man, she attracts the love of the first sister; once they discover their true

---

[30] Vermes 3-8, 169-224; Ventura; Olivieri.
[31] Various elements too complex to discuss here suggest that each of these works had a very early version.

identities, they propose an open marriage with the second sister's two male fellow travelers (IV, 4, 858-61; V, 1, 868-71). Ruzante departs for a country sojourn with his master, his master's courtesan lover and her maid, presumably to form another foursome, while his master's wife, left behind, awaits the arrival of her lover (V, 4, 874-81). The dream world of the *Lettera all'Alvaroto* (1536) centers on the farm of Lady Mirth; its fence, guarded by an alert patrol, keeps out all bad forces including Love (Amore, Cupid) and Jealousy (pars. 36-41, 1238-43), forces that caused so much inequality and consequent violence in the other plays.

Possible Purposes and Goals of the Plays for Beolco and His Supporters
A question logically arising from considerations of the unique level of violence in Beolco's plays concerns the purpose(s), beyond simple entertainment, that he and his Venetian supporters might have accomplished through his invited performances in Venice. Before an answer is attempted, it is important to note that the surviving plays likely to have been staged in Venice are restricted to the *Pastoral*, the *Prima oratione*, *Betìa*, and the very short *Lettera giocosa*; in other words, the least violent. The most violent plays would have been performed in Padua and/or its countryside (for private audiences) and in Ferrara to audiences who suffered from even greater turmoil and had their reasons to resent Venice (Carroll, "'Fools'").

A second consideration is the clear temporal delineation of the Venetian performance arc from 1520 to 1526, i.e., from immediately after Charles's election as Holy Roman Emperor until shortly before Venice's definitive alliance with France. (If the hypothesis that the *Prima oratione* was performed there in the late summer of 1518 is correct, it still remains within these parameters, as Venice received word then that Maximilian had contracted with a majority of imperial electors to elect his grandson his successor.) During that period, leading patricians understood the need to find a *modus vivendi* with the empire for two important financial reasons. Charles controlled most of the litoral along which their lucrative Flanders galleys had only recently resumed movement after the eight-year war hiatus, and much of the lengthy border of the mainland state that Venice had confiscated from the empire and that Charles aimed to retake flanked imperial territory or states in imperial fealty.

In this context, it is plausible to hypothesize that Beolco's patrician hosts viewed the public presence of an imperial affiliate on the stage as helpful in constructing positive relations both with the empire itself and with mainland imperial nobles. It has long been known that the playwright's circle in Padua centered around the latter. In addition, it has been plausibly hypothesized recently by Angela Caracciolo Aricò that Beolco accompanied the Vicentine noble Federico Da Porto to Venice and visited Sanudo's library. Da Porto was faithful to Venice but his brother-in-law Antonio da Tiene was among the exiles, a connection through which Da Porto received information about them that he apparently communicated to Venice (Caracciolo Aricò "Inattesi incontri" and "Il terzo visitatore"). Sanudo records a visit of Da Porto to Venice in September, 1518, very near the time that I have hypothesized that Ruzante gave a private recitation of the *Prima oratione* there. Da Porto's purpose was a modification of the *Estimo* tax that would be less harsh on the rural territory, a goal in line with Ruzante's oration.[32] It is likely that Da Porto's (and Beolco's) visit to Sanudo's home occurred at that time. It is known too that the playwright entertained the Prince of Sanseverino in Venice in 1521 while the prince was in transit from Charles's court to his feudal property in the kingdom of Naples.

Such contacts may have enabled patrician supporters both to gather information from and communicate information to supporters of the empire, and even Charles's court. It is possible that Beolco's Venetian supporters, through him, also renewed their business connections to the Beolco family in Milan, connections that the playwright's father himself renewed in 1523.[33] If Beolco did repair to the front in 1526 after Venice's alliance with France made his public appearance taboo, his patrician supporters could have continued to benefit from his functioning in a covert way there through his connections to Lombard nobles.

Less difficult to answer is the question of what Angelo accomplished through his Venetian performances, although there too some hitherto neglected considerations seem warranted. There were potential satisfactions in both the material and the moral spheres. The former may have included payment for performances, of which there is now documentation, and management of peasants in both agriculture and warfare (Carroll "'(El) ge sa bon laorare'"; ["'She has a taste for work'"]). Moral satisfactions are communicated in his texts. Profiting from the current of anxiety and soul-searching in which Venetians were caught up after the defeat of Agnadello and that was nourished by a Gospel-oriented religious renewal, Beolco used his works to draw the attention of his Venetian audiences to their hypocrisy on the importance of money and the superficial adherence to increasingly strict norms of deportment

---

[32] Sanuto 26: 40, 56. Caracciolo Aricò identifies the second visitor as Alvise Trevisan but joins two homonymous figures, the humanist Alvise who died in 1528 and is buried in S. Zanipolo (see Nardi 79-80) and Alvise who as *podestà-capitanio* of Cividale in 1529-30 achieved an agreement on the *estimo* there and who later served as *proveditore* in Brescia (Sanuto 24: 504; 25: 76; 26: 499; 51: 52, 123, 231, 569; 56: 476, 477, 597, 797, 953; 58: 332). The visitor was likely the latter, the son of Domenego *cavalier procurator*, for whom Ruzante gave a private performance two years later while in Venice for the Immortale festivity. Domenego was the grandson of a non-noble Paduan woman, for whom he acted as procurator in Padua in 1461 (ASPd, *Notarile*, busta 2907, fol. 125r). Finally, the Ca' Trevisan on the Giudecca at which Ruzante gave his 1526 performance did not belong to Domenego ("Il terzo visitatore" 388) but to Marchiò Trevisan and his descendants, including his son the Ortolano Marin (Sanuto 19: 434; 33: 576).

[33] Sambin, "Lazzaro" 26; ASPd, *Notarile*, busta 1052, fols. 102r-103r.

in erotic matters. The issues were ones that affected his own life deeply because of his misfortune in belonging to the first generation fully excluded by the new barriers against those without money and of illegitimate birth. His stage partner's greater fortune in the plays corresponded to his greater fortune in these matters. Although Alvaroto's grandfather had been a priest and a canon and his father likely the product of his liaison with a household servant, at that time the imperial nobility to which they belonged followed his father's acceptance of him as his son. As a consequence, the legitimately born Marc'Aurelio suffered no ill effects from his father's status and even enjoyed his home in *enfiteusi* (leasehold) from the bishopric of Padua, as the family long had. Even Angelo's illegitimate uncle Melchiore, while excluded from a proportional share of the patrimony, was able to hold public office and other formal positions of trust in Padua. In the short time between his birth and Angelo's, illegitimate sons were barred from doing so. Such formalized distinctions were being imposed in Venice too, as Victor Crescenzi's research amply details, although some of those connected with Beolco seem to have escaped them.[34]

Beolco's denunciation of the valuing of money and power over a common humanity occurs in his first known play, the *Pastoral* (Scene 10, 54-57). In a heartfelt soliloquy, an Arcadian shepherd decries the contrast between the humanistic values espoused by many patricians, according to which virtue is accorded the highest status, and their cheating of impoverished friends and toleration of every vice. It is not the Arcadian's high-minded friends who help him but the rude peasant Ruzante with his real-life skills. The playwright goes further with the laws, concluding the *Prima oratione,* that abolish the effects of greed joined with power, while revealing the hypocrisy under which they are frequently hidden. The *Seconda oratione* calls out the hypocrisy of ecclesiastics who pronounce the words of the Gospel about attending to the poor while spending enormous sums to garner the unearned income of benefices.

Erotic greed is denounced by Beolco in his plays as well. On both financial and erotic greed his peasant characters come in for their share of criticism. In *Betia* Nale tries to cheat his friend out of his bride and is knifed; when he tests his own wife by pretending to be dead, she immediately takes a lover. When *Reduce*'s Ruzante departs for the battlefield to earn some cash, Gnua finds someone who can support her immediately, as does the Gnua of the *Dialogo facetissimo.* Bilora's wife Dina prefers the comfort and power that the elderly man gives her, and is willing to put up with his disgusting advances as their price. In the *Moscheta* both the wife and the husband are hypocrites in the service of financial comfort. She acts demure in her pursuit of the small-time prostitution with which she supports herself in a new city life, while her husband Ruzante closes an eye to the source of the income to accept its comforts without

---

[34] Crescenzi; for the ambiguous case of Stefano Magno, see Carroll, *Commerce*, Chapter Two.

earning them. He similarly accepts the renewed affair of his friend Menato with her because of his dependence on both of them. In the *Anconitana*, the maid servant Bessa denounces the conduct of the four upper-class characters who, while lauding virtue and Petrarchan love norms, display homosexual, incestuous desire and devise an open marriage (Ruzante III, 2, pars. 37-40, 830-33; Bessa IV, 2, pars. 27, 29, 844-45). By contrast, Bessa and Ruzante, both self-supporting, enjoy a healthy love freely given.

Both the *Piovana* and the *Vaccaria* are riddled with devious plots by or on behalf of the upper-class characters to cheat others or steal money from them as a means of affording pleasures that are out of financial reach, plots in which the servant characters, urbanized peasants, gleefully participate. Paternal concern for a son's happiness is revealed in the *Vaccaria* to mask the ugly goal of the father to appropriate the first night with the prostituted girl whose services he has purchased for his besotted son. Servant characters allow themselves to be satisfied with the abundant food of the wedding banquet; only one dreams of marriage and a modest farm, which is granted by the wealthy *padrona*.

A final, virtuous yet infantile, happiness is achieved on the farm of Lady Mirth. It produces sufficient foodstuffs for the inhabitants, who amuse themselves by singing and telling tales around the fire. Love is banished; want and money are excluded even from mention.

Written in a period afflicted by a loss of control over life conditions and numerous hardships (war, famine, plague, shrinking finances, rising population) that personally affected to an unusual degree their author and his affiliates including his hosts, Beolco's plays reflect more candidly than their contemporaries the conflicts for resources and frustration of dreams, as well as the violence that such hardships produced. Both Beolco and many of his Venetian associates found themselves in the vanguard of those shut out of previously available privileges and powers, with a resulting frustration of their dreams and desires that erupted into violence real or imagined.

Tulane University

Works Cited

Baratto, Mario. "L'esordio del Ruzante." in *Tre studi sul teatro* Vicenza: Neri Pozza, 1968. 11-68.
Barbieri, Franco. "Giangiorgio Trissino e Andrea Palladio." Pozza, *Convegno*. 191-211.
Beolco, Angelo (Il Ruzante). *Betia. Teatro*. 143-509.
_____. *Lettera all'Alvaroto. Teatro*. 1225-43.
_____. *La prima oratione*. Ed. and trans. Linda L. Carroll. London: Modern Humanities Research Association, 2009.
_____. *Teatro*. Ed. and trans. Ludovico Zorzi. Torino: Einaudi, 1967.
Bonardi, Antonio. "I padovani ribelli alla repubblica di Venezia (a. 1509-1530), studio storico con appendice di documenti inediti." *Miscellanea di storia veneta a cura*

della Deputazione veneta di storia patria, ser. 2.8 (1902): 303-612.
Canton, Francesco. "Nobiltà e popolo padovani durante l'assedio." Costa, *Assedio* 63-71.
Caracciolo Aricò, Angela. "Inattesi incontri di una visita alla biblioteca di Marin Sanudo il giovane." *Humanistica marciana. Saggi offerti a Marino Zorzi*. Ed. S. Pelusi, A. Scarselli; pref. di M. Cacciari. Milano: Biblion Edizioni, 2008. 79-91.
————. "Il terzo visitatore nella biblioteca di Marin Sanudo il Giovane e nelle sue camere." *Studi Veneziani* 72 (2011): 375-418.
Carroll, Linda L. *Commerce, Peace, and the Arts in Renaissance Venice. Ruzante and the Empire at Center Stage*. New York: Routledge, 2016.
————. "Dating *The Woman from Ancona*: Venice and Ruzante's Theater after Cambrai," *Sixteenth Century Journal* 31 (2000): 963-85.
————. "'(El) ge sa bon laorare': Female wealth, male competition, musical festivities, and the Venetian patriciate in Ruzante's *pavan*." *Sexualities, Textualities, Art and Music in Early Modern Italy. Playing with Boundaries*. Ed. Melanie L. Marshall, Linda L. Carroll, and Katherine A. McIver. Burlington, VT: Ashgate, 2014. 155-83.
————. "'Fools of the Dukes of Ferrara': Dosso, Ruzante, and Changing Este Alliances." *MLN* 18.1 (January 2003): 60-84.
————. "'I have a good set of tools': The Shared Interests of Peasants and Patricians in Beolco's *Lettera giocosa*." *Theatre, Opera and Performance in Italy from the Fifteenth Century to the Present. Essays in Honour of Richard Andrews*. Ed. Brian Richardson, Simon Gilson, and Catherine Keen. Occasional Papers 6. Egham, UK: The Society for Italian Studies, 2004. 83-98.
————. "'Leonardus pictor florentinus.'" *Ateneo Veneto* CXCVIII, terza serie 10/I (2011): 31-43.
————. "Machiavelli's Veronese Prostitute: *Venetia Figurata?*" *Gender Rhetorics: Postures of Dominance and Submission in History*. Ed. Richard C. Trexler. Binghamton: Medieval and Renaissance Texts and Studies, 1994. 93-106.
————. "A Nontheistic Paradise in Renaissance Padua." *Sixteenth Century Journal* 24 (1993): 881-98;
————. "Per un itinerario della Padova del Ruzante." *Padova e il suo territorio* 164 (August, 2013): 6-9.
————. Review of Rosalind Kerr, *The Rise of the Diva on the Sixteenth-Century Commedia dell'Arte Stage*, *Renaissance and Reformation / Renaissance et Réforme*. 38.3 (Summer 2015): 207-09.
————. "Ruzante's Early Adaptations from More and Erasmus." *Italica* 66 (1989): 29-34.
————. "Utopia, Venice and Ruzante's *Pavan*: Venetian and Paduan Connections with Thomas More." *Modern Language Review* 107.1 (January 2012): 162-81.
————. "Venetian Attitudes toward the Young Charles: Carnival, Commerce, and *Compagnie della Calza*." *Young Charles V 1500-1531*. Ed. Alain Saint-Saëns. New Orleans: UP of the South, 2000. 13-52.
Concina, Ennio. *La macchina territoriale. La progettazione della difesa nel Cinquecento veneto*. Bari: Laterza, 1983.
Cooper, Tracy E. *Palladio's Venice. Architecture and Society in a Renaissance Republic*. New Haven: Yale UP, 2005.
Costa, Sergio, ed. *L'assedio di Padova e la sconfitta dell'esercito dell'imperatore del Sacro Romano Impero Massimiliano I e del re di Francia Luigi XII*. Atti della Giornata di Studio. Padova, Sabato 3 ottobre 2009. Padova: Stamperia Comunale, 2009; reprint with corrections, 2010.

Cozzi, Gaetano. "Authority and the Law in Renaissance Venice." *Renaissance Venice.* Ed. J. R. Hale. London: Faber, 1973. 293-345.
Crescenzi, Victor. *"Esse de maiori consilio": Legittimità civile e legittimazione politica nella Repubblica di Venezia (secc. XIII-XVI).* Roma: Istituto Storico Italiano per il Medioevo, 1996.
da Corte (Cortivo), Zuan Antonio. *Historia di Padova, 1509–1530 (Diario degli avvenimenti padovani dal 13 giugno 1509 al 12 ottobre 1529).* Padova: Biblioteca Civica, B. P. 3159.
Davico Bonino, Guido. *Lo scrittore, il potere, la maschera.* Padova: Liviana, 1979.
Del Torre, Giuseppe. *Venezia e la terraferma dopo la guerra di Cambrai. Fiscalità e amministrazione (1515-1530).* Milano: Franco Angeli, 1986.
Dionisotti, Carlo. "L'Italia del Trissino." Pozza, *Convegno* 11-22
Egnazio, Giovanni Battista. *De exemplis Illustrium Virorum Venetae civitatis atque aliarum Gentium.* Venezia: Tridentinum, 1554.
Faggin, Giuseppe. "Giangiorgio Trissino e l'Impero." Pozza, *Convegno* 23-37.
Franzin, Elio "La lettera di Machiavelli sull'assedio di Padova." Costa, *Assedio* 82-91.
Gios, Pierantonio. *L'attività pastorale di Pietro Barozzi a Padova (1487-1507).* Padova: ISEP, 1977.
Greenblatt, Stephen. "Shakespeare and the Uses of Power." *The New York Review of Books* 54.6 (12 Apr 2007): 75-82.
Gullino, Giuseppe "Accadde a Padova, nell'estate del 1509." Costa, *Assedio* 43-51.
Kaplan, Paul H.D. "The Storm of War: The Paduan Key to Giorgione's *Tempest.*" *Art History* 9 (1986): 403-27.
Lenci, Angiolo. "Agnadello e l'assedio di Padova nel 1509: la prospettiva della *securitas veneta* dopo Cambrai." Costa, *Assedio* 34-42.
Lewis, Douglas. "Palladio's Venetian Villas: A Newly Discovered Unity of Interior and Exterior Design." Lecture delivered at the English-Speaking Union of New Orleans, New Orleans Museum of Art, September 21, 2004.
Lovarini, Emilio. "Notizie sui parenti e sulla vita del Ruzzante." *Studi sul Ruzzante e sulla letteratura pavana.* Ed. Gianfranco Folena. Padova: Antenore, 1965. 3-60.
Mallett, M. E. and J. R. Hale. *The Military Organization of a Renaissance State, Venice c. 1400 to 1617.* Cambridge: Cambridge UP, 1984.
Menegazzo, Emilio. "Alvise Cornaro: un veneziano del Cinquecento nella terraferma padovana." *Colonna* 425-66.
_____. *Colonna, Folengo, Ruzante and Cornaro.* Ricerche, Testi, e Documenti. Ed. Andrea Canova. Medioevo e Umanesimo 93. Padova: Antenore, 2001.
_____. "Ricerche intorno alla vita e all'ambiente del Ruzante e di Alvise Cornaro." 223-66.
_____. "Stato economico-sociale del padovano all'epoca del Ruzante." *Colonna* 304-37.
Muir, Edward. *Mad Blood Stirring. Vendetta & Factions in Friuli during the Renaissance.* Baltimore: The Johns Hopkins UP, 1993.
Olivieri, Achille. "'Microcosmi' familiari e trasmissione 'ereticale': I Trissino." Pozza, *Convegno* 175-90.
_____. *Riforma ed eresia a Vicenza nel Cinquecento.* Roma: Herder, 1992.
Nardi, Bruno. "Letteratura e cultura veneziana del Quattrocento." *Saggi sulla cultura veneta del Quattro e Cinquecento.* Ed. Paolo Mazzantini. Padua: Antenore, 1971. 3-43.
Padoan, Giorgio. "Angelo Beolco da Ruzante a Perduoçimo." *Momenti del Rinascimento veneto.* Padova: Antenore, 1978. 94-192.

Pazzaglia, Nicoletta. "Angelo Beolco: dall'enigma della sopravvivenza all'estetica dei *lazzi*." *Italica* 90.2 (2013): 176-95.
Pezzolo, Luciano. "L'archibugio e l'aratro. Considerazioni e problemi per una storia delle milizie rurali nei secoli XVI e XVII." *Studi veneziani* n.s. 7 (1983): 59-80.
Pieri, Piero. *Il Rinascimento e la crisi militare italiana*. 1934. Torino: Einaudi, 1952.
Piovan, Francesco. "Tre schede ruzantiane." *Quaderni veneti* 27-28 (1998): 93-105.
―――――. "Giovanni Francesco Beolco e Antonio Francesco Dottori." *Quaderni per la storia dell'Università di Padova* 33 (2000): 145-55.
Polano, Sergio, ed. *L'architettura militare veneta del Cinquecento*. Milano: Electa, 1988.
Predelli, Riccardo, and Pietro Bosmin, eds. *I libri commemoriali della Repubblica di Venezia. Regesti*. Monumenti storici pubblicati dalla R. Deputazione Veneta di Storia Patria. Serie Prima, Documenti. Venezia: R. Deputazione Veneta di Storia Patria, 1876-1914, Vol. XI, tome VI (1903).
Preto, Paolo. "Orientamenti politici della nobiltà vicentina negli anni di Giangiorgio Trissino." Pozza, *Convegno* 39-51.
Pozza, Neri, ed. *Convegno di studi su Giangiorgio Trissino*. Vicenza 32 marzo-1 aprile 1979. Vicenza: Accademia Olimpica, 1980.
Puppi, Lionello. *Giovinezza di Palladio*. Vicenza: Neri Pozza, 1997.
Sambin, Paolo. "Altre testimonianze (1525-1540) di Angelo Beolco." Sambin. *Per le biografie* 59-86.
―――――. "Briciole biografiche del Ruzante e del suo compagno d'arte Marco Aurelio Alvarotti (Menato)." Sambin. *Per le biografie* 87-119.
―――――. "Lazzaro e Giovanni Francesco Beolco, nonno e padre del Ruzante." Sambin. *Per le biografie* 7-58.
―――――. *Per le biografie di Angelo Beolco, il Ruzante, e di Alvise Cornaro*. Restauri di archivio rivisti e aggiornati da Francesco Piovan. Padova: Esedra, 2002.
―――――. "I testamenti di Alvise Cornaro." *Per le biografie* 121-210.
Sanuto, Marino (Marin Sanudo). *I diarii*. Ed. Rinaldo Fulin et al., 58 vols. Venezia: Visentini, 1879-1902.
Sperling, Jutta Gisela. *Convents and the Body Politic in Late Renaissance Venice*. Chicago: U of Chicago P, 1999.
Ventura, Angelo. "Considerazioni sull'agricoltura veneta e sull'accumulazione originaria del capitale nei secoli XVI e XVII." in *Agricoltura e sviluppo del capitalismo. Atti del convegno organizzato dall'Istituto Gramsci (Rome 1968)*. Roma: Editori Riuniti, 1970. 519-60.
―――――. *Nobiltà e popolo nella società veneta del '400 e '500*. 1964. Milano: Unicopli, 1993.
Venturi, Lionello. "Le Compagnie della Calza (sec. XV-XVI)." *Nuovo Archivio Veneto* n.s. 16.2 (1909): 3-157.
Vermes, Geza. *Post-Biblical Jewish Studies*. Leiden: Brill, 1975.

Lucia Gemmani

Violenza ludica ed erotica per esorcizzare la guerra: i giochi nell'*Adone* di Marino

Sinossi: Nell'*Adone*, il gioco compare in alcuni momenti con l'intento di intrattenere i partecipanti o gli spettatori. In questi momenti, tuttavia, Marino tratteggia un *climax* di violenza che inesorabilmente riporta la guerra all'interno del poema di pace. L'idea di trasformarla in gioco è infatti uno dei modi per assorbire la guerra all'interno del poema e modularla secondo la necessità narrativa, in un testo che intende allontanarsi dalla tipica esposizione del genere epico-eroico e dalle guerre che lo caratterizzano. In questo studio si analizzano le occasioni di gioco bellico: il secondo e il terzo intermezzo della tragedia del canto V, gli scherzi degli amorini nel canto XIII, la partita a scacchi del canto XV e i giochi funebri del canto XX, per identificare l'apporto di violenza e verificare l'ipotesi fino a che punto la guerra sia parte integrante e inevitabile del genere epico, nonostante Marino la nasconda sotto sembianze ludiche.
Parole chiave: Marino, Adone, guerra, giochi, violenza, teatro, scacchi, sport.

Introduzione: violenza, sessualità e sacro nell'"Adone"[1]
L'*Adone* di Giovan Battista Marino (Parigi, 1623) fu definito dal suo stesso autore, e confermato nel discorso introduttivo di Chapelain, un poema di pace. Tuttavia, nella sua rielaborazione dei modelli e dei canoni stilistici, uno dei motivi con cui Marino deve fare i conti, scegliendo di creare un rimando oppositivo al poema cavalleresco, è la guerra, le "armi" che fanno da contraltare e completamento agli "amori". L'autore riesce a introdurre questo elemento in forme diverse, volte, come spesso Marino fa per altre componenti, a manipolare e demistificare il tema nella sua essenza. Resta tuttavia sorprendente la quantità di elementi di riferimento bellico all'interno di questo poema, e la modalità con cui vengono esposti e per cui sono utilizzati.[2] Tra le variazioni con cui appare la guerra, ci sono alcuni momenti in cui si rivela l'intenzione dell'autore di assimilare e rimodellare l'elemento militare in chiave satirica e parodica, secondo quel disinvolto trattamento delle fonti che è tipico del Barocco. La

---

[1] Una versione ridotta di questo testo è stata presentata all'American Association for Italian Studies Conference il 23 Aprile 2016.
[2] La materia militare in generale è molto più presente di quanto Marino stesso abbia voluto ammettere, fin dalle prime pagine di dedica, dove il ripetuto parallelismo e contrasto tra armi e lettere introduce uno dei temi chiave riportati più volte nel poema. Inoltre, il contesto storico e geografico — il regno di Francia degli inizi del 1600 in cui si trovava e per cui scriveva Marino — richiedono la trattazione, in chiave per lo più elogiativa, delle guerre di Francia e delle campagne militari di Enrico IV e del figlio Luigi XIII, cui è dedicato il poema.

modalità in cui la guerra in questo caso entra nel poema soprattutto amalgama quello che dovrebbe essere avulso da un poema di pace (la guerra appunto), ma che inesorabilmente caratterizza il genere con cui questo testo si mette in dialogo. Il presente studio vuole raccogliere quelle istanze di battaglia o guerra parodicamente rivestite di elementi ludici ed erotici, per evidenziare il *climax* di violenza che la progressione di tali episodi comporta nel poema. Tale sequenza di passaggi sfocia infatti in una conclusione dell'*Adone* lontana dallo spirito irenico che secondo Marino doveva informare il testo, e allo stesso tempo fa riflettere sulla possibilità effettiva di eliminare l'elemento bellico dal genere epico-cavalleresco. Tuttavia, la trattazione della guerra con queste forme canzonatorie assume anche un ruolo demistificatorio e catartico proprio per quella stessa brutalità che la realtà dei conflitti durante la prima metà del Seicento portava alla mente del lettore mariniano.

    La ricerca barocca dell'artificio, della metafora e dell'illusione è qui estesa da Marino anche al trattamento della materia militare.[3] In questa operazione, l'opera di Marino si può considerare esemplare delle tendenze del suo tempo e della sua cultura. L'autore dell'*Adone* assimila alcuni aspetti della guerra e li rimodella in senso ludico e per lo più satirico. La violenza e la sua inutilità sono sicuramente parte fondamentale della rappresentazione dell'argomento militare. Tuttavia anche questo elemento caratteristico della guerra viene trasformato per

---

[3] Studio capitale sulla natura metaforica e articolata del Barocco è quello di Andrea Battistini. Tale ricerca riprende i trattati del Seicento, fra cui forse lo studio più esplicativo della funzione, uso e importanza delle figure metaforiche, come "figure d'ingegno", letterarie, retoriche e in generale della trasposizione metaforica della realtà, è il *Cannocchiale aristotelico* di Emanuele Tesauro (1670), soprattutto nella sua parte centrale, il *Trattato della metafora*. Di segno opposto è invece l'opera di Daniello Bartoli (1684), che invece di predicare la ricerca dell'artificio, mostra come a partire da ciò che si trova in natura, fino agli scritti e alle opere d'arte, si possa intuire e rivelare la presenza divina, che informa e significa ogni cosa. Tuttavia, anche Bartoli presume una lettura della realtà come segno, quindi in fondo come metafora, di altro, come un sistema di rimandi (topico è l'esempio della conchiglia a spirale). La logica della metafora e del simbolo, dell'interpretazione e dell'artificio, dunque, sottostà sia a chi come Tesauro propone una creazione d'immagini artificiose per traslare la realtà, sia a chi come Bartoli invoca un genio creatore preesistente anche a ciò che si trova semplicemente in natura, a dimostrazione che questo è proprio il periodo in cui artificio e metafora sono al centro del dibattito, nonché della ricerca letteraria pratica, come in Marino. Studio capitale rispetto alla natura della ricerca seicentesca dell'artificio e dell'illusione figurativa, come sistema di relazioni tra il multiforme e l'uno, nonché un'analisi di Tesauro, Bartoli, Marino e altre figure chiave del Barocco rispetto a questo tema, è quello di Marco Arnaudo (*Il trionfo di Vertunno*). Tuttavia, l'autore dell'*Adone*, come spiega Paolo Cherchi (*La metamorfosi dell'Adone*), opera una serie di rielaborazioni dei modelli per soddisfare la ricerca dell'artificio, e tanto più elaborati sono i risultati, tanto più apprezzati dovevano essere. La materia militare, tipica del poema epico-eroico, diventa allora per Marino un altro elemento da riadattare secondo i nuovi canoni di ricerca.

assecondare l'andamento generale del poema e quello particolare della guerra all'interno del testo. La peculiarità di questa manipolazione dell'elemento bellico è la sua inclusione in quadretti specifici, interni alla storia, in quanto i protagonisti partecipano a questi momenti, ma allo stesso tempo avulsi dalla trama. Sono, come succede per altri elementi, deviazioni dalla trama, vicende concluse che raccontano una loro storia, iniziata, sviluppata e conclusa all'interno di ogni episodio. Esempi topici di questa strategia della frammentazione e dell'episodicità del trattamento della guerra in *Adone* sono infatti i primi racconti bellici a comparire nel poema: il secondo e il terzo intermezzo della tragedia rappresentata nel canto V. Entrambi gli intermezzi sono appunto momenti isolati, all'interno della cornice e della struttura della rappresentazione teatrale, ma al contempo estranei alla narrazione. Sono due bozzetti perfettamente inscritti in poche ottave, ognuno di essi con una storia precisa, in cui una battaglia viene rappresentata nell'ambiente controllato dello spazio teatrale, tra due atti, obbediente alle regole che caratterizzano il genere dell'intermezzo, e isolato dalla narrazione principale, in cui i protagonisti della vicenda primaria del poema (Adone e Venere) sono per lo più spettatori. Tali caratteristiche sono i motivi che danno forma alle rappresentazioni ludiche della guerra in questo poema.

Guerra e gioco sono infatti in relazione biunivoca in Marino. Tuttavia, questa connessione dei due elementi non è estranea alla storia e alla rappresentazione artistica di entrambi. Studio fondamentale in questo senso è quello di Johan Huizinga che analizza diversi aspetti della guerra che derivano dal gioco, o che la rendono affine al gioco:

Fighting, as a cultural function, always presupposes limiting rules, and it requires, to a certain extent anyway, the recognition of its play-quality. We can only speak of war as a cultural function so long as it is waged within a sphere whose members regard each other as equals or antagonists with equal rights; in other words its cultural function depends on is play-quality.

(89)

La necessità di regolare la guerra, quindi, dipende da limitazioni culturali, da un contesto che presuppone un'intesa tra le parti interessate. Tuttavia, non tutto ciò che appartiene all'ambito bellico si può accostare all'ambiente ludico. Alcune forme di combattimento, infatti, non possono rientrare in questo stato, e Huizinga identifica elementi come spedizioni punitive, incursioni, imboscate e agguati, cioè tutto ciò che appartiene all'area dell'attacco a sorpresa, per lo più. Lo studioso analizza invece a fondo quegli elementi del combattimento e della tradizionale rappresentazione anche artistica della battaglia, che più riflettono la vicinanza con il gioco. Il duello e la battaglia campale, per esempio, illustrano attraverso l'apparato cerimoniale che li investe, la preparazione del gioco e il suo aspetto più spettacolare.

Non sono tuttavia solo queste pratiche a dimostrare la somiglianza con il gioco. È soprattutto la prospettiva culturale e sociale a porre domande sull'assimilazione dei due campi: l'intenzione, soprattutto in antichità, di limitare lo spargimento di sangue tramite il duello dei campioni, o l'istituzione di premi e ricompense, fino alla dichiarazione della preferenza divina per il vincitore, sono tutti elementi che si ritrovano nel contesto bellico, quanto in quello ludico, fin dall'antichità. E i confini diventano più labili. Se infatti inizialmente si può dire che la guerra doveva assomigliare al gioco per la sicurezza e limitazione che le regole imponevano, con il passare del tempo i valori originali, come quello dell'onore, vengono tuttavia corrotti e abbassati, modulati secondo nuove tendenze e necessità. L'introduzione della "cavalleria" trasforma quindi il valore militare in espressione di bravura tecnica. Di conseguenza, si verifica la relegazione dell'arte militare in quella classe che poteva permettersi di perfezionarla e di concedere tempo e spazio alla sua pratica. Non a caso, osserva Huizinga, i duelli, fino a quelli di età moderna, soprattutto quelli d'onore, erano corredati da un aspetto celebrativo e spettacolare, da una tradizione di scambi o doni,[4] di rifiuti e scherni, di scelta di luoghi e della loro delimitazione normalizzata, e soprattutto della determinazione del tempo dedicato al combattimento. Ne deriva quindi la diminuzione e relegazione della guerra in termini ludici e teatrali: il combattimento disciplinato diventa tale solo quando è gioco riflettente la guerra, mentre la guerra reale si mostra come devastazione senza regola.

Si può affermare che Marino rilevi nel suo poema proprio questa tendenza tipica del suo tempo di pensare alla guerra come al gioco dei re e dei nobili, un *divertissement* tuttavia che insanguina l'Europa attraverso violente guerre portate avanti per ideologia.[5] La violenza dei giochi che Marino propone a rappresentazione della guerra dimostra l'impossibilità di annullamento della distruzione bellica, pur permettendo in qualche modo l'esorcismo di tale realtà attraverso attività d'intrattenimento. La rappresentazione del tema militare in Marino rivela dunque questa continua tensione tra la ricerca di un ambiente controllato e regolato per esprimere la guerra, e la difficoltà di eliminare la violenza che inesorabilmente caratterizza la competitività dei partecipanti. In particolare, sono tre i momenti che più manifestano questo contrasto, oltre ai due intermezzi identificati precedentemente: le lotte infantili degli Amorini nel canto XIII, la partita a scacchi del canto XV e i giochi funebri del canto XX. Come si può percepire dal contesto, in tutti questi casi si tratta di circostanze ludiche, dedicate al ristoro e al divertimento. In tali momenti lo scontro fisico, il combattimento, o la battaglia, che entrano sotto forma di metafora ludica, vengono tuttavia descritti più realisticamente di quanto i riferimenti alle guerre

---

[4] Lo scambio di doni in occasione di duelli esisteva già nell'antichità classica.
[5] Sono questi gli anni delle guerre di religione e della Guerra dei Trent'anni (1618-1648).

storiche siano nel resto del poema.[6] Marino riesce infatti a comunicare una similarità con la guerra vera, una referenzialità che gli stessi giochi dovevano avere per gli spettatori in quell'epoca. Come l'architettura, le celebrazioni pubbliche e gli spettacoli, anche e forse ancora di più i tornei e le gare avevano infatti il ruolo di comunicare ad eventuali avversari e alleati la potenza, il valore militare e la stabilità economica dello stato ospitante e dei partecipanti.

Uno degli elementi che rendono alquanto realistica la stilizzazione della guerra è proprio la violenza delle parti coinvolte.[7] La brutalità e la collera sono parte integrante dei giochi, anche probabilmente per introdurre quell'aspetto devastante che la guerra "reale" doveva avere e che Marino riporta in almeno altre due occasioni nel suo poema. La prima è la descrizione di Marte e della sua dimora (XII. 34-44). In questo caso il dio della guerra non è rappresentato

---

[6] Sono in particolare il canto X e il canto XX a includere riferimenti a guerre storiche contemporanee a Marino; inoltre a canto IX, nel descrivere la fontana d'Apollo, Marino introduce l'elogio delle casate d'Italia e Francia, e al canto XII enumera i capitani antichi e moderni, in entrambi i casi rilevando le caratteristiche abilità militari di ciascuno.

[7] Due contributi recenti spiegano dal punto di vista morale e filosofico la spinta che la violenza ha sulla natura umana, e credo che in questo caso la lettura mariniana di queste forze non sia distante da queste analisi. Quello di Steven Pinker è uno studio interessante anche per la prospettiva di evoluzione storica del rapporto della società con la violenza. Lo studioso identifica il periodo tra il Medioevo e il ventesimo secolo, seguendo l'analisi di Norbert Elias, come processo di civilizzazione che permise il controllo della violenza proprio attraverso quei motivi ricordati anche da Huizinga, quella "nobilitazione dell'arte militare" che permise un controllo e una regolazione della violenza. Tuttavia, secondo la "Hydraulic Theory" della violenza da Pinker riportata, esiste uno stimolo innato all'uomo verso la violenza, o meglio quelle manifestazioni della violenza che lui definisce i cinque demoni caratterizzanti l'istinto di morte o la sete di sangue che periodicamente devono essere scaricati. Tra questi cinque, la spinta al dominio e alla vendetta sono forse le due forze che vengono più chiaramente rappresentate da Marino, specialmente nei giochi dei canti XV e XX. In questi casi, il controllo si può ottenere seguendo quelli che Pinker chiama i quattro migliori angeli della natura umana, cioè quelle motivazioni e tattiche che allontanano dalla violenza: l'empatia, l'autocontrollo, il senso morale e la ragione. Come vedremo in seguito, sarà proprio la mancanza di questi elementi che spingerà per esempio Venere a perdere la partita a scacchi, o gli atleti del canto XX a iniziare combattimenti che devono essere interrotti perché troppo violenti.

Uno studio invece molto più recente (quello di Alan Page Fiske e Tage Shakti Rai) dimostra come la maggior parte degli atti di violenza siano commessi per regolare le relazioni sociali, secondo cui chi commette violenza crede di fare la cosa giusta, che quell'atto emendi un torto e quindi mantenga uno stato ideale di relazione. Unendo questa idea a quella di Huizinga, si può derivare che i tornei, e quei sistemi escogitati per emulare la guerra, diventino effettivamente un modo per sfogare la pratica della violenza in maniera controllata. Tuttavia, come Marino dimostra nei suoi giochi, non esiste competizione che non porti in superficie aggressività e brutalità, perdita di controllo e tentativo di sovvertire l'ordine e le limitazioni pre-convenute.

secondo la tipica immagine del guerriero imponente.⁸ La sua descrizione diventa invece una lunga lista di situazioni di devastazione e strage conseguenti alle guerre; allo stesso modo, la reggia di Marte diventa correlativo della sua rappresentazione, e viene illustrata come un ammasso di relitti di guerre. A questa raffigurazione che immortala gli effetti dei conflitti si unisce poco dopo quella del campo di battaglia sorvolato da Falsirena (XIII. 36-43). Anche in questo contesto, Marino coglie l'occasione per sperimentare con due soggetti diversi: i sortilegi di Falsirena, che richiedono l'utilizzo di cadaveri o parti di essi, e l'immagine delle conseguenze di una guerra. Questo episodio permette quindi a Marino di introdurre, oltre alla brillante raffigurazione delle parti anatomiche e i suggestivi incantesimi della maga, anche un affondo dettagliato sulla potenza devastante della guerra, sulle vittime, lo smembramento dei corpi, in sostanza sulla violenza che la guerra comporta, la stessa violenza ritratta dal modello mariniano per eccellenza, la *Gerusalemme liberata* di Torquato Tasso, in cui i lembi lacerati dei corpi, come qui vividamente raffigurati, diventano motivo di esaltazione sacrificale per la giusta causa, cioè per la guerra santa.⁹

La violenza, tuttavia, è parte integrante del mito di Adone in generale, e forse Marino riesce in questo modo a rivelare un aspetto del mito che altrimenti non avrebbe potuto porre nel poema. Secondo René Girard, infatti, la violenza è parte integrante e fondante di ogni mito e il sacrificio rituale è ciò che assorbe e giustifica una forza che sarebbe altrimenti inspiegabile e intollerabile. Secondo la definizione di Girard, la figura mitologica di Adone può essere ammessa nella serie dei miti di natura violenta: egli nasce da un incesto e la madre si suicida

---

⁸ Spesso i paladini epici dei romanzi cavallereschi assumono il nome di Marte, e le eroine combattenti di Bellona. L'associazione con i due dèi belligeranti solitamente enfatizza il valore militare, l'essenza dell'abilità bellica, l'attitudine alla guerra e la bravura militare. Alcuni esempi sono Ruggiero e Marfisa nel canto XXVI dell'*Orlando furioso*, o Rinaldo nel canto V della *Gerusalemme liberata*. Altra dimostrazione del valore emblematico del nome di Marte nel periodo barocco è il romanzo seicentesco *Cordimarte*, che prende il titolo appunto dal nome del protagonista. Questo racconto è tipico di quel popolarissimo genere tutto barocco dell'epica in prosa. Anche Marino riutilizza queste denominazioni nel suo poema, ad esempio nel canto XX con riferimento ad Austria e Fiammadoro. Eppure quando si tratta di descrivere Marte stesso, lo scrittore si allontana da questa raffigurazione glorificante ed eroica del dio della guerra, rappresentandolo piuttosto con le sembianze degli effetti devastanti della violenza bellica.

⁹ Gli esempi dalla *Gerusalemme liberata* sono numerosissimi: basti qui ricordare la santificazione per eccellenza dello spargimento di sangue nell'immagine dell'ultima ottava del poema (XX. 144) in cui si descrive Goffredo che, "né pur deposto il sanguinoso manto" (cioè con l'armatura ancora intrisa di sangue nemico), viene a sciogliere il voto sul Santo Sepolcro. La celebrazione della vittoria cristiana, dunque, avviene sulla tomba di Cristo, simbolo cristiano per eccellenza di sacrificio, tramite la glorificazione del sangue sparso, che quindi acquisisce la canonizzazione come offerta per la vittoria.

dopo aver ucciso il padre e viene trasformata nell'albero di mirra. Il pagamento di sangue della tradizione greca avviene grazie all'uccisione di Adone compiuta dal cinghiale. Infine, la metamorfosi del giovane in anemone conclude il ciclo. Tuttavia, credo che la connessione tra Adone e la violenza sia ancora più stretta, in quanto, sempre seguendo Girard, violenza, sessualità e sacro sono saldamente uniti. Nel caso di Adone, infatti, il cinghiale lo uccide per eccesso di desiderio amoroso.[10] Certo in Marino la situazione diventa grottesca. Tuttavia, credo che nel caso del poema mariniano il legame tra Adone e la violenza abbia risvolti ancora più significativi. La ritualità implicita nel sacrificio può scorgersi infatti nella perfetta organizzazione dei giochi celebrativi per la morte del protagonista nel canto XX. L'autore, inoltre, non solo assorbe il mito e risolve la tragedia nella metamorfosi classica, ma come sostiene Carlo Caruso (*Adonis: The Myth of the Dying God in the Italian Renaissance*), Marino decide anche di sdoppiare e far risorgere due volte Adone, sia come fiore che come duplice paladino nelle figure di Austria e Fiammadoro. In questo caso, colui che per tutto il poema è stato rappresentato come un imbelle giovane, intento solo agli amori, rinasce simbolicamente nei due paladini che concludono con un duello quasi all'ultimo

---

[10] L'episodio del cinghiale e altri, sono stati interpretati anche in senso cristologico da parte della critica. Lo studio più dettagliato in questo senso è quello di Francesco Guardiani (*La meravigliosa retorica dell'Adone*) in cui il critico, durante la spiegazione dei canti XIX e XX (52-59), contesta l'interpretazione di Giovanni Pozzi, sostenendo che a partire dalla gara di bellezza (canto XVI) fino alla resurrezione di Adone e alla particolare organizzazione dei giochi (canto XX) la metafora sotto cui cade l'interpretazione di tali passaggi è appunto quella cristologica. L'analisi puntuale dei canti in questione e in particolare di alcuni passi sembra confermare questo tipo di esegesi. Tuttavia, sono proprio gli stessi versi del canto XX analizzati da Guardiani che mi portano a una decodificazione al contrario più satirica e ironica, come spiegherò nelle prossime pagine, e non deve stupire la molteplicità di interpretazioni quando si trattta di Marino. Come sostiene Paolo Cherchi, tuttavia, il combinare tutte le variazioni ermeneutiche di ogni passo rischia di annullare insieme la lettura sacra e quella profana, motivo per cui ho evitato di sovrapporre le due interpretazioni nel testo che segue. Ed è proprio quest'ultimo studioso che riprende l'episodio del processo al cinghiale (canto XVIII) seguendone invece l'origine più storica e giuridica (*Processo al cinghiale*). L'analisi di Cherchi esamina la connessione di tale passaggio con la tradizione dei processi agli animali a partire dal Medioevo, ciò che per altro può connettersi anche alla tradizione del capro espiatorio di tradizione più antica. Tuttavia, nel passo mariniano il cinghiale viene perdonato da Venere, come sottolinea Guardiani, che vede invece nell'evoluzione seguente del personaggio della dea la *mater dolorosa* della tradizione cristiana. Secondo Cherchi, al contrario, la confessione e difesa dell'animale allontana in realtà il personaggio dall'epica per avvicinarlo al più recente genere romanzesco. Sempre sui passi inerenti alla morte di Adone, è infine Marco Corradini (*Tancredi e il cinghiale*) a interrogare il modello mariniano per eccellenza, in particolare rispetto alla morte più drammatica del poema tassiano: l'episodio del combattimento di Tancredi e Clorinda. Lo studioso in questo caso rielabora il rapporto tra i due testi reinterpretando il passo dell'*Adone* secondo l'ottica della satira e dell'ironia dissacrante.

sangue le giornate dei tornei — militari e violenti — dedicati alla sua morte. Il ciclo, dunque, non si conclude con l'armonica immagine del fiore, ma con lo scontro violento, e l'incontro — fecondo — dei due combattenti.[11]

Canto V. I centauri: violenza trasformata in armonia
Per meglio comprendere il *climax* di violenza che ha all'apice gli agoni del canto XX, è utile cominciare dai primi accenni di battaglia metaforica, cioè dal canto V, quando nel secondo intermezzo della tragedia proposta ad Adone i centauri armati inscenano un balletto. Vediamo le due ottave che interessano questa rappresentazione:

> Gira la scena[12] e in un balen girando
> di centauri guerrier piena è la piazza;
> chi d'acuto trafier la destra armando,
> chi d'asta lieve e chi di grave mazza.
> Salvo in braccio lo scudo, in armeggiando
> non han che copra il resto elmo o corazza.
> Grida la tromba in bellicosi carmi:

---

[11] L'incontro fecondo dei due giovani, in opposizione all'infertilità della coppia Venere-Adone, ricorda al lettore mariniano sicuramente un altro famosissimo testo dell'autore napoletano: la canzone *Baci* (*Rime* 1602). Questo testo è una lunga e particolareggiata narrazione che dissimula l'incontro fisico tra due amanti, per lo più tramite terminologia tecnica militare, e rivela tutta la violenza dell'"amoroso assalto", come per esempio nei versi seguenti: "Una bocca omicida / dolce d'amor guerrera, / cui natura di gemme arma ed inostra, / dolcemente mi sfida / [...] / Entran scherzando in giostra / le lingue innamorate; / baci le trombe son, baci l'offese, / baci son le contese; / quelle labbra ch'io stringo / son l'agone e l'arringo" (vv. 15-26). Nella coppia del poema maggiore, tuttavia, l'assalto bellico viene investito, oltre che di eroticità e ambiguità, anche di significati genealogici, vista la connessione con i regnanti di Francia rappresentati tramite queste due figure. Secondo Guardiani, la canzone, "cui giusta secolare fama ha assegnato un primato assoluto di rappresentatività del barocco letterario, e vuoi pure, talvolta, di segno negativo", "vera sintesi dell'esperienza poetica osculatoria del Marino", venne messa in musica e tradotta in diverse lingue ancora prima che Marino lasciasse Napoli, nel 1600, e che la pubblicasse nelle sue *Rime*" (*I baci del Marino* 15).
[12] Harold M. Priest analizza le tecniche illustrate dai versi mariniani per girare la scena, mettendole a sistema con i disegni di scena di Leonardo da Vinci, con la trattatistica sviluppatasi tra Leonardo e Marino, in particolare gli studi di Sebastiano Serlio e di Nicolò Sabbatini, e con alcune rappresentazioni contemporanee a Marino, soprattutto con il *Ballet de la delivrance de Renaud* (rappresentato a Parigi nel 1617) di Tommaso Francini. Tuttavia, lo studioso si interroga sulla possibilità realistica della rappresentazione del canto V, laddove Arnaudo (*Gli istrioni del Marino*) afferma che questo spettacolo è, come spesso avviene in Marino, sfida alla realtà e simbolo assoluto che ritrae la maggiore potenza descrittiva e rappresentativa della poesia, arte superiore per Marino alle altre, e che quindi può qui ricreare una rappresentazione volutamente perfetta e probabilmente impossibile nella realtà.

"a la guerra, a la guerra, al'armi, al'armi."

Già par che con furor l'un l'altro assaglia,
già già par che di sangue il suol si sparga.
Armonica e per arte è la battaglia,
or s'intreccia, or fa testa ed or s'allarga
e, mentre contra quel questo si scaglia,
fan cozzar clava a clava e targa a targa
e, battendosi a tempo or tergo or petto,
fan di mezzo al'orror nascer diletto.

Mentre Adone al bel gioco è tutto intento,
Amor pietoso a rinfrescarlo viene.

(V. 135-37.2)

La descrizione è un'armoniosa alternanza di vocaboli ed espressioni connesse alla violenza e alla battaglia, con terminologia indicante movimenti artistici e musicali. L'intera rappresentazione è identificata come un "bel gioco" (V. 137.1), una situazione ludica che è ideata per intrattenere ed essere piacevole alla vista. Di fatto, l'ultimo verso della descrizione dell'intermezzo, "fan di mezzo al'orror nascer diletto" (V. 136.8), racchiude elegantemente in una sequenza di termini opposti la natura doppia, metaforica e ambigua che circonda questa scena. Se si osserva lo sviluppo letterale del balletto, si può vedere (quando il fondale della scena ruota) l'entrata rumorosa dei centauri, armati di bastoni, aste corte e scudi che battono a ritmo, incitando alla guerra. Successivamente, si avvicendano in un cadenzato e rumoroso scambio di azioni, una chiassosa collisione di persone e armi, alternati a una serie di movimenti sul palco, che intreccia i centauri in una zuffa ben organizzata che coordina e disegna lo spazio del palcoscenico. La modulazione di movimenti e i ritmici suoni, o clangori, prodotti dalle percosse sul metallo, i colpi sul palco e gli urti tra gli attori generano una creativa e piacevole esperienza di battaglia.

Questa scena è intesa come una rappresentazione ritmica e musicale della battaglia, un balletto interpretato con dovizia di espressioni guerresche; ma se leggiamo l'episodio nella sua interezza, la musica e la danza sembrano assumere le forme di una rissa rumorosa dissimulata da balletto grazie alla sincronizzazione che la danza richiede, ciò che permette di dichiararla "armonica" e "per arte". S'intrecciano suoni, movimenti sincronizzati, passi ritmici. Tuttavia resta la sensazione che più che altro si sia assistito a una chiassosa resa di conti ben orchestrata. La finzione teatrale permette a Marino di svalutare la guerra, sostituendola con passi di danza coreografati. Di fatto, il sangue e il sudore della battaglia vengono sostituiti dal clangore delle armi che si intrecciano per "gioco". Si intuisce già qui la precisione realistica con cui Marino descrive l'azione bellica parodica, ciò che permette ai lettori di apprezzare una realizzazione vivace dello scontro militare.

L'introduzione della guerra, e in particolare di scene di battaglia, nel poema avviene dunque attraverso l'immagine di una danza organizzata, uno spettacolo provato in precedenza e che obbedisce a precise regole musicali e tecniche, con la sola ragione di intrattenere il pubblico, il quale è parte della rappresentazione, anche se esterno alla storia principale. La percezione che lo spettatore ha è quella di un rumoroso *divertissement* — infatti non si parla di musica, ma di cozzi di oggetti e persone. Le figure descritte dai verbi "s'intreccia", "fa testa", o "s'allarga", che presuppongono i movimenti coreografici nella scena, esibiscono una battaglia ordinata e controllata.

La violenza di questa scena produce letteralmente e metaforicamente effetti diversi. La lettera della scena è in realtà la metafora. In altre parole, la rappresentazione significa la battaglia, mentre di fatto è un balletto. Dunque la violenza è fittizia in realtà, ma vuole rappresentare, prendere il posto e allo stesso tempo suggerire allo spettatore la violenza vera. Come un esperimento di laboratorio è controllato, così anche la violenza del campo di battaglia viene reinterpretata, filtrata attraverso il ritmo della danza per essere esorcizzata e assimilata nel poema di pace, in un ambiente controllato e regolato, limitato e conchiuso, addirittura all'esterno della trama della tragedia, ma incorniciato dalla storia principale.

Canto V. La battaglia navale: la calcolata poesia della violenza
Dopo un paio di ottave che riassumono come canovaccio la trama dell'atto successivo della tragedia di Atteone[13] Marino impiega ben quattro ottave per descrivere dettagliatamente l'intermezzo successivo: la battaglia navale.[14]

---

[13] Arnaudo (*Gli istrioni del Marino*) spiega chiaramente la funzione della tragedia all'interno del poema mariniano, nonché la speciale relazione di Marino con il teatro e la pratica teatrale seicenteschi. In questo studio, infatti, lo studioso identifica la trama della tragedia, e la sua esposizione, in poche ottave, adducendo quindi l'idea che probabilmente si tratta più di un canovaccio, come quelli della Commedia dell'Arte, e sposta l'attenzione sull'accento marcatamente incentrato sull'artificio, sia sui palcoscenici seicenteschi che nell'invenzione mariniana, che non fa altro che recuperare quella tradizione e quel popolarissimo genere artistico e rappresentativo nel Seicento. Il testo di Marino produce infatti uno spettacolo virtuale, vicino all'esperienza del lettore originario, eppure ideale e superiore alle sue aspettative, secondo quell'intenzione prima di Marino, come si diceva precedentemente, di dimostrare il primato della poesia sulle altre arti. Ecco perché la battaglia navale qui rappresentata diventa quasi iperbolica, un'accumulazione di tecniche, macchine e scenari diversi, volti a illustrare non solo la capacità tecnica dell'autore nel rendere poetico un soggetto umile, come la pratica della fabbricazione delle scene teatrali, ma anche a continuare quella struttura della tragedia narrata in questo canto, cioè, come Arnaudo rileva, l'opposizione di un grandioso apparato di intermezzi all'esigua trama della tragedia.
[14] La presenza di una narrazione così articolata della battaglia continua ed elabora l'immagine precedente della guerra come *divertissement* in quanto essa diventa

Violenza ludica ed erotica per esorcizzare la guerra   157

Questa volta, a differenza dell'intermezzo con i centauri, Marino si prolunga in una descrizione particolareggiata del cambio di scena e degli artifici costruiti per rappresentare il mare sul palco, dedicando due intere ottave, una all'inizio dell'intermezzo e una alla fine, alla descrizione di tale mutamento di scena (V. 139; V. 142).[15] In mezzo, infuria la battaglia navale, che aggiunge all'immagine letteraria del mare colori, movimenti e suoni:

> e quinci e quindi per l'instabil campo
> spiegar turgide vele antenne alate,
> urtar gli sproni e con rimbombo e vampo
> venir in pugna due possenti armate.
>
> (V. 140.1-4)

La prima ottava presenta i due fronti armati. Alla variopinta e ricca descrizione delle onde — che suggerisce i colori attraverso le metafore con le pietre preziose — si alternano dunque i suoni delle armate che si scontrano — "urtar gli sproni", "rimbombo" — i movimenti delle vele — "spiegar turgide vele", "antenne alate" — e la luce — "vampo". La magnitudine delle due armate è inferita anche dalla successiva descrizione delle fiamme provenienti dall'alto e introdotte dalla figura di Giove e dai suoi caratteristici fulmini:

> Di Giove intanto il colorato lampo
> listando il fosco ciel di linee aurate,

---

espressione caotica della perfezione tecnica. Infatti, per ottenere la rappresentazione del trambusto di guerra e tempesta le macchine e la narrazione devono essere tanto più perfettamente sincroniche e organizzate, metafora per eccellenza del barocco, per cui caos e ordine coincidono, derivano l'uno dall'altro, come in questo caso guerra e calcolo.

[15] La descrizione ricorda molto da vicino le indicazioni tecniche fornite da Sabbatini (1638) nel suo trattato sulla costruzione dei fondali e delle macchine teatrali, in particolare nel suo *Secondo Libro*, dove tratta di intermezzi e macchine teatrali. Più precisamente Marino riporta una specifica tecnica (capitolo 29), quella di dipingere con varianti di colori tra il blu e il verde, teli da apporre a cilindri ondulati che girano imitando il movimento delle onde. Questa terza tecnica di riproduzione del mare è anche quella che permette poi di "gonfiare" il mare, e quindi rappresentare una tempesta (capitolo 30; l'annuvolamento del cielo è invece ai capitoli 38-40, 42, mentre le tecniche per imitare gli altri effetti della tempesta sono ai capitoli 51 il vento, a 52 i lampi, e a 53 i tuoni). Qui Marino aggiunge i delfini che saltando si intrecciano con le onde. Nei capitoli successivi Sabbatini illustra anche come far apparire navi sulla scena (capitoli 31-33), che Marino amplifica aggiungendo almeno due galere opposte che si scontrano. La scena si complica anche per l'inserimento del fuoco, descritto da Sabbatini al capitolo 11, che dovrebbe far ardere tutta la scena. Alla fine dell'intermezzo, la comparsa dell'iride avviene ancora una volta come descritta da Sabbatini, al capitolo 41, utilizzando una delle tecniche per far comparire le nuvole (capitoli 39 o 40 in questo caso), cioè tagliando il cielo e facendo scorrere il velo variopinto tra una parte e l'altra, e andando a ricoprire la scena.

> fa per l'aria vibrar con lunghe strisce
> mille lingue, di fiamma oblique bisce.
>
> (V. 140.5-8)

La descrizione della tecnica teatrale è alquanto letterale: le fiamme possono infatti rappresentare uno dei procedimenti per illustrare le lingue di fuoco sulla scena, cioè lunghe strisce di colori fiammeggianti che scendono dall'alto. Il movimento serpentino delle fiamme viene anche assimilato al movimento del mare e delle vele, e la similitudine è rimarcata nei versi successivi, dove ai fulmini celesti vengono associati i colpi delle spade:

> Folgora il cielo e folgoran le spade,
> gonfiansi l'onde tempestose e nere
> ed acqua e sangue per l'ondose strade
> piovon le nubi e piovono le schiere.
>
> (V. 141.1-4)

La descrizione tende a iperbolicamente illustrare due numerose armate, due gruppi più numerosi probabilmente dei centauri precedenti, ma che in ogni caso non potevano superare una certa quantità, vista la capienza di un qualsiasi palcoscenico, nonostante questo sia pur sempre un teatro soprannaturale e immaginario. Tuttavia, il vocabolario e le immagini usate da Marino suggeriscono due cospicue schiere che si danno battaglia. Il grandioso apparato di acque, tempesta e battaglia è infatti confermato dalla precedente quartina, dove si associano onde tempestose e insanguinate, pioggia e morte dei soldati.

L'esposizione resta comunque sempre tra il metaforico e il letterale, coinvolgendo terminologia tecnica degli artifici teatrali — "l'ondose strade" — tuttavia volta a dare l'idea, come nel teatro, della realtà rappresentata, in questo caso il mare in tempesta, insanguinato dai caduti della battaglia. Tale associazione di battaglia e tempesta permette tuttavia a Marino di identificare i combattenti come gruppi, entità che si muovono all'unisono, senza un volto preciso, ma più che altro come mostri dalle molte facce. Il movimento di gruppo viene infatti individualizzato solo nell'ultima quartina di descrizione dell'azione militare, dove con anaforica e progressiva successione, a *climax*, l'autore rappresenta una diversificazione di azioni, tutte comunque risultanti nella morte dei partecipanti:

> Chi fugge il ferro e poi nel foco cade,
> chi fugge il foco e poi nel'acqua pere,
> chi di sangue e di foco e d'acqua asperso
> more ucciso, in un punto arso e sommerso.
>
> (V. 141.5-8)

Ferro, fuoco, acqua diventano tutte fonti dell'annichilimento di queste parti del gruppo, e, quasi a rilevare l'ineludibile e devastante morte, tali elementi ultimamente si combinano in una sola grandiosa macchina omicida, una chimera di gusto barocco. L'insistenza sulla devastazione provocata da questi agenti diventa eccessivamente drammatica e, dato l'improvviso cambio di scena nei versi successivi, anche comica. L'esagerato accento dato ai tipi di morte si rivela nell'unificazione delle morti inflitte a uno stesso individuo, o gruppo. Probabile riferimento, o ammiccamento, dell'autore all'estremo artificio che in teatro si può raggiungere, che dunque provoca in realtà nello spettatore l'effetto opposto a quello desiderato, quasi una rappresentazione di un bislacco spettacolo di principianti.[16] Questa scena resta comunque un esempio forte di violenza raffigurata e interpretata attraverso i colori e gli artifici teatrali. Questa insistenza sui devastanti effetti di acqua, fuoco e armi in realtà riporta anche agli esempi di poemi epico-cavallereschi precedenti, e in particolare potrebbe essere un richiamo all'insistenza sui laghi di sangue, gli arti tremolanti e i campi bruciati e insanguinati della *Gerusalemme liberata*, dove tuttavia Tasso vuole immortalare il sacrificio di sangue necessario alla riconquista della città santa. In effetti, la drammaticità e la devastazione di terra e popoli illustrata da Tasso potrebbero essere satiricamente riprese qui da Marino con tale insistente richiamo a queste violente morti.

Contrariamente, però, al precedente balletto dei centauri, qui la violenza non viene assimilata esclusivamente da un movimento coreografico. Anzi, è introdotta in *climax* dalle immagini della tempesta e del mare tumultuoso e insanguinato. Gli attori non sono infatti ripresi nell'azione battagliera, quanto piuttosto nell'atto, inutile, di fuggire la propria fine. Qui Marino non specifica neanche i due fronti. Sembra più intento a riportare un violento scontro di navi e il loro conseguente naufragio. Come accennato sopra, infatti, la scena muta immediatamente e la conferma che questa fosse una rappresentazione di battaglia viene solo all'ottava successiva:

> Tale è la guerra e la procella e 'l gelo,
> ch'agguagliato è quelch'è da quel che pare;
> ma in breve poi rasserenarsi il cielo
> vedi e in un punto implacidirsi il mare,
> ed Iri il suo dipinto umido velo
> stender per l'aure rugiadose e chiare;
> spariscon le galee, svanisce il flutto,
> struggesi l'arco e si dilegua il tutto.
>
> (V. 142)

La distruzione delle armate navali, e la calma dopo la tempesta vengono

---

[16] Come per esempio la tragedia rappresentata dagli attori principianti nel *Midsummer Night's Dream* di Shakespeare, dove l'argomento drammatico viene di fatto reso comico dalla esagerata interpretazione degli attori.

immediatamente a sostituire l'impetuosità dei flutti. La comparsa dell'arcobaleno, con il suo arco, ancora una volta riporta più alle tecniche teatrali di rappresentazione di questo elemento che a una metafora effettiva per questa immagine. Con una rapida lista, infatti, Marino raccoglie la serie di azioni necessarie a cambiare scena (V. 142.6-8), aiutate dal velo variopinto dell'arcobaleno che copre il movimento delle navi e dei flutti per permettere la loro scomparsa dalla scena.

In questo intermezzo Marino ha dimostrato di poter far poesia attraverso l'illustrazione dettagliata di un altro tipo di azione teatrale, la battaglia navale, e allo stesso tempo ha raccolto l'eredità soprattutto tassiana della devastazione dovuta alla guerra, che gli permette di aggiungere movimenti, colori e suoni alla rappresentazione. Parallelamente, l'autore continua nella sua satira della violenza estrema, che infatti anche qui si perde in un *climax* quasi comico di incrudelimento sulle stesse vittime. La battaglia risulta in una complicata narrazione tecnica, resa armoniosa dal sapiente uso di linguaggio e immagini, dove le similitudini letterarie diventano letterali trascrizioni di tecniche e costruzioni ingegneristiche, e dove l'ambiguità del complicato intreccio di tempesta e guerra si risolve in una rapida dissoluzione della scena, indipendente da entrambe, eppure coinvolgendo sia guerra che tempesta.

Canto XIII. Gli scherzi degli Amorini: la buffa violenza puerile
La serie di rappresentazioni ludiche della guerra ritorna tuttavia solo dopo molti canti, e dopo alcuni altri riferimenti a guerre storiche (canto X) o alle conseguenze drammatiche delle battaglie (canti XII, nella descrizione di Marte, e XIII, nelle immagini del campo di battaglia sorvolato da Falsirena). Tuttavia la pausa di questo elemento viene presto recuperata dalla quantità ed estensione dei riferimenti successivi. Al canto XIII, infatti, l'autore spende un discreto numero di ottave (XIII. 193-209) enumerando gli scherzi degli amorini, che appaiono come "pargoleggianti eserciti" a fare "mille scherni al bellicoso dio" (XIII. 193.1-2), che sta riposando dopo la "tenzon lasciva" con Venere (XIII. 192.1). In questa occasione l'autore sembra volersi cimentare nell'elenco di tutte le possibili attività ludiche che uno stuolo di bambini cattivelli e spiritosi può intrattenere per scherzo. Il gioco e la finzione sono protratti attraverso l'utilizzo degli elementi tipici dei due dèi, ora spogliati delle loro effigie. La scena è ancora più ridicola considerando che è osservata dal povero Adone trasformato in pappagallo, che è riuscito a scappare dalle grinfie di Falsirena solo per ritrovarsi a osservare la sua amata Venere sedurre e giacere con il vigoroso Marte.[17]

---

[17] Interessante per altro la narrazione degli amori dei due dèi, raffigurati secondo immagini di battaglia tipiche di quella tradizione narrativa di atti sessuali attraverso la metafora del combattimento. Giorgio Bàrberi Squarotti infatti descrive Marte come

Violenza ludica ed erotica per esorcizzare la guerra 161

Gli scherzi dei cupidi si sviluppano secondo concentrazioni di movimenti. Innanzitutto centinaia di amorini si tuffano a disturbare il sonno dei due amanti, saltellando e infilandosi da una parte o dall'altra delle cortine e dei guanciali. Successivamente Marino descrive un gruppo di individui che giocano con le vesti e gli oggetti appartenenti a Venere. Alle ottave 200-204, poi, l'autore si sofferma sui giochi realizzati attraverso le armi di Marte. La descrizione viene

---

guerriero che rincorre i nemici; in questo caso, tuttavia, la raffigurazione bellica dell'amore tra i due dèi viene reinterpretata da Marino coinvolgendo da vicino soprattutto l'armatura di Marte che diventa più che altro una serie di oggetti partecipanti all'atto sessuale, un sistema di suoni, movimenti e immagini che rispecchiano e amplificano l'atto stesso. Un esempio famoso appartenente a questo genere, e che sicuramente Marino conosce, è il racconto di Ricciardetto nell'*Orlando furioso* (canto XXV), dove il gemello di Bradamante racconta non solo lo scambio di persona con la sorella per sedurre Fiordispina, ma appunto l'atto sessuale in termini militari di "dolce assalto". Sul versante opposto, da rilevare nella tradizione del genere epico del periodo immediatamente precedente al Marino è anche il notevole combattimento di Tancredi e Clorinda (*Gerusalemme liberata*, canto XII), certamente metro di paragone per l'autore dell'*Adone*, in cui Tasso specificamente chiede al lettore di non interpretare i nodi e le ferite della battaglia tra i due come metafora di abbracci amorosi, ciò che invece rende probabilmente tutto l'episodio innervato di toni sensuali e drammatici ancora di più data la morte dell'eroina alla fine del canto. Notevole, specialmente in correlazione con l'episodio tassiano, è anche la narrazione dell'incontro fisico tra Venere e Adone (*Adone*, canto VIII) che invece non riporta assolutamente terminologia militaresca, anzi è spesso stato letto più come un *anticlimax* e mancante di tensione sensuale, ciò che invece non manca nelle metafore militari dell'incontro con Marte nel canto XIII. Di fatto la lenta narrazione dell'incontro tra i due protagonisti del poema che segue la lunga educazione del giovane e che dovrebbe costituire l'apice del poema, è preceduta da cinquantasei ottave di discorsi tra i due amanti, per lo più un'estesa descrizione da parte di Venere di come i baci e l'unione fisica dovrebbero associarsi e portare alla fusione e morte dell'anima dei due (VIII. 90-146), tipica immagine associata in questo periodo all'orgasmo (un esempio fra i tanti è il noto madrigale *Il bianco e dolce cigno* di Jacques Arcadelt, su testo di Giovanni Guidiccioni, 1539). L'atto viene poi brevemente liquidato da una serie di parallelismi di due versi ciascuno per un paio di ottave, coinvolgenti immagini di neve, sole, nodi, mormorii di sospiri, e "dilettoso oblio" (VIII. 146.5-148.2). La veloce descrizione è corredata da un appunto dell'autore che afferma: "Gl'iterati sospiri, i rotti accenti, / le dolcissime guerre e le ferite / narrar non so" (VIII. 148.3-5), unico momento in cui compare il termine "guerra". La scena è quindi interrotta bruscamente e il discorso si sposta sull'ambiente circostante e la conclusione del canto sul tramonto (VIII. 148.5-149). Una nota interessante è il titolo di questo canto, "i trastulli", che già in sé sminuisce la portata dell'incontro sessuale a una specie di gioco, a delle azioni di provocazione scherzosa. Questa mancata descrizione di un assalto viene incorniciata invece da due momenti di "dolci" guerre posti quasi a pari distanza da questo episodio: uno è appunto l'incontro tra Venere e Marte nel canto XIII, l'altro è la storia di Amore e Psiche (*Adone*, canto IV) in cui Marino riferisce gli amori dei due protagonisti un'altra volta in termini militari. Entrambe le situazioni inoltre ricordavano al lettore mariniano la canzone giovanile di Marino intitolata *Baci* (*Rime* 1602).

dettagliata secondo una serie di azioni compiute da singoli pargoli, una lista di elementi che prendono l'iniziativa nel creare un confuso e animato intreccio di armi e movimenti. Nella prima ottava s'identifica un amorino che libera le armi di Marte e poi, spogliato l'elmo del cimiero, usa quest'ultimo per ventilare il dio e asciugargli il sudore. Marino spende poi le tre ottave seguenti per dettagliare battaglie ludiche imperversanti tra gli amorini:

> Alcun altri divisi a groppo a groppo
> in varie legioni, in varie squadre,
> con l'armi dure e rigorose troppo
> muovon guerre tra lor vaghe e leggiadre.
> Chi cavalca la lancia e di galoppo
> la sprona incontro ala vezzosa madre,
> chi con un capro fa giostre e tornei,
> chi dela sua vittoria erge i trofei.
>
> (XIII. 201)

Quest'ottava rivela la simulazione dei pargoli coinvolti in azioni guerresche, identificati con eserciti, come Marino stesso li appella nell'introdurli sulla scena. Tuttavia, si capisce subito l'intento scherzoso di queste azioni militari, quelle guerre "vaghe e leggiadre", le "giostre" e i "tornei" con il capro. Infatti, all'immagine delle armi "dure e rigorose troppo" si associano le comiche o le dolci opposizioni della "vezzosa" Venere, del capro, e infine l'ironico accenno ai trofei per le vittorie ottenute contro la madre dormiente e l'animale. Più complessa è invece la battaglia contro il tronco, questa volta organizzata in modo da mimare un effettivo scontro militare contro un ostacolo e per vincere un vero e proprio assedio alla corazza di Marte, che diventa rocca e torre del nuovo insediamento:

> Parte piantan gli approcci e vanno a porre
> l'assedio a un tronco e fan monton dell'asta,
> batton la breccia e son castello e torre
> la gran goletta e la corazza vasta.
>
> (XIII. 202.1-4)

L'ottenuta vittoria contro gli inermi nemici fa scaturire una serie di rapide azioni, enumerate nei versi successivi:

> Chi combatte, chi corre e chi soccorre,
> altri fugge, altri fuga, altri contrasta,
> altri per l'ampie e spaziose strade
> con amari vagiti inciampa e cade.
>
> Questi d'insegna invece il vel disciolto
> volteggia all'aura e quei l'afferra e straccia.

> Colui la testa impaurito e 'l volto
> nela celata per celarsi caccia
> e dentro vi riman tutto sepolto
> col busto, con la gola e con la faccia.
> Costui, volgendo al'aversario il tergo,
> corre a salvarsi entro'l capace usbergo.
>
> (XIII. 202.5-203)

L'assalto al tronco e alla corazza si è dimostrato più difficile del previsto: l'attacco fa infatti parte di una fuga scomposta e disordinata delle parti coinvolte, che termina nella corsa impaurita ai ripari, tra pianti e inciampi che fanno ruzzolare i pargoli fin dentro l'elmo del dio, talmente grande da poter ospitare un cupido intero. Ancora una volta Marino sembra voler utilizzare una terminologia che se presa seriamente induce a pensare a un violento attacco e alla successiva devastazione dell'esercito di amorini intenti alla fuga, mentre le immagini coinvolte eludono la drammaticità ed esorcizzano la rappresentazione della guerra attraverso una violenza che appare giocosa e bambinesca, talmente satirica che chiaramente impedisce che i cupidi si facciano del male.

Le armi stesse del devastante dio della guerra diventano asilo e riparo agli amori fuggitivi. Infatti, il pargolo che voleva fare del velo un'insegna militare l'ha invece strappato e avendo paura delle proprie azioni, come i bambini fanno, corre a nascondersi nell'armatura. È proprio con quest'ultimo atto, che rivela le dimensioni sproporzionate dell'elmo e del cupido, che Marino rende ancora più paradossale la battaglia, ne svela l'aspetto iperbolico e satirico, e manifesta la natura puerile di questi giochi e di queste guerre. L'incongruenza tra amorini e battaglia raggiunge il suo apice quando nelle ottave successive compare Amore, "il principe maggiore" che giunge a mettere ordine, davanti al quale la disordinata schiera si riunifica, diventando vero "squadrone", e si profonde in lodi e onori e in un vero e proprio trionfo militare per il proprio capitano, apoteosi anche della parodia della guerra. Il classico ribaltamento di forze tra guerra e amore è quindi fortemente simboleggiato dall'uso — o abuso — delle armi di Marte, come nota Bruno Porcelli:

> Esse [le armi di Marte] vanno incontro ad un processo di degradazione anche perché adibite ad usi impropri. Le superbe creste, staccate dall'elmo, fanno da ventaglio; lo scudo forma un carro, di cui la spada è timone e il morione è seggio, che trainato dallo Scherzo e dal Gioco, serve a celebrare il trionfo di Amore su Marte.
>
> (222)

La natura parodica del canto, quindi, serve anche a riaffermare il messaggio generale del poema, la proclamazione della pace, tuttavia servendosi non solo della tradizionale immagine di Venere (Amore e per esteso Pace) che seduce Marte, ma anche e soprattutto con un'estesa satira delle armi di Marte, di quegli elementi che simboleggiano la guerra, finendo con il trionfo — militare — di

Amore su Marte. Tuttavia, nel far ciò, Marino riporta anche la natura bellicosa dell'amore, o per lo meno degli amorini, mettendo in evidenza un giovanile e scherzoso approccio all'amore e al tempo stesso la ridicola immagine della guerra in questa situazione, quasi luogo improprio per una sua seria rappresentazione. In questo senso, la guerra assume qui dunque quell'aspetto paradossale, quella natura antitetica a quella generale del poema, secondo il messaggio dell'*Adone* stesso. Ed è proprio quest'ossimorica presenza della guerra e della necessità di esorcizzarla attraverso situazioni satiriche e improbabili a informare le successive occorrenze di fittizie battaglie nel poema, a partire dalla partita a scacchi.

Canto XV. La partita a scacchi: l'esplosione irrazionale della violenza
Se da un canto il balletto ridicolizza lo scontro, così come la battaglia navale svolge la stessa funzione parodica con le perdite devastanti e i giochi degli amorini con l'intero sistema militare, dall'altro canto la partita a scacchi richiama fortemente un vero e proprio campo di battaglia e mostra tutta l'intensità della violenza che esso implica, sempre tuttavia servendo da metafora per la realtà degli scontri militari. In questo caso, infatti, sembra che Marino abbia reso meno definiti i confini tra illusione e realismo, tra gioco e combattimento. La violenza della partita si risolve nella trasformazione permanente della ninfa Galania in tartaruga, dovuta alla brutalità con cui Venere la colpisce con la scacchiera in un ultimo impeto d'ira. Eppure, gli scacchi vengono presentati come un gioco di ingegno rispetto agli altri giochi in cui "caso e fraude" hanno potere (XV. 117.4), nonostante entrambe le partite siano giocate con astuzia e inganni a tal punto che Venere si adira e per due volte interrompe violentemente la partita.[18] Questo episodio è forse l'esempio più innovativo e creativo di trasformazione dell'elemento militare operata da Marino per adattare la guerra alla sua versione del poema epico-eroico, e per rappresentare al tempo stesso uno dei giochi in cui era stata assimilata

---

[18] La partita si riassume negli elementi seguenti (XV. 110-202): Venere propone diversi giochi per alleviare la noia di Adone. Si sceglie alla fine il gioco degli scacchi. Si descrive la scacchiera. Prima partita a scacchi, in cui Mercurio vince con l'inganno e Venere gioca in preda a furore competitivo, e sempre per scorciatoie. Si prepara un'altra partita a scacchi in cui gioca anche Adone (aiutato da Mercurio). I due amanti si distraggono, Mercurio ne approfitta per cambiare le pedine in tavola e usa Galania per ingannare Venere e vincere. Venere però si accorge del tranello, si adira, interrompe il gioco, prende la scacchiera e la rompe sulla schiena di Galania, che è trasformata in tartaruga. Nonostante Mercurio si penta della fine di Galania, suscita comunque una contesa con Amore (che giocava con Venere) per i premi, mentre i due amanti si perdono ad amoreggiare. Diego D'Elia ed Emilio Russo fanno un'analisi più tecnico-scacchistica della partita, fornendo un racconto preciso dell'evolversi del gioco.

l'esperienza militare.[19]

Dopo la proposta di diversi giochi, una volta scelti gli scacchi, Gioco, fratello d'Amore, porta la scacchiera e Venere riassume lo scopo del gioco come segue:

> "Or qui potrai, quasi in agon guerriero
> (disse la dea) veder quanto può l'arte,
> dico di guerra un simulacro vero
> ed una bella imagine di Marte,
> mover assalti e stratagemi ordire
> e due genti or combattere, or fuggire."
>
> (XV. 121.3-8)

Venere conclude il suo discorso offrendosi ad Adone come premio se giocherà secondo le regole.[20]

La descrizione degli scacchi e la spiegazione delle regole dipendono dal poema mitologico *Scacchia Ludus* di Marco Girolamo Vida (1527).[21] La materia militare è chiaramente intrecciata con quella ludica. È una rappresentazione di guerra che vuole essere armonica e piacevole, un'illustrazione dell'arte della guerra, una bella immagine di come una battaglia potrebbe essere se fosse combattuta secondo regole precise. Lo scontro sulla scacchiera dovrebbe esemplificare e stilizzare le tipiche azioni attuate sul campo di battaglia: attacchi, strategie, pianificazioni, due fronti che si combattono o che fuggono. La descrizione dei due schieramenti (XV. 122-28), benché impreziosita da particolari su materiali, linee, colori, e da metafore, nonostante segua da vicino lo schema di Vida, ricorda anche la tipica enumerazione di capitani e armate dei poemi epici.[22]

Alla ricca esposizione di eserciti di colori opposti, secondo elaborate similitudini, segue la spiegazione delle regole da parte di Mercurio. Questa prima parte viene raffinatamente descritta, con vivide metafore militari,

---

[19] Alcuni studi comparsi negli atti del convegno *Passare il tempo* sono da riportare in questa sede in quanto aiutano a comprendere in particolar modo la storia della tradizione scacchistica e il suo inserimento nell'immaginario dell'epoca precedente a Marino. Marcello Ciccuto illustra la prima tradizione degli scacchi, il loro utilizzo e l'evoluzione della canonizzazione delle regole a imitazione e per limitare le pratiche militari, a partire dal Medioevo. Chiara Barletta e Stefania Francioni invece analizzano l'iconografia del gioco nel Quattrocento e nel Cinquecento, corredando i loro interventi di una ricca selezione di immagini, tra cui parecchie illustranti rappresentazioni di partite a scacchi.
[20] "se vincerai con queste leggi / pieno arbitrio di me dato ti fia" (XV. 118.3-4).
[21] *Princeps* col titolo *De Ludus Scacchorum* pubblicata da Ludovico Vicentino. Mario A. Di Cesare riporta le quattro versioni del poema.
[22] Con alcune differenze: mentre, per esempio, in Ariosto o Tasso la lista parte dalle cariche più alte per finire sui gruppi di soldati semplici, qui invece Marino (come Vida) procede dalle pedine e continua in ordine con torre, alfiere, cavallo, regina e re.

attraverso cui si delinea un campo di battaglia bicolore,[23] e un combattimento ordinato, un "bel conflitto" (XV. 132.1), un "bel certame" (XV. 138.2). Lo scopo del gioco è inizialmente identificato in pochi versi:

> Pugnasi a corpo a corpo e fuor di stuolo
> quasi in steccato ogni guerrier procede,
> s'un bianco esce di schiera, ecco ch'a volo
> da la contraria uscir l'altro si vede.
> Ma con legge però che più d'un solo
> mover non possa in una volta il piede.
> E van tutti ad un fine, in stretto loco
> con la prigion del re, chiudere il gioco.
>
> (XV. 130)

Tuttavia, fin dall'inizio i toni ludici vengono sostituiti in gran parte da espressioni militari e da similitudini volte a intensificare la violenza del conflitto. La partita è subito identificata da un'espressione tecnica: "Viensi a giornata" (XV. 139.1), cioè si combatte la battaglia, si viene allo scontro. Segue una serie d'immagini che rappresentano uno scontro violento, come ad esempio:

> Sorge la pugna e si condensa e mesce
> alternando le veci e gli accidenti,
> come quando l'Ionio ondeggia e cresce
> agitato talor da vari venti.
>
> (XV. 158.1-4)

Anche laddove le pedine hanno uguale forza e capacità in campo, cosa propria solo del gioco e certo estranea alla realtà della guerra, che difficilmente oppone elementi esattamente uguali, la devastazione raggiunge toni aggressivi:

> Chi narrar può le stragi e le ruine
> che fan le due magnanime reine?
>
> Si fronteggian del pari e parimente
> eguale han forza ed armatura eguale.
>
> (XV. 160.7-161.2)

Tuttavia, fin dall'inizio della prima partita, "Mercurio, inteso a più sagaci prove, / furtivi aguati insidioso tenta" (XV. 142.3-4). Gli inganni del dio portano alla perdita della torre per Venere, che scatena la sua furia, manifestata attraverso la metafora del toro, inserita da Marino nello schema che finora seguiva quello di Vida:

---

[23] Per esempio nei seguenti versi: "Così se con l'etiope a far battaglia / talor di Gallia il popolo s'abbatte, / par che stormo di corvi i cigni assaglia, / vengono al paragon la pece e'l latte" (XV. 128.1-4).

> Qual tauro, s'egli avien che perdut'abbia
> pugnando un corno, inferocisce e mugge
> e'nsanguinando la minuta sabbia
> l'armi incontra col petto e non le fugge,
> tal con minor consiglio e maggior rabbia
> per sì notabil perdita si strugge,
> brama di vendicarsi e l'armi ultrici
> irrita Citerea contro i nemici. [24]

(XV. 145)

La collera della dea la induce ad azioni avventate che rischiano di farle perdere la partita, mentre l'astuzia di Mercurio, attuata attraverso freddi calcoli e meditati attacchi, fanno in modo da esacerbare del tutto Venere:

> Volontaria a sbaraglio espone i suoi
> né cura che più d'un n'esca di vita
> purché dato le sia di veder poi
> col proprio mal l'altrui ruina unita.
> L'arguto messo de' celesti eroi
> con miglior senno i suoi disegni aita;
> prevede i colpi e con ragion matura
> de la preda superbo il tutto cura.

(XV. 146)

La dea reagisce in modo avventato, con la volontà di annichilire l'avversario, a costo di devastare le proprie linee per raggiungere il suo scopo.

In seguito, tuttavia, quando Adone entra nel gioco per la seconda partita, la dea perde concentrazione amoreggiando con il giovane. Mercurio ne approfitta un'ulteriore volta e la partita termina in un *climax* di violenza:

> Tutto il resto involò l'aspra tenzone,
> tempesta orrenda ha l'altra gente absorta;
> mesta a vedere e lagrimosa scena,
> desolata di popoli l'arena.

(XV. 163.5-8)

Questa devastazione cresce fino alla punizione di Galania, che offre a Marino l'occasione per inserirne il mito e la sua trasformazione in tartaruga, come si è detto sopra. Tuttavia, il canto resta piuttosto satirico, soprattutto per la sproporzione della furia che determina le azioni, data la situazione presente: un'attività che doveva alleviare la noia di Adone, che dovrebbe essere un

---

[24] La metafora del Toro viene utilizzata da Tasso (per descrivere Armida, e Solimano) e frequentemente da Ariosto (che designa in tal modo soprattutto Rodomonte ed Orlando, specialmente quando identificati dalla furia violenta e omicida). La metafora ha un archetipo nell'*Eneide* nel combattimento tra Enea e Turno.

passatempo, e che era stata descritta come un agone di ingegno e regole, viene giocata con l'inganno, a dispetto di quanto promesso e spiegato precedentemente, e produce un finale piuttosto tragico per la povera Galania, ma anche in qualche modo ridicolo e sproporzionato all'offesa. Venere stessa dà l'impressione di una spietata Erinni e allo stesso tempo di una bambola bellissima persa a scherzare con il suo amante.

Anche in questo contesto Marino manipola il materiale erudito e mitologico e lo capovolge, utilizzandolo per connettere la narrazione, rivitalizzare un punto lento del racconto e rivelare modelli e fonti antichi e nuovi. Gli scacchi diventano tuttavia anche una scusa per introdurre e assimilare il tema della guerra, che viene riproposta secondo i canoni del poema cavalleresco, ma ribaltati, diventando così metafora di un gioco. La partita, che doveva dimostrare ad Adone una battaglia regolata e ordinata, diventa guerra aperta, senza esclusione di colpi. Essa appare al lettore un'esagerazione come gioco e al tempo stesso una battaglia non troppo seria, almeno non abbastanza da mettere in pericolo i veri protagonisti del gioco — eccetto Galania, la cui punizione conclude e mette in risalto la furia irrazionale che caratterizza Venere. L'andamento della partita sembra infatti sottolineare l'inutilità della violenza, che si rivela inappropriata alla situazione, rendendo la circostanza e la stessa ira della dea ridicole. L'impeto collerico dimostrato da Venere in questi versi è simile anche a quello dei lottatori del canto XX, la cui violenza la dea tuttavia interrompe in quella circostanza.

Canto XX. I giochi funebri in onore di Adone: la spettacolarità della violenza
Nella nota di commento al canto XX Giovani Pozzi ritiene che questa parte sia la definitiva dichiarazione di pace, in un certo senso la trasformazione della materia trattata fino a questo punto secondo quella prospettiva irenica che nelle sue intenzioni doveva accompagnare il poema nella sua interezza e che le sezioni precedenti non riescono a mettere sufficientemente in luce.

In questo senso il canto è fuori dalla storia, è un'appendice non conclusiva, ma additizia. Il suo significato potrebbe essere questo: chiuso il turbamento, il mondo entra nel suo stato pacifico, che il gioco ben rappresenta. Il poeta si è sforzato lungo tutto il corso dell'*Adone* di scrivere un poema di pace, senza turbamenti, ma l'istituto narrativo non glielo concesse; per ciò fare ci vuole un dopo-poema (così si spiegherebbe anche l'insolita lunghezza del canto). [...] questo canto senza storia spiega come avrebbe potuto essere il poema pacifico senza turbamenti. [...] una bella variante del calderoniano teatro del mondo.

(695-696)

Benché a mio parere questi giochi dimostrino invece che la violenza sia parte integrante e ineludibile del poema,[25] anche e soprattutto quando viene relegata all'ambito regolato dei giochi, resta interessante l'afferenza di questo episodio all'ambito teatrale, in quanto la sostanza esibizionistica e spettacolare del canto risalta in ogni suo aspetto. L'idea stessa di una competizione tramite giochi in realtà amplifica l'atteggiamento istrionico del canto che porta in scena diverse personalità, quasi maschere, di guerrieri, con nomi parlanti che estremizzano la loro caratterizzazione.[26]

Tuttavia, la violenza bellica resta attributo costante dell'intero canto. Qui i giochi diventano un vero combattimento: si gareggia con la precisione e la competitività di uno sport, e come succedeva al tempo di Marino, il torneo diventa un'occasione per rivelare la potenza e il valore militare delle parti coinvolte. In questo caso, inoltre, la storia si mescola al mito, metaforicamente rivelando le potenze in campo agli esordi della Guerra dei Trent'anni, attraverso i combattenti che partecipano. Nel canto XX le deviazioni dalla materia trattata sono minime. Le armi e gli agoni sono descritti con dovizia di particolari, quasi scientificamente. Le due digressioni più lunghe sono le storie di Austria e Fiammadoro, dovute alla loro importanza come antenati della dinastia francese. C'è simmetria nelle discipline e all'interno delle tre giornate, che si dividono come segue: nella prima si svolgono le gare di tiro con l'arco e danza (XX. 23-115); nella seconda lotta e scherma (XX. 116-249); nella terza la Quintana (XX. 249-333). In quest'ultimo giorno, il duello tra Austria e Fiammadoro si risolve nell'innamoramento dei due giovani e nella loro unione in matrimonio, simbolo e premessa della dinastia reale di Francia e dell'unione dei regni di Spagna e Francia.

In questo canto la violenza dei giocatori aumenta fino al duello finale dei due eroi, ed è mitigata solo da alcuni momenti ilari, elegiaci, o elevati e

---

[25] Non è di questo parere Guardiani (*La meravigliosa retorica dell'*Adone) che invece legge nell'uguaglianza di premi e nella rasserenata presenza di Venere l'epifania ultima e perfetta del mondo nuovo preannunciato dalla resurrezione del protagonista tramite la metamorfosi, ciò che confermerebbe una lettura cristologica dell'intero canto XX. Il critico, elaborando a partire dall'interpretazione dello stesso passo di Pozzi, afferma infatti: "Più che un insieme di giochi funebri (un elemento di decoro neanche poi indispensabile all'epica), il canto XX è una spettacolare raccolta di epifanie del mondo migliore annunciato dalla resurrezione trionfale di Adone" (57). Benché io concordi con una visione più vettoriale del canto XX, complemento e corredo necessario al poema mariniano e non esclusivamente "dopo-poema", mi trovo invece a dissentire con tale lettura sacra di questa parte del racconto. È a mio parere proprio l'adattamento poetico di pratiche d'intrattenimento secolari secondo un'ottica dell'ironia e dell'assurdo, che porta a un'interpretazione satirica dell'intero episodio e ultimamente all'affermazione, come proverò a dimostrare, che la violenza è l'ultima parola dell'*Adone*, e la guerra resta materia inespugnabile dall'epica.

[26] Come Membronio, Crindoro, Corteccio, e via dicendo, che per lo più rappresentano fuor di metafora le potenze europee dei tempi di Marino.

tecnicamente arditi, come ad esempio la gara di danza, in cui "altr'armonia l'aria percote / vie più soave che 'l guerrier metallo" (XX. 62.5-6).[27] Altrove, durante la lotta, sia il combattimento tra Satirisco il satiro e Corteccio il contadino che quelli tra Crindoro e Membronio e poi tra Membronio e Corimbro fungono da valvola di sfogo satirica per mitigare la violenza dei combattimenti. I duelli infatti procedono altrimenti all'insegna della brutalità e dell'aggressività, tanto che Venere si trova costretta ad intervenire per interrompere e alleviare la furia dei combattenti con le seguenti parole:

> "[...] basti l'alto valor che qui s'è mostro.
> Non vo' che 'l sangue alo scherzar succeda,
> non è mortal conflitto il gioco nostro
> cessino l'ire [...]."
>
> (XX. 136.4-7)

L'atmosfera si riscalda a tal punto che gli scontri vengono introdotti e intensificati durante la preparazione dalle schermaglie verbali (definite ancora una volta "gioco" dall'autore) come ad esempio quelle tra Marzio il guascone e Guerrino il normanno (XX. 218-48). In questa situazione l'aspetto ludico e scherzoso della tenzone orale in realtà è suggerito solo dalla sua definizione in termini appunto di "gioco", mentre l'ira dei combattenti e la violenza degli attacchi a parole sono particolarmente vigorosi e rafforzano, anticipandole, le battaglie fisiche.

Durante la Quintana si raggiungono i massimi livelli di violenza, e il linguaggio utilizzato da Marino evidenzia l'irruenza e la brutalità dell'assalto, soprattutto durante il duello breve ma intenso tra Austria e Fiammadoro, descritto sinteticamente dall'espressione "aspra tenzon, alta ruina" (XX. 393.2).[28] In tale episodio, tuttavia, la violenza è bilanciata dai toni elegiaci e

---

[27] In questa parte dei giochi, particolarmente virtuosistica è la descrizione tecnica della musica e delle modulazioni armoniche suonate e cantate da Apollo.

[28] Austria rappresenta Anna d'Austria. Come la Clorinda tassiana e la Marfisa ariostesca viene descritta attraverso la sua lontananza dalle faccende e arti femminili. Al togliersi dell'elmo la sua bellezza colpisce non solo Fiammadoro, ma anche Venere, a cui sembra di rivedere Adone (XX. 403). Fiammadoro è Luigi XIII, che sposa Anna nel 1615. Luigi è figlio di Enrico IV e Maria de' Medici, a cui Marino indirizza la dedica iniziale e quella di canto XI. Come Ruggiero e Tancredi ferisce Austria alla testa, cosa che le toglie l'elmo, e nel posare lo sguardo sulla donna s'innamora e smette di combattere. L'importanza genealogica di questi due personaggi e la loro connessione con la figura in particolare di Adone sono stati oggetto del brillante studio di Caruso. Lo studioso identifica nella presenza di questi due eroi la metamorfosi ultima dell'anti-eroe Adone, l'imbelle giovane, il cui amore con Venere non ha portato alcun frutto se non la propria morte. Conferma di questa trasformazione sono infatti i versi in cui Venere, allo svelarsi dei volti dei giovani, afferma di rivedere le sembianze dell'amato ("L'afflitta Citerea, quando il bel viso / si discoverse, ancorch'alquanto smorto, / arse a un punto e gelò, ché

altisonanti dell'innamoramento dei due giovani. Le espressioni chiaramente indicanti la veemenza dello scontro — "Fu spavento lo scontro, e fu diletto" (XX. 388.2); "Con quanta rabbia e qual furor si mosse" (XX. 396.2) — si uniscono alla descrizione in termini particolarmente bellici e aggressivi di Austria: "per maggior martiri/armata" (XX. 405.5-6), "la pace nega e la mercede" (XX. 406.6), "armi omicide"[…]"la vergine feroce" (XX. 407.2, 8). A questi toni si oppongono immagini più elegiache utilizzate durante il dialogo tra i due giovani:

> "[...] odio non è né rissa antica
> ch'oggi qui ne conduce a trattar l'armi [...]."
>
> (XX. 410.1-2)

> "[...] e di poter mostrar più mi compiacqui
> in questo corpo a le fatiche avvezzo
> le cicatrici degli assalti audaci
> che le vestigia de' lascivi baci".
>
> (XX. 440.5-8)

La tensione militare si confonde con quella sessuale e Venere interviene per orientare definitivamente il combattimento verso l'amore.

> "deponete omai l'armi e sia tra voi
> la tenzon con lo sdegno in un sopita.
> canginsi in vezzi le discordie e l'ire
> e sia pari l'amor, com'è l'ardire".
>
> (XX. 475.5-8)

L'attenuazione dei toni, tuttavia, viene alla fine sbilanciata e invertita di segno dall'esposizione delle guerre di religione in Francia. Questi scontri particolarmente violenti sono illustrati sullo scudo che Venere dona a Fiammadoro. Il fatto che sia proprio il dio della musica e della poesia, Apollo, a elogiare la casata reale e a narrare le azioni militari di Luigi XIII (XX. 485-514) rende ancora più magnifica la lode. Tale elogio pone di fatto la guerra in posizione finale, rendendola l'ultimo argomento del poema di pace. Tuttavia, l'ottava finale[29] cerca di riportare l'attenzione su immagini pacifiche e sulla possibilità di mutare le armi in amori, ricollegandosi alle idee esposte da

---

le fu aviso / di rivedere il caro Adon risorto" 403.1-4). In questo caso, dunque, la coppia (simbolicamente rappresentante i regnanti di Francia e quindi fertile, almeno come auspicio per essi) dovrebbe raccogliere e tramutare in favorevole il mito originario, rivelandone una fine alternativa e propizia.

[29] L'ottava 514, benché precedente alla chiusa di Fileno (ottava 515), si può considerare quella conclusiva del canto XX e di conseguenza resoconto ed epilogo degli episodi narrati in questo canto.

Chapelain nell'introduzione al poema:

> "[...] riposan l'armi orrende, i ferri crudi
> pendon dimessi e le battaglie han fine.
> Son fatti i cavi scudi e i voti usberghi
> nidi di cigni e di colombe alberghi".

(XX. 514.5-8).

Questi ultimi versi sintetizzano brillantemente il tentativo di tramutare uno degli argomenti più caratteristici del genere epico-cavalleresco, la guerra, in rappresentazioni di amori e giochi. Più precisamente, i tipici elementi militareschi della narrazione epica (scudi e usberghi) sono trasformati in luoghi di ristoro per la poesia e per la pace ("nidi di cigni e di colombe alberghi").

L'immagine finale suggerisce inoltre la possibilità che pace e poesia siano diventate nell'opera mariniana oggetto stesso del poema. Infatti, tale raffigurazione degli elementi bellici ispira un'ulteriore interpretazione: scudi e armature, benché svuotati del loro significato e del loro messaggio, cioè la narrazione di eventi bellici, in quanto cavi e metallici ora possono risuonare, facendo eco proprio ai nuovi oggetti della poesia, cioè la pace, rappresentata dalle colombe, e la poesia stessa, nella metafora dei cigni. Se poi allarghiamo lo sguardo all'intero poema mariniano, tramite le istanze belliche si esaltano anche altri elementi, come la scienza, l'arte, il mito, il teatro, l'ingegneristica, gli scacchi, la magia, e via dicendo. Dunque la poesia fa ora spazio ad una moderna interpretazione della funzione del poema eroico e delle guerre che lo caratterizzano. Il genere epico-cavalleresco diventa quindi l'espressione di tensioni e fervori della nuova cultura e società seicentesca e barocca

Eppure la violenza del canto finale del poema interroga sull'effettiva possibilità di eludere la trattazione militare tradizionale. In questo canto, infatti, la furia della partita a scacchi è traslata nei termini tecnici del torneo, un intervento sportivo che riduce l'argomento militare tipico del poema cavalleresco a pura stilizzazione normativa. La finzione armonica del balletto coreografato, trasformata prima in scherzi puerili e poi in metaforica battaglia di astuzie, è divenuta infine brutale scontro atletico. La passione diventa tecnica, il gioco, che dovrebbe essere metafora ed esorcismo della guerra, si trasforma in una battaglia quasi all'ultimo sangue, dimostrazione di onore e forza, tattica ed esperienza. Le schermaglie ludiche sono descritte con intensità quasi seria, mentre l'ironia e lo scherzo sono al contrario relegati ai nomi parlanti, quasi istrionici, dei contendenti, e alla descrizione dei personaggi stessi.

Marino non è quindi riuscito a eliminare l'elemento militare dal suo poema, nonostante lo abbia confinato e nascosto dentro queste rappresentazioni ben delimitate e potenzialmente ludiche, che dovrebbero mascherare la violenza e l'irrazionalità della guerra e trasformarla in pura poesia e arte. Alla fine del poema, dunque, il lettore s'interroga sull'effettiva possibilità di rimuovere l'esperienza bellica sia dalla letteratura, che di riflesso dalla propria vicenda umana. Nonostante infatti l'autore abbia cercato di indirizzare il suo lavoro verso un'esposizione di vicende ireniche, in realtà il gioco narrativo dimostra di essere esclusivamente tale: uno scherzo. E l'autore non sembra dimostrare un sincero sforzo verso una catartica elaborazione della drammaticità della guerra entro i confini del genere letterario o della forma artistica che solitamente si appropria di tale narrazione per esorcizzarne gli aspetti più tragici e disumani, come la violenza appunto.

Il canto XX continua anche in questo a contrapporsi, unirsi, e completare l'*Adone*. Alle parole di commento di Pozzi riportate all'inizio di questa sezione sembra dunque necessario affiancare l'interpretazione di Paolo Cherchi (*La metamorfosi dell'Adone*) che si oppone al primo editore contemporaneo del testo mariniano dichiarando che il ventesimo canto non è un dopo-poema, bensì un poema nel poema. Se ci si riferisce infatti anche solo alla rappresentazione della guerra nei termini ludici ed erotici sopra identificati, si intuisce nel trattamento dell'elemento bellico una vena di ribellione fusa allo sfoggio di maestria e conoscenza, che unisce diletto, satira, elogio, tecnica, e sicuramente risponde alle modalità che Cherchi identifica come tipiche della trasformazione in Marino del principio causale soggiacente l'utilizzo dei materiali.[30] Tuttavia, credo che non si possa escludere, almeno dal punto di vista delle "armi", che il canto XX abbia una più stretta connessione con il resto del poema e non rappresenti esclusivamente un dopo-poema o un poema nel poema. Lo sviluppo in forma di *climax* della violenza e della guerra in senso ludico rivela infatti in questo canto una stretta connessione vettoriale con gli altri momenti d'intrattenimento descritti nei canti precedenti, come evidenziato dalla progressione degli episodi raccolti nel presente studio. Allo stesso tempo, la struttura del canto stesso si schiera agli antipodi degli altri canti, diminuendo drasticamente le digressioni dalla materia trattata e mantenendo una lineare struttura narrativa. È chiaro che nel presente intervento si sia preso in considerazione solo uno degli aspetti caratteristici di questo episodio, cioè l'elemento bellico specialmente in rapporto alla violenza che deriva dalla sua manipolazione negli agoni. Tuttavia la sostanza militare rimane struttura fondante su cui il canto XX si focalizza, e, come tale, materia principale della chiusa del poema di pace e dichiarazione finale del suo autore.

Conclusione: la guerra come gioco e divertimento?
È dunque evidente come la guerra entra nel poema mariniano in diverse forme, e l'idea di trasformarla in gioco è un modo per assorbirla all'interno del racconto e

---

[30] Cherchi distingue infatti diverse modalità di recupero dei modelli e dei materiali utilizzate nel testo mariniano, che si possono riassumere nelle seguenti tipologie: adiacenza, relativismo, svalutazione, duplicazione, sostituzione, analogia.

modularla secondo la necessità narrativa, in un testo che intende allontanarsi dalla tipica esposizione del poema epico ed eroico. Essa diventa parte integrante e inevitabile della narrazione, nonostante Marino la incaselli e la riduca a tessera obbligatoria del *puzzle* narrativo, isolandola in quadretti definiti in se stessi, in questo caso accomunati da un intento parodico. Il gioco permette al poeta di esorcizzare e nascondere la materia militare, e per tale motivo diventa esso stesso battaglia, dimostrazione di violenza, spesso irrazionale, come se l'autore non potesse fare a meno di introdurre quest'aspetto: d'altro canto, come argomenta chiaramente Gregorio Leti,[31] la pace non si può apprezzare senza la guerra, e Marino mostra di aver compreso bene l'ironia di questa duplicità. L'autore dell'*Adone* sembra quasi voler esporre, come sempre in modo articolato e oscuro, una riflessione sulla guerra, la sua inutilità e incomprensibilità, e soprattutto sulla violenza che la caratterizza.

Tuttavia, questa rappresentazione così atipica della guerra, elemento costante del poema epico-cavalleresco, non può totalmente stupire. È Marino stesso che ci offre infatti la spiegazione di questa degradazione e relegazione della materia militare, alta e drammatica, a scherzo e gioco. Nell'introduzione al canto XIV, intitolato "gli errori", precisamente tra il canto degli Amorini e quello della partita a scacchi, l'autore si sofferma sulla decadenza militare dei suoi tempi, con un'invettiva estesa per sei ottave. In questo luogo Marino deprica gli usi dei suoi contemporanei per cui la bravura militare viene misurata solo in giostre e tornei, mentre "gli usberghi" e "gli scudi" sono lustri e scintillanti perché devono splendere sulle piazze e non sono toccati dal campo di battaglia. Quella stessa degradazione delle armi di Marte da parte degli Amorini ritorna qui come considerazione scoraggiata, nell'enumerazione dell'inutilità di cimieri, spade e ornamenti. L'autore osserva infatti che non mancano guerrieri esperti, come si può vedere dai tornei e dai trastulli sui palchi delle città;

---

[31] Gregorio Leti, appartenente al movimento libertino e accanito lettore in gioventù delle opere di Ferrante Pallavicino, scrisse infatti un esercizio accademico intitolato *La Lode della guerra et il biasimo della pace* (1664²; probabilmente la prima pubblicazione fu del 1663). In questo testo dal titolo provocatorio l'autore propone in realtà una lettura acuta e innovativa delle condizioni dell'Europa post conciliare. Benché, infatti, il libello rientri nella produzione tradizionalmente anticlericale di Leti, la *Lode* esamina una serie di condizioni sociali e storiche di cui l'autore offre un'interpretazione certo satirica, ma anche a tratti avanguardistica. La pungente ironia di Leti, infatti, gli permette di parlare con argomentazioni ragionate di tolleranza, schiavitù, libertà, patria e del ruolo delle donne, soprattutto rispetto all'ambito militare. Indubbiamente il lettore si chiede se, data la situazione, l'autore proponesse effettivamente tali valori come fondamentali per una società moderna, o se invece l'esposizione fosse un puro diletto intellettuale. Tuttavia, nonostante si possano applicare al testo le convinzioni di fruitori del ventunesimo secolo, muovendo la propria coscienza ad accettare o rifiutare certe posizioni prese da Leti, la *Lode di guerra* resta una lucida analisi della situazione europea alla fine del diciassettesimo secolo.

tuttavia, sono scarsi i veri soldati. L'invettiva si conclude con l'amara riflessione sugli abusi di guerra che vengono perpetrati per compensare la mancanza di abilità e virtù in campo, laddove si fugge invece che combattere il nemico.

Non stupisce quindi l'estesa conclusione del poema sui tornei e le giostre in onore dell'anti-eroe, l'imbelle Adone, ultima e consistente satira delle pratiche dell'epoca e alta prova di poesia. Essa diventa infatti celebrazione di quella guerra fittizia, limitata dal gioco e dalle sue regole, che tuttavia non riescono a nascondere o contenere quella violenza caratteristica dei combattenti. Paradossalmente, infatti, la guerra storica, come viene descritta nel canto decimo o alla fine del ventesimo nello scudo di Fiammadoro, è meno violenta, e l'esposizione riporta soprattutto il valore militare e l'importanza storica o celebrativa dei conflitti. Al contrario, la svalutazione e la messa in ridicolo del modello ariostesco e soprattutto tassiano, in cui le "armi" sono elemento fondante e fondamentale del racconto, ancora più presente e violento nella *Gerusalemme* che nel *Furioso,* la guerra cavalleresca, quella dei paladini, viene assorbita tramite il gioco e il divertimento, come se gioco e divertimento rappresentassero uno specchio capace di separare chi guarda dalla realtà, riflettendo un'immagine intrappolata, come nelle fiabe, della guerra che apparterrebbe — o è appartenuta o vorremmo che appartenesse — a un mondo di cui non si fa veramente parte.

Indiana University, Bloomington

Opere Citate

Arcadelt Jacques. *Il bianco e dolce cigno*. In *Primo libro de' madrigali a quattro voci*. Venezia: Antonio Gardano, 1539.
Ariosto Ludovico. *Orlando Furioso*. A c. di L. Caretti. 2 voll. Torino: Einaudi, 2006 (1966[1]).
Arnaudo Marco. *Gli istrioni di Marino: annotazioni attorno ad* Adone *V, 121-151*. "Seicento e Settecento: rivista di letteratura italiana" 4 (2009): 103-15.
_____. *Il trionfo di Vertunno: Illusioni ottiche e cultura letteraria nell'età della Controriforma*. Lucca: Pacini Fazzi, 2008.
Bàrberi Squarotti Giorgio. *Venere e Marte: le allegorie della pace*. "Lettere Italiane" 43. 4 (1991): 517-46.
Barletta Chiara. *Iconografia del gioco nel Quattrocento*. In *Passare il tempo: la letteratura del gioco e dell'intrattenimento dal XII al XIV secolo. Atti del Convegno di Pienza 10-14 Settembre 1991*. Tomo I. Roma: Salerno,1993: 239-50.
Bartoli Daniello. *Le morali*. Roma: Varese, 1684.
Battistini Andrea. *Il Barocco: cultura, miti, immagini*. Roma: Salerno, 2000.
Caruso Carlo. *Adonis: The Myth of the Dying God in the Italian Renaissance*. London: Bloomsbury, 2013.
Cherchi Paolo. *La metamorfosi dell'Adone*. Ravenna: Longo, 1996.
_____. *Processo al cinghiale* (Adone, *XVIII, 234-41*). "Bollettino d'italianistica" 2 (2009): 69-83.

Ciccuto Marcello. *In figura di scacchi: spazi di storie tardogotiche.* In *Passare il tempo: la letteratura del gioco e dell'intrattenimento dal XII al XIV secolo. Atti del Convegno di Pienza 10-14 Settembre 1991.* Tomo I. Roma: Salerno, 1993. 91-103.

Corradini Marco. *Tancredi e il cinghiale. Sfida, omaggio, parodia.* In *Studi di letteratura italiana in onore di Claudio Scarpati.* A c. di E. Bellini, M. T. Girardi, U. Motta. Milano: Vita e Pensiero, 2010. 479-502.

Di Cesare Mario A., *The Game of Chess: Marco Girolamo Vida's Scacchia Ludus. With English Verse Translation and the Text of the Three Earlier Versions Edited with Introduction and Notes by M. A. Di Cesare.* Nieuwkoop: B. De Graaf, 1975.

D'Elia Diego e Russo Emilio. *Giovan Battista Marino. La partita a scacchi (*Adone *XV).* "Ludica" 13-14 (2007-2008): 241-50.

Fiske Alan Page e Rai Tage Shakti. *Virtual Violence: Hurting and Killing to Create, Sustain, End, and Honor Social Relationships.* United Kingdom: Cambridge University Press, 2015.

Francioni Stefania. *Iconografia del gioco nel Cinquecento.* In *Passare il tempo: la letteratura del gioco e dell'intrattenimento dal XII al XIV secolo. Atti del Convegno di Pienza 10-14 Settembre 1991.* Tomo I. Roma: Salerno, 1993: 251-68.

Girard René. *Violence and the Sacred.* Baltimore: The John Hopkins University Press, 1977. (*Violence et le* sacré. Parigi: Berard Grasset, 1972.)

Guardiani Francesco. *I baci del Marino, petrarchisti e barocchi.* (2010). Web. (http://hdl.handle.net/1807/24479)

———. *La meravigliosa retorica dell'*Adone *di G. B. Marino.* Firenze: Olschki, 1989.

Huizinga Johan. *Homo Ludens: A Study of the Play-Element in Culture.* 1944. Boston: Beacon, 1955.

Leti Gregorio. *La lode della guerra et il biasimo della pace, Esercitio academico.* Ginevra: Fagete, 1664.

Marino Giovan Battista. *L'Adone.* A c. di G. Pozzi. 2 voll. Milano: Adelphi, 1988.

———. *Adone.* A c. di E. Russo. 2 voll. Milano: Rizzoli, 2013.

Pinker Steven. *The Better Angels of Our Nature: Why Violence Has Declined.* New York: Vicking-Penguin, 2011.

Porcelli Bruno. *Il canto XIII dell'"Adone": il luogo della peripezia e gli antimodelli del Marino.* In *Lectura Marini.* A c. di F. Guardiani. Toronto: Dovehouse, 1989: 213-25.

Priest Harold M. *Marino, Leonardo, Francini and the Revolving Stage.* "Renaissance Quarterly" 35.1 (1982): 36-60.

Sabbatini Nicolò. *Pratica di fabricar scene e machine ne' teatri.* Ravenna: Pietro de' Paoli e Giovan Battista Giovannelli, 1638. A c. di E. Povoledo. Roma: Bestetti,1955.

Tasso Torquato. *Gerusalemme liberata.* A c. di L. Caretti. Mondadori: Milano, 2006 (1983[1]).

Tesauro Emanuele. *Cannocchiale aristotelico, ossia Idea dell'arguta et ingeniosa elocutione che serve a tutta l'Arte oratoria, lapidaria, et simbolica esaminata co' Principij del divino Aristotele.* Torino: Bartolomeo Zavatta, 1670. (Princeps 1654.)

Cristina Mazzoni

Violence in Fairy Tales:
Basile's *Lo cunto de li cunti* and Garrone's *Il racconto dei racconti*

Abstract: Fairy tales belong to a genre traditionally saturated with violence. This is certainly the case in Basile's baroque fairy-tale collection *Lo cunto de li cunti* (1634-1636), which blends cruelty and humor throughout its fifty tales. In his film adaptation of three of Basile's stories, Italian film director Matteo Garrone emphasizes fairy-tale violence even as he eliminates every trace of Basile's signature humor. Cross-cutting between Basile's "Lo police," "La cerva fatata," and "La vecchia scorticata," Garrone's *Il racconto dei racconti* (2015) graphically emphasizes sacrificial violence, especially as it is directed against women: the three female protagonists, whose fate improves in Basile's happy endings, undergo in Garrone's film destructive and sometimes lethal transformations.
Key Words: Fairy tales, Giambattista Basile, Matteo Garrone, *The Tale of Tales*, blood, violence, sacrifice

Introduction: A Violent Genre
Viewers of Matteo Garrone's recent fairy-tale film, *Il racconto dei racconti* (*The Tale of Tales*, 2015), are vividly and rather unforgettably reminded that fairy tales are a violent genre. Although we associate them today with stories told in the nursery, a glance at traditional versions of even the most beloved of these narratives immediately reveals a striking presence of cruelty, blood, and death that many of us would hesitate to include in our children's bedtime rituals. Likewise, few of us, I imagine, would bring young children to see Garrone's graphic film (and not only — not even primarily — for the occasional nudity and sex). Let us take Cinderella, for example. The Disney film from 1950, probably the best-known version of the tale in the west, shows us two evil stepsisters and a cruel stepmother; there is envy and there is greed, and human evil is certainly present and active — but we do not see any actual violence performed on the protagonists, whether by themselves or by others: the most graphic among the events on the screen are the unsuccessful efforts, on Lucifer the cat's part, to kill and eat a number of cute mice, and a king's failed attempt to attack his advisor with a sword.[1] The Grimm brothers, however, in their

---

[1] As Kay Stone puts it, Disney (for whom the essence of fairy tales included a happy ending and a love story) was "only one of the many reworkers of *Märchen* in past decades — but *because* of the enormous success of his films and their continued popularity through re-releases, his ideas and ideals still exert a major influence on people's views of fairy tales" (238).

version of the tale, detail how the stepsisters mutilate their own heels and toes in hopes that their feet will fit into the telltale slipper: "Cut your toe off," says Cinderella's stepmother to her eldest daughter, "Once you're queen, you won't need to go on foot anymore"; and to her younger daughter the mother also hands a knife, saying, "Cut off part of your heel. Once you're queen, you won't need to go on foot anymore"; the daughters obey but the prince realizes they are impostors because of their profusely bleeding feet (Grimm 125-26). As if the Grimm brothers' descriptions were not violent enough, in the oldest known European version of "Cinderella," Giambattista Basile's seventeenth-century "La Gatta cennerentola," it is the protagonist herself who kills the first of her two evil stepmothers by crushing her skull with the lid of a chest, after enticing her to stick her head inside it. Fairy-tale specialist Maria Tatar unequivocally puts it: "In fairy tales, nearly every character — from the most hardened criminal to the Virgin Mary — is capable of cruel behavior" (*The Hard Facts* 5).[2]

The Cinderella tale titled "La Gatta cennerentola" may be found in Giambattista Basile's *Lo cunto de li cunti overo lo trattenemiento de peccerille* (*The Tale of Tales, or Entertainment for Little Ones*), a volume also known as the *Pentamerone* and published posthumously in Naples, at the behest of the author's famous soprano sister, Adriana Basile, between 1634 and 1636. It is portions of this book that director Matteo Garrone has adapted for the big screen, performing an opposite adaptation to that of Disney, who had bowdlerized the fairy tales he turned into film so as to please young viewers. Garrone's choice of genre, and this director's emphasis on the violent and the strange, as well as on that "wholly other" and terrifying dimension that has been repeatedly associated with the sacred, returns Basile's tales, instead, to their intended audience, one, that is, made up largely of adults.[3] In fact, despite the subtitle of Basile's *Cunto de li cunti,* namely, "*lo trattenemiento de peccerille,*" clearly those contained in this seventeenth-century collection are not children's stories, as Garrone's adaptation choices underline.

Violence in Basile's Cunto de li cunti
Basile's Cunto de li cunti is widely acknowledged as the oldest European collection consisting entirely of fairy tales. Inspired, in its form, by Boccaccio's *Decameron* (both books have a frame tale containing ten tales per day, told each

---

[2] Tatar's classic studies of violence in the tales collected by the Grimm brothers (*The Hard Facts of the Grimms' Fairy Tales,* 1987, and *Off with Their Heads! Fairy Tales and the Culture of Childhood,* 1992), note how, in the Grimms' editions that were altered by the authors over time, references to sexuality are toned down whereas violent episodes remain and are even intensified (*The Hard Facts* 5, 11).

[3] For twentieth-century definitions of the sacred, see for example Durkheim (224), Eliade (14), and Girard (31).

day by ten different narrators), Basile's *Cunto de li cunti* was written in a Neapolitan language that is made even more difficult, for the modern reader, by this author's ornate and prolix baroque style. Whereas Boccaccio's book unfolds over ten days, Basile's unfolds over five (hence its alternative title, *Pentamerone*). On each day, one story is told by each of ten narrators, and, in sharp contrast with Boccaccio's beautiful and aristocratic young women and men, every last one of Basile's narrators is a grotesque old hag. The frame tale is also wholly unlike Boccaccio's *Decameron*. In the latter book, the ten narrators had isolated themselves in the countryside to escape plague-ridden Florence, and entertained each other with storytelling. In Basile's collection, the frame is an actual narrative and constitutes the "tale" that includes all other "tales": the frame tale is precisely the "Tale of Tales" referred to in the book's title. This frame tale features a princess unable to laugh, who is finally brought to mirth by the sight of an old woman showing her genitals, or, "la scena voscareccia," in Basile's colorful description (3). The old woman, unfortunately for the princess, is a witch whose curse against the one who laughed at her leads to the princess's loss of her beloved prince, who marries an impostor. The princess in the end gets her prince back with the help of a fairy's gift doll, one that instills in the impostor the urgent, physical need to hear stories. To this end, the prince, her husband, hires the ten storytelling hags, and with the last story ("The Three Citrons," which mirrors in many ways the frame tale itself), the princess gets her beloved back even as the impostor is exposed and buried alive while pregnant with the prince's child.[4]

There is much violence, and of many types, in Basile's fifty tales, and often at the expense of women. I have mentioned Cinderella's murder of her own stepmother and the live burial of the frame-tale impostor. In the earliest known version of "Sleeping Beauty," Basile's "Sole, Luna e Talia," the protagonist is raped in her sleep by a lustful, married king, whose jealous wife orders the cook to cut up and stew the twin children born of the rape.[5] The widowed king at the start of "La Penta Mano Mozza" wants to marry his own sister, and when he tells her that he especially admires her hands, she — horrified by her brother's incestuous desires — asks a slave to chop her hands off, and sends them to the king her brother in a basin. As Basile specialist and translator Nancy Canepa rightly puts it, "The obsession with the corrosive action of time [...], the cult of death, the taste for violent images are all familiar elements of the baroque esthetic" ("From the Baroque to the Postmodern" 265n2). The protagonist of

---

[4] For a discussion of Basile's frame tale, including its relationship to Boccaccio's, see Picone.

[5] Maggi notes that the Grimms eliminated the protagonist's adventures after her awakening, "in order to make it more romantic and magical. They make a tale end with a heart-warming embrace (the male protagonist takes his lady in his arms) even when the Italian tale doesn't end there" (20).

"La mortella" gets cut up in one hundred pieces by her rivals after they hit her in the head with a club, and the servant has to clean up the chunks of flesh and bones he finds in the pool of blood left behind by the murderers. Yet, as Canepa notes in the same essay, "*The Tale of Tales* is a profoundly ludic text, and often an irresistibly funny one" ("From the Baroque to the Postmodern" 275n11) — although this humorous aspect is completely neglected by Garrone in his filmic adaptation. In "The Golden Trunk," the protagonist is told to grab an ogress's tits, so pendulous that the ogress carried them like saddlebags. As in so many of Basile's metaphors and similes, the humor in this description defuses the potential fear cause by this frightful, monstrous character. Over the centuries, Basile's collection —itself presumably based on earlier versions of these same narratives handed down through oral storytelling — has inspired numerous adaptations of the fairy tales it contained, including stories by such famed authors as Charles Perrault in seventeenth-century France, the brothers Grimm in nineteenth-century Germany, and Italo Calvino in twentieth-century Italy. Director Matteo Garrone's film version is the most recent of these adaptations. It is to a comparison between Garrone's film and Basile's book that I now turn.

Garrone's Adaptation of Basile: Il racconto dei racconti
Garrone is usually cited in reference to his *Gomorra* (2008), which adapted for the big screen Roberto Saviano's 2006 best-selling book by the same name — an investigation into the doings of the criminal organization known as the *camorra* in the Naples area. Garrone's *Il racconto dei racconti* is also an adaptation, though clearly of a very different sort of text. Garrone has selected three of Basile's seventeenth-century stories and woven them together into a complex three-in-one narrative with elements derived from other Basile tales as well. Like *Gomorra, Il racconto dei racconti* was also filmed primarily in Southern and Central Italy. Garrone's photography is as lush as Basile's language, and the natural and architectural scenarios of his film as breathtaking as Basile's inventive descriptions: the Castle of Donnafugata and the Gole dell'Alcantara in Sicily; the Bosco del Sasseto in Lazio; the Vie Cave in Tuscany; the Castle of Roccascalegna in Abruzzo; the Castel del Monte and the cave dwellings of Petruscio in Puglia.[6]

Let me first of all turn to the three fairy tales by Basile that have been chosen and adapted for the big screen in Matteo Garrone's *Il racconto dei racconti*. They are all narrated on the first of Basile's five days of story-telling

---

[6] For a study of the role of fairy tales in the history of Italian cinema, see Bacchilega, according to whom fairy-tale films "had a significant part in cinematic production and reception in Italy, offering alternatives to the Disneyfication of *Pinocchio* and animation; adapting fairy-tale tropes to other film genres; and providing a sense of wonder with mixed effects in a tradition where neorealism, comedy, and thrillers are most acclaimed" (107).

in his *Pentamerone*: "Lo polece" ("The Flea") is the fifth tale; "La cerva fatata" ("The Enchanted Doe") is the ninth tale; and "La vecchia scortecata" ("The Old Woman Who Was Skinned") is the tenth and last tale of the first day. All three tales feature women as active protagonists, at different and differently challenging times of their lives: youth and the difficulties of choosing an appropriate spouse in "Lo polece"; marriage and the complications of maternal desire in "La cerva fatata"; and the trials of advanced old age in "La vecchia scortecata." Here is a summary of the tales as they appear in Basile's collection; Garrone, as we will see, makes quite a few, significant changes.

In "Lo polece," a widowed king with just one child, a daughter, captures a flea and raises it, over the course of several months, by feeding it with his own blood. When the flea becomes larger than a mutton ("chiù gruosso de no crastato," Basile 45), the king kills and skins it (a violent process foreshadowing what will happen to the old woman at the end of the later tale), tans the hide, and promises his beautiful young daughter as a wife to whoever would correctly guess what animal the skin came from. The winner is a frightful ogre, who takes the princess to his den and, after he realizes she is not interested in eating human flesh as he is, goes off to hunt for boar for her. Before he returns and this unequal marriage is consummated, an old lady promises to save the princess with the help of her seven sons, each endowed with a different supernatural power. The young men rescue the princess, behead the ogre, and bring both the ogre's head and the safe-and-sound princess back to the king, who rewards the saviors, apologizes to his daughter, and finds her a suitable husband.

The king in "La cerva fatata" desires children but nothing seems to work in providing him with an heir. Finally, a wandering sage assures the king that his wife will become pregnant if she eats the heart of a sea dragon after it is cooked by a virginal servant ("na zitella zita," Basile 82). The king's fishermen obtain the heart and, as she cooks it, the virginal servant herself becomes pregnant even as every object in the castle also gives birth to a smaller version of itself. Within four days of the queen eating the dragon's heart, servant and queen give birth to a boy each, identical in every way. The two grow up together as best friends, but when the lowborn young man becomes aware of the queen's destructive jealousy against him, he leaves the court, proves his valor, and marries the daughter of a nearby king. While hunting, he falls prey to a dangerous ogre disguised as a deceptive and beautiful doe, but is rescued by the king's son, his friend and near-twin brother.

"La vecchia scortecata" tells the tale of two grotesquely old sisters whose constant complaints about their easily hurt features lead the king their neighbor, who has overheard them but has never seen them, to believe them to be young and delicate. He desires them sexually, but all he is allowed to see is a single finger, which they had sucked for days in preparation, so as to make it appear young and soft. The king and the older sister agree to meet in his bed under cover of night, but the king discovers the old woman's identity and has his servants throw her out of the window. She survives the fall and a group of melancholy fairies passing by, amused by the sight of her, give her fairy gifts, including youth, beauty, wealth, and virtue. Upon seeing her in her transformed state, the king marries her immediately; but the envious younger sister, at the wedding feast, so insists on learning the new queen's secret of youth that the latter blurts out, unthinkingly, that she had gotten herself skinned ("Me so' scortecata, sore mia," Basile 98). The sister takes her literally and talks a barber into skinning her, at which she dies.[7]

In all three of these tales, Basile describes the trajectory of status changes and social upsets: in "La cerva fatata," the child of a servant looks and behaves like a twin brother to a king's son and eventually becomes a king himself; in "Lo polece," a monstrous ogre marries a beautiful princess; in "La vecchia scortecata," an impoverished old hag becomes a beautiful young queen. This narrative focus on status change has been described by literary critics as a typical trait of early modern fairy tales, such as Basile's, because of their association with upwardly mobile courtiers. Rak comments: "Un filo comune legava questi racconti destinati a un ascolto cortigiano: i loro personaggi cambiavano sempre condizione. Il cambiamento di status era l'ossessione del letterato di corte" (69). But these changes of status inevitably bring on violent reactions, whether temporary or lasting ones, on the part or on behalf of the status quo. Thus, the queen tries, unsuccessfully as it turns out, to murder and thus sacrifice the lowborn boy audacious enough to behave like a brother to her own son; the princess's saviors decapitate the ogre, who must be sacrificed for having intrepidly married the king's daughter; the king throws the old hag out of the window, and when she manages to marry him, it is her sister who is sacrificed, possibly to atone for the transgression performed by her sister's transformation and marriage.

Metamorphoses and status changes mirror one another in the infinite regress at the heart of many of Basile's tales. Thus, the beautiful enchanted doe of the tale by the same title shapeshifts into a murderous ogre, changing gender as well as species, and in "La vecchia scortecata" the fairies' spell turns an old and homely woman into a young and beautiful one. Metamorphosis is at the heart of fairy tales both in terms of the narrative unfolding of individual tales, and in their historical development as a genre. From this perspective, Garrone's adaptation may be described as a retelling of Basile's stories, a new version of these three tales, a metamorphosis from the written word on the page to moving images on a screen. For the tales are radically altered indeed, in their

---

[7] In Canepa's perceptive words, "this tale deviates from the conventional, reassuring fairy-tale ending in which fortune blesses the unfortunate. This does happen, but only halfway, which makes the transformed sister's plight appear a unique, unrepeatable event, the benefits of which, moreover, must be paid for by the ghastly self-destruction of her own sister" (*From Court to Forest* 121).

metamorphosis from book to cinema, and from Basile's version to Garrone's. These transformative changes focus on gender, blood, violence, and — tying all these elements together — sacrifice, namely that propitiatory offering to the sacred dimension that allows the maintenance of the status quo. As a critic explains, "sacrifice is deeply bound up not only with issues of blood and transferred or symbolic meaning, but with matters of gender, parenthood and even more particularly of virginity as well" (Kearns 45) — all matters that figure prominently in Garrone's versions of Basile's three tales.

The Intensification of Violence from Basile to Garrone
To begin with, Garrone's film shows no sense of humor, unlike Basile's book, which is fairly brimming with funny scenes and lines. When the queen and the maid give birth to their sons in "La cerva fatata," the fact that every furnishing in the castle also reproduces into a smaller version of itself gives rise to an absurdly comical list of births: "[…] la travacca fece no lettucciulo, lo forziero fece no scrignetiello, le seggie facettero seggiolelle, la tavola no tavolino e lo cantaro fece no cantariello 'mpetenato accossì bello ch'era no sapore" (Basile 83); no such thing happens in Garrone's version.[8] The ogre in Basile's "Lo polece" is so scary that those who see him develop physical reactions including diarrhea and intestinal worms, Basile details, defusing the monster's fearfulness with this author's marked taste for scatological language: "[…] era la chiù strasformata cosa de lo munno, che 'n vederelo schitto faceva venire lo tremmolese, lo filatorio, la vermenara e lo iaio a lo chiù arresecato giovane de sto munno" (46). So also when the princess arrives at the ogre's den, her reactions include "la quatra de vierme e la cacavessa" (48). Garrone's ogre, on the other hand, is a sullen, scarred, huge being that is hard to even look at, for the audience, and of whom Viola is terrified to the point of turning mute; Garrone's ogre exudes danger and violence. Basile's princess, instead, when she sees the murdered bodies brought home by the ogre, "sputanno comm'a femmena prena, votaie la faccia da l'autra banna" (48). Her visible disgust leads the thoughtful ogre to reflect on his own largesse, with a funny because absurd conclusion: "'Chesso è dare confiette a puorce!'" (48). Human body parts are delicacies given to a princess whose ungrateful reaction to this gift of food reveals her to be, for the ogre, not much better than a pig, unable to appreciate the pearls being offered. Basile's comparison of the fully grown flea with a mutton is funny, but Garrone's actual representation of a flea that size, given the impressive special effects used in the film, is not at all funny and, in fact, quite repugnant. Basile described the frequency with which the king in "La vecchia

---

[8] As Canepa explains, "This is not only one of the most charming scenes of *Lo cunto*, but also an emblematic one. The generation of the objects is here a metaphor for Basile's own use of language: one metaphor or descriptive phrase is capable of procreating a long series of 'offspring'" (*From Court to Forest* 221).

scortecata" heard the two delicate women's complaints by saying that the king could not fart without hearing them ("non poteva fare non pideto senza dare a lo naso de ste brute gliannole," Basile 89); no humor, on the other hand, accompanies Garrone's dissolute, spoiled, and cruel king.

Basile's verbal language is excessive; Garrone's quite sparse, though the film's visual excess could be described, like Basile's language, as baroque. As well, quite unlike the thick Neapolitan making up Basile's volume, Garrone's interpretation was filmed in English with an international cast, and was later dubbed into Italian by actors devoid of any regional inflection. And although it is true that the film was famously shot entirely on location in Italy — the sea dragon rests at the bottom of the Sicilian Gole dell'Alcantara, the king captivated by the flea lives in the Castel del Monte in Puglia, the wrinkly old woman is thrown off a window from the Abruzzese, rock-perched castle of Roccascalegna — still the various sites are chosen and even filmed in ways that render them often quite unrecognizable. There is that "once upon a time, in a land far, far away" quality to Garrone's locales and accent-free speech that we associate with fairy tales but that Basile, instead, regularly interrupted by describing Campanian locations and employing the Neapolitan language, including names that are regionally inflected: the princess in Basile's "Lo polece" bears the Neapolitan-sounding Porziella, which Garrone changes to the aristocratic-sounding Viola. Basile also refers to typical local items and foods, and to the sayings of folklore. The words of wisdom at the opening of each tale, and the proverbs at each closing, are an essential part of Basile's message. In the words of Michele Rak, "I proverbi avevano la funzione di ammortizzatori etico-ideologici: temperavano le irregolari modalità espressive proprie del teatro e le audacie con cui si raccontavano e saggiavano i lati devianti del costume" (62). No such sense of a wisdom to be gleaned from the tales is detectable in Garrone's film, with its atmosphere of gloom and its rejection of happy endings.

The mysterious aura of the tales' locales in Garrone's film contributes to its atmosphere of fear-generating unfamiliarity, resulting in the biggest difference between Basile's and Garrone's tales. Garrone's film is graphic and disturbing, with a violence evoking a palpable sense of magic and the sacred that, in Basile's tales, is far more benevolent and familiar. It is as if, in his adaptation of Basile, Garrone's motto had been René Girard's famous statement, in his 1977 seminal book *Violence and the Sacred*: "Violence is the heart and secret soul of the sacred" (32). Basile's tales are also full of magical elements, of course, teeming as they are with transformations of people, animals, and plants into one another, with devils and deities making frequent appearances, and with spells cast and broken on a regular basis. But whereas, in Basile's book, magical elements are not necessarily tied to violence — they are just as often beneficial, or even, in and of themselves, neutral; ogres, as in Basile's tale titled "Viola," can be harmless and even silly; and killings often lead to resurrections in a different form — in Garrone's film the presence of magic is ominous and portends violence and irrevocable destruction.

At the most general level, in Basile's three tales the good wins in the end, whereas no one ever really wins in Garrone's version of these same narratives. At the conclusion of Basile's "La cerva fatata," the boys are both kings and even the mother of the lowborn one is invited to share in her son's wealth and status, with no more words devoted to the jealous queen mother, who disappears from the picture as soon as her biological son leaves her court. In Garrone's version, however, the monster that threatens the lowborn boy shows none of the appealing features of the enchanted doe into which Basile's ogre had turned. Garrone's hideous monster, as it turns out, with a bird-like head, huge fangs, and long, clawed limbs, is none other than the queen mother herself, who magically and disturbingly reverts to her human shape after her own son, unaware of the monster's identity, slays her in order to save his friend. This violent scene significantly takes place in a narrow tunnel that implicitly compares the prince's liberation from his mother's clutches to the physical process of birth, underlining as well the connection between sacrifice and childbirth: the king had to be sacrificed for the prince to be born (it is the king, in the film, who slays the sea dragon and is slain in the process, not his fishermen), and the queen now must be sacrificed for the prince to remain alive.

It has been indeed noted that "sacrificial systems are corollaries of reproductive power," a relationship that "is apparent in the juxtaposition of childbirth with sacrifice […] in which sacrifice is a social and patrilineal corrective to the natural birth given by women" (Ruane 3). Twice in Garrone's "La cerva fatata" this juxtaposition is dramatized and the necessity of sacrifice is underlined. We see a similar intensification of violence and the absence of a happy ending in Garrone's adaptation of "Lo polece." In Basile's version, the princess is saved, before she even has sex with the ogre, by a family of kind helpers who are rewarded by her royal father, who finally also finds his daughter a suitable husband. In Garrone's version, however, no one is saved: the family of helpers are graphically slain by the ogre, one by one, and the princess loses all innocence when she is both raped by the ogre and forced to decapitate him in order to save herself. She gains the throne, but is forever changed; there is no romantic love awaiting her on the other side of her ordeal. To quote from Girard, we get the sense in this tale that "evil and the violent measures taken to combat evil are essentially the same" (38). Viola is violated and, in this process, becomes a violator herself. In fact, that Viola is enthroned as queen may leave some viewers with the suspicion that it is her own father who married her, to keep her "safe" from other ogres. Is the father still the king, now that Viola is the queen, or has he abdicated in her favor? In "La vecchia scortecata," too, violence is intensified and the ending far from happy. The old woman who was skinned dies in both versions of the tale named after her, but in Garrone's film the beautiful sister as well (who obtains her youth and beauty, in the film, by breastfeeding on the single, aged fairy who finds her in the woods after she is thrown out of the window), in the end, loses her newly found, youthful good looks and, we can be sure, everything else that had come with her transformation. We see her running away from her royal husband in the very last scene of the film, her skin visibly reverting to its original, wrinkled state; she is clearly afraid that her king will once again attempt to kill her as soon as he discovers her true age.

An increased emphasis on sacrificial violence, marked by the visibility of blood and a reinstatement of the status quo, characterizes other changes implemented by Garrone in his film version. As Kearns has noted, "Spilled blood is the paradigm of sacrifice par excellence" (45). This most recent *Tale of Tales* is indeed a gory production teeming with blood-thirsty monsters and blood-curdling scenes. Blood appears on most of the main characters, at some point, whether their own blood or someone else's: the sea dragon's blood first, and then her own, on the queen; the helpers' blood on the ogre, and the ogre's blood on the princess; her own blood on the old woman after she has been skinned. Whereas the sea dragon's heart in Basile's "La cerva fatata" is obtained by fishermen to whom there is no reason to believe any harm has come, Garrone has the king himself, desperate to please his melancholy-because-childless wife, hunt down the fearsome sea creature that kills him in the process, with the queen, monomaniacally looking for the dragon's heart on the shore, not giving her husband's corpse anything more than a quick glance. In Basile it is the king who is eager to have a child; in Garrone, the desire is the queen's alone. The king just wants to please his wife, whose sadness is clearly derived from that of the princess in Basile's frame tale. Even the queen's act of eating the heart is violent, with blood covering her face and dripping all over the white tablecloth, a disgusting as well as gruesome scene. Blood, after all, McCarthy notes, "impresses the imagination. Its loss means weakness and death. It can, therefore, easily be identified with strength. But blood also arouses fear and repulsion. It can be a sign of illness and death" (166). Thus, in the film, the queen's first attempt to kill her son's lowborn friend takes place in a room full of hanging, bloody quarters of beef and pork, and carcasses of chickens and turkeys, themselves victims of violence. By contrast, there is no blood in Basile's "La cerva fatata." No one dies in capturing the dragon's heart; there is no reason to think that the heart, once cooked, should continue to bleed, as it does in the film; and even the violent attack performed by the queen against the lowborn twin does not shed blood. The searing bullet mold ("na pallotera 'nfocata," Basile 83) she throws at his brow is so hot it cauterizes its victim's skin (its mark was immediately and effectively concealed with a hat, so that the beloved friend may be spared knowledge of the queen's murderous hatred).

In Basile's "Lo polece" the reader gets a vague sense that the ogre is good, and the king, the real cause of the young protagonist's ills. This ogre has, in Canepa's words, "a coherence and dignity of his own. [...] the ogre is portrayed as just another suitor. [...] although of hideous appearance and a seemingly dreadful lifestyle, the ogre is actually a considerate and attentive new husband" (*From Court to Forest* 180-81). In Basile's "Lo polece," literal blood is mentioned as the substance with which the king feeds his flea (though this blood never actually exits the king's body, and no one has to see it); otherwise, it is only a metaphorical blood that is evoked: the princess's complexion is milk and blood (meaning a highly desirable combination of red and white), she accuses her father of betraying his own blood by giving her to the ogre in marriage, and blood appears to leave her body when she becomes deathly pale in the ogre's den. There is no mention of blood when the ogre is decapitated; on the contrary, the process is so easy that it is as if the ogre's neck were made of ricotta cheese as Basile remarks: "le tagliaie lo cuollo, comme se fosse de caso ricotta" (51). But Garrone's ogre, unlike Basile's, is frightening and monstrous; he consumes the marriage through rape, and graphically kills the family of helpers when they try to take away his bride. The ogre does spare Viola — he does seem to have developed a fondness for the beautiful princess — but she takes advantage of his trust to climb on his back and slit his throat, and is covered in the ogre's blood when she brings his head, in a sack, to her enthroned father.

In Basile's "La vecchia scortecata," the sister's skin is described, in the course of the flaying, as raining and pissing blood ("chiovellecava e piscioliava tutta sango," 98). Blood is mentioned, clearly, but the verbs used to describe its appearance are so absurdly inappropriate to the circumstances as to actually detract from the horror of the scene, which ends with the simple statement that, along with blood, the woman lost all her strength, and died: "essennole mancato co lo sangue la forza, sparaie da sotta no tiro de partenza" (98). Garrone's film, on the contrary, has the audience view and hear the flaying, albeit from a distance, and then shows the skinned old woman unbelievably survive her own flaying long enough to put her dress back on and stagger to the castle, in a drawn-out scene featuring her once-blue dress and what one can see of her body covered in blood.

Ubiquitous in Garrone's film, blood is a signifier of violence, and especially violence in its close relation to the sacred. In Girard's words that I quoted above, "Violence is the heart and secret soul of the sacred" (31), and, as this author continues, "When violence is unloosed [...] blood appears everywhere [...]. Blood stains everything it touches the color of violence and death" (35). The wandering sage in "La cerva fatata," far more prominent and ominous in Garrone's film than in Basile's tale, explains the sacrificial logic binding birth and death: one life must be taken away, for another life to come into the world. Through his words, viewers understand that the birth of a prince implies someone's death (the gory slaying of the king by the sea dragon, as it turns out), and when the sage returns to the stage later in the tale, the prince's survival entails the sacrificial killing of the queen herself. None of this sacrificial logic is mentioned in Basile's text, where the sage explains the effectiveness of the sea dragon's heart by referring to the comparatively harmless Greek myth about

Juno's impregnation by a flower ("ca si lieie la favola, truove che a Gionone passanno pe li campe Olane sopra no shiore l'abbottaie la panza e figliaie," Basile 82). The ogre in "Lo polece" must be sacrificed for his own rape and killing to be atoned and for the social order, broken by an ogre's marriage to a princess, to be restored (in this same story, the flea was sacrificed first, as well; the king's unnatural, excessive attachment to it had to be redressed). One sister must die by flaying if the other is to ascend to the throne — at least temporarily, in Garrone — for the other sister, too, goes back in the film version to decrepit old age.

"La cerva fatata" stages the complexity of the sacred as well through its inclusion of two boys who, although born of different mothers, are identical in every way for sharing the sea-dragon's heart as the means of their conception. In a memorable scene of Garrone's film, the two sea dragon's sons enjoy being underwater with eyes open, able to communicate with and smile at one another even as they thwart the guards' attempts to catch them and bring them home. Their similarity to one another and difference from everyone else is represented as dangerous in both versions of the tale for, as Girard puts it, "Wherever differences are lacking, violence threatens [...]. It is only natural that twins should awaken fear, for they are harbingers of indiscriminate violence" (59). The film exploits this notion thoroughly by having albino twin actors play the role of the two boys, their bright white skin and hair highlighting their resemblance (and their difference from the queen, in particular, whose hair is raven-black). Their supernatural connection separates them from the rest of the world and makes their relationship a dangerous one — dangerous to themselves above all, for as Girard remarks, "brothers are simultaneously drawn together and driven apart by something they both ardently desire and which they will not or cannot share — a throne, a woman or, in more general terms, a paternal heritage" (66). In the film, the two boys' births were inaugurated by the king's gory and necessary death, and their survival into adulthood depends, likewise, on the equally sacrificial and violent destruction of the queen herself — more ferocious for being brought on by her own son, rather than by a sea monster. The prominence of sacrifice and violence against women in particular, in Garrone's film, is more frequent, brutal, and long-lasting than in Basile's book.

Violent Monsters
Basile's *Cunto de li cunti* marks the birth of the European fairy tale and represents the epitome of baroque prose. Garrone's *Il racconto dei racconti* is usually described as an example of fantasy, verging on, but not entirely belonging to, that classic and ever-so popular genre, the horror movie. With its focus on transformations and on preternatural violence, *Il racconto dei racconti*, although not a horror film *per se*, wrestles with a question that has been described as typical of that genre. As Stephen Prince explains, "What must be done to remain human? This is the great question that horror films pose, and it is

a question that gets asked again and again because it can never be answered [...]. The question of what must be done to remain human is posed in its negative form, by showing the loss of humanity (via lycanthropy, vampirism, decay, disease, violence) because the fear of this loss motivates the genre" (3). Garrone seizes and elaborates on the most violent of Basile's transformative moments as the pivotal ones in his own version of the tales, chosen and represented so as to inspire fear in the viewer — including the fear, as Prince puts it, that we are all in danger of losing our humanity. That in Garrone's "La cerva fatata" the murderous creature to be slain for the two young men's survival is not, as in Basile, a beautiful doe that turns out to be a frightful ogre but, on the contrary, a frightful monster that turns out to be the protagonist's own beautiful mother (convincingly played by Selma Hayek), underlines both the fear of losing one's humanity — as the queen visibly does — and the horror produced by the monster. As Georges Canguilhem states at the very beginning of his seminal essay on monsters, "[t]he existence of monsters throws doubt on life's ability to teach us order [...]. It is sufficient that this confidence be shaken once by a morphological variation, by a single equivocal appearance, for a radical fear to possess us" (27).

The queen in Garrone's version of "La cerva fatata" is one such "morphological variation," bringer of life and of death by turns, beautiful and horrifying, lover and killer at once. She loses her humanity through her maternal passion and, just as she did not give her dead husband a second thought after he killed the sea monster out of love for her, so she is also willing to kill her son's best friend in order to have no rivals in her maternal love. The giant flea in "Lo polece" is another such "morphological variation," eliciting humor in Basile and disgust in Garrone. Gendered as feminine in the Italian of the film ("la pulce"), rather than masculine as in Basile's Neapolitan ("lo polece"), the king's attachment to this repugnant, overgrown bug in the film sentimentally hovers between paternal and sexual. He ignores his daughter's requests for attention in order to be with his flea, uses for the flea the same terms of endearment we had heard him repeatedly use with his daughter, weeps when the flea is ill, and calls a terrified doctor over, entreating him with the words, "Vi prego!" (in Basile's book, the king simply decides to have the flea killed when it reaches a certain size). The old woman in "La vecchia scortecata," transformed from old and ugly into young and beautiful, is another "morphological variation," the unstable nature of which Garrone emphasizes by having her skin revert to wrinkles at the end — something that does not happen in Basile's happy-ending version. The sisters too, although disgustingly old both in Basile and in Garrone, are described in Basile with a list of similes so long and odd that it reads as humorous:

[...] avevano le zervole scigliate e 'ngrifate, la fronte 'ncrespata e vrognolosa, le ciglia storcigliate e restolose, le parpetole chiantute ed a pennericolo, l'uocchie guize e scarcagnate, la faccie gialloteca ed arrappata, la vocca squacquarata e storcellata e 'nsomma la varvea d'annecchia, lo pietto peluso, le spalle co la contrapanzetta, le braccia arronchiate, le gamme sciancate e scioffate e li piede a crocco.

(87-88)

Conclusion

In her recent essay on fairy-tale films in Italy, which ends with an expression of curiosity about Garrone's *Il racconto dei racconti* — a film that was still in the making at the time the article was written — fairy-tale scholar Cristina Bacchilega notes that "the gender politics of fairy-tale films in Italy has largely been conservative if not regressive" (105). What would Bacchilega make of Garrone's film, I wonder? On the one hand, it is true that the women in Garrone's film cannot be accused of being passive, or even of acting in conservative ways. They are bold and, even when terrified, able to muster enough calm not to let their fear stop them from performing dangerous feats. Indeed, an important difference between the representation of women in the three tales shared by Basile and Garrone is a definite increase in female agency in the film when compared to the book. In Garrone's adaptation of "La cerva fatata," it is not the king but the queen who wants and succeeds in getting a child and it is she, and not an ogre whose violence is unrelated to her own murderous hatred, who attempts to kill her rival for her son's affections. In Garrone's version of "Lo polece," it is the young woman who outwits and slays the ogre after her would-be saviors die in the attempt, and it is she who ascends the throne at the end, rather than being married off to become someone's wife. Finally, the two old women in Garrone's "La vecchia scortecata" attract the king's attention not by mindless complaints, as they do in Basile, but by their active and melodious singing; even the flayed sister gathers enough strength to walk to the castle, instead of dying on the spot and disappearing from the tale as she does in Basile.

In spite of this increased agency, however, or perhaps because of it, the conservative bent described by Bacchilega remains strong, it seems, in Garrone's adaptation of the seventeenth-century tales. In the end, the women in Basile's versions are rewarded, however conservatively: the princess in Basile's "Lo polece" marries a prince as she always wanted to, while the old woman in Basile's "La vecchia scortecata" becomes a young queen and stays beautiful. At the very least, they are left unpunished: the queen mother in Basile's "La cerva fatata" simply disappears from the story. Garrone's three female protagonists, on the contrary, receive no such lasting reward: in the film, the queen mother is killed by her own son; the princess, forced to marry an ogre, turns into a killer herself and never gets the romantic partner she was hoping for; and the sister of the skinned old woman, after briefly enjoying the benefits of youth and beauty, reverts back to her decrepit appearance and must run for her life. The sacrificial logic that had worked well in Basile's comic tales fails instead in Garrone's scary adaptation, whose negative worldview eliminates whatever comedic elements were present in Basile. In Basile's book, monsters are humanized and destroyed, whereas in its film adaptation it is the humanity of human beings themselves that is irrevocably lost. In Garrone's *Tale of Tales*, we are frightened by a queen who turns into a murderous monster (reminiscent of the sea monster whose blood she had consumed) through jealousy-driven hatred, and only reverts to her human shape after she is killed by her son. Also in this adaptation, we are shocked to see a king whose passion for a flea and attachment to his word trump his care for his daughter, a daughter who is in turn transformed by, and whose innocence is sacrificed through, her violent experiences with the ogre: she, too, becomes a deceptive, bloody killer. Finally, as the audience, we marvel at a king so self-absorbed as to throw an elderly woman out his window, at another woman so envious of youthfulness that she self-destructively forgets all commonsense, at a barber so distracted by financial offers that he skins an old woman alive.

University of Vermont

Works Cited

Bacchilega, Cristina. "Fairy-Tale Films in Italy." *Fairy-Tale Films Beyond Disney: International Perspectives*. Ed. Jack Zipes, Pauline Greenhill, and Kendra Magnus-Johnston. London: Routledge, 2016. 94-108.

Basile, Giambattista. *Lo cunto de li cunti*. Ed. Michele Rak. Torino: Einaudi, 1995.

———. *The Tale of Tales, or Entertainment for Little Ones*. Trans. Nancy Canepa. Detroit: Wayne State UP, 2007.

Canepa, Nancy L. *From Court to Forest: Giambattista Basile's* Lo cunto de li cunti *and the Birth of the Literary Fairy Tale*. Detroit: Wayne State UP, 1999.

———. "From the Baroque to the Postmodern: Notes on a Translation from Giambattista Basile's *The Tale of Tales*." *Marvels & Tales: Journal of Fairy-Tale Studies* 16.2 (2002): 263-82.

Canguilhem, Georges. "Monstrosity and the Monstrous." Trans. Therese Jaeger. *Diogenes* 10 (1962): 27-42.

Durkheim, Émile. *Selected Writings*. Ed. Anthony Giddens. Cambridge: Cambridge UP, 1972.

Eliade, Mircea. *The Sacred and the Profane: The Nature of Religion*. Trans. Willard Trask. New York: Harcourt Brace, 1959.

Garrone, Matteo, director. *Il racconto dei racconti*. Archimede, 2015. Film.

Goldstein, Jeffrey. *Why We Watch: The Attractions of Violent Entertainment*. Oxford: Oxford UP, 1998.

Grimm, Jacob and Wilhelm. *The Annotated Brothers Grimm*. Ed. Maria Tatar. New York: Norton, 2004.

Harries, Elizabeth Wanning. "The Violence of the Lambs." *Marvels & Tales* 19.1 (2005): 54-66.

Kearns, Cleo McNelly. *The Virgin Mary, Monotheism and Sacrifice*. Cambridge: Cambridge UP, 2008.
Maggi, Armando. *Preserving the Spell: Basile's* Tale of Tales *and Its Afterlife in the Fairy-Tale Tradition*. Chicago: U of Chicago P, 2015.
Magnanini, Suzanne. *Fairy-Tale Science: Monstrous Generation in the Tales of Straparola and Basile*. Toronto: U of Toronto P, 2008.
McCarthy, Dennis. "The Symbolism of Blood and Sacrifice." *Journal of Biblical Literature* 88.2 (1969): 166-76.
Picone, Michelangelo. "La cornice novellistica dal *Decameron* al *Pentamerone*." *Modern Philology* 101.2 (2003): 297-315.
Prince, Stephen, ed. *The Horror Film*. New Brunswick: Rutgers UP, 2004.
―――. "Introduction: The Dark Genre and Its Paradoxes." Prince 1-14.
Rak, Michele. *Da Cenerentola a Cappuccetto Rosso: breve storia illustrata della fiaba barocca*. Milano: Mondadori, 2007.
Ruane, Nicole J. *Sacrifice and Gender in Biblical Law*. Cambridge: Cambridge UP, 2013.
Stone, Kay. "*Märchen* to Fairy Tale: An Unmagical Fairy Transformation." *Western Folklore* 40.3 (1981): 232-44.
Tatar, Maria. *The Hard Facts of the Grimms' Fairy Tales*. Princeton: Princeton UP, 2003.

Roberto Risso

"Vogliam noi rubare il mestiere al boia?"
Storia e violenza nel romanzo storico del primo Ottocento

> "Dobbiamo farci una ragione del male del mondo, dobbiamo conciliare lo spirito pensante con la malvagità stessa."
> (Hegel, *Lezioni sulla filosofia della storia* 15)

> "Sì, quel Sangue sovr'essi discenda;
> Ma sia pioggia di mite lavacro: /
> Tutti errammo; di tutti quel sacro –
> santo Sangue cancelli l'error."
> (Manzoni, *La Passione* vv. 85-88)

Sinossi: Il saggio analizza la presenza e la funzione della violenza nella ventisettana dei *Promessi sposi* e delinea un percorso linguistico e contenutistico del tema all'interno del romanzo. Il ruolo fondamentale della violenza storica e metastorica muove dalle pagine manzoniane e ispira, con la diffusione del romanzo storico come strumento per la consapevolezza risorgimentale, una serie di romanzi storici italiani degli anni trenta del Diciannovesimo secolo, autentici *best-sellers* dell'epoca ora quasi dimenticati. Opere di autori come d'Azeglio, Cantù, Tommaseo, Guerrazzi e Grossi creano, aderendo o distanziandosi dal modello manzoniano, un universo patriottico e pittoresco medievale e cinquecentesco in cui la violenza esteticamente e rappresentativamente predominante, ha un ruolo unico: la guerra e gli scontri del passato raffigurano e prefigurano il presente di moti e guerre d'indipendenza.
Parole chiave: Violenza, romanzo storico, Risorgimento, Manzoni, Ottocento, Walter Scott, narrativa.

Introduzione

Non è un caso che l'immagine che apre la ventisettana, ovvero l'*Introduzione* contenuta nel primo tomo, datato 1825, dell'opera *I Promessi sposi. Storia milanese del secolo XVII scoperta e rifatta da Alessandro Manzoni*,[1] sia una metafora guerresca, dove la guerra, "una guerra illustre contro il Tempo", sia niente altro che la storia stessa, anzi, nella romanzesca mimesi secentesca, "L'Historia". La quale Historia, con H maiuscola, "passa in rassegna" gli anni, "già fatti cadaveri" e "li schiera di nuovo in battaglia" (*Promessi sposi* 5). L'introduzione, definita da Getto "simbolo del mondo storico fatto oggetto della

---

[1] Dal momento che questo saggio si concentra principalmente sul terzo decennio dell'Ottocento e su romanzi scritti in relazione alla produzione di Manzoni si è deciso di utilizzare come edizione di riferimento dei *Promessi sposi* quella del 1827, che, unita al *Fermo e Lucia*, costituì la lettura comune degli autori presi in esame.

rappresentazione del romanzo" (11) è l'*incipit* del romanzo, ma nella finzione diegetica del ritrovamento del manoscritto, è la prova della storicità dell'opera, la garanzia che ciò che in esso è contenuto sia veramente accaduto a uomini e donne realmente esistiti con tutte le loro passioni, paure, sentimenti e traversie. Strettamente connessa all'idea dell'ineluttabilità della violenza nella storia e al tempo stesso grido disperato che ne denuncia l'immanenza è l'esclamazione scandalizzata di Renzo in occasione dei tumulti milanesi: "Vogliamo noi rubare il mestiere al boia?" (*Promessi sposi* 256);[2] ovvero vogliamo noi, popolo, gente comune, trasformarci in mandanti ed esecutori delle atrocità, dei crimini che gli uomini perpetrano ai danni di altri uomini? Denuncia inascoltata. La violenza nella storia con i civili come autori è l'esclamazione, domanda non più retorica, scaturita da un mondo alla rovescia in cui sono gli esseri umani ad appropriarsi della prerogativa fondamentale del potere costituito: la punizione intesa come spettacolare reazione e repressione del crimine. La figura del boia cui viene "rubato" il mestiere diviene pertanto il segno visibile e nominabile dell'incidenza e della prevalenza della violenza privata e di massa nella storia.

Nel *Fermo e Lucia* la parola chiave del periodo iniziale del romanzo è "morte", poi sostituita da "tempo" mentre l'"arringo" del *Fermo* è sostituito da "battaglia" in un alternarsi di termini bellici che danno immediatamente la misura e le coordinate di un'atmosfera che Macchia riassunse in modo esemplare: "Nessun romanzo contemporaneo, in Europa, respira un'atmosfera altrettanto tesa di paura, ove non sono soltanto molti dei suoi personaggi ad agire nel male, ma le forze della natura, le malattie, le scorrerie, gli eserciti, i contagi" (*Tra don Giovanni e don Rodrigo* 23). La terminologia militaresca, posta a ridosso delle soglie del testo, introduce una vicenda che trova nella violenza un motore costante, un *continuum* che contraddistingue e caratterizza ogni personaggio, che ne motiva le azioni (don Rodrigo, il Griso), che ne sancisce il *modus operandi* (l'Innominato), e alla luce della quale, e solo attraverso di essa, rende possibile comprendere lo spessore dei personaggi (fra Cristoforo) mentre nell'invincibile terrore di essa, della violenza degli uomini e delle Nazioni, si motivano le scelte di vita e di azione di personaggi che, come il pavido e meschino ma umanissimo don Abbondio, hanno un ruolo fondamentale in tutta la vicenda che, come ben vide Italo Calvino, era basata nella sua essenza romanzesca su ben precisi e ferrei rapporti di forza. Manzoni, che come scrisse Macchia "fu portato [...] ad affrontare da solo il buio della storia, nella coscienza del male" (*Manzoni e la via del romanzo* 28) ambienta il suo romanzo al culmine del secolo di ferro, un periodo in cui non esisteva un solo aspetto della vita pubblica e privata degli Stati Italiani[3] che non fosse sottoposto

---

[2] La citazione si trova nella quarantana mentre nella ventisettana è lievemente diversa: "Vogliam noi tor l'arte al boia?" (*Promessi sposi* 271).
[3] Di particolare rilievo per questo studio sono: Chabod (1974), Galli Della Loggia (1998) e soprattutto Ginzburg (2000).

all'arbitrio degli armati, stranieri e non, e in cui le guerre, seppur lontane come quella dei Trent'anni, ebbero effetti devastanti quali i passaggi di truppe, la calata dei Lanzichenecchi e la diffusione di atroci epidemie, come la celebre peste del 1628. Significativamente, come scrisse Kamen, "Tutti gli altri flagelli potevano nascere dalla guerra" (*Il secolo di ferro* 47).

L'esempio e il magistero di Manzoni furono attivi a più livelli, consapevoli e inconsapevoli, presso numerosi autori di romanzi storici del secondo e terzo decennio del suo secolo, che a vario livello e con mezzi diversi utilizzarono schemi, stilemi e dinamiche manzoniani per produrre decine di romanzi storici oggi per lo più dimenticati ma che furono dei *best sellers* durante il Risorgimento e che fecero della violenza un mezzo di comunicazione e uno strumento di educazione e consapevolezza per generazioni di lettori. Lo sforzo immenso era teso, gli storici sono concordi, nell'educare e rendere consapevoli gli Italiani e per dirla con Banti, "disegnare un quadro coerente di cosa sia la nazione italiana e di perché occorra battersi per essa" (*Il Risorgimento italiano* 55). L'obiettivo dei romanzieri e dei poeti era sì il topico *docere delectando* ma l'impulso fondamentale era verso il *movere* poiché la funzione educativa e conoscitiva del romanzo, che d'Azeglio aveva sintetizzato mirabilmente con l'espressione "mettere un po' di fuoco negli Italiani" s'innesta su un processo di sostanziale modifica del romanzo come entità già in corso dai primi anni del Diciannovesimo secolo, che Mazzoni così sintetizza nel suo studio sulla teoria del romanzo: "All'inizio dell'Ottocento i romanzi si dotano di un nuovo etere concettuale e collocano le proprie storie su uno sfondo fatto di nozioni storico-dinamiche" (*Teoria del romanzo* 238). Nel periodo che unì i Moti risorgimentali degli anni venti alla rivoluzione europea del 1848, passando per il luglio francese del '31, si colloca, come s'è detto, il periodo di massimo fulgore e successo del romanzo storico classico, con le opere di Walter Scott, di Balzac e di Hugo, triade di autori molto apprezzati negli Stati Italiani e particolarmente nel Piemonte e Lombardo-veneto, letti in traduzioni spesso rimaneggiate e abbreviate il primo, in lingua originale gli altri due. Queste opere ispirarono una pletora di autori nostrani a lanciarsi in una produzione magmatica, discontinua e ineguale in cui spiccano, differenziandosi per qualità artistica e per valore narrativo, un insieme di romanzi cronologicamente molto prossimi, opere la cui contiguità ideale e spesso geografica ne fa un gruppo piuttosto coeso che dialogando con il comune modello manzoniano non rinunciano ad un'interazione reciproca di non peregrino interesse.[4]

Queste narrazioni, tutte strettamente connesse all'idea di formazione della

---

[4] Si tratta di romanzi storici che hanno costituito una lettura comune a generazioni di Italiani prima, durante e dopo l'Unificazione: Massimo d'Azeglio, *Ettore Fieramosca ossia La disfida di Barletta*, (1833 e 1850), Tommaso Grossi, *Marco Visconti* (1834); Gian Domenico Guerrazzi, *L'assedio di Firenze* (1836); Niccolò Tommaseo, *Il duca d'Atene* (1838 e 1858); Cesare Cantù, *Margherita Pusterla. Racconto* (1838).

nazione come Stato e come Unificazione, tendono alla rappresentazione del passato in chiave allegorica e della comunità come entità in divenire assimilabile all'idea di storia hegelianamente intesa come "una comunità la quale vada consolidandosi, innalzandosi fino a divenire uno Stato" e come tale "richiede comandi, leggi, disposizioni generali e valide per tutti; in tal modo essa dà origine a un interesse per il racconto di azioni e avvenimenti sensati, determinati al loro interno e duraturi nei loro risultati" (*Il Risorgimento italiano* 54-55). Duplice è quindi la tensione che unisce ideologicamente la nazione in formazione al romanzo: gli autori percorrono la storia della comunità alla ricerca di punti di riferimento comuni e fondanti e la nazione in formazione richiede le storie come cemento e come cartina di tornasole di un'identità comune faticosamente ricercata e costruita.

1. *"Ma la strada è una sola per tutti: dal noto all'ignoto"*: Manzoni e l'*"arringo" del mondo*
L'onnipresenza della violenza in atto come in potenza che contraddistingue il *Fermo e Lucia*, è introdotta, nelle prime pagine della ventisettana da una considerazione amaramente scherzosa a proposito delle guarnigioni spagnole che onorano la terra lombarda della loro presenza, e i cui soldati "insegnavano la modestia alle fanciulle e alle donne del paese, accarezzavano di tempo in tempo le spalle a qualche marito, a qualche padre, e sul finire della state, non mancavano mai di spandersi nelle vigne, per diradare le uve, e alleggerire ai contadini le fatiche della vendemmia" (*Promessi sposi* 12). In questo breve catalogo l'autore raccoglie, con il dolente sorriso dello storico e l'amarezza del patriota che descrive un'epoca passata per parlare ai contemporanei del presente tutt'altro che migliore, un campionario significativo di tutti i tipi e della fenomenologia della violenza nel romanzo: corruzione morale e materiale di uomini e donne, violenza privata dell'uomo sull'uomo secondo il ben noto e classico *homo homini lupus*, razzie, furti, ratti, indebite appropriazioni, intimidazioni, prevaricazioni e assassinii, stupri, mutilazioni, torture e ogni sorta d'ingiustizia, essendo l'autore del romanzo colui che in *Adelchi* fece dire ad un personaggio: "Non resta che fare il torto, o patirlo". Così tutti i personaggi, descritti in costante movimento sulla gran scena barocca del mondo inteso come palco di tragedie e tragicommedie, non fanno che fare e patire torti, a tutti, da tutte le parti, in uno sconvolgente tutti contro tutti in cui nessuno si salva, né il carnefice né la vittima, né il santo e tantomeno il sottomesso e dove anche il buon giovane, lavoratore e alieno alla politica e alla taverna, Renzo Tramaglino, gira armato, sogna di uccidere un prepotente, viola il domicilio di un prete, fugge, partecipa all'insurrezione milanese e per salvarsi non gli viene evitato il travestimento da monatto. Le vittime si fanno a loro volta carnefici non appena l'opportunità si presenta, come nel caso di Gertrude, personaggio di una complessità e di un fascino eccezionali, vittima sì di un padre e di una famiglia crudeli nella loro convenzionalità e freddezza spietata, ma che a sua volta non

esita, raggiunta una posizione di potere e di autorità, a tormentare chi le è sottomesso fino a spingersi alla complicità in omicidio e, si direbbe oggi, all'occultamento di cadavere. Il personaggio, nella sua grandezza tragica degna degli eroi teatrali quali Adelchi e Carmagnola, si trova immerso nel microcosmo dolente e battagliero del romanzo storico, quando l'azione dell'autore si è già spostata sugli umili, sulle folle senza nome che, a differenza dei grandi, non lasciano tracce nelle storie e nelle cronache. La monaca di Monza appare nella narrazione in funzione di Lucia, e non viceversa.

Il romanzo, tappa fondamentale del percorso manzoniano verso la storia come scienza e come disciplina di vita, non può che essere romanzo storico, continuando il percorso di ricerca del vero oggettivo negli avvenimenti, idea chiara all'autore già dall'inizio degli anni venti, e così formulata in una lettera al Furiel: "Je vous dirai que... [*je*] les conçois comme une représentation d'un état donné de la société par le moyen des faits et [...] de caractères si semblables à la réalité, qu'on puisse les croire une histoire véritable qu'on viendrait de découvrir" (*Tutte le lettere* 244-45). Il romanzo riproduce il vero della storia, che in questo momento pare ancora possibile all'autore, ovvero prima che, nel tentativo di dare "qualcosa di più ricco, di più compito" di una "mera storia" (*Del romanzo storico* 295) l'invenzione diventi dannosa per la conoscenza della Storia stessa, attraverso lo strumento, proteiforme come nessun altro, del romanzo, ri-scritto proprio a partire dalla cronaca di un testimone degli eventi, "histoire véritable" appunto, "qu'on viendrait de découvrir". In quest'ottica è opportuno interpretare l'apertura manzoniana ai protagonisti sconosciuti della storia, gli umili, "la gente meccanica", le cui disavventure incarnano però la vicenda dell'umanità nel corso del fluire del tempo, quindi per questo aspetto non si è lontani dalla concezione di uno storico che era assai letto e discusso in casa Manzoni e nella Lombardia di quegli anni, lo svizzero di lingua francese Sismondi che, all'inizio della sua opera sulla libertà italiana, sosteneva:

L'histoire n'a vraiment d'importance qu'autant qu'elle contient une leçon morale; ce ne sont pas des scènes de carnage qu'on doit y chercher, mais des enseignemens (*sic.*) sur le gouvernement de l'espèce humaine : la connaissance des événemens (*sic.*) des temps passés n'est bonne qu'autant qu'elle nous apprend à éviter les erreurs des peuples, à imiter leurs vertus, à grandir par leur expérience.

(*Histoire* 2)

La direzione in cui vanno gli epigoni di Manzoni è esattamente opposta alla lezione sismondiana e, dagli anni trenta in poi, anche manzoniana: essi sì cercano, come si vedrà, una lezione morale ed etica nella storia, ma i mezzi rappresentativi saranno proprio il *carnage* ovvero la violenza, l'orrido, il terribile, inteso però in funzione catartica di scossa violenta per il lettore. Proprio ciò che Manzoni si avvia a rifiutare, il romanzesco, diviene il cardine delle narrazioni storiche del decennio fondamentale del romanzo storico italiano, così come la violenza, smorzata e sempre più suggerita nella ventisettana e quarantana, diviene il centro focale della diegesi romanzesca degli autori considerati. Violenza non insistita in Manzoni, non compiaciuta, ma ben presente, come si diceva, poiché il libro fondamentale dell'Ottocento italiano, aveva pur sempre, a definitiva riprova dell'assoluta impossibilità di un lieto fine e di un idillio che segua le peripezie e le sofferenze dei protagonisti, un finale amaro, in cui il protagonista, Renzo, ormai avviato nella professione e padre di famiglia, deve emigrare per evitare che i dissapori con i compaesani degenerino e che la violenza, sempre latente, non si attui ancora e sempre nella sua e nell'altrui esistenza, vista come l'inevitabile *bellum omnium contra omnes*.

La violenza, ovvero il radicalizzarsi dei rapporti di forza all'interno dei rapporti che legano i personaggi sono capillari nel romanzo; non solo gli episodi più famosi e plateali ma ogni rapporto sembra essere viziato dalla presenza, reale, potenziale o implicita della violenza, intesa, per usare le categorie filosofiche proposte da Strummiello, come fondamento stesso del *logos*. La maestria di Manzoni consiste, fra l'altro, nello scendere nella psiche umana per rendere le interazioni verosimili al punto da parere reali, immediate, contemporanee. La violenza che contraddistingue il suo romanzo non è tanto quella dei Lanzichenecchi o di Lodovico o degli assalitori del Forno delle Grucce, anche se certo non sono momenti trascurabili, quanto quella dei personaggi gli uni sugli altri, immersi nella quotidianità non storica delle loro esistenze sconosciute. L'aspetto e l'atteggiamento dei due bravi che attendono don Abbondio al bivio non è altro che promessa di violenza, e il lettore, per quanto ingenuo, lo percepisce immediatamente senza bisogno dell'analisi delle gride che pur offre, in quanto "squarci autentici" (*Promessi sposi* 15) al lettore meno ingenuo, un contesto storico di riferimento del secolo di ferro.[5] La dinamica della violenza come cardine unico dei rapporti di forza che regolano le relazioni all'interno della società descritta nel romanzo la dà lo stesso autore in questi termini cristallini, sempre a proposito dei bravi: "e all'apparire delle gride dirette a comprimere i violenti, questi cercavano nella loro forza reale i nuovi mezzi più opportuni per continuare a far ciò che le gride venivano a proibire" (*Promessi sposi* 23). Lo stesso *latinorum* di don Abbondio prima e dell'Azzeccagarbugli poi (e perfino di fra Cristoforo con fra Fazio, nell'ottavo capitolo) è uno strumento di sopraffazione, non dissimile dall'irruenza di Renzo che "andò verso di lui con un tratto baldanzoso e gli occhi stralunati" (*Promessi*

---

[5] Manzoni fu del resto maestro dell'allusione, del non detto, del suggerimento e della reticenza. Raimondi colse con finezza questo aspetto e, ne *La dissimulazione romanzesca*, scrisse: "A differenza di quanto accade nel *Fermo e Lucia*, dove le digressioni e le postille intercalate mirano a dire tutto, dall'etica della storia all'artificio del romanzo, non lasciando vuoto nessuno spazio all'interno di una narrazione già tesa e gremita, il lettore dei *Promessi sposi* deve fare i conti con una voce narrativa che allude, commenta a metà, abbozza un laconismo digressivo, introduce una congettura o una massima attraverso un'ironia in cui spesso si annida un'altra e più sottile ironia. L'affabilità può nascondere allora la provocazione" (107).

sposi 41), prefigurazione di quella che sarà la notte degli inganni che a sua volta dà luogo ad una delle più amare riflessioni del narratore, riflessione che verte, non a caso, proprio sulla violenza e sulla prevaricazione:

In mezzo a questo serra serra, non possiamo lasciare di arrestarci un momento a fare una riflessione. Renzo il quale strepitava di notte in casa altrui, che vi s'era tramesso di soppiatto, e teneva il padrone stesso assediato in una stanza, ha tutta l'apparenza d'un oppressore; eppure alla fine del fatto, egli era l'oppresso. Don Abbondio, sorpreso, messo in fuga, spaventato, mentre attendeva tranquillamente ai fatti suoi, parrebbe la vittima; eppure in realtà era egli che faceva torto. Così va sovente il mondo... voglio dire, così andava nel secolo decimo settimo

(*Promessi sposi* 154)

Altrettanto notevole è un episodio solo in parte legato ad un evento storico, peraltro assai marginale, come la calata dei Lanzichenecchi nelle valli lombarde, ovvero il rientro di don Abbondio e di Perpetua nella canonica saccheggiata e violata sì dalla soldataglia, ma non solo. Il passaggio è sintomatico della lotta di tutti contro tutti poiché Perpetua, linguacciuta e scaltra, "a forza d'inchiedere, adocchiare e di fiutare, venne a saper di certo che alcune masserizie del suo padrone, credute preda o strazio de' soldati, erano in quella vece sane e salve presso gente del paese" (*Promessi sposi* 619) consapevolezza che porta la donna ad insistere, anzi "infestava il padrone che si facesse sentire, e rivolesse il suo". Qui lo scontro si radicalizza poiché il prete, che aveva fatto dello scansar tutti gli attriti la sua regola di vita, reagisce stizzosamente usando, senza ironia, un'immagine cristologica: "Ho mo da esser posto anche in croce, perché m'è stata spogliata la casa?" (*Promessi sposi* 620) La violenza contro la casa e la proprietà perpetrati tanto dai nemici che dai compagni di sventura, termini questi ultimi che tornano non a caso riferiti ai capponi che Renzo porta all'Azzeccagarbugli in un piccolo capolavoro di amara ironia, segna quello che Raimondi, ne *Il romanzo senza idillio*, scrivendo a proposito della scena della canonica devastata, aveva identificato i tristi resti del saccheggio e della profanazione come i segni di "un ordine che retrocede verso il caos" (254), caos che è il risultato della violenza e degli sconvolgimenti che gli uomini infliggono ai propri simili con implacabile continuità. Non solo la violenza verbale e psicologica del prete e della serva, che pur avevano litigato sottovoce anche durante l'esilio presso il palazzo dell'Innominato, ma la violenza sulla roba operata, grazie alla tragedia della storia, dalla gente del paese che si appropria di suppellettili altrui portando e adattando alla sfera popolare e quotidiana il tema della rovina e della spoliazione. Né sono da meno "quelle smorfie e quei segni del capo" (*Promessi sposi* 121) che don Abbondio fa a Tonio ogni volta che lo incontra al punto che quest'ultimo, durante la predica, teme che il prete possa "dir[*gli*] in pubblico: quelle venticinque lire!" o l'incaponirsi molesto di Gertrude prima e di donna Prassede poi con Lucia a proposito di Renzo lontano, o ancora tutte le turpi prevaricazioni dei bravi sui popolani e dei monatti su tutti durante la pestilenza. E in fondo fra Cristoforo, che di violenza era esperto, non adduce presso Lucia l'evitare di fare una violenza a Renzo per convincerla a ritornare sul voto di castità ed accettarne lo scioglimento? Un elenco di questi torti e prevaricazioni potrebbe, limitandoci ai soli *Promessi sposi*, dar luogo ad una lunga lista che qui non pare opportuno sviluppare avendo cercato di chiarire il concetto di violenza privata come motore della realtà che la grande storia non ricordava o suggeriva solo in parte e che Manzoni ebbe il merito non peregrino di porre in rilievo. La verità è che tutto il romanzo è profondamente intessuto di violenza a tutti i livelli, da quella verbale a quella psicologica fino ai sommi esempi di violenza collettiva e storica. Bonora aveva già, in anni ormai lontani, indicato una delle caratteristiche fondamentali del romanzo proprio nella discesa di grandi temi universali nella sfera popolare: "Il romanzo contiene la storia della grandezza e della miseria dell'uomo, ma ridotta alla misura delle vicende di due semplici popolani, contenuta in un periodo breve di tempo e dentro uno spazio dai confini ben precisi" (*Manzoni* 91-92).

La violenza rappresentata nel capolavoro di Manzoni, sia attiva che reattiva, dei molti organizzati come del singolo, legata alle strutture sociali come a quelle familiari, archetipica ed episodica, attraversa l'intera società descritta e passa, radicalizzandosi, nel romanzo storico del terzo decennio del secolo in un nucleo di autori a vario titolo legati a Manzoni. Autori accomunati sì da ideali di amor di patria e d'innovazione letteraria, elementi assai più legati di quanto non si pensasse, ma soprattutto dalla consapevolezza di vivere e operare in anni cruciali tanto per il Paese quanto per le Lettere. Come scrisse lo storico Villari: "Il 1830 segnò infatti la linea di spartiacque fra due epoche: uno spartiacque storico ma anche geografico. L'Europa liberale cominciò a riconoscersi e a identificarsi come Occidente e come matrice di libertà e di rivoluzione" (*Bella e perduta* 88). Furono decadi di rivoluzioni fino al culmine del '48, e per l'Italia, del '61 e '66, ma soprattutto si trattò di un decennio fondamentale per il romanzo italiano, non solo storico. Muovendo pertanto dalla rappresentazione della violenza nella storia e nell'umanità nel capolavoro manzoniano può essere di particolare interesse indagare come i medesimi temi, declinati in altri modi, con altri mezzi e con finalità solo parzialmente assimilabili funzionino e informino una serie di romanzi storici del Risorgimento composti nel terzo decennio del secolo.

2. Violenza nella storia e storie violente. Percorsi di un decennio
Manzoni fu sino in fondo, e sono parole di Giulio Bollati, una "presenza culturale egemone, compatta e ininterrotta, fino all'unità italiana e influente ben oltre. Egemone nel senso della creatività, dell'intensità e della presa effettiva, come dell'ampiezza a trecentosessanta gradi del raggio d'azione: poesia, teatro, romanzo, ma anche scienza della morale, filosofia, teologia, storia, politica, teoria letteraria, linguistica, diritto" (*L'Italiano* 83). Il suo romanzo, le cui stesure e le cui edizioni coprono il periodo di massimo splendore e di maggior

diffusione del romanzo storico in Italia, fu il punto di riferimento fondamentale per una serie di autori che produssero un *corpus* di romanzi coeso e importante fra il 1827 e il 1838, in cui la rappresentazione della violenza gioca un ruolo di assoluta preminenza nella rappresentazione dei rapporti di forza del presente narrati attraverso l'allegoria di vicende più o meno note del passato, dalla celebre disfida di Barletta al cinquecentesco assedio di Firenze e alla cacciata del medievale duca d'Atene.[6] Sono tutti episodi sintomatici di un nuovo e forte sentire – all'esempio manzoniano si devono aggiungere le atmosfere foscoliane e byroniane, la fortuna delle traduzioni dei romanzi di Walter Scott e di non poche opere che venivano d'oltralpe – che trova nella narrazione storica, e attraverso di essa la ragione di rappresentare la violenza come motore universale delle azioni umane, il veicolo privilegiato per un progetto di educazione e rappresentazione che si può riassumere, semplificando, con la celebre frase attribuita a Massimo d'Azeglio, ovvero quel *fare gl'Italiani* che occupò parte non peregrina del pensiero ottocentesco italiano. Questo progetto, abbracciato *in toto* da Mazzini e dagli altri padri della Nazione, costituisce quello che gli storici del Risorgimento descrivono come la concezione dell'istruzione "quale parte di un più vasto programma di emancipazione individuale e nazionale" (Villari 80). Preponderante fu in quest'ambito il contributo del genere duttile e popolare per eccellenza, il romanzo, e particolarmente dei romanzi che vennero prodotti nella cruciale linea lombardo-piemontese-toscana non solo da autori che, come d'Azeglio, Grossi, e in parte Cantù, avevano rapporti di affetto e quotidiana collaborazione, quando non di parentela e convivenza con Manzoni, ma anche da autori che, come Tommaseo, erano più defilati e meno propensi ad un'imitazione aprioristica e palese, fino a Guerrazzi che, prima di allontanarsi dal romanzo storico come genere e come progetto, produsse narrazioni fluviali in cui le efferatezze erano il punto focale dell'opera, contrariamente a quanto avveniva per Manzoni. La funzione educativa e conoscitiva del romanzo, che d'Azeglio aveva sintetizzato mirabilmente con l'espressione "mettere un po' di fuoco negli Italiani", s'innesta su un processo in atto di sostanziale modifica del romanzo come entità già in corso dai primissimi anni del Diciannovesimo secolo, che Mazzoni così sintetizza nel suo studio sulla teoria del romanzo: "All'inizio dell'Ottocento i romanzi si dotano di un nuovo etere concettuale e collocano le proprie storie su uno sfondo fatto di nozioni storico-dinamiche" (*Teoria del romanzo* 238). Duplice e binario è l'intento che questi romanzi si proponevano, *delectando docere*, poiché erano pur sempre opere di consumo, narrazioni scritte con l'intento di fruttar danari ad autori e stampatori pur in un mercato librario arduo e funestato dall'assenza dei diritti d'autore e

---

[6] Nella vasta e sempre crescente bibliografia critica sul romanzo storico italiano ed europeo ho fatto particolare riferimento a: Baldi (1967), Portinari (1976), Lattarulo (1978), Petrocchi *et Alii* (1988), Ganeri (1999), Cadioli (2011), Bruni (2011) e Gigante-Vanden (2011).

specularmente dalla presenza infestante di copie clandestine e di stampatori pirata senza scrupoli; una lettura anche veloce dell'epistolario manzoniano ne può offrire una testimonianza di primissimo piano. Viste le ristampe e il successo che in certi casi, come per il *Fieramosca* ma non solo, attraversò l'Ottocento e continuò per tutto il secolo successivo, si può affermare che i romanzi storici italiani del periodo attraversarono il loro secolo e lo superarono, esondando prima nel melodramma e nel teatro e quindi nel cinema di cappa e spada.

Fu sul secondo punto del classico binomio che si è da sempre appuntato l'interesse di storici e critici letterari: ovvero sulla funzione del *docere*, dell'insegnare, dell'educare. Non è certo un caso che Tommaseo fosse un indefesso cultore di didattica, Cantù un infaticabile divulgatore di storia e buone maniere e Guerrazzi un attentissimo osservatore dei costumi del passato e del presente. I romanzi storici del periodo, ambientati fra un Medioevo comunale, visconteo e sforzesco e un Cinquecento di assedi, espugnazioni e duelli erano dei collettori di virtù civili e patriottiche, di incitazioni alla pacificazione urbana e municipale, alla resistenza all'invasore, da Federico II a Carlo V agli Austriaci e ai contemporanei Borboni, rappresentati come nemici infidi e opportunisti che si nutrivano delle divisioni interne e delle rivalità municipali. È tuttavia attraverso la violenza, nella sua funzione diegetica di molteplicità delle possibilità narrative e nella sua funzione educatrice di monito da considerare nel presente, che il messaggio storico e politico dei romanzi storici del decennio 1827-1838 attua la sua funzione pedagogica fondamentale: educare le generazioni presenti con e attraverso l'esempio chiaro e incontrovertibile del vero storico, arricchito dall'apporto diegetico del verosimile, ovvero di tutto ciò che gli storici non hanno detto ma che i romanzieri, debitamente documentatisi, possono dire senza tradire il vero. La metafora bellica che apre l'introduzione dei *Promessi sposi* si sposta ora verso le soglie estreme dei testi, i titoli medesimi e i sottotitoli, in cui compaiono nomi e termini guerreschi quali cacciata, disfida, assedio, prigionieri quando non direttamente antroponimi quali Marco Visconti, Margherita Pusterla che, rinviando a un passato antico non possono non farsi garanti, anche per un pubblico non particolarmente esigente, di scontri, guerre, intrighi e peripezie.

La violenza di cui queste narrazioni pullulano è la violenza collettiva del divenire storico unita a quella della violenza privata, infinita e indefinibile, che va intesa, per dirla con Michaud, come "trasgressione delle regole e delle norme, la violenza fa intravedere la minaccia dell'imprevedibile" (*La violenza* 14). A differenza del quadro delineato dallo storico francese, tuttavia, per il caso italiano la violenza sì "introduce il disordine e il caos" (*La violenza* 14) ma non "in un mondo stabile e regolare", bensì in un mondo alla rovescia, dove la prevaricazione e la sopraffazione sono la norma e la violenza reattiva può solo tentare di rimettere in pari una situazione compromessa.

3. D'Azeglio e Grossi: non solo casa Manzoni.

Nel romanzo più celebre e fortunato di Massimo d'Azeglio,[7] il duello, preparato e vissuto nei minimi particolari, costituisce la struttura portante del romanzo attorno al quale si sviluppa l'intreccio secondario costituito dalle vicende sentimentali di alcuni personaggi e particolarmente dell'eponimo Fieramosca, amante sfortunato della bella Ginevra, nonché la lealtà degli spagnoli che, pur occupatori del suolo italiano, rispettano gli abitanti e i soldati al punto di farsi garanti del loro onore contro le impertinenze degli arroganti francesi, provocatori e insolenti. Se è il duello a catalizzare l'interesse del romanzo, atto cavalleresco e patriottico insieme, descritto nei dettagli violenti e brutali, gli intrighi che compongono le sottotrame dell'opera non sono trascurabili, come, per citare un solo esempio, il rapimento della protagonista femminile.

Nelle vicende che si collegano allo scontro fra cavalieri italiani e francesi è ancora la violenza, mista all'avventura e all'intrigo, ad essere fondamentale: non mera conseguenza delle diversità dei personaggi ma autentico motore delle vicende medesime intese come contrapposizioni violente e tentativi di prevaricazione. Nell'*Ivanhoe* di Scott il perfido templare Bois-Gilbert progetta il rapimento di Rowena, l'Innominato fa rapire Lucia su richiesta di don Rodrigo e nel *Fiermosca* tocca al perfido e mostruoso Valentino, *villain* per eccellenza, rapire Ginevra. Nel quindicesimo capitolo si ha, assieme allo scambio di persona fra Fanfulla e il Fieramosca, lo scontro per mare che porta al ferimento dello stesso eroe e alla scomparsa di Ginevra dal monastero che si saprà solo nel capitolo successivo essere dovuta alle trame del Valentino. Proprio questi eventi permettono d'individuare un importante elemento che accomuna l'opera di d'Azeglio all'*Ivanhoe*: così come Ivanhoe giace ferito gravemente e viene curato dalla sapienza orientale (ebraica) di Rebecca, la Zoraide del *Fieramosca*, anch'essa levantina ma musulmana è l'unica a capire la natura del male di Fieramosca: "Per essere nata e vissuta in Levante, avendo pratica di trattar ferite d'ogni specie" (*Fieramosca* 353) e quindi in grado di curare la ferita inflitta dal pugnale avvelenato. L'esotico si unisce al gusto delle peripezie e delle traversie nella diegesi il cui elemento fondamentale, lo scontro, la lotta, garantisce l'azione e il senso dell'opera.

Caratteristica fondamentale dei romanzi storici degli anni trenta è l'attenzione ai casi umani non solo di nobili e condottieri, come nel *Fieramosca*, dove pure il popolo aveva spazio non effimero e soprattutto non ironico e macchiettistico, ma anche delle persone comuni, della plebe urbana e di campagna. Tommaso Grossi, sodale di Manzoni come pochi altri, nel suo unico romanzo storico, *Marco Visconti*, dà prova di un'attenzione eccezionale ai moti psicologici e dell'anima di personaggi anche assai modesti, quando non

---

[7] Per un inquadramento del d'Azeglio pittore, narratore e figura storica si rinvia a: Martellini e Picchetto (1990), Corgnati (1998), Procacci (2001), Bruni (2011), Gigante (2011) e Zanone (2011).

propriamente popolari. Questa introspezione psicologica accompagna il personaggio, non a caso, proprio durante i momenti di crisi causati da svolte o violenze della storia. Esemplare è l'episodio in cui un personaggio non secondario, il popolano Lupo, giunge in un'ennesima osteria che, sul modello di Manzoni e di Fielding, popolano i romanzi come luoghi di narrazioni e di pericoli. In questa osteria del pericolo le peripezie del personaggio iniziano con un sonno funestato da incubi sanguinari, non immemori di quelli di don Rodrigo malato di peste e che, come per il personaggio manzoniano, non sono che l'inizio di ben altre e più gravi violenze:

Avea durato pochi momenti in questo affanno, quando nel destarsi sente tutto a un tratto stringersi furiosamente alla gola, e cadersi qualche cosa di violento e di pesante sul corpo: si riscuote urlando, spalanca gli occhi: non era già questa un'immaginazione. I due manigoldi arrivati la sera gli erano addosso coi ginocchi sul petto; e l'uno lo stringea per le canne, e l'altro gli menava disperatamente al petto col pugnale; mentre l'oste dietro ad essi con una lucerna in mano, s'affannava a gridare "Tienlo saldo! guarda che non si levi! e tu, Passerino, dagli forte! dagli al cuore!"

(*Marco Visconti* 508-09)

Lupo resiste e riesce a ribaltare le sorti dell'aggressione e, solo contro tre, sconfigge, uccide e mette in fuga coloro che lo stavano per assassinare. L'autore non risparmia i particolari più orridi dello scontro: "Tu va' all'inferno!" disse Lupo vedendolo [*l'oste*] cader per terra che versava il sangue insieme a le budella", e: "gli [*al secondo aggressore*] menò d'un tal manrovescio che primamente stroncò al manigoldo la destra alzata col pugnale, con cui aveva tentato di riparare il colpo, poscia gli portò via netta netta una guancia" (*Marco Visconti* 510). E l'orrore continua: "Il sanguinoso mostro rimasto per un istante in piedi strinse insieme con orribile ghigno le due bianche fila dei denti nudati; barcollò annaspando con la mano che gli era rimasta e col moncherino, come una cosa balorda; poi cadendo di traverso addosso alla muraglia la sozzò tutta quanta di sangue" (*Marco Visconti* 510). Dopo tanta orrida violenza l'autore riabilita la figura del suo personaggio inviando all'oste moribondo un confessore e facendo fare addirittura l'elemosina al terzo aggressore. A differenza degli interventi diretti del narratore che sono numerosi e costanti nel romanzo, le dichiarazioni di poetica, di metodo e la spiegazione delle finalità del narratore sono poche ma significativamente non assenti o implicite. Come il narratore nel *Fermo e Lucia* e nei *Promessi sposi* entra spesso in dialettica con il lettore fingendo di dissentire o di voler integrare la fittizia fonte secentesca, nel *Marco Visconti*, dove le fonti sono a detta dell'autore molteplici e costantemente presenti, l'autore attribuisce al narratore determinate scelte di poetica che Tommaso Grossi proponeva per la comprensione del suo romanzo storico. Nel nono capitolo si trova una presa di posizione tutt'altro che peregrina al riguardo che vale la pena di riportare per intero:

Ci duole d'aver dovuto intrattenere a lungo i lettori di pazze e scelerate profanazioni, e non vorremmo che ci venisse dato carico di non averle presentate con quel senso di gravità che sarebbe stato conveniente. Nel porre come per saggio in azione uno, e certo non dei più scandalosi eccessi fra i tanti che accadevano in quei tempi infelici, ci siamo ingegnati di farlo in modo che chi ci legge potesse cavarne un concetto più vicino al vero che potesse: abbiam voluto a bello studio lasciargliene un'impressione cruda, fastidiosa, quale la si ritrae dalla lettura delle cronache dei contemporanei; impressione che per essere tale non dovea esser temperata da nessun rispetto, né consolata da alcuna moralità: la moralità vien dopo da sé stessa, chi ne la vuol cavare.

(*Marco Visconti* 160-61)

4. *Cantù e Tommaseo. Verso la deriva violenta e ritorno*

L'atmosfera creata dalla narrazione di Cantù è tipica dell'autunno del Medioevo, evocata in termini suggestivi dagli storici, Huizinga *in primis*: "Il popolo, come un gigante dalla testa di bimbo, oscillava fra angosce infernali e i più ingenui piaceri, fra una crudele durezza e una singhiozzante tenerezza. Viveva sempre tra gli estremi" (*Autunno* 30). Cesare Cantù era un erudito figlio del suo secolo, e allo stesso tempo autore attento alle tendenze del mercato librario, professore ginnasiale con spiccata vocazione pedagogica. Questo autore produsse, nel corso della sua lunga esistenza, interamente dedicata agli studi, un'impressionante bibliografia che spazia dalle opere storiche locali, alla storia universale, dalla novellistica al poema epico-storico, dalla produzione di opere didattiche ai galatei, e dalla trattatistica sul lavoro alla storia letteraria italiana e latina. Divulgatore infaticabile e costantemente sensibile alle richieste e alle tendenze del mercato, fu animatore culturale che non temette di cimentarsi a tutti i livelli della produzione letteraria, a costo di sfiorare il plagio e di alienarsi le fonti stesse della sua produzione. Lo stesso moto che dalla *Storia Universale* canturiana si concentra sulla Milano del 1340 della *Margherita Pusterla*, il romanzo storico di Cantù, si comprende alla luce di queste parole del suo saggio su Como: "Non è possibile intender bene le storie particolari chi non conosca la generale. Felice me se questo scritto, qual ch'esso sia, incuorerà ad alcuno il desiderio di cercare le sacre pagine della storia d'Italia!" (*Storia della Diocesi di Como* 20-21) La storia delle disgrazie e del martirio della Margherita Pusterla, eroina eponima del romanzo storico ambientato nella Milano Viscontea del 1340, s'inserisce nel contesto della storia d'Italia e della storia universale che Cantù andava in quegli anni faticosamente e indefessamente elaborando, animato sì da desideri di fama e guadagno quanto di divulgazione, ma spinto anche e soprattutto da un desiderio di esplorazione e approfondimento che faceva della sua Lombardia il fulcro di un universo rappresentativo di ragguardevoli dimensioni. Per queste opere, strutturalmente basate sulla violenza come motore dell'intreccio, è valida l'affermazione di Strummiello secondo cui la violenza è "componente inalienabile, inevitabile, dei rapporti umani" (*Il logos violato* 309).

Il nodo della giustizia e dell'ingiustizia resta la pietra angolare attorno a cui ruota la riflessione che l'autore svolge nel corso di tutta la narrazione. Utilizzando uno schema già usato da Manzoni nella celebre riflessione sull'ingiustizia a proposito del matrimonio a sorpresa di Renzo e Lucia, e in una situazione per molti aspetti speculare ai *Promessi sposi*, Cantù scrive a proposito di frate Buonvicino che aiuta i Pusterla a mettersi in salvo: "E di fatto, in quel caso, il frate santo che nascondeva e favoriva la fuga d'uno perseguitato dalla legge, era prevaricatore: coloro che mandavano a sacco e guasto la roba d'un rubello, operavano legalmente – nuovo argomento in favore di chi fa sinonimi giustizia e legalità" (*Margherita Pusterla* vol. 2, 20-21). L'autore intende descrivere la malvagità nel suo perpetrarsi a tutti i livelli della vita del periodo che descrive, includendo il meccanismo di reclutamento delle truppe mercenarie che difendono i tiranni e le dinamiche perverse che legano i militari a chi li paga: "essi a vicenda trovano comodo peso la milizia, che forniva occasioni di rubare e soperchiare impunemente, senza i disagi di vivere alla boscaglia" (*Pusterla* vol. 3, 46). Si tratta di un quadro fosco, in cui ogni ingranaggio del sistema esercita il suo potere ai danni di chi sta sotto in un meccanismo della prevaricazione e dell'ingiustizia che non conosce pause, e dove addirittura: "talvolta la spada della giustizia emula il coltello dell'assassino" (*Pusterla*, vol. 3, 145), un quadro in cui non è mai la giustizia a trionfare ma la ragione di chi prevarica, anche grazie alla "violenza dei tormenti" (*Pusterla* vol. 3, 151). In questo contesto l'esecuzione di Margherita Pusterla, del marito e del figlio di pochi anni diventa nel romanzo l'acme della tragedia individuale dei personaggi e allo stesso tempo il simbolo della prevalenza del male, del disordine, dell'ingiustizia e della brutalità del potere pervertito dai tiranni e da tutti coloro che lasciano ai tiranni ogni spazio e agio di dominare. Ed è proprio sull'inerme, sull'indifeso, sulla donna innocente e sull'innocente per antonomasia, il figlio piccolo, che si scatena la pena capitale, l'efferatezza della decapitazione, simbolo dell'inarrestabilità di un male che i mezzi umani non intendono né possono fermare, momento catartico per eccellenza, degno di una tragedia classica, usato nel romanzo come apice ed esemplificazione di uno stato di cose inaccettabile ma difficile se non impossibile da mutare, tragedia con il dichiarato scopo di dimostrare al lettore quanto il baratro dell'ingiustizia sia insondabile e minaccioso, monito drammatico e amarissima riflessione sull'umana natura.

Niccolò Tommaseo usa il racconto, la cronaca, la successione di immagini e avvenimenti, anche i più truci e scabrosi, per delineare lo sviluppo dell'umanità nel corso della storia, passata e presente, o meglio la presente attraverso la passata. La violenza rappresentata è l'elemento di congiunzione fra l'intento educativo-informativo e quello di puro intrattenimento del romanzo storico come genere e ne costituisce un elemento essenziale poiché, come scrisse Fromm, e il suo discorso sulla natura umana vale anche per la narrativa: "L'uomo è alla ricerca del drammatico, dell'eccitante; se non riesce a ottenere una soddisfazione di livello superiore, crea per se stesso il dramma della distruzione" (*Anatomia della distruttività umana* 25). In Tommaseo le devastazioni della guerra vengono infatti descritte a più riprese, per le strade e dentro i palazzi, e l'autore, finissimo linguista, avvia la descrizione della rovina del Duca d'Atene e del palazzo che lo ospita, con una serie di verbi assai incisivi, tutti tesi alla rappresentazione della distruzione: "Rompevano, infrangevano, spezzavano, fracassavano, sminuzzolavano, pestavan co' piedi" (*Duca d'Atene* 137). Una sintesi della non inconciliabilità fra storia e finzione narrativa, *fictio*, Tommaseo la fornisce brillantemente nell'ultimo capo del saggio *Del romanzo storico* del 1838, intitolato significativamente *Verità, verità, verità*: "A chi temesse, del resto che storia e poesia non potessero congiungersi senza profanarsi a vicenda, non addurremo che un fatto. Ha egli falsificato Dante la storia, dipingendo i dolori di Francesca e le furie di Ugolino? Che ha egli fatto se non indovinare quel che la realtà gli taceva e con la poesia del cuor suo commentarla? La poesia pretta storica è dunque possibile" (*Del romanzo storico* 231-32). A proposito dell'insegnamento della storia, tema intrinsecamente collegato alla sua produzione narrativa storica, scrisse: "Se con la memoria vorremo di pari esercitare la fantasia, sua gemella; l'ammaestramento delle storie ben tosto, di noioso a leggere, verrà profittevole e dolce" (*Dell'Educazione* 227). In quest'ottica pedagogica e didascalica, su cui s'innesta la consapevolezza di avere un compito d'insegnamento morale e civile, di educare attraverso la storia, si devono intendere i racconti storici quali *Il Sacco di Lucca 14 giugno 1314*, *Il Duca d'Atene* e *L'Assedio di Tortona*, narrazioni brevi – il solo *Duca d'Atene* va oltre la quindicina di cartelle – desunte direttamente dalle cronache del tempo, cronache storico-letterarie in cui ogni aspetto è passato attraverso il vaglio della tensione etica dell'autore, e della necessità morale di educare. Per raggiungere queste elevate finalità Tommaseo rifugge dall'utilizzare il romanzo, che per lui era sul piano generale l'apoteosi del finto, del sentimentale, del disimpegno e dell'evasione. Nella nota recensione della ventisettana dei *Promessi Sposi* sull'*Antologia* di G. P. Vieusseux Tommaseo scrisse: "L'autore degl'*Inni sacri* e dell'*Adelchi* si è abbassato a donarci un romanzo, ma volle che fosse un romanzo il più possibile degno di lui" (*Recensione* 103). Tommaseo usa il racconto, ovvero la cronaca, la successione e la sequenza di immagini e avvenimenti, anche i più truci e scabrosi, per colpire l'immaginazione e, attraverso questo artificio, insegnare. La descrizione di atrocità fu un punto importante della rielaborazione che l'autore fece del *Duca d'Atene* fra la prima (1837) e la seconda edizione (1858), attenuando e sopprimendo in più punti i dettagli truculenti ed estremi della rivolta fiorentina, nel "Discernere la giustizia dalla vendetta" (*Duca d'Atene* 211) di cui scrive in una lettera a Cesare Cantù: "Troppe nel *Duca* le atrocità: vero; ma feci per non dissimulare il lato meno buono come gli uomini di parte fanno. Pur tuttavia troppe" (*A Cesare Cantù, Parigi, 29 agosto 1837*). Si tratta di frammenti di storia, descritti con severa disciplina di aderenza al vero cronachistico, immagini miniate pittoricamente all'interno del tessuto narrativo dell'opera, influenzate con ogni probabilità oltre che dalle descrizioni delle cronache del Villani e del Machiavelli, anche dagli studi danteschi ai quali in questi anni si dedicava per la sua edizione della *Commedia*, elementi che conferiscono alla sua narrazione storica un indubbio valore letterario e una preminenza all'interno della narrativa della storia di quel cruciale decennio. Nei racconti storici e particolarmente ne *La Cacciata del Duca d'Atene*[8] l'autore si sforza di aderire sistematicamente alle fonti, di ricostruire l'atmosfera del tempo in cui l'evento è maturato e si è svolto, di dare vigore e credibilità ai personaggi rappresentati, di sacrificare al vero storico il *romance* e l'esotico, tuttavia in nessun racconto storico e tantomeno nel *Duca* può sfuggire alla rappresentazione dei rapporti di forza che sono alla base delle dinamiche della vicenda. In coda al testo e coerentemente con la sua concezione della narrazione della storia, Tommaseo appone in appendice i brani di Villani e Machiavelli, fonti del racconto: una dichiarazione di fiducia e scrupolo non scevra del fiero pudore di chi, alla fine della propria narrazione, non può esimersi dall'affermare, pensando solo e unicamente al presente: "E di qui prendano esempio i popoli, di non volere mai signoria perpetua, né a vita" (*Duca d'Atene* 226). Nell'opera molta della violenza e della crudeltà operata dal Duca attraverso il suo apparato di potere e repressione viene subita dalla popolazione. Emblematico è il caso di Naddo, figlio di Cenni Degli Oricellai, che viene martirizzato e il cui cadavere viene esposto, permettendo che "le bestie lecchino appiè del patibolo la marcia delle membra risolute; comandare al vento che le ossa nudate muovendo nella notte, ne tragga un suono di maledizione" (*Duca d'Atene* 14) orrore che lascia un padre affranto e assetato di vendetta-giustizia, nonché un'intera cittadinanza profondamente segnata dall'orrore. Gli esempi di repressione e ritorsione operati dal Duca ai danni dei Fiorentini, spingendo il risentimento e l'esasperazione popolare ai limiti del parossismo, non possono che condurre ad altri orrori. Il circolo vizioso della violenza, della brutalità e del crimine che contraddistingue quest'opera, solo in parte mitigato dalle preghiere individuali e collettive, s'innesca a partire dagli orrori della dittatura: "

E [*il Duca*] gli fa strappare la lingua infino alla strozza, e quella fitta in cima a una lancia [...]. Condotto su un carro, attanagliato, strascicato per la terra, impiccato [...]. Gli mordevano le carni con le tenaglie roventi.

(*Duca d'Atene* 15-16)

Durante la rivolta il popolo si lascia andare ad altra violenza, non meno atroce, e l'orrore si concentra nella narrazione sulla rappresentazione del corpo smembrato, lacerato, vilipeso, irriso nel suo dolore, poiché la morte non pare sufficiente a frenare la furia vendicatrice e distruttrice di una parte della popolazione, assetata di sangue che compie sul corpo del nemico strazio e

---

[8] L'oscillazione del titolo è costante e varia a seconda delle edizioni, dal semplice *Duca d'Atene* al titolo completo: *La cacciata del Duca d'Atene*. Per Tommaseo si rinvia a: Portinari (1976), Ferraris (1977) e Danelon (1994).

profanazione con meticolosa e atroce implacabilità:

> E lo tagliarono a minuzzelli, e lo sparpagliarono per la via, come si fa con la fiorita. Ed era fradicia di cervella schizzate, e di frattaglie sierose, e di sangue nero la terra [...]. A forza di sassi, di coltellacci male arrotati [...] e di spilloni piantati tra costola e costola, lo finirono con lungo martoro.
>
> (Duca d'Atene 187)

Questo orrore, che sembra toccare il fondo nel sistematico obbrobrio cui viene sottoposto il cadavere del nemico, o meglio le varie parti del cadavere smembrato e irriso, riserva al lettore anche il trauma del cannibalismo. Il cibarsi della carne del nemico, cruda o cotta, oltre a rappresentare il culmine dell'orrore, nella narrazione di Tommaseo indica l'odio inestinguibile del popolo verso la dittatura del Duca, verso le ingiustizie e gli orrori della repressione. Al cannibalismo si affianca, per illustrare questo stato d'animo condiviso e, per quanto abominevole, in fondo dolorosamente comprensibile, l'indicazione della volontà di ripetizione infinita della violenza: "Mille volte avrebbero voluto nello squarciato torace rinfonder la vita, per mille volte snidarnela con ferri e con mani" (*Duca d'Atene* 252). La Firenze della *Cacciata del Duca d'Atene* diviene pertanto, in parte, un girone infernale, dantescamente descritto e narrato, dove sono gli stessi protagonisti a rendersene conto: "Farne lo strazio che s'è fatto, gli è un rubare il mestiere a' demoni" (*Duca d'Atene* 282), frase che rispecchia quella manzoniana sui carnefici posta come titolo di questo saggio. Del resto la folla tumultuante e in rivolta era stata descritta con spavento dallo stesso Manzoni nelle pagine delle rivolte milanesi e il celebre sinistro bagliore che illuminò il "vecchio malvissuto" che voleva inchiodare il vicario di provvisione non è che la personificazione degli istinti più bassi e sanguinari della folla in rivolta. Per quanto lieve e spesso impercettibile, il confine fra violenza offensiva e difensiva sembra costituire un elemento non indifferente nelle narrazioni storiche analizzate, e particolarmente in Tommaseo. La reazione popolare alla dittatura straniera del francese Duca d'Atene realizza quella fusione che Fromm aveva analizzato nel suo saggio sulla distruttività umana quando scrive che "l'aggressione puramente difensiva può facilmente mescolarsi con la distruttività (non-difensiva) e col desiderio sadico di rovesciare la situazione controllando gli altri, invece di esserne controllati" (*Duca d'Atene* 254).

La comunità medievale descritta da Tommaseo attraverso le fonti storiche rispecchia, proiettandosi in essa, la comunità ottocentesca italiana, dove il microcosmo urbano trecentesco raffigura senza forzature il macrocosmo italiano ottocentesco, secolo, il Diciannovesimo, che non a caso, come ha scritto Benedict Anderson: "Mid-Nineteenth Century Europe witnessed a rapid increase in state expenditures and the size of state bureaucracies (civil and military), despite the absence of any major local wars" (*Imagined Communities* 76). I brani di Villani e Machiavelli posti da Tommaseo alla fine della narrazione sono garanzia di un'accuratezza storico-filologica che non vuole essere messa in discussione, ma che allo stesso tempo intende conferire autorità e quindi rafforzare a livello storico e politico il discorso autoriale sul presente: appoggiarsi al passato medievale per interpretare l'oggi secondo uno schema tutt'altro che inedito nel Risorgimento.

5. *Guerrazzi, ovvero narrazioni fluviali e fiumi d'inchiostro color sangue*
Il gusto del secolo decimonono che si orienta, almeno per la letteratura popolare di cui il romanzo storico fu allo stesso tempo precursore e prodromo, verso il compiacimento sempre più insistito per fatti di sangue e omicidi, trova già in Gian Domenico Guerrazzi un esponente tutt'altro che secondario. Autore di romanzi storici importanti, l'opera del battagliero livornese si orienta, dalla *Beatrice Cenci* in poi, e siamo intorno alla metà del secolo, verso un uso della violenza non più come testimonianza dello sviluppo della storia ma di un compiacimento morboso, fisiologico e patologico. In una recente storia della violenza uno studioso francese, Robert Muchembled, ha osservato che: "Il fascino per il crimine si impone nel XIX secolo. Le descrizioni di atrocità omicide invadono la cronaca. Il sangue fa vendere inchiostro e carta. Diventata discreta nella vita quotidiana, la brutalità funesta appassiona le folle" (*Storia della violenza* 268).

L'Assedio di Firenze, romanzo del 1836 di Guerrazzi,[9] sprona all'azione, alla partecipazione attiva, all'intervento nella politica e pertanto nella storia, nel presente, senza confidare in nulla che non sia il proprio valore — "Non confidate nella speranza, ella è la meretrice della vita" (*Assedio* 14)—, ma soprattutto perché, scrive l'autore concludendo l'*Introduzione*, "Lo schiavo non può volgere la mente grata a Dio, e Dio aborre vedersi supplicato da mani gravi di catene" (*Assedio* 16). Nel corso della narrazione l'autore sembra voler realizzare un'estetica della morte, estetica in negativo, ma pur sempre estetica, di rara efficacia proprio perché estrema e spietata. Il capitolo ventitreesimo, intitolato significativamente "La morte", sostanzialmente privo di significativi eventi storici, è rivelatore di questo tentativo di delineazione di un'estetica della morte e del dolore. In esso la vita viene definita non a caso come "Veglia incresciosa" (*Assedio*, vol. 2, 147), definizione seguita dalla frammentazione della narrazione in quadri incentrati sulla morte di vari personaggi, composti in modo che rappresentino e mostrino ciò che la guerra comporta realmente: "Giannozzo apparecchiò quel letto in mezzo alla sala del palazzo Martelli, sopra magnifico letto il corpo del defunto Lodovico era esposto alla vista dei popoli" (*Assedio* 149), descrizione cui fa immediato seguito un altro frammento: "E il giorno dopo aprirono l'avello della famiglia Martelli, ma per due. Giannozzo colto nella notte da apoplessia, che in quei tempi chiamavano accidente di gocciola, fu trovato alla dimane ghiaccio nel letto, e il letto era bagnato [...]

---

[9] Per Guerrazzi si vedano gli *Atti* (1975), Scappaticci (1978), Rosa (1990).

segno certo che il buon servo non trapassò dal sonno alla morte" (*Assedio* 149). La morte degli innocenti resta in ogni caso il culmine della rappresentazione dell'orrore della guerra e dell'iniquità umana, e Guerrazzi non si risparmiava nel descrivere scene atroci come questa, nel ventiquattresimo capitolo:

Si avventarono iniqui contra a quei corpi delicati, nei seni, nelle gole immersero i ferri — e quelle misere creature non si difendevano,— non imprecavano,— invocavano solo il nome santissimo di Dio.

(*Assedio* 174)

Aspetti non trascurabili dell'estetica della morte e della violenza guerrazziana, le due cose sono inscindibili, è la descrizione del ferimento, ovvero di tutte le possibili dinamiche di sofferenza e morte inflitte da uomo a uomo attraverso macchine, armi, lotta. In quest'ottica, e basando minutamente le sue descrizioni su quelle degli storici cinquecenteschi – a loro volta tutt'altro che parchi nelle descrizioni di uccisioni, supplizi e atrocità e anch'essi, come gli autori di romanzi storici ottocenteschi, consapevoli di aderire al vero storico – l'autore rivoluziona la narrativa a lui contemporanea, come osserva Romagnoli: "Trascinato dal suo Byron e dai suoi romanzi neri, ebbe il gusto di trasferire nella nostra pudica letteratura il suono e lo strepito di passioni perverse" (*Il romanzo storico* 124). A 'trascinare' Guerrazzi, più che autori quali Byron, Maturin, Ratcliffe, Schiller, peraltro ben presenti sul suo scrittoio, furono indubbiamente Machiavelli, Varchi, Guicciardini e una costellazione di memorialisti ed epistolografi cinquecenteschi e secenteschi. Guerre, battaglie, assedi, carcerazioni, cospirazioni non possono che offrire occasioni infinite per la rappresentazione della sofferenza e della morte. L'uso nell'assedio di botti piene di sassi come proiettili a frammentazione è esemplare al riguardo:

Forte percotendo nel fondo del fosso le botti si sfasciano con impeto immenso; i sassi schizzano violentemente, e quale offendono nel piede, quale nelle gambe, tal altro nel fianco o nel volto; pesti, infranti, non sanno come mettersi in salvo; coloro che rimangono illesi prorompono in fuga precipitosa; nuova rovina di sassi, una pioggia dolorosa di acqua e di olio bollente si rovescia sopra gli offesi; oscene morti avvengono in cotesta infame fossa.

(*Assedio*, vol. 2, 220).

Nell'ottica di una catarsi del lettore attraverso il viaggio nei meandri più reconditi di menti sconvolte e abiette, viaggio seguito dal lavacro nel sangue di scene corali, va letto l'ultimo capitolo, assai lungo e significativamente intitolato "La vendetta degli uomini e il castigo di Dio". Nelle circa novanta pagine si assiste alla fine miserabile e sordida dei cattivi, dei traditori, a loro volta traditi come il Griso manzoniano e perseguitati da rimorsi implacabili e da vendette private; molti protagonisti e antagonisti fanno una fine terribile, non di espiazione ma di ulteriore martirio, a dimostrazione della profonda ingiustizia della storia e della perfidia umana, tesi di fondo dell'opera. Paradigmatica è la dettagliata ed enfatica descrizione dell'agonia e della morte del traditore per eccellenza, Malatesta Baglioni, preceduta da truci presagi, infermità, inutili pentimenti, agonia. Nella descrizione delle allucinazioni è agevole vedere come nella prosa di Guerrazzi l'orrido e il pauroso s'innestino sul comune e sul simbolico:

> E gli pareva trovarsi dentro ad un immenso anfiteatro, migliaia e migliaia di volte più vasto del Colosseo. Tutte le generazioni della terra stavano sedute sopra i gradini in sembianza di statue scolpite nel granito. Occupavano i più prossimi, uomini del suo tempo, la maggiore parte a lui noti, gli altari di forme sconosciute, e quanto meglio i gradini s'innalzavano, le forme, apparivano più gigantesche e più strane; orridi ceffi, appena umani, che tenevano in grembo o sotto il braccio tigri, leoni e grifoni, come i damigelli del medio evo portavano in pugno sparvieri; la estremità dell'anfiteatro andava ingombra di simulacri di più immane grandezza [...] e una caligine misteriosa le ravvolgeva a mezzo dentro di sé.
>
> (*Assedio* 451)

Sull'orrido e sull'inquietante Guerrazzi si spinge fino ad inserire il rivoltante, l'estremo, l'immondo, fedele al principio di sconvolgere chi legge. La violenza tuttavia, pur spinta ad esiti estremi, svolge nel romanzo la funzione di cardine della narrazione, come nel caso del nucleo diegetico del duello che viene introdotto dopo un capitolo di peripezie, in cui spicca la magistrale metaforizzazione in chiave patriottica di una tempesta e della celebrazione del casto amore di due personaggi rilevanti: Vico e Annalena, allegoria dell'impossibile raggiungimento di una felicità e di una concordia dentro le mura della città assediata e prossima alla sconfitta e alla distruzione. Nel descrivere il sopraggiungere della tempesta si prefigura il tema catastrofico verso cui muovono le sue pagine, dallo scontro personale – il duello – a quello corale, cittadino, della città assediata e finalmente espugnata: "Intanto il cielo aveva mutato aspetto, l'aria si era fatta uliginosa, e d'ora in ora l'agitava un vento soffocante come l'alito del deserto" (*Assedio* 455). Il romanzo termina con le immagini lugubri e tetre dei saccheggi del Palazzo della Signoria, con le esecuzioni sommarie dei difensori della città, con il tripudio – momentaneo e destinato a trasformarsi in condanna – dei traditori e dei nemici della libertà e dell'indipendenza fiorentine, con i particolari truculenti delle morti e degli strazi cui i vincitori sottopongono i vinti: atroce ineluttabilità di ogni guerra. Le esclamazioni indignate dei personaggi e della voce narrante non risparmiano nessuno, dai traditori ai mercenari, ai pontefici: "O pontefici, cosa sarà di voi quando Cristo vi domanderà ragione del sangue dei suoi martiri?" (*Assedio* 406) Dal particolare dei personaggi coinvolti nella vicenda, alle categorie generali di cui essi fanno parte, il cordoglio autoriale muove fino alla città presa nel suo insieme urbano e civile, e ne piange la perduta libertà, destinata a durare a lungo: "O Fiorenza, tu apparirai d'ora innanzi quasi una lira a cui il poeta nel suo furore abbia strappato le corde" (*Assedio* 423) immagine poetica cui fa eco un'interrogazione retorica altrettanto poetica e battagliera: "Nella terra di Dante non nascerà più alcuno che valga ad apparecchiare un nuovo Inferno d'infamia a coloro che ridussero in servitù la bella Firenze?" (*Assedio* 425).

Retorica patriottica, estro narrativo, volontà verbosamente ribadita di aderire ad oltranza alla realtà della storia sono i punti fondamentali attorno ai quali si sviluppa il frastornante discorso del narratore dentro e attorno alla materia della sua narrazione, elemento che certamente rende il romanzo di Guerrazzi antitetico alla modernità letteraria italiana e soprattutto europea, ma che allo stesso tempo rinforza l'immagine di un autore corrusco, inebriato dal desiderio di azione costantemente frustrato, patriota fremente di fronte allo svolgersi della storia passata e di quella a lui contemporanea, in cui pare interrompersi quel dinamico e sano rapporto fra il passato e il presente che un grande storico contemporaneo, Edward H. Carr, ha definito come il significato medesimo della storia, ovvero quel: "Dialogo senza fine fra il presente e il passato" (*Sei lezioni sulla storia* 32). Questo dialogo, nonostante gli sforzi spesso contradditori e spesso controproducenti di Guerrazzi rischia tuttavia d'essere soffocato ne *L'Assedio di Firenze* dalla proliferazione retorica e dai lirici eccessi autoriali.

6. Oltre gli anni trenta, verso il famoso ottuagenario: riflessioni conclusive
Protagonista ed elemento costitutivo del romanzo storico della prima metà del Diciannovesimo secolo, la violenza nella letteratura è libera di continuare il suo doloroso percorso narrativo e rappresentativo, poiché nella letteratura, come nella vita, a variare sono le funzioni e le finalità dei mezzi, non i risultati né gli esiti. Romanzo "adescatore" per eccellenza,[10] secondo la fortunata espressione di chi ha saputo studiarlo nella prospettiva della ricezione e della fortuna, il romanzo storico italiano degli anni trenta costituisce un terreno ricco di sorprese e d'interesse per chi sia disposto ad interpretarlo senza gli stereotipi e i preconcetti di una facile e imprecisa critica letteraria da manuale scolastico. Le opere di d'Azeglio, Grossi, Guerrazzi, Tommaseo e Cantù costituiscono dei microcosmi di una ricchezza sorprendente, in dialogo costante non solo fra loro, ma anche e soprattutto con le opere poetiche, saggistiche, storiche e narrative del periodo. In queste narrazioni la violenza è sì uno strumento diegetico di non secondaria importanza, un momento catartico e rivelatore dei rapporti di potere nelle storie narrate, ma è soprattutto un intervento sul presente, partecipazione al conflitto stesso, per usare le parole di Strummiello: "Ogni storia, ogni racconto della violenza è già sempre interpretazione ed è già sempre parte del conflitto" (*Il logos violato* 369). Interpretazione, ma soprattutto denuncia, delineazione di una dinamica che collega il Medio Evo al presente e lo proietta verso il futuro: le atrocità dell'assedio di Firenze o della calata dei Lanzichenecchi, lungi dall'essere concluse e caratteristiche di un determinato periodo storico,

---

[10] Il riferimento è alla monografia di Cadioli (1988).

torneranno invariate se non nei dettagli nelle varie ritirate di Russia, a Verdun, nelle giungle indocinesi. I romanzi, rivolti ad un pubblico ben definito di lettori, propongono un messaggio assai più vasto che parla all'uomo della violenza come ente metastorico a cui non ci si più sottrarre, da cui si può solo cercare, con o senza successo, di sottrarsi, ma dal quale non si può sfuggire. Queste narrazioni, così semplici all'apparenza, ma così ricche e stratificate ad una lettura meno ingenua, costituiscono soprattutto una fase non secondaria del processo che conduce al romanzo contemporaneo italiano, sia storico che sulla storia basato e con la storia connesso, poiché anch'essi, come il capolavoro di Nievo di cui pur costituiscono un preludio, si proponevano di influire sul presente con la testimonianza di una storia, di un'esperienza vissuta da uomini e donne, anche se remoti e non sempre completamente plausibili. I personaggi dei romanzi analizzati si proponevano in fondo ciò che Carlo Altoviti enuncia nella prima pagina delle sue memorie – non più un manoscritto secentesco ritrovato ma le memorie vive e palpitanti di un ottuagenario, i tempi cronologici si stringono e spingono verso la contemporaneità, ma la *fictio* romanzesca non muta – ovvero la volontà di essere utile, di insegnare, di fornire un esempio di vita, la narrazione di un'esistenza che possa parlare a chi legge, per: "Descrivere ingenuamente quest'azione dei tempi sopra la vita d'un uomo [...] recare qualche utilità a coloro, che da altri tempi son destinati a sentire le conseguenze meno imperfette di quei primi influssi attuati" (*Confessioni* 3).

Con la morte di Nievo e la sofferta decisione di Manzoni di non più conciliare storia e invenzione, il romanzo storico dovrà attendere De Roberto e Pirandello per tornare grande e significativo, mentre gli epigoni degli epigoni manzoniani non produrranno nulla di rilevante nei decenni dopo la quarantana. Tuttavia, nel frattempo, la violenza del Medioevo e del Cinquecento narrata dai romanzieri troverà concreta rappresentazione a Custoza, Novara, Melegnano e Lissa mentre gli assedi dalla Firenze comunale si sposteranno alla Roma di Pio IX e alle macchine da guerra medievali si sostituiranno i moschetti e i cannoni del Regio Esercito Italiano.

Clemson University

Opere citate

Anderson Benedict. *Imagined Communities: Reflections on the Origins and Spread of Nationalism.* London: Verso, 1991.
Baldi Guido. *Giuseppe Rovani e il problema del romanzo nell'Ottocento.* Firenze: Olschki, 1967.
Banti Alberto Maria. *Il Risorgimento italiano.* Roma: Laterza, 2004.
Beales Derek e Biagini Eugenio. *Il Risorgimento e l'unificazione dell'Italia.* Bologna: Il Mulino, 2005.
Bollati Giulio. *L'Italiano. Il carattere nazionale come storia e come invenzione.* Torino:

Einaudi, 1983.
Bonora Ettore. *Manzoni. Conclusioni e proposte*. Torino: Einaudi, 1976.
Bruni Francesco. *Fatta l'Italia bisogna fare gli Italiani. Il ruolo della lingua e un luogo comune da riesaminare*. In "*La modernità letteraria*" 4. (2011): 11-23.
Cadioli Alberto. *Il romanzo adescatore. I lettori e il romanzo nel dibattito del primo Ottocento*. Milano: Arcipelago Edizioni, 1988.
_____. *La storia finta. Il romanzo e i suoi lettori nei dibattiti di primo Ottocento*. Milano: Il Saggiatore, 2001.
Cantù Cesare. *Il buon fanciullo*. Napoli: s.e., 1841.
_____. *Il galantuomo. Libro di morale popolare*. Milano: Ronchetti, 1839.
_____. *Il giovinetto drizzato alla bontà, al sapere, all'industria*. Milano: Ronchetti, 1845.
_____. *Margherita Pusterla. Racconto di Cesare Cantù*. Milano: s.e., 1838, 3 voll.
_____. *Racconti d'un maestro popolare*. Napoli: Borel e Bompard, 1840.
_____. *Storia della città e della diocesi di Como esposta in dieci libri dal professore Cesare Cantù*. Como: Presso i figli di Carlantonio Ostinelli stampatori provinciali, 1829.
_____. *Storia della letteratura italiana*. Firenze: Le Monnier, 1863.
_____. *Storia universale di Cesare Cantù*. Torino: Giuseppe Pomba & Comp., 1848.
_____. *Sulla storia lombarda del secolo XVII. Ragionamenti di Cesare Cantù per commento ai* Promessi Sposi *di Alessandro Manzoni*. Lugano: G. Ruggia & C., 1833.
Carr Edward H. *Sei lezioni sulla storia*. A c. di Edward H. Davies Torino: Einaudi, 1966.
Chabod Federico. *L'idea di nazione*. A c. di Armando Saitta e Ernesto Sestan. Roma: Laterza, 1974.
Massimo d'Azeglio pittore. A c. di Corgnati Martina. Milano: Mazzotta, 1998.
Danelon Fabio. *Un genere difficile. Tommaseo e il romanzo nelle recensioni sull'"Antologia"*. In "*Giornale storico della letteratura italiana*" 171. (1994): 60-89.
D'Azeglio Massimo. *Ettore Fieramosca o La disfida di Barletta. Racconto*. Torino: G. Pomba, 1833.
_____. *I miei ricordi*. A c. di Arturo Pompeati. Torino: Utet, 2011.
Ganeri Margherita. *Il romanzo storico in Italia. Il dibattito critico dalle origini al postmoderno*. Lecce: Manni, 1999.
Francesco Domenico Guerrazzi nella storia politica e culturale del Risorgimento. Firenze: Olschki, 1975.
Fromm Erich. *Anatomia della distruttività umana*. Milano: Mondadori, 1975.
Galli Della Loggia Ernesto. *L'identità italiana*. Bologna: Il Mulino, 1998.
Getto Giovanni. *Letture manzoniane*. Firenze: Sansoni, 1964.
Gigante Claudio. *Fatta l'Italia, facciamo gli Italiani. Appunti su una massima da restituire a D'Azeglio*. In "*Incontri*" 26. (2011): 5-15.
Ginzburg Carlo. *Rapporti di forza. Storia, retorica, prova*. Milano: Feltrinelli, 2000.
Grossi Tommaso. *Marco Visconti. Storia del Trecento cavata dalle cronache di quel secolo e raccontata da Tommaso Grossi*. Seconda edizione. Torino: Presso Carlo Schieppati, 1834.
_____. *Marco Visconti*. Milano: Arcipelago Edizioni, 1994.
Ferraris Angiola. *Aspetti della tematica romantica negli interventi del Tommaseo sull'"Antologia" fiorentina del Vieusseux*. In *Niccolò Tommaseo nel centenario della morte*. A c. di Vittore Branca e Giorgio Petrocchi. Firenze: Olschki, 1977. 255-83.
Guerrazzi Francesco Domenico. *L'Assedio di Firenze*. Milano: A. Biretti e C., s. a.

[1836].

———. *Memorie di F. D. Guerrazzi scritte da lui medesimo*. Livorno: Poligrafia Italiana, 1848.

Guzzetta Fava Lia. Petrocchi Giorgio. Pagliano Graziella. Di Fazio Margherita. *L'età romantica e il romanzo storico in Italia*. Roma: Bonacci, 1988.

Hegel G. F. W. *Lezioni sulla filosofia della Storia*. A c. di Giovanni Bonacina e Livio Sichirollo. Roma: Laterza, 2010.

Huizinga Johan. *Autunno del Medioevo*. Milano: Rizzoli, 1996.

Kamen Henry. *Il secolo di ferro 1550-1650*. Roma: Laterza, 1975.

Macchia Giovanni. *Manzoni e la via del romanzo*. Milano: Adelphi, 1994.

———. *Tra don Giovanni e don Rodrigo. Scenari secenteschi*. Milano: Adelphi, 1989.

Manzoni Alessandro. *Fermo e Lucia*. A c. di Salvatore Silvano Nigro. Milano: Mondadori, 2002.

———. *Opere varie*. Milano: Tipografia di Giuseppe Redaelli, 1845.

———. *I Promessi Sposi (ed. 1827)*. A c. di Salvatore Silvano Nigro. Milano: Mondadori, 2002.

———. *Tutte le lettere*. A c. di Cesare Arieti. Milano: Adelphi, 1986.

———. *Tutte le opere di Alessandro Manzoni*. A c. di Alberto Chiari e Fausto Ghisalberti. *Scritti letterari*. A c. di Carla Riccardi e Biancamaria Travi. Vol. 5. Milano: Mondadori, 1991.

Martellini Giorgio e Pichetto Maria Teresa. *Massimo D'Azeglio*. Milano: Cumiana, 1990.

Mazzoni Guido. *Teoria del romanzo*. Bologna: Il Mulino, 2011.

Michaud Yves. *La violenza*. Napoli: Edizioni Scientifiche Italiane, 1992.

Muchembled Robert. *Storia della violenza. Dal Medioevo ai giorni nostri*. Bologna: Odoya, 2012.

Nievo Ippolito. *Confessioni d'un Italiano*. A c. di Paolo Ruffilli. Milano: Garzanti, 1972.

Portinari Folco. *Le parabole del reale. Romanzi italiani dell'Ottocento*. Torino: Einaudi, 1976.

Procacci Giuliano. *La disfida di Barletta. Tra storia e romanzo*. Milano: Bruno Mondadori, 2001.

Raimondi Ezio. *Il romanzo senza idillio. Saggio sui "Promessi sposi"*. Torino: Einaudi, 1974.

———. *La dissimulazione romanzesca. Antropologia manzoniana*. Bologna: Il Mulino, 1997.

Romagnoli Sergio. *F. D. Guerrazzi e il romanzo storico*. In *Francesco Domenico Guerrazzi nella storia politica e culturale del Risorgimento*. Firenze: Olschki, 1975. 91-128

Il romanzo storico. A c. di Leonardo Lattarulo. Roma: Editori Riuniti, 1978.

Rosa Giovanna. *Il romanzo melodrammatico. Francesco Domenico Guerrazzi e la narrativa democratico-risorgimentale*. Firenze: La Nuova Italia, 1990.

Il romanzo del Risorgimento. A c. di Claudio Gigante e Dirk Vanden Berghe. Bruxelles: Editions Scientifiques Internationales, 2011.

Ruggeri Punzo Franca. *Walter Scott in Italia 1821-1971*. Bari: Adriatica, 1975.

Scappaticci Tommaso. *Un intellettuale dell'Ottocento romantico: Francesco Domenico Guerrazzi. Il pubblico, l'ideologia, la poetica*. Ravenna: Longo, 1978.

Simonde De Sismondi Robert. *Histoire de la renaissance de la liberté en Italie, de ses progrès, de sa décadence et de sa chute*. Paris: Treuttel et Würtz, 1832, t. 1.

Strummiello Giusi. *Il logos violato. La violenza nella filosofia*. Bari: Edizioni Dedalo, 2001.

Tommaseo Niccolò. *Del romanzo storico*. In *Della bellezza educatrice*. Venezia:

Gondoliere, 1838.

———. *Il duca d'Atene*. In *Tutti i racconti*. A c. di Gino Tellini. Milano: Edizioni San Paolo, 1993.

———. *Il duca d'Atene, narrazione di N. Tommaseo*. Parigi: Baudry, 1837.

———. *Il duca d'Atene narrazione di N. Tommaseo*. Milano: Libreria di Francesco Sanvito, 1858.

———. *Della bellezza educatrice. Pensieri di N. Tommaseo*. Venezia: Gondoliere, 1837.

———. *Dell'educazione. Scritti varii di Niccolò Tommaseo*. Lugano: G. Ruggia e C., 1836.

———. *D'un metodo d'insegnare la storia. Appendice*. In *Della bellezza educatrice*. Venezia: Gondoliere, 1838.

———. *Pensieri morali di N. Tommaseo*. Modena: Cappelli, 1844.

———. *Studi storici* di N. Tommaseo parte prima. Venezia: Giorgio A. Andruzzi, 1843.

———. *Recensione a*: I Promessi sposi. Storia milanese del secolo XVII, scoperta e rifatta da Alessandro Manzoni. Tomi tre. Milano, Tip. Ferrario, 1825-1827. "*Antologia*" 28. 82 (1827): 101-19.

Villari Lucio. *Bella e perduta. L'Italia del Risorgimento*. Roma: Laterza, 2009.

Zanone Gianandrea. *Medioevo nei romanzi di Massimo d'Azeglio*, in "*Studi Piemontesi*" 40 (2011): 41-54.

Maurizio Capone

Nievo al cospetto di Napoleone: condanna etica e razionalizzazione storica della violenza napoleonica nelle *Confessioni d'un italiano*

Sinossi: Dopo aver presentato l'episodio della devastazione del villaggio di Fratta e della violenza gratuita inflitta alla vecchia contessa Badoer da parte delle truppe francesi, analizzo la posizione ambivalente di Nievo nei confronti della violenza napoleonica che emerge dal dialogo tra Carlino, protagonista delle *Confessioni* e *alter-ego* dell'autore, e Napoleone e nei frequenti brani saggistici del romanzo. Da un lato, Nievo esprime una condanna morale dei soprusi dei soldati francesi pleonastici al fine politico della rivoluzione, rifiutando il principio girardiano del capro espiatorio; dall'altro, razionalizza l'esistenza della violenza come elemento connaturato ai grandi mutamenti storici (in maniera simile all'idea marxista di "violenza levatrice della storia"), riconoscendo comunque che, se viste nella *longue durée* della prospettiva pluri-generazionale, la rivoluzione francese e le guerre napoleoniche hanno contribuito, nonostante il loro portato di violenza, al lungo processo di liberazione dell'Italia e di formazione della nazione italiana.
Parole chiave: Violenza, Ippolito Nievo, *Le Confessioni d'un italiano*, Napoleone, storia, rivoluzioni, giustizia, Risorgimento italiano.

1. La posizione duplice di Nievo-Carlino verso la violenza napoleonica
In questo saggio intendo mostrare l'atteggiamento bifronte di Nievo, espresso mediante il suo *alter-ego* Carlo Altoviti, narratore e protagonista delle *Confessioni d'un italiano*, nei confronti della violenza connessa alla campagna italiana di Napoleone, in coerenza con la sua ideologia laica, "fluida" (*Introduzione* 20) — così la definisce correttamente Pier Vincenzo Mengaldo — mobile e poco sistematizzata in scritti teorici, mettendo in luce fino a che punto per Nievo la violenza è un male necessario insito e connaturato in circostanze associate a rivoluzioni, guerre e battaglie, e quando invece si manifesta come intollerabile brutalità gratuita da parte di soldati che prendono a pretesto la deregolamentazione dei rapporti umani in battaglia per perpetrare atti barbarici a individui incolpevoli e inermi. Infatti, per un verso, in pagine di meditazione saggistica, Carlino ammette la presenza storica della violenza come male necessario da sacrificare sull'altare della rivoluzione in nome dell'alto obiettivo finale della libertà del popolo, conseguibile col raggiungimento dell'Unità d'Italia. In quest'ottica si può dire che Nievo giustifichi la violenza come inevitabile strascico che la rivoluzione porta con sé. All'incirca negli stessi anni dell'autore padovano, Marx e Engels esaltano la funzione rivoluzionaria della violenza e il primo teorizza, ne *Il Capitale*, la violenza come *levatrice della*

storia che in alcuni casi diviene l'unico mezzo possibile per ottenere una società migliore e più equa (1, VII, XXIV).[1] Nondimeno, Nievo-Carlino condanna dal punto di vista etico gli atti violenti innecessari al raggiungimento dello scopo politico di una rivoluzione, rifiutando la teoria del cattolico René Girard della vittima sacrificale immolata agli dei della guerra e della machiavellica realtà "effettuale" (*Le Bouc émissaire*, 1982; *La Violence et le Sacré*, 1972).[2]

La laica, immanente e — direi — politologica riflessione di Nievo sulla presenza della violenza nel reale scaturisce da un'onesta analisi storica che potrebbe costituire un severo monito per smascherare l'immorale postura dell'odierno mondo occidentale nel voler rimuovere la schiacciante presenza della violenza che guida i rapporti di forza del contesto geo-politico mondiale. Con questa denuncia la parte conclusiva del mio saggio prova ad ampliare il discorso sulla violenza nel mondo contemporaneo.

2. Un romanzo di rivoluzioni, guerre e battaglie
Le Confessioni d'un italiano di Ippolito Nievo (scritte nel 1858, pubblicate postume nel 1867) sono una vastissima opera ibrida che appartiene anche al genere del romanzo storico — precisamente parlerei di "romanzo storico-contemporaneo", come ha fatto Pier Vincenzo Mengaldo in *Appunti di lettura sulle "Confessioni" di Nievo* (465-518) — che narra ottant'anni di storia italiana dal 1775 al 1855. L'opera di Nievo ottempera, infatti, sia a un'istanza di tipo romanzesco sia a un'istanza di tipo storico, funzioni, queste, ben dichiarate mezzo secolo prima da Ugo Foscolo, autore cui certamente Nievo guardava come riferimento. Nel *Saggio di novelle di Luigi Sanvitale*, scritto nel 1803, Foscolo riflette sul genere del romanzo, rifiutando quello storico ritenendolo sostanzialmente un'archeologia del passato e sostenendo che il romanziere ha il compito di rappresentare "tutte le opinioni e tutti i costumi de' suoi tempi, tutte le passioni come sono modificate dalla fortuna e dalla rivoluzione de' governi", mentre la prerogativa dello storico sarebbe quella di "dipingere le nazioni e le loro forme" (263). *Le Confessioni* nieviane riescono ad assolvere entrambe le funzioni estetiche teorizzate dal Foscolo.

Centrale nel libro è il processo di liberazione dell'Italia. La scrittura del romanzo inizia, infatti, dopo una cocente sconfitta che aveva arrestato il

---

[1] Sul rapporto tra violenza e modernità, analizzato in chiave sociologica si veda anche il recentissimo e interessante articolo di N. Bertuzzi, *Da "levatrice della storia" a variabile della modernità*.
[2] Benché ritenga che gli studi di Girard sul tema del capro espiatorio siano tra i più meritevoli, il principio dello "scapegoat mechanism" è stato usato in precedenza da Kenneth Burke in *Permanence and Change* (1935) e in *A Grammar of Motives* (1945), dal quale Girard ha ripreso il concetto, sviluppandolo in maniera più estesa come stigma ermeneutico della cultura umana.

processo risorgimentale italiano.³ Una linea genealogica congiunge il 1789, anno simbolo della rivoluzione francese, e il 1848, data cruciale dei moti d'indipendenza europei. In questo sessantennio lungo e densissimo di storia vengono narrati episodi di guerra, rivoluzioni, battaglie, rivolte, combattimenti: l'avvento della rivoluzione francese, l'imperversare di Napoleone in Italia, i moti degli anni Venti e Trenta del XIX secolo, la guerra d'indipendenza greca dalla Turchia (intesa da Nievo come prefigurazione della liberazione dell'Italia dal giogo austriaco), fino a giungere al 1848 e ai fatti storici risorgimentali dei primi anni Cinquanta.

Dall'ingente componente rivoluzionario-bellica del romanzo ne consegue in modo inevitabile che nel libro compaiono episodi di violenza. Fra questi, enucleo un doppio atto di violenza (che troviamo nel Capitolo X) perpetrato dalle truppe napoleoniche nel territorio della morente Repubblica Serenissima di Venezia perché esso provoca uno *shock* in Carlino, protagonista, io-narrante e *alter-ego* dell'autore. Questo evento innesca un dialogo tra Carlino e Napoleone sul tema della violenza in circostanze di battaglia come male necessario, oppure evitabile o piuttosto biasimevole. Più in generale, questi atti violenti attivano un'interessante riflessione — cara a Nievo — sul ruolo della rivoluzione francese, di Napoleone e delle guerre napoleoniche, col loro conseguente portato di violenza, come contributo al lungo processo di liberazione dell'Italia e di formazione della nazione italiana.

3. *La smitizzazione di Napoleone*

Il mito di Napoleone ha dominato nella letteratura romantica e in parte anche in quella successiva. Il primo romanziere di rilievo che narra le guerre napoleoniche è Stendhal ne *Il rosso e il nero* (1830) e nella *Certosa di Parma* (1839). Nievo (e pochi anni dopo lo farà Tolstoj in *Guerra e pace*, 1863-'69) rompe la tradizione dell'esaltazione del mito napoleonico. Lo scrittore padovano non lo rappresenta come un personaggio umano, non perché lo ritragga in forme mitizzate, ma perché ne sottolinea piuttosto la disumanità. Egli lo disprezza e non esita a mostrarlo, sia nel ritratto che ne tratteggia sia con commenti diretti, tracciandone un profilo stilizzato, bozzettistico, anche macchiettistico. Dunque, il Napoleone di Nievo risulta inumano e artificiale perché privato di spessore psicologico, e a tratti viene descritto con un'impronta comica. Infatti, nelle *Confessioni* Napoleone viene introdotto in maniera bassa e paradossale, in una scena di grande umorismo, osservato dalla prospettiva straniata degli abitanti del

---

³ Carlino informa nel proemio di aver cominciato a scrivere le sue confessioni "alla sera d'una grande sconfitta" (*Confessioni* I 9), identificabile o con la battaglia di Novara del 23 marzo 1849 in cui gli austriaci guidati da Radetzky sconfissero le truppe sabaude, provocando l'abdicazione di Carlo Alberto, o comunque riferendosi in generale alle guerre del 1848-'49, tra le quali rientrano la difesa della Repubblica Romana e di quella Veneziana, delle quali si parla distesamente negli ultimi capitoli del romanzo.

castello di Fratta, luogo d'infanzia di Carlino, nel territorio dell'ormai decadente Repubblica di Venezia. Nell'immobile mondo del villaggio di Fratta, infatti, giunge la notizia che "un certo Napoleone Buonaparte" (X 637-38) capeggia l'esercito francese sulle Alpi.[4] La notizia genera un dibattito paradossale e comico sul nome di Napoleone tra i vari inquilini del castello, i quali alla fine stabiliscono che il generale corso è "un essere immaginario" (X 638), una specie di *flatus vocis*.[5] Nievo, per contrasto, palesando lo stridente anacronismo del microcosmo di Fratta rispetto alla grande storia che avanza, narra subito come "quell'essere immaginario" (X 638-39) così creduto dagli abitanti del Castello, in realtà divenga un grande protagonista nello scacchiere europeo che, a forza di inanellare vittorie in battaglia, ha messo in due mesi "in sua mano le sorti di tutta Italia" (X 638-39).

4. *La devastazione di Fratta e la violenza alla centenaria contessa Badoer*
L'esercito di Napoleone imperversa dunque con violenza nel territorio italiano. Infatti, il narratore racconta che il "generale francese [...] scorazzò invase taglieggiò provincie, città, castelli" (X 641). La situazione politica di stasi e di arretratezza della Serenissima, un sistema ancora da *ancien régime* descritto nel primo terzo del libro, viene sconvolta dall'avvento della rivoluzione francese e di Napoleone. La rivoluzione irrompe nel microcosmo arretrato e decadente di Fratta, in cui si perpetuavano i valori o — per meglio dire — i disvalori tradizionali della famiglia del castello, e dove si viveva, fino a quel momento, sospesi, fuori dalla Storia: "Quel mondo bamboleggiava ancora alla fine del secolo scorso, prima che il magico soffio della rivoluzione francese gli rinnovasse spirito e carni" (V 304). La rivoluzione fende questa cellula di mondo che, nonché incancrenita, era rimasta unitaria. La tragedia pubblica è l'elemento detonatore che dissolve quel mondo anacronistico. L'avanzata inarrestabile di Napoleone persuade anche gli abitanti di Fratta che "il giovine general corso non era né un essere ipotetico né un nome romanzesco inventato dal Direttorio" (X 641-42). Dalle notizie che giungono si diffonde lo spavento per il terribile carico di violenza che l'invasione napoleonica sta portando con sé:[6]

---

[4] Per le citazioni dei passi delle *Confessioni d'un italiano*: i numeri tra parentesi rimandano prima ai Capitoli (numeri romani), poi alle pagine (numeri arabi). Quando vengono citate varie volte pagine contigue fra loro indico solo il numero di pagina. Nelle citazioni ho mantenuto la grafia nieviana.
[5] Anche in un altro episodio, nel Capitolo XV, quello dell'arrivo a Milano di Napoleone nel giorno della Festa per la proclamazione della Repubblica Cisalpina, il generale viene di nuovo messo alla berlina, con effetto di straniamento, dai pettegolezzi di alcune popolane circa il suo aspetto fisico non accattivante.
[6] Il panico che si diffonde per l'incombente invasione richiama quello descritto nei Capitoli XXIX-XXX dei *Promessi sposi* relativo alla calata dei lanzichenecchi in Lombardia.

Si sparge la nuova che l'arciduca Carlo scende al Tagliamento con un nuovo esercito, che i Francesi gli vengono addosso, che sarà un massacro un saccheggio una rovina universale.[7] Le case rimanevano abbandonate, i castelli si asserragliavano contro le soperchierie degli sbandati e dei disertori, si sotterravano i tesori delle chiese; i preti si vestivano da contadini o fuggivano nelle lagune. Già da Brescia da Verona da Bergamo le crudeltà, gli stupri, le violenze si scrivevano si lamentavano si esageravano; l'odio e lo spavento s'alternavano nell'ugual misura, ma il secondo invigliacchiva il primo.

(X 642)

In preda al panico, quasi tutti i castellani scappano da Fratta, tanto che Carlino si risolve ad andare a Portogruaro a chiedere aiuto; qua si trova casualmente, suo malgrado, a diventare l'involontario caporione di un tumulto popolare nel corso del quale arrivano i francesi.[8] Sulla strada del ritorno Carlino è inquieto per il fatto di aver lasciato per ore il castello di Fratta proprio nel frangente in cui sono arrivate le truppe francesi e teme che siano avvenuti disordini:

Molte considerazioni politiche e filosofiche [...] mi distoglievano la mente dalla paura che qualche disgrazia fosse successa nel frattempo al castello. Peraltro le cascine deserte per le quali ebbi a passare e le tracce di disordine e di saccheggio che osservai in esse mi davano qualche pensiero e fecero sì che affrettassi il passo.

(X 666)

Infatti, i timori del protagonista si rivelano fondati: egli trova il castello di Fratta ridotto in rovina dalla furia devastatrice dei francesi:

A Fratta trovai letteralmente quello che si dice la casa del diavolo. Le case del villaggio abbandonate, frantumi di botti di carri di masserizie ammonticchiati qua e là; rimasugli di fuochi ancora fumanti; sulla piazza le tracce della più gran gazzarra del mondo. Carnami mezzo crudi mezzo arrostiti; vino versato a pozzanghere; sacchi di farina rovesciati, avanzi di stoviglie di piatti di bicchieri: e in mezzo a questo il bestiame sciolto dalle stalle che pascolava [...].

(X 666)

Nel precipitarsi al Castello e, trovandolo in stato di anarchia, Carlino viene assalito dal "dubbio crudele" (X 667) che la vecchia e ormai cagionevole contessa Badoer, restata dentro il castello nel suo letto d'inferma, non sia rimasta incolume al feroce passaggio dei francesi. L'ultimo incontro tra Carlino e la vecchia Badoer è drammatico: egli la trova a letto morente dopo aver subito un terribile sopruso dai soldati francesi. La brutale angheria inflittale ha tolto il conforto della fede alla contessa centenaria, dopo una vita vissuta con devozione

---

[7] Ai primi di marzo del 1797 l'Austria invia in Italia l'arciduca Carlo, ma Napoleone, vinte le battaglie del Tagliamento (16 marzo) e dell'Isonzo (19 marzo), può dirigersi contro l'inerme Repubblica di San Marco.
[8] Anche in questo episodio appare sottotraccia il modello manzoniano: il coinvolgimento di Carlino nella rivolta riecheggia quello di Renzo nella sommossa di San Martino (XI-XIV).

e interamente consacrata al bene della famiglia e del prossimo. La vecchia Badoer, prima di spirare, confessa questo sentimento di disperazione a Carlino:

> — Ascolta; cominciò allora una voce la quale a stento io riconobbi per quella della Contessa vecchia — ascolta, Carlino: giacchè non ho prete voglio confessarmi a te. Sappi... dunque... sappi che la mia volontà non ha mai consentito a male alcuno... che ho fatto tutto, tutto il bene che ho potuto... che ho amato i miei figliuoli, le mie nipoti, i miei parenti... che ho beneficato il prossimo... che ho sperato in Dio. Ed ora ho cent'anni, cent'anni Carlino! Cosa mi serve aver vissuto un secolo?... Ora ho cent'anni, Carlino, e muojo nella solitudine, nel dolore, nella disperazione!
>
> (X 667-68)

Questa pagina di estrema modernità — che non potremmo trovare nei *Promessi sposi*, modello principale di Nievo — sulla perdita della fede e del senso di una vita vissuta per il bene altrui, si chiude col dramma della morte della Contessa, che pare non credere più in Dio proprio in punto di morte a causa dell'intollerabile orrore arrecatole dai soldati francesi:

> Io tremai tutto da capo a fondo; e sviscerando coll'occhio della pietà tutti i misteri di quell'anima ravvivata soltanto per sentire il terror della morte: — Signora, gridai, Signora, non crede ella in Dio?... — Gli ho creduto finora; mi rispose con voce che s'andava spegnendo. E indovinai da quelle parole un sorriso senza speranza. Allora non udendola più muoversi né respirare avanzai fino alla sponda del letto, e toccai rabbrividendo un braccio già aggranchito dalla morte.
>
> (X 668)

Senza voler psicanalizzare Nievo, nel dramma che fa vacillare la fede della vecchia Contessa forse possiamo ravvisare un riflesso della laicità dello scrittore padovano e la messa in scena dell'impraticabilità di una mentalità ormai ritenuta anacronistica dall'autore. La contessa non solo non accetta l'oltraggio subìto, ma addirittura questa stessa violenza potrebbe aver causato la perdita della fede della centenaria, la quale forse pensava ingenuamente che Dio sarebbe dovuto intervenire a salvarla dalla malvagità umana. Proprio in punto di morte, quella della vecchia Badoer si rivela, quindi, una fede non salda, diversamente da quella della Lucia manzoniana, che assume serenamente la malvagità umana e la possibilità redentiva del male tramite l'accettazione cristiana della sofferenza e dell'azione della divina provvidenza nelle vicende umane. Contrariamente a Manzoni, il laico Nievo non contempla il meccanismo dell'agnello sacrificale, così ben descritto da René Girard — come detto in apertura del saggio —, che, innocente, è vittima del male persecutorio da altri esseri umani.

Piuttosto, un personaggio manzoniano più vicino a Nievo è Renzo, se paragonato a Carlino. Sebbene il protagonista nieviano professi una certa laicità, anch'egli, come Renzo Tramaglino, possiede una fede cristiana di stampo popolareggiante (la concezione della vita di Nievo è di certo ancor più laica e meno religiosa rispetto al suo *alter ego*). Però la fede dei due non è passiva:

Carlino e Renzo, in modi diversi, vogliono essere attori della storia. Se Lucia accetta serenamente e passivamente la presenza del male e della violenza nel mondo, certa di un riscatto ultraterreno, Renzo è animato da un istintivo senso di rivalsa, da una volontà di farsi giustizia da solo. La differenza determinante tra i due consiste nell'entità della giustizia cui Renzo e Carlino anelano: la lotta del personaggio manzoniano è finalizzata a una giustizia privata che miri a sciogliere il groviglio che ne impedisce il matrimonio con Lucia; Carlino, invece, traguarda un grande obiettivo storico, cioè l'indipendenza dell'Italia e, attraverso questo, la costruzione di una società sorretta da una maggiore giustizia sociale per tutto il popolo italiano.

La morte avvilente della vecchia Contessa genera in Carlino un'epifania negativa espressa in un'invettiva contro l'ingiustizia della vita:

Sentii le punte avvelenate de' suoi ultimi sguardi figgermisi in cuore senza misericordia, e quasi mi sembrò che l'anima sua abbandonando l'antico compagno mi soffiasse in volto una maledizione [...]. Maledetta la pace che finisce con l'angoscia, la fede che si volge in bestemmia, la carità che raccoglie l'ingratitudine! Maledetto... La mia mente in questi tetri deliri vacillava fra il furore e la stupidità; quella vita santa e centenaria troncata a quel modo negli spasimi dello spavento mi travolgeva la ragione.

(X 669)

Dopo aver recitato, per la contessa morta, le litanie insieme al Cappellano che nel frattempo era tornato al castello, Carlino vaga "a lungo per la campagna come uno spettro" e in paese viene a sapere di "quella scorreria soldatesca che dopo aver insozzato tutto il territorio s'era rovesciata col furore dell'ubriachezza sul castello di Fratta" (X 670). Nel suo vagare meditabondo egli non vuole nemmeno immaginare gli orrendi "vituperi che una masnada di sicari doveva aver commesso su quella povera vecchia che sola era rimasta ad affrontarli", sebbene "lo stato miserevole del cadavere, il disordine della stanza attestavano degli scherni spietati ch'ella aveva sofferto" (X 670).

5. La vana pretesa di giustizia contro la violenza

Questo evento tremendo raffredda l'entusiasmo di Carlino verso i francesi ("Confesso che il mio entusiasmo pei francesi si rallentò d'assai" [X 670]), che inizialmente erano visti dal popolo italiano con speranza in vista della liberazione. In un altro passo delle *Confessioni*, nel criticare un'opera dello storico Barzoni,[9] Nievo mostra come l'iniziale sentimento del popolo italiano nei confronti di Napoleone fosse positivo:

---

[9] In questo brano si può anche intravedere una presa di posizione di Nievo contro il romanzo storico, "reo" di intessere complicate analogie tra il presente ed epoche lontane, quando esprime il proprio giudizio negativo su *I romani in Grecia* di Vittorio Barzoni, opera che paragona la presenza dei romani in Grecia a quella dei francesi in Italia e la tirannide di Flaminio a quella di Napoleone.

Il solo Barzoni fra i letterati osò alzare la voce contro i Francesi con quel suo libro già in addietro accennato dei Romani in Grecia. Ma questa erudizione falsificata in libello, questa satira stiracchiata colle analogie è già indizio di temperamento fiacco, e di letteratura evirata. Fu un gran sussurro intorno a quel libro ed all'anonimo autore; ma lo leggevano a porte chiuse col solo testimonio della candela, pronti a gettarlo sul fuoco al minimo sussurro ed a proclamare il giorno dopo sui caffè che le depredazioni di Lucullo e l'astuta generosità di Flaminio non somigliavano per nulla al governo generoso e liberale di Bonaparte.

(XII 784)

L'ottuagenario confessa, infatti, che "la fama dipingeva il general Bonaparte come un vero repubblicano, il difensore della libertà" (X 670). Sulla stessa onda di pensiero si trova Carlino che, a mente fredda, dopo avere superato lo *shock* iniziale, ritenendo impossibile che "premeditatamente si lasciassero commettere tali mostruosità" e credendo invece che queste si dovessero imputare "al talento bestiale di alcuni soldati" (X 670), decide di dirigersi a Udine per riferire del misfatto direttamente a Napoleone,[10] certo di ricavare giustizia dello scempio perpetrato alla vecchia ottenendo una punizione esemplare dei colpevoli del sopruso ("la virtù antica del giovane liberatore d'Italia era caparra, secondo me, di pronta giustizia" [X 671]).

Nel dialogo con Carlino il generale corso entra in scena sottotono, in un contesto basso che lo rende un burattino e ne fa emergere la rozza tracotanza. Qui Napoleone diviene ancor più personaggio meschino perché viene rappresentato in una situazione ordinaria: riceve Carlino mentre si sta facendo radere la barba. Questo fa presagire che Bonaparte non sarà particolarmente interessato alle rimostranze di Carlino. In questa scena di inedita modernità il mito di Napoleone viene abbassato al livello della prosaica vita quotidiana. Dopo la discussione comica sul generale corso tra i castellani di Fratta, Napoleone entra in scena nel romanzo presentato in una circostanza inusuale per un eroe della storia e, per di più, viene descritto come persona dal fisico magro e gracile. L'esordio di Carlino conferma come egli creda in Bonaparte quale difensore della libertà e della giustizia:

Mi spiegherò con tutta l'ingenuità d'un uomo che si affida alla giustizia di chi combatte appunto per la giustizia e per la libertà. Un orrendo delitto fu commesso tre giorni sono al castello di Fratta da alcuni bersaglieri francesi. Mentre il grosso della loro schiera saccheggiava arbitrariamente i pubblici granaj e l'erario di Portogruaro, alcuni sbandati invasero una onorevole casa signorile, e svillaneggiarono e straziarono tanto una vecchia Signora inferma più che centenaria rimasta sola in quella casa, che ella ne morì di disperazione e di crepacuore.

(X 673)

Ma a Carlino, che chiede giustizia (parola-chiave della filosofia di vita

---

[10] Napoleone fu a Udine il 18 marzo 1797.

dell'ottuagenario) per la devastazione del castello, per gli stupri delle donne e per le violenze inflitte alla vecchia contessa Badoer da parte dei francesi, Bonaparte non degna la dovuta attenzione. Il generale corso individua la colpa dello strazio della vecchia signora, degli stupri e delle ruberie compiuti dai bersaglieri francesi alla mala fama che la Serenissima attribuisce ai suoi soldati e all'anti-giacobinismo insito nei veneziani, che non accolgono con atteggiamento positivo l'arrivo dei francesi:

> Ecco come la Serenissima Signoria inacerbisce i miei soldati! [...] Si predica al popolo che sono assassini che sono eretici; al loro comparire tutti fuggono, tutti abbandonano le case. Come volete che simili accoglienze predispongano gli uomini all'umanità e alla moderazione? Ve lo dico io; bisognerà che mi volga indietro a pulirmi la strada da questi insetti molesti.
>
> (X 674)

Carlino accenna alla giustizia, al valore dell'esempio da dare, ma Napoleone ribatte che l'esempio i suoi soldati lo daranno in battaglia e che in queste non si bada alla giustizia, bensì alla vittoria.

> — Cittadino generale, capisco anch'io che la fama bugiarda può aver impedito la cordialità dei primi accoglimenti; ma vi è una maniera di smentir questa fama, mi pare, e se con un esempio luminoso di giustizia [...].
> — E sì, parlatemi di giustizia, oggi che siamo alla vigilia d'una battaglia campale sull'Isonzo! [...] La giustizia bisognava che fosse fatta a noi fin da due o tre anni fa! [...] Adesso raccolgono quello che hanno mietuto. Ma ho il conforto di vedere che il peggior danno non vien loro da' miei soldati... Bergamo Brescia e Crema hanno già divorziato da San Marco, e quella stupida e frodolenta oligarchia s'accorgerà finalmente che i loro veri nemici non sono i Francesi. L'ora della libertà è suonata; bisogna levarsi in piedi e combattere per essa, o lasciarsi schiacciare. La Repubblica francese porge la mano a tutti i popoli perché si rifacciano liberi, nel pieno esercizio dei loro diritti innati e imprescrivibili.
>
> (X 674)

La *ragion pura* di Carlino sbatte contro la *ragion pratica* di Bonaparte. Con un certo cinismo machiavellico Napoleone sostiene che se si vuole la libertà, bisogna combattere e non badare alla giustizia. Più volte Bonaparte interrompe con arroganza Carlino rispondendo alle sue querele con prepotenza e sprezzo e dicendo che "la libertà val bene qualche sacrificio! Bisogna rassegnarsi" (X 674). A Carlino, che insiste sulla necessità di offrire il buon esempio e di punire i bersaglieri rei del misfatto di Fratta, il generale corso risponde con tracotanza più per liquidare la discussione che per reale intenzione di attuare ciò che dichiara:

> — Non dubitate. Giustizia sarà fatta anche sopr'essi; già non pretendereste che li ammazzassi tutti! [...] Or bene; saranno nella prima fila; laveranno col loro sangue e a pro' della libertà l'onta della colpa commessa.
> (X 675)

Infine, Napoleone, interrompendo nuovamente Carlino, gli precisa che se si vuole il bene della patria bisogna accettare il sacrificio e qualche stortura, tra le quali possono rientrare la devastazione di Fratta e il delitto della vecchia Badoer, e occorre sacrificare gli interessi privati per la libertà universale:

> — Così il male sarà volto in bene e la causa del popolo si sarà avvantaggiata degli stessi delitti che la deturparono!
> — Cittadino generale, vi prego di osservare...
> — Basta, cittadino: ho osservato tutto. Il bene della Repubblica innanzi ad ogni cosa. Volete essere un eroe? [...] Dimenticate ogni privato puntiglio e unitevi a noi, unitevi con quegli uomini integri e leali che fanno anche nel vostro paese una guerra lunga ostinata sotterranea ai privilegi dell'imbecillità e della podagra. Di qui a quindici giorni mi rivedrete. Allora la pace la gloria la libertà universale avranno cancellato la memoria di questi eccessi momentanei.
>
> (X 675)

L'incontro con Napoleone diventa importante per ribadire il cinismo dei rivoluzionari francesi e per mostrare che la grande Storia non bada alle vicende individuali, ma è una forza più forte, incontrastabile, che le trascende spazzando via i destini dei singoli. Per Napoleone la storia si fa in battaglia e le eventuali violenze in eccesso vanno computate nel conto della lotta. Il generale corso viene qui tratteggiato nei panni dell'usurpatore della libertà, come avviene nell'*Ortis* foscoliano dopo la stipula del trattato di Campoformio dell'ottobre del 1797.

L'ingresso in scena di Napoleone mostra anche come la rappresentazione della storia di Nievo non sia manichea. Gli stessi abitanti della Serenissima sono divisi tra coloro che vedono in Napoleone un liberatore che porta in Italia le conquiste della rivoluzione francese e coloro che vedono l'arrivo dei rivoluzionari come una barbara invasione in territorio straniero. Nievo ha un'innata capacità di analisi storica: possiede — come ha detto Dionisotti — un'acuta "intelligenza della storia" (1-13) capace di penetrare il senso degli eventi meglio delle stesse fonti storiche allora disponibili e di cui egli stesso si serviva. Per esempio, mettendo in scena nel Capitolo XI il contrasto tra due personaggi storici, Ugo Foscolo e Vittorio Barzoni, durante una notturna riunione segreta avvenuta nei giorni precedenti il 12 maggio 1797 in cui l'abdicazione del Maggior Consiglio veneziano pone fine volontariamente, dopo quattordici secoli di indipendenza, alla Serenissima, l'intellettuale patavino coglie, ancor prima degli storici, il contrasto fra i democratici che divideva chi, come Foscolo (il momento è anteriore al Trattato di Campoformio), credeva ciecamente negli ideali francesi e chi invece, come Barzoni, anteponeva all'entusiasmo quello scetticismo antesignano della successiva opposizione al Napoleone "usurpatore".

La tracotanza di Napoleone nei confronti di Carlino mette a nudo che ormai "gli ospiti comandavano, i padroni ubbidivano" (X 671) e sancisce la perdita di rappresentatività della Repubblica di Venezia, le cui autorità sono "senza forza, senza dignità, senza consiglio" (X 671). Del resto, proprio appena prima di narrare l'incontro con Napoleone, Carlino constata amaramente che "la solita confusione" (X 672) che aveva trovato a Udine, dove si era temporaneamente stabilito Napoleone, era "il frutto della nullaggine politica di tanti secoli" (X 672), affermazione in cui si ravvisa la "penna garibaldina" di Nievo.

6. *Tollerare o ribellarsi alla violenza? Effetti positivi della rivoluzione francese e di Napoleone per la liberazione dell'Italia*

Nonostante si congedi "mogio mogio" a causa del "tenore di tutto quel colloquio (X 675) e benché "quel cittadino Bonaparte *gli paresse* un po' aspro un po' sordo e un po' anche senza cuore" (X 676), Carlino rimane stordito e alla fine persuaso dalla retorica di Napoleone, tanto da ridimensionare molto e giustificare "la tremenda disgrazia della Contessa", attribuendola ben più "all'improvvidenza delle venete magistrature, e alla sciocca paura del popolo, che alla barbara sfrenatezza degli invasori" (X 676):

Non ci capii per verità molto addentro; ma pure que' suoi gran paroloni di popolo e di libertà, e quel suo piglio riciso ed austero m'avevano annebbiato l'intelletto, e mi partii, a conti fatti, che l'odio contro i patrizi veneziani superava d'assai perfino il risentimento contro i bersaglieri francesi. La tremenda disgrazia della Contessa mi parve una goccia d'acqua in confronto al mare di beatitudine che ci sarebbe venuto addosso pel valido patrocinio dell'esercito repubblicano. Quel cittadino Bonaparte mi pareva un po' aspro un po' sordo un po' anche senza cuore, ma lo scusai pensando che il suo mestiere lo voleva pel momento così. E a questo modo lasciai a poco a poco darsi pace la morta, e tornai col pensiero ai vivi: cosicché nella lettera che scrissi a Venezia per partecipare il triste caso alla famiglia, ne affibbiai forse più la colpa all'improvvidenza delle venete magistrature, e alla sciocca paura del popolo, che alla barbara sfrenatezza degli invasori.

(X 676)

È curioso che se Carlino ha "un tardo e vano pentimento" dell'"odiosa smemorataggine di quella tremenda giornata", invece "le bestie si mostrarono più sensibili fra tutti gli abitanti del castello in quella congiuntura" (X 677). Il dolore delle bestie, esseri viventi più vicini al mondo naturale che per questo secondo Carlino vivono in modo più profondo, è più autentico e duraturo di quello degli umani, come dimostrato dall'affetto provato da un gattone soriano che, fino alla morte, non si stacca dalla buca in cui viene seppellito il cane Marocco ammazzato dai francesi. Il protagonista si profonde anche in una apologia dei cani:

Quanto ai cani la loro fama in proposito è bastevolmente assicurata. Il loro affetto ha posto tra gli affetti familiari; l'ultimo posto certo, ma il più costante. Il primo che fece festa al ritorno del figliuol prodigo, scommetto io che fu il cane di casa! E quando mi si gracchia intorno sull'inutilità ed il pericolo di questa numerosa famiglia canina che litiga all'umana il nutrimento, e le inocula talvolta una malattia spaventosa e incurabile, io non posso far a meno di sclamare: — Rispettate i cani! — forse adesso si può star in bilico, ma forse anche, e Dio non voglia, verrà un tempo che si giudicheranno migliori affatto di noi! Di questi tempi ne furono altre volte nella storia dell'umanità. Noi bipedi tentenniamo fra l'eroe ed il carnefice, fra l'angelo e Belzebù. Il cane è sempre lo stesso; non cambia mai come la stella polare. Sempre amoroso paziente e devoto fino alla morte.

(X 678)

Carlino, invece, è rimasto segnato dalle parole di Napoleone: continua ad avere in testa i francesi, sogna di diventare un eroe della rivoluzione ("qualche coso d'importanza"[X 679]), pensa sempre "a Venezia, alla caduta di S. Marco, al nuovo ordinamento che ne sarebbe sorto, alla libertà all'uguaglianza dei popoli" (X 679). Egli, preso dall'ambizione di fare la rivoluzione, dagli ideali di libertà e uguaglianza, sa che i francesi hanno commesso delle nefandezze, ma li chiama "propagatori dell'incivilimento" (X 679). Il ricordo della contessa Badoer smaschera la sua falsa coscienza. Infatti, quando due donne del castello, la Bradamante e l'Aquilina (che anni dopo diventerà sua moglie) gli ricordavano la soverchieria inflitta alla vecchia centenaria, egli quell'episodio "non voleva udirlo nominare. Sentiva che avevano ragione, ma non voleva concederlo; e per questo inveleniva a tre doppii" (X 679-80). Dunque, con grande sorpresa del lettore che fino a quel punto aveva conosciuto il carattere mite e pacifico che connotava Carlino, quest'ultimo, infiammato dallo spirito rivoluzionario, giustifica, o perlomeno sminuisce, la violenza che ha devastato il paese di Fratta e che ha violato il corpo della Badoer.

Ma *Le Confessioni* costituiscono anche un precoce antecedente del romanzo modernista per la presenza *in nuce* del romanzo-saggio: numerosissime considerazioni e digressioni costruiscono una strutturalmente disorganica ma robusta filosofia della storia. In questi molteplici spazi di riflessione troviamo un'analisi più ampia sul ruolo della rivoluzione francese e di Napoleone per il movimento d'indipendenza dell'Italia. L'arcaico, pre-moderno e separato mondo di Fratta (e della Repubblica di Venezia in generale) è un microcosmo chiuso, — come scrive Mazzacurati — "un mondo senza storia, cristallizzato in una ripetizione rituale di costumi" (271-72), in cui si vive fuori dal tempo e si parla solo "dei pettegolezzi del vicinato", "non curandosi del resto del mondo" (II 158-60), prima che l'avvento della rivoluzione francese terremoti tutto. In una digressione di filosofia della storia, Nievo-Carlino riconosce la forza dirompente che la rivoluzione francese ha avuto nella storia dell'umanità: "1786, 1787, 1788; tre cifre che fanno numero al pari delle altre, e che nella cronologia dell'umanità resteranno come i segni d'uno de' suoi principali rivolgimenti" (VI 371). Il Capitolo VII, nella cui rubrica viene menzionata "la Rivoluzione di Francia" (VII 441), segna l'irruzione della grande storia, che da quel momento permea tutta la realtà inscenata nel romanzo. Come ho mostrato sopra, già il contatto anche solo indiretto con la figura emblematica di Napoleone mostra la sprovvedutezza dei castellani di Fratta, che si imbattono in una discussione ridicola sul nome di Napoleone, di fronte al corso degli eventi, senza che nessuno colga la sconvolgente portata storica della rivoluzione francese e dell'invasione napoleonica, mentre Bonaparte mette in *due mesi* "in sua mano le sorti di tutta Italia" (X 638-39). Ma è tutta la Repubblica di Venezia ad accusare un imperdonabile ritardo rispetto alle evoluzioni storiche del mondo. Nievo condanna il "risibile anacronismo" (come scrive Mengaldo, *Appunti di lettura* 469) della Serenissima, incapace di far fronte all'ondata rivoluzionaria, additandolo come la causa principale della caduta di Venezia e, di conseguenza, della perdita della libertà. Nel romanzo il rivoluzionario italiano Amilcare afferma senza mezze misure che "a Venezia sono ancora al mille quattrocento e si ha paura del mille ottocento che s'avvicina" (IX 571). Infatti "il primo passo" di Carlino per entrare nel cuore della grande storia pulsante "consiste nel varcare l'argine che fa da muro, le terre acquitrinose tra Fratta e l'Adriatico" (Mazzacurati 271-72). Anche prima del deludente colloquio di Carlino con Napoleone, l'io-narrante inveisce contro la "nullaggine politica" e la passività delle autorità della Serenissima (X 671-72).

Carlino — e con lui Nievo — istituisce un rapporto di continuità tra la rivoluzione francese e il Risorgimento italiano, pur rivendicando la superiorità del moto italiano:

Soltanto la nazione francese, spensierata e impetuosa, precipita prima delle altre dalla dottrina all'esperimento: fu essa chiamata il capo dell'umanità, e non ne è che la mano; mano ardita, destreggiatrice, che sovente distrusse l'opera propria; mentre nella mente universale dei popoli se ne maturava più saldo il disegno.

(VI 372)

L'influsso della rivoluzione francese sul movimento unitario italiano è evidente in più parti del romanzo. Per esempio, in un dialogo pregno di ideologia, Todero catechizza il figlio Carlino con queste parole: "La gloria c'è quando si ha una patria; stima la fortuna e le ricchezze quando siano assicurate dalla libertà e dalla giustizia" (XIII 836). Gli ideali che Todero esalta, cioè patria (fraternità di un popolo unito), libertà e giustizia, coincidono con quelli della rivoluzione francese. Sostiene debitamente Walter Benjamin che la forza dei rivoluzionari è la vendetta per gli antenati umiliati, che si manifesta come ribellione ai regimi che hanno limitato per secoli le libertà degli individui (*Tesi di filosofia della storia*). Così, l'avvento della rivoluzione francese alimenta in modo naturale la volontà repressa del popolo italiano di liberarsi dalle catene della dominazione straniera e dei vecchi ordinamenti. La cocente delusione delle *Ultime lettere di Jacopo Ortis* di Foscolo esprime la frustrazione di una parte del popolo italiano che vedeva in Napoleone la speranza di innescare una rivoluzione che lo avrebbe liberato da secoli di assoggettamento allo straniero, nello specifico momento storico agli austriaci. Così, la violenza napoleonica e la cessione della Repubblica di Venezia all'Austria col Trattato di Campoformio dell'ottobre del 1797 vengono giudicati un alto tradimento del sentimento rivoluzionario che stava montando negli italiani.

Ma l'eventualità che all'impulso ribellistico-rivoluzionario del popolo (che, se non guidato, sfocia spesso in violenza incontrollata) vengano tarpate le ali non costituisce una rarità, come viene rappresentato benissimo nella novella *Libertà* di Verga, collocata nel contesto storico delle lotte risorgimentali e ispirata ai tragici fatti di Bronte, avvenuti tra il 2 e il 5 agosto del 1860, durante la Spedizione dei Mille, quando l'arrivo di Garibaldi e la promessa di un'equa spartizione delle terre demaniali per risolvere l'annoso problema del latifondo in mano ai "galantuomini" del paese avevano suscitato da subito illusioni di libertà e progresso. Lo scrittore siciliano narra che la sola diffusione della notizia dell'imminente arrivo di Garibaldi in Sicilia genera una rivolta contro l'ordine costituto da parte dei contadini che, oppressi da secoli di *ancien régime*, imbracciano i forconi e massacrano i borghesi e i nobili del Paese sfogando la loro violenza introiettata, sentendosi autorizzati a farlo dal corso dei tempi. Ma, al contrario di quanto gli insorti si aspettino, le forze garibaldine guidate da Nino Bixio, una volta giunte sul posto, reprimono la rivolta spontanea per il fatto che non era politicamente opportuno distruggere la classe dirigente borbonica, poiché questo avrebbe comunicato un segnale di caos allo Stato sabaudo e alle altre istituzioni politiche del territorio italiano. Nella narrativa meridionalista i temi delle stragi cruente prodottesi a ridosso della calata dei Mille e del rischio che rivolte, anche legittime e ispirate a ideali di giustizia, sfocino in violenza sono molto sentiti, tanto che li ritroviamo anche in opere del secondo Novecento come *Il sorriso dell'ignoto marinaio* (1976) di Vincenzo Consolo. In questo romanzo la narrazione si concentra soprattutto sui fatti di Alcàra Li Fusi, avvenuti con dinamiche molto simili a quelli della strage di Bronte, in seguito allo storico sbarco di Garibaldi in Sicilia. In questo paesino dell'entroterra sui Monti Nèbrodi, un gruppo di contadini, vedendo nell'Unità d'Italia la possibilità di vedere finalmente soddisfatti i loro diritti, assale e uccide i dignitari locali, tra cui molti proprietari terrieri. Ma, come accade a Bronte, lo stesso governo di liberazione nazionale stronca la rivolta con una feroce repressione. Ne *Il sorriso dell'ignoto marinaio* Consolo intende costruire una tipologia di romanzo storico che contesti la storiografia, che contraddica in particolar modo la retorica storiografia ufficiale del Risorgimento, rileggendolo in chiave socio-economica. Infatti, parlare delle rivolte di Bronte e di Alcàra Li Fusi significa far riemergere un rimosso della storia risorgimentale. Ma non solo. Consolo, pur senza nascondere di parteggiare per la causa dei contadini, pone il problema della violenza nella storia e nella politica, mostrando come ad Alcàra una rivolta legittima abbia generato una violenza popolare che il potere costituito ha saputo arginare solo con la repressione, come era avvenuto a Bronte.[11]

In riferimento alla delusione di Foscolo espressa nell'*Ortis*, anche Nievo riferisce che il popolo italiano è stato tradito dai rivoluzionari francesi e da

---

[11] La novella *Libertà* di Verga e alcune riprese di *Cristo si è fermato a Eboli* di Carlo Levi sono certamente due ipotesti del romanzo di Consolo.

Napoleone. In un passo di questo tenore possiamo nondimeno trovare un'allusione al mancato coinvolgimento del popolo contadino nel movimento unitario, secondo Nievo l'errore più grave compiuto dall'intelleghenzia italiana nella lotta per unità nazionale, come poi sosterrà anche nel suo pamphlet *Rivoluzione politica e rivoluzione nazionale* del 1859:

> Il popolo tradito, ingiuriato, spogliato a man salva, s'intanava nelle case a piangere, nei templi a pregare, e dove prima pregavano Dio. [...] Dei beni perduti si sperava almeno di riacquistarne uno; la libertà è preziosa, ma pel popolo bracciante anche la sicurezza del lavoro, anche la pace e l'abbondanza non sono cose da buttarsi via. È un difetto grave negli uomini di pretendere le uguali opinioni da un grado diverso di coltura; come è errore massiccio e ruinoso nei politici appoggiare sopra questa manchevole pretensione le loro trame, i loro ordinamenti.

(XIII 861)

Anche il giudizio dell'ottuagenario su Napoleone è ambivalente. Il suo ritratto di Bonaparte è quello di un personaggio disumano, ideologizzato in chiave negativa, manchevole di psicologia, smitizzato per via comica e iperbolica (alla presentazione diseroicizzante dell'incontro udinese con Carlino, si affianca la descrizione iperbolica di "Napoléon Le Grand": il generale corso è un "colosso" [XIX 1229], un "gigante" [XIX 1154] dotato di energia e di fattività ineguagliabili) o mettendone in scena il suo asettico cinismo. Ma, nonostante le cocenti delusioni inferte agli italiani con la cessione di Venezia, Carlino riconosce che a lui si deve la nascita della Repubblica Cisalpina, "primo risorgimento della vita e del pensier nazionale" (XV 943). Sebbene il vegliardo critichi l'ambizione e la spregiudicatezza dei suoi atti, egli ammette l'utilità storica e la funzione propulsiva dell'avvento di Napoleone, le cui braccia "s'allargavano per mezza Europa e per tutta l'Italia a sommuoverne a risvegliarne le assopite forze vitali" (XVIII 1147):

> Confesso che allora anch'io partecipai generosamente alle illusioni comuni, né peraltro le chiamo illusioni se non pel tracollo che diedero poi. Del resto s'avevano grandissimi ed ottimi argomenti di sperare. Quel giorno infatti fu un grangiorno, e degno di essere onorato dai posteri italiani. Segnò il primo risorgimento della vita e del pensier nazionale: e Napoleone, in cui sperava allora e del quale mi sfidai poscia, avrà pur sempre qualche parte della mia gratitudine per averlo esso affrettato nei nostri annali. Venezia doveva cadere; egli ne accelerò e ne disonorò la caduta. [...] Fu vero merito, vera gloria.[12] E se il caso gliela donò, s'egli cercolla per mire future d'ambizione, non resta men vero che il favore del caso e l'interesse della sua ambizione cospirarono un istante colla salute della nazione italiana, e le imposero il primo passo al risorgimento. Napoleone, colla sua superbia, coi suoi errori, colla sua tirannia, fu fatale alla vecchia Repubblica di Venezia,

---

[12] Nella frase "fu vero merito, vera gloria" è evidente un richiamo intertestuale a *Il cinque maggio* di Manzoni, come se Nievo fosse tra quei posteri già in grado di rispondere all'interrogativo storico posto dallo scrittore milanese "Fu vera gloria? Ai posteri / l'ardua sentenza".

ma utile all'Italia. Mi strappo ora dal cuore le piccole ire, i piccoli odii, i piccoli affetti.
Bugiardo ingiusto tiranno, egli fu il benvenuto.

(XV 942-43)

Nella visione di Nievo, Napoleone, benché considerato un tiranno accecato dall'ambizione, ricopre comunque una funzione storica utile alla riscossa e al risorgimento del popolo italiano che condurrà il movimento indipendentista verso Unità nazionale.

7. *Condanna etica e razionalizzazione storica della violenza*

In conclusione, dunque, la devastazione del villaggio e del castello di Fratta non è per Carlino condannabile dal punto di visto storico: quel castello era già decrepito e lasciato a se stesso dai loro padroni e rappresentava un mondo di per sé già decadente. La profanazione del castello certifica per assurdo come quel luogo fosse già fuori dalla storia, mal tenuto e mal difeso. Ma nella *Weltanschauung* di Nievo non sussiste il principio dello *scapegoat* girardiano immolato alla causa della rivoluzione: nonostante a distanza di tempo Carlino cerchi di sminuire nel ricordo la drammaticità del sopruso arrecato alla vecchia Contessa morente, le circostanze della battaglia non consentono, secondo Nievo, di oltraggiare gli individui con violenze gratuite. Nievo-Carlino non accetta che la Contessa sia una moderna Ifigenia di cui accettare il sacrificio in nome della violenza rivoluzionaria, in dispregio alla tolleranza e all'*Ethos*. Se in Manzoni la presenza del male, anche gratuito, è contemplata perché verrà riscattata dalla Provvidenza, Nievo, che non è un devoto cattolico, non può accettare il principio del capro espiatorio che prevede un'accettazione cristiana del male in quanto riscattato nella dimensione ultraterrena. La prospettiva cristiana di René Girard emerge anche nel mirabile saggio di teoria del romanzo *Menzogna romantica e verità romanzesca*, dove nell'ultimo capitolo, dopo aver analizzato con grande acutezza il meccanismo triangolare del desiderio di personaggi di grandi opere della letteratura moderna, afferma che l'unico desiderio condivisibile è quello di Cristo (249-69). In Nievo, dunque, alla razionalizzazione storica della violenza in un contesto bellico-rivoluzionario fa da contraltare la condanna etica della brutalità disumana.

Oltre alla riprovazione etica della violenza, per Carlino la vera ferita dovuta alle violenze dei soldati francesi è di tipo affettivo-sentimentale. La distruzione del castello e l'orrendo sopruso commesso contro la vecchia contessa Badoer, simbolo del mondo d'*ancien régime* ormai scomparso, hanno per il protagonista un traumatico risvolto affettivo e psicologico, in quanto i francesi hanno devastato il luogo del suo idillio d'infanzia a cui egli è legato da forti ricordi e sentimenti. Questo dato assume valore rimarchevole se ricordiamo l'assoluta considerazione di Nievo verso l'infanzia a tal punto che, nel reputarla la vera età autentica della vita, egli manifesta anche in questo l'ascendenza di Rousseau.[13]

L'*Ethos* di Carlino e il *Nomos* che egli professa lungo tutte le sue confessioni non giustificherebbero le violenze, le devastazioni e l'oltraggio dei francesi, ma una riflessione che volga il suo sguardo a un orizzonte più ampio riconosce un valore positivo all'avvento della rivoluzione francese e di Napoleone in Italia. Questo discorso è ancor più valido nella prospettiva pluri-generazionale a cui guarda Carlino e che informa la scrittura stessa delle *Confessioni*, composte per lasciare memoria ai posteri, nella quale *il sangue, le sventure e le lacrime* dei risorgimentali acquistano senso nelle conquiste di cui godranno le giovani generazioni:

Sospirai per me, piansi di disperazione per la patria, indi guardando alle sembianze tenerelle dei figliuoli mi consolai e rividi un barlume di speranza. Eravamo nati, si può dire, diciott'anni prima; ci voleva la scuola delle sventure per educarci, e la vita dei popoli non si misura da quella degli individui; se noi figliuoli s'aveva scontato la viltà dei padri, i figliuoli nostri forse avrebbero raccolto la messe fecondata dal nostro sangue e dalle lagrime. Padri e figliuoli sono un'anima sola, sono la nazione che non perisce mai. Così mi affidava alla rigenerazione morale.

(XIX, 1236)

Nella nostra epoca si può affermare che permane un retaggio di matrice cristiano-solidaristica o comunque umana nel formar una "social catena" leopardiana che ci spinge a condannare moralmente le violenze perpetrate nel mondo e che riconosce in ogni vita un valore assoluto; ma mentre Nievo si pone con onestà a fare i conti con le dinamiche della storia, sino a constatarne con travaglio la connaturata presenza della violenza, al contrario, l'attuale Occidente, gaudente e dominatore, ha smarrito l'etica nel giudizio storico. La violenza che imperversa nella maggior parte del globo è un rimosso storico. Dall'epoca postmoderna, con il concetto di *fine della storia* (Fukuyama) — forse il più grande *bluff* storico-filosofico del Novecento — e l'allentamento dell'etica e della responsabilità promosso dei teorici del *Pensiero debole*, l'Occidente ha volutamente rimosso che il nostro benessere (che d'altra parte la Storia continua a scalfire giorno per giorno) è selvaggiamente controbilanciato dalla miseria della stragrande maggioranza dell'umanità e, in molti casi, dall'efferata violenza di guerre che tappezzano il mondo e di cui spesso nostri governi democratici non sono esenti da colpe. Se il crollo del Muro e la caduta dell'Unione Sovietica avevano alimentato la pantomima della *fine della storia* negli Anni Novanta, dal principio del Terzo Millennio il terrorismo islamico, la peggior crisi economica dai tempi del *Big Crash* del 1929, le grandi ondate

---

[13] L'infanzia assume nel libro una parte così rilevante, anche quantitativamente (all'infanzia è dedicato il primo terzo del libro), nella moltitudine di descrizioni mirabili dell'infanzia di Carlino e Pisana, che non esiterei a definirlo anche un *romanzo dell'infanzia*.

migratorie e gli effetti della globalizzazione che ha acuito le disparità tra ricchi e poveri, hanno forzatamente risvegliato il sonno dell'uomo occidentale. Questi eventi storici hanno messo a nudo come anche la gloriosa tradizione occidentale grondi di violenza, resa meno evidente solo perché trasferita nelle sterminate periferie del mondo. Franco Fortini, nella poesia *La gioia avvenire*, scriveva che "la scuola della gioia è piena di pianto e sangue" (61). Poco importa oggi che per Nievo la palingenesi storica fosse l'Unità d'Italia mentre Fortini la identificava con l'utopia comunista, col *sole dell'avvenire*. Il loro insegnamento certamente attuale è che la violenza non è totalmente asportabile dalla faccia della Terra, che bisogna fare i conti con essa e che il sacrificio o la tolleranza della violenza acquistano senso solo nell'orizzonte di una Gioia storica dell'umanità. Solo così "la scuola della gioia", oltre a esser "piena di pianto e sangue", può diventare colma "anche di eternità" (61). Nievo possedeva una grammatica storica per la costruzione di una società migliore — un orizzonte che, invece, l'Occidente sembra oggi aver smarrito e che, per non ammetterlo, cerca maldestramente di rimuovere in modo miope e ipocrita.

Università di Macerata

Opere citate

Barzoni Vittorio. *I romani nella Grecia*, Genova: Giovanni Grondona, 1849. (Prima ed.: Londra: Rivington and Robinson, 1797.)
Benjamin Walter. *Tesi di filosofia della storia*, Milano: Mimesis, 2012.
Bertuzzi Niccolò. *Da "levatrice della storia" a variabile della modernità. Prospettive sociologiche sul tema della violenza, da Marx fino all'Olocausto e ai mattatoi.* "Krypton" 5 (2016): 80-88.
Burke Kenneth. *A Grammar of Motives*. 1945. Berkeley: University of California Press, 1969.
_____. *Permanence and Change*, New York: New Republic, 1935.
Consolo Vincenzo. *Il sorriso dell'ignoto marinaio* (1976). In *L'opera completa*. A c. di G. Turchetta. Milano: Mondadori, 2015.
Dionisotti Carlo. *Appunti sui moderni. Foscolo, Leopardi, Manzoni e altri*. Bologna: Il Mulino, 1988. 337-50.
_____. *Appunti sul Nievo*. In *Miscellanea in onore di Vittore Branca*. Vol. V, Firenze: Olschki, 1983. 1-13.
Fortini Franco. *La gioia avvenire*. In *Tutte le poesie*. A c. di L. Lenzini, Milano: Mondadori, 2014.
Foscolo Ugo. *Saggio di novelle di Luigi Sanvitale*. In *Scritti letterari e politici dal 1796 al 1808*. A c. di G. Gambarin. Firenze: Le Monnier, 1972.
_____. *Ultime lettere di Jacopo Ortis* (1802). Milano: Garzanti, 2007.
Fukuyama Francis. *La fine della storia e l'ultimo uomo*. 1992. Milano: Rizzoli, 2003.
Girard René. *Le Bouc émissaire*. Paris: Grasset, 1982. (Trad. ingl. *The Scapegoat*. Baltimore: The Johns Hopkins University Press, 1986; trad. it. *Il capro espiatorio*. Milano: Adelphi, 1999.)

_____. *Menzogna romantica e verità romanzesca.* 1961. Milano: Bompiani, 2002.
_____. *La Violence et le sacré.* Paris, Grasset, 1972. (Trad. ingl. *The Violence and the Sacred.* Baltimore: Johns Hopkins University Press, 1977; trad. it. *La violenza e il sacro.* Milano: Adelphi, 1992.)
Levi Carlo. *Cristo si è fermato a Eboli.* 1945. Torino: Einaudi, 2010.
Manzoni Alessandro. *Il cinque maggio.* 1821. Torino: Letteratura Italiana Einaudi: http://www.letteraturaitaliana.net/pdf/Volume_8/t227.pdf
_____. *Promessi sposi* (1827, 1840). Milano: BUR, 2014.
Marx Karl. *Il Capitale.* 1867. 3 voll. Torino: UTET, 2012.
Mazzacurati Giancarlo. *Pitagora a New York: per una prefazione al "Barone di Nicastro" di Ippolito Nievo.* In *Forma e ideologia (Dante, Boccaccio, Straparola, Manzoni, Nievo, Verga, Svevo).* Napoli: Liguori, 1974. 271-72.
Mengaldo Pier Vincenzo. *Appunti di lettura sulle "Confessioni" di Nievo.* "Rivista di letteratura italiana." 3 (1984): 465-518.
_____. *Introduzione.* In *Ippolito Nievo e il mantovano. Atti del convegno nazionale.* A c. di G. Grimaldi, Venezia: Marsilio, 2001. 20.
Nievo Ippolito. *Le confessioni d'un Italiano.* 2 voll. A c. di S. Casini, Parma: Guanda Fondazione Bembo, 1999.
_____. *Rivoluzione politica e rivoluzione nazionale. Venezia e la libertà d'Italia.* A c. di M. Gorra. Udine: Istituto editoriale veneto-friulano, 1994.
Verga Giovanni. *Libertà.* 1883. In *Tutte le novelle.* A c. di C. Riccardi, Milano: Mondadori, 1992. 319-25.

Francesco Capello

Rifiuto dell'io, intolleranza del vuoto e sacrificio narcisistico in Clemente Rebora

"Certo, ogni dono che si fa comporta un sacrificio. Altrimenti che razza di dono sarebbe?"
Otto, in Sacrificio (Andrej Tarkovskij, 1986)

"Chosen suffering, or even inflicted suffering, does not make one good."
Ruth Stein, For Love of the Father 139

"Quando sentiamo i nostri martiri in mezzo alle fiamme gridare al tiranno: "Questa parte è abbastanza arrostita, tagliala, mangiala, è cotta, ricomincia dall'altra", […] certo bisogna riconoscere che in quegli animi vi è qualche alterazione e qualche furore, per santo che sia."
Michel de Montaigne, Saggi 617

"È il patire che salva le anime."
Clemente Rebora, Poesie 451

Sinossi: Facendo riferimento alla teoria psicoanalitica kleiniana e post-kleiniana introdurrò brevemente il concetto di scissione, insieme alle fantasie fusionali ad essa connaturate, per poi mostrare come il riferimento a tali fenomeni psichici possa aiutare a comprendere le implicazioni psicologiche sottese alle narrazioni sacrificali e autosacrificali nel discorso poetico e religioso di Clemente Rebora (1885-1957). Dall'esame dei testi poetici e dell'epistolario reboriano emergerà come le narrazioni (auto)sacrificali di Rebora, avendo per cardine affettivo e psicologico una radicale intolleranza del vuoto e della separazione dall'oggetto, siano strutturate nel segno dell'assenza di un *altro da sé* – collocandosi pertanto in un orizzonte "pseudoaltruistico" e, nella sua essenza, narcisistico e non etico.
Parole chiave: Rebora, sacrificio, etica, psicoanalisi, scissione, fusione, pseudoaltruismo, narcisismo.

Introduzione

Con la figura per molti versi enigmatica di Rebora si sono misurate, tra ondate e riflussi di interesse, alcune tra le più ragguardevoli voci critiche del secolo scorso,[1] e anche in virtù del graduale stratificarsi di questi contributi la presenza

---

[1] Scrive Luigi Meneghello sul *Times Literary Supplement* del 2-8 dicembre 1988, con lo pseudonimo di Ugo Varnai: "The nature of his religious experience was ultimately as elusive as the inspiration of his early poetry had been". Nella stessa sede Meneghello parla anche della "enigmatic isolation" del poeta. Dalle note recensioni di Cecchi e Boine ai *Frammenti lirici* alla ripresa di Contini (1937) passano due decenni abbondanti di silenzio, e altri due ne trascorreranno prima del definitivo "risveglio critico" che a partire dalla fine degli Anni '50 vede gli interventi di Montale, Pasolini, Bàrberi-Squarotti, Guglielminetti, Bo, e poi Ramat, Berardinelli, Caproni, Giudici, Folli, Luperini, Luzi.

reboriana (almeno) nelle sezioni primonovecentesche delle storie letterarie e delle antologie poetiche è oggi data per acquisita. La recente pubblicazione del Meridiano curato da Adele Dei (2015) interviene a segnare un'ulteriore e significativa tappa nel processo di canonizzazione letteraria, e come tale invita a una rilettura; più ancora, ad ogni modo, sollecita un riesame il fatto che, come osserva la stessa Dei esordendo nel saggio introduttivo, Rebora sembri avere attirato "negli ultimi anni" un'attenzione di natura piuttosto agiografica che critica:

> Poche figure sono state mitizzate come quella di Clemente Rebora, la cui storia è stata innumerevoli volte raccontata solo in funzione del suo approdo alla fede e al sacerdozio, rimontata per momenti e tappe esemplari, facendo correre il rischio, come avvertiva Luciano Anceschi già nel lontano 1964, di avvolgerlo "tra le nebbie soavi e rapite di apologie e agiografie". La vita del religioso, fervida e spiritualmente ricchissima, ha finito sempre più spesso negli ultimi anni per sommergere e soverchiare qualunque altra considerazione o valutazione, per riassorbire, appiattendola in una visione univoca, finalizzata e magari edulcorata, anche la sua esistenza precedente.
>
> (xi)

Anche più oltre la Dei ravvisa, a proposito delle tarde prove poetiche di carattere religioso, un "evidente e comprensibile intento agiografico da parte di chi è più interessato al Rebora cattolico e spirituale, ma anche una sorta di sospensione di giudizio, di compiacente reticenza (e acquiescenza) da parte di chi invece del Rebora poeta vorrebbe e dovrebbe parlare" (xxxix). In tal modo la studiosa rivendica per implicito contrasto alla propria operazione editoriale e critica il merito di avere invertito la rotta, riconducendola verso un ambito squisitamente estetico e letterario con l'intento di rendere "più definito il profilo del poeta".[2] Com'è chiaro, una simile prospettiva muove da un'idea forte di "valutazione" (xxxix) o, per usare le parole di Giancotti, di "giudizio critico": priorità legittima, e che tuttavia è anche all'origine del senso di relativo smarrimento dichiarato dalla Dei soprattutto di fronte alla già menzionata "poesia degli ultimi anni, tanto deliberatamente eteronoma da rendere spesso quasi imbarazzante avvicinarla con gli strumenti consueti della critica e della letteratura" (xxxix).

È ad altri strumenti che in questa lettura ricorrerò, mettendomi nel solco di quanti hanno tentato di riguadagnare Rebora a un discorso critico laico. Assumendo un vertice di osservazione non filologico, non estetico e neppure storico-documentario, ma risolutamente ermeneutico,[3] mi riferirò infatti

---

[2] Prendo a prestito l'espressione dalla recensione di Matteo Giancotti al Meridiano, pubblicata su alfapiù, libri (28 novembre 2015).
[3] Giancotti sottolinea a ragione come "Adele Dei e Paolo Maccari [abbiano] preferito un approccio documentario più che ermeneutico". Tra i recenti studi reboriani caratterizzati da un'impronta prevalentemente filologico-documentaria vanno ricordati almeno quelli di Attilio Bettinzoli e Roberto Cicala. Sul piano ermeneutico, meno frequentato, rimane

principalmente a concetti teorico-clinici e a modelli dello sviluppo e del funzionamento mentale sviluppati, a partire dalla metà degli anni '30, dalla psicoanalisi kleiniana e in seguito da quella postkleiniana e bioniana. Il mio obiettivo, nel fare ciò, sarà di rendere più netto non tanto il profilo del poeta contrapposto su base estetica al religioso, bensì quello più ampio del sistema ad un tempo psicologico, relazionale e discorsivo che, con impressionante coerenza,[4] governa le rappresentazioni reboriane nel loro complesso — e a prescindere dallo specifico "genere narrativo" adottato per veicolarle.[5]

Nelle pagine che seguono mi concentrerò su uno dei motivi centrali di queste narrazioni, quello del sacrificio: declinato di preferenza, e anzi quasi esclusivamente, come *autosacrificio e annullamento di sé*. È questo un tema che finora la bibliografia si è per lo più limitata a ricondurre alla tradizione religiosa e letteraria del misticismo, entro la quale esso figura del resto e non di rado come elemento di primo piano. Colpisce tuttavia, considerata la misura in cui

---

utile la pur datata monografia di Del Serra (1976). Imprescindibile per acume critico e rigore metodologico è poi il contributo di Maria Grazia Paino (2001).
[4] Tra i critici meglio avvertiti rispetto alla continuità e sostanziale unitarietà dell'opera reboriana sono, con la Paino e la Dei, Macrì e Lollo – ma già gli interventi di Pasolini e Bo avevano anticipato questa linea interpretativa.
[5] Ispirata al modo in cui Antonino Ferro, introducendo il concetto di derivato narrativo, suggerisce di ascoltare i diversi tipi di racconto utilizzati dai pazienti in seduta, la scelta di non tracciare qui una linea di demarcazione tra uno specifico letterario entro cui operare e una produzione "altra" consente di ricavare una mappatura più completa e definita del funzionamento del sistema reboriano di rappresentazioni – a tutto vantaggio anche della comprensione delle opere di più chiara vocazione letteraria. Così come nel modello analitico proposto da Ferro la sessualità e il racconto dei sogni o di ricordi d'infanzia (narrazioni storicamente privilegiate dalla psicoanalisi) rappresentano solo alcuni dei possibili generi narrativi in cui si esplica nel qui e ora della seduta la funzione-sogno del paziente (per Ferro oggetto elettivo del trattamento analitico), in questo studio forme discorsive anche assai diverse verranno considerate portatrici egualmente "degne" di informazioni rispetto alle trame affettive e fantasmatiche che occupano la mente di Rebora, oltre che al modo in cui a seconda delle circostanze egli sembra averle gestite psichicamente. Per la medesima ragione, al pari dello specifico letterario anche quello religioso-teologico verrà messo in secondo piano: quasi nullo sarà ad esempio lo spazio accordato alla ricognizione delle fonti dottrinali rispetto all'analisi delle relazioni oggettuali ad esse intrinseche e al ruolo che esse di volta in volta assumono all'interno del più ampio sistema discorsivo in esame; rinvio chi fosse interessato a questi ultimi aspetti al noto studio di Caroline Walker Bynum, *Sacro convivio, sacro digiuno*, in cui si trovano raccolte e commentate importanti fonti medievali su motivi reboriani qui trattati quali (tra gli altri) il discorso su Cristo come sposo della natura umana, su Cristo come madre, sull'equivalenza tra latte e sangue ecc. Vale in ultimo la pena di sottolineare che la presente lettura si apre anche, pur idiosincraticamente, a una prospettiva critica storico-letteraria, nella misura in cui costituisce un approfondimento della ricerca da me intrapresa già con *Città specchio* (2013) sul narcisismo come costellazione dominante nelle pratiche discorsive utilizzate all'interno del campo letterario primonovecentesco.

l'"esaltazione sacrificale"[6] del poeta e sacerdote implica al contempo la natura del rapporto del soggetto con se stesso e con i suoi oggetti (esterni e interni), il fatto che ad oggi essa non sia stata adeguatamente interrogata *anche* da un'angolatura meglio attrezzata per lo studio di questi aspetti.[7]

Sottolineando il ruolo centrale dei fenomeni di scissione dell'Io e delle fantasie fusionali, illustrerò qui di seguito succintamente i capisaldi teorici ad essi relativi che meglio si prestano a illuminare il significato psicologico del tema sacrificale, per poi procedere ad analizzarlo leggendo una serie di passi delle poesie e dell'epistolario attraverso la filigrana della letteratura analitica sulla psicodinamica dell'autoannullamento, dell'altruismo e del narcisismo morale. L'esame dettagliato dei testi consentirà di osservare come le narrazioni (auto)sacrificali di Rebora, avendo per cardine affettivo e psicologico una radicale intolleranza del vuoto e della separazione dall'oggetto, risultino strutturate nel segno dell'assenza di un altro da sé – e si collochino pertanto in un orizzonte "pseudoaltruistico"[8] e, nella sua essenza, non etico.

Se invero, come suggerisce Lionel Trilling, la moralità sorge da una "willing suspension of disbelief in the selfhood of somebody else" (95), l'analista Marion Milner ha osservato per parte sua come esista un tipo di pensiero strutturalmente estraneo a tale prospettiva nella misura in cui l'alterità e le sue implicazioni non giungono a trovarvi posto:

> [...] selfishness is not usually a failure of will, it is not that one deliberately sees a selfish and an unselfish attitude and chooses the selfish. It is that one is selfish because one unwittingly indulges in a kind of thinking, which cannot, by its very nature, recognise the realness of other people's needs.
>
> (162)

Che Rebora occupi una posizione di spicco nel drappello dei cosiddetti "moralisti vociani" è quasi superfluo ricordare: il riscontro negli scritti di ogni fase della sua vita di una travolgente "tensione morale", "esigenza morale" o consimili costituisce da decenni un luogo comune per lettori e interpreti. La mia prima scelta critica sarà quella di distogliere lo sguardo da un'urgenza di "bontà" troppo debordante per non suscitare qualche interrogativo, e di sporgerlo più oltre a sondare, per meglio comprenderla, quei termini di (in)esistenza dell'alterità che ad essa si riveleranno man mano più profondamente (e meno paradossalmente) intrinseci. Termini che, posizionando il soggetto al centro di un invincibile moto centripeto, tratteggiano una modalità

---

[6] Così ancora la Dei (xl).
[7] Pur scegliendo di approfondire qui questa prospettiva, particolarmente fruttuosa nel caso di un isolato come Rebora, sono persuaso del fatto che (nelle parole di Akhtar e Varma) "personal motivations – no matter how varied – do not exhaust the factors leading to sacrifice. Societally enforced ideals can also induce self-sacrifice" (98).
[8] Rinvio per questo concetto alla sezione ad esso dedicata.

di relazione con gli oggetti di tipo prevalentemente narcisistico. Più che alla linea di un ponte slanciato verso l'altro in atto di dono, è forse alle volute spiraliformi del sottostante "gorgo"[9] che il sacrificio reboriano soprattutto accenna, seguendone nei suoi gesti le tracce e il torcersi inquieto. Avvitato sempre più a fondo, esso consegna il Sé e l'oggetto a spire che tutto ingoiano ed evacuano[10] in un'indistinta, solipsistica jouissance di morte.

Mentalità fusionale, scissione, autocastrazione, purificazione
Il sacrificio a cui allude il personaggio di Tarkovskij citato in epigrafe consiste naturalmente nella separazione dall'oggetto donato. Perché quel tipo di sacrificio possa avere compiutamente luogo occorre tuttavia che sia soddisfatta anche una seconda condizione – un criterio che il quotidiano buon senso improntato al realismo ingenuo non prenderebbe forse neppure in considerazione, e che invece, come l'esperienza clinica psicoanalitica frequentemente mostra, è incauto dare per scontato: *la separatezza psicologica del donatore dalla persona a cui viene fatto il dono.*[11]

Anche laddove le metafore e i modelli teorici utilizzati per descrivere questa realtà possono variare, i principali orientamenti della psicoanalisi contemporanea condividono l'assunto di fondo per cui, nel corso della crescita, ben più della pura e semplice *separatezza fisica* tra sé e altro risulta arduo per il soggetto metabolizzare la *separazione/separatezza psichica* dall'oggetto. Questo secondo passaggio, che richiede molto più tempo e viene a più riprese rinegoziato nelle diverse fasi della vita, chiama in causa processi mentali che non si limitano a semplici operazioni di tipo cognitivo e al livello conscio delle rappresentazioni: esso coinvolge infatti assai intensamente il mondo degli affetti, delle emozioni e delle fantasie inconsce. Prendere atto anche a questo livello più profondo (emotivo, corporeo, prelinguistico) dell'esistenza autonoma di soggetto e oggetto – in origine: di bambino e madre – è anzi il primo grande "sacrificio" che ciascun individuo della nostra specie deve apprendere a fare. Si tratta, beninteso, di uno snodo tanto doloroso quanto necessario ai fini dello sviluppo, tanto che per Mahler, Pine e Bergman il transito dalla simbiosi (fusione) all'individuazione (separatezza) costituisce addirittura il presupposto

---

[9] Termine chiave del repertorio reboriano, esso viene spesso evocato anche da parole quali "ingorgo" o "sgorgare", oltre che dall'immagine del vortice. L'idea di corpo come "ponte sacrificale" materiale o metaforico, ripresa in questo volume da Olimpia Pelosi a proposito del corpo delle mistiche, è stata formulata tra gli altri da Carolina Carriero e da Albrecht Classen.
[10] Il riferimento è al famoso verso del Frammento V ("ingoia evacua pane e verità"), che, come mostrerò, si presta anche a essere letto come metafora di un particolare tipo di modalità relazionale con l'oggetto.
[11] Importanti riflessioni sul rapporto tra dono, donatore, soggettività ed etica sono svolte da Derrida in *Donare il tempo* e *Donare la morte*.

stesso della nascita psicologica dell'infante umano.[12]

La mente opera in assetto fusionale quando prevalgono la fantasia e per così dire il postulato emotivo di essere tutt'uno con l'oggetto: un oggetto che, in virtù di tale indistinzione, il soggetto sente di poter anche *controllare*, entrando magicamente al suo interno e risiedendo nella sua mente.[13] I vissuti acquisiscono allora una qualità e una tonalità che risuonano con quelle dei bambini molto piccoli, i quali ancora non distinguono il proprio Sé (nel caso dei neonati, nemmeno quello corporeo) da quello della madre, e avvertono quanto accade dentro e fuori di loro come un'unica esperienza unificata e senza confini. Si tratta naturalmente della loro stessa esperienza soggettiva, che viene però attribuita anche a un mondo esterno proiettivamente assimilato a sé.

Trascendere la mentalità fusionale è doloroso soprattutto in quanto richiede di abbandonare la fantasia edenica onnipotente dell'autosufficienza, in cui i bisogni vengono subito soddisfatti come per intervento divino: occorre, in altre parole, sacrificare nella propria mente la madre gratificante, perfetta e sempre presente che ogni bambino fantastica e desidera. A questo proposito Angela Joyce mette in luce un conflitto

between the desire to remain so close to mother that it feels like they are merged, both *secure and omnipotent,* and the urge to be an *autonomous* individual, who fears *re-engulfment* by the mother. The realization that increased autonomy requires a sacrifice of the toddler's belief in his *omnipotence* can lead to a dramatic loss of the *ideal self* that was so enjoyed during the earlier period.

(59)

La rinuncia all'idealizzazione di sé garantita dallo stato di fusione con l'oggetto ideale comporta che il soggetto/bambino inizi allo stesso tempo a *tollerare come propria l'esperienza frustrante della separatezza* (fatta di solitudine, fame, paura del vuoto, limitazioni di movimento ecc.) senza cedere all'impulso di distanziarsene attraverso un eccessivo ricorso a meccanismi di difesa di varia natura (negazione, rimozione, scissione, proiezione ecc.). Osserva Margot Waddell a questo proposito come

---

[12] Il rimando è al celebre *The Psychological Birth of the Human Infant. Symbiosis and Individuation* (1975).

[13] Numerosi psicoanalisti hanno sottolineato come il controllo dell'oggetto non separato rappresenti una delle principali finalità emotive tanto del sacrificio quanto del sacrificio di sé. Per Symington "the offering of a sacrifice to the clan divinity *compels* that divinity into man's control" (11); per Seeling e Rosof, "pseudoaltruists' compulsive caretaking and self-sacrifice cloaks and defends against their aggression, their envy, and their need to control the object" (948); per Akhtar e Varma "one may sacrifice oneself as a martyr in order to control others" (110), e per Fenichel "sacrifice and prayer, the classic methods of ingratiation, are often thought of as a kind of magical violence used to force God to give what is needed" (356).

if the baby/learner is intolerant, there will be a tendency to try to evade the pain of absence, of uncertainty, of not knowing. One way of doing this is to project all the more massively and insistently, to the point where so much of the self is felt to be in the other that an illusion arises that there is actually no difference between the two, that is between the self and the other [...] when there is no experience of twoness, neither separation nor envy need be felt, but, equally, no learning can occur.

(115)

La proiezione consente tra l'altro di fare ritorno (nella fantasia) alla simbiosi originaria attraverso un meccanismo per cui, quando i vissuti spiacevoli e le parti più aggressive del sé giungono ad essere avvertiti come intollerabili, vengono esperiti non come propri bensì come procedenti da un oggetto (fuso a sé) che slitta nella percezione del soggetto dal ruolo di entità ideale a quello di persecutore. Si comprende allora perché la psicoanalisi riconosca nella figura della strega e di analoghi agenti persecutori[14] altrettante personificazioni della madre assente, secondo la medesima dinamica di gestione-camuffamento dell'assenza che fa nascere i demoni dalla costola delle divinità. Di questa interdipendenza tra stati paradisiaci e infernali, rigidamente ma simmetricamente scissi all'insegna di un'identificazione con l'oggetto onnipotente, Rebora stesso diede eloquente e quasi aforistica espressione nel famoso attacco di uno dei *Canti anonimi*: "Se dio cresce | il diavolo aumenta, | vetta che al cielo più riesce | scavando una voragine tremenda". Essere separati dal punto di vista psichico significa in sostanza rinunciare simultaneamente al paradiso e all'inferno che ad esso corrisponde: entrambi luoghi della mente la cui totalità senza tempo esonera peraltro da ogni azione o responsabilità nella misura in cui, come si suol dire, "tutto è già dato"[15] – e con la conseguenza che, permanendovi, il soggetto rimane relegato in una posizione di passività che a sua volta rafforza il senso di persecuzione.

Melanie Klein usò il termine di "posizione" per concettualizzare e distinguere tra loro da un lato gli stati prevalentemente fusionali e dall'altro quelli in cui, al contrario, la separatezza viene almeno in parte sostenuta. Come riassume efficacemente Hanna Segal:

[...] il termine "posizione" indica uno stato di organizzazione dell'Io e descrive le caratteristiche di fenomeni collegati tra loro: situazione dell'Io, natura delle relazioni con gli oggetti interni, natura dell'angoscia e delle relative difese [...] Nella posizione schizo-paranoide l'Io è scisso in parti buone e parti cattive; è frammentato. Nella posizione

---

[14] Molte di queste figure furono passate in rassegna, in chiave junghiana, da Eric Neumann nel suo celebre volume *La grande madre*.
[15] Non prevedendo spazio per il vuoto — prerequisito di quella discontinuità che dell'alterità è prima matrice — l'illusione della totalità è essenzialmente antitetica al cambiamento (al farsi altri da sé) e finanche alla stessa temporalità che rende possibile la trasformazione. La Paino caratterizza giustamente il tempo di Rebora come "momentaneo ed eterno [...] oltre la storia" (xxi).

depressiva l'Io, maggiormente integrato, è esposto alla lotta di pulsioni contraddittorie. La relazione oggettuale nella posizione schizo-paranoide è totalmente egocentrica e onnipotente; l'oggetto è [...] scisso in un oggetto ideale e un oggetto persecutorio. Nella posizione depressiva gli oggetti [...] non sono più scissi in figure totalmente buone e totalmente cattive [...] L'angoscia dominante della posizione schizo-paranoide ha a che fare con la [...] paura di persecutori pronti a distruggere tanto il Sé quanto l'oggetto ideale. Nella posizione depressiva l'angoscia attiene al male — deterioramento o perdita – arrecato all'oggetto dagli impulsi aggressivi del soggetto.

(115-17)

Un'importante conseguenza della rinuncia — "depressiva" in ragione del lutto che comporta — alla totalità schizoparanoide consiste nel fatto che, nel momento in cui ci si separa psichicamente, si costituiscono nel mondo interno del soggetto un io e un altro. Inoltre, integrando gratificazione e frustrazione (amore e odio) dentro di sé, il soggetto li integra di riflesso anche nella sua rappresentazione interna dell'altro, con il risultato che entrambe le parti acquisiscono una complessità e un'ambiguità incommensurabili alla bidimensionalità arcaica e totalizzante della scissione. In questo universo meno polarizzato e più sfaccettato il soggetto e i suoi oggetti possono co-esistere separatamente ciascuno nei propri termini, e con la propria svincolata e meno rigida prospettiva. È in riferimento al configurarsi di quest'orizzonte psichico in cui l'individualità e la separatezza propria e altrui hanno un riconoscimento magari anche provvisorio ma *al contempo cognitivo ed affettivo* che la Klein individuava nell'accesso alla posizione depressiva *l'atto di nascita dell'etica nella mente umana.*

Dirigendosi in senso opposto, il sistema discorsivo e psicologico reboriano si è invece progressivamente strutturato attorno all'esigenza psicologica fondamentale di eludere l'esperienza emotiva della separazione-separatezza. A fronte di una situazione sempre più difficile da sostenere sia nelle circostanze materiali di vita sia nel suo mondo interno, la conversione maturata nel corso degli anni '20 consentì a Rebora di completare un percorso di regressione verso quella che Winnicott definisce situazione primaria: una costellazione di vissuti che rinviano a una fantasia di unità indifferenziata tra madre e bambino. Tra i vari passi che documentano questo percorso verso l'identificazione fusionale con una madre ideale — fino all'aggiunta emblematica, dietro quello che avvertì come un "forte impulso", del nome di Maria al proprio — [16], trascelgo il seguente dal *Diario intimo* per la sua particolare qualità riassuntiva. Rievocando nel *Diario intimo* i momenti che precedettero la conversione, Rebora ricorda come

---

[16] Il 12 settembre 1951, giorno della ricorrenza del SS. Nome di Maria, Rebora scrisse al padre rosminiano Giovanni Gualdo: "Stamane [...] mi è venuto un forte impulso di aggiungere al mio nome – *Clemente* – quello di *Maria*. Lo potrei fare? Perdoni se fra i tanti fastidi le aggiungo questo che non pare di prima necessità; ma lo è forse per me" (291).

nel tempo che la Madonna mi preparava a Gesù, io andavo a studiare e meditare appoggiato allo zoccolo del mio Duomo, con la confidenza amorosa di un bambino che si stringe alla gonna della mamma: la Madonnina invitava e sorvegliava lucendo lassù. Poi entravo nell'interno soprannaturale, del tempio, e mi effondevo venerando davanti all'imagine, tutta in luciore, della Regina delle Grazie.

(49)

Questo ef-fondersi e con-fondersi identificatorio con la madre-Madonn(in)a nel cui grembo egli di fatto (ri)entra è la fantasia alla base delle numerose autorappresentazioni di Rebora come donna-mamma che, soprattutto (ma non solo) nell'epistolario, iniziano a comparire e via via si infittiscono a cavallo tra gli anni '10 e gli anni '20. Si tratta peraltro di una fantasia che, da un punto di vista affettivo e psicologico, è strettamente connessa a un altro particolare fenomeno ampiamente riscontrabile nella trama discorsiva del poeta: la sistematica ablazione del rapporto sessuale (mentalmente) adulto, basato sulla differenza e sull'alterità dei partner, a vantaggio della situazione primaria indifferenziata. Ratificato in modo concreto con la scelta del sacerdozio — preceduto quest'ultimo, com'è noto, da una vita di astinenza con l'eccezione (tutto sommato parziale dal punto di vista psichico)[17] della convivenza con Lydia Natus — il venir meno del rapporto sessuale trova una formulazione esemplare e curiosamente algebrica nel seguente stralcio da una lettera del 1928:

[...] ricordare che, in fine, solo le Marie potranno schiacciare la testa del serpente dragone; e che valgono le seguenti formole, anzi equazioni:
il Serpente sta ad Eva, come Adamo a Caino e Abele.
L'Arcangelo Gabriele sta a Maria, come Gesù all'Umanità di Dio.

(702-03)

Si può qui osservare come, nel passaggio dalla prima alla seconda proporzione, il posto del fallico serpente istigatore del desiderio venga preso da una creatura angelica, e perciò seraficamente priva di sesso: un avvicendamento che, a partire dalla sua morfologia, evoca il fantasma della castrazione — strettamente connesso al tema all'autosacrificio, come pure si vedrà. La sostituzione dei primi termini medi con i secondi determina inoltre per l'epoca della salvezza preconizzata da Rebora (altrove: "Epoca Nuova") la scomparsa della coppia sessuale differenziata di uomo e donna (Eva e Adamo), a cui subentra la diade primaria di madre e bambino (Maria e Gesù). Eliminando di fatto la coppia mediante l'assimilazione della donna alla madre e quella dell'uomo al figlio, le "equazioni" di Rebora distillano nella loro formula l'essenza del trionfo edipico. Un trionfo magico che non apre a un'autentica possibilità di crescita, nella

---

[17] Si considerino gli aspetti inconfondibilmente simbiotici di questa relazione alla luce di quanto scrive Ferro nel suo eccellente capitolo dedicato alla sessualità psichica in *Evitare le emozioni, vivere le emozioni*.

misura in cui sbarra l'accesso alla dimensione conflittuale (separata) della sessualità adulta: attraverso la loro corrispondenza logica, i termini estremi delle proporzioni indicano infatti che, laddove il desiderio di conoscenza anche sessuale di Adamo ed Eva (il serpente) conduce irreparabilmente a un conflitto mortale (Caino e Abele), un'esistenza pacificata quale viene da immaginare debba essere quella dell'"Umanità di Dio" è possibile solo a patto di eludere o finanche elidere (come l'Arcangelo) tale tensione immergendosi nel tutto indifferenziato e pre-oggettuale del primario (la diade madre-bambino).

Rispetto al trionfo edipico, e al parricidio che del suo conseguimento è condizione necessaria, va pure rilevato che il Rebora religioso tornò a più riprese sulla necessità, nella cornice post-temporale della redenzione, di "vincere quel che rimane di Adamo, in me e intorno a me"[18] per raggiungere la salvezza (la "vita eterna"). Con queste parole egli intendeva certo esprimere, a livello esplicito e consapevole, l'urgenza che egli avvertiva di purificarsi da ciò che di lui ancora sopravviveva entro un orizzonte esclusivamente umano, laico e non fondato nella grazia divina. Eppure, specie alla luce dello stretto rapporto che nei suoi scritti lega talora esplicitamente l'antinomia tra Eva e Maria (mutuata dalla tradizione teologica) al discorso sacrificale, non sarà inutile procedere a qualche ulteriore considerazione con cui concluderò questa prima parte introduttiva.

Andrà anzitutto osservato come Eva, privata di Adamo, si sovrapponga per un aspetto fondamentale a Maria (con cui Rebora, come si è visto, si identifica), *donna priva del peccato della conoscenza*. In altre parole, vincere Adamo spezzando dentro di sé la coppia sessuale che questi forma con Eva (la differenza che permette la conoscenza) equivale a trasformare concomitantemente Eva in Maria, incarnazione per antonomasia della fantasia di concepire in assenza di un uomo. In secondo luogo, il collegamento tra lo sbarazzarsi della figura maschile-paterna (Adamo) e l'idea ossessivamente espressa di un orizzonte soteriologico a tinte rivoluzionarie[19] riconduce anche a

---

[18] Preso nella sua interezza, il passo della citazione rende chiaro come la diade primaria di Maria e Gesù (l'eternità indifferenziata e "unanime") sia contrapposta alla figura maschile e paterna di Adamo e al processo di individuazione-separazione: "per il tramite di Maria e Gesù [...] attingo la vita eterna per vincere quel che rimane di Adamo, in me e intorno a me, verso la manifestazione che si prepara dai secoli dei secoli [...]. È quindi via smarrita cercare di 'prender forma' individualmente, di 'cristallizzare la nostra personalità in forme intelligibili'" (Lett. 1025).

[19] Trascorse poche settimane dalla Marcia su Roma, Rebora metteva in relazione l'unità fusionale (non-conflittuale, senza "contrasto di parti") con la maternità asessuata e con vaghe, esaltate considerazioni sulla rivoluzione fascista e su quella russa del 1917 (lettera 777 del 18 novembre 1922): "*Dietro* il fascismo... c'è stato un fatto analogo a quelle rivelazioni divine della propria missione che, apparentemente *d'un tratto*, trasformano in unità creatrice ciò che prima era latente o contrasto di parti all'unità. Ora fu questo lievito che commosse o turbò la maggioranza italiana, come si turbò e commosse Maria quando l'Arcang. Gabriele le *annunciò* la concezione (ch'ella si era *meritata* perché pronta ad

quanto lo psicoanalista Roger Money-Kyrle osservò a proposito della grammatica affettiva intrinseca tanto al messianismo delle rivoluzioni quanto alla psicologia del sacrificio: "Revolution occupies a similar position in socialism to sacrifice in religion. They are both symbolic parricides, which open the way to salvation, that is, to the mother" (92-93).

Beninteso, questo trionfale accedere alla madre avviene *non* nella forma di un rapporto tra soggetto e oggetto separati — l'elaborazione dell'Edipo comporterebbe difatti il venire a termini con la funzione psichica paterna del terzo separatore, e con ciò anche l'accettazione della propria autonomia e di quella della coppia genitoriale — bensì in assenza di limiti, confini e relativi conflitti, in un'adesione totale [20] che sfocia appunto non nel relazionarsi con l'oggetto ma nel *diventarlo*. È la dinamica di identificazione infantile descritta già da Freud in un appunto del 1938:

"Avere" ed "essere" nel bambino. Il bambino esprime volentieri la relazione oggettuale mediante l'identificazione: "Io sono l'oggetto." L'avere è successivo, dopo la perdita dell'oggetto [ovvero dopo la separazione] Prototipo: il seno. Il seno è una parte di me, io sono il seno. Solo in seguito: io ce l'ho, dunque non lo sono.

(565).

Frutto di questa logica affettiva non transitiva (avente un oggetto) ma predicativa (essente l'oggetto), [21] l'autotomia operata da Rebora — l'estromissione cioè del paterno e del maschile dalla propria mente — ha il valore psichico di un'autocastrazione: è un farsi donna-madre nella fantasia che, com'è ovvio, non costituisce l'esito di un processo di reale individuazione femminile attraverso la separazione bensì (all'esatto opposto) l'inevitabile approdo dell'abolizione di ogni traccia di soggettività autonoma. Questa chiave di lettura aiuta a comprendere meglio anche il motivo per cui la dedizione di Rebora alla "Missione della donna", causa da lui portata avanti con lo zelo di chi

---

essere materna). Occorre quindi conoscere che la missione di emancipazione di Unità fraterna nel Mondo per *iniziativa* della nostra Nazione *è scoccata*... La Russia ha un altro compito concomitante e subordinato: a un'altra volta [Rebora non tornò mai sull'argomento]". Pressoché in tempo reale Rebora aveva parlato già il 27 ottobre 1922 del "richiamo divino dell'Epoca Superiore nella quale siamo entrati [...] Ora occorre [...] prepararsi a meritar la vita che dobbiamo partorire sotto la fecondazione accidentale degli uomini 'politici': essere mamme, non mariti [...] Le più *gravi amarezze seguono le nostre infedeltà a questa missione*. Donde la necessità di una purificazione assidua" (511).

[20] "Adesione", "consenso" e i rispettivi derivati sono parole spesso ricorrenti nel vocabolario poetico ed epistolare di Rebora, soprattutto nella giovinezza.

[21] L'indagine svolta dalla Paino sul versante lessicale pare confermare questa ipotesi: la studiosa nota infatti, a proposito dell'uso del verbo essere in Rebora, come "ad essere fuori dalla norma d'utilizzo del lemma è il rapporto tra le occorrenze del verbo in funzione predicativa e in funzione ausiliare, che, nettamente sbilanciato verso l''essere' predicato, sembra implicitamente alludere alla ricerca di una 'presenza'" (xxvii).

si sente coinvolto in prima persona, abbia preso corpo nel medesimo giro d'anni in cui egli elaborava la raccolta dal titolo altamente significativo di *Canti anonimi*, in cui la poetica-ideologia dell'annullamento di sé appare già pienamente sviluppata.

In ultimo, rispetto alla "necessità di una purificazione assidua" propria dell'"Epoca Superiore nella quale siamo entrati", andrà osservato come l'impulso purificatore — anch'esso fattore centrale, non meno del controllo onnipotente dell'oggetto, delle pratiche sacrificali e autosacrificali — implichi a livello psicologico la scissione e quindi l'espulsione dalla mente di parti di sé. Nella misura in cui, come ha sostenuto tra gli altri Ruth Stein, intrinseco al purificarsi è

> the effort to oust repudiated, unwanted, hated parts of oneself. The longing to repair oneself through killing oneself is one of the deeper meanings of martyrdom and self-annihilation
>
> (70)

la destinazione ideale e ultima del percorso di purificazione, perseguita da Rebora instancabilmente e da ben prima della conversione, è raggiunta nel momento in cui il sé e l'Io ammarano nella dissoluzione: "one purifies oneself to death, out of existence, and one purifies the world through massive elimination of its impure human elements" (71).[22]

Nelle tradizioni di ogni epoca, compresa naturalmente quella giudaico-cristiana, l'elemento purificatore archetipico è l'acqua.[23] Non sorprenderà quindi che a proteggere Rebora dalla temutissima differenza/separazione — ciò che il rapporto sessuale adulto, basato sulla differenza sessuale, intrinsecamente minaccia — sia riuscita l'immersione nella piscina di Lourdes durante il pellegrinaggio del 1952. Si legge infatti nel *Diario intimo* come in quell'occasione egli avesse sentito di ricevere

> dalla Mamma di Paradiso il miracolo dell'innocenza battesimale [...]. Quasi in risposta allo struggimento, particolarmente acuto nei primi tempi della mia vita religiosa. Es., dopo una confessione — 20 aprile 1932 — scrivo: "Soprattutto inconsolabile sempre per aver perduta l'innocenza battesimale e in così orrendi eccessi [la relazione con Lidia Natus], ora vedo cosa è Maria di Gesù mia. Il pio Padre confessore mi disse che Maria può farsi tramite del Signore e ridonare una verginità (una specie ma sia quella, la vera!).
>
> (20-21)

---

[22] Un'utile controparte storico-antropologica al taglio psicoanalitico della Stein sul significato del martirio (oltre che sul suo rapporto con alcune forme di terrorismo suicida) si trova nel recente volume curato da Janes e Houen per la Oxford University Press, *Martyrdom and Terrorism*. Per il rapporto tra martirio e suicidio nella cultura paleocristiana, che Rebora ebbe per sfondo nella rappresentazione delle sua stessa conversione, si veda invece *Martyrdom and Rome* di Glen Bowersock.

[23] Basterebbe consultare a questo proposito anche solo il quinto capitolo (intitolato "Le acque e il simbolismo acquatico") del classico *Trattato di storia delle religioni* di Eliade.

Acque, queste della Madonna, quanto poche altre materne: ma con la differenza che, in luogo della fisiologica "rottura" che annuncia l'ingresso nella vita, viene qui prevista un'opposta reintegrazione nella tanto agognata seppur ferale unità primaria.

Puntualizza comunque opportunamente la Stein che il primato per così dire qualitativo della purificazione non spetta all'acqua, ma al fuoco:

fire [...] is an even more radical and formidable cleansing agent than water. Because of its consuming power, fire in its various ritual manifestations is considered as bringing about the elevated status that is attained when the baseness of the soul is burned away.

(65)

Alimentata dall'"alta temperatura" della fusione-scissione (elevated/baseness), la dirompenza del fuoco che negli scritti reboriani tutto illumina del rosso bagliore dell'olocausto di sé rivela la presenza di un "male estremo" (scisso) a cui va opposto un altrettanto "estremo rimedio". E per quanto questo genere di incendi psichici trovi posto più di frequente nelle rappresentazioni della poesia religiosa [24] — non da ultimo per la storica pregnanza simbolica del fuoco all'interno della tradizione mistica [25] — la sua presenza nella mente di Rebora è

---

[24] Ricordo a titolo di esempio l'ultima delle "Epigrafi" ("bruciami ch'io arda, Innamorante fuoco!"), il "tutto in me già arso" di "Solo calcai il torchio", o ancora il tesissimo attacco di "Notturno" ("Il sangue ferve per Gesù che affuoca. | *Bruciami!* Dico: e la parola è vuota. | *Salvami tutto crocifisso* (grido) | *insanguinato di Te!* Ma chiodo al muro, | in fisiche miserie io son confitto"). Particolarmente interessanti per l'evidente affiorare della dimensione regressiva del primario il passo di 'S. Comunione', "Mamma di Paradiso mi raccoglie, | mi eleva al Cuor del Figlio che m'incendia | e al Trinitario Focolar rapisce | in seno all'infinito amor del Padre" e il seguente tratto da 'La Speranza': "ed ecco la certa speranza: La Croce. | Ho trovato Chi prima mi ha amato | e mi ama e mi lava, nel Sangue che è fuoco, | Gesù, l'Ognibene, l'Amore infinito" (ma già un quarantennio prima, in una lettera all'Aleramo del 25 luglio 1914: "tutto si purifica nel proprio sangue, fino a dissolversi").

[25] Tradizione che, soprattutto nelle sue versioni barocca e quietista, letteralmente pullula di immagini/metafore ignee. Si vedano su questo i volumi di *Storia della spiritualità italiana* curati da Massimo Petrocchi. Un'interessante sezione sulla pratica del suicidio sacrificale per mezzo del fuoco purificatore nel differente contesto della cultura mistica zen si trova in Massimo Raveri, *Il pensiero giapponese classico*. Di particolare rilevanza rispetto al tema qui trattato dell'eticità del sacrificio e ai suoi potenziali risvolti narcisistici risulta il seguente passo: "ogni rito sacrificale suscita sentimenti contrastanti verso la vittima [...]. C'è il sospetto di assistere al segno dell'ultima superbia dell'asceta, a una sfida atroce per la santità, ma vi è anche l'esaltazione di pensare a un gesto di amore assoluto. [...] Per gli stessi monaci giudicare è difficile. Huijiao, l'autore dei *Gao seng zhuan*, si sente in obbligo di aggiungere alle "biografie esemplari" dei monaci suicidi una lunga postilla in cui discute dei meriti di ciascuna forma di sacrificio. Comincia con l'intessere l'elogio della passione buddhista del donare totalmente se stessi. [...] Ma quando commenta gli altri casi, di quelli cioè che si sono bruciati vivi, esita nel giudizio. Si tratta – scrive – di un altro tipo di esperienza, di una forma diversa di

già osservabile nelle lettere della tarda adolescenza (lettera del 17 marzo 1907):

> [...] benedico le più tremende angoscie, tutti i mali e tutti i dolori; essi solamente in fine fanno di noi medesimi una divinità; in quest'infinito solo noi, solo pochi, si purificano contemplando meraviglie inenarrabili; i vili e gli inetti non possono più toccarci. Io, vede, a dispetto della meditata e convinta certezza che nulla mai potrò significare, della lenta distruzione di tutti gli strumenti atti all'opera, non dissecco la fonte occulta dai rivoli d'azzurro e di fuoco; quando l'anima mi rapisce in alto io non temo più nulla e nessuno; né cattivi, né codardi, né mediocri, mi possono più nuocere con le loro ferite.
>
> (25)

Già in questa fase relativamente precoce del sentire reboriano gli acquei "rivoli d'azzurro", il fuoco, la purificazione mistichegiante e l'autosacrificio a essa collegato appaiono governati nel loro polarizzarsi da una logica pronunciatamente scissionale — con divinità, elevazioni e "meraviglie inenarrabili" da una parte e vili, inetti, cattivi dall'altra. Viene fatto di collegare questa struttura narrativa al "sistema teologico-psicologico"[26] che Rebora avrebbe sviluppato e condotto alle estreme conseguenze negli anni a venire: un sistema che traspare già chiaramente nei "Versi" scritti nel tardo 1926 sul ciglio del silenzio poetico, laddove il senso di catastrofe interiore proiettato nell'anticristo/mondo moderno invoca la purificazione (scissione) in forma non ancora ignea ma (tornando sulla Genesi biblica col pensiero rivolto al "rinascere" proprio) di universale diluvio:

> Quel che ammonirono i libri santi,
> i nostri profeti traditi,
> ecco che viene avanti —
> l'anticristo, con falsi riti.
> [...]
> Solo l'arca del cuore
> salverà dal diluvio morale
> chi non teme se muore
> l'egoismo fatale.
>
> Il cuore dell'arca è la donna:
> se afferma la legge materna
> dei popoli sarà madonna,
> dell'uom vita fraterna.
> [...]

---

sacrificio, dove il bene e il male si intrecciano e si confondono. In effetti si acquisiscono meriti nel fatto di non essere attaccati al corpo, ma il corpo è anche un 'campo di meriti', è prezioso, e distruggerlo significa trasgredire in modo grave a una norma etica fondamentale. Questo gesto [...] potrebbe essere in realtà un atto di segreta vanagloria" (336).

[26] L'efficace espressione è usata da Freud nel suo lavoro sulla paranoia a tema religioso del giudice Schreber (350-1).

> Il vecchio mondo disfatto
> materia al nuovo darà
> verso il divino patto,
> che è Via di Bontà.

Ottemperando a questa "legge materna" della purificazione, le parti odiate del Sé vengono espulse dischiudendo all'umanità postadamitica l'asessuale "Via di Bontà". Che a farsi veicolo di tale prospettiva sia il fuoco che dantescamente affina o l'acqua nelle sue valenze maternamente battesimali o paternamente burrascose,[27] questo tipo di amore totale di Dio trae comunque il suo impulso dalla dinamica psichica così caratterizzata dalla Stein: "This mystical experience, I suggest, hosts *the transformation of self-hatred and envy into love of God*, a Love-of-God that promotes the obliteration of those parts of the self that are antagonistic to the sense of compulsory purity" (97).

(Auto)sacrificio

Il tema del sacrificio cercato e compiuto nell'autoannullamento occupa come si è detto un posto di indiscutibile rilievo lungo tutto il percorso umano e letterario di Rebora: dalla prima poesia adolescenziale, "Anima errante', al famoso voto di polverizzazione scritto di spontanea iniziativa prima dell'ordinazione del 1936,[28] fino alle brucianti poesie della vecchiaia. Nei prossimi paragrafi mostrerò come le narrazioni incentrate su questo motivo siano in larga misura connotate dall'assetto psichico fusionale finora descritto.

In una lettera del 28 luglio 1922 Rebora scrisse ad Alessandro Pellegrini: "[...] quanto alla nozione di *sacrificio* [...] tu sai ch'io lo sento come *affermazione di Vita*, ciò che però trasforma (*nega*) la *mia* esistenza" (506). Nello stesso anno (29 dicembre) egli confessava inoltre al fratello Piero di avvertire dentro di sé una tendenza a

> prodigarmi comunque, quasi non mi paresse di agire se non distruggendomi, e per una urgenza [...] ch'io sento di scomparire come alimento in altrui [...] Dimenticando che l'avvenire è delle mamme, e non delle balie, vado dando il latte a destra e a sinistra a bimbi avventizi, e spesso già sazi. (515-16)

---

[27] In questo regime di indifferenziazione sessuale la distinzione tra madre e padre perde di rilevanza, nella misura in cui il fantasma del genitore sarebbe (citando Kristeva) "dotato delle caratteristiche sessuali dei due genitori e costituirebbe un conglomerato delle loro funzioni" (58). Shengold parla analogamente di "phallic *parent*" (126).

[28] Il voto, in cui Rebora domanda al Signore e Dio la "grazia di patire e morire oscuramente polverizzato nell'opera del tuo amore", ne suggerisce altri precedenti come ad esempio l'Atto di accettazione della morte (1932), del quale il lettore coglierà agevolmente la nota di euforia masochista: "Signore, Dio mio, fin d'ora spontaneamente e con animo volenteroso, io accetto dalla vostra mano qualsiasi genere di morte, come a voi piacerà, con tutti i dolori, pene e affanni che l'accompagneranno. Così sia" (177). Svariati esempi di tono simile sono raccolti nella medesima sezione VI ('Immolazione e Preghiera') degli *Scritti spirituali* curati da Carmelo Giovannini.

Pensieri come questi, formulati nel pieno del decennio di vagabondaggio pseudofilosofico [29] che culminerà con la conversione al Cristianesimo ufficializzata nel 1929, potrebbero indurre a rubricare senz'altro l'autoannullamento sacrificale come uno tra i tanti aspetti della tradizione discorsiva mistico-religiosa che Rebora era proprio in quel periodo intento a esplorare e assorbire. Vero è però che il tipo di logica qui espressa aveva permeato il suo sentire fin (almeno) dalla prima giovinezza. Già nel 1907, quando la conversione era lungi dal profilarsi persino come possibilità, il poeta scriveva ad Angelo Monteverdi: "Nino, ho sentito talvolta [...] quasi un desiderio malinconico ma soavissimo ch'io mi potessi quietamente dissolvere per renderti più saldo e pugnace...". La medesima spinta al dissolvimento a beneficio altrui — un beneficio, o "giovamento", la cui natura meriterà tuttavia un attento vaglio — caratterizza anche diversi passi dei *Frammenti lirici* (1913), a partire dalla nota apostrofe alla famiglia nel secondo: "O nostro buon sangue soave | a vedere e a libare, | mentre vorrei amare | e giovando dissolvermi in voi". Versi la cui immagine centrale, fatto non infrequente, si ritrova pressoché identica nell'epistolario,[30] con la sola differenza che in questo secondo caso il dissolvimento lascia intravedere appena sottotraccia, pur freudianamente negandola ("io non mi indispettisco più ora...") una genesi "polemica". Così rispondeva infatti Rebora agli amici e compagni di studi Antonio Banfi e Daria Malaguzzi (28 giugno 1912), che lo avevano informato della relazione sentimentale da poco sorta tra loro:

[...] io non mi indispettisco più ora dei silenzi intermessi lungamente [...] sapendo quale vortice di rinascimento travolga e gigante ggi le loro maravigliose nature; anzi, un senso interno mi consiglia di trarmi in disparte, di *giovare scomparendo...* [corsivo mio]

(139)

La preesistenza rispetto alla conversione di questa fantasia-desiderio di dissolvimento di fronte all'altro (o anzi *a fronte* dell'altro, qui materializzato in forma di coppia che per sua natura esclude) sembra avvalorare la tesi di fondo di analisti come Money-Kyrle e Akhtar e Varma, per i quali l'autosacrificio rappresenterebbe un fenomeno prima psicologico che religioso.[31]

---

[29] Prendo a prestito l'efficace espressione dalla Mazzucchetti (81), che ricorda come la propria amicizia nei confronti del poeta "si affievolì e si spense qualche tempo prima della sua definitiva pacificazione religiosa, quando mancò a me sufficiente pazienza e comprensione per il suo vagabondaggio pseudofilosofico, per le troppe conferenze salottiere con uditorio del tutto femminile" (81-82).

[30] La stretta connessione tra epistolario e poesie, riconosciuta per primo dallo stesso Rebora (lettera 315: "lo scrivere lettere inutili è per me talvolta una sottospecie della lirica"), è stata commentata tra gli altri dalla Folli e da Mengaldo.

[31] Akhtar e Varma, riprendendo la posizione di Money Kyrle, sottolineano come già nel pensiero di quest'ultimo "sacrifice was originally [...] a psychological phenomenon. In

Quanto poi alle citazioni appena passate in rassegna, esse rappresentano in effetti, a prescindere dal decennio e dalla specifica circostanza in cui furono scritte, altrettante declinazioni della medesima fantasia così riassumibile: tra il beneficio-benessere altrui (sostentamento e rafforzamento dell'altro, o fruttuoso costituirsi della coppia genitoriale) e il *proprio* sussistere vige un rapporto di reciproca esclusione. Per riprendere un'utile formulazione di Franco Fornari, i due termini dell'equazione appaiono tra loro legati non nel segno di una "reciprocità simmetrica" — *vita tua vita mea*: la logica affettiva che fa capo all'amore maturo della sessualità genitale e generativa, in cui soggetto e oggetto co-esistono e si rapportano nella misura in cui restano separati — bensì da quella antitetica del *mors mea vita tua*: assunto peraltro sempre possibile di repentini rovesciamenti nel più marcatamente paranoide *mors tua vita mea*. Domandandosi "che cosa sta alla base di questa singolare tendenza dell'uomo a creare certi valori in nome dei quali gli si impone la necessità di sacrificio o addirittura di autodistruzione come necessità inderogabile" (48), proprio Fornari si rispose a suo tempo (mettendo l'accento sugli aspetti riparativi, ma di fatto situandosi su una linea di pensiero che precorre quella della Stein) che il sacrificio è rivolto all'ammortizzamento delle parti cattive del Sé:

[...] la necessità di colpa per l'uomo contiene la drammaticità dell'autodistruzione; questo anche se il processo di colpevolizzazione può essere considerato come un tentativo di salvare l'oggetto d'amore rivolgendo l'aggressività verso il Sé. Il significato conservativo della colpa si presta ad essere idealizzato come lo è stato specialmente in sede religiosa, ma [...] in definitiva, porta di nuovo alla *distruzione del rapporto d'amore in quanto rapporto, nella misura in cui sacrifica uno dei due partner*.

(155)

Anche il differente vertice di questa riflessione mette perciò in luce come *un certo tipo* di sacrificio possa prestarsi alla finalità inconscia di eliminare il rapporto (e dunque il rapporto sessuale adulto) scongiurando così la co-esistenza assieme alla separatezza che la presuppone. E il tipo di sacrificio in questione, tornando alle considerazioni di Freud sulla mentalità predicativa infantile e su quella transitiva adulta, non è quello in cui il soggetto sceglie di dare per il beneficio dell'altro qualcosa che egli (transitivamente) ha, sia esso finanche un oggetto tanto importante come la salute o un elettivo catalizzatore di identificazioni quale può esserlo il corpo, o magari la vita stessa. Il significato dei gesti sacrificali compiuti entro il circolo della predicatività psichica va inteso assai diversamente come epifenomeno di un *autoannullamento reso ineluttabile dall'esistenza stessa dell'altro*. Si tratta infatti di un "dare" se stessi inevitabilmente per intero nella misura in cui la regola affettiva operante è quella della totalità: è possibile solo dare ciò che si è, non ciò che si ha, in quanto avere

---

other words, the prime motivators for sacrifice were the hostile oedipal fantasies of sons toward their fathers" (102).

implica una differenza, un oggetto compiutamente altro — una separazione.

C'è poi da aggiungere che, se nella mentalità totalitaria-fusionale il soggetto *è* l'oggetto, allora la sconfinata presenza di questo (s)oggetto totale (la "Vita" della prima citazione, altrove "vita unanime") non può che rendere in certo modo pleonastica e pertanto in ultima analisi "negare", per riprendere l'espressione reboriana, l'"esistenza" individuata e autonoma del soggetto. La forma predicativa (narcisistica, fusionale) del dare è insomma percepita dal soggetto come un "darsi via", un venir meno distruggendosi. È peraltro a questa fondamentale distinzione tra mentalità fusionale predicativa e mentalità separata transitiva che fa capo quella tra altruismo normale e pseudoaltruismo individuata da Seelig e Rosof:

Normal altruism, the ability to experience sustained and relatively conflict-free pleasure from contributing to the welfare of others, is distinguishable from a need to sacrifice oneself [...] We wish to distinguish the normal narcissistic gratification that may be involved in altruism [...] and pathologically narcissistic defensive self-renunciation".[32]

(953-54)

In sostanza, quello che in un orizzonte del pensare e del sentire così configurato potrebbe superficialmente presentarsi come un donare se stessi all'altro non implica un mutamento di stato procedente dalla scelta del soggetto di separarsi da qualcosa che gli appartiene per il bene di un terzo: in assenza di terzietà (di padre, di separazione), esso è all'opposto un distruggere se stessi finalizzato a mantenere immutato lo stato di fusione indifferenziata con l'oggetto. Per poter fare un dono, o persino per donare autenticamente se stessi — in breve: per compiere un sacrificio etico — occorre infatti innanzitutto esistere in quanto soggetti separati, mentre nel sistema reboriano di rappresentazioni il dono equivale nella fantasia del soggetto tanto al donatore quanto al ricevente. Prima di poter dare bisogna avere, e per potere avere occorre prima essere (essere compiutamente, cioè autonomamente).

Il desiderio imperioso di mantenere questa condizione di unità, che il soggetto (come il bambino piccolo) sente necessaria per la sopravvivenza e per scongiurare la disintegrazione, si riflette nel carattere di urgenza e necessità autocentrata che colora il sacrificio di sé — atto che, invero, ha in Rebora più l'aspetto di una coazione passivamente subita che di una scelta etica attivamente

---

[32] Una simile distinzione è individuata da Shengold quando, discutendo la figura del padre del giudice Schreber, egli differenzia tra amore oggettuale e amore "vago" rivolto non verso l'altro ma verso la soddisfazione pulsionale: "The 'love' tends to be grandiose and generalized — it exists at the pleasure or whim of the parent and may have little to do with the child's needs [...] abstract Goodness or Health or Duty or Religion that masked the father's gratification of his own impulses" (224). Il lettore ha già avuto modo di constatare come le idee di Rebora sulla "Bontà" e sull'"Amore" fossero a loro volta assai astratte e al servizio di impulsi e urgenze tanto più insopprimibili in quanto non pensabili dal soggetto.

compiuta. E se, con significativa pertinenza a questo riguardo, di "urgenza",[33] "senso interno [che] consiglia" e "desiderio" parlano tre delle precedenti citazioni tratte dall'epistolario, a una "spint*a*" e a un "industri*arsi*" autocastrante si riferiscono le due seguenti (lettere 489 e 114), in cui i beneficiari si ritrovano (come il soggetto dal quale non sono del resto separati) dissolti nell'indistinzione e investiti dal rancore:

[...] c'è chi stimo e chi disprezzo — nell'atto poi sono spinto a "beneficare" indistintamente; e questo, forse, è un tipo di *vendetta*.

(355)

Io [...] m'accontento quasi (anzi, si direbbe, industrio) di non ricevere nulla, e dare [...] agli altri. E sono volte nelle quali il mio spirito giganteggia [...] e spesso accade ciò quando più mi soffocano le faccende quotidiane e mi turbina intorno la mediocrità vittoriosa degl'infiniti egoisti.

(95)

Il materiale appena presentato offre lo spunto per procedere a tre ulteriori riflessioni, svolte in altrettanti paragrafi.

Sacrificio e identificazione primaria
A livello affettivo la spinta all'autosacrificio è fondamentalmente una controfigura, per la finalità fusionale oltre che per la qualità impellente del suo richiamo, del "forte impulso" che Rebora avvertì nel suggellare la sua sovrapposizione all'oggetto ideale assumendo il nome di Maria.[34] E a ulteriore conferma di quanto evidenziato in sede teorica già da Otto Fenichel a proposito dell'humus indifferenziato da cui fiorisce la spinta all'annullamento di sé,[35] pulsione autosacrificale e identificazione primaria con la donna-madre

---

[33] Un'urgenza (come mostra il seguente Pensiero preso da *Le Poesie*) assai più egoistica, autodistruttiva e pulsionale che caritatevole nel senso dell'essere volta ai bisogni dell'altro: "Ecco l'urgenza della Carità di Cristo in noi: sentire, vivere, offrirsi, immolarsi come Lui, come MARIA in Lui, perfette vittime di Carità" (450).

[34] Nel seguente brano tratto dalla lettera 801 del 1923 il "far da mamma" è analogamente proposto da Rebora come soluzione "perfetta" di un "impeto che m'urge dentro" – un impeto che, per come è presentato qui e altrove, sembra soprattutto indicativo di una difficoltà nel pensare la propria esperienza personale, oltre che la realtà esterna: "Tutto quello che faccio, da tempo, risulta da uno sforzo, da una lotta incessante per prendere contatto con la realtà che genera i fatti; quindi tutto riesce sterile, perché a sbalzi, senza incarnarsi e assume forma esterna di stentatezza o di astrazione. La mia invocazione perenne è: Signore, concedi ch'io meriti tanto da poter capire con chiarezza cosa voglia questo impeto che m'urge dentro, così da trovare giusto posto e forza al mio dovere, comunque sia. Solo quando mi trovo a far da mamma nelle cose, mi scopro agile e pronto, in perfetta armonia" (537).

[35] Ricordano Akhtar e Varma come per Fenichel "sacrifice avoids separation. Unduly self-sacrificing individuals turn out to be excessively dependent on external supplies of love and have a greater need for psychological merger for remaining stable" (103).

compaiono uniti nell'orizzonte della "Vita unanime" dell'"Epoca superiore" anche nel seguente passo della lettera del 26 maggio 1927, di cui non sfuggirà il pregnante passaggio alla prima persona plurale:

> Quali e quanti sacrifici costerà alla donna, capace di eroismo morale, quest'edificazione della Vita unanime [...] Non so, ma tanti certo; eppure mette conto di iniziare questa impresa che è nostra e opera su quanto non muore [...] Dovremo, in questo stadio, far da concime anziché da fiore.
>
> (639)

Si noterà pure come il "far da concime", aspirazione di lungo corso presente anche nelle poesie,[36] coniughi un elemento autosacrificale (il degradarsi per letteralmente "scomparire come alimento in altrui") alla fantasia di tornare dentro il grembo della terra venendone di fatto assimilati. Soprattutto negli scritti più tardi fusione e sacrificio di sé appaiono non di rado collegati esplicitamente, come nell'attacco di "Avvicinandosi il Natale" (dai *Canti dell'infermità*) in cui figurano intrecciati rispettivamente come inabissamento e crocifissione, in un doppio nesso che è insieme di correlazione ("quando") e rima (crocifisso-inabisso): "Oh Comunion vera e sol beata, | se con te, Cristo, sono crocifisso | quando nell'Ostia Santa m'inabisso!". All'insegna della sovrapposizione-indistinzione tra il Rebora-soggetto-sacerdote e l'oggetto-Maria-Vergine, inabissamento e autoimmolazione si ritrovano poi significativamente associati prima ne "Il Sacerdote" ("Il sacerdote [...] avviva l'acqua, mentre s'inabissa [...] Il sacerdote [...] offrendo al Padre il Figlio del perdono | con Lui s'immola") e poi in "Annunciazione" ("Verginalmente a sé prega Maria [...] si immola, avvampa in cuore [...] s'inabissa").

Se in termini generali, come questa preliminare campionatura sembra indicare, la psicodinamica dell'autosacrificio risulta geneticamente imparentata con fantasie di tipo fusionale, il caso particolare di Rebora impone di esaminare più a fondo anche un altro fattore: il personaggio-madre in cui il soggetto desidera dissolversi è a sua volta percepito e raffigurato come autosacrificale, e presenta tra l'altro tratti assai simili a quelli della madre reale del poeta.

Si leggano i seguenti versi di "Anima errante", datata 1900:

> Come addolorata madre
> per racchetar i lamentosi
> lai del figlioletto
> e fiabe e lieti detti
> al piangente racconta,

---

[36] Si vedano la poesia del 1927 "Da un pezzo dico – far da concime – | Ma poi, confesso, presumo le cime | E in Dio allora affondo cuore e ingegno | Per morir come re nascendo al Regno" e poi, a distanza di poco meno di un trentennio, la prima delle "Epigrafi" del *Curriculum vitae*: "Dopo aver tanto agognato alle cime, | e perso vita per viver sublime, | grazia m'è data di far da concime".

> e deve — ahi duro martirio —
> mostrar ilare il volto,
> mentre il cor si spezza
> al pensier del coniuge
> amato, che morente
> sen' giace a lei dappresso:
> tale quell'alma trafitta
> mostrasi men cupa
> di quel che il cor ne sente,
> mentre però l'interno
> affanno non dilegua,
> ma più vivo e più orribile
> a l'egra mente appare.

La retorica del testo, che attraverso la similitudine ("come...tale") adombra e anzi annuncia un'identificazione di figlio e madre nel segno del sacrificio di sé, fa rispecchiare "addolorata madre" e "alma trafitta" in un generoso dolore che pure esse si affannano a nascondere. Effettivamente, anche in seguito la pragmatica del discorso che governa lettere scritti e poesie dell'età adulta vede Rebora spesso impegnato in velate esibizioni del nascondimento della propria sofferta generosità, come il seguente esempio della lettera dell'8 agosto 1906 riassume mirabilmente:

Io desidero che d'ora innanzi parliate ad un Rebora gioviale e felice e godiate della mia letizia come chi miri un'acqua limpida non curandosi se in fondo è un annegato.

(15)

Ma si consideri anche la lettera del 10 dicembre 1912, in cui, dopo essersi sfogato con Monteverdi per quattro lunghe facciate ("una stanchezza orribile in apparenza di florida salute [...] gorgo vuoto e sfinito dentro e comodità fuori..."), Rebora conclude con maestrevole ambiguità: "scrivimi insomma come non ti avessi detto nulla" (156).

Discutendo lo scarto tra altruismo e pseudoaltruismo, Akhtar e Varma sottolineano l'opportunità di distinguere "a true sacrifice from an exhibitionistic gesture masquerading as renunciation" (108). In direzione contraria rispetto a questa cautela operativa mi pare proceda Carmelo Giovannini, che trascurando gli aspetti performativi conclude invece piuttosto ingenuamente a proposito di questo genere piuttosto frequente di comunicazioni: "con consueta delicatezza e finezza d'animo Rebora antepone al proprio, il bene degli amici ed evita loro il dolore di vederlo in crisi" (113). Laddove all'opposto, tra i principali piaceri ricavati da questo tipo di "sacrificio" sembra essere proprio quello di esibire il proprio dolore facendo mostra di celarlo: e se a questa strategia interazionale si può dire corrisponda un tipo di soddisfazione narcisistico con venature sadiche, è perché esso consente di collocare il sé ideale in una posizione di superiorità morale rispetto a un altro che viene contestualmente e surrettiziamente colpevolizzato per un'attribuita cecità o incapacità di reazione di fronte alla sofferenza *prima facie* generosa del soggetto. Suonano pertinenti rispetto a questo atteggiamento le osservazioni di Seelig e Rosof sugli pseudoaltruisti, il cui "compulsive caretaking and self-sacrifice cloaks and defends against their aggression, their envy, and their need to control the object" (948); i due autori ravvisano peraltro in situazioni di questo genere anche una qualità di "sadistic glee in the dramatic exhibitions of suffering that aim, generally unconsciously, at coercing others".

La similitudine-identificazione sacrificale di figlio e madre osservata negli anni dell'adolescenza si ripresenterà lungo tutto il corso della scrittura reboriana a partire dai celebri versi dei *Frammenti* "come mamma nella fame | tutto ai bimbi dona il pane, | così m'è grato confortare altrui | mentre rotolo dentro": nel dare *tutto* il pane e nel simmetricamente totale sfacelo evocato dall'immagine del rotolare dentro riecheggia infatti ancora la *necessità* predicativo-totalitaria (più che la generosa perché libera scelta) del dissolvimento. Sembra quindi piuttosto probabile che le consegne psichiche della reciprocità antitetica, in particolare nella versione del *mors mea vita tua*, risalissero per Rebora in prima istanza a una figura di madre avvertita al contempo come sacrificale e colpevolizzante.

Come si anticipava, in questa fantasia così spesso attestata dalle liriche deve avere avuto un ruolo di qualche peso la figura della madre *reale*, Teresa Rebora, alla cui lirica "Nubi mattutine" (76) risale peraltro il sintagma "sacrificio oscuro" — collocato accanto ad amicizia, amore e poesia nell'elenco dei valori più alti, nonché probabile progenitore affettivo del reboriano "sacrificio muto" del Frammento XXXVI ("...nell'ascesi segreta | del mio nume che s'immola | al sacrificio muto"), oltre che del "morire oscuro" della più tarda poesia religiosa "Notturno". La lettera alla madre del 19 gennaio 1916 torna su questi temi ("Grazie — mamma mia — del tuo affetto che ha tanta sofferenza segreta, e tanto amore" (313)) e la più tarda missiva del 18 ottobre 1928 al fratello Piero li riconferma a distanza di anni:

Piero mio, la mamma è stata visitata dal dr. Aliprandi: nulla di immediatamente grave, ma bisogno imperioso ormai di curarsi e proteggersi. Questo dover pensare a sé, cessando da quel suo santo consumarsi visibilmente per il bene nostro, la angoscia.

(701)

Che il vincolo dell'autoannullamento stringesse saldamente insieme madre e figlio si potrebbe poi inferire dal tipo di raccomandazioni e reciproci "patti di salute" che di tanto in tanto si affacciano negli scambi epistolari tra i due — eloquenti spie di un impulso distruttivo sottostante e nemmeno troppo celato:

[...] non angustiarti dunque per me; ma ogni pensiero sia per la tua salute, e divieni una buona volta *egoista*: poiché anche quando tu giunga ad esserlo in tutta l'estensione della parola, sarai sempre ancora un'anima troppo maravigliosamente prodiga per gli altri. Se vuoi che io t'ubbidisca nell'agevolare l'arrotondamento [...] delle braccia e la paffuta letizia delle gote, tu devi ubbidirmi (che arrogante) nel desiderio espresso. [7 ottobre 1909: lettera che, se ne tenga conto, Rebora scrive immediatamente a ridosso del tentativo di suicidio].[37]

(61)

[...] ti riprego di tenere fede al nostro patto, neh? (e io pure m'impegno): osserva il tuo regime rinvigoritore, che aiuti l'energia intima del tuo spirito il quale è essenziale allo svolgimento della nostra vita — della mia in particolare, se non presumo troppo. (31 luglio 1926)

(608)

Mettendo ora da parte la Teresa Rebora reale con le sue poesie, ci si può ricondurre sulle tracce del "discorso del fantasma", che prende vigorosamente la parola in un importante frammento composto l'anno successivo alla pubblicazione della prima raccolta. Il titolo, "Clemente, non fare così!', riassume e conclude la sgridata affettuosa che la fantasia poetica del Rebora-autore fa pronunciare alla madre-personaggio, accanto a esortazioni al risparmio di sé affettivamente analoghe a quelle che egli rivolgeva alla madre reale nelle lettere appena viste — esortazioni qui indirizzate, nel vertiginoso gioco di specchi dell'identificazione, alla volta del Rebora-personaggio, figlio a sua volta votato all'autosacrificio: "Tu pure sei qui: | aiùtati; e sanamente godere. | Non tutta o non quella, ma giusto riprendi | la vita che agli uomini tendi: | almeno per noi, | per me che ti volli e ti somiglio, | e più non ti capisco". Ma più di questa incomprensione dal sentore vagamente affettato, o dell'esibita e preoccupata sollecitudine, è forse il dato della fusionale somiglianza che più saldamente campeggia al fondo di queste parole.

Nella settima strofa del medesimo Frammento si profilano segnali di questo autolesionistico coincidere laddove, rievocando gli anni della prima adolescenza, Rebora scrive: "Ero un èrpice d'offese | sopra un rigoglioso grano [...] E tu mamma, alle persone | mi scusavi buono, in fondo". Richiamandosi alla nota epigrafe leonardesca dei *Frammenti lirici* ("*Li omini batteranno aspramente chi fia causa di lor vita — batteranno il grano*"), quest'immagine contiene alcuni indizi del fatto che l'oggetto delle battiture possa essere, a livello di fantasia inconscia, la madre stessa. Innanzitutto il fatto che, avendo il ruolo di

---

[37] Campbell sottolinea il nesso tra ideazioni suicide e fantasie fusionali, mettendo inoltre in rilievo l'importanza in contesti di questo tipo del corpo come oggetto di transfert negativo (fattore che ha in Rebora un ruolo centrale): "the suicide fantasy represent[s] a solution to the conflict which results from the wish to merge with mother, on the one hand, and the consequent primitive anxieties about annihilation of the self, on the other. By projecting the hated, engulfing or abandoning primal mother on to the body and then killing it, the surviving self is free to fuse with the split-off idealised, desexualised, omnipotently gratifying mother represented by states of oceanic bliss, dreamless eternal sleep, a permanent sense of peace, becoming one with the universe or achieving a state of nothingness" (Campbell in Perelberg 65).

scusare Clemente di fronte ad altri e più oltre nel Frammento quello di amorevole consolatrice, è in ultima analisi proprio la madre a bonificare in vece sua le offese ("mi scusavi buono") mitigandone e di fatto gestendone il peso: è lei che per Clemente "si spende", per evocare una diversa accezione di "grano" che purtuttavia rinvia al significato di risorsa. Più esplicitamente probante sembra ad ogni modo la presenza della fantasia — in un'ottica kleiniana, schizoparanoide — di battere chi è "causa di [...] vita" e nutrimento, tanto più in un sistema discorsivo come quello di Rebora, in cui alla madre è di regola ricondotta ogni invidiabilissima risorsa riempiente, nutriente e confortante in senso tanto fisico quanto psicologico.[38] L'immagine stessa dell'"èrpice d'offese | sopra un rigoglioso grano" condensa poi l'idea di un attacco al nutrimento e all'oggetto-seno che lo procura: chiamato infatti anche frangizolle, esso offende ma soprattutto affonda nella terra spaccando un simbolo materno archetipico e dichiaratamente tale per Rebora (basterà qui ricordare il celebre "mamma zolla aria luce" del Frammento 2).

In ragione del fantasticato coincidere con la madre, non potrà sorprendere che (s)oggetto niente affatto riottoso di vigorose (auto)battiture sia di frequente, e al medesimo titolo, Rebora stesso:

[...] che persecutore sciocco e cattivo ch'io sono, di me stesso, nevvero?
Io mi sono educato alla scuola delle battiture, e non v'è parte di me ove non ne siano le vestigia. Forse è una saggia precauzione; le battiture degli altri in tal modo non mi fanno più tanto male [...] Lei sa ch'io vado pazzo per gli scappellotti; e quando, su per i libri, qualche grande me ne assesta uno, godo tutto come purificato d'un errore ch'io non sapevo vincere. (1 febbraio 1907)

(23)

[...] creda che del resto io sono un buon figliuolo: e l'oblio o quattro legnate di passaggio mi faranno bene. (16 novembre 1911)

(120)

Anche così, comunque, Rebora è vittima soltanto "a metà": e a comprendere come e perché, anche laddove egli figura come vittima dichiarata delle battiture, a livello di fantasia inconscia ne sia al contempo e più autentico destinatario l'oggetto-madre con cui egli è identificato, può aiutare la seguente acuta riflessione di Fenichel — che per inciso getta anche luce sul côté vendicativo del "beneficiare" sacrificale confessato dal poeta (si ricorderà, "un

---

[38] Colpisce la testimonianza della Malaguzzi, che della minuscola abitazione di via Tadino a lungo occupata dal poeta ricordava ancora a distanza di molti anni le "fasce da neonati tese lungo le pareti, dove erano appuntati fogli e foglietti e mazzetti di spighe di grano" (Dei, lxxviii): altra immagine fortemente evocatrice del primario e della necessità ad esso intrinseca di assoluta e fisica aderenza alla fonte materna di nutrimento – un nutrimento che è fisico e psichico, è seno e *senso*, ed è perciò "grano" e "significato", se peraltro (come ricorda il nipote Roberto Rebora) sui foglietti sopra menzionati "erano riportate parole famose o versi o sentenze" (43): cibo per la mente, dunque.

tipo di *vendetta*"):

> The self-destruction may subjectively have been aimed at the destruction of the object which, after introjection, is represented by the ego; and this destruction of the object may even be condensed with an ingratiation of the object. [...] This is especially clear in cases where self-destruction is connected with a kind of ascetic pride. The analysis of ascetic pride regularly exhibits the idea of self-sacrifice for the purpose of regaining participation in omnipotence, the pride signifying the triumph over having achieved this participation. "I sacrifice myself for the great cause, and thus the greatness of the cause falls on me".
> (336)

Pseudoaltruismo
Accanto al carattere compulsivo e al relativo godimento dell'autodistruzione, sia Seelig e Rosof (934) sia Akhtar e Varma (109) annoverano il relativo disinteresse per il benessere altrui — o, comunque, il conferire agli eventuali benefici del sacrificio un rilievo minore rispetto al proprio sofferto contributo — tra i caratteri principali dello pseudoaltruismo. Andrà osservato a questo riguardo che nel sistema narrativo di Rebora la soddisfazione dell'impulso sacrificale appare per lo più indipendente dal fatto che i "bimbi avventizi" che il Clemente-mamma immagina di allattare siano "già sazi" o meno. Già in un passo precoce come il seguente, ad esempio, l'idea del dare ("giovare") sembra risuonare assai più con la fantasia di un assimilare a sé improntato alla superiorità morale del soggetto, che con il desiderio di accostarsi all'altro nei suoi termini offrendo qualcosa che possa effettivamente saziarlo:

> [...] mi verrà affidato un giovanetto (dai 14 ai 18 anni) delinquente col quale io dovrò vivere qualche ora al giorno *immedesimandolo nella mia vita*, per far sì che non abbia a ricadere nel male; e sopratutto *fasciandolo con l'anima affettuosamente, in una inavvertibile corrente di elevazione* che gli faccia sentire nella vita un desiderio di più onesta operosità e di godimenti meno bestiali. [14 luglio 1908, corsivi miei].
> (39)

Un auspicio di bontà/elevazione la cui astratta purezza, in sospetto di scissione, ripete a distanza di pochi giorni il grandioso progetto delineato nella lettera del 4 luglio: "ora mi libro in una aspirazione semplice e superba insieme: giungere ad una bontà così vasta di spirito da poter ritrovare dolcezze purissime per gli altri e per me, sempre, anche di fronte ai sudici offici della bestialità" (38). E a distanza di anni (12 novembre 1919) sarà in termini affettivamente analoghi che Rebora riferirà della sua qualità ipnoticamente assimilante (proiettiva) di istitutore e precettore presso i conti Sormani (corsivi miei, ad eccezione dell'iniziale "*poesia*"):

> [...] il fascino e l'irresistibile *poesia* di realtà che emana da me. Cosicché io, talvolta, o taccio (e il mio sguardo intento fa allora un certo effetto nel salone) o parlo, e faccio dibattere un po' in un'inane rivolta le anime ch'io vinco. Ma l'ambiente fine, educato, e con nobili tradizioni, *finisce a risonare con me,* e dopo dubbi (e qualche mia

"umiliazione'), esso *sale con me*".

(444)

Affiorano in questa modalità del "dare" — spesso connessa al motivo dell'elevazione, ossessivamente agognata e qui "donata"[39] — anche altre caratteristiche dello pseudoaltruismo descritto da Seelig e Rosof: "the individual projects his own desires into the object and uses the object as a narcissistic extension of the self to satisfy those needs, often erroneously believing that the motivation is altruistic" (953).

In effetti, la sequenza associativa dei pensieri che nel seguente passo epistolare (14 maggio 1913) ruota attorno al malcapitato Perini spinge a immaginare che Rebora, reclutato l'amico infermo nel ruolo di fusionale propaggine del Sé, trovi nel fantasticato trasferimento sulla propria persona del polmone piagato ("tôrre per me il malanno altrui") l'occasione propizia per vedere soddisfatto il suo impulso a "pugnalarsi":

[...] quanto a me, mi pugnalerei: vivo spesso in estasi, ma non so più studiare né lavorare; sarà tutta colpa della volontà? Mi prodigo molto fuori: e vado spessissimo da Perini che tento incuorare; è a letto e sembra davvero piagato al polmone; poveretto! Mai, come ora, ho sentito di volergli bene e il desiderio di tôrre per me il malanno altrui.

(197)

In ogni caso, la difficoltà a pensare le esigenze di un altro separato e autonomo e la corrispondente tendenza a funzionalizzarle al proprio pulsionale non-pensato (all'"urgere" e all'"estasi") possono essere entrambe intese come riflesso relazionale di un senso di soggettiva inesistenza, naturale impedimento all'autentica cura di sé. Difficilmente, infatti, laddove il soggetto stazioni di preferenza in un mondo interno schizoparanoide spoglio di oggetti interi (separati), potrà usare verso se stesso quella cura fatta di attiva responsabilità che conferisce alla posizione depressiva il suo carattere di eticità. È quindi a ragion veduta che Seelig e Rosof (939) individuano nell'incapacità di prendersi cura di sé uno dei tratti che contraddistinguono lo pseudoaltruismo. Questo indicatore trapela riconoscibilmente dal discorso autosacrificale di Rebora fin dagli anni della gioventù, oltre che nella successiva folta aneddotica sulla sua condotta di vita:[40]

---

[39] Questo particolare motivo ha per Rebora una valenza spiccatamente materno-fusionale: lo si trova già infatti in posizione di primo piano, e con simili connotazioni affettive, in numerose poesie della madre e con particolare pregnanza nel sonetto "In alto" (1890), dedicato significativamente "A' miei figli".

[40] Ripropongo tra tutte la testimonianza della nipote Enrica (citata in Bonfanti 1988, 63), relativa ai primi Anni '20: "Era un appartamento al quinto piano che a me sembrava un solaio e che zia Marcella chiamava "la topière" [...]. Vi faceva salire un po' tutti, barboni, disgraziati, uno che a momenti gli spara perché era matto. La nonna, ogni tanto, andava con la cameriera a vedere com'era la situazione, che era sempre pessima.

> [...] ho rinunciato e rinuncio, ho sacrificato e sacrifico assaissimo di me stesso; e talvolta sento la stanchezza di chi troppo s'è prodigato senza nulla ricevere.
> (87)

> [...] tutto mi prodigo (o cerco) per gli altri, e nientissimo (o quasi) ricevo a nutrire e incitare la mia fatica e il mio cammino. E anche di voi sarà così, in qualche parte; ed io anelo di penetrarvi e vivere di voi. Quantunque senta di non esser necessario a nessuno, pensiero di nessuno, meta di nessuno, tuttavia - la mia enorme sete di affetto e di consenso - mi spinge sulle vie di tutti, per donare agli altri ciò ch'io non riceverò mai.
> (94)

Non sfuggirà al lettore l'affinità di questa risentita elevazione — frequentemente controbilanciata da opposti slanci all'insegna del più "mansueto" umiliarsi — alla seguente (auto)esortazione, certo non estranea all'"immense pride behind the misleading forms of intense humility" (122) che Green elenca tra i segni particolari del narcisismo morale:

> Trai dalla tua bontà e bellezza un sacrosanto orgoglio di pensiero e di azione, davanti all'infinita turba dei mediocri e sfacciati conquistatori. Spasima pure di dolore, ma con una mirabile superbia di sentirti migliore e vasto.
> (52)

Se si guarda oltre il senso di spoliazione e dissipazione delle risorse spesso lamentato da Rebora e si ammette che esiste, per questa generosità, una contropartita latente incamerata in divisa di superiorità morale, cesseranno di apparire paradossali inviti come i seguenti alla Malaguzzi (28 marzo 1911) e a Francesco Meriano (24 ottobre 1917), il primo dei quali peraltro coerentemente chiosato da una comunicazione assai colpevolizzante e in certo modo paradigmatica del batesoniano "doppio legame":

> In ogni modo si ricordi questo: ch'Ella - quando crede e vuole - mi deve adoprare come una cosa che possa esserLe utile nei momenti difficili; se no, a che si riduce la divinità dell'amicizia? E poi vuole che, dopo i concreti spasimi suoi, io Le parli di me? Se anche per avventura io affogassi, il mio annegamento non è tale da interessare più che tanto la cronaca; fino a che ho spalle quadre gli altri debbono valersene, e non aumentare la propria tristezza vivendo anche le mie ansie.
> (97)

> E ti prego di non risparmiarmi — di adoperare la vicinanza della (mia) vita come un appiglio al tuo salire fuori dall'irrespirabile. Senti che c'è sempre una *fiducia* accanto a te [...] E questo, non per toglierti la sofferenza "del sacrificio" — che so, per anime come le tue (e le mie), essere la sola celebrazione, e nobiltà, di vita possibile ora. (382)

Clemente regalava tutto, anche le lenzuola". Scrive André Green a proposito di situazioni di questo tipo che "the true moral narcissist always volunteers himself whenever he sees a chance of renouncing a satisfaction [...]. For him it is a matter of being pure and therefore alone, and of renouncing the world [...]. This is done through poverty, destitution, solitude, even hermitage – all states that bring one closer to God" (119).

Nell'eroismo sacrificale reboriano, vistosamente orlato di autocompassione, si può forse riconoscere il *verso* affettivo di un *recto* (Frammento XII) in cui la vergogna del soggetto origina dalla passività infantile con cui egli beneficia di un "dono" idealizzato all'eccesso, e perciò avvertito (o magari fatto avvertire) come soverchiante:

> E mi vergogno ripensando a lei
> che nel donare il sangue fu serena;
> a lei che, triste d'aver troppo, volle
> alla sua gioia il sacrificio appena,
> ma a noi perdona i soffici fastidi;
> a lei che il cuor ci veglia e la movenza
> in un senso di culla
> e, se non diciam nulla,
> contro l'ignoto male
> sbarra a difesa il suo amore...

Si sa d'altra parte che è proprio con questo tipo di oggetto-madre che Rebora si identifica, col passare degli anni, sempre più pienamente: tanto che, ad esempio, la "fantasia liquida" di emanare (come la madre-Cristo)[41] sangue prezioso per la vita e quella di fare uscire altri dall'irrespirabile che la minaccia si trovano condensate, con immagine memore dell'esperienza bellica, nella più tarda e apocalittica considerazione che Rebora rivolge il 26 settembre 1926 a una sua pia interlocutrice — oltre che, al solito, a se stesso:

Ho sentito più profondamente il ritmo del Suo cuore umano, e mi è parso così generoso e capace di Vita da vincere ogni intossicazione. *Emanare ossigeno, in risposta ai gas asfissianti*, per respirar meglio almeno intorno noi, è già avviare un'atmosfera più salutare, finché il diluvio morale purificherà l'aria universalmente. (Corsivo mio.)

(623)

È sulla fenomenologia e sul significato di questo circolatorio moto di sostanze che mi soffermerò nel prossimo punto.

Il pattern sacrificale dei "vasi comunicanti"
Nella logica reboriana della reciprocità antitetica vita e morte, buono e cattivo, pieno e vuoto, aria e asfissia si implicano non solo vicendevolmente, ma circolarmente: sono elementi di un sistema chiuso all'esterno in cui, quando le risorse transitano in via temporanea da una parte, vengono meno dall'altra per poi fare ritorno. In un ambiente psichico di questo tipo, privo di scambi con l'esterno, non si perde mai compiutamente (ma nemmeno si può generare) nulla: la somma totale delle risorse resta uguale a se stessa, come se queste si

---

[41] Si ricorderà a questo proposito il noto *Jesus as Mother* della Walker Bynum (in particolare il quarto capitolo).

spostassero tra vasi comunicanti — non separati, appunto. È in ragione di questa struttura che il bene altrui implica *di necessità* il male proprio, e viceversa. Il dare si costituisce infatti quasi di regola come un *travasarsi interi* in quello che, attribuendolo all'identificatoriamente celebrato Rosmini, il poeta stesso definisce non a caso "olocausto della carità".[42] Di questa dinamica si trova frequente e vario riscontro sia nei testi poetici sia nell'epistolario.

Esemplarmente, giunto al mare di Zoagli per qualche giorno di vacanza all'inizio del 1919, Rebora scrive ai familiari: "*Ho veduto il mare e la vegetazione*, sebbene la pioggia stia coprendo tutto, foscamente. Vorrei (col sole!) che foste voi al mio posto" (603). Ora, ciò che in prima battuta colpisce, se non altro per lo scarto dagli usi del quotidiano conversare, è il suo non aver detto invece "vorrei che ci fosse il sole e che foste qui con me a godervelo": ma la condivisione del bene, la commensalità fornariana, è appunto incompatibile alla reciprocità antitetica. Con schema analogo ma a termini rovesciati, il brillare degli altrui successi colloca il soggetto in una posizione di opposta e congruente minorità: e allora, come scriveva il giovane poeta a Santarone, "mi è giunta l'eco de' tuoi trionfi ai quali aggiungo, da questa solitudine tranquilla, i miei sommessi applausi oscuri" (45).

Sembra consono al moto circolatorio delle fantasie qui considerate che la semantica dei fluidi — specie quelli che mantengono in vita come il latte, la linfa e il sangue — condivida con l'altrettanto essenziale ciclo della respirazione e l'alterno effondersi/assorbimento di luce e calore un ruolo fondamentale lungo tutto il corso della produzione reboriana. Rispetto al sangue, nota a ragione la Paino che

la devozione rosminiana al "sangue" di Cristo [...] trova una sorta di laica prefigurazione nella consistente presenza del sostantivo nei versi che precedono la conversione. [...] Il sangue nei *Frammenti lirici* viene assunto a simbolo di comunione e quasi di consustanzialità con gli altri ("E del sangue di tutti è il mio polso", *FL*, LVI) e con la vita stessa ("Or, come il sangue qui in me [...] son dentro nella vita", *FL*, XXV)

(xxx-xxxi).

Quanto poi all'"essere in" che nella citazione dai *Frammenti* viene riferito tanto al sangue quanto al soggetto ("in me... nella vita"), se come dimostra la studiosa neppure esso è "prerogativa esclusiva della seconda stagione del poeta [in quanto] già apparteneva al suo immaginario e al suo lessico originario" (xxxiii), occorre segnalare oltre a ciò: 1) che già qui si manifesta operante una dinamica di circolazione sostenuta da un ritmo di sistole/diastole:[43] il soggetto passa

---

[42] In Rosmini 173. Un olocausto tinteggiato da una scissionale purificazione, se Rebora annota nell'Agenda per le vacanze estive 1939: "La carità non può abitare col peccato, perché è santità" (*Le poesie* 387).
[43] Analogia già efficacemente utilizzata da Mussini e Giancotti nel loro minuzioso commento ai *Frammenti*.

infatti dall'essere pieno di qualcosa allo riempire qualcos'altro, prefigurando così lo schema del prendere parte alla vita universale al prezzo del proprio sacrificio; 2) che le varie declinazioni dell'essere di volta in volta nella vita, nella realtà, nella natura, negli altri, in Cristo, in Dio e così via sono in ultima analisi riconducibili a un "essere in" originario, quello della situazione primaria: alla fantasia, cioè, di trovarsi nel grembo della madre partecipando delle sue risorse e del sistema in cui esse fluiscono. Un meccanismo la cui spinta regressiva anima anche le rappresentazioni della "Canzoncina Madonna di Re", dove il flusso sanguigno scorre ininterrotto da un (s)oggetto all'altro ("O Mamma tu che, offesa, hai dato il sangue, che un dì il tuo Figlio prese per salvarci" 431).[44]

Si potrebbe allora esprimere forse anche in questa forma il significato psicologico della "certezza" religiosa che Rebora esibì a partire dagli anni '20 con il fervore ossessivo e paradossale di chi sente di doverla difendere, per sopravvivere, a costo della vita: donare il sangue (sacrificarsi, dare-scomparire, "essere buoni" finanche annullandosi) è bensì auspicabile o persino necessario — ma a condizione che ci si trovi nell'utero materno, dove a livello di fantasia inconscia si può essere ben sicuri che quel che è dato è reso: ossia, che il sangue defluito in qualche forma pur sempre ritorna. Eloquente a questo riguardo, per la scelta delle immagini e per le inevitabili risonanze semantiche del termine "grembo", il commento alla XIII stazione della Via Crucis: "GESÙ dopo esser stato trafitto al costato — donde fluirono sangue e acqua, il battesimo con l'eucarestia, i sacramenti della redenzione — è deposto dalla croce nel grembo della Madre" (*Le poesie*, 425). Entro la giurisdizione del primario, il sussistere del soggetto risulta quindi vincolato al permanere di questo stato di desoggettivata dipendenza. Scopo precipuo dell'autoannullamento è infatti, in altre parole, quello di sopravvivere senza dover esperire lo sgomento terrorizzante del vuoto: "E se mi assale sgomento, sia inaccessibile all'anima mia, nel tuo alone materno, Maria".[45]

La reversibile "generosità liquida" di cui si è appena vagliato qualche campione è costantemente in circolo: se ne trovano folte testimonianze nelle lettere del 10 maggio 1916 "ti bevo tutta la sofferenza, e come vorrei […] scambiarmi con te […] Pierotto mio, così uomo mio!"; dell'11 agosto 1916 "che desiderio folle di dar fin l'ultima goccia per ridarti un po' di respiro"; del 12 febbraio 1912 "era necessario ricircolare e prevenire nuove asfissie o calci nel vuoto, col rispander me stesso negli altri". Dinamiche, queste di svuotamento, tutte controbilanciate da corrispondenti riempimenti come nella lettera del 23 gennaio 1913 "il cuore vuoto dovrebbe almeno riempirsi negli altri fuori di sé!"

---

[44] Per un vertice storico e antropologico sul significato del sangue nella dottrina e nel culto ci si può nuovamente rifare alle ricerche della Walker Bynum, e in particolare al volume *Wonderful Blood*.
[45] *Le Poesie* (447).

(162) o in 76, con il pulsare delle "nostre anime gonfie ed assetate di profondi consentimenti"; o ancora (24 aprile 1916) "avessi potuto morire io per tutti coloro che amavo! (Proprio ora che ho un amore inesausto e generoso accanto a me)!" (319).

L'amore (il seno) inesausto dell'ultima citazione è quello di Lydia Natus, a proposito della quale Rebora aveva scritto pochi mesi prima (14 dicembre 1915): "c'è una Creatura che lotta disperatamente per Clemens, e si sfinisce sulla Croce [...] ch'io possa dare *anche* il frutto del mio "genio"! Ci fosse un po' di rotazione, nevvero? Nel nome e nel sacrificio di Lydia, che io l'ottenga!" (309-10). L'invocata "rotazione" si realizza anche in questo caso in forma di circolazione: come ha dimostrato la Paino, infatti, la donna sacrificale santa e salvatrice è al contempo e fin dall'epoca della relazione (cioè: non solo per il Rebora religioso) anche la donna demoniaca da elevare e salvare:

Nel "romanzo" reboriano i termini di alto e basso sembrano essersi ambiguamente invertiti, e la donna angelo può anche rivelarsi diabolica: "questa donna ch'io cerco d'*elevare* a me, com'essa sa *abbassarmi* a lei (elevare e abbassare, come termini di creazione; potrei anche invertirli), è diabolicamente meritevole del nostro destino". Il percorso che conduce alla donna salvatrice non è più dunque unidirezionale.

(lxxiv)

In ogni caso, alla luce di quanto osservato finora rispetto ai vissuti e alle difese più primitive del soggetto non completamente individuato, sarei incline a riconoscere in tale "confusione di ruoli" (lxxiv) una forma narrativa della rappresentazione che a livello di fantasia inconscia è una con-fusione con l'oggetto: un tipo di relazione oggettuale che, oltre a presiedere alle già esaminate fantasie di femminilizzazione autocastrante, è pure psicodinamicamente connessa al fenomeno di scissione in angelo/diavolo rilevato, quand'anche non nelle sue implicazioni psicoanalitiche, dalla Paino.

Nel momento in cui, con l'esaurirsi della relazione sul finire degli anni '10, Rebora dovette avvertire che "l'infinito mediato da Lidia [era] un'approssimazione troppo terrena dell'Infinito" (lxxxiii), egli non poté far altro che rimettersi in cerca di un "oggetto sufficientemente ideale" per rovesciare qui ironicamente il *good-enough mother* winnicottiano nel suo inverso psicotico. Un oggetto, cioè, che offrisse maggiori garanzie di rimanere davvero e sempre "inesausto", e concedesse inoltre al soggetto con esso identificato l'illusione di essere capace di altrettanta potenza e altrettanto sacrificio. Lo trovò nel seno della "materna Chiesa che dà pace", il contenitore istituzionale[46] per sua natura

---

[46] Al di là del particolare uso delle narrazioni religiose su cui ci si è più volte soffermati, la *funzione di per sé contenitrice* del seno-grembo istituzionale della Chiesa e della pratica quotidiana della vita comunitaria ha probabilmente rappresentato per il Rebora-anima-errante il compromesso più funzionale e durevole. La testimonianza della Mazzucchetti parrebbe avvalorare questa ipotesi: "Quando lo seppimo approdato al porto

meglio atto a dare, rovesciando ora Barthes, un "effetto di eterno". È la "certezza" fornita da un ambiente-contenitore così connotato ciò che rende possibili i continui "travasi" di un testo importante e programmatico come "Il sacerdote" (1934):

> Il sacerdote è come una radice
> che stilla e spreme la linfa nascosta
> perché dia frutto la pianta felice
> [...]
> il sacerdote è come una cascata:
> avviva l'acqua, mentre s'inabissa
> [...]
> Il sacerdote è il Sacro Cuor che beve
> il nostro sangue infetto dalle vene
> e dal Suo intatto le arterie ci imbeve
> [...]
> Il sacerdote è tal che va distrutto
> Dio adorando...

Un sacerdote sovrapposto del tutto a Gesù (oltre che ovviamente a Maria), se già il 1 luglio 1933 Rebora aveva potuto compiere con l'ennesimo (fusionale) rovesciamento di ruoli un simmetrico "atto di offerta del mio guasto sangue in unione col Sangue Preziosissimo di Gesù" (178).

In una situazione a perenne rischio di "asfissia" come quella qui esaminata, l'adozione strategica e a scopo difensivo del rovesciamento fusionale ha l'effetto di far balenare al soggetto uno scampo magico da un'insostenibile posizione di assenza e necessità. Si tratta però di una salvezza che può profilarsi solo mercé l'allucinatoria creazione di un seno ideale pieno di risorse dentro cui travasarsi impadronendosene. Il concetto di allucinosi del seno offre una prospettiva particolarmente utile per comprendere le ragioni della fantasia di circolazione, e avvicinandomi alla conclusione mi limiterò qui ad abbozzarne i contorni valendomi delle osservazioni tra loro complementari di due analisti bioniani, Michael Eigen e Giuseppe Civitarese:

An individual's difficulty is compounded by the inability to admit inability. There seems to be a tendency to blur the painful experience of inability and to fill this space with stupor-hallucinosis-megalomania and fear. This is akin to Freud's fantasy of the infant hallucinating a breast when it is painfully hungry.
(48)
Con le trasformazioni in allucinosi si creano mondi perfetti, mondi illusoriamente al riparo da ogni "rivalità, invidia, voracità, minaccia, amore o odio" (López-Corvo, 2002,

---

del cattolicesimo più ortodosso, sprofondato in totale e umile dedizione [...] ne provammo grande ragione di conforto e di gioia. Avevamo talvolta temuto che ben più tragica potesse essere la foce di quel misterioso fiume" (84).

p. 311). Poiché il dolore non è tollerabile, l'allucinosi nega l'assenza del seno (della soddisfazione) e la conseguente frustrazione. Il seno assente (zero-seno ovvero non-cosa, *no-thing*), la cui preconcezione è indispensabile per simbolizzare, è ridotto a "nullità" (*nought-ness*) ed è "ostile, invidioso e avido e neppure esiste, giacché è spogliato della sua esistenza" (Bion, 1965, p. 187).

(76)

Cercando la pace nel riparato grembo della certezza, è infine alla calce viva di questa *nought-ness* che Rebora consegna il mondo-"immondo", bersaglio nei tormentati anni della gioventù — al pari del tempo, del maschile, del lavoro, del guadagno, della città — della proiezione di parti aggressive e invidiose del Sé.

Il Rebora che si approssima alla conversione raffigura se stesso sempre più come una funzione-seno la cui copia di sangue, latte, conforto e "giovamento" da elargire sembra sgorgare all'infinito e come dal nulla — ossia, da un difensivo e onnipotente sottrarsi al dolore e allo "sgomento". È in effetti soprattutto dalla personale urgenza di sottrarsi alla disperazione presente che sembra materializzarsi l'effusivo impulso (auto)risarcitore di brani come il seguente, scritto in tempo di guerra durante la terribile degenza presso l'ospedale psichiatrico di Reggio Emilia: "… io (quand'ero insonne all'Ospedale) mi sentivo quasi chiamato ad effondere amore e calore nei buoni […] E avvolgevo tutti i miei amici lontani della mia febbre, quasi a una salvazione radiosa" (672).

Note conclusive: il sacrificio apparente.
Con il suo accento su una solitudine insieme persecutoria e narcisistica, il "Torcular calcavi solus" contemplato da Rebora nella cappella del Battistero di S. Maria Incoronata e poi scelto come insegna sacerdotale (nelle sue stesse parole) "espiatoria e propiziatoria" (442) riassume *in nuce* l'assetto schizoparanoide, e perciò non compiutamente relazionale, su cui si fondano le sue fantasie autosacrificali. Symington, differenziando un "genuine mysticism existent in all religions" da forme di culto istituzionali volte a controllare la divinità "through external sacrificial acts", sottolinea come proprio queste ultime, più primitive dal punto di vista dello sviluppo psichico, siano "preoccupied by the paranoid-schizoid demands of the survival instinct, whereas mature religions are interested in the transcendence of this fact" (xiii).[47]

A dispetto dell'attenzione intensa ed esclusiva accordata da Rebora ai propri moti interiori, è in realtà soprattutto all'intento di placare l'oggetto al fine di controllarlo e sopravvivere che sembra di poter ricondurre l'indefesso e tanto proclamato "sacrificio muto" del poeta e del religioso. D'altra parte, è proprio questo il tipo di rapporto con la divinità che un Rebora ancora laico scopertamente preconizzava nella lettera 322 attribuendolo a quella Lidia Natus

---

[47] Questa formulazione è tratta dalla prefazione di Jon Stokes al volume *Emotion and Spirit*.

in cui egli allora si rispecchiava: "come chi crede a un Dio, vorrebbe con le offerte e preghiere placarmi — uccidermi — nell'amore e in uno stremamento crudele". Un Rebora laico, si diceva: ma in fondo e soprattutto, come hanno colto i più attenti tra i suoi interpreti, sempre fondamentalmente immutato — considerazione che vale *in primis* per il suo franto rapporto con gli oggetti prima e dopo l'approdo alla fede.

Questo tipo di continuità, che lungi dall'attestare la stabilità di un buon oggetto interno rivela quell'ostilità al cambiamento e al non-noto (dentro e fuori di sé) a cui la mancanza di tale oggetto naturalmente si accompagna, pare anch'essa congrua alla distinzione operata da Symington: "Mature religion aims at transformation of the mind and heart, whereas [...] primitive religion is concerned with external and placatory acts that do not intend to transform the heart [...] Offering a sacrifice to placate the god does not change the inner state of man" (viii, 20). Dal che si comprenderà per quale motivo il sacrificio reboriano qui esaminato si costituisca come atto geneticamente compatibile con una conversione priva di trasformazione, ovvero priva di sviluppo e crescita psichica nella direzione winnicottiana "verso l'indipendenza". La vera trasformazione comporta infatti di necessità il contatto con la perdita: proprio quel che l'offerta espiatoria di sé è tesa a impedire, prevenendola.

Si è accennato poco sopra, sempre sulla scorta di Symington, all'idea di un "misticismo autentico". Questa categoria implica naturalmente il suo negativo, così caratterizzato dallo stesso autore:

The true mystic makes a decision to be himself, while the false mystic slips into the identity of another. [...] The end of the action is the inflation of the self, fuelled by a greed for power for its own sake which is the opposite to the intentions of a true mystic.[...] The false mystic needs an external cloak in order to hide an inner state of disintegration which he cannot allow himself to know about. He shrinks from seeing himself, from knowing the ghastly deed done in the depths; his life is based on a basic refusal of personal life where instead the integrity of the ego and its objects has been smashed up. (20)

Quando si riconosca nella superiorità morale la forma di "self-inflation" più peculiare a Rebora, si constaterà piuttosto agevolmente come l'autoritratto che affiora dai suoi scritti coincida nei principali lineamenti al profilo qui abbozzato: a partire dall'ablazione di una soggettività autonoma e separata (e dalla conseguente necessità di continui rifornimenti narcisistici) fino all'adozione di un esoscheletro atto a scongiurare la disintegrazione e al rifiuto di portare con sé e *in prima persona* il "peccato originale" della conoscenza edipica della realtà (questo il senso del "ghastly deed done in the depths"). D'altra parte, come osserva Green,

The moral narcissist [...] like the child he is [...] desires to resemble the parents who, for one part of him, have no problem dominating their instincts. In other words, he wants to be a grown-up.
(120)

Proprio al soddisfacimento di questa fantasia onnipotente tende il Rebora che si appropria del seno contenitivo della madre allucinandolo e identificandovisi — e comprensibilmente rifuggendo, almeno secondo il ricordo della Mazzucchetti, chi con la propria presenza avrebbe potuto restituirlo al peso della sua storia e di una realtà avvertita (forse con vergogna) come troppo diversa da questa crescita idealizzata: "Gli anni suoi di predicatore libero, già si allentava la nostra amicizia e più sfuggiva noi "vecchi" che non lo trattavamo da profeta" (631).

Sempre mosso da un bisogno infantile di sincerità assoluta e da un corrispondente impulso alla confessione e all'espiazione, Rebora — cui non fecero difetto sensibilità e intelligenza introspettiva — giunse a tematizzare in termini talora anche espliciti il dissidio tra "vero" e "falso" che, come ha mostrato la Amati Sas (1992), è spesso alle radici del senso di vergogna legato a esperienze di fusione, passività e ambiguità volta a evitare il conflitto. Il celebre "Parola zitti chiacchiere mie" del *Curriculum vitae*, appaltando a un ente impersonale/oggetto ideale la Parola piena e riempiente e prevedendo per un soggetto passivizzato il vuoto (sia esso quello di una pre-heideggeriana chiacchiera o quello del silenzio), sancisce l'impossibilità per quest'ultimo di produrre del significato personale in via autonoma e procedendo dall'esperienza di sé e dell'altro. Di fatto, dunque, il sacrificio del pensiero al Dio-Moloch del primario funge anche da giustificazione per la mai riuscita formulazione di una personale parola di verità (soggettivata, emotiva e corporea).

Per quanto la trama discorsiva del *Curriculum* sia intarsiata di connotazioni teologiche, anche per il reboriano "discorso sulla verità" si può ragionevolmente sostenere, come già nel caso del dissolvimento sacrificale, che il dato psicologico precede quello religioso. Per limitarsi a qualche esempio, la contrapposizione tra attiva solidità spirituale altrui e vacuità di chiacchiere (proprie) di cui si auspica indirettamente il termine ("finora") è già tutta nella precoce lettera 101 a Banfi del 1910: "so che voi lavorate e vi preparate una robusta posizione spirituale; e forse non avete tempo per chi finora non ha che chiacchierato"; e a distanza di quasi un ventennio (1927), proprio a ridosso della conferenza al Lyceum rievocata dal *Curriculum*,[48] se ne ritrovano distinti echi in forma di dichiarazione di insolvenza (altro "vergognoso" connubio tra il tema del dare e quello della falsità): 943 "tutte le volte ch'io ho chiacchierato troppo in precedenza, ho pregiudicato il da farsi: ho speso in preannunci il preventivo". In questo tormentoso avvicendarsi di "menzogne" (non-pensiero incarnato in

---

[48] L'episodio è vividamente descritto nella biografia di Rebora della Marchione: "Cominciò a leggere gli appunti. Parlavano di sette uomini e cinque donne davanti al proconsole Saturnino. [...]
Saturnino disse: "Non siate pazzi". Cittino rispose: "Non temiamo altri che il Signore Iddio che è nei Cieli..." Vestia disse: "Sono cristiana". Rèbora non poteva più andare avanti. [...] Si sentì smarrito. Non fu capace di proseguire. Dovette interrompere la conferenza" (77-78).

vacuità di chiacchiera) e punitivi, non risolutivi autosmascheramenti, Rebora indugiò a lungo: si è già vista la lettera del 10 dicembre 1912 a Banfi ("sento di ingannare la fiducia degli altri (e qualche volta mia) [...] Questo far Giuda non volendolo è cosa da impazzire" (157)), ma si leggano anche quella del 21 novembre 1913:

> Sento tutta la falsa schiava bugiarda mia posizione morale e ideale: sono il più immorale animale del mondo, in quanto non affrontai e creai fuori la mia realtà, e fui purtroppo "buono e spirituale" perché incoscientemente cullato nel benessere che i miei cari mi offrivano.
>
> (219)

o, ancora, quella del 24 agosto 1923:

> Il tuo ammonimento mi ha toccato, a farmi avvertito che la piaga era più che mai presente e operante: la fallace pelle sovrapposta a forza non era indizio di risanamento, ma rinuncia a guarire con mezzi naturali, affidando stranamente la guarigione a quegli altri mezzi sovrannaturali che giovano per l'eternità, ma se meritiamo. E ho quindi provato, per questo e per altro, disgusto di me.
>
> (537)

Rispetto alla procedura anch'essa intrinsecamente mendace del "dare ricevendo" sacrificale, una significativa seppure non problematizzata ammissione è già nelle parole indirizzate alla Malaguzzi il del 5 febbraio 1912 ("io vorrei donarmi negli amici, anche a costo di perdermi: ma non è possibile, e forse l'intima mia insaziabilità, sarebbe sempre la medesima"(126)): qui il collimare di prodigo "donar*si*" e vorace "insaziabilità" nuovamente denota una circolatoria (scissa e fusionale) indistinzione da un oggetto in cui non a caso ci si perde.

A più riprese si è mostrato come in Rebora l'impulso sacrificale sia apparentato a un'urgenza di sopravvivere psichicamente legata al terrore della disgregazione del sé, e come la natura o la scelta di benefici e beneficiari sottostia puntualmente a quest'esigenza. La fantasia di continuo svuotamento/riempimento associata alla dinamica sacrificale può forse aiutare a comprendere il senso di inferiorità, falsità e vergogna spesso riscontrati, se è vero che, come sostiene Symington,

> there are two modes of action possible to the self. One is where I use others as objects to inflate my own self; the other is where I give emotionally towards others with no reward in view. The latter, though not intended, leads to an enrichment of the self whereas the former leads to its impoverishment. Therefore action either enriches or damages the self. Action that damages the self is immoral and action that enriches it is moral. Shyness, feelings of inferiority, lack of confidence and so on are associated with immoral action.
>
> (46-47)

Invero, per tutta la vita di Rebora e fin dai *Frammenti lirici* simili sentimenti negativi si alternano alla sensazione di un "affetto lirico senza oggetto" (e perciò assoluto) espresso in un "volere che s'amplia a misura | del mondo e ritorna ad un tratto | sfumatura del nulla", come si legge nel Frammento XLV che a distanza di pochi versi accosta "angoscia e vergogna" a un senso di scissa superiorità morale: "torneran tempo e fatica, | ma la carne sfiorita | e lo spirito logoro | saranno angoscia e vergogna; | e invano la prodiga forza | l'austera purezza radiosa | avranno portato la croce".

Verso la fine degli anni '20, Rebora dovette sentirsi a corto di opzioni nella sua ricerca di parole che gli permettessero di significare un vissuto *in primo luogo per lui* enigmatico perché non-pensato, e non-pensato perché intollerabile. Ma come si è visto, il senso da lui cercato ha modo di scaturire solo in un quadro in cui possa instaurarsi un rapporto separato con l'oggetto, e non nello spazio sfrenatamente spoglio o stipato dell'assolutezza. Fu a mio avviso per non rinunciare a quest'ultima (in definitiva: per non cambiare e per non soffrire) che egli si risolse a quel punto ad affidare in via permanente la parola all'Altro ideale e scisso, scegliendo per sé prima la distruzione dei propri scritti, della corrispondenza e dei rapporti personali non esauribili nel legame con Dio — e poi un quasi ventennale silenzio creativo trapuntato dall'ipnotica ripetizione di formule dottrinali e giaculatorie: parole altrui, ancora e sempre. Com'è noto il silenzio venne rotto infine da un canto inatteso, e la riscoperta vena rappresentò certo una potente risorsa d'emergenza per contenere e almeno in parte metabolizzare l'angoscia accresciuta dal concreto affacciarsi della morte: a giudicare dalla drammatica intensità emotiva delle ultime poesie, infatti, nemmeno la fede ardente dell'anima incastonata nell'Ecclesia aveva fatto dimenticare al corpo di Rebora che nel buio di quel varco si entra soli. A questo incombente sentire si dovrà pure forse l'esacerbazione, nelle ultime raccolte, della mai sopita urgenza di simbiotico accudimento con il relativo annullamento di sé. Un annullarsi naturalmente improntato al godimento pulsionale della fusione, eppure chiamato di volta in volta sacrificio, espiazione, offerta o amore di Dio: seguendo cioè fino in fondo l'illusoria logica antisimbolica per cui le cose *sono* le parole e se ne può decidere la natura scegliendone il nome — o magari, come per Clemente *Maria*, aggiungendone un altro.

University of Kent

Opere citate

Akhtar, Salman, e Varma Archana (2012). "Sacrifice: Psychodynamic, Cultural and Clinical Aspects." *American Journal of Psychoanalysis* 72:95-117.

Bowersock, Glen. *Martyrdom and Rome*. Cambridge: CUP, 1995.

Campbell, Donald. "The Role of the Father in a Pre-suicide State." In *Psychoanalytic Understanding of Violence and Suicide*, a cura di Rosine Perelberg, Londra: Routledge, 1999, 63-74.

Capello, Francesco. *Città specchio. Soggettività e spazio urbano in Palazzeschi, Govoni e*

Boine. Milano: FrancoAngeli, 2013.
Civitarese, Giuseppe. *I sensi e l'inconscio*. Roma: Borla, 2014.
Dei, Adele. "Sul filo della spada." In Rebora. *Poesie, prose e traduzioni* xi-xli.
Del Serra, Maura. *Clemente Rebora. Lo specchio e il fuoco*. Milano: Vita e Pensiero, 1976.
Derrida, Jacques. *Donare il tempo. La moneta falsa*. Milano: Cortina, 1996.
_____. *Donare la morte*. Milano: Jaca Book, 2002.
Eigen, Michael. *Psychic Deadness*. Londra: Karnac, 1996.
Eliade, Mircea. *Trattato di storia delle religioni*. Torino: Bollati Boringhieri, 1976.
Fenichel, Otto. *The Psychoanalytic Theory of Neurosis*. Londra: Routledge, 2005.
Ferro, Antonino. *Evitare le emozioni, vivere le emozioni*. Milano: Cortina, 2007.
Fornari, Franco. *Psicoanalisi della guerra*. Milano: Feltrinelli ,1970.
Freud, Sigmund. "Risultati, idee, problemi." *Opere 1930-38*. Torino: Bollati Boringhieri, 1979. Vol. 7.565.
Giancotti, Matteo. "L'incontenibile. Rebora nei 'Meridiani.'" Pubblicato il 28 novembre 2015 in alfapiù, libri. https://www.alfabeta2.it/2015/11/28/lincontenibile-rebora-nei-meridiani/
Green, André. *On Private Madness*. Londra: Karnac, 2005.
Janes, Dominic e Alex Houen. *Martyrdom and Terrorism: Pre-Modern to Contemporary Perspectives*. Oxford: OUP, 2014.
Joyce, Angela. "One to Two Years Old: Junior Toddlers." In Eric Rayner, Angela Joyce, et alii. *Human Development. An Introduction to the Psychodynamics of Growth, Maturity and Ageing*. Londra: Routledge, 2005
Kristeva, Julia. *In principio era l'amore. Psicoanalisi e fede*. Bologna: Il Mulino, 2015.
Mahler, Margaret, Fred Pine, e Anni Bergman. *The Psychological Birth of the Human Infant: Symbiosis and Individuation*. New York: Basic Books, 1975.
Malaguzzi, Daria. *Il primo Rebora. 22 lettere inedite (1905-1913) con un commento dei frammenti lirici. Prefazione di Luciano Anceschi*. Milano: All'Insegna del Pesce d'Oro, 1964.
Marchione, Margherita. *L'imagine tesa. La vita e l'opera di Clemente Rebora*. Roma, Edizioni di Storia e Letteratura. 1960.
Mazzuchetti, Lavinia. "Ricordo di Clemente Rebora." *Il Ponte* XVII 2, pp. 223-28. [Poi in parte in AA VV., *Le carte di Rebora. Libri, autografi e immagini: un itinerario nella vita e nelle opere del poeta*. Milano: ISU Università Cattolica, 2007.]
Meneghello, Luigi. "Divine Buzzings." Recensione a Clemente Rebora, *Le Poesie (1913-1957)*, Garzanti, Milano 1988, a firma Ugo Varnai], in *Times Literary Supplement*, 2-8 dicembre 1988.
Money-Kyrle, Roger. *The Collected Papers of Roger Money-Kyrle*. Perthshire: Clunie Press, 1978.
Milner, Marion. *A Life of One's Own*. Londra: Routledge, 2011
de Montaigne, Michel. *Saggi*. A cura di Fausta Garavini e André Tournon. Milano: Bompiani, 2012.
Neumann, Eric. *La grande madre. Fenomenologia delle configurazioni nell'inconscio*. Roma: Astrolabio, 1981.
Paino, Maria Caterina. "Introduzione" a Giuseppe Savoca e Maria Caterina Paino. *Concordanza delle poesie di Clemente Rebora*. Firenze: Olschki, 2001.
Raveri, Massimo. *Il pensiero giapponese classico*. Torino: Einaudi, 2014.
Rebora, Clemente. *Diario intimo: quaderno inedito*. A cura di Cicala, Roberto, e Rossi, Valerio. Novara: Interlinea, 2006.
_____. *Epistolario Clemente Rebora*. Volume I. *1893-28. L'anima del poeta*. A cura di

Carmelo Giovannini. Bologna: Centro Editoriale Dehoniano, 2004.
_____. *Epistolario Clemente Rebora*. Volume II. *1929-1944. La svolta rosminiana*. A cura di Carmelo Giovannini. Bologna: Centro Editoriale Dehoniano, 2007.
_____. *Epistolario Clemente Rebora*. Volume III. *1945-57. Il ritorno alla poesia*. A cura di Carmelo Giovannini. Bologna: Centro Editoriale Dehoniano, 2010.
_____. *Frammenti lirici. Edizione commentata*. A cura di Mussini, Gianni, e Giancotti, Matteo. Novara: Interlinea, 2008.
_____. *Le Poesie (1913-1957)*. A cura di Gianni Mussini e Vanni Scheiwiller. Milano: Garzanti, 1988.
_____. *Poesie, prose e traduzioni*. A cura e con un saggio introduttivo di Adele Dei con la collaborazione di Paolo Maccari. Milano: Mondadori, 2015.
_____. *Scritti spirituali*. A cura di Giovannini, Carmelo. Stresa: Edizioni Rosminiane, 2000.
Rebora, Roberto. *Al tempo che la vita era inesplosa. Ricordo di Clemente Rebora*. Milano: Scheiwiller, 1986.
Rebora, Enrico e Teresa Rebora Rinaldi, Teresa. *Nozze d'oro (1874-1924)*.
Seelig, Beth, e Lisa Rosof. "Normal and Pathological Altruism." In *Journal of the American Psychoanalytic Association* 49 (2001): 933-59.
Segal, Hanna. *Melanie Klein*. Torino: Bollati Boringhieri, 2012.
Shengold, Leonard. *Soul Murder: The Effects of Childhood Abuse and Deprivation*. New Haven: Yale University Press, 1989.
Stein, Ruth. *For Love of the Father: A Psychoanalytic Study of Religious Terrorism* Stanford: Stanford University Press, 2009.
Symington, Neville. *Emotion and Spirit. Questioning the Claims of Psychoanalysis and Religion*. Londra: Karnac, 1998.
Trilling, Lionel. *Beyond Culture: Essays on Literature and Learning*. New York: Viking Press, 1965
Waddell, Margot. *Inside Lives: Psychoanalysis and the Growth of the Personality*. Londra: Karnac, 2002.
Walker Bynum, Caroline. *Jesus as Mother: Studies in the Spirituality of the High Middle Ages*. Berkeley: University of California Press, 1982.
_____. *Sacro convivio, sacro digiuno. Il significato religioso del cibo per le donne del Medioevo*. Milano: Feltrinelli, 2001.
_____. *Wonderful Blood. Theology and Practice in Late Medieval Northern Germany and Beyond*. Philadelphia: University of Pennsylvania Press, 2007.

Franco Baldasso

Curzio Malaparte and the Tragic Understanding of Modern History

Abstract: This contribution focuses on Curzio Malaparte and his works *Kaputt* and *La pelle* during Italy's transition from Fascism to democracy. I argue that in his books he rejected the narratives of collective sacrifice and national redemption that were dominant after the end of WWII, from the Resistance myth of "Nuovo Risorgimento" to historicist readings of Fascism as a malady in an otherwise healthy national body. On the score of biopolitical theory, the article concentrates on Malaparte's critical appraisal of the tragic contrast between modern technology and the fragility of creaturely life. Malaparte depicts an irredeemable conflict through Christological allegories of scapegoating deployed from a radically secular perspective, resisting any historical progress or any dialectical superior solution.

Key Words: Fascism, totalitarianism, WWII literature, technological warfare, Christological allegories, creaturely life, Allied bombings, Secondo Risorgimento, secularization.

1. *Malaparte: A Long-Avoided Encounter*

When in 2009 Milan Kundera's collection of literary critiques *Une Rencontre* was translated into Italian, what most surprised reviewers was not the author's subtlety, but that he dedicated a last chapter to Curzio Malaparte.[1] In the essay, Kundera expresses his complete admiration for the Italian writer and journalist, a controversial yet pivotal figure of the Fascist *ventennio* and of early postwar Europe. The Czech author highly praises Malaparte's novel *Kaputt* (1944) as invention of "a new form that is totally a new thing and that belongs to him alone" (160). He furthermore celebrates Malaparte's second major work, *La pelle* (1949), as a landmark event in the history of the novel: "The new Europe as emerged from WWII is caught by *The Skin* in complete authenticity, that is to say, caught by a gaze that has not yet been revised (or censored) by later considerations and that therefore shows it gleaming with the newness of its instant birth" (173-74).

Kundera's praise of Malaparte is at odds with the Italian literary establishment's resolute rejection of him. Deeply compromised by his

---

[1] *Une Rencontre* appeared in Italy as *Un incontro* (Milano: Adelphi 2009). In this article, I follow the American edition, published as *Encounter* in 2010. Reviewing *Un incontro*, influential journalist Scalfari commented, "L'incontro di Kundera con Malaparte è il più inatteso," dryly adding that, if Malaparte was one of the best novelist of the 20th century, as Kundera has it, "il pubblico italiano non se n'è accorto."

Annali d'italianistica 35 (2017). *Violence Resistance Tolerance Sacrifice*

association with the Fascist regime, Malaparte polemically refused to align himself with the new intellectual strands that characterized early postwar Italy. When in a 1982 interview Alberto Moravia claimed that Malaparte "è stato il rappresentante dell'illusione fascista," adding that his old friend "fu preso in contropiede dal mondo moderno," the Roman author voiced the shared verdict of the Italian intellectual elite (qtd. in Buonuomo 11).

Malaparte's conspicuous and obtrusive *persona*, from his early commitment to Mussolini's regime to the later incarnation as cosmopolitan dandy always eager to *épater la bourgeoisie*, occupied the full screen, and prevented a more nuanced understanding of his literary accomplishments, which extensively affected writers in Italy and abroad.[2] For Moravia, Malaparte's endorsement of Fascism determined the limits of his engagement with the present. Thus, the Roman writer wrongly circumscribed, and ultimately missed, the far-reaching aspects of Malaparte's writing that are not just eccentric but in conflict with Fascist ideology.[3]

Following the way paved by Kundera, in this essay I argue that Malaparte's works such as *Kaputt* and *La pelle* insightfully signal the tremendous epistemological shift that occurred in the West during the first half of the 20th century and culminated with WWII. By witnessing first-hand the unpredictable atrocities on the war's principal fronts, Malaparte critically challenges traditional or ideological assessments of history as an ongoing process of progress and civilization. Malaparte's polemical target was not only Croce's neo-Hegelian historicism but also populist narratives of national expiation and redemption, exerted by both Catholic and Communist sides, which became prominent in early postwar Italy and Western Europe.[4] Unlike most

---

[2] As Greco shows, Elio Vittorini worked as ghost writer for Malaparte's propaganda pieces. The iterative techniques of Vittorini's novel *Conversazione in Sicilia* are indeed redolent of Malaparte's narrative and journalistic style of those years. The influence of his writing can be found in authors antithetical to him, such as Carlo Levi, in particular his *L'orologio*, American novelist John Horne Burns and his WWII bestseller *The Gallery*, or even Anna Maria Ortese's *Il mare non bagna Napoli*. For further testimonies of Malaparte's influence on other authors, see Serra. Still, a stylistic study of Malaparte's impact on writers and journalists between the first and the second postwar periods has yet to be done.

[3] On the uneasy relationship between Moravia and Malaparte, see the posthumously published novel that Moravia left unfinished, *I due amici*.

[4] For an accurate assessment of the many ideological threads of anti-Fascist forces, as well as the continuities that characterized the transition from Mussolini's dictatorship to post-Fascism, see Ward and Zunino. Drawing from Enrico Rusconi's essay *Se cessiamo di essere una nazione*, Schwarz aptly described the early postwar resurgence of patriotism as "patriottismo espiativo." For the cultural politics of liberals, Catholics, and Communists facing the issue of the "lost generation" which grew up and fought for the regime and had to be won over to democratic values, see La Rovere. For the relevance of

contemporary commentators, Malaparte is not concerned with finding an overarching or redeeming significance to the dire spectacle he witnesses; his gaze focuses instead on the *biopolitical* consequences of total war.

With *Kaputt* and *La pelle*, Malaparte portrays the collapse of the values that cemented bourgeois Europe. Crossing war zones from Poland to Ukraine, from Finland to Naples, he concentrates on the abysmal spectacle of human abasement that the conflict unleashed at an unforeseeable level. In the two novels, he exposes the material and ideological debris of Western civilization. To this end, Malaparte's formal investigation is equally outstanding. He explores traditional *and* modernist vocabularies of violence, scapegoating and sacrifice, but profoundly transforms them for his unique agenda of representing the unredeemable quality of modern historical delusions, from the myth of palingenetic war, to Fascist, as well as Communist, attempts to "correct" life with ideology.[5]

"L'errore della mia generazione," Malaparte writes in 1952, near the end of his intellectual trajectory, "era stato credere negli uomini, nella possibilità di redenzione degli uomini" (*Mamma marcia* 160). Therefore he enriches the unveiling of modernity's delusions with two complex motifs: the Christological allegory of sacrifice, and the perception of the break between human imagination and technological progress in terms of potential destructiveness. Both of these two distinguishing motifs highlight what biographer Maurizio Serra described as the main preoccupation of Malaparte's WWII narrative: "accusare ancora una volta l'essere nella storia di assassinare l'essere nella natura" (360). Although he never really unmoored himself from his past position as former ideologue of Fascism, Malaparte's postwar narrative elaborates a compelling indictment of the dire consequences of totalitarian revolutionary politics. From this prospective, Malaparte's contentious insights unexpectedly approximate influential historical and philosophical analysis attempted in those same years, such as Hannah Arendt's *The Origins of Totalitarianism*. "What totalitarian ideologies therefore aim at," Arendt cogently argues, "is not the transformation of the outside world or the revolutionizing transmutation of society, but the transformation of human nature itself" (458).

As Malaparte had argued in 1931 in his contentious pamphlet *Technique du coup d'état*, the conquest of power is not a matter of ideology, but of technique (131-39). In the same vein, when in *Kaputt* he narrates WWII's uncompromising struggle for biopolitical power, it will not be any Fascist or Bolshevik "New Man," which propaganda fancied as the utmost achievement of totalitarian regimes, to focus his attention. On the contrary, the writer reveals that the great new protagonist of the conflict is no longer the human race but

---

redemptive narratives for mourning and working through national defeat see Schivelbusch.

[5] For the modern myth of palingenetic war and its last manifestation in WWII, see Mosse.

technology. In fact, he portrays how technology impacts the lives of nations, of individuals, even of animals, with an appalling yet sublime spectacle of violence. His war reports are ripe with disquieting instances of technology's prominence over life, as experienced during the total war on an unprecedented scale. Malaparte's accounts openly demand a new set of ethical questions whose radical significance can hardly be tackled through traditional approaches.

In search of an adequate literary rendition for his observations, Malaparte craftily combines modernist solutions with classical *enargheia* (literally, "vividness in demonstration"). He mercilessly portrays Nazi efficiency in the bureaucratic organization of genocidal practices, the employment of weapons of mass destruction on a large scale all over Europe, and finally the massive aerial bombings on the civilian population by both sides of the conflict. As a result, his disturbing and highly provocative writing posed a polemical counterargument to any return to humanistic values, which were widespread in early postwar responses to the atrocities of the war from Croce and Sartre to Resistance narratives in both Catholic and Marxist circles.[6]

Malaparte choreographs in *Kaputt* the dramatic resistance of any form of life — that of individuals, peoples, and very often animals — to the dire scenario of technocratic Nazi power. This collective yet undeniably individual struggle finds in his narrative unexpected analogies with the image of Christ, his passion, and his ultimate sacrifice. Devoid of any supernatural connotation, Malaparte's Christological figurations would take central stage in his following novel, *La pelle*, which narrows the scenario from Europe under Hitler's yoke to Italy during the Allied occupation.

Malaparte is not alone in conjuring up the story of Christ as a blueprint for victimization and scapegoating. In Italy, for instance, Christological references are rife in other influential works such as Roberto Rossellini's neorealist film trilogy, (*Paisà, Germania anno zero*, and especially *Roma città aperta,*) as well as the two most successful books of the time, Carlo Levi's *Cristo si è fermato a Eboli*, and Giuseppe Berto's novel *Il cielo è rosso*. Malaparte's treatment, however, diverges from these outstanding if heterogeneous works in one crucial, ideological aspect. In *Kaputt* and especially *La pelle*, the Christological pattern of sacrifice is stripped of any atonement and of any redemptive meaning. Christ is not portrayed as the "Redeemer," as the canonical Catholic tradition would have him, but he is recovered for his creaturely essence, as a representation of what modern biopolitical thought has named "bare life" — that is, what remains to human life once it has been stripped of any political and ideological value.[7] In

---

[6] On the postwar return to humanism in Italy, see fundamental texts by Croce and Pavese. For a general overview, I refer again to Zunino. Regarding Sartre and the debate in France, see Baring.

[7] On these concepts, I draw from Agamben, *Homo Sacer*, and *Quel che resta*; as well as Santner.

this sense, from its very title, *La pelle* represents a voyage to the end of the night, to WWII's human abasement in search of its purest creaturely constituency. Malaparte's narrative aims to retrieve a *tragic* sense of history by reclaiming center stage for the irreconcilable aporias at the roots of modern Europe that WWII pushed to the foreground, such as the unredeemable conflict between technology and creaturely life. Ultimately, Malaparte's Christological figures underscore the tragic fallacy behind totalitarian secularization of religious concepts.

2. *Creaturely Life and Technological Warfare*: Kaputt

Malaparte crafts his novel *Kaputt* around a series of conversations he participated in while working as a correspondent in the main war theaters. On these occasions, he encounters the war's protagonists and their respective entourages: from the Nazi *Generalgoverneur* of Poland Hans Frank to the Fascist Minister of Foreign Affairs Galeazzo Ciano, from the young Jewish girls obliged to prostitution in a brothel for German officials in Ukraine to the animated discussions in Finland with European ambassadors. *Kaputt*'s skillfully embroidered structure allows Malaparte to wander all over Nazi-occupied Europe and to accompany the reader to see and taste the atrocities, as well as to spot the contradictions, the weakness and the arrogance of the winners of today — who the author knows will be the losers of tomorrow. The structure of the book is paratactic: Malaparte accords equal dignity to Swedish aristocrats' and Ukranian peasants' stories. His principal message — the collapse of European civilization — emerges as a sum of the polyphonic architecture of stories which the book presents. *Kaputt* is simultaneously a multi-centered and centrifugal novel, yet its narrative unity is provided by the testimonial persona, Malaparte himself.

As Primo Levi, the most articulate witness of modern European literature, understood all too well, testimonial literature is anti-modernist.[8] Testimonial literature stands in opposition to avant-garde action. It is not a rupture with a preceding tradition but a quest to recuperate the fathers and the forefathers of storytelling in order to provide authority and rhetorical evidence to the new, unheard-of, narrative.[9] It is an "archeological" research in the sense given by

---

[8] See Levi's polemic with Giorgio Manganelli in his article, "Dello scrivere oscuro."

[9] In his essay *Demeure*, Jacques Derrida argues for the "common source" of both testimony and fiction. By considering testimony first of all as "an act," he thus concentrates on its "iterability": it is in the space created by this iterability, Derrida concludes, "where literature insinuates" (29-38). From the point of view of rhetorical strategy, it is therefore evident how testimonial literature is in stark contrast with avant-garde claims of "aesthetic autonomy," but requires instead the authority of a tradition to confirm its credibility. On this specific aspect of testimonial literature and Levi's peculiar use of literary tradition to support the credibility of his testimony, see Baldasso, esp. chapter 1, 17-45.

Michel Foucault: it is a disclosure of the archive. In *Kaputt*, Malaparte faces the downfall and scattering of the European home that he himself contributed to dismantling with his Fascist revolutionary pretenses. His archeological research is geared towards the defining moments, the archetypes (*Urbilder*) of Western culture, the only ones able to account for the denouement of the most consequential myth of modern Europe since the French Revolution and the Romantics: the myth of the palingenetic war, which was turned by the Nazis into the kitsch spectacle of total destruction.

Under the aerial bombings of Belgrade, in the Romanian pogrom of Iasi, the Warsaw ghetto, and the Finnish tundra, Malaparte's narrative avoids any metaphysical escapism by focusing on the technological and biopolitical aspects of the war and the new totalitarian power. In doing so, he anticipates what will be the great paradigm change of the postwar era. Attention will shift from the figure of the soldier, as occurred in the aftermath of WWI, to that of the victim, considered first of all in its corporeality, in its creaturely life, in its being a suffering animal. Most of the victims of *Kaputt* are in fact animals: horses, mice, dogs, birds, reindeer, and flies. The novel's sections are indeed named after these animals, yet they are more than just emblems of the human condition under Nazi-occupied Europe. According to Malaparte, these animals are subjects of history on their own; the frozen horses on Lake Ladoga, the dogs exterminated by the Nazis in Ukraine, or the salmon engaging in a virile but unequal fight with an armed German official in Finland are the agents of stories expressing human aberration and *hybris*. The Nazi assault on humanity is first of all a crime against nature.

There is a sense of blasphemy in these episodes, like the rupture of an arcane covenant which is nevertheless inborn in all living beings. Nazi crimes against nature violently clash with the "religious" recognition of life's sacredness, that is, the communal belonging of all beings to life. Effaced by Nazi crimes, this sacredness is according to Malaparte immanent in biological life — an original perception which he calls Christian for its creaturely aspects, to the exclusion of the theological-political ones. When the author recounts his dream of a crucified horse in Golgotha to the Swedish Prince Eugenio at the end of the first part of the book, besides the artfully crafted conventional comments of the noble host, it is his post-surrealist image that stands out. Unfolding some of the possible interpretations of this image, Malaparte associates the "sacrificio del Cristo-cavallo" with the ideological denial and political annihilation of bare life wrought by Europe on its own body politic. Remarkably, he concludes: "Muore tutto ciò che l'Europa ha di nobile, di gentile, di puro. La nostra patria è il cavallo" (499).

Kaputt is replete with disturbing images in which totalitarian power attempts to suppress bare life and reduce humanity to its political and ideological existence. Yet Malaparte's grandiose WWII fresco is even more nuanced, for he neither condemns technology as the ultimate reason for the human fall from grace nor does he indulge in supernatural or ideological escapism. In his war correspondence from the Eastern front for *Il corriere della sera*, which he collected in 1943 in a volume entitled *Il Volga nasce in Europa*, his admiration for military and technological power of both the German and Soviet armies is unaffected. In his private diary, he enthusiastically comments on the spectacle of aerial bombings on the Gulf of Salerno with an ambiguous "bellissimo."[10] However, unlike Marinetti or Ernst Jünger, this appreciation of modern technological warfare is never detached from a profound comprehension of the finitude of the human condition experienced by the simple soldier in the battlefield. Behind many descriptions of Nazi and Red armies colliding on the Eastern front, the excitement for the display of modern warfare's technological power, typical of Fascist modernism, yields to an unusual interest in the bodies of the dead — men and animals alike.

Beginning with *Kaputt*, Malaparte describes what philosopher Günther Anders in his tormented inquiry into modernity would, a few years later, call "Promethean shame" (*prometheische Scham*). According to Anders, the second industrial revolution determines the historical separation between what man can imagine and what technology can produce. The divorce between representation (*Vorstellung*) and production (*Herstellung*) is total and the two terms become more and more irreconcilable. The Promethean shame is therefore the humiliation man feels facing the perfection and the power of his own technological creations. One of the devastating ethical consequences of the increasing distance between representation and production is our incapacity to think and comprehend in its totality the destructive power of our own technological achievements. Anders concludes his analysis asserting that technology has become the first subject of history, hence the "obsolescence of man," which is also the title of his major work.[11]

In his *Giornale segreto*, written during the war years, Malaparte meditates: "Il trait d'union fra noi e Dio, fra l'uomo e Dio, è l'animale" (Agenda 1942 a fogli mob). If the divorce between representation and production is at the core of the collapse of values occurring in European civilization since WWI, the effects of this rift will not be clear when discerned solely on human bodies. Human bodies are already affected by this breakdown, for they are both agent and target of this unintelligible destructive capacity. The separation can be read (and portrayed) only on the bodies that testify to the *before* of this catastrophe and are still untouched by it — animal bodies. The suicide of Europe is thus consequential to the biopolitical utopia of sacrificing the constitutive animality present in men. According to Malaparte, this animal side is the residual common

---

[10] On September 9, 1943, Malaparte writes in his *Giornale segreto*: "Bombardamento aereo della flot. ingl. nel golfo di Salerno. Bellissimo." Now in *Malaparte*. Vol. 6, 445.
[11] For a concise yet revealing introduction to Anders's philosophy, in particular for the historical concerns at stake here, see Traverso 83-108.

ground of our existence. Disposing of this animal constituency is tantamount to refusing the humanity of men and its most basic sense of belonging. In *La pelle*, Malaparte further develops this argument, finding in the human skin a powerful symbol of this biological, pre-political affinity. This same theme will also be the core motif behind his film *Il Cristo proibito*, in which the modern tragedy is represented by the impossible encounter between Christian eschatology and unredeemable human history, finding a haunting visual double in the horrifying display of butchered animals.[12] Malaparte's further intuition is that in the post-humanistic world in which technology is the subject of history, no ethical discourse can avoid including creaturely life in its scope.

Nowhere in *Kaputt* does the divorce between imagination and technological destructive capacity become more apparent than in the description of aerial bombings.[13] Malaparte brilliantly expounds this separation in "Il fucile impazzito," the concluding chapter of the section "I cani." The writer chronicles the appalling bombing of Belgrade in 1941 when the Nazis occupied Yugoslavia. The bombing is told from the point of view of Italian ambassador Mameli's dog, named Spin, who is unable to cope with this unforeseeable destructive power coming from the sky. Spin reacts by utterly refusing this new world, characterized as a sudden break with the past. The dog's subsequent withdrawal from the world could almost be described as a Freudian melancholy. Malaparte recounts the dog's reaction to the aerial bombing thus:

Il mondo era crollato, qualcosa di spaventoso, di sovrannaturale, doveva essere accaduto, di cui Spin non riusciva a darsi ragione [...] Nessuna legge umana e naturale esisteva più. Il mondo era crollato.

(729)

Poignantly, the opposition here is not between nature and civilization. Spin is a hunter dog, and Malaparte tells how he loves the sound of his master's rifle during the hunting. Spin considers that roar the perfect completion of his own world, in which the dog is on the side of the powerful hunter, free to run in the woods after the prey.

With the story of Spin, Malaparte introduces a pathetic element in the shocking description of Belgrade's destruction, referring also to the ferocious plunder and hideous violence that followed the aerial bombing. As do many

---

[12] In a review of the film that appeared in 1951 in *Cahiers du cinéma*, Bazin describes thus Malaparte's search for a modern tragic aesthetics: "If this universe of stone, of earth, and of men is nevertheless as real as it would be in a documentary, its *time* and its *space* are as unreal and artificial as those of nightmares and tragedies" (97).

[13] Additionally, this contrast is key for the chapter "Sangue," which concludes *Kaputt* by describing people's struggle for survival in the poorest quarters of Naples during aerial bombings (938-63). See also the opening scene of *Il Cristo proibito*, with the panoptical view from the plane encompassing the entire Tuscan landscape.

other episodes in the novel, the story echoes and corrects a previous piece written during the war for *Il corriere della sera*. On April 27, 1941, Malaparte published an article titled "L'ora che segnò la sorte di Belgrado," the last of a series of columns narrating the Nazi takeover of the Serbian capital. In line with official propaganda, the original piece is aimed at showcasing the technological perfection of the German war machine, in contrast with the racial disorder of the Balkan city, a confusion finally terminated by the Axis intervention. Even on that occasion, though, the story of "Spino, il cane che aveva paura" vitalizes the narration (620-24).

It is no coincidence that the dog, becoming protagonist in *Kaputt*'s new version, changes his name from the Italian Spino to the anglicized Spin. First, casting the dog in the foreground allows Malaparte to concentrate of the effects of technological warfare on the natural landscape, explicitly criticizing the apparent message of his own propaganda piece. Second, Malaparte significantly veers from his *Corriere* article, describing Spin as "un bravo cane inglese, di razza pura, un cane ariano nel miglior senso della parola: non aveva nelle vene neppure una goccia di sangue di colore, era un bravo cane inglese educato nel migliore canile del Sussex" (731).

Malaparte's biting irony is here twofold. With the portrayal of Spin, he dismisses warfare as the noble prerogative of an elite, a heroic conception that was the basis of nationalist propaganda all over Europe and of colonial rule beyond the European continent. In fact, for the "educated" British dog "le fucilate erano un elemento d'ordine della natura, un elemento tradizionale del mondo, del suo mondo. Senza fucilate, che sarebbe la vita?" Face to face with the massive killing capacity of aerial bombing, nevertheless, "pure breed" and assumed racial primacy do not count much. The piece is a subtle polemic with the supposed moral superiority of the liberators, a remark that the writer will further articulate in *La pelle*. In fact, Malaparte is alluding to the catastrophic experience of Italians in 1944 — daily devastation caused by unremitting Allied bombing. It is the so-called strategy of the "wings of democracy," which annihilated Axis forces and crushed their populations.

In a recent study, historian Leonardo Paggi described Allied aerial campaign as openly terroristic, making clear that after the infamous September 8, 1943 armistice

l'offensiva aerea ben lungi dall'arrestarsi diverrà sempre più intensa ed endemica, non più riconducibile, in modo analogo a quanto avviene per le stragi naziste, ad una logica di calcolo razionale tra mezzi e fini.

(113)

The destruction provoked by aerial bombings has been addressed for the German case by W. G. Sebald's well-known essay *On the Natural History of Destruction*. In that piece, the author lamented the lack of a *Luftkriegsliteratur* in postwar German culture, that is, a literature narrating the material and moral ruins caused by aerial warfare. According to Sebald, literature failed to recount such a crucial experience, avoiding the inclusion of its memory in Germany's reshaping of a public identity after the Nazi years. He portrayed this lack as a case in which German literature gave up its supposed critical role in the national public sphere:

There was a tacit agreement, equally binding on everyone, that the true story of the material and moral ruin in which the country found itself was not to be described [...]. The darkest aspects of the final act of destruction, as experienced by the great majority of the German population, remained a kind of taboo like a shameful family secret, a secret that perhaps could not even be privately acknowledged.

(10)

Sebald's argument is applicable to the Italian case, but with a crucial difference. As Paggi points out, in postwar Italy the problem is not the lack of a shared memory of the aerial bombings, but of a historically accurate memory:

I bombardamenti, nonostante il prezzo altissimo in termini di vite umane che hanno comportato, saranno rigorosamente espunti dalla memoria repubblicana quale si definisce interamente attorno alla violenza nazifascista.

(133)[14]

Together with other examples of Allied violence in Italy, such as the mass rapes in Southern Lazio by the French Army led by General Guillaume,[15] the destruction of Italian cities and the ensuing wreckage are either silenced or associated with Nazi violence, whose coterminous devastation over the country and retaliations on its population escalated in the conclusive years of the conflict. As Paggi correctly observes, the "wings of democracy" policy deliberately ignored the values that antifascism set at the core of its political agenda, sealing the end of Europe's central position in the world. "I prefer starting anew, rather than accepting everything as if it were an immutable heritage," Malaparte writes in *Kaputt*'s introduction (431). The book assumes the end of Europe's centrality as a given, as a historical fact. Nevertheless, the story of Spin represents a main example of the *Luftkriegsliteratur* that Sebald lamented as lacking in German culture after WWII. Aerial bombings are, instead, a constant presence in postwar Italian literature, from the above-mentioned novel *Il cielo è rosso* by Berto to Beppe Fenoglio's *Il partigiano Johnny*.[16]

The aerial bombing of Italy is present throughout *La pelle*, in many of the

---

[14] A striking example of this altered shared memory is the case of the massacre of the Duomo di San Miniato, July 22, 1944, examined in Foot 22-29.
[15] On these issues see Gribaudi; Malaparte's critical portrayal in *La pelle* of Guillaume's military occupation of Southern Lazio is insightfully examined by Escolar.
[16] For an overview of WWII literature in Italy, see Gordon.

stories told by the Neapolitans about the devastation of their city. Malaparte, however, develops the ground-breaking theme of the massive violence provoked by the "wings of democracy" well beyond national borders. The annihilation of German cities found an iconic representation in Roberto Rossellini's *Germania, anno zero* (1948). In *La pelle*'s chapter "Le rose di carne," Malaparte provides a detailed and horrifying description of the effects of white phosphorus bombing on the population of Hamburg, with explicit references to Dante's *Inferno* (1074-77).

Dogs intervene in the hell of Hamburg to rescue their owners whose skin is burning after the white phosphorus bombing. In the economy of Malaparte's fiction, animals are not only a metonymy for what is purest in mankind, for in his view they explicitly embody Christian sacrifice, recast in a secular light. In that baroque liturgy of Christ's passion, which *Kaputt* epitomizes, and which each of its chapters repeats, animals are victims and heroes, scapegoats and martyrs. They acquire a Christological function and share their destiny with the human victims of the biopolitical war.

Kaputt introduces the fundamental features of a theme — Christological sacrifice in a world without redemption — that would find full articulation in *La pelle*. Still, Malaparte provides in the earlier novel a remarkable conclusion for an unsettling topic that will haunt his later writings: the issue of political theology embodied by the modern State. Modernist myths of the new man and of revolutionary politics, both on the Fascist and Communist sides, are debunked by the war. In *Kaputt*, however, political theology survives the collapse of European civilization, as the chapter "La notte d'estate" expounds.

In the isolation of the Finnish summer, in which the sun never sets and sheds its pale light over timeless evenings leading to no night, Malaparte recounts meetings and discussions of the European diplomats, gathered not far away from besieged Leningrad. Through the spectral northern light, the suspended atmosphere of these conversations appears more a disquieting parody of Thomas Mann's *The Magic Mountain* than the fine rituals of European cosmopolitan society. After an exchange about the wonders of Turkish tapestry, the discussion shifts to the relation between modern politics and God:

"Ma è orribile!" esclamò la contessa Mannerheim. "Come si può concepire l'idea di uccidere Dio?"
"Tutto il mondo moderno tenta di ammazzare Dio" disse Agah Aksel. "Nella coscienza moderna, la vita di Dio è in pericolo [...]. L'assassinio di Dio è nell'aria, è un elemento della civiltà moderna."
"Lo Stato moderno" disse Costantinide, "s'illude di poter proteggere la vita di Dio semplicemente con misure di polizia."
"Non è soltanto la vita di Dio, quel che lo Stato s'illude di proteggere, ma la propria esistenza" disse de Foxà. "Prendete l'esempio della Spagna. Il solo modo di rovesciare Franco è quello di ammazzare Dio: e ormai gli attentati contro la vita di Dio, nelle strade di Madrid e di Barcellona, non si contano più."

(723)

The passage displays how illusory the conflict between politics and theology is. The existence and the security of the State intertwines with that of God after the main concepts of theology have been appropriated by the new secular religions of politics — and of the State. Through the words of his friend de Foxà, Malaparte here pits Kafka against Carl Schmitt. Again, after the secularization of religious concepts, the State lives on as the depository of sovereign power. Yet, the State is no longer the expression of the common will of the people — if it ever was — but survives as a mere sign of its power, totally devoid of any meaning. The State lives on as a fully opaque signifier, expressing nothing but itself. Through the cynical words of the ambassadors of two Fascist states, Costantinide and de Foxà, the ideals of social and cultural reorganization that originally fostered Fascism are on the brink of collapse. In the new religion of the State, what survives of those momentous tensions is clericalism and blind violence. In the new totalitarian order, politics and religion are a matter of police and assassination. Ten years later, in his criticism of Stalinism in *Mamma marcia*, Malaparte would continue his indictment of totalitarian power: against the "monstrous power" and the "stupid and dull wickedness of the state," the only solution is "lottare perché la società moderna non diventasse una 'società statale'" (255-57).

3. *Christological Figures of Sacrifice:* La pelle
As Hannah Arendt insightfully argued, "The problem of evil will be the fundamental question of postwar intellectual life in Europe — as death became the fundamental question after the last war" (134). In Malaparte's writing, nothing redeems evil. Although the question occupies many of his pages, he never addresses the problem of evil *per se*, as an ontological category. Rather, in his books, he elaborates figures of victimization and sacrifice that flesh out the profound continuity of creaturely life. In *La pelle*, this natural continuity unreservedly questions what he describes as modern "Cartesian reason," which for him is utterly inadequate to confront recent traumatic history and thereby understand the problem of evil as newly posed by WWII. Against his so-called Cartesian reason, Malaparte turns to Christological allegory, although in a radically immanent perspective. By projecting Christ's story of suffering and ultimate scapegoating onto the many victims of WWII, he points to creaturely life as the decisive correspondence among the many figures of sacrifice crowding his narrative. Malaparte's Christological figures are devoid of any metaphysical underpinning; the evil and suffering inflicted on their flesh is not redeemed by any superior design or ideological rationale. Their unwieldy presence and torn bodies withstand consoling interpretations — first of all vulgar Marxist and liberal readings of recent history as one of emancipation and progress — and testify to the impossibility of finding a response to the many ghosts haunting Europe after its WWII downfall.

An incisive entry from his *Giornale segreto* during his stay in Finland may be helpful to illuminate this aspect:

Il pensiero della morte non mi opprime, in questi giorni pur così "vicini alla morte". Mi sono sorpreso, l'altra notte a pensare che forse io non ho il senso della morte. Ecco, forse, perché il mio distacco dalla fede, la mia religiosità anarchica. De Foxà dice che non ha mai incontrato un uomo che sia più religioso di me. Sì, ma anarchico. Chissà come tutto questo si risolverà. E chi sa come si risolverà nel fatto artistico. Perché è lì che tutto, alla fine, si chiarisce e si risolve. Certo, Febo [Malaparte's dog] mi ha aiutato molto a sviluppare il mio senso religioso. Il trait d'union fra noi e Dio, fra l'uomo e Dio, è l'animale.

("22 settembre 1942")

The dog Febo in *La pelle* is an explicit Christological representation, consistent with the seminal position animals hold in *Kaputt*, where the spectral dead bodies of the "Cristo-cavallo" appeared to the author's eyes as "la nostra patria." Febo was Malaparte's favorite dog, who died before the war. In *La pelle* the author invents the fiction of Febo's atrocious death: the dog is utilized as a guinea pig for a scientific experiment, with his belly surgically opened and his vocal cords cut so he cannot make any noise. The position of this story in the economy of the book — right after the recollection of his disturbing nightmare featuring East European Jews (*Ostjuden*) crucified in Romania and before the agony of the American soldier dismembered by a landmine — points to the universality of suffering and the creaturely continuity among these heterogeneous figures, for which death is nothing but a relief. Febo and the American soldier are furthermore associated by the similar disquieting details of their dying. Their atrocious deaths have the features of a blasphemy against humanity, as I explained above. Their ends also challenge natural causality and human imagination alike, as they are provoked by the peculiar "technological" cruelty of modern man and of modern war. Nothing redeems the suffering of these Christological figures, equated by violent death. With their sacrifices, Malaparte retrieved the tragic understanding of history that he would put forward once again in his movie *Il Cristo proibito* by casting an unredeemable conflict at the center of his modern representation. Malaparte's search for the tragic in modern history is in polemical dialogue with the "patterns of conversion"— as David Ward named them — offered by coeval realist and neorealist accounts, which narrated individual death in the larger scheme of a collective redemption.[17]

---

[17] Malaparte's idiosyncratic blend of fiction and testimony in his novels is starkly at odds with the widespread return to realism of early postwar Italian literature, which prescribed both male and female models to navigate the transition to post-Fascism — from both Catholic and Communist sides. Cases in point are Ruggero Zangrandi's influential memoir *Il lungo viaggio* (1948) or Renata Viganò's novel *L'Agnese va a morire* (1949). Equally relevant was the return to "chronicle" in literature theorized by the Communist journal *Società*, or Rossellini's movies *Roma, città aperta* and *Paisà*, which, from a Catholic perspective, attained artistic results exceeding any other ideological reading of

In his classic study *The Death of Tragedy*, George Steiner traces the decline of the tragic genre, after the seminal works of Greco-Roman culture and its Early Modern revival, back to the aporias of the Romantics, who ventured to combine the unique tragic sense of life and history of the classics with the Christian master narrative of redemption. According to Steiner, after "Rousseauism close[d] the doors of hell," establishing the foundations of a positive anthropology and relegating to society the responsibility of all evil, the result was at best the "sublime melodrama" of Goethe or the "apotheosis of redemption" of Wagner (127-35).

After witnessing the tragedy of Europe, Malaparte interpreted Christian eschatology and technological modernity as inherently incompatible. His dismissal of the well-established tradition of the "romantic tragedy" resounds in his special treatment of Christological figurations. After the analogy "Cristo-cavallo-patria" operating in *Kaputt*, in which creaturely life conflicts with the ruptures of history and ideology, this correspondence finds a new haven in *La pelle*, the book Malaparte dedicates to the controversial spectacle of Italy's (and Europe's) abasement during the Allied occupation. In fact, the very insistence on the spectacle of European degradation is a stark criticism leveled at any redemptive reading of Italy's recent past.

Christian or secular, each dominant narrative on the recent past during the early postwar period features eschatological pretenses. Benedetto Croce interpreted Fascism as a "parenthesis" or as a "foreign sickness" in an organism that was otherwise healthy and that recuperated its true shape through the antibodies gained during the war. With the myth of the "Secondo Risorgimento," anti-Fascist forces celebrated the armed Resistance as the moral rebirth of the nation. In the speeches of their leaders, from actionist Ferruccio Parri to monarchist Luigi Einaudi, Risorgimento's moral legacy turned into a rhetorical call for action.[18] Its appeal also functioned as historical legitimization for the new political forces aiming to ground post-Fascist Italy on the values of the Resistance.[19] Encompassing opposing visions of the anti-Fascist political spectrum, "Secondo Risorgimento" narratives furthermore fostered many disillusioned young Italians to take up arms in the anti-Fascist Resistance for their moral *riscatto* (literally "ransom"). This younger generation was educated

---

recent events. Regarding a broader articulation of these "patterns of conversion," see Ward; for Neorealism in literature, and especially the poetics of the "chronicle," see Re; for a detailed overview of Resistance literature in Italy, see Cooke, *Legacy*.

[18] The mutual influence of rhetoric and politics at the basis of the new post-Fascist state in Italy has been evidenced by Lanaro.

[19] Despite its prominence during the civil war and in the years immediately following national Liberation, the "Secondo Risorgimento" narrative has a multi-layered history which predates WWII and will continue in the ensuing decades of the Republican state, through the processes of memorialization of the Resistance. On this topic, see Ponzani, Focardi, and Cooke, "Resistenza."

to the civic religion of the fatherland under Fascism, but grew sour with the regime's ethical failures and military setbacks. As Giaime Pintor stressed in his influential 1943 article "L'ora del riscatto," this trope displayed the moral crisis that propelled personal participation within the collective struggle for national redemption, pitting the "new" revolution of his generation against the discredited and now disavowed Fascist revolution (241). Finally, Italian Communists, whose brigades constituted the major constituency of partisan organizations, perceived the Nazi-fascist defeat as a confirmation of the Marxist master narrative and the triumph of the Soviet "new man." In the immediate postwar period, the utopia of a new leftist society seemed imminent, galvanized by the striking victory of the Red Army on the Eastern front and the landslide success of Clement Attlee's Labor Party in Great Britain in the 1945 elections.[20] In fact, each of these readings of the recent past projected present-day Italy, which had miraculously survived the death threat posed by Fascism, onto a historical background of progress and regeneration — a collective redemption from the shameful subjugation to Mussolini's regime.

Against this ideological background, *La pelle* looked totally untimely. The novel is a visionary, baroque, self-indulgent and highly sophisticated narrative of the new wave of moral corruption, a new plague depicted in an almost Boccaccian style, which followed the liberation of Italy. In *La pelle*, Malaparte narrates Europe's encounter with its own "other" — an *internal* other — and its many dissonant voices (1002). The author introduces this consequential encounter through the viewpoint of unaware outsiders, that is, of young American officials who land in Naples biased by their readings of classics and confident to liberate European civilization from Hitler's exceptional yoke. Crucially, Malaparte portrays the young officials' dismay when they discover instead "the other Europe," which rebuffs all their anticipations. The one before their eyes is "un paese misterioso, dove non la ragione, non la coscienza, ma oscure forze sotterranee parevano governare gli uomini, e i fatti della loro vita" (1001). The contrast between the American gaze, full of expectations, and the sordid reality they uncover in Naples inflates the contradiction that, the author maintains, lies at the core of European identity. Malaparte stresses how the war violently disclosed the many aporias that any idea of progress inevitably entails. He polemically brings to the surface the numerous fallacies of "Cartesian reason" and its inadequacy to make sense of European history and its recent tragic developments. Ultimately, *La pelle* details the Enlightenment's failure to

---

[20] For a more detailed account of Communist Resistance narratives in Italy see Sassoon, for its legacy and aftermath, Gundle. For a more nuanced assessment of the Italian case in the broader context of the emerging Cold War, see Tony Judt's *Postwar*, especially "Part one: Post-War: 1945-1953," 13-237.

tame life and its polyphonic yet vital baroque spectacle.[21]

The overlapping of different languages and layers of reality, the juxtaposition of contrasting *Europes* that somehow coexisted side by side for centuries, are all major features of this novel. Still, few commentators, too concerned about the moral problems raised by Malaparte's graphic representations,[22] accessed the novel from the main entry suggested by its author, as we read in the first epigraph: "Se rispettano i templi e gli Dei dei vinti i vincitori si salveranno." This quotation is taken from Aeschylus's *Agamemnon*, the first tragedy of the *Oresteia* trilogy. Its solemn, religious tone is contradicted by the ironic juxtaposition with another quotation, from Paul Valéry: "Ce qui m'intéresse n'est pas toujours ce qui m'importe" (qtd. in *La pelle* 966). Aeschylus's *Oresteia* cycle is a meditation on the theme of justice, from the primordial law of vengeance to the institution of civil courts able to administer justice on equal terms and to thenceforth avoid long chains of crimes. Salvation is possible — Malaparte seems to admit — but only for the Allies, if they are able to overcome their differences and cease the ideological struggles that reduced Europe to rubble. And only if they are able to acknowledge the inherent continuity of this heterogeneous, complex, contradictory Europe, from the Champs-Elysées in Paris to the slums of Naples, from the ancient nobility of the West to the peasants of Ukraine and Russia, from Latin pastoral poetry to Hitler. The author recognizes how national divides and ideological conflicts crushed European civilization by insisting on a total restructuring of the old society through the violent annihilation and the scapegoating of its internal other — the South, the Slavs, the Jews. In the subsequent pages of *La pelle*, Malaparte will directly address this fundamental issue. Naples is the "città levantina" par excellence, its depiction echoing the hallucinatory portrait of Belgrade after the Nazi aerial bombings that shocked the Serbian city in 1941, as described in his war reportage for the *Corriere*.[23] In his words, Naples is the mysterious — if alluring and titillating — image of this *other* Europe, its "naked ghost," alien to

---

[21] Orsucci has recently offered a compelling reading of Malaparte's oeuvre in light of his not infrequent references to 17th-century literature and philosophy, from Daniello Bartoli to classic French moralists such as La Bruyère, Pascal and Saint-Simon.

[22] The sensational case *La pelle* unleashed in Italy and abroad, including a political process and the official condemnation by Catholic authorities, is detailed in Serra, esp. 376-89. The dozens of articles and reviews of the book, most of them attacking its author for the outrage to public decency, are collected in *Malaparte,* edited by Edda Ronchi Suckert, esp. vol. 8 "Seconda parte 1949 – *La pelle*" (309-671); vol. 9 "Parte prima 1950 - Accoglienza a *La pelle* e altre opere" (9-430), "Parte quinta. 1951 – L'accoglienza a *Il Cristo proibito*. Il Volga nasce in Europa" (595-827), in which the controversy regarding *La pelle* continues by affecting the appraisal of his following works. For the reception abroad see vol. 10, "Parte prima. 1952 - L'accoglienza della Germania a *Kaputt* e degli Stati Uniti a *La pelle*" (9-221).

[23] See the articles by Malaparte, "Risveglio di Belgrado" (April 22, 1941) and "L'ora che segnò la sorte di Belgrado" (April 27, 1941) now in *Malaparte*, vol. 5, 608-12; 620-24.

"Cartesian reason" (1001).

Such a portrayal of Naples was an outrage for the early postwar intelligentsia, even beyond the boundaries of Italy. The city is represented for the first time neither as the triumph of the picturesque (alongside clichés such as "Vedi Napoli e poi muori"), nor as the miserable *locus* of the "malavita" that epitomizes the Southern question. It is not the sick limb of the nation, of Europe, that can only be cured and redeemed through Northern paternalistic intervention. According to Malaparte, the maladies of Naples are not dissimilar to the chronic diseases that plague Eastern European cities, as portrayed in *Kaputt*.

To fully understand *La pelle*'s novelty, one must go back to the long-standing cultural tradition of the Italian *letterato*, which started with Dante but took on special prominence during and after the Risorgimento.[24] For such a tradition, the exemplary biography of the man of letters is more significant than his own work, merging together classical references with Christian martyrdom. This obsessive re-writing of Dante's *Inferno*, with the personal trajectory from perdition to redemption, from darkness to light, finds its nemesis in the 20th century with the works of the best Italian writers, from Pasolini to Primo Levi. Conversely, *La pelle* questions the possibility of a Christian redemption until the very last line. In the novel, Malaparte begins his personal voyage throughout a modern *Inferno* taking for his own persona the most unconventional and tragic role — that of Virgil. Dante's *maestro* is the truly tragic figure of the *Divine Comedy*, for he is condemned not to see the light of redemption although, arguably, he had not sinned. At the end of *La pelle*, Malaparte accepts Virgil's destiny, which he alleges is also the destiny of European civilization. As in Aeschylus's tragedy, the possibility of salvation is accessible only for the winners, but only if they respect the gods of the vanquished. However, by aligning himself with Virgil's fate and figuratively following in his footsteps, Malaparte avoids any direct confrontation with his *own* Fascist past, which remains surreptitiously unresolved.

The true Dante of *La pelle* is instead Jack Hamilton, the American officer whom Malaparte guides during the liberation from Naples to the North of Italy. For the reader, the main anchor of the story is of course Malaparte himself, but *La pelle* is also the *bildungsroman* of Jack, from the initial innocence where Europe is but "the banlieue of Paris," to the understanding of Naples as the mysterious image of "quell'*altra* Europa." *La pelle*'s ultimate rationale is Jake's comprehension — and Malaparte's contention — that "anche Hitler appartiene a quell'*altra* Europa, che la ragione cartesiana non può penetrare" (1003).

No message could be more polemical in early postwar Italy than claiming that Hitler (and Fascism) were deeply rooted in European civilization. No *Sonderweg* for the Germans, and no "invasione degli Hyksos" in Italy, as Croce

---

[24] This tradition had received a prominent codification in the 19th century by De Sanctis with his *Storia della letteratura italiana* (Jossa 61-64).

also emphatically called the Fascist *ventennio* (101).²⁵ In fact, no redemption is really possible for the winners either, if only on the personal level of conscience. That strange Dante embodied by Jack, who arrived in hell without having sinned, dies on the battlefield in the final pages of the book, a few days before the end of the war. Only after Jack's death it is possible to interpret the most ambiguous passage of the text, the initial dedication looming large over the entire book. *La pelle* features the meaningful subtitle "storia e racconto" and is dedicated to the memory of a dead American official:

All'affettuosa memoria del Colonnello Henry H. Cummings, dell'Università di Virginia, e di tutti i bravi, i buoni, gli onesti soldati americani, miei compagni d'arme dal 1943 al 1945, morti inutilmente per la libertà d'Europa.

(965)

Here, italics are in the original. Jack Hamilton is the name Malaparte used in his novel for his friend Henry Cummings. The message is now clear, and it is not a judgment on the American military intervention in Italy and Europe. Malaparte addressed it to the vanquished: between testimony and fiction ("storia *e* racconto," he writes), his book argues that the winners did not achieve their ultimate goal to restore European freedom. Regardless of the liberation from Hitler and Mussolini, the author contends that Europe did not regain any substantial freedom, which would probably coincide with its lost innocence. Malaparte insists that the Allies' military intervention did not bring about any professed moral regeneration, as old maladies — such as factionalism, clericalism and conservativism — still persist.²⁶

Despite the huge public success it attained at the time, *La pelle* received mixed reviews. A young Giovanni Spadolini — later Italy's Prime Minister —

---

²⁵ A long historiographical tradition, now discredited, interpreted the Nazi political aberration as a logic consequence of the German people's "special path" (*Sonderweg*) to modernity. This teleological reading of national German history "from Luther to Hitler," has been further popularized in English-speaking countries by journalist William Shirer, author of the greatly influential *The Rise and Fall of the Third Reich* (1960).

²⁶ Similar passages elucidate both the distance between Malaparte's populism and the conservative stances of other former ideologues of Fascism, such as Leo Longanesi, and the reasons for his long-standing friendship with Giuseppe Prezzolini. His belief in an anti-bourgeois popular revolution against the conservative elites that suffocate vital national forces guided Malaparte throughout his life. From his voluntary military service in WWI to his allegiance to early Fascism, from his 1920s articles for the journal *La conquista dello stato* and the daily *La stampa*, to the reports on the Liberation of Florence that he wrote under the pseudonym "Gianni Strozzi" for *L'Unità* in 1944, the myth of a popular revolution able to regenerate the nation is a constant presence in his political and polemical output. In this sense, *La pelle* and his later production are also a bitter reappraisal of his revolutionary past. Countering popular and scholarly appraisal of Malaparte as an incurable turncoat, both Pardini and Serra argue in their biographies that his political ideas were in fact consistent.

emphasized in *Il messaggero* how the book's focus on national defeat was truly unique in postwar Italy (49). In *La gazzetta del popolo*, Lorenzo Gigli added: "In fondo, *La pelle* è l'emozionante racconto di una disfatta morale [...]. Non è la storia romanzata della sconfitta e della degradazione d'un popolo vinto, ma la storia di una generazione che per i suoi trascorsi ne porta tutte le responsabilità" (62). These positive appraisals were nonetheless exceptions. The general critical response can be summed up with the *stroncatura* (demolition) of the novel written by the authoritative *letterato* Emilio Cecchi: "[Malaparte] ha fatto, Dio lo perdoni, una di quelle cose che veramente non si fanno. Meglio allora il silenzio e l'ipocrisia, che coteste equivoche bravure" (68).

If Gigli praised *La pelle* for revealing the moral disaster of the generation that wielded power, in his review he nevertheless regretted that its author did not trace the responsibilities of the European abasement and its tragic consequences back to their origins: Fascism's revolt against human reason, tolerance and freedom (61-2). Malaparte would always avoid taking moral responsibility for his writing, a most prominent contradiction that he would never fully come to terms with.[27] Gigli, however, stresses approvingly that his novel opened a real Pandora's box in working through the war trauma in Italy. If anything, the critic bemoans the fact that *La pelle* did not take a more radical stand. Cecchi, instead, laments exactly the opposite: he criticizes the book by arguing for a full silencing of the past. The critic concludes thus: "Purtroppo noi non stiamo con Dalì né con De Sade; noi stiamo con Manzoni." Against *La pelle*, Cecchi advocates the moral monumentality of the Italian literary tradition, personified by the author of *I promessi sposi* and his rectitude. This hypocritical stance is the postwar update of what Leo Bersani called "the culture of redemption": "Art redeems the catastrophe of history. To play this role, art must preserve what might be called a moral monumentality" (22). Bersani then concludes his analysis of such a strictly ideological conception of art, which is historically grounded in European modernism despite its classicist undertones, with a piercing argument:

Claims for the high morality of art may conceal a deep horror of life. And yet nothing perhaps is more frivolous than that horror, since it carries within it the conviction that, because of the achievements of culture, the disasters of history somehow do not matter.
(22)

Since his 1940 article titled "Cadaveri squisiti" for the journal *Prospettive*, Malaparte claimed that the moral quality of his writing lay in his "cruelty" (6).[28]

---

[27] As suggested above, the role of Virgil, which Malaparte carved for himself in *La pelle*, has the advantage for its author of outlining a safer space, wherein he can avoid any question of personal responsibility for the crimes of Fascism.
[28] Malaparte's first association of his writing with cruelty, which he would further elaborate in "Storia di un manoscritto" (his preface to *Kaputt*), dates back to 1937, to

Yet his impassive depiction of the horrors of the war and of their legacy betrays an uncompromising passion for life. This love for life is evident in the creaturely dimension of his recurrent Christological figures of sacrifice. Their suffering is universal, calling for a compassion that is beyond any ideological or national divide. It is also beyond human boundaries, for in Malaparte animals are often depicted — and named — the truly new Christ.

European Jews, too, figure as the new Christ, since they have been reduced by Nazi power to that creaturely residual to be banned in the new order. In *Kaputt*, the section "Mice" recounts the atrocities committed by the Nazis on the European Jews — the Warsaw ghetto, the Rumanian pogroms, the Wehrmacht's mass executions of Ukrainian Jews, and the cattle trains directed to the concentration camps. In *La pelle* instead, a hallucinatory dream further illuminates Malaparte's understanding. The scene is not different from what occurred to horses in *Kaputt*, but the crucifixion involves Eastern European Jews, ousted from the West not only by Nazi genocidal politics, but also by the European self-reflective gaze and intrinsic politics of exclusion. Here, animals and *Ostjuden* are Christological figures, the scapegoats Europe needs to reaffirm itself while seeking to eliminate its own *other*. In a prose that is redolent of Surrealist and magical realist experiences,[29] Malaparte represents animals and *Ostjuden* as both historical victims and allegories of the surgery Nazi-controlled-Europe sought to carry out on its own body, in an effort to remove the creaturely, pre-political and pre-ideological parts of its own nature.

In traditional Christian ethics, Christ is the historical *and* super-historical, human *and* super-human medium between man and God. In Malaparte's approach, however, transcendence is not even contemplated. When in his narrative he employs animals as allegories of Christ, and explicitly names them the "new Christ," their violated bodies testify to a compelling paradox, a tragic conflict that is at the heart of all his later artistic elaboration. In Malaparte's figurations, animals and WWII victims senselessly repeat the passion of Christ

---

"Confessione," the introduction to his collection of short stories entitled *Sangue*, especially 43-44.

[29] Only recently scholars have begun a reappraisal of Malaparte's multi-faceted meditation on French Surrealism and of magical realism in the Italian context. Despite the official prohibition of Fascist authorities to discuss the avant-Garde movement and its Marxist poets in Italy, Malaparte's articles in his journal *Prospettive*, and especially the 1940 special issue fully dedicated to the French avant-Garde guided by André Bréton, attest not only a keen attention to the movement and its aesthetic achievements, but also the clear intention to disregard the regime's censorship. Malaparte's intellectual independence, however unique in Fascist Italy, does not necessarily imply political emancipation from the regime — *Prospettive* itself was indeed founded by Mussolini. In 2016 the second series of *Prospettive* (1939-1943) was reprinted in facsimile by Cesati and Vallecchi publishers in collaboration with Casa Malaparte. Martellini recently published a thorough introduction and detailed indexes of the journal, which boasted in its pages the best Italian intellectuals of the period.

without any possibility of religious resurrection or ideological redemption. Stripped of super-historical resolutions, their deaths are interpreted in a radically immanent prospective. Their individual suffering and ultimate death defy the collective or national sublimations provided by the redemptive readings of national history, from Croce to the "Secondo Risorgimento" trope.[30]

Historical contingency notwithstanding, Malaparte's "religiosità anarchica" argues for a correspondence between animals and Christ as a means to God. Consequently, he casts both Christ and God in a radically secular prospective, where the latter is, as in Kafka's tales, demoted to a pure sign without any attribute, not unlike the stories told by the European ambassadors in *Kaputt*. In Malparte's works Christ is reduced to his human, if not merely to his animal, component. Thus, his figure resists any transcendent design, as he epitomizes not redemption, but creaturely life. Christ's victimization and sacrifice is recovered as the exemplary and universal narrative of human condition and its frailty — first of all facing the terroristic behavior of biopolitical power — and yet this narrative is devoid of any aspect of faith to a super-historical justice.[31] For Malaparte, the radical meaning of Christ's sacrifice resides not in the revelation of a higher order, even less in the metaphysical challenge that faith can constitute, but in the acknowledgment of a communal belonging that withstands what Arendt called "the totalitarian attempt to make man superfluous" (457). In this sense, the above-mentioned analogy "Cristo-cavallo-patria," which was pivotal in *Kaputt*, testifies against the political and technological excesses of modern man. Still, it finds a full disclosure only in his later novel, when Malaparte concludes towards the end that "la nostra vera patria è la pelle" (1284).

Malaparte's appeal to animals as Christological figures is a confirmation of his "anarchic" religious understanding of life which requires neither institutions nor orthodoxy. Rather than subverting or emptying the original meaning associated with Christ, Malaparte carries out a deconstruction of his figure, in order to strip it of any metaphysical — and therefore, super-historical — significance. The goal is to recover the foundation of the immanent religious sense of life that Malaparte thought to be the real basis of European civilization, as opposed to its totalitarian aberrations — a radical secularism that he saw go hand in hand with his own attempt to highlight the tragic understanding of history. His indictment of Nazism finds accusatory evidence not only in its reckless use of violence; on a creaturely level, it signals the inconsistency of Nazi biopolitics with the ethical basis of the state of nature, of which the animal, and Malaparte's interpretation of the figure of Christ, are prime examples.

---

[30] It is worth mentioning here how even Risorgimento's heroes were depicted in popular culture and celebrated in public speeches through a Catholic imaginary of sacrifice, as thoroughly analyzed by Banti.

[31] For a philosophical inquiry concerning secularization and modernity, see Marramao.

The removal of the divine effected by Malaparte with the superimposition of the animal and Christ is first of all a criticism of Nazi political theology. Deeply controversial, this subversive strategy was however rhetorically effective, although few people took it seriously in Italy when Malaparte's works were published. As exemplified by Cecchi's review, the cultural establishment preferred to overlook Malaparte's radical and piercing arguments, concentrating instead on the vanities of an intellectual deeply compromised by his personal involvement with Mussolini's regime and unable to fully come to terms with his Fascist past. And yet, the utmost achievement of Malaparte lies in the double recovery of a truly tragic understanding of history together with the universality of the Christological message, both played out completely on a secular basis and deployed as incompatible strands in stark conflict with each other. The conflict between the two remains unresolved, devoid as they are of any progress or any dialectical superior solution. Malaparte's rejection of the "romantic tragedy" is the prime reason for the ostracism he received from postwar Italian culture.

Bard College

Works Cited

Agamben, Giorgio. *Homo Sacer. Il potere sovrano e la nuda vita*. Torino: Einaudi, 2005.
———. *Quel che resta di Auschwitz. L'archivio e il testimone*. Torino: Bollati Boringhieri, 1997.
Anders, Günther. *Die Antiquiertheit des Menschen*. Band I. *Über die Seele im Zeitalter der zweiten industriellen Revolution*. München: Beck, 1956.
———. *Die Antiquiertheit des Menschen*. Band II. *Über die Zerstörung des Lebens im Zeitalter der dritten industriellen Revolution*. München: Beck, 1980.
Arendt, Hannah. "Nightmare and Flight." *Essays in Understanding 1930-1954. Formation, Exile, Totalitarianism*. Ed. Jerome Kohn. New York: Shocken, 2005. 133-35.
———. *The Origins of Totalitarianism*. 1951. New York: Harvest Books, 1976.
Baldasso, Franco. *Il cerchio di gesso. Primo Levi narratore e testimone*. Bologna: Pendragon, 2007.
Banti, Antonio Mario. *La nazione del Risorgimento. Parentela, santità e onore alle origini dell'Italia unita*. Torino: Einaudi, 2000.
Baring, Edward. "Humanist Pretensions: Catholics, Communists, and Sartre's Struggle for Existentialism in Postwar France." *Modern Intellectual History* 7.3 (2010): 581-609.
Bazin, André. *André Bazin and Italian Neorealism*. Ed. Bert Cardullo. London: Continuum, 2011.
Bersani, Leo. *The Culture of Redemption*. Cambridge, MA: Harvard UP, 1990.
Berto, Giuseppe. *Il cielo è rosso*. 1946. Milano: Rizzoli, 1969.
Buonuomo, Michele. "Un colloquio con Alberto Moravia." *Malaparte. Una proposta*. Ed. Michele Buonuomo. Roma: De Luca, 1982. 11-13.
Cecchi, Emilio. "*La pelle* di Malaparte." *L'Europeo* (February 12, 1950). *Malaparte*.

Vol. 9, 66-68.
Cooke, Philip. *The Legacy of the Italian Resistance*. New York: Palgrave Macmillan, 2011.
———. "La Resistenza come 'Secondo Risorgimento'. Un *topos* retorico senza fine?" *Resistenza e autobiografia della nazione. Uso politico, rappresentazione, memoria.* Ed. Aldo Agosti and Chiara Colombani. Torino: SEB, 2012. 61-79.
Croce, Benedetto. *Scritti e discorsi politici (1943-1947)*. Ed. Angela Carella. Napoli: Bibliopolis, 1993.
Derrida, Jacques. *Demeure: Fiction and Testimony*. Stanford: Stanford UP, 2000.
Escolar, Marisa. "Sleights of Hand: Black Skin and Curzio Malaparte's *La pelle*." *California Italian Studies* 3.1 (2012). Accessed July 27, 2014.
Fenoglio, Beppe. *Il partigiano Johnny*. 1968. Torino: Einaudi, 2005.
Focardi, Filippo. *La guerra della memoria. La Resistenza nel dibattito politico italiano del 1945 a oggi*. Roma: Laterza, 2005.
Foot, James. *Italy's Divided Memory*. New York: Palgrave Macmillan, 2003.
Gordon, Robert S. C. "The Italian War." *The Cambridge Companion to the Literature of World War II*. Ed. Marina Mackay. Cambridge, UK: Cambridge UP, 2011. 123-36.
Gigli, Lorenzo. "L'ultimo Malaparte." *La gazzetta del popolo*. February 10, 1950. *Malaparte*. Vol. 9, 59-62.
Greco, Lorenzo. *Censura e scrittura. Vittorini, lo pseudo-Malaparte, Gadda*. Milano: Il Saggiatore, 1983.
Gribaudi, Gabriella. *Guerra totale. Tra bombe alleate e violenze naziste. Napoli e il fronte meridionale, 1940-1944*. Torino: Bollati Boringhieri, 2005.
Gundle, Stephen. "The 'Civic Religion' of the Resistance in Post-war Italy." *Modern Italy* 5.2 (2000): 112-32.
Jossa, Stefano. *L'Italia letteraria*. Bologna: Il Mulino, 2006.
Judt, Tony. *Postwar: A History of Europe since 1945*. New York: Penguin, 2005.
Kundera, Milan. *Encounter: Essays*. Trans. Linda Asher. New York: Harper Collins, 2010.
Lanaro, Silvio. *Retorica e politica. Alle origini dell'Italia contemporanea*. Roma: Donzelli, 2011.
La Rovere, Luca. *L'eredità del fascismo. Gli intellettuali, i giovani e la transizione al postfascismo*. Torino: Bollati Boringhieri, 2008.
Levi, Carlo. *Cristo si è fermato a Eboli*. 1945. Torino: Einaudi, 1981.
———. *L'orologio*. 1950. Torino: Einaudi, 1989.
Levi, Primo. "Dello scrivere oscuro." 1985. *L'altrui mestiere. Opere II*. Ed. Marco Belpoliti. Torino: Einaudi, 1997. 676-81.
Malaparte. 12 vols. Ed. Edda Ronchi Suckert. Prato: Famiglie Ronchi e Suckert, 1991-1996.
Malaparte, Curzio. "Cadaveri squisiti." *Prospettive* 4.6-7 (1940): 3-6.
———, director. *Il Cristo proibito*. Excelsa Film, 1951.
———. *Kaputt*. 1944. Malaparte. *Opere scelte* 427-963.
———. *Mamma marcia*. Firenze: Vallecchi, 1959.
———. *Opere scelte*. Ed. Luigi Martellini. Milano: Mondadori, 1997.
———. "L'ora che segnò la sorte di Belgrado." *Il corriere della sera* (April 27, 1941). *Malaparte*. Vol. 5, 620-24.
———. *La pelle*. 1949. *Opere scelte* 965-1329.
———. "Risveglio di Belgrado." April 22, 1941. *Malaparte*. Vol. 5, 608-12.
———. "September 22, 1942." *Giornale Segreto 1*. Agenda 1942, Malaparte Archive, Milano, Biblioteca Via del Senato.

———. "September 9, 1943." *Giornale segreto. Malaparte.* Vol. 6, 445.
———. *Tecnica del colpo di stato.* 1931. *Opere scelte* 111-303.
———. *Il Volga nasce in Europa.* Milano: Bompiani, 1943.
Marramao, Giacomo. *Potere e secolarizzazione. Le categorie del tempo.* Torino: Bollati Boringhieri, 2005.
Martellini, Luigi, *Le "Prospettive" di Malaparte. Una rivista tra cultura fascista, europeismo e letteratura.* Napoli: ESI, 2014.
Moravia, Alberto. *I due amici. Frammenti di una storia fra guerra e dopoguerra.* Milano: Bompiani, 2007.
Mosse, George L. *Fallen Soldiers: Reshaping the Memory of the World Wars.* New York; Oxford: Oxford UP, 1990.
Orsucci, Andrea. *Il "giocoliere d'idee". Malaparte e la filosofia.* Pisa: Edizioni della Normale, 2015.
Ortese, Anna Maria. *Il mare non bagna Napoli.* 1953. Milano: Adelphi, 1994.
Paggi, Leonardo. *Il "popolo dei morti". La repubblica italiana nata dalla Guerra (1940-1946).* Bologna: il Mulino, 2009.
Pardini, Giuseppe. *Curzio Malaparte. Biografia politica.* Milano: Trento: Luni, 1998.
Pavese, Cesare. "Ritorno all'uomo." *L'Unità.* May 20, 1945. *La letteratura americana e altri saggi.* Torino: Einaudi, 1991. 197-99.
Pintor, Giame. "L'ora del riscatto." 1943. *Il sangue d'Europa (1939-43).* Ed. Valentino Gerratana. Torino: Einaudi, 1950. 225-41.
Ponzani, Michela. "Il mito del Secondo Risorgimento nazionale. Retorica e legittimità della Resistenza nel linguaggio politico istituzionale." *Annali della Fondazione Luigi Einaudi* 37 (2003): 199-258.
Prospettive 1939-1943. II serie. Firenze: Casa Malaparte, Cesati, Vallecchi, 2006.
Re, Lucia. *Calvino and the Age of Neorealism: Fables of Estrangement.* Stanford: Stanford UP, 1990.
Rossellini, Roberto, director. *Germania anno zero.* GDB, 1948.
———, director. *Paisà.* OFI, FFP, 1946.
———, director. *Roma città aperta.* Excelsa film, 1945.
Rusconi, Enrico. *Se cessiamo di essere una nazione. Tra etnodemocrazie reginali e cittadinanza europea.* Torino: Einaudi, 1993.
Santner, Eric. *On Creaturely Life: Rilke, Benjamin, Sebald.* Chicago: U of Chicago P, 2006.
Sassoon, Donald, "Italy after Fascism: The Predicament of Dominant Narratives." *Life after Death. Approaches to a Cultural and Social History of Europe During the 1940s and 1950s.* Ed. Richard Bessel and Dirk Schumann. Cambridge: Cambridge UP, 2003. 259-90.
Scalfari, Eugenio. "Gli scrittori e il potere. Milan Kundera e l'arte del disimpegno." *La repubblica.* April 14, 2009. Accessed April 29, 2017.
Schivelbusch, Wolfgang. *The Culture of Defeat: On National Trauma, Mourning, and Recovery.* New York: Metropolitan, 2001.
Schwarz, Guri. *Tu mi devi seppellir. Riti funebri e culto nazionale alle origini della Repubblica.* Milano: UTET, 2010.
Sebald, Winfried Georg. *On the Natural History of Destruction.* New York: Random House, 2003.
Serra, Maurizio. *Malaparte. Vite e leggende.* Venezia: Marsilio, 2012.
Shirer, William. *The Rise and Fall of the Third Reich.* New York: Simon & Schuster, 1960.
Spadolini, Giovanni. Review of *La pelle* by Curzio Malaparte. *Il messaggero.* February 9,

1950. *Malaparte*. Vol. 9, 49-50.
Steiner, George. *The Death of Tragedy*. New York: Knopf, 1961.
Traverso, Enzo. *Auschwitz e gli intellettuali. La Shoah nella cultura del dopoguerra.* Bologna: il Mulino, 2004.
Viganò, Renata. *L'Agnese va a morire*. Torino: Einaudi, 1949.
Vittorini, Elio. *Conversazione in Sicilia*. 1941. Milano: Bompiani, 2007.
Zangrandi, Ruggero. *Il lungo viaggio. Contributo alla storia di una generazione.* Torino: Einaudi, 1948.
Zunino, Pier Giorgio. *La Repubblica e il suo passato*. Bologna: il Mulino, 2003.

Andrea Sartori

Antonio Barolini (1910-1971):
Loss and Community Against the Ethics of Power

Abstract: This paper analyzes different typologies of texts by the under-examined writer Antonio Barolini, who was from Vicenza and emigrated to the United States after WWII. The article argues that in Barolini's work violence has to be examined on a double level. On the one hand, Barolini points out that translation destroys the original version of a text; on the other hand, the very world that he narrates through his writings — the little world of the past — came to an end because of the traumatic, real experiences embedded into history, primarily war. Within such a literary and historical frame, this paper investigates Barolini's further thoughts on tolerance and non-violence, highlighting the author's impolitical take on the political issues of his time.
Key Words: Antonio Barolini, loss, World War II, Antonio Giuriolo, Aldo Capitini, Roberto Esposito, impolitical, Jean-Luc Nancy, inoperative community.

1. *Introduction*

"Loss" lies at the very heart of both Antonio Barolini's literary production and his meditation on the wounds and violence of WWII. This article examines the short stories that Barolini first wrote in Italian around (and before) the 1950s and that he then rewrote in Italian based on the English translation that, in the meantime, had been produced by his wife, Helen. It is my contention that the final version of those stories (published by Feltrinelli in 1968 and La Nuova Italia in 1970) presupposes the erasure of an original, whose transmission to posterity precisely (and paradoxically) consists in its "destruction": namely, an act of violence on the text. The recent publication in 2015 of Barolini's speech (1966) in honor of the resistance fighter and close friend Antonio Giuriolo, killed by the Nazis in 1944, allows us to expand on the topic of "loss" to the political level. The title of that speech, "Il capitano Toni e il suo e nostro piccolo mondo antico,"[1] points out that for Barolini the death of his friend, caused by the violent act of the Nazis, also marked the end of the world of Barolini's childhood: material violence ends a friend's life; violence on the text (textual violence), even though by Barolini's wife, destroys the original through the writing/translating/rewriting of his first short stories. Within this historical and literary context, this essay addresses Barolini's epistolary exchange with the non-violent activist Aldo Capitini (1899-1968) and investigates the origins of Barolini's commitment to non-violence and

---

[1] The 1966 version of Antonio Barolini's commemorative speech for Giuriolo has been published in T. Barolini 57-73. By Giuriolo, see now *Pensare la libertà*, 2016.

tolerance. Focusing on his diary that covers his self-imprisonment from 1943 to 1945 — *Diario di prigionia*, which has not been fully published yet — and on some aspects of his two novels on the anti-fascist resistance, I explore the connections between non-violence and sacrifice. Because of its roots in personal, religious and affective experiences, Barolini's commitment to politics is termed *impolitical*, an adjective that is given the semantic density that it has in the work of the contemporary political philosopher Roberto Esposito. In conclusion, the complex but under-examined figure of Antonio Barolini, surprisingly enough, has a lot to say about the attempts to reformulate fundamental concepts of politics, not only in terms of non-violence, tolerance, and to a certain extent of sacrifice, but also in terms of community, which aligns Barolini's reflections with those of the philosopher Jean-Luc Nancy.

2. The Aftermath of a Canary

Cari amici,
ho scritto i racconti, scelti per questa antologia, in tempi diversi e tutti dopo la seconda guerra mondiale; la loro redazione ultima corre tra il 1965 e il 1967. Due di essi, "Un cero spento" e "L'omino del pepe", li ho pensati e abbozzati in Italia, prima del 1955; ma poi, insieme agli altri, li ho sviluppati e scritti negli Stati Uniti d'America, dove sono vissuto a lungo e dove, prima ancora di essere conosciuti in patria, furono ospitati da alcune riviste americane, in una traduzione (curata da mia moglie) che probabilmente li migliora. Preciso questo fatto perché il tradurre un testo originale in un'altra lingua, se la traduzione avviene in cooperazione tra l'autore e il traduttore, finisce sempre col distruggere l'originale. Infatti, il testo dei racconti contenuti nel volume *L'ultima contessa di famiglia*, edito da Feltrinelli e apparso in Italia soltanto nel 1968, essendo rimasto distrutto quello precedente, l'ho rifatto e integrato sulla falsariga di quello inglese.

(*L'omino* V)[2]

---

[2] For a detailed bibliography, from 1935 to 2012, of the critical interventions on Barolini's work (including poems, short stories, novels, articles and essays), see the *Bibliografia* in Crotti, et alii 111-14. Barolini's poetic activity was positively reviewed, over the years, by critics such as Pietro Pancrazi, Franco Fortini, Eugenio Montale, Pier Paolo Pasolini and Geno Pampaloni. From 1950 Barolini, who was born in Vicenza, lived in the New York area for about fifteen years, along with his American wife Helen Mollica, a writer herself like Barolini, and today known by her husband's surname. Some of the short stories, published with partial changes by Feltrinelli in 1968, had already appeared in English in the *New Yorker* and in the *Reporter*, the latter founded and directed by another Italian expatriate, Max Ascoli, who left Ferrara in 1931, seven years before the anti-Semitic persecution was legalized by the racial laws. Barolini's short stories were first anthologized in the United States: *Our Last Family Countess and Related Stories*. He is the author of four novels: *Giornate di Stefano* (1943, properly speaking a short story, but an extended one); *Una lunga pazzia* (1962, translated into English as *A Long Madness* in 1964); *Le notti della paura* (1967); and *La memoria di Stefano* (1969), which also includes the narrative debut *Giornate di Stefano*. The last two novels — examples of Italian antifascist resistance literature — retrace the author's experience as a persecuted man during the Second World War, along with his underground experiences in Venezia between 1943 and 1945. After

With these words, Antonio Barolini in 1970 introduces a school edition of his short stories centered on family memories and on the (lost) Veneto of his childhood. Among the protagonists of those stories, we find *La zia del '48*, in which the author's genealogical memory traces back to the barricades of 1848, the so-called "cugino Canal" and "zio Vittorio". Similar characters undisguisedly irritate another *vicentino*, Luigi Meneghello (1922-2007), who is twelve years younger than his friend, and with whom Barolini had shared an antifascist stance. While analyzing the social conformism brought about by fascist pedagogy — and its enduring effects — Meneghello in 1976 indeed evokes (with ill-concealed annoyance) "una poesiola vicentina sulle gabbiette alle finestre e le zie con l'occhialino d'argento" (88). It is hard not to grasp here an approximate allusion to an aspect of Barolini's poetry, and specifically to some lines from his poem "Confidenze alla creatura amata," originally published in the collection *Il meraviglioso giardino* (1941): "La gabbia oscillava, / il canarino cantava; / la zia Maddalena aveva / un occhialino d'argento" (28). As Monica Giachino has pointed out, in this poem as a whole Barolini "anticipa, in maniera sorprendente e forse inconsapevole, i contenuti e i significati di quello che sarebbe stato in anni ancora a venire il percorso della sua narrativa breve" (Crotti, et alii 35). In other words, with that early poem Barolini brings to the forefront the peculiar entanglement of memory and awareness that will be characteristic of his short stories: memory of human beings and objects, awareness of their becoming, but also of their inevitable disappearance. Two other lines belonging to the same poem demonstrate this connection more clearly: "[…] questa memoria di cose / che verranno e che sono state." The point, however, is that disappearance, in Barolini's case, has to be located on the double level of factual and historical experience (as violent loss of objects and people), and of the mechanisms of literary production, as if language — no less than human finitude — must deal with nothingness, and at the same time with some sort of commitment related to (and raised by) that very irrecoverable cancellation. It is not coincidental that in a slightly later collection of Barolini's poems, the above mentioned composition appears without the four lines that Meneghello does not like (but which he still

---

the war, Barolini was a correspondent from the United States for *La stampa*, and later on he became both editor, in Rome, for the journal *La fiera letteraria* and co-director of the television program *L'approdo*. He published articles about religious issues for various reviews between 1966 and 1970. These writings have been collected in a posthumous book that he managed to edit before dying — *Il paradiso che verrà. Momenti di un'esperienza religiosa* (1972). It is not a coincidence that the subtitle of this volume recalls Aldo Capitini's *Elementi di un'esperienza religiosa* (1937). Capitini, the Italian Gandhi, was an extremely important point of reference for Barolini, both because of his religious and practical notion of openness, and because of his teachings about non-violence. Furthermore, between 1954 and 1959 Barolini wrote for *Comunità*, the journal founded by the humanist and entrepreneur Adriano Olivetti, on which see de' Liguori Carino.

has in mind after more than thirty years), nor is it coincidental that in the 60s the poem itself is erased from Barolini's other two attempts to give systematization to his own poetic production.[3] Nonetheless, as Giachino first noticed, the affective landscape involving Aunt Maddalena and her canary reappears — in narrative form — in the short story "Il canarino d'oro," published by *La stampa* on October 1, 1948, and later on it resurfaces again, further reworked and recast into English, in the new short story "Emerita Anna's Daughters" (*New Yorker*, February 2, 1957) — a short story that is ultimately included in the American collection of Barolini's brief narrative works (1960) and in the Italian one as well (1968, under the title "Le figlie di Emerita Anna").

Apart from the differences in their poetic tastes and in their experiences with regard to the period following the armistice (September 8, 1943), both Barolini and Meneghello mourn the loss of an exemplary figure of resistance, that of Antonio Giuriolo, assassinated by the Nazis on December 12, 1944, two months before he turned thirty-three. This assassination — a political event, though one that lies within those thickets of politics that run along human affection, itself a source of the impolitical — sheds light on the wider implications of Barolini's poetics about memory.

Giuriolo, known as Capitan Toni, is one of the *maestri e compagni* — guiding teachers and fellows, along with Piero Calamandrei, Aldo Capitini, Eugenio Colorni, Leone Ginzburg, Rodolfo Mondolfo, Augusto Monti and Gaetano Salvemini — who had accompanied Norberto Bobbio (1909-2004) through the trauma of the war (Bobbio 189-201). Nowadays, the recent publication of the speech delivered by Barolini on July 2, 1966 in Vicenza to commemorate Giuriolo, provides the opportunity to connect this under-examined meditation on loss, violence and politics with Barolini's ideas about narration and private experience that emerge from the long passage quoted at the beginning of this section. Barolini's memorial speech has now been transcribed, and is published in *Antonio Barolini. Cronistoria di un'anima*, edited by Teodolinda Barolini (daughter of the writer), along with the rich materials that make up the proceedings of the conferences held in New York and Vicenza in 2010.[4] In her

---

[3] "Confidenze alla creatura amata" is excluded from the final collection of Barolini's poems, *L'angelo attento. Il meraviglioso giardino e altre poesie inedite* (1968). The most directly autobiographical lines — precisely those evoking zia Maddalena — were excluded from the same poem re-presented in the collection *Viaggio col veliero San Spiridone* (1946), while the entire composition was also cut out of the new edition of *Il meraviglioso giardino* (1964), published by Feltrinelli with a *Prefazione* by Geno Pampaloni and including new poems.

[4] The volume includes several critical essays and an excerpt from Barolini's *Diario di prigionia* (1943-1945), the letters exchanged with Aldo Capitini, the speech in memory of Antonio Giuriolo, other notes preserved at the Biblioteca Bertoliana di Vicenza, personal testimonies written by Helen Barolini and Mino Vianello, an appendix about the cultural

essay, the editor reconstructs for the first time the role that non-violence played in Barolini's life and she sets the conditions for the understanding of what non-violence in war time means. This valuable book allows us to understand the significance of Barolini's political and religious reflections in light of his literary activity as a whole, and, in particular, within the context of his epistolary exchange with another leading figure, the non-violent activist Aldo Capitini.

An analysis of the different typologies of texts suggests that both what Barolini wrote in his narrative works and what he wrote about war, violence (including the death of Giuriolo) and religion are of great relevance in addressing some of the most compelling topics of the contemporary debate on politics, such as *community*, as it is tackled by thinkers such as Jean-Luc Nancy and, more recently, Roberto Esposito.[5]

3. *The Original and Its Destruction*
In the introductory lines to an edition (La Nuova Italia) of his short stories enriched, for the schools, by para-texts and photos (*L'omino del pepe e altri racconti*, 1970), Barolini reminds his young readers ("Cari amici...") of the serpentine editorial path of the stories themselves. Two years before, Feltrinelli had already published a similar but not identical collection (*L'ultima contessa di famiglia*, 1968), where all stories were included except for one. Before that, in 1960, the stories were published (again with inclusions and exclusions) in an American (illustrated) edition, *Our Last Family Countess and Related Stories*. Back in the 50s, part of this narrative work had been separately issued by *The New Yorker* and *The Reporter*. Indeed, Helen Barolini had translated — in collaboration with her husband — the original Italian versions into English for publication in the United States.[6]

Barolini writes that the translation improved his work, to the point that the Italian edition by Feltrinelli (from which La Nuova Italia took most of the stories) was reworked from the lines (*sulla falsariga*) of the English text, not from the original one written in the author's native language. The epistemological consequences of this remake of the authentic version on the basis of its translation

---

environment of Barolini's time — an environment populated by many friends — and in conclusion an annotated inventory of the books in the possession of the author.
[5] See Nancy; also Esposito's *Communitas. Origine e destino della comunità* and *Terms of the Political: Community, Immunity, Biopolitics*. It is precisely thanks to Esposito that the word *impolitical* (sometimes translated into English as *unpolitical*) has become one of the operative and most discussed terms of today's political philosophy, at least its ramification that investigates "the unrepresentable origin of politics" (*Terms of the Political* 135n8 by the translator).
[6] For a detailed account of all the inclusions and exclusions from one edition to the other, see Giachino, "'Questa memoria di cose che verranno e che sono state': i racconti" (Crotti et alii 41-42n14; 50-51n28).

— a gesture to a certain extent involving falsification, as the Italian *falsariga* expresses better than the English — are clearly stated in the *prefazione* of 1970, which is worth recalling for its decisive passage: "[...] il tradurre un testo originale in un'altra lingua, se la traduzione avviene in cooperazione tra l'autore e il traduttore, finisce sempre col distruggere l'originale." The original work in Italian is radically obliterated, destroyed, through the cooperation with Barolini's wife in the very act of translation and transmission of that same work into another language. The short story "Le figlie di Emerita Anna" (1968), as we have seen, was based on the English version "Emerita Anna's Daughters" (1957), but at the origin of both was the brief Italian narration "Il canarino d'oro" (1948), and, even before that, we find the very source of Barolini's poetics: the lost poem "Confidenze alla creatura amata" (1941). As a consequence, translation itself — with its trait of otherness — becomes the ground for the impossible reintegration of an irremediably destroyed work: an original work that, to some degree, the author can no longer entirely possess, and one which is not fully reflected in its final — public — version, the one prepared for the designated audience of readers in the author's country of origin.

Interestingly enough, there is a similarity between Barolini's rewritings and Arrigo Boito's reworkings of his opera *Mefistofele*, adapted from Goethe's *Faust*, at the very beginning of Italy's unification (1861). In both cases we have an overwriting (in Boito's case a material overwriting on the same page) that irrevocably erases the original writing. With his *Mefistofele*, Boito (1842-1918) tried to expand the cultural horizons of the nation and revitalize mid-century Italian opera with the modern aspirations mainly embodied by northern European countries such as Germany. *Mefistofele*'s debut at the Teatro alla Scala in Milano on March 5, 1868, however, was a resounding fiasco, and the opera was criticized for its useless Wagnerism. Boito largely revised the opera — this time paying particular attention to the *disposizioni sceniche*, a set of stage instructions specifically addressed to an Italian spectatorship that needed to be exposed to another culture. The opera was restaged in 1875 in Bologna, and was ultimately sanctioned as a success back at La Scala in 1881. What is particularly interesting in this story are the circumstances of Boito's rewritings. Alessandra Campana indeed remarks that Boito "entered his revisions directly onto the pages of the original autograph orchestral score, thus materially overwriting the scandalous text of 1868 in a way that was irrevocable" (18).

The main difference between Barolini's and Boito's rewritings lies in that for the former the original copy of the work was, as it were, too Italian, while for the latter it was too foreign. Additionally, in Barolini's case, as the author himself explicitly mentions, the revision process was essentially a cooperative one. However, in both experiences we find the elision of the authentic, autograph text, as the condition for the text itself to be successfully read by, or performed in front of, an audience. Indeed, as Barolini writes in 1970, every translation accomplished by the author in cooperation with the translator is an overwriting that destroys the original, instead of merely adding — to the original — a second layer of meaning. On the other hand, as far as the case of Boito's *Mefistofele* is concerned, the material overwriting of the text irrevocably makes the original illegible, therefore erasing it.

The irreparable loss of the original has further implications that will be addressed in the next section of this article, which deals with Barolini's political and private meditations. For now, it is worth recalling what Jean-Luc Nancy writes about the inoperative community. His way of inflecting the fundamental political term "community" (which becomes *communitas* in Esposito's philosophical vocabulary) suggests that the erasure of a supposedly primary and fixed identity from a (re)written text is consistent with the understanding of a *non*-totalitarian way of living together. A violence perpetrated on the text by the cooperation between the author and the translator, as it were, delivers an image of community — like the dual and impolitical community of marriage — that is cleansed from the material violence of a totalitarian community. Barolini's cooperative translation and remaking displaces the original copy of the work into a dimension — that of destruction or, to a certain extent, of death — that makes it impossible to say that the work as such is the *essence* of the author's (the subject's) act of writing — an essence produced at once by that very act. This idea holds true whether the author is an individual or a community, even a dual (germinal and impolitical) one. That work, in other words, is not owned by Barolini, the artist, who is not the *sovereign* author of his work, because the presence of the translator (the wife) lessens his power over his text. Barolini does not rule as a sovereign over his own production; he is rather deprived — through the artistic cooperation with his wife, no less than through his own exposure to a language (English) he does not completely master — of any *essential* power over his work. A community is inoperative, according to Jean-Luc Nancy, precisely when it does not conceive of its bond in terms of the production of its own essence (of the production of a work the community should be firmly in possession of), as, instead, a totalitarian society, or rather any *communitarian* society, does. Liberal societies indeed have inflicted no less intolerable forms of sufferings than communist societies, because according to Nancy they impose an

absolute weight that crushes or blocks all our "horizons": there is, namely, no form of communist opposition — or let us say rather "communitarian opposition", in order to emphasize that the word should not be restricted in this context to strictly political references — that has not been or is not still profoundly subjugated to the goal of a *human* community, that is, to the goal of achieving a community of beings producing in essence their own essence as their work, and furthermore producing precisely this essence *as community*.

(2)

If we shift from the vicissitudes of the different editions of Barolini's stories and of the language through which the stories are narrated to the characters inhabiting those stories, we also find an eloquent anxiety in them that is in line with the lexicon of *improperty* employed by Nancy; that is, the fact of not having the exclusive possession of what a subject produces or *is*. This anxiety counters the poetic tones that leave a negative impression on Meneghello, who criticizes the misleading *naïvité* of "una poesiola vicentina sulle gabbiette [...]." Anxiety can be found, for example, in the short story "Cronache d'ospedale" (published in the Feltrinelli collection *L'ultima contessa di famiglia*). Here Barolini recalls his experience of being hospitalized in Venezia during the days of the *Liberazione* (April 1945), an experience characterized by a sense of shattering, of being broken into pieces, of a deterioration and then loss — in other words — of both physical and mental integrity: "Per tutte quelle ore, ero stato dominato dall'ossessione di essere stato diviso in un incalcolabile numero di frammenti e ciascuno di essi era vivo, assillato dalla precisa coscienza di essere soltanto parte di un'entità che era stata l'unica e che non si sarebbe mai potuta ricomporre" (283).

In Barolini's literary production this sense of consumption and loss — though present — does not, however, result in mere nostalgia; at the same time, the author does not try to replace the perception of a bygone wholeness with a consolation of any sort. When he writes that the translation into English of some of his stories has improved the original ones — which are now destroyed — he is not simply seeking comfort nor is he trying to reconstitute any past unity. He writes, in the introductory lines to *L'omino del pepe e altri racconti*, that his brief prose works are "qualche cosa di più di una carezza nostalgica su di un mondo scomparso" (VII). In the case of the translated and then reworked stories, this *di più* is attributed to "l'incredibile flessibilità e aderenza alla realtà delle locuzioni inglesi," to "la capacità di questa lingua (commerciale e strumentale, prima di essere accademica) di realizzare in poche parole quel che, a volte, in italiano, per essere convenientemente espresso, richiede lunghe ed elaborate frasi" (V).

What Barolini is trying to do — both in Italian and in English — is something more than mourn a private experience of loss, though the figures of that loss are mainly personal ones. Rather, he attempts to retrace the story of a collectivity, of its moral and material crisis, and of its attempted recovery, from the end of the nineteenth century (from the times of his parents and of his eldest relatives) to the post-war reconstruction, a period that coincided with Barolini's move to America. He wants to highlight the reason why the old world is *moralmente scomparso*:

[...] la ragione del perché [...] una certa borghesia ottocentesca non ha potuto reggere all'urto di due guerre; perché ancora fu pari e, al tempo stesso, impari ai compiti complessi della nuova società che nasceva; e perché infine la prima guerra mondiale, l'esuberanza interventista che la caratterizzò, il fascismo che ne fu la conseguenza più deleteria e ci portò alla seconda guerra mondiale, la stessa Resistenza con la sua purezza e le sue ingenuità, le difficoltà di questo dopo-guerra sono tutti fattori concatenati, frutto spesso di una medesima pigrizia, di una persistente retorica, pagati sempre a troppo caro prezzo; in ultima analisi, di un medesimo egoismo.

(VII)

It is not by chance that the first image from the eight pictures included at the end of the 1970 collection comes from private life: it is a photo of the Vicenza house (in Palladian style) where Barolini's grandparents had lived. In order to mark the distance between his own conception of personal affects and the *egoism* he condemns in the expressions of national life, the very last picture — at the conclusion of the book — is a joyful portrait of Giacomo Matteotti, the socialist who on May 30, 1924 openly spoke in the Italian Parliament and denounced the violence used by the fascists to gain votes. Because of this speech, Matteotti was killed ten days later by the *squadristi*, and Italy, whose constitutional rights were abrogated by Benito Mussolini, became a fascist dictatorship shortly thereafter on January 3, 1925.

Here, where a private tribute to a public figure — Matteotti — becomes more than a nostalgic caress, and where at the same time a loss is restated as a loss (before and beyond any easy consolation), Barolini's impolitical — but one could also say, non-violent — stance on the violent events of his time transmutes into a way of addressing politics.

4. *Against the Ethics of Power*
In one of the two semi-autobiographical novels devoted to the tragedy of the Second World War, *Le notti della paura* (1967), the protagonist notes:

Alla conclusione delle esperienze, l'unica etica possibile è fatalmente quella cristiana. Ma non può essere l'etica della pedanteria tradizionale cattolica e della sua casistica. Dopo i lutti di questa guerra, non potrà più essere etica di potenza, fondata sul ciò che legherete, ma sul ciò che scioglierete sulla terra, in nome mio sarà sciolto. Le chiese, per difendere la loro potenza istituzionale, si sono troppo preoccupate di legare, anziché di sciogliere.

(299)[7]

This passage is reminiscent of the Gospel of Matthew (18:18), where Jesus says: "Truly I tell you, whatever you bind on earth will be bound in heaven, and whatever you lose on earth will be loosed in heaven." Furthermore, the contrast between the violence of the ethics of power, on the one hand, and the opening and the loosening of the ties of ideologies (including those of the Christian church), on the other hand, is one of the teachings of one of Barolini's close friends, the anti-dogmatic religious figure and the non-violent activist Aldo Capitini.

---

[7] To frame this novel in the context of both an historical account of WWII and the elaboration of a non-violent commitment to history, see T. Barolini's "Testimonianza storica e nonviolenza nei romanzi resistenziali di Antonio Barolini: 'Le notti della paura' e 'La memoria di Stefano'" (T. Barolini, ed., 243-66).

Capitini's openness, along with his idea of religion as "servizio dell'impossibile" (a service as impossible as the reintegration of an irremediably lost wholeness, a service that nevertheless has to be performed), is opposed to the world "che è secondo potenza," where "il pesce grande mangia il pesce piccolo." These ideas are articulated in particular in Capitini's book *Religione aperta*, that Barolini had very clearly in mind (10-11).

Barolini's religious aspect is important for grasping the peculiarity of his impolitical thoughts on politics and his complex assessment of the resistance figure — and fraternal friend — Antonio Giuriolo. This attention to Barolini's particular religious inspiration must also be understood without ignoring the vertical dimension of Jean-Luc Nancy's speculation about the inoperative community. This religious inspiration is not in contradiction with Nancy's attempt to theorize the inoperative community. In fact, in *The Inoperative Community* he equates "immanentism" and "totalitarianism," inasmuch as both are the suffocating result of the "absolute weight" of ideologies and violence, a weight that "crushes or blocks all our 'horizons'" instead of opening these horizons by loosening their knotted ties in the direction of (a never dogmatic, never granted) transcendence (2-3).

The title of Barolini's speech in 1966 commemorating Giuriolo is emblematic: "Il capitano Toni e il suo e nostro piccolo mondo antico" (published in T. Barolini 57-73).[8] The allusion to the title of Antonio Fogazzaro's novel *Piccolo mondo antico* (1895) combines the sense of loss for a friend with the loss of a deeply rooted form of life, that of the little world of the Veneto region of the past where Barolini, Giuriolo and Meneghello were born. This is the same world that Barolini initially wrote about in his short stories, and that had to be retold, remade, after coming into contact with a foreign language: English, the language of instrumental and commercial modernization, which destroyed the very first way the little world appeared to Barolini's consciousness.

In the case of the memory devoted to Giuriolo, personal and collective issues are intertwined as much as in the case of the tribute to Matteotti, but now with the decisive and additional feature of a deep mutual friendship. Personal and collective issues are both grounded on a loss, on the void left by the disappearance of the past world and by Giuriolo's death. Loss and void ask neither for nostalgia nor escapism as a reaction; rather they both require a commitment to that void, to that nothing, in terms of literary activity on the one hand and of ethical conduct on the other one. We suggest calling this commitment *inoperative* (equivalent to a certain extent to impolitical) — so following Jean-Luc Nancy on this issue —

---

[8] A first memorial for Giuriolo was published (1946) by Antonio Barolini under the title "Il Capitano Antonio Giuriolo," in *La rassegna d'Italia*, a journal directed by Francesco Flora. Another text by Barolini (1964), titled "Il Capitano Toni," was printed in *Il ponte*. This memorial was then reprinted (1966) in a limited edition of 500 copies (not available for sale and without the indication of the publishing house) entitled *Per Antonio Giuriolo*.

because that grounding void is not something that a consciousness or a collectivity can take possession of; it is rather displaced with regard to any attempt to convert it into the positive possession of a subject or of a community.

The double dimension of ethical commitment — the mundane and the religious, immanence and transcendence — belongs entirely to Giuriolo's personality: "Toni," Barolini writes in the commemorative speech, "fu il più laico, il più libero, il più intransigente, ma anche il più cristiano di tutti noi" (qtd. in T. Barolini 64). Being secular ("laico") *and* Christian are not mutually exclusive, and it is in their reciprocal relationship that the constitutive void of existence takes its meaning, amounting to a possible fraternity. In Giuriolo's words to Barolini, "Se sul piano delle idee non c'è conciliazione, senza la conquista, il superamento, l'accettazione di una verità morale più alta, sul piano della morte non c'è più divisione, ma solo fraternità" (qtd. in T. Barolini 64). For Barolini, elaborating on Giuriolo's teaching, the inoperative commitment against the ethics of power has to be understood as the opposite of abandonment and surrender. That commitment means rather to come to terms with the loss and the harshness inherent in life (no less than in language): "Il primo eroismo," Barolini writes, "è l'accettazione della realtà nella sua durezza quotidiana, nello sforzo di discernerne, ravvicinati anziché in prospettiva, il vero dal falso; e nel nostro tenace compito di operare in essa, momento per momento, queste scelte" (qtd. in T. Barolini 67). At the same time, Barolini does not aim at the appropriation of Giuriolo's exemplary (and tragic) life. He never forgets that Toni was capable of a sacrifice he himself had not been capable of: those times of war, Barolini writes, were times of " […] preparazione, di acquisizione di coscienza, di tormento e mortificazione di coscienza, di necessaria ambiguità per alcuni di noi; di azione: finalmente: di offerta, di sacrificio, di morte, di eroismo, per i migliori" (qtd. in T. Barolini 70). What is now important is to be committed to honoring those deaths: "La sua vita" — Barolini here refers specifically to Antonio Giuriolo — "opera in ciascuno di noi" (qtd. in T. Barolini 70). Remembering the dead is not inaction, it is not endless nostalgic mourning, it is rather concrete life, *doing* — even though the doing cannot cancel the reality of the void left by people, objects, worlds: "La memoria è la vita concreta della coscienza e della responsabilità" (qtd. in T. Barolini 72).

It is in light of this connection between memory and responsibility that Barolini's reference to the liturgy of the Eucharist should be understood: "[…] fate questo in memoria di me" (qtd. in T. Barolini 72). Here Giuriolo's death takes the role of Christ's, but Barolini's intention is not to defend a dogma, it is rather to frame an ethical and pragmatic issue ("fate…", do…) within the presence of Giuriolo's (Christ's) mystical body. This mystical presence is the counterpart to the loss of the friend, but such a presence cannot be represented by any easy consolation looking to fill the void left by loved ones and by epochs of the past. It is possible to say that this way of God's being present in the mystical body of the victim prevents the loss — as an historical experience — from collapsing into a structural, ontological and meta-historical absence. At the meta-historical level, the void left by the loss of the living is always already fulfilled by the presence of God. This is also the reason why mourning a loss is not an ontologically unending task, although it is impossible for the lost one to be reintegrated as such into experience and life (religion is *servizio dell'impossibile*, as Capitini writes). As is well known, the fundamental distinction between historical trauma, related to a specific, singular, loss, and structural trauma, related to an ontological and constitutive absence, has been theorized by Dominick LaCapra in his essay *Trauma, Absence, Loss*, published in *Writing History, Writing Trauma* (2001). Suzanne Stewart-Steinberg has recently pointed out the political consequences of collapsing loss into absence and vice versa. She argues that reducing loss to a constitutive absence leads not only to an endless nostalgia, but also to a "quasi-celebratory, ecstatic discourse linking loss and suffering to the sublime," thereby condemning us to a kind of "impotent politics" (120). On the other hand, collapsing meta-historical absence into loss, Stewart-Steinberg argues, "may give rise to a misplaced nostalgia and a utopian politics in quest of a lost but to be regained wholeness or totality, to the desire for a unified community or self," thus exposing us "to the dangers of totalitarian, fundamentalist solutions to political and social problems, and thus to an inability to live with a partial, fragmented, and diverse reality" (120). Barolini's religious meditation about loss, politics and writing in different languages tries to avoid the pitfalls both of an impotent politics (we will see soon that Barolini also says that even non-violence must not be fetishized in an abstract principle) and of a totalitarian solution unable to accept that we live in a fragmented reality, where loss (not a theoretical absence) is constitutive of our experience.

At this point we can better contextualize Barolini's quotation from Dante's *Paradiso* 31 (vv. 1-3) at the end of his commemorative speech: "In forma dunque di candida rosa / mi si mostrava la milizia santa / che nel suo sangue Cristo fece sposa". Here Barolini not only includes Giuriolo among the blessed of Paradise's *candida rosa*,[9] he also recalls the reading of Dante they did together on October 29, 1940, and in so doing, he directly connects Giuriolo's experience and loss to the cultural tradition of the country and to its literary imagery. As we have seen, while looking back to Dante's *Paradiso* as a source of his understanding of culture, ethics and life, Barolini was at the same time rewriting his own original short prose through a language that tried to account for modernization and for the loss of the remote traditions of his childhood.

---

[9] In order to enrich the understanding of the affective bond linking Barolini to Giuriolo, it should be noted that "La rosa bianca" is the title of a poem that Barolini wrote in which he remembers when Toni gifted the author's sister a white rose: "[…] la meraviglia / di una rosa bianca, / raccolta intatta in un angolo, / dove la tempesta non ha infierito […]" (*L'angelo attento* 95). Barolini's sister died young.

5. Non-*violence*

The presumed circumstances of Giuriolo's death account for his non-violent attitude in times of war and resistance. Non-violence, in Giuriolo's case, does not prevent him from fighting and defending others. Barolini grasps the peculiarity of such a commitment to non-violent ideals in violent circumstances, in the following passage from the commemorative speech:

> Mi hanno detto che il 12 dicembre 1944, i compagni che hanno raccolto i resti di Toni ritornato sui suoi passi per ricercare due dispersi [...], ne hanno ritrovato le spoglie con l'arma in posizione di sicurezza o nella fondina che fosse. È possibile, perché la nonviolenza come l'obbiezione di coscienza erano leggi di Toni; certamente egli poteva uccidere per difendere gli altri, ma dubito, conoscendolo, che egli lo avrebbe fatto per salvare se stesso.
>
> (qtd. in T. Barolini 71)

Giuriolo's disposition to sacrifice himself did not interfere with his will to defend his companions. As Barolini suggests to (the non-violent and vegetarian) Aldo Capitini in a letter dated February 7, 1956, Giuriolo's commitment to non-violence was neither formal nor pharisaic, to the point that Toni could put into question the abstract absoluteness of the option for non-violence itself:

> Egli, Toni, credeva alla nonviolenza ed era, si può dire, istintivamente vegetariano, senza fariseismi, proprio come dici e consigli tu, per cui il problema non è di buttare un brodo di carne fuori dalla finestra ma di una costante collaborazione a far sì che si tenda a circoscriverla sempre di più, la necessità della violenza, ovunque e comunque essa si presenti.
>
> (qtd. in T. Barolini 32)

The impossibility of cancelling violence and the consequent necessity of limiting it, as is stated in the passage above, clearly explains what Norberto Bobbio only alludes to in his speech devoted to Giuriolo: "Del resto, partigiano per convinzione ma combattente per necessità, egli era affascinato, sulle orme di Aldo Capitini, dall'etica della nonviolenza" (194).[10]

In the epistolary exchange with Capitini, Giuriolo takes the role — as Adriana Chemello has poignantly remarked — of a speaking icon ("icona parlante"), and it is not by chance that such an identification with an icon occurs through writing and in writing (Chemello 214).

On the one hand, by means of writing letters to Capitini, Barolini restates the "vuoti irreparabili" (irreparable voids) left by the war, along with the fact that "Giuriolo sta in testa a questi morti" (letter dated June 30, 1945; qtd. in T. Barolini

---

[10] Bobbio had highly appreciated the second version of Barolini's memorial about Giuriolo (its text was published on *Il ponte*) to the extent that he regretted not having had the opportunity to read it before delivering his own speech. See Adele Scarpari's "'La dolce selva della vita' nelle carte Barolini conservate in Biblioteca Bertoliana" (T. Barolini 79).

205). At the same time, the circumstance that Barolini's interlocutor, Capitini, was both an activist and a writer, allows Barolini to highlight that writing implies a pragmatic commitment to a reality which is indelibly marked by those lost: "Non sono dunque le tue idee, ma il fare che c'è dentro i tuoi libri", Barolini writes to Capitini, "perchè si sente che è la continuazione del tuo fare quotidiano" (letter from Croton, November 12, 1957; qtd. in T. Barolini 52). Here writing, as Chemello has noted, is a "dialogo *in absentia*" (Chemello 207), a phrase reminiscent of Cicero's *amicorum colloquia absentium*. Barolini, Capitini and Giuriolo, inasmuch as they are absent to each other through either a real death or a figural one (the latter embedded in the very act of using written language), together build an impolitical community of affects that circumscribe and limit violence: "[…] egli vive in me," Barolini writes of Giuriolo to Capitini, "e […] per renderlo sereno non ci può essere che un'azione religiosa continua di perfezionamento di azione […], tu assumerai in te anche parte di quel mio sentire di lui, e a tua volta ne risolverai e risolleverai in te la memoria e la passione" (qtd. in T. Barolini 33).

Barolini's religious inspiration drew criticism — even when he was alive, which probably contributed to his subsequent *damnatio memoriae* — by both his non-religious interlocutors and the representatives of religious institutions. While commenting on a letter that Barolini wrote to one of his few sympathetic correspondents within the church — the archbishop of Milano Giovanni Colombo — Nicola Di Nino sums up thus: "Si legge una certa frustrazione nelle parole di Barolini che adesso si trovava solo contro i laici, che mai avevano condiviso le sue idee, e contro la Chiesa stessa che all'inizio lo aveva apprezzato e anche difeso" (Di Nino 239).

Among the lay people who were skeptical of his religious ideas, Barolini could count on intellectuals who were very close to him. In an interview for *L'Espresso* dating back to 1968, one of them is quoted anonymously, but he is termed "dearest friend and illustrious writer": "Mi chiamano 'bigotto' per questo. Un mio carissimo amico, scrittore illustre, mi dice sempre: saresti un caro 'ragazzo' se non fossi quel bigotto che sei" (Mazza 27).

On the other hand, as for the publications of religious institutions, it is worth remembering a patronizing article by Vincenzo De Martinis for *La civiltà cattolica* (1967), where the tormented Catholicism of the protagonist of Barolini's novel *Le notti della paura* — published the same year as the article — is written off as a consequence of the bad influence of Adolf von Harnack's historical criticism of the Gospels on Barolini himself (De Martinis 42-49).

6. *Sacrifice*

We have seen that in dialogue with Capitini, Barolini seems to recognize that violence cannot be extirpated and that, as a consequence of this, non-violence cannot become an absolute and always applicable principle. From such a point of view, violence has to be limited, instead of being ultimately cancelled.

Nonetheless, when Barolini is in dialogue with himself, as it were, as in the diary he wrote when he went underground in Venezia from the armistice to the end of the war, the author unveils quite a different viewpoint on non-violence by making explicit its connection with Christ's sacrifice. In this perspective, the sacrifice of the victim — of the scapegoat — marks the absoluteness of the principle of non-violence.

In his *Diario di prigionia*, Barolini indeed writes: "Il principio della non violenza dev'essere principio basilare della vita morale contemporanea e dobbiamo intenderlo in forma assoluta, come san Francesco" (qtd. in T. Barolini XIII). Already in the very first page of the diary, Barolini not only puts into question the legitimacy of violent self-defense, but he also lingers upon the inevitability, in *any* circumstance, of suffering violence, instead of inflicting it. Authentic freedom, he writes in the opening page of the diary, "[…] esclude ogni forma di violenza e non è affatto azione negativa o passiva come i più affermano; anzi è la sola vera azione positiva che trova la sua espressione eroica in Cristo […]. Ogni violenza si vince con la forza del diritto e appunto per vincerla, in nome di questa forza, si subisce" (qtd. in T. Barolini XIII-XIV). In these lines, we find again an echo from the Gospel of Matthew, that is to say, the idea that in any circumstance being subjected to violence is preferable to committing violence: "You have heard now it was said: Eye for eye and tooth for tooth. But I say this to you: offer no resistance to the wicked. On the contrary, if anyone hits you on the right cheek, offer him the other as well" (Matt. 5:38-39).

In *La memoria di Stefano*, the second of the two semi-autobiographical novels on WWII and the anti-fascist resistance, Stefano, the protagonist, states both the non-violent and the Christian inspiration at the basis of his conduct. When he is arrested by the fascists, he starts to demolish the defenses of his persecutors by saying: "Sciocchi, cosa volete che sia armato? Non sono un cacciatore di cristiani come voi!" (186). The same choice of the name "Stefano" — Stefano also was Barolini's alter-ego in the early short novel *Giornate di Stefano* (1928-30) — is rich with martyrological implications. In the *Avvertenza e premessa* that Barolini wrote for the volume that contained *La memoria* and *Giornate*, he writes that Stefano stands for the "mirabile storia della testimonianza e del martirio di Stefano protomartire" (9). Indeed, in the Acts of the Apostles, Stephen is the martyr who not only rejects violence but also forgives his persecutors, thereby underscoring his absolute commitment to non-violence and his identification with a Christological scapegoat: "While they were stoning him, Stephen prayed, 'Lord Jesus, receive my spirit.' Then he fell on his knees and cried out, 'Lord, do not hold this sin against them.' When he said this, he fell asleep" (7:59-60).

Even one of the protagonists of Barolini's first novel on WWII, *Le notti della paura*, takes his "nome d'occasione" (9), to be employed in the fight against the fascists, from a martyr. "Tarcisio" chose this name because, as he explains, "siamo in un'epoca di catacombe" (69). Indeed, Tarcisio in the third century was a young Christian who was killed under the persecution initiated by Aurelianus when he was only twelve. In the conclusion of Barolini's novel, Tarcisio is assassinated by the Nazis in a situation that recalls that of the death of Giuriolo, who probably refused to defend himself and use his gun.

Barolini's acceptance of non-violence, therefore, is problematic, and cannot be summarized in just one statement. On the one hand, for example in the letters to Capitini, Barolini seems not to assume an absolute position on non-violence regardless of the circumstances. On the other hand, he unveils a martyrological inclination that accounts for non-violence as an absolute way of life inevitably leading to sacrifice. This is the case, in particular, of his *Diario* in which, on August 31, 1944, he notes: "Certe volte penso se è solo viltà, o educazione e civiltà, la mia spontanea avversione a ogni violenza, sotto qualunque aspetto anche in amore; il mio preferire di subire una violenza piuttosto che provocarla" (qtd. in T. Barolini XIII).

7. *Conclusion: Creative Melancholia*

The act of addressing politics from the (impolitical) triggering points of human affections, moral issues, experiences of private loss and of human exemplarity — that is to say, in Barolini's case, from the point of view of non-violence — does not amount to escapism from politics. It rather contributes to a more self-conscious commitment to living together, a commitment aware of the limits and the failures of traditional terms like subject, community, essence.

Certainly there is no such thing as a space that is not touched by the ethics of power. Nonetheless, it is possible to look at the ethics of power from different and divergent perspectives. Barolini's perspective includes transcendence, a stance that Jean-Luc Nancy does not exclude. Esposito, the philosopher who more than others uses the categories of the impolitical, basically rejects any political theology; nonetheless, in *Living Thought* he writes that the impolitical regards the political "from outside, or, rather, from its reverse: from the point of view of what the political cannot be. From the nothingness that surrounds it like its negated possibility, its silent language, its canceled trace" (226). Nothingness, the cancelled trace of a destroyed language, of a past world: these are all terms that could belong in Barolini's poetics and in his epistolary exchange with Capitini. Furthermore, Barolini's anti-sectarianism would have led him to reject that aspect of "the logic of political representation" according to which, in Esposito's words, "the subject is made such precisely by the possession of power, or at least by the aspiration to hold it" (227). In fact, in his *Diario di prigionia — Venezia*, Barolini writes: "È questa incapacità alla settarietà la ragione per cui non aderii al Partito d'Azione mai" (qtd. in T. Barolini 6).

Memory and loss, no less than his religious persuasion, are located at the very heart of Barolini's impolitical (inoperative) commitment to politics. Even though this hold on politics must not be misunderstood for nostalgia, a certain acceptance of *melancholia* is undoubtedly involved. Esposito's view on melancholia does not consider this state of mind as a specific object of analysis, one that distracts individuals from action and from the responsibilities of living together. Rather, Esposito sees melancholia as "something by which community itself is contained and determined" (*Terms of the Political* 28) precisely because, as Jean-Luc Nancy would say, community is not in possession of its essence — neither of its unalterable traditions, nor of its immutable identity. Similarly, the awareness of loss for Barolini does not mean withdrawal into privateness; it rather implies finding new languages to open a new future for what time has destroyed.

Gerard Richter has addressed Sigmund Freud's definition of melancholia in a way which should not leave Esposito indifferent, and which is meaningful in terms of Barolini's poetics and of his reflections on politics and religion. "Although melancholia can be read as a pathological deviation from the normal course of healthy mourning," Richter writes,

it also can be understood as a refusal to lose the object a second time through the process of disengaging from it, and, by extension, as a refusal to lose one's loss. From this perspective, melancholia names a loss that is constitutive in nature and therefore cannot be compensated without undoing the ego that defines itself through this loss.

(34)

Giuriolo's death is not something that Barolini wants to be disengaged from; rather, it is a constitutive, affective event in his political and personal experience. It is the reason for his *doing*, for his commitment to non-violence; it is the reason, more broadly, for conceiving of a new kind of community.

Such a correlation between death, practical commitment and community could be outlined, in philosophical terms, following Jean-Luc Nancy once again:

The motif of the revelation, through death, of being-together or being-with, and of the crystallization of the community around the death of its members, that is to say around the "loss" (the impossibility) of their immanence and not around their fusional assumption in some collective hypostasis, leads to a space of thinking incommensurable with the problematics of sociality and intersubjectivity [...] within which philosophy, despite its resistance, has remained captive. Death irremediably exceeds the resources of a metaphysics of the subject.

(14)

Giuriolo's death, to Barolini, also meant the destruction of the "little past world." On the one hand, the disappearance of that form of life brought about the task of finding a new language in order to translate — into the present of young readers — the significance of what had been. On the other hand, Barolini's rewriting of his short stories cannot be adequately understood independently from the cooperation with his wife Helen. She provided the basis for the rewriting's new language. In "writing" together, Nancy would say, the "lovers" do not produce "sovereignty" over their work — first, because the original is lost, and second, because that original is remade, falsified and shared. Rather, they "expose" it "to the outside": that very work is undone in and through its sharing, and in and through its exposure to the outside, so that "what is shared is the [inoperative] unworking of works" (39). Loss, melancholia and literary violence perpetrated on a text by translators therefore coalesce. Textual violence, by stating a loss that has melancholia as its subjective feature, takes the place of material, historical (totalitarian) violence. Such a substitution of material violence with a textual one alludes to the fact that an ethics of writing and translating — a controlled way of exerting violence on a text — portrays an impolitical way of living together, an inoperative community, that is not prey to the blind and reckless ethics of power.

The canary of Barolini's first poems had a long resonance. The artistic and intercultural work with Helen Barolini is part of the aftermath and also one of the main reasons to draw new attention today to Antonio Barolini's multifaceted cultural activity.

While remembering a little book, *Duet* (1966), that she wrote together with her husband Antonio, Helen Barolini remarks:

Si tratta di un piccolo ma prezioso libretto che realizza la promessa del nostro matrimonio che saremmo diventati artisti insieme. *Duet* contiene poesie di Antonio in italiano, con a fronte la mia traduzione inglese, e le mie poesie in inglese con la sua traduzione in italiano. Mi piace pensare che questo libro catturi lo spirito della nostra intensa collaborazione come traduttori reciproci delle rispettive culture e che insieme colleghi i nostri mondi.
(qtd. in T. Barolini 273)

Duet therefore could be considered emblematic of the attempt to exorcise violence through writing and in writing. Accordingly, Helen's and Antonio's artistic cooperation — and the intercultural experience it involved — could be interpreted as a dual community that translated, in impolitical terms, the political issue of communication among cultures.

Brown University, PhD Fellow in Italian Studies

Works Cited

Barolini, Antonio. *L'angelo attento. Il meraviglioso giardino e alter poesie inedite.* Milano: Feltrinelli, 1968.
_____. "Il Capitano Antonio Giuriolo." *La rassegna d'Italia* 1.9 (1946): 86-92.
_____. "Il Capitano Toni." *Il ponte* 2 (1964): 1374-82.
_____. *Giornate di Stefano.* Padova: Tolomei, 1943.
_____. *Una lunga pazzia.* Milano: Feltrinelli, 1962. (Transl. Helen Barolini. *A Long Madness.* New York: Pantheon, 1964.)
_____. *La memoria di Stefano.* Milano: Feltrinelli, 1969.
_____. *Il meraviglioso giardino.* Vicenza: Edizioni del Pellicano, 1941.
_____. *Il meraviglioso giardino.* "Prefazione" by Geno Pampaloni. Milano: Feltrinelli, 1964.
_____. *Le notti della paura.* Milano: Feltrinelli, 1967.
_____. *L'omino del pepe e altri racconti.* Ed. Tommaso Di Salvo. Firenze: La Nuova Italia, 1970.
_____. *Our Last Family Countess and Related Stories.* Ill. Tony Palladino. New York: Harper & Brothers, 1960. (New York: Backinprint.com, 2000)
_____. *Il paradiso che verrà. Momenti di un'esperienza religiosa.* Firenze: Vallecchi, 1972.
_____. *L'ultima contessa di famiglia.* Milano: Feltrinelli, 1968.
_____. *Viaggio col veliero San Spiridone.* Vicenza: Edizioni del Pellicano, 1946.
Barolini, Antonio, and Helen Barolini. *Duet.* Vicenza: Neri Pozza, 1966.
Barolini, Antonio, Norberto Bobbio, Enzo Enriques Agnoletti, and Luigi Meneghello. *Per Antonio Giuriolo.* Vicenza: 1966.
Barolini, Teodolinda, ed. *Antonio Barolini. Cronistoria di un'anima. Atti dei Convegni di New York e di Vicenza.* Firenze: Società Editrice Fiorentina, 2015.
Bobbio, Norberto. *Maestri e compagni.* Firenze: Passigli, 1984.
Campana, Alessandra. *Opera and Modern Spectatorship in Late Nineteenth-Century Italy.* Cambridge: Cambridge UP, 2015.
Capitini, Aldo. *Elementi di un'esperienza religiosa.* Bari: Laterza, 1937.
_____. *Religione aperta.* 1955. Ed. Mario Martini. Preface by Goffredo Fofi. Roma-Bari: Laterza, 2011.
Chemello, Adriana. "Storia di un'amicizia: il carteggio di Antonio Barolini con Aldo Capitini (1945-1968)". T. Barolini, ed., 203-224.
Crotti, Ilaria, Monica Giachino, and Michela Rusi, eds. *Un italiano in America. Poesia e narrativa in Antonio Barolini.* Roma: Bulzoni, 2012.
de' Liguori Carino, Beniamino. *Adriano Olivetti e le Edizioni di Comunità (1946-1960).* Pref. Domenico De Masi. Roma: Quaderni della Fondazione Adriano Olivetti, 2008.
De Martinis, Vincenzo. "Ricerca e ansia religiosa nella narrativa di Antonio Barolini." *La civiltà cattolica.* 4.1.118 (1967): 42-49.
Di Nino, Nicola. "La religione di Antonio Barolini (con inediti dal carteggio con l'arcivescovo Giovanni Colombo)". T. Barolini, ed., 225-242.
Esposito, Roberto. *Communitas. Origine e destino della comunità.* 1998. Torino: Einaudi, 2006.
_____. *Living Thought. The Origins and Actuality of Italian Philosophy.* Transl. Zakiya Hanafi. Palo Alto: Stanford UP, 2012.
_____. *Terms of the Political: Community, Immunity, Biopolitics.* Transl. Rhiannon Noel Welch. New York: Fordham UP, 2013.

Giuriolo, Antonio. *Pensare la libertà. I quaderni di Antonio Giuriolo*. Ed. R. Camurri. Venezia: Marsilio, 2016.
LaCapra, Dominick. *Writing History, Writing Trauma*. Baltimore: The Johns Hopkins UP, 2001.
Mazza, Franco. "I premi letterari sono cose serie?". *L'Espresso* (1968): 25-27.
Meneghello, Luigi. *Fiori italiani*. Milano: Rizzoli, 1976.
Nancy, Jean-Luc. *The Inoperative Community*. Ed. Peter Connor. Forw. Christopher Finsk. Minneapolis: U of Minnesota P, 1991.
Richter, Gerhard. *Thought-Images: Frankfurt School Writer's Reflections from Damaged Life*. Palo Alto: Stanford UP, 2007.
Stewart-Steinberg, Suzanne. *The Pinocchio Effect: On Making Italians, 1860-1920*. Chicago: U of Chicago P, 2007.

Luca Pocci

Violenza, potere e corpo politico in Calvino: *La decapitazione dei capi*

Sinossi: Questo lavoro si concentra su un progetto narrativo di Italo Calvino rimasto incompiuto, *La decapitazione dei capi*, proponendone una lettura che mette in rilievo le consonanze fra le modalità con cui l'autore affronta la questione del binomio violenza-potere e il pensiero di Giorgio Agamben e René Girard. Categorie e concetti quali *homo sacer*, sacrificio, corpo politico sono gli strumenti attraverso i quali si analizza l'originalità della satira straniante di Calvino.
Parole chiave: Calvino, violenza-potere, Agamben, Girard, satira straniante.

Introduzione: La decapitazione dei capi *e il binomio sacrificio-potere*
La vicenda letteraria di Calvino è scandita da una pronunciata mobilità, da un perpetuo movimento. Il desiderio di sfidarsi e autosuperarsi, tanto sul piano della scrittura quanto sul piano dei temi, spingeva Calvino a elaborare continuamente nuovi progetti, alcuni dei quali mai realizzati o mai coltivati oltre lo stadio di abbozzo. Fra questi ultimi vi è il progetto incentrato sul rapporto fra potere e violenza, le cui tracce si rinvengono nei quattro frammenti della *Decapitazione dei capi*.[1] Originariamente pubblicati nella rivista *Il Caffè* nel 1969, questi quattro frammenti non hanno finora ricevuto l'attenzione critica che meritano. Solo tre studiosi, Mario Barenghi, Marco Belpoliti e Domenico Scarpa, se ne sono interessati con contributi mirati e di sostanza. Ai primi due, in particolare, si devono a tutt'oggi i contributi più utili, di fatto imprescindibili, per chiunque intenda avvicinarsi a questo Calvino "minore". Nella mia analisi, pertanto, mi avvarrò delle tesi avanzate da Barenghi e Belpoliti proponendomi di affrontare un aspetto rilevante della *Decapitazione dei capi* che né l'uno né l'altro ha indagato: il nesso fra il progetto lasciato incompiuto da Calvino e il pensiero di Giorgio Agamben e René Girard. A ciò aggiungo che nello sviluppo dell'analisi che segue attingerò anche al prezioso lavoro critico di Scarpa. Il

---

[1] Si ritiene opportuno designare i quattro racconti della *Decapitazione dei capi* frammenti, invece che brani o capitoli, non perché si presentino, singolarmente, come pezzi non integri o non finiti, ma per sottolineare il fatto che si tratta di parti rimaste orfane del loro tutto o intero (il mancante progetto compiuto della *Decapitazione*) del quale ciascuno dei racconti rappresenta un resto o residuo; un frammento, appunto. Va aggiunto che tutt'e quattro i frammenti sono narrazioni molto brevi, di poche pagine. Il maggior grado di brevità lo esibiscono il secondo e il quarto. Sul piano del ritmo narrativo ciò crea, nel complesso, una interessante alternanza fra concisione ed estrema stringatezza.

punto di partenza delle mie riflessioni è che *La decapitazione dei capi* rimane una zona dell'opera di Calvino ancora largamente inesplorata, una zona ancora avvolta in una sorta di cono d'ombra. Il mio intento, qui, è cercare di fare almeno un po' di luce su questo residuo cono d'ombra, verificando la possibilità di linee interpretative che vadano ad integrare e, magari, completare quelle fornite dagli studiosi summenzionati.

Per iniziare, vediamo allora qual è la proposta di lettura della *Decapitazione* che si ricava dagli scritti di Barenghi e Belpoliti. Siccome è allo sforzo di Belpoliti, uno sforzo continuativo e sostenuto nel tempo, che si deve in gran parte la sostanza interpretativa della proposta di lettura a cui aderisce anche Barenghi, è alle tesi del primo che si darà, giocoforza, maggiore spazio e particolare attenzione. In sintesi, Barenghi e Belpoliti si concentrano sul binomio sacrificio-potere più che su quello potere-violenza a cui invece, come argomenterò, occorre dare altrettanto se non maggior peso. Inoltre, nel ricostruire la genesi del tema intorno al quale ruotano i quattro frammenti narrativi – il tema dell'uccisione rituale dei capi intesi come uomini di potere – entrambi i critici giungono a rintracciarne le origini nell'attrazione esercitata su Calvino, specie a cavallo fra gli anni '60 e '70, da un'opera decisamente molto importante, persino forse centrale, nella cultura letteraria e non del novecento: *Il ramo d'oro* di James George Frazer. Vero e proprio classico dell'antropologia, pubblicato una prima volta nel 1890 e poi rielaborato e ampliato dall'autore fino alla versione definitiva del 1915, *Il ramo d'oro* è un'opera che ha suscitato sempre grande curiosità e interesse non solo presso antropologi ed etnologi ma anche presso scrittori, poeti, filosofi. Al folto club di lettori e ammiratori di Frazer appartengono, fra gli altri, T. S. Eliot, Pound, D. H. Lawrence, Bergson, Wittgenstein, Freud e Jung. E questo, lo si noti, non è che un elenco parziale, comprendente soltanto i nomi di maggior spicco e prestigio. Quanto poi al contesto che c'interessa qui, quello intellettuale italiano, va ricordato che Cesare Pavese fu uno dei lettori più entusiastici del *Ramo d'oro*. Lo conferma il fatto che l'opera di Frazer appaia nel 1950 fra i titoli inclusi nella famosa "Collana viola" di Einaudi diretta da Pavese stesso insieme a Ernesto De Martino.[2]

È presumibilmente proprio attraverso Pavese che Calvino scopre Frazer. A rendere tale ipotesi fondata e plausibile è la comprovata influenza che Pavese ebbe soprattutto sul giovane Calvino. Di tutto ciò è Belpoliti a parlare per primo affermando che l'impronta frazeriana discernibile nel testo della *Decapitazione* attiene alla questione della pratica rituale relativa ai sacrifici umani, compresi i sacrifici di chi detiene il potere, ovvero perlappunto di quelli che nel titolo e, in generale, nel testo di Calvino sono, con felice ambivalenza, denominati capi

— felice ambivalenza perché il senso figurato, cioè metaforico se non

---

[2] Va ricordato che *Il ramo d'oro* era apparso per la prima volta in Italia nel 1925 nella traduzione di Lauro De Bosis, poi ripubblicata nella "Collana viola" di Einaudi.

metonimico, del termine *capi* in quanto governanti coesiste e reagisce con il significato letterale di teste mozzate in quanto parte integrante del sacrificio rituale. Altre impronte frazeriane vengono individuate in due articoli scritti per il *Corriere della Sera*, di cui parlerò qui sotto, nei quali Calvino si affida alle teorie dell'antropologo inglese allo scopo specifico di riflettere sulle implicazioni profonde di quegli avvenimenti storici che mettono in evidenza il potenziale esito sacrificale connesso al ruolo e alla funzione di leader politico. Gli avvenimenti in questione — con valori diversi, se non addirittura del tutto opposti — sono la caduta di Richard Nixon in seguito allo scandalo Watergate e l'uccisione di Aldo Moro da parte delle Brigate Rosse.

L'articolo su Nixon, intitolato "Il potere intercambiabile", viene pubblicato il 10 agosto 1974; il pezzo sulla tragica fine di Moro, "Le cose mai uscite da quella prigione," appare il 18 maggio 1978. Considerato che le dimissioni del presidente americano sono ufficializzate l'8 agosto del '74 e che il ritrovamento del corpo senza vita di Moro avviene il 9 maggio del '78, si può dire che ambedue gli articoli sono scritti a ridosso immediato degli eventi. Nel caso dell'articolo su Nixon si può, di fatto, parlare di articolo scritto a caldo. Il destino che pone fine alle vite umane e politiche di due "capi" storici della nostra epoca è osservato attraverso la lente dell'opera di Frazer e, in particolare, è affrontato e analizzato sulla scorta di uno dei capisaldi della visione antropologica elaborata nel *Ramo d'oro*; l'idea cioè che l'uccisione periodica del re — ossia, prima del suo invecchiamento e totale deperimento: un rituale radicato nel passato più o meno remoto di varie civiltà — sia da vedere come il gesto con cui si voleva preservare l'equilibrio fra ciclo della natura e ciclo della comunità. Tuttavia, il dato davvero interessante, sottolinea Belpoliti, è che Calvino trae la stessa conclusione in entrambi gli articoli. In definitva, fatte salve le differenze fra le storie politiche di Nixon e Moro, ciò che Calvino percepisce nei loro destini non è tanto il riaffiorare, dai recessi di un presunto inconscio collettivo, del primordiale richiamo al sacrificio del re (o di chi comanda) descritto da Frazer, quanto, piuttosto, la prova di un'estraneità al pensiero e alla logica che alimentano quel primordiale richiamo. Nell'ottica calviniana, in sostanza, le storie di Nixon e Moro delineano, ciascuna a suo modo, un esito tragico che non è però riconducibile, se non mediante forzature, a un esito sacrificale alla Frazer. Nei destini dei due "capi" del nostro tempo non si devono cercare gli indizi del ritorno di un rimosso antropologico — l'antica credenza in un legame intimo fra sacrificio e potere — ma, al contrario, le conferme della distanza che separa il pensiero e la concezione moderna del potere da quel pensiero remoto e rimosso. Questa distanza, come spiega Belpoliti, è presa in esame nell'articolo su Nixon dove Calvino mette a contrasto la concezione moderna del potere, basata su un modello definito "meccanico", con una concezione perduta, collegata ad un modello "biologico":

[...] il modello attuale del potere non è più quello biologico, modellato su un meccanismo vegetale, bensí meccanico: "il governante deve garantire il funzionamento del grande impianto, lo scorrimento silenzioso senza raschi e sibili che attirino l'attenzione sui guasti male aggiustati, sugli intrighi di ripiego che devono restare segreti". Sostituendo Nixon, la società americana tratta il proprio presidente come un pezzo di ricambio; il sacrificio rituale, la decapitazione dei capi non è più necessaria.

(Belpoliti 101)

Nonostante l'intervallo di quattro anni fra i due articoli, il filo del ragionamento risulta essere il medesimo nel pezzo su Moro. Per quanto il destino di quest'ultimo possa indubbiamente evocare l'idea della vittima sacrificale, la può evocare, nella fattispecie, solo attraverso un uso lato e traslato del termine sacrificio, un uso e un significato che hanno una loro ovvia appropriatezza morale (e persino creaturale) in relazione al tragico destino del presidente della Democrazia Cristiana, ma che rimangono, nondimeno, impropri se riferiti a quella che, per Calvino, è la realtà storica dei fatti. Come nota Belpoliti, questa realtà storica è che "Moro è fino in fondo 'essenzialmente un uomo di partito' e non un martire o una vittima sacrificale" (102). In sostanza il succo del ragionamento di Calvino sembra il seguente: l'uccisione di Moro può essere legittimamente trasposta in una narrazione che, ispirandosi a forme e modalità mitopoietiche, fa dello statista italiano la vittima di un sacrificio, ma la verità dei fatti è che, in un mondo in cui domina il modello meccanico del potere, il sacrificio dei "capi" esiste e può essere concepito solo come realtà simbolica. Moro non è stato sacrificato per rifecondare e restituire vigore a un potere in debito di vitalità. Moro è stato e/o *si è* "sacrificato", simbolicamente, affinché la meccanica del potere di cui era un autorevole rappresentante (meccanica che prende il nome di democrazia partitica) potesse essere protetta oppure messa in crisi, a seconda che l'uccisione di Moro sia vista dalla prospettiva dello stato italiano oppure dalla prospettiva opposta, quella delle Brigate Rosse.

Gli scritti su Nixon e Moro riprendono e riecheggiano, in forma giornalistico-saggistica, la riflessione avviata e poi interrotta con il progetto narrativo della *Decapitazione*, confermando che Calvino si serve della teoria di Frazer per ripensare il nesso sacrificio-potere e, più precisamente, per indagare su cosa accade a tale nesso nel passaggio da un modello "biologico" a un modello "meccanico" del potere. Dunque Frazer, con la sua particolare visione del binomio sacrificio-potere, funziona da stimolo e base di partenza per la riflessione calviniana. Tuttavia, a differenza della riflessione di Pavese su questo stesso binomio, quella di Calvino scarta la visione "calda", ovvero mitico-ancestrale dall'antropologo inglese, a favore di un punto di vista "freddo" nella sua tendenza modernizzante e attualizzante. Una tendenza che si esprime, in modo chiaro e inequivocabile, anche e soprattutto nei frammenti della *Decapitazione* la cui ambientazione, non a caso, rimanda al tempo familiare dell'oggi, non a uno ieri lontano, immerso nella profondità immemoriale del mito. Parlando della *Decapitazione*, Barenghi sintetizza efficacemente l'atteggiamento di Calvino rispetto alla visione frazeriana e il suo punto di vista "freddo" e attualizzante: "L'eliminazione a scadenza regolare dei capi non è mai presentata come un'usanza antica, un retaggio secolare, ma come l'applicazione pratica di una teoria moderna" (242). E ancora:

> [N]essuna discesa agli inferi, nessuna evocazione mitica: il rito sanguinario, dettato da una dottrina politica nuova, lungimirante e spregiudicata, non intende celebrare altro che una strenua fermezza etica, igienicamente sottratta a qual si voglia ipoteca d'ordine psicologico o simbolico.
>
> (243)

Avvalendoci delle analisi di Belpoliti e Barenghi possiamo pertanto concludere che se l'ispirazione per un progetto come quello della *Decapitazione* viene certamente da Frazer — e ciò è evidente, in special modo, nei primi due frammenti nei quali s'immaginano una società e un sistema politico fondati, appunto, sulla periodica decapitazione della classe dirigente — non altrettanto frazeriani, però, possono dirsi la direzione e il senso del progetto stesso. La teoria di Frazer sui significati e le funzioni collegati al sacrificio del sovrano, poggiando sulla concezione biologica del potere, implica l'idea che il potere sia incarnato dalla vita e inscritto nel corpo della persona che lo esercita. Secondo questa visione, esiste una sorta di rapporto di consustanzialità fra corpo del sovrano e potere. Il potere, in quanto inscritto e incarnato nella persona del sovrano, è consustanziale al corpo di essa. Ma la moderna concezione meccanica del potere nega ogni organica relazione d'identificazione fra il potere stesso e il corpo di quella particolare persona che ne esercita il possesso. Nelle società delle democrazie moderne il primato della meccanica del potere è dimostrato dal fatto che chi lo detiene è considerato come un semplice pezzo di ricambio. Chi detiene il potere è, in altre parole, un "capo" sostituibile, fungibile e contraddistinto o persino contrassegnato, si potrebbe dire, da una data di scadenza, un po' come le merci che consumiamo. Se, dunque, ancora nel medioevo la visione biologica del potere può tradursi in una teoria della regalità che a sua volta produce l'immagine del doppio corpo del sovrano — un corpo mortale e un corpo incorruttibile e divino —[3] nella modernità la concezione meccanica del potere desacralizza il corpo del "capo" politico sottoponendolo a un'operazione di profanazione. Nell'accezione di significato che le attribuisce Agamben l'espressione profanare vuol dire restituire all'uso comune ciò che è stato separato nella sfera del sacro.[4]

---

[3] Ci si riferisce alla teoria di Kantorowicz che si fonda sulla doppia valenza semantica (e simbolica) attribuita al corpo del re nel medioevo; da una parte corpo visibile e naturale, dall'altra incarnazione di una corporeità invisibile, il corpo mistico dello stato o corpo politico.
[4] Il contrario di profanare è consacrare, atto con il quale esseri e cose vengono sottratti alla relazione ordinaria, al possesso, alla proprietà, rendendoli indisponibili all'uso e

330 Luca Pocci

Un'altra chiave di lettura: il binomio violenza-potere
Ora, come anticipato, proprio Agamben e più ancora Girard, possono essere chiamati in causa in relazione alla *Decapitazione* per proporre una chiave di lettura capace di allargare l'orizzonte della prospettiva interpretativa fornita da Belpoliti e Barenghi. Il riferimento, in particolare, è all'Agamben di *Homo sacer* e al Girard della *Violenza e il sacro*. Per motivi di precisione e chiarezza è opportuno ricordare che *Homo sacer* esce nel 1995, mentre *La violenza e il sacro* viene pubblicato nel 1972, con prima edizione italiana nel 1980 ad opera di Adelphi. Nel caso del celebre libro di Girard si può peraltro ragionevolmente ipotizzare che Calvino l'avesse letto, specie se si tiene conto della sua nota e viva attenzione nei confronti del fermento intellettuale che animava la cultura francese a cavallo fra la fine degli anni sessanta e l'inizio degli anni settanta. Si aggiunga inoltre, sempre per precisione e chiarezza, che nei suoi scritti sulla *Decapitazione* Belpoliti dedica alla teoria di Girard quantomeno una menzione, seppure rapida e cursoria.[5] Tracce di collegamenti fra il progetto incompiuto di Calvino e l'indagine agambeniana incentrata sulla figura dell'*homo sacer* sono, invece, del tutto assenti sia nell'analisi di Belpoliti che in quella di Barenghi. Da queste constatazioni occorre, pertanto, (ri)partire per testare un percorso di lettura improntato sull'ipotesi della rilevanza, riguardo a un testo come *La decapitazione*, di concetti e idee attribuibili ad Agamben e Girard.

Cominciamo allora da Agamben e dalla rilevanza della figura dell'*homo sacer* in relazione al testo di Calvino. È noto come Agamben scopra o riscopra questa figura nel diritto romano arcaico all'interno del quale possedeva uno status giuridico molto particolare essendo la figura di un'eccezione, giuridica appunto, ma un'eccezione nel contempo carica di una potente valenza simbolica. Così per Agamben "l'*homo sacer* appartiene al Dio nella forma dell'insacrificabilità ed è incluso nella comunità nella forma dell'uccidibilità. "*La vita insacrificabile e, tuttavia, uccidibile è la vita sacra*" (*Homo sacer* 91). Alla figura e categoria di *homo* sacer corrisponde, dunque, una vita umana contraddistinta da due attributi: uccidibilità e anche, o meglio ma anche, insacrificabilità. Ciò significa che, nell'ottica giuridica del diritto romano arcaico, sacra è la vita dell'*homo sacer* mentre la sfera cui essa è sottoposta è la sfera attinente al sovrano e al suo potere. Spiega ancora Agamben: "Sovrana è la sfera in cui si può uccidere senza commettere omicidio e senza celebrare un

---

destinandoli, in quanto oggetto/i di culto, alla sfera separata del sacro. Scrive Agamben: "Si può definire religione ciò che sottrae cose, luoghi, animali o persone all'uso comune e li trasferisce in una sfera separata" (*Profanazioni* 84).
[5] A proposito delle riflessioni di Calvino sull'uccisione di Moro, Belpoliti afferma che le argomentazioni sulle quali si reggono "ricordano da vicino le tesi sacrificali di René Girard, anche lui debitore a Frazer per la figura del 'capro espiatorio'" (103). È questo il solo riferimento a un nesso fra Calvino e Girard nell'analisi di Belpoliti.

sacrificio e sacra, cioè uccidibile e insacrificabile, è la vita che è stata catturata in questa sfera" (*Homo sacer* 92).

Se a questo punto confrontiamo quello che ci dice Agamben sullo status di eccezione dell'*homo sacer* con il modo in cui ci viene presentato il destino di morte riservato ai capi nel primo dei quattro frammenti della *Decapitazione* notiamo una somiglianza e una corrispondenza fra il ruolo dei personaggi di Calvino e la figura agambeniana dell'*homo sacer*. Nello stato immaginario nel quale giunge il narratore del primo frammento della *Decapitazione* i capi sono uccidibili e insacrificabili. Proprio come l'*homo sacer* del diritto romano, ciascuno di questi capi viene soppresso, tramite appunto decapitazione, senza che questa soppressione assuma né i connotati dell'omicidio né i caratteri auratici della celebrazione di un sacrificio. Dalle risposte che la gente della capitale fornisce alle domande del perplesso narratore si evince che l'evento della soppressione dei capi è vissuto alla stregua non di una cerimonia sacrificale ma piuttosto di una esecuzione dovuta e calendarizzata. Il tono freddamente ragionante, totalmente privo di eccitazione rituale o infatuazione religiosa, suggerisce che la decapitazione dei capi è vissuta come un evento che fa parte della meccanica del potere e che assicura il buon funzionamento del meccanismo del potere stesso. Ad esempio, quando il narratore chiede se la soppressione dei capi provochi rincrescimento, la risposta, eloquente, di uno dei cittadini è: "'Come si fa? Se uno accetta d'esser capo sa già come finisce. Mica pretenderà di morire nel suo letto!'" (128). Chi detiene il potere in questo stato, dunque, sa che il suo detenere il potere, il suo essere capo, è una funzione del suo destino di capo a tempo. Un altro cittadino, replicando al narratore e riferendosi ai capi, afferma: "'[È] la scadenza: il loro tempo è finito'" (127).[6] E un altro ancora illustra il destino dei capi e la condizione di *homo sacer* di ciascuno di essi in maniera molto chiara, smentendo che siano individui dotati di una vocazione al sacrificio. Parlando di uno dei nuovi capi che subentreranno a quelli che stanno per essere soppressi, questo personaggio dice: "'Si farà una ragione come tutti. Hanno tante cose da fare, non ci pensano più, finché non viene il giorno della festa anche per loro. O almeno: chi può leggere nel cuore dei capi? Fanno mostra di non pensarci. Un'altra birra?'" (130).

Ma, detto questo, resta da notare un'ulteriore importante caratteristica della società immaginata da Calvino. Non essendo una società, per quanto ci viene detto, organizzata intorno all'autorità di un capo supremo, la sovranità, in essa, appartiene, come in ogni ordinamento democratico, al popolo. Al popolo

---

[6] Il destino dei capi nei primi due frammenti della *Decapitazione* è analogo al destino riservato al re in un mito d'origine di una popolazione africana, i Lovedu del Transvaal, di cui parla Girard: "Il re non regna se non in virtù della sua futura morte: egli non è altro che una vittima in attesa di sacrificio, un condannato a morte che aspetta la propria esecuzione" (145).

sovrano. Nel secondo frammento, caratterizzato da un tono saggistico piuttosto che narrativo, chi parla (forse il narratore del frammento precedente, forse un'altra voce) descrive un popolo sovrano che non assiste alla decapitazione dei capi dal vivo, in piazza, ma di fronte allo schermo della televisione. Qui, pertanto, l'ambientazione narrativa è più familiare; di fatto è più vicina al contesto politico e sociale in cui vive e scrive Calvino, il quale traccia i contorni di quella che appare come una lucida anticipazione — un'anticipazione quasi profetica della forma di democrazia postmoderna per eccellenza che potremmo chiamare videocrazia. In sostanza, infatti, il passaggio dal primo al secondo frammento segna, nella logica narrativa delineata da Calvino, il passaggio da una società nella quale il popolo sovrano decapita i propri politici nel luogo fisico storicamente deputato a ciò ad una società in cui l'eliminazione periodica dei politici avviene nella piazza virtuale creata dal mezzo televisivo. Il che vuol dire che nella società del secondo frammento la soppressione dei capi ha perso i connotati dell'evento reale assumendo, al loro posto, i caratteri dello spettacolo iperreale, laddove spettacolo e iperrealtà, per tornare all'aspetto profetico del frammento calviniano, non possono non farci pensare a Guy Debord e Jean Baudrillard. Nel caso specifico di Debord non si può, detto per inciso, non notare un dettaglio interessante e cioè che il testo in cui Debord elabora il concetto di spettacolo quale tratto distintivo della vita sociale e politica contemporanea, ovvero *La società dello spettacolo*, viene pubblicato originariamente in Francia nel 1967, a ridosso della stesura e pubblicazione del romanzo incompiuto della *Decapitazione*. Se poi Calvino avesse letto Debord (cosa altamente probabile per le ragioni già addotte in relazione al Girard della *Violenza e il sacro*) ma soprattutto se Debord avesse influenzato il Calvino della *Decapitazione* è una domanda certamente intrigante che, tuttavia, dobbiamo lasciare qui in sospeso.

Veniamo, invece, di nuovo al secondo frammento e alla visione di una videocrazia nella quale la violenza strutturale del popolo sovrano nei confronti dei propri capi va periodicamente in onda come spettacolo da fruire nel privato dello spazio domestico. Ecco con quale atteggiamento di superiorità verso il passato la voce narrante esalta lo stato di cose presente:

Come andassero le cose prima, al tempo in cui gli uomini pubblici morivano nascosti, non riusciamo più a immaginarlo; oggi ci fa ridere il sentire che definivano democrazia certi loro ordinamenti d'allora; per noi la democrazia comincia solo dal giorno in cui si ha la sicurezza che al giorno stabilito le telecamere inquadreranno l'agonia della nostra classe dirigente al completo.

(131-32)

A questa dichiarazione di superiorità rispetto al passato, la voce narrante aggiunge una riflessione sulla funzione rasserenante dello spettacolo dell'uccisione dei capi:

Il primo piano del tendersi delle mascelle spalancate, la carotide riversa che si dibatte nel colletto inamidato, la mano che sale contratta e lacera il petto scintillante di decorazioni, vengono contemplati da milioni di spettatori con raccoglimento sereno, come chi osserva i movimenti dei corpi celesti nel loro ciclico ripetersi, spettacolo che quanto più ci è estraneo tanto più sentiamo come rassicurante.

(132)

Proprio l'effetto rassicurante del rituale di soppressione della classe dirigente descritto dalla voce narrante ci conduce a chiamare in causa la teoria di René Girard. Abbiamo visto che una lettura in chiave agambeniana della *Decapitazione* ci permette di ipotizzare che ciascun membro della classe dirigente periodicamente eliminata nei primi due frammenti sembra rispondere ai connotati dell'antica figura dell'*homo sacer* — figura la cui eccezione, secondo Agamben stesso, consisterebbe nel suo essere una vita indisponibile ad un uso sacrificale ma nel contempo violabile senza incorrere in un reato. La soppressione dell'*homo sacer* può in sostanza avvenire sotto forma di uccisione impunibile, non sotto forma di sacrificio. A regolare e contraddistinguere questa vita d'eccezione sono, pertanto, da un lato il divieto di sacrificarla e dall'altro la possibilità di sopprimerla impunemente. E, di conseguenza, vedere i membri della classe dirigente della *Decapitazione dei capi* come una serie di singole incarnazioni dell'*homo sacer* dovrebbe portarci ad escludere che ciò che pone fine a ogni loro mandato sia un sacrificio.

Tuttavia le cose cambiano se ci avvaliamo della teoria di Girard. Se ci affidiamo all'ottica di Girard, ci accorgiamo come invece sia innegabile che i soggetti politici immaginati da Calvino vadano incontro ad un destino che, almeno per certi tratti, è riconducibile alla pratica rituale del sacrificio. In breve, Girard dimostra come uno dei principi base su cui si fonda la maggior parte dei riti sacrificali è il principio della sostituzione. La vittima sacrificale ha la funzione di sostituirsi a qualcuno o qualcosa, di fare da sostituto per qualcos'altro. Ma di che cosa? Spesso, argomenta il critico e filosofo francese, la vittima sacrificale funziona quale sostituto dell'intera comunità. A fornircene la prova sono alcune società e tribù analizzate da etnologi ed antropologi. Scrive Girard:

La vittima non è sostituita a questo o quell'individuo particolarmente minacciato, non è offerta a questo o a quell'altro individuo particolarmente sanguinario, ma è al tempo stesso sostituita e offerta a tutti i membri della società da tutti i membri della società. È l'intera comunità che il sacrificio protegge dalla sua stessa violenza, è l'intera comunità che esso volge verso vittime a lei esterne. Il sacrificio polarizza sulla vittima i germi di dissenso sparsi ovunque e li dissipa proponendo loro un parziale appagamento.

(21)

In questo senso, la violenza rituale nei confronti della vittima sacrificale serve a convogliare su un capro espiatorio la violenza che ogni comunità, in ogni momento, può fare a se stessa. Ciò, nell'ottica della teoria sulla violenza e il potere elaborata da Girard, significa che il rito del sacrificio è servito, nelle società che l'hanno praticato, a mantenere in vita la memoria primordale del linciaggio fondatore, ovvero della scena madre che, secondo Girard, affonda le proprie origini nell'oscuro passato dal quale scaturisce l'immaginario e, persino, l'inconscio collettivo di ogni civiltà.

Tornando a Calvino, mi pare fuor di dubbio che ciò che Girard ci dice sulla funzione sostitutiva e compensativa dei riti sacrificali, sulla vittima sacrificale come capro espiatorio, sulla scena madre del linciaggio fondatore, trovi degli echi forti e chiari nei primi due frammenti della *Decapitazione*. Nel terzo e nel quarto, tuttavia, Calvino cambia le cose e il risultato è che il tema sacrificale assume forme e caratteri diversi rispetto ai precedenti frammenti. Anche atmosfera e scenario mutano e, sul piano del tono, si passa da una cadenza naturalistica contaminata da venature di humor surreale ad una prosa realistica ravvivata da forti tinte grottesche. In altre parole, si scivola da un naturalismo straniato che pare fondere mirabilmente Kafka e Borges ad un realismo deformato in chiave assurdamente comico-macabra. Le narrazioni del terzo e del quarto frammento, ambientate nel contesto di una Russia rivoluzionaria fantastorica, propongono soprattutto una rappresentazione (o tematizzazione) diversa del binomio sacrificio-violenza. Questo binomio, infatti, non ruota attorno alla soppressione dei capi, bensì attorno alla loro periodica mutilazione designata, con ironia felicemente lugubre, potatura. Se, dunque, nei primi due frammenti lo stato di distinzione dei capi dipende dal destino di eliminabilità che li attende, nel terzo e nel quarto deriva invece dalla vulnerabilità fisica cui sono soggetti. Nel primo caso la rituale violenza prevista dall'ordine sociale si abbatte sulla vita, nel secondo caso colpisce il corpo di chi governa, corpo che non è annientabile d'un colpo e in una volta, ma violabile con gradualità, secondo stadi e procedure differenti:

Le amputazioni riguardavano dita diverse secondo la persona, ma in genere non più di due falangi per i dirigenti più importanti (le altre sarebbero state tagliate in seguito, poco per volta; bisognava prevedere che queste cerimonie si sarebbero ripetute molte volte negli anni che attendavano).

(137)

In quanto mezzi finalizzati a determinare lo status di distinzione degli individui nei confronti dei quali vengono esercitati, l'eliminazione e la mutilazione dei capi non sono atti di violenza pura e gratuita, ma, al contrario, riti di violenza utile e funzionale. Da essi dipende infatti la riconoscibilità dei capi, ovverosia la loro speciale aura e superiore autorevolezza, se non autorità. I leader del romanzo incompiuto di Calvino, siano essi fisicamente eliminabili o fisicamente violabili, sono pertanto oggetto (vittime "privilegiate") di una violenza programmata e unanime: dei governati nei confronti dei governanti nei frammenti 1 e 2; dei semplici militanti nei confronti dei dirigenti nei frammenti 3 e 4. È questa una violenza meccanica e condivisa che serve a neutralizzare, disinnescandone motivi e pretesti, il pericolo della violenza spontanea, la quale violenza spontanea, essendo non prevista e divisiva, tende a diventare contagiosa, cioè reciproca. Calvino, insomma, costruisce il suo progetto di romanzo intorno alla opposizione fra una violenza benefica, vale a dire stabilizzante, e una violenza nociva, ossia destabilizzante; fra una violenza regolata e pianificata e una violenza sregolata, "fuori programma". Ma il punto importante da cogliere è che questa opposizione, a sua volta, è il perno attorno al quale ruota la particolare visione immaginifica del potere nei frammenti della *Decapitazione*. Sia che si manifesti come governo di uno stato sia che consista, invece, nel guidare e comandare un movimento rivoluzionario, il potere è tale, nel senso che può esistere ed essere esercitato, solo in quanto accetta di sottoporsi alla violenza organizzata e ordinata di coloro che sono governati o di coloro che sono comandati. Si tratta dunque di un potere che nasce, vive e, nel caso dei capi dei primi due frammenti, si estingue sotto il segno di una violenza non contingente ma necessaria; necessaria perché essenziale e costituiva, dato che senza l'assoggettamento alla regola della violenza — senza l'atto di consegnarsi alla decapitazione o alla potatura — i capi non sarebbero capi, non sarebbero diversi dagli altri. Non potrebbero, cioè, farsi portatori di quella differenza e distinzione, rispetto ai non-capi, che dipende e deriva loro dalla violabilità, totale o parziale, della propria persona.

Nella *Decapitazione* il corpo dei capi trascende, dunque, la natura di corpo anatomico, di fatto la natura di corpo naturale, e assume lo status o seconda natura di corpo essenzialmente politico per effetto del paradossale legame che viene a instaurarsi fra potere e impotenza, fra *avere* potere sugli altri ed *essere*, nel contempo, impotente rispetto ad essi. È la programmata, periodica impotenza rispetto alla violenza cui la società o l'organizzazione rivoluzionaria necessariamente li sottopone a garantire ai capi il riconoscimento del loro potere da parte di chi è governato o guidato. Più che potere, quello che viene rappresentato nel romanzo incompiuto di Calvino è pertanto biopotere. E, per maggiore precisione, è un biopotere di cui i capi sono attori passivi non interpreti attivi, stando almeno a quella che è la definizione basilare e primaria di biopotere come amministrazione e dominio della/sulla vita dell'altro. I depositari e/o possessori di questo biopotere sono infatti il popolo, nella prima coppia di frammenti, e i militanti del movimento rivoluzionario nella coppia seguente.

Occorre notare, a questo punto, che un'interpretazione basata sulla categoria agambeniana di *homo sacer* o, in alternativa, una analisi fondata sulle tesi intorno al sacrificio elaborate da Girard producono entrambe un esito comune, poiché consentono di mettere in luce un aspetto importante del profilo dei capi immaginati da Calvino: il loro essere sottoposti ad una forma di devozione caratterizzata da quei tratti e toni fra il surreale e il grottesco di cui è intrisa, come già osservato, la narrazione della *Decapitazione*.[7] La devozione rivolta ai capi è la logica conseguenza della condizione di distinzione (di nuovo, surreale e grottesca) che è loro attribuita e che discende, per ribadire quanto appena osservato, dalla violabilità totale o parziale del loro corpo. In sostanza, quello che emerge dalla *Decapitazione* è un esperimento narrativo originale e dissacrante in quanto incentrato su una concezione paradossale della persona e del corpo del politico. Attraverso una fantasia sociale lucida e insieme spiazzante perché alimentata dalla logica dell'assurdo, Calvino inventa un mondo finzionale nel quale la persona e il corpo del politico appartengono interamente alla dimensione della vita pubblica. In questo mondo finzionale e in questa particolare fantasia sociale il diritto alla privatezza, al rifugio nella sfera privata, è un diritto incompatibile con il ruolo di chi governa e/o comanda. La persona e il corpo del politico sono proprietà pubblica. Come tali sono costantemente in mostra, esposti dall'inizio alla fine. L'esposizione si manifesta secondo due modalità diverse, volte a generare altrettante forme di devozione voyeuristica.

Nel frammento 2 la morte dei capi ripresa e filmata dalle telecamere (come si è anticipato sopra) fa sì che il corpo dei capi stessi diventi una sorta di versione estrema di un fenomeno tutto contemporaneo, noto come "corpo mediale del leader."[8] La devozione del popolo, qui, è motivata dal plusvalore di autorità che lo spettacolo della morte pubblico-mediatica assicura al capo politico:

In questo consiste appunto l'ascendente dell'uomo pubblico sulla folla: è l'uomo che avrà una morte pubblica, l'uomo alla cui morte siamo certi d'assistere, tutti insieme, e che per questo è circondato in vita dal nostro interesse ansioso, anticipatore.

(131)

Nella fattispecie, "democraticità" del sistema e prestigio dei leader politici

---

[7] È opportuno precisare come sia Girard che Agamben vincolino la devozione di cui sono fatte oggetto le figure della vittima sacrificale e dell'*homo sacer* alla funzione di soggetti da mettere a morte che le contraddistinguono. Nel ricorrere alla prospettiva dei due studiosi e nell'applicarla al testo di Calvino ci si è presi la libertà di svincolare la questione della devozione dalla necessità dell'uccisione della vittima sostenendo che nei frammenti 3 e 4 della *Decapitazione* la *devotio* riservata ai capi è connessa alla mortificazione (per mezzo di amputazioni), ma non alla messa a morte dei capi stessi.
[8] L'espressione "corpo mediale del leader" è stata coniata da Federico Boni per descrivere, in particolare, l'effetto di desacralizzazione della persona e del ruolo del politico. Secondo Boni, ciò deriverebbe dal fatto che, nella società contemporanea, il potere dei media si spinge fino a rimuovere ogni limite e confine fra scena pubblica e retroscena privato. Anche il retroscena, anzi in special modo il retroscena va mostrato e svelato mediaticamente.

dipendono, dunque, dal fatto che l'esecuzione dei leader stessi verrà filmata e mostrata. Nel frammento 4, invece, è l'ostensione pubblica delle stigmate del potere, cioè del corpo mutilato attraverso il "sistema della potatura" (138), a garantire ai capi l'autorità di guide del movimento rivoluzionario:

> Già li vediamo sfilare per le vie imbandierate il giorno dell'insediamento: arrancando con la gamba di legno chi ancora avrà una gamba intera; o spingendo la carriola con un braccio chi ancora avrà un braccio per spingerla, i visi nascosti da maschere piumate per nascondere le scarnificazioni più ripugnanti alla vista, alcuni inalberando il proprio scalpo come un cimelio. In quel momento sarà chiaro che solo in quel minimo di carne che loro resta potrà incarnarsi il potere, se un potere ancora avrà da esistere.
>
> (139)

In sostanza, al di là della differenza fra le due modalità di esposizione, sia la messa in mostra mediale della morte sia l'atto di ostensione delle mutilazioni/potature inflitte ai capi ci dicono che nell'abbozzo di romanzo di Calvino il potere del leader s'incarna non in un corpo pubblico forte e possente ma in un corpo reso pubblicamente debole, fragile e vulnerabile fino all'estrema conseguenza della morte.[9] In un corpo che, lungi dal trasmettere simbolicamente la mistica del potere come forza e potenza comunitaria, al contrario riflette in sé e su di sé un culto della persona di potere quale oggetto e vittima di una rituale violenza purificatrice. È proprio in questo suo essere per un verso un corpo uccidibile impunemente (alla stregua di un *homo sacer*) e, per un altro verso, un corpo nel medesimo tempo sacrificabile che la figura del leader politico della *Decapitazione* si presta ad una analisi ispirata dal pensiero di Agamben e Girard. Adottando l'ottica dei due filosofi si può integrare l'indagine di Belpoliti e Barenghi suggerendo che i frammenti della *Decapitazione* giustificano non solo una lettura antropologica basata sulla rivisitazione della memoria del sacrificio rituale del capo ma anche, e soprattutto, una (ri)lettura etica ed epocale fondata su un dato testuale preciso: l'"assurda" visibilità che distingue il carattere esigibile del corpo politico del leader nella società contemporanea. Questa seconda chiave di (ri)lettura consente di gettare un ponte fra il Calvino qui esaminato e il dibattito in corso sull'attuale spettacolo del biopotere.

---

[9] In questo senso il corpo dei capi nella *Decapitazione*, esposto in pubblico in tutta la sua vulnerabilità e violabilità, sembra rappresentare una versione limite di quella che è la debolezza del corpo mediale contemporaneo secondo Giuliana Parotto: "Il corpo mediale è un corpo debole, fragile, docile; proprio perché è un corpo a cui è sottratta la possibilità di ritirarsi nel rifugio sicuro del 'retroscena'. Il corpo del leader politico viene gettato sullo schermo nella sua totale immediatezza, che fa risaltare gli aspetti deiettivi, materiali e concreti della corporeità, le sue imperfezioni, le sue mancanze. Lo violenta nella sua sfera intima" (9).

Conclusione: una satira straniante

Ricapitolando, si è tentato qui di sviluppare una proposta che consenta di ampliare l'orizzonte critico sul testo di Calvino, orizzonte critico che allo stato attuale è, di fatto, circoscrivibile, come si è ricordato all'inizio di queste riflessioni, ai fondamentali contributi di Belpoliti e Barenghi. In sintesi, ci si è avvalsi delle teorie di Agamben e Girard per tracciare un percorso di lettura che andasse ad aggiungersi, e magari ad arricchire, le prospettive interpretative elaborate dai due studiosi italiani. Tuttavia, giunti in chiusura, è importante sottolineare che quando si parla del testo di Calvino in questione c'è una domanda che tende a rimanere sullo sfondo ma che, per completezza d'analisi, vale la pena porre in rilievo e affrontare. La domanda è: cos'è che ha spinto Calvino a concepire e poi abbandonare il progetto della *Decapitazione dei capi*?

In un suo scritto sulla *Decapitazione* Domenico Scarpa cita una importante ed eloquente dichiarazione di Calvino. Nel 1980, a distanza di più di dieci anni dall'abbozzo del suo progetto rimasto incompiuto, in un'intervista rilasciata alla rivista *L'Europeo*, Calvino, riferendosi ai frammenti della *Decapitazione,* dice: "Poi ho pensato: Ma se poi succedesse davvero qualcosa del genere? E ho piantato lì tutto e l'ho lasciato nel cassetto. Ho fatto bene. Non si sa mai come ti possono interpretare" (Scarpa 6-7). Questa dichiarazione viene al termine di un decennio violento e sanguinoso, gli anni settanta, durante il quale la strategia della tensione e il terrorismo producono ferite profonde e indelebili nella società italiana. Ferite che si chiamano Piazza Fontana, Piazza della Loggia, rapimento e delitto Moro, strage della stazione di Bologna. Col senno di poi, Calvino giudica opportuna la sua decisione di abbandonare il progetto di romanzo. E ciò in considerazione, appunto, del generale clima politico di violenza che caratterizza il periodo immediatamente successivo all'ideazione del progetto, un periodo storico in cui alla violenza rivolta contro il potere dello stato fa da inquietante contraltare la violenza generata dall'interno dei gangli di quello stesso potere. Stando alla dichiarazione citata da Scarpa sembra, dunque, che Calvino abbia temuto i possibili effetti del suo esperimento narrativo basato sulla violenza rituale riservata ai rappresentanti della classe dirigente. Sembra che abbia avuto paura di essere preso alla lettera e/o di essere strumentalizzato.[10]

Tuttavia rimane un fatto che non può essere sottovalutato, né tantomeno ignorato: Calvino, i quattro frammenti della *Decapitazione dei capi* che noi oggi

---

[10] Va ricordato che il progetto della *Decapitazione* viene interrotto nell'agosto del 1969 dopo la pubblicazione dei primi quattro frammenti sulla rivista *Il Caffè* e in breve anticipo rispetto alle stragi che insanguineranno l'Italia negli anni settanta, stragi che hanno inizio con l'eccidio di Piazza Fontana a Milano nel dicembre di quello stesso anno. Quanto detto un decennio più tardi (novembre 1980), nel corso dell'intervista all'*Europeo*, sembrerebbe confermare che Calvino potrebbe essere stato indotto ad accantonare definitivamente il suo progetto dal clima politico che si era venuto a creare all'indomani dell'avvento della cosiddetta strategia della tensione.

leggiamo con interesse e stupore intellettuale, li ha pubblicati quando era in vita. Non solo; li ha pubblicati in una rivista satirica come *Il Caffè*. Cosa può voler dire questo? Che i quattro frammenti sono l'abbozzo di una satira nei confronti del potere e, più in particolare, dell'intimo rapporto o vincolo necessario che lega il potere all'esercizio della violenza? Tono e stile che oscillano, come si è notato, fra humor surreale e realismo grottesco corroborano questa ipotesi. D'altronde la satira non è mai *divertissement* fine a se stesso. È un gioco serio. In questo senso, un testo quale *La decapitazione dei capi*, con la sua narrazione spaesata e spaesante capace di rimandi a intrecci e figure antiche (l'intreccio fra potere, violenza e sacrificio; la figura dell'*homo sacer*), costituisce un esempio concreto della forza straniante che contraddistingue la satira più efficace e provocatoria. In definitiva, la conclusione forse più legittima è che la cifra della satira di Calvino nella *Decapitazione* è il suo essere *satura;* il suo essere, cioè, una scrittura condita riccamente di sapori e saperi (di riferimenti, echi, suggestioni) strettamente collegati, fra le altre cose, al binomio violenza-potere.

The University of Western Ontario

Opere citate

Agamben Giorgio. *Profanazioni*. Roma: Nottetempo, 2005.
_____. *Homo sacer. Il potere sovrano e la nuda vita*. Torino: Einaudi, 1995.
Barenghi Mario. *Italo Calvino, le linee e i margini*. Bologna: Il Mulino, 2007.
Baudrillard Jean. *Simulacri e impostura. Bestie, Beaubourg, apparenze e altri oggetti*. Milano: Pgreco, 2008. (*Simulacres et simulations*: Paris: Éditions Galilée, 1981).
Belpoliti Marco. *Settanta*. Torino: Einaudi, 2001.
Boni Federico. *Il corpo mediale del leader: rituali del potere e sacralità del corpo nell'epoca della comunicazione globale*. Roma: Meltemi, 2002.
Calvino Italo. *La decapitazione dei capi*. 1969. In *Prima che tu dica "Pronto"*. Milano: Mondadori, 1993.
Debord Guy. *La società dello spettacolo*. Trad. P. Salvadori e F. Vasarri. Milano: Baldini & Castoldi, 2013. (*La société du spectacle*: Paris: Bucher-Chastel, 1967).
Frazer James G. *Il ramo d'oro*. Trad. L. De Bosis. Torino: Einaudi, 1950. (*The Golden Bough*. London: Macmillan and Co., 1911-1915).
Girard René. *La violenza e il sacro*. Trad. O. Fatica e E. Czerkl. Milano: Adelphi, 1980. (*La Violence et le sacré*. Paris: Éditions Bernard Grassé, 1972).
Kantorowicz Ernst H. *I due corpi del re. L'idea della regalità nella teologia politica medievale*. Trad. G. Rizzoni. Torino: Einaudi, 1989. (*The King's Two Bodies*. Princeton: Princeton University Press, 1957).
Parotto Giuliana. "Corpo politico e corpo mediale. Profili biopolitici nell'era virtuale." *Metábasis: Filosofia e comunicazione* 3 (Marzo 2007): 1-19.
Scarpa Domenico. "A lingua tagliata: Calvino e la politica, 1968-1978." http://chroniquesitaliennes.univ-paris3.fr/PDF/Web9/Scarpa.pdf

Luciano Parisi

Raccontare la violenza: le ragioni di Giacoma Limentani

Sintesi: Le tre parti della *Trilogia* di Giacoma Limentani (scritte fra il 1967 e il 2003) raccontano la storia di una ragazza di dodici anni violentata da un gruppo di picchiatori fascisti e descrivono gli effetti che quell'esperienza ha su di lei. La *Trilogia* descrive la dialettica centrale del trauma psicologico i cui poli estremi sono la volontà di negare eventi orribili e la volontà di proclamarli pubblicamente. Questo articolo analizza le varie fasi di un lungo processo di riparazione e mette in luce l'importanza che lo scrivere e il parlare hanno per la protagonista. Il suo autore sostiene anche che la *Trilogia* ha un epilogo extra-letterario — le *Canzoni fra storia e memoria*, registrate nel 2012 — e che l'opera è dunque una tetralogia
Parole chiave: Giacoma Limentani, *Trilogia*, *Canzoni*, abuso sessuale dei minori, minoranza ebraica in Italia, leggi razziali del 1938

> Quando Giuseppe volle avvicinarsi a lei, ella arretrò
> e urlò atterrita, come una lebbrosa: "Immonda! Immonda!"
> (Feuchtwanger 229)[1]

Giacoma Limentani è nata a Roma nel 1927. Ha studiato alla scuola elementare Pistelli, al ginnasio Mamiani e alla scuola ebraica della sua città. Ha poi lavorato come sceneggiatrice e traduttrice ed è diventata autrice nel 1967, pubblicando da allora libri di narrativa e saggistica. Il suo primo testo, *In contumacia*, racconta la violenza sessuale e le umiliazioni subite da una ragazza di dodici anni: "[la] percuotono. [La] sbattono a terra. [La] tengono. [La] violentano. [Le] orinano addosso" (*In contumacia* 88). Tre libri composti dalla Limentani nell'arco di trentasei anni, e poi raccolti nella *Trilogia* del 2013, parlano di quel che accade a Mina in un pomeriggio degli anni '30 e delle conseguenze che quell'evento ha avuto. Analizzerò i tre libri e un loro epilogo extraletterario per mostrare la centralità di due temi, contraddittori ma intrecciati. La "necessità di tacere" e il "bisogno di parlare" (*In contumacia* 38) creano infatti una dinamica complessa che seguiremo nei suoi innumerevoli sviluppi.

---

[1] Scrivendo questo articolo ho avuto la fortuna di conoscere Giacoma Limentani e di discuterlo con lei. Le sono grato delle correzioni, dei suggerimenti e di molto altro, ma resto in maniera fin troppo evidente responsabile di possibili errori e di ogni caduta d'ispirazione. Ringrazio Tiziana Graf, della Galleria Arte e Mestieri di Milano, per le preziose informazioni che mi ha dato sulla realizzazione delle *Canzoni fra storia e memoria*.

In contumacia

La storia di *In contumacia* non è cronologicamente ordinata. Assomiglia a un'esplosione di dettagli che vorrebbero essere detti tutti in una sola volta e riflettono il modo in cui la giovane percepisce la violenza patita. La famiglia di Mina è perseguitata per ragioni politiche. Quattro fascisti si presentano in cerca del padre ma trovano solo lei e una nonna malata. Dopo aver cercato invano di ottenere qualche informazione, violentano la ragazza. Non lo fanno per rabbia o frustrazione ma ridendo, per esibire il proprio potere.[2] Nipote e nonna decidono di non menzionare lo stupro: "[...] mio padre non deve sapere [...]. Potrebbe fare una pazzia. La mamma farebbe una tragedia. Lo direbbe a tutti. Se nessuno sa, la cosa non esiste" (*In contumacia* 21). Mina nasconde gli indumenti insanguinati, cancella le altre tracce dell'aggressione nonostante il dolore che prova nel corpo ("i fianchi mi si schiantano" 19) e nello spirito ("l'immutabilità delle cose è l'insulto" 15). Quando la madre rientra, insieme all'altra figlia, la ragazza continua a dire di aver pulito, di aver pulito tutto, di aver fatto le pulizie a fondo.

Le reazioni di Mina sono insieme quelle di una ragazza dodicenne e quelle della donna in cui la ragazza si è trasformata. Avvengono in un pomeriggio degli anni '30 e nei decenni successivi, quando Mina legge in un giornale di una americana violentata da un gruppo di teppisti, incontra un ex-combattente della guerra di Spagna o visita una cartomante che intuisce la storia di "una signora che non fu mai signorina" (18). La dodicenne prova umiliazione, paura, odio, vergogna: chiede alla nonna se avrà un bambino, ha incubi notturni, ride senza perché. Ogni volta che viene accostata in maniera un po' rozza da qualcuno, la donna teme invece, ed è anzi convinta di essere "segnata": "[...] i violenti mi vedono e mi riconoscono. Mi scelgono, non per uccidermi del tutto: per continuare a uccidermi" (52). Sia la bambina che la donna provano anche uno strano senso di colpa. Cercano in sé qualche responsabilità originaria che spieghi la violenza subita, come se i quattro violentatori avessero involontariamente punito dei loro gesti o pensieri colpevoli (28). Quando Mina è nata, un gemello è morto, e la ragazza si chiede se non debba ritenersi colpevole dell'accaduto, lei Caino per lui Abele (28).

In contumacia e tutta la *Trilogia* esemplificano, con rara potenza espressiva, il conflitto fra la volontà di negare e la volontà di rendere pubblici gli eventi patiti che, secondo Judith Herman, è la dialettica centrale del trauma psichico. Da una parte la giovane mantiene il silenzio sullo stupro subìto, con determinazione: "[...] non c'è vergogna nella verità, ma io ho vergogna della

---

[2] Burgio (19-25) descrive il legame tra l'invasione dell'Etiopia negli anni '30 e la crescente ostilità per la comunità ebraica in Italia. La stessa presunzione di superiorità razziale o culturale e l'arroganza del potere motivano tanto i violentatori di Mina quanto i colonizzatori del regime che costringevano le ragazze etiopi a spogliarsi per farsi fotografare nude insieme a loro. Forgacs (67-79) documenta alcuni episodi con materiale degno di riflessione.

mia. Ha un'essenza snaturata che macchia tutto quello che tocco. Macchierà tutto quello che toccherò. Devo nasconderla" (26). La ragazza sente d'altra parte il desiderio di rivelare quel che è successo. Odia "gli altri perché non indovinano" (28). Pensa che la madre in particolare "dovrebbe vedere il dolore che [le] squassa i fianchi, immaginare la morte che [le] rimbalza nel ventre, sentirebbe la solitudine che [la] estrania da tutto" (29).

Mina tace anche perché non riesce a spiegarsi quel che è accaduto: "[...] mai rispondere a chi fa domande finché la risposta non brilla nell'*alef*",[3] dice due volte, da ragazza e da donna (*In contumacia* 40 e 81). Nel cupo finale di *In contumacia* osserva di essere "lontana dall'*alef*", e aggiunge che "l'*alef* è muto", che "l'*alef* è un miraggio" (96).

Si potrebbe sostenere che quell'inspiegabilità è soltanto pretesa. La Limentani mette in evidenza tre cause della violenza subita da Mina: il fascismo, l'antisemitismo e la seconda guerra mondiale. La famiglia di Mina incarna i valori del liberalismo democratico: "[...] individualismo, intolleranza di qualsiasi imposizione, rivolta agli schemi fissi, rispetto di noi stessi e degli altri in noi stessi" (89-90). I fascisti violentatori rappresentano invece trame occulte, imposizioni, conformismo ottuso, offese. Se i fascismi del 1919, 1922, 1926, 1935 e 1945 avevano un'ideologia e un programma unificanti, scrive Michael Ebner, si trattava della violenza adoperata per intimidire ed umiliare (3; 262). Gli scrittori italiani del '900 hanno descritto molti abusanti le cui azioni sono di volta in volta dettate da debolezze momentanee o strutturali, da amoralità, lussuria o egoismo. Alberto Moravia ne *Le ambizioni sbagliate* e Giacoma Limentani qui rappresentano il tipo peggiore, che trae soddisfazione dalla degradazione altrui.

Mina è poi ebrea. La sua persecuzione rieccheggia quella patita per secoli dalla sua gente preannunciando quella che colpirà la sua comunità a Roma (Lucamante, *Forging Shoah Memories* 113-49). Assistendo alla caduta e alla distruzione di Gerusalemme, lo storico Giuseppe Flavio annotava duemila anni fa le urla furenti dei soldati romani: "Hep, hep, hep! Hierosolima est perdita" (*In contumacia* 75). Lo stesso grido caratterizzò i moti antisemiti nella Germania dell'800 (Beller 15). Ripensando alla propria storia, a Mina pare di sentire ancora una volta quelle grida (94), accompagnate dal grido "atavico" del popolo ebreo (30).

In tempo di guerra, infine, dice Moravia, "non ci sono amici fidati [...] la guerra sconvolge tutto" (1128). Chi "in tempo di pace non ammazzerebbe e non ruberebbe per tutto l'oro del mondo, in tempo di guerra ritrova in fondo al cuore

---

[3] "*Alef* – Prima lettera dell'alfabeto ebraico. Muta. Le lettere dell'alfabeto ebraico hanno valore numerico. Il valore numerico dell'*alef* è 1" (Limentani, *La spirale della tigre* 297). "Uno. L'unità indissolubile e insondabile. L'essenza divina che tutto dà e cui tutto ritorna. Il numero e la lettera che Dio impose agli uomini di non usare per il suo nome nominabile. Diede loro la *beth* per Baruch, Benedetto. L'*alef* è muta" (*In contumacia* 25).

l'istinto di rubare e di ammazzare che c'è in tutti gli uomini" (1345). Mina associa così il ricordo della violenza subita a un bombardamento a cui ha assistito a Napoli (*In contumacia* 41).

La salita al potere di Mussolini, la legislazione antisemita, l'avvicinarsi della guerra e il desiderio meschino di avvilire il prossimo inducono dunque dei picchiatori a violentare una ragazza. Quelle cause non sono però ragioni. Lo stupro, come ogni violenza, richiede una spiegazione ultima che Mina non è capace di trovare. Le sue speranze di redenzione si indeboliscono:

[...] gli occhi dei ciechi vedranno e i sordi udranno. Gli storpi salteranno e i muti canteranno. Il lupo pascolerà con l'agnello. L'universo sarà un paradiso di pace. Quando nascerà il Messia.
Dov'è la pace? Tuoni ad Anzio. Questa pace? Urli a via Tasso. Questa pace? Ceneri nei forni. Questa pace? Non è nato il Messia. Occorre dolore e ognuno ha il suo dolore.
(*In contumacia* 68)

Mina continua così a non parlare (*Dentro la D* 157). Da adulta ha un'amica, Claudia, che osserva: "[...] ti sei chiusa in un isolamento infrangibile. Perché fai così?" (66). Mina non le risponde limitandosi a pensare: "[...] un giorno sarò costretta a riprendere l'argomento [...] e perderò un'amicizia" (66). Sente "la prostituzione di nascondersi per non subire domande" (*In contumacia* 27), sa che "il disprezzo [...] nasconde chi si nasconde" (20), e che "tutti più o meno credono di avere qualcosa di cui vergognarsi" (81), ma non riesce a cambiare atteggiamento. Il suo silenzio è "una cancrena" (96).[4]

La Limentani fa una riflessione importante in uno scritto del 2004:

[...] il ghetto è luogo dal quale i ghettizzati non possono uscire, mentre chiunque altro può entrarvi a fare ciò che vuole. In tempi di disprezzo e di odio ogni diverso è nel proprio corpo il ghetto di se stesso: luogo della propria più intima identità, sul quale ognuno può scaricare foie, livori e manie di potenza. Lo so. L'ho provato a dodici anni
("Donna fra donne" 93)

In un testo del 2002, dedicato dagli amici alla Limentani in occasione del suo settantacinquesimo compleanno, due interventi si riferiscono a *In contumacia* e a *Dentro la D* dando quasi per scontata la loro natura autobiografica.[5] Il libro ha

---

[4] Mina si sente accomunata a Giuseppe Flavio anche per l'incapacità di spiegarsi con la propria comunità. Giuseppe rinuncia "allo spettacolare eroismo che avrebbe fatto di lui un martire amato dagli ebrei" per salvare qualcuno e qualcosa e viene considerato un traditore (*In contumacia* 73-74).

[5] In *Parole e silenzi. Scritti per Giacoma Limentani* Lea Sestieri, parlando della Limentani, osserva che "le pene e i dispiaceri della prima parte della sua vita sono stati molti e duri" (12) e che la letteratura "le ha permesso di trasformare in parole i tormenti, le angosce, le allegrie, i desideri che si combattevano dentro di lei" (13). Parlando di *Dentro la D*, Ottavio di Grazia nota che "da quel libro fui trascinato [...] in una storia, la tua" (17).

dunque quella componente, e bisogna segnalare sùbito il perdurante divario che essa crea tra la protagonista e l'autrice, fra quello che la prima sente e fa (mantenendo il silenzio su un'esperienza tanto dolorosa) e quello che la Limentani decide invece di fare (raccontando più volte attraverso gli anni quell'esperienza e arricchendola di dettagli e significati).

Il finale di *In contumacia* è ambiguo. Mina riflette sull'assenza della madre che l'ha costretta a fronteggiare quasi da sola quattro fascisti:

[...] la contumacia c'è quando non c'è qualcuno che dovrebbe esserci. Chi non c'è è colpevole. Chi c'è ha la colpa di essere. Senza scampo. Colpa senza colpa. Qual è la colpa? Qual è lo scampo dai flussi delle maree? Dai cicli che si accavallano? Dalle violenze note e ignote, respinte o agognate?

(*In contumacia* 86)

Domande dello stesso tipo sono riprese quando una sinagoga riapre dopo mesi di chiusura forzata e dopo l'uccisione di molti suoi frequentatori:

Caino uccide. Chi ha colpa? Caino privo di conoscenza o Abele ricco di conoscenza e consapevole dell'impossibilità di comunicarla? Due parti di un'unica violenza [...]. Si intersecano nel centro dove l'*alef* tace. Il dolore della colpa commessa e della colpa subita è impresso su ognuno di noi. Ognuno ha diritto alla sua conoscenza. La cerca a suo modo. Domanda. Uccide. Tace. Si fa uccidere. Non risponde alle domande finché la risposta non brilla nell'*alef*.

(*In contumacia* 94)

Molte affermazioni contenute in questi due passi sono smentite dai libri successivi della Limentani.[6] Scrivendole, l'autrice sentiva forse il dovere di chiudere il libro con delle conclusioni che però non erano ancora maturate e con un tono enfatico di cui si sarebbe in seguito rammaricata.[7] I testi successivi di *Trilogia* sono in questo superiori al primo, di cui non bisogna però sottovalutare l'importanza. La Limentani, nel 1967, è la prima scrittrice italiana a raccontare una storia di abuso sessuale personalmente vissuta nell'infanzia. Le incertezze stilistiche derivano anche dalla mancanza di modelli narrativi.

Un lungo intermezzo
Dopo aver pubblicato *In contumacia* la Limentani segue dei corsi all'Istituto

---

[6] La tesi di una colpa generalizzata, in cui colpevoli e vittime si mescolano come parimenti degni di punizione, sarà attribuita alla signora Trani in *Dentro la D* e rifiutata con sicurezza dal padre dell'io narrante: "[...] se i morti si alzassero e perdonassero, ringrazieremmo Dio che concede pace, ma nessuno, nessuno può perdonare i torti fatti ad altri. Per i torti fatti ad altri, si può solo chiedere giustizia" (*Dentro la D* 177).
[7] "Scivolo [...] dalla serietà alla seriosità, da un sacrosanto voler sapere, nella retorica del dolore, dello sdegno, del rifiuto" (*Dentro la D* 144-45)

Rabbinico di Roma per meglio addestrarsi nella tradizione ebraica.[8] Entra in dialogo più stretto con i testi dell'Antico Testamento e con i grandi commentatori della *Torah*. Cercando autori recenti, troviamo nella sua opera serie riflessioni su Anna Achmatova, Isaac Babel, Marek Edelman, Yehudah Halewy, Etty Hillesum, Franz Kafka, Arthur Koestler e Joseph Roth.

I saggi della Limentani — *Gli uomini del libro* (1975), *L'ombra allo specchio* (1988), *Il Midrash* (1996) — mescolano osservazioni sull'Antico Testamento, informazioni sulle tradizioni ebraiche e riflessioni sulla storia umana. In quegli anni, la scrittrice sviluppa anche la sua poetica, insistendo sul valore delle ripetizioni, lodando le libere riletture, considerando la scrittura letteraria come il risultato di una necessità, e lasciando spazio all'umorismo. La Limentani parla spesso degli stessi eventi o testi perché "lo stesso concetto reiterato in contesti diversi, può assumere valenze e sensi diversi" (*Scrivere dopo per scrivere prima* 188). Incontra volentieri le opinioni che "nel corso dei secoli i Maestri ebrei si sono lanciati l'un l'altro discutendo ogni capitolo, passo, versetto, parola, lettera, spazio bianco fra lettera e lettera della Scrittura". Quelle opinioni formano una tradizione interpretativa che "della Scrittura prosegue e costantemente vivifica l'insegnamento". Il "fluire di dialoghi" ha secondo lei un valore altissimo (*Scrivere dopo per scrivere prima* 20).[9]

Paola Di Cori e Clotilde Pontecorvo sottolineano poi l'atmosfera di "continua reinvenzione" che domina l'opera della Limentani (Di Cori 3). La scrittrice chiama "racconti" i testi de *L'ombra allo specchio* che pure sono rivisitazioni di storie o leggende antiche. La Limentani le racconta senza consultare le fonti perché "dei ricordi, sia pure errati, mi è soprattutto caro quel costante fluire che, elaborato dai sentimenti vivi, a volte meglio dell'erudizione fa rinascere personaggi ed atmosfere creando nuovi rivoli di vita" (*L'ombra allo specchio* 9).[10] Quando non è "filologicamente precisa", la memoria trova "imprevedibili nessi che generano elaborati sorprendenti" (*L'ombra allo specchio* 9). Ogni cosa che la Limentani racconta è perciò creativamente "sua". I libri della *Trilogia* possono essere visti come romanzi (Lucamante, "Postfazione", 281) in questo senso: il padre della protagonista si chiama David in un volume della *Trilogia* e Leonello in un altro; uno zio ora è Carlo ora Carlo Felice; Mina ha una sorella in un volume ed è figlia unica in un altro; il padre

---

[8] Lo fa anche Mina: un maestro, "in ricordo degli insegnamenti ricevuti dal nonno, mi ha concesso di studiare *midrash* con lui" (*Dentro la D* 148).

[9] La stessa convinzione riappare nell'opera di Clotilde Pontecorvo, coetanea ed amica della Limentani. Si vedano soprattutto i capp. 1, 3, 4 e 9 di *Discutendo si impara*.

[10] Uno scrittore caro alla Limentani, Wlodek Goldkorn, fa osservazioni simili: "[...] diffido di chi vuole che il ricordo sia sempre verificato. La memoria è tale quando è avvolta nella nebbia e soggetta a cambiamenti, vale a dire quando è viva" (63).

della protagonista intuisce in *In contumacia* quel che è accaduto alla figlia,[11] ma dà l'impressione di non sospettare nulla in *Dentro la D* (*Dentro la D* 172). La struttura ed il significato della storia raccontata restano sostanzialmente gli stessi.

La Limentani osserva anche che si scrive sempre *dopo*: dopo aver avvertito la necessità di farlo, dopo aver incontrato un evento, un testo, una persona che non va dimenticata e che spinge alla riflessione (*Scrivere dopo per scrivere prima* 21).

In molti testi successivi a *In contumacia*, infine, la Limentani usa toni umoristici. Collegato a "il bisogno ebraico di ridere delle proprie insanabili ferite per meglio metabolizzarle" ("Piangere ridendo" 400), l'umorismo diventa parte del suo bagaglio intellettuale grazie all'influenza di Israel ben Eliezer, più noto come Baal Shem Tov (1700-1760), e Nachman di Breslav (1772-1810). Il primo sosteneva che "il canto e la danza liberano il cuore dalle angosce e la gioia ha un influsso benefico sul destino degli uomini" ("Nachman il narrastorie" 267). Il secondo invitava i seguaci a non ricercare "discipline più rigide del necessario" ("Nachman il narrastorie" 257). C'è poco umorismo nella *Trilogia*,[12] ma l'io narrante afferma nell'ultimo volume che il riso, in certi casi, "lava l'anima" (*La spirale della tigre* 219), e Mina e sua cugina, rivedendosi da vecchie quando Allegra è in punto di morte, sono investite da "un vento esilarante", da "un incontenibile, inarrestabile, bambinesco *fou rire*" che le aiuta a riconciliarsi fra di loro e a ritrovare se stesse, o una parte di sé che avevano dimenticato (*La spirale della tigre* 217).

Il testo più interessante scritto nei venticinque anni che intercorrono tra *In contumacia* e il secondo volume della *Trilogia* è *Il grande seduto*, un "romanzo" del 1975 che racconta la storia di Giobbe, arricchendola di dettagli extrabiblici fioriti in ambito ebraico. La Limentani rifiuta l'immagine iconografica dell'uomo virtuoso nella quale anche a lei, "come credo alla maggioranza delle persone, [è] capitato a volte di identificar[si]" (*Scrivere dopo per scrivere prima* 189). Ritiene che Giobbe abbia fatto un uso meschino della ricchezza e della saggezza ricevute da Dio ("I tremendi giorni" 19). Può sembrare un'occasione perduta per riflettere da un ulteriore punto di vista e in compagnia di grandi interlocutori sulle sofferenze eticamente ingiustificate che sono un tema di rilievo della *Trilogia*.[13] Mina avrebbe certamente potuto fare sue certe domande

---

[11] Il padre scrive in un diario: "non vuoi parlarne. Amore mio, carne mia. Se non vuoi parlare non sarò io a costringerti. Non lo dirò a nessuno. Serberò il tuo segreto. Il tuo pudore è sacro per me" (*In contumacia* 91).

[12] Lara Cardella, in *Volevo i pantaloni*, e Cristina Comencini, ne *La bestia nel cuore*, hanno raccontato storie di abuso sessuale all'infanzia ricorrendo a volte a toni umoristici, ma si tratta anche in quei casi di un uso molto limitato.

[13] Le obiezioni di Mark Larrimer alle interpretazioni del libro di Giobbe sviluppatesi in ambiti confessionali ebraici e cristiani valgono anche per *Il grande seduto*: "[…] what if Job's complaints against God were not just expressions of weakness of character or the

giobbiche — "quanti sono i miei delitti e i miei peccati?", "vuoi tu spaventare una foglia tremolante o perseguitare un'arida pagliuzza?" —,[14] ma la Limentani non sviluppa il parallelismo per modestia (le sventure di Giobbe hanno dimensioni sconvolgenti), per riluttanza alla metafisica (essendo interessata soprattutto agli aspetti umani di ogni storia), e perché è una scrittrice versatile che (come Paola Drigo od Elena Ferrante) non è confinabile ad una storia o ad un tema soli.

Dentro la D
Venticinque anni dopo aver scritto *In contumacia*, nel 1992 la Limentani pubblica *Dentro la D* che di quel primo libro è la continuazione.[15] Il nuovo libro contiene descrizioni e divagazioni abilmente intrecciate che si concentrano alla fine su una storia accaduta alla protagonista verso la fine della guerra. Questa nuova storia sta a quella di *In contumacia* come "una libecciata" sta a "delle vere e proprie trombe d'aria" (*Dentro la D* 169), integrandola.

Uno zio dell'io narrante, Carlo Felice, è morto suicida. A dodici anni, dopo qualcosa che "grazie a Dio i [suoi] genitori non hanno mai sospettato" (*Dentro la D*, 172), l'io narrante ha pensato a sua volta di buttarsi dal quinto piano di un palazzo (157). Un'amica di famiglia, Dar'ja, ha intuito quel che i genitori della ragazza non avevano sospettato: l'ha calmata, l'ha fatta addormentare, le ha regalato fiducia negli altri e nella propria capacità di sopportazione (172). Dar'ja l'ha anche ingannata. Senza rivelargliene l'identità, ha fatto in modo che la giovane procurasse un salvacondotto a una spia della Gestapo. Questi, invece di ringraziare la protagonista per l'aiuto ricevuto, le ha detto con disprezzo: "[...] se avessi saputo di dover venire in casa di ebrei, ne avrei fatto a meno" (168). Nonostante la brutta esperienza, l'io narrante ricorda Dar'ja con simpatia. La profuga è stata "la dolce bambagia della mia adolescenza" (171): "se non ci fosse stata Dar'ja, una certa notte io tutta sarei andata in pezzi" (166). Non riesce perciò a volergliene:

[...] il mio non voltene è soprattutto un atto d'amore, perché cerco di capirti e cercar di capire è già amare. E un atto di speranza, di folle, assurda determinazione a sperare, perché quel che mi hai dato quel giorno al Grand Hotel [...] sul piatto della mia personale

---

loss of self-control, which pain and catastrophic loss might produce in the best of man? What if he was raising unanswerable questions about the justice of God?" (63); "[...] whatever is said of the character of Job, are not more unsettling questions raised about the character of God?" (78).
[14] *Giobbe* xiii, 23 e 25, ne *La sacra Bibbia* 580.
[15] L'anonima protagonista ed io narrante di questo libro è nata nel 1927, come Mina. È chiamata rana o ranocchia dal padre (*Dentro la D* 110), come l'io narrante di *In contumacia* (*In contumacia* 28). Ha genitori, parenti, pensieri e problemi simili a quelli di Mina. Nel 2013, per di più, i due testi sono stati pubblicati insieme come prima e seconda parte della *Trilogia*.

bilancia pesa molto più del rancore che a rigor di logica dovrei nutrire.
(176)

La protagonista si riconcilia anche coi genitori dopo essersi interrogata sulla loro assenza da casa nei giorni delle "vere e proprie trombe d'aria". Forse l'hanno trascurata per occuparsi di questioni morali e politiche, ma l'io narrante si rende conto di quanto valga il loro "credo" (134). Forse non sono sempre stati genitori suoi diventando genitori di tanti sfortunati, ma la ragazza accetta il ragionamento di un altro personaggio: "[...] ai padri generici come tuo padre e spesso a scapito dei loro figli, noi padri specifici dobbiamo i sonni tranquilli dei figli nostri" (146).

L'io narrante dichiara con orgoglio la propria appartenenza alla comunità ebraica romana anche se i suoi membri sono stati a volte ingenerosi con lei. È un'"ebrea innamorata della gioiosa universalità del pensiero ebraico" (149). La conclusione del romanzo, giocato su parole che iniziano con la lettera D, è che "il Difetto Di Difetti è Demoniaco e Danna" (179). L'io narrante conferma insomma il proprio affetto per il padre, la madre, Dar'ja, il proprio "io" dodicenne e la propria comunità nonostante i loro comprensibili, inevitabili errori. Con tutti loro è in pace.

In *Dentro la D* i buoni non vengono più confusi coi malvagi, come accade nel finale di *In contumacia*. La spia della Gestapo è anche visivamente demoniaca: dopo aver preso il salvacondotto "gira su se stesso e si avvia per le scale con una sola piroetta, con una fluidità di movimenti che gli consente di saltare i gradini a quattro a quattro senza che mai si avverta il rimbalzo dei piedi sul marmo" (168). La moglie di Carlo Felice è biasimata per aver simulato una gravidanza (al fine di farsi sposare), un aborto (dopo essersi sposata), e per essersi sempre comportata come "se fosse al centro dell'universo" (153). La zia Egle sarà presto descritta come un mostro.

La narratrice di *Dentro la D* non fa però nessuna domanda su coloro che sono responsabili della sua sventura: non li nomina; ne ha ancora terrore. Come io narrante lei parla del suo stupro a noi lettori, ma come personaggio non l'ha ancora menzionato alle figure che la circondano nel libro. Per quelle figure il suo stupro non "esiste" ancora.[16] La *Trilogia* ha bisogno di ulteriori tasselli. Uno arriva undici anni dopo, nel 2003, quando la Limentani, ormai settantaseienne, pubblica un altro libro.

La spirale della tigre
Quel libro s'intitola *La spirale della tigre* e fornisce informazioni sulle ultime cinque generazioni della famiglia di Mina (di nuovo io narrante) soffermandosi soprattutto su quattro gruppi: i trisnonni di Roma, i trisnonni di Avignone, i

---

[16] Su quella non-esistenza si vedano le riflessioni di Alexandra Cornilescu, raccolte da Stiles 534-35.

genitori di Mina, e la famiglia dello zio Davidino. Gli ultimi due gruppi abitano nello stesso pianerottolo di un palazzo a Roma. Il padre ha dato a Mina il compito di raccontare le vicende di famiglia, lasciandole documenti (*La spirale della tigre* 193), "libri di preghiere usati per generazioni" (226), album fotografici (198), e Mina assolve il compito con precisione.[17] Il titolo del libro si riferisce alle *spirali* che la sua memoria segue ricostruendo quella storia e oscillando fra passato e presente.

Lo stupro di Mina dodicenne è però l'episodio di cui si parla più a lungo anche qui, portando alla luce molti dettagli che prima erano stati taciuti. La violenza sessuale ha avuto luogo "subito dopo la promulgazione delle leggi per la difesa della razza" (209). È stata cioè parte della violenza sponsorizzata dallo stato che secondo Michael Livingston è un effetto frequente delle leggi razziali (181). Scopriamo poi Livio: lui e Mina, appena adolescenti, erano stati amici, "legati dal segreto di due padri che si erano trovati insieme nella stessa sede del fascio prima di venir riportati ognuno alla propria casa, e scaraventati a terra" (*La spirale della tigre* 209). I due sono stati "bisognosi l'uno dell'altra" per anni (209). Dopo lo stupro, però, Mina si è rifiutata di vedere il compagno per lo stesso motivo per cui, da adulta, è pronta a perdere l'amicizia di Claudia: non poteva parlargli di quello che le era successo perché, dice, "non parlav[a] neanche a [se] stessa" (210). Il ricordo di una conversazione con il fratello di Livio rivela quanto fosse forte in lei la necessità di tacere:

[...] trovai al portone Norberto, in attesa per chiedermi se non mi vergognavo. Che razza di amica ero? Non immaginavo la delusione di Livio? Non sapevo che non si pianta in asso un amico così, di punto in bianco? [...] Accanto a me c'era una madre, mentre Livio non aveva neanche conosciuto la sua. E mio padre era a piede libero! Non sapevo che il suo, di padre, era stato in carcere e poi spedito al confino?

(210-11)

Mina non dice quale sia stata la sua risposta. Riconferma però il modo in cui ha continuato a spiegare a se stessa "l'eclisse della [sua] possibilità di comunicare" (211):

[...] se per debolezza mi fossi lasciata andare a parlare, avrei contaminato il suo [di Livio] puro dolore con quello mio, sconsacrato, e sarebbe stato lui ad abbandonarmi soffrendo quel che io soffrivo per averlo abbandonato. Ma se non potevo aprirmi con chi mi amava e chiudendomi lo esiliavo da me, dove e con chi le nostre ansie avrebbero trovato quiete? Perfino dall'analista, cui pressata da incubi, secoli dopo non ho potuto impedirmi di raccontare dei quattro uomini, perfino dall'analista ho poi dovuto staccarmi negando tutto, autoaccusandomi di mendacio.

(211)

---

[17] "Sono ormai l'unica e perciò l'ultima a poter raccontare [...] mio padre pensava che, oltre a nutrirmi col calore dell'appartenenza, tramandare ricordi e testimonianze fosse un dovere inderogabile proprio per me (*La spirale della tigre* 191).

È una spiegazione molto debole: il dolore di una vittima di abuso sessuale è sconsacrato o immondo solo nei pregiudizi di alcune persone sfortunatamente vicine a loro; e Livio è ricordato come un ragazzo intelligente, sensibile, maturo, che non avrebbe abbandonato l'amica se ne avesse conosciuto l'esperienza. È molto più probabile che Mina, impaurita dalla sofferenza che ogni riferimento esplicito allo stupro provocava in lei, abbia cercato di evitarne la narrazione.[18] La vergogna, spiega Goldkorn, "è la morte senza il lutto" (50-51): provoca "una memoria senza possibilità di oblio" i cui racconti "non possono che essere reticenti" (51). Anche in questo terzo libro della *Trilogia* c'è dunque qualcosa di irrisolto, e forse di irrisolvibile, nel ricordo del trauma subito.

Ma Mina continua a scrivere, aggiungendo altri dettagli. Allegra le rivela dopo la guerra di sapere dello stupro. Questa cugina si colloca a metà strada fra sua madre Egle, "un'eclissi totale", e la madre di Mina, "un sole a picco". È una ragazza egoista ma istintivamente capace di generosità: "un'eclissi parziale" (*La spirale della tigre* 194). Allegra dice di aver saputo subito. Poi si corregge sostenendo di aver capito quel che era accaduto solo nel dopoguerra (214). Se la prima affermazione è quella vera, come *La spirale* suggerisce, perché la cugina non ha pensato a consolarla? Questa torna a provare il bisogno di una donna che le spieghi, la curi, "condivid[a] lo strazio per aiutar[la] a sopportarlo" (261). Lo stupro incomincia ad ogni modo ad essere oggetto di discussione, ad "esistere" anche fra i personaggi della *Trilogia*. È un grande passo avanti.

Dopo la guerra, Allegra compie azioni disdicevoli a cui il padre di Mina tenta invano di porre rimedio urtando zia Egle (259). Per vendicarsi questa accusa Mina di aver rubato il fidanzato alla cugina: "[...] dovevo essere un diavolo di civetteria, se Renny ormai preferiva me a un fiore di ragazza come sua figlia" (260). E aggiunge: "[...] una che è stata con quattro brutti fascisti, non fa certo la schizzinosa con un bell'americano" (260). La paura di essere immonda, sconsacrata, riprovevole e riprovata si rivela all'improvviso fondata per colpa di questa zia, che dice anche: "[...] li ho visti ridere per le scale. Li ho sentiti scherzare su come ci avevi preso gusto" (261). Secondo Egle — che la figlia definisce "incapace di essere grata e di insegnarmi a esser grata" e "chiusa fuori della realtà vera" (215) — Mina è da biasimare per quel che le è accaduto, complice degli stupratori.

La prima reazione della giovane è l'orrore: "[...] li ebbi di nuovo tutti e quattro addosso. Erano lì, a infliggermi il dolore che adesso mi lacerava i timpani". La seconda è la paralisi: "[...] non volevo ascoltarla, eppure stavo lì

---

[18] Maurilio Orbecchi ricorda che "chi ha vissuto eventi che hanno procurato lesioni alla propria o altrui integrità è invaso dalle immagini del trauma, che in un modo o nell'altro gli torneranno in mente per tutto il resto della vita, facendogli rivivere l'esperienza violenta in seguito a qualsiasi minimo stimolo. I traumi si ripropongono in maniera quasi automatica, nonostante gli sforzi che si compiono per evitare di richiamarli alla memoria" (65-66).

incantata a fissare i suoi gesti" (261). La terza è un odio mai placato per la zia. La quarta reazione è però benefica: fa "svanire il terrore che l'uomo con le basette [le] aveva lasciato nella carne"; la giovane avverte anzi "la necessità di vederlo per far[si] vedere da lui" (264). Vuole che "il capomanipolo dei nostri picchiatori e stupratori si sent[a] perseguitato dalla [sua] presenza, spettrale ossessione di un passato che però doveva angosciare lui soltanto" (265). Quest'uomo, assente nella riflessione condotta finora, viene rintracciato una domenica, mentre accompagna moglie e figlio a messa. Mina lo segue a casa, all'ufficio, al caffè, per strada, e alla fine lo fronteggia rivolgendosi al figlio di lui che lo accompagna:

"[...] non tutti gli italiani sono stati brava gente, e non tutti i fascisti hanno tenuto le mani in tasca [...]. Chiedilo a Livio se lo vedi ancora, caro il mio Enzo. Ti dirà che suo padre e il mio ne portano ancora le cicatrici. E da quel fascio partivano squadracce che si divertivano a violentare la bambina che ero, e che ti piaceva tanto". Il viso dell'uomo che mi guarda con terrore implorante è per me più tremendo del viso dello stesso uomo mentre mi stupra. Vomito lì, per la strada, con entrambe le mani premute contro le pareti della casa dove lui abita. Vomito l'uomo che mi è entrato nella carne, mentre quello cui ispiro terrore mi si stabilizza nel cervello. Vomito davanti a un figlio che non sa più cosa pensare del proprio padre

(268)

Questo brano è fondamentale. Due punti vanno evidenziati. Il bisogno che Mina sente di parlare è innanzi tutto, e finalmente, soddisfatto. Parole cercate per decenni sono trovate. Non esprimono più dolore, non formulano una richiesta d'aiuto, ma pronunciano una denuncia, chiedono giustizia ed emanano, mi pare, una condanna. La giustizia, scrive l'autore più citato nella *Trilogia*, Lion Feuchtwanger, "è per i giudei fin dai tempi più antichi la prima virtù [...] essi inneggiano a chiunque, persino al loro oppressore, quando fa trionfare il diritto" (Feuchtwanger 50). Il bisogno di giustizia è essenziale anche per le vittime di abuso sessuale: la loro cura presuppone il riconoscimento comunitario e la valutazione etico-legale di quel che è accaduto, scrive Herman (70). La comunità, in questo caso, è minima (il reo e suo figlio); e la punizione del colpevole si limita a "un pallore cadaverico", a "segni di putrefazione", allo stupore di un diciottenne "che non sa più cosa pensare del proprio padre" (*La spirale della tigre* 268), ma funziona. Mina vomita l'uomo che le è entrato nella carne e se ne libera. La riparazione dal trauma è tutt'altro che definitiva: a quel punto della sua storia Mina si trova soltanto nella situazione di Giacoma Limentani *prima* della stesura di *In contumacia*. E però il divario fra il comportamento dell'autrice (che parla insistentemente dello stupro) e il comportamento della sua protagonista (che tace in maniera altrettanto insistita pur soffrendo per il proprio silenzio) si chiude. Mina diventa la scrittrice Giacoma Limentani. Per usare due termini inglesi che non hanno ancora offuscato l'uso tradizionale italiano, la *victim* diventa *survivor*. La riparazione dal trauma è in atto.

"La mia voce", dice Mina raccontando questa scena, "è voce del padre di Livio, di Livio, di mio padre e di mia madre, oltre che mia" (*La spirale della tigre* 268). La protagonista del romanzo *Maria Zef* di Paola Drigo, in una situazione analoga, denuncia gli abusi commessi da uno zio e le sue parole "risuonarono ai suoi stessi orecchi come pronunciate con voce altissima, venuta da un mondo lontano, e intorno ad esse si fece un grande silenzio" (Drigo 71). In tutti e due i casi la denuncia non è un atto individuale: chi la fa ha il desiderio di coinvolgere una collettività o quanto meno l'impressione di ribadire valori trascendenti e aspira a una coralità oggettivante.

Il secondo punto fondamentale del brano è che, come sempre, bisogna stabilire una delimitazione tra la denuncia (sacrosanta), la punizione (doverosa) e la vendetta (ingiusta). Mina vive in uno stato liberale in cui si dimentica il passato senza trarne le debite lezioni.[19] La giustizia è ottenuta senza mediazione istituzionale: la ragazza affronta perciò la responsabilità di chi è al tempo stesso parte in causa e giudice. Ha "terrore della paura che incut[e]" all'uomo con le basette (*La spirale della tigre* 268). Ed anche per questo conclude il libro con un'invocazione a Dio — un'invocazione di redenzione per tutto e per tutti che invera l'intuizione globalizzante che il finale di *In contumacia* cercava di esprimere senza ancora riuscirci:

Annà Adonàj, hoshìah nà, annà Adonàj, hoshìah nà! Annà Adonàj, hazlìach nà, annà Adonàj, hazlìach nà! Lo ricanto fra me e me, e fra me infine imploro: "Deh, Eterno, redimici, sì redimici! Deh, Eterno, facci riuscire, sì, facci riuscire". Fammi riuscire...
(279)

La Limentani sviluppa un parallelismo fra la memoria individuale di Mina e la memoria collettiva degli italiani. Dopo la guerra, dice la sua protagonista, tribunali e questure accolsero poche denunce contro i fascisti di basso rango. Si preferiva "soffocare il passato con una pietra nell'illusione di stabilire nel paese una pace molto simile a quella che io avevo creduto di poter trovare in me, prima che la zia Egle me la strappasse" (264). È un parallelismo che Tony Judt sviluppa in un libro sull'Europa del dopoguerra (*Postwar* 41-62). Anche lui, come la Limentani, ritiene che la rimozione non funzioni né a livello individuale né a livello collettivo. Le colpe e gli abusi del passato devono essere riconosciuti e condannati. I colpevoli devono essere "vomitati" come accade metaforicamente all'uomo con le basette. La *Trilogia* di Giacoma Limentani racconta la storia di questo riconoscimento e di questa condanna, di un bisogno

---

[19] L'assenza di un intervento istituzionale è seria anche per i risvolti psicologici che comporta: Jerome Bruner osserva che, quando una persona investita di autorità descrive il mondo, "and you are not in it, there is a moment of psychic disequilibrium, as if you looked into a mirror and saw nothing" (32). Adrienne Rich, da cui Bruner trae le parole citate, paragona quella invisibilità a un non-essere a cui si è costretti (199-200).

di parlare fortemente represso e soddisfatto dopo decenni. Valeva la pena di investire tanto tempo ed energie per farlo?

La risposta delle voci che emergono ne *La spirale della tigre* è cautamente positiva. Bisogna "testimoniare sempre e ovunque quanto la coscienza [ci] impone di rendere noto" (*La spirale della tigre* 205). Bisogna "allineare i fatti che [ci] hanno toccat[i] da vicino, quelli belli e quelli brutti, soprattutto quelli brutti, senza badare troppo allo stile, e solo per far[sene] infine una ragione" (208). Bisogna farlo per osservare le nostre passioni con distacco (191), per allontanarsi dal male ed esorcizzarlo, per soddisfare un "anelito alla luce" (192).

In alcuni saggi di *Scrivere dopo per scrivere prima* (1997) la Limentani si interroga in prima persona sul significato che la narrazione della violenza subita o del dolore provato può avere. Scrivere, dice con pari cautela, trasforma "ogni realtà contingente e sconvolgente in modo da farne un insegnamento comprensibile e quindi fruttuoso per tutti al di là di ogni confine del tempo e dello spazio" (*Scrivere dopo per scrivere prima* 131). Riesce "a decantare la sofferenza e l'offesa e a trasformarle [...] in esperienza preziosa e in insegnamento trasmettibile" (139). Non bisogna però esagerare questa capacità decantante (13): anche quando le offese sono filtrate e trasformate, "chi è stato insultato rimane insultato, chi è stato ferito rimane ferito, chi è stato torturato rimane torturato. E chi ne muore va ad aggiungersi alla lista degli uccisi" (139). Lo scrivere, parafrasa una prefatrice della *Trilogia*, porta serenità ma lascia insoddisfatti (Ravera 12). La scrittura non è sufficiente a rimuovere "vizi di pensiero, violenze di atteggiamento, rigidità di giudizio e sensi di superiorità" (*Il Midrash* 8-9). Il Messia degli ebrei, in altre parole, deve ancora arrivare. Mondo e storia non sono stati redenti.

La trilogia diventa tetralogia
La parola redenzione ha però le sue ambiguità. Indica un cambiamento radicale della vita umana e, in quel caso, l'assenza di redenzione è fin troppo evidente: gli agnelli e i lupi di questo mondo non pascolano insieme. La parola redenzione indica anche istanti privilegiati che rivestono di senso la vita e la rendono accettabile: lo sprofondarsi che Leopardi descrive nell'*Infinito* (Leopardi 300-01) e l'effetto che una canzone americana ha sul protagonista della *Nausea* di Sartre rimandano a quegli istanti (Sartre 214-22).

Una quarta narrazione della giovinezza di Mina è stata fatta dopo un istante del genere. L'io narrante, questa volta, non è più un personaggio d'invenzione ma Giacoma Limentani. La sua storia non è raccontata in maniera debordante, come in *In contumacia*, o fra le pieghe di discorsi apparentemente irrelati, come se la narratrice ne aspettasse la comparsa senza proprio volerla, come nei due volumi successivi. Il racconto si svolge in maniera ordinata, per cenni essenziali. La narratrice non scrive: parla in un centro culturale di Roma la prima volta e in una galleria d'arte di Milano le altre due, di fronte a un pubblico di amici e conoscenti. Non è in piedi ("pensereste che voglio farvi un concerto. Non è un concerto" *Canzoni fra storia e memoria* 01:25-36) e neppure seduta a un tavolo ("potreste pensare che faccio una conferenza. No, niente di tutto questo" 01: 36-39). È appoggiata a una scaletta, e inframmezza un racconto di 72 minuti con 19 canzoni. Il titolo dell'evento è *Canzoni fra storia e memoria*.[20] I dettagli della storia sono quelli che conosciamo, con le abituali variazioni (la dodicenne, questa volta, era "sola in casa" 19: 06-26) ed aggiunte (sulla lotta partigiana). La storia è triste, ma raccontata con distacco. Le canzoni hanno melodie orecchiabili, armonie composte, ritmi svelti. Segnalano un'atmosfera di riconciliazione. La Limentani ricorda di aver visto a Roma, alla fine della guerra, un soldato sfinito ed inzaccherato che esorcizzava le proprie nostalgie cantando *I'll Be Seeing You*. Lo stesso vale per lei. A quel punto della vita la sua storia è dicibile pacatamente, con uno sfondo musicale, raccontata anche a *Vous qui passez sans me voir*, per dire a tutti che *Il ne faut pas briser un rêve*.

Le violenze sessuali sconvolgono il sistema di autodifesa. Separano funzioni normalmente integrate fra di loro. Provocano stati di allerta permanente, come se i pericoli potessero tornare ad ogni momento. Alterano lo stato della coscienza causando passività o indifferenza o frammentazione (Herman 33-43). Non c'è allora un eccesso di ottimismo nel modo in cui le *Canzoni fra storia e memoria* rievocano lo stupro di Giacoma e Mina? Direi di no, se si considera che quest'epilogo arriva settantatré anni e tre libri dopo il trauma con cui la Limentani si è così a lungo misurata.

Ci sono poi situazioni in cui l'ottimismo è insieme dono e dovere. Nella *Spirale della tigre* la Limentani racconta di una serata del '45 in cui i genitori ricevono in casa una ventina di sopravvissuti all'olocausto. Fra loro c'è un rabbino incupito che non parla né benedice pane o vino: "[...] il suo pallore era un rimprovero rivolto al mondo intero e a noi che in quel mondo ci sforzavamo di ricominciare a esistere" (*La spirale della tigre* 228). I cupi occhi di Reb Maltke "cercan[o] appoggio alla propria disapprovazione" incrociando quelli di tanti altri disperati, che sono però toccati dal calore di casa Limentani. Un pianoforte viene aperto, un jazzista polacco inizia a suonarlo, qualcuno batte il tempo con le mani, qualcuno canta, qualcuno balla. Mina è sospesa fra la passione per quella musica e "la pietà per quell'uomo ridotto a pura intransigenza" (229). Ed ecco che

a un tratto, in un intervallo della musica, l'uomo andò a mettersi in mezzo alla stanza. Batté i piedi, intonò un canto che era insieme di lamento e di gioia, e non si mise proprio

---

[20] Le *Canzoni fra storia e memoria* sono state presentate in pubblico alla Casa della Memoria e della Storia, a Roma, nella prima metà del 2012, e alla Galleria Arte e Mestieri di Milano, il 26 giugno 2012 (la data in cui sono stati registrati i dischi che le contengono ora) e l'11 dicembre 2013 (in occasione della presentazione della *Trilogia* appena pubblicata). I dischi che contengono la registrazione dell'evento sono due. Nell'articolo mi occupo solo del primo: il secondo contiene ventotto canzoni in inglese e nessuna narrazione.

a ballare — non credo che ne avrebbe avuta proprio la forza — ma in quella che mi sembrò una danza mistica, sempre battendo i piedi al ritmo del canto, levò le braccia al cielo con un roteare di mani e un oscillare del capo che si propagò all'intero corpo.

(229)[21]

Il canto e la danza non cancellano qui il ricordo dei morti, non lo attenuano neppure, ma sollevano in parte il cuore dalle angosce. Sarebbe sbagliato, analogamente, ascoltare le *Canzoni fra storia e memoria* senza ricordare le dolorose considerazioni di *In contumacia*, ma sarebbe anche sbagliato leggere la *Trilogia* senza considerare questo epilogo che ne costituisce parte integrante trasformandola in una tetralogia dolorosa, consolante, enigmatica a seconda dei nostri mutevoli punti di vista.

University of Exeter

Opere citate

Beller, Steven. *Antisemitism. A Very Short Introduction*, Seconda edizione rivista. Oxford: Oxford University Press, 2015.
Bruner, Jerome. *Acts of Meaning*. Cambridge: Harvard University Press, 1990.
Buber, Martin. *The Legend of Baal-Shem*. New York: Schocken, 1969.
Burgio, Alberto. "Per la storia del razzismo italiano." *Nel nome della razza: il razzismo nella storia d'Italia 1870-1945* 9-29.
Cardella, Lara. *Volevo i pantaloni*. Milano: Mondadori, 1989.
Comencini, Cristina. *La bestia nel cuore*. Milano: Feltrinelli, 2004.
Di Cori, Paola e Clotilde Pontecorvo. "Le ragioni di un libro e di un titolo." *Parole e silenzi. Scritti per Giacoma Limentani* 3-5
Di Grazia, Ottavio. [Intervento senza titolo]. In *Parole e silenzi. Scritti per Giacoma Limentani* 17-20
Drigo, Paola. *Maria Zef*. Milano,Treves, 1936. (http://www.liberliber.it/libri/d/drigo/index.php)
Ebner, Michael. *Ordinary Violence in Mussolini's Italy*. Cambridge: Cambridge University Press, 2010.
Feuchtwanger, Lion. *La fine di Gerusalemme*. Traduzione di Ervino Pocar. Milano: Tea, 1996.
Forgacs, David. *Italy's Margins. Social Exclusion and Nation Formation since 1861*. Cambridge: Cambridge University Press, 2015.
Goldkorn, Wlodek. *Il bambino nella neve*. Milano: Feltrinelli, 2016.
Herman, Judith Lewis. *Trauma and Recovery*. London: Pandora, 1995.
Judt, Tony. *Postwar*. Londra: Heinemann, 2005.
Larrimer, Mark. *The Book of Job*. Princeton: Princeton University Press, 2013.
La sacra Bibbia. Roma: Paoline, 1965.
Leopardi, Giacomo, *Canti*. Milano: Feltrinelli, 1994.
Limentani, Giacoma. *Canzoni fra storia e memoria*. No place: Frutti per Saving Children,

---

[21] La storia "The Conversion", raccolta da Buber (149-61) racconta la conversione similmente articolata di un altro rabbino, Jacob Joseph di Sharigrod.

2012.
_____. "Donna fra donne." In *Oltre la persecuzione. Donne, ebraismo, memoria.* A cura di Roberta Ascarelli. Roma: Carocci, 2004. 93-94.
_____. *Dentro la D.* In *Trilogia* 97-180.
_____. *Il grande seduto.* Milano: Adelphi, 1979.
_____. *In contumacia.* In *Trilogia* 13-96
_____. *Il midrash.* Milano: Paoline, 1996.
_____. "*L'ombra allo specchio.* Milano: Tartaruga, 1988.
_____. "Piangere ridendo." Postfazione a: *Racconti e storielle degli Ebrei.* A cura di Efim Samojlovic Rajze. Milano: Bompiani, 2004. 393-406.
_____. *Il più saggio e il più pazzo.* Viterbo: Nuovi equilibri, 1994.
_____. *Il profeta e la prostituta. Osea.* Milano: Paoline, 1999.
_____. *Regina o concubina. Ester.* Milano: Paoline, 2001.
_____. *Scrivere dopo per scrivere prima.* Firenze: Giuntina, 1997.
_____. *La spirale della tigre.* In *Trilogia* 181-279.
_____. "I tremendi giorni del suono e del ricordo." Ne *Le feste ebraiche.* A cura di Pupa Garribba. Roma: Com Nuovi Tempi, 2000. 17-24
_____. *Trilogia.* Roma: Iacobelli, 2013.
_____. *Gli uomini del libro.* Milano: Adelphi, 1975.
_____. *Il vizio del faraone.* Torino: Stampatori, 1980.
_____ con Shalom Bahbout. "Nachman il narratorie." In *Nachman di Breslav. La principessa smarrita.* Milano: Adelphi, 1981. 225-343.
Livingston, Michael. *The Fascists and the Jews of Italy. Mussolini's Race Laws, 1938-1943* (Cambridge: Cambridge University Press, 2014)
Lucamante, Stefania. *Forging Shoah Memories. Italian Women Writers, Jewish Identity, and the Holocaust.* New York: Palgrave Macmillan, 2014.
_____. "Postfazione." In G. Limentani, *Trilogia* 281-95.
Moravia, Alberto. *La ciociara* in *Opere/3. Romanzi e racconti 1950-59.* A cura di Simone Casini. Milano: Bompiani, 2004. 1123-493
Nel nome della razza: il razzismo nella storia d'Italia 1870-1945. A cura di A. Burgio. Bologna: Mulino, 1999.
Orbecchi, Maurilio. *Biologia dell'anima.* Torino: Bollati Boringhieri, 2015.
Parole e silenzi. Scritti per Giacoma Limentani. A cura di Paola Di Cori e Clotilde Pontecorvo. Torino: Trauben, 2002.
Pontecorvo, Clotilde, *Discutendo si impara.* Roma: Carocci, 2015.
Preti, Luigi. *Impero fascista: africani ed ebrei.* Milano: Mursia, 1968.
Ravera, Lidia. "Prefazione." IG. Limentani. *Trilogia* 9-12.
Rich, Adrienne. *Blood, Bread and Poetry. Selected Prose 1979-1985.* Londra: Virago, 1987.
Sartre, Jean-Paul, *La Nausée.* Parigi: Gallimard, 1954.
Sestieri, Lea, "'Il mio nome è Giacoma (una curiosità)." In *Parole e silenzi. Scritti per Giacoma Limentani* 11-14
Stiles, Kristine. "Shaved Heads and Marked Bodies: Representations from Cultures of Trauma." In *On Violence. A Reader.* Acura di Bruce B. Lawrence e Aisha Karim. Durham: Duke University Press, 2007. 522-38

Michela Meschini

Molestie sociali e prigioni morali: la doppia esclusione della donna nella letteratura postcoloniale italiana

Sinossi: Il saggio esplora le forme della violenza sociale e di genere in due romanzi a vario titolo rappresentativi della *postcolonial fiction* italiana: *Il paese dove non si muore mai* di Ornela Vorpsi e *Madre piccola* di Ubah Cristina Ali Farah. Avvalendosi del concetto sociologico di "violenza sistemica" elaborato da Žižek e della teoria clinico-psicoanalitica sulle "molestie morali" sviluppata da Hirigoyen, l'indagine proposta si concentra sulla dimensione psicologica e morale della violenza di genere e porta in primo piano i meccanismi di dominio e di esclusione che agiscono sulla donna migrante o diasporica sia nella società di partenza che in quella di arrivo. L'analisi degli aspetti tematico-stilistici delle opere selezionate è condotta all'interno di una duplice prospettiva teorica, inerente in primo luogo all'ampio dibattito sulla letteratura italiana della migrazione e, in secondo luogo, alla riflessione delle scienze sociali sull'oppressione sistemica del soggetto.

Parole chiave: Violenza di genere, violenza morale, letteratura postcoloniale italiana, letteratura della migrazione, soggettività femminile, Vorpsi, Ali Farah, Hirigoyen, Žižek

Prima premessa. Di cosa si parla quando si parla di letteratura postcoloniale italiana

L'espressione "letteratura della migrazione" circola da oltre due decenni fra i critici accademici italiani per indicare, con tutte le forzature del caso, un variegato corpus di testi letterari in prosa o in versi, firmati da autrici e autori emergenti di nazionalità straniera e italofoni, interessati ai temi dell'esodo, della diaspora, dell'esilio e alle coestensive questioni dell'identità, dell'incontro/scontro fra lingue e culture, dell'appartenenza e della separazione. I numerosi aspetti sussunti in questa lunga ma pur sempre incompleta definizione mostrano la difficoltà e forse anche l'inutilità del tentativo di contenere e delimitare un fenomeno dai contorni sfumati, sia relativamente ai temi e alle forme narrative sia relativamente ai soggetti coinvolti e ai legami con la realtà storica e sociale del fenomeno migratorio. Mentre negli anni Novanta la produzione dei cosiddetti *migrant writers* costituiva, in concomitanza con i primi consistenti flussi migratori verso l'Italia, un segnale di novità nel panorama culturale e letterario italiano, e ricavava dall'etichetta critica un riconoscimento istituzionale, i cui benefici si estendevano anche al riconoscimento sociale dei soggetti scriventi, oggi, a distanza di quasi trent'anni, tale produzione, profondamente mutata nelle forme e nei risultati, rischia di rimanere ingabbiata in una definizione riduttiva che, lungi dal riconoscerle il giusto valore estetico, proietta su di essa i parametri dell'eccezionalità, della diversità e in ultima istanza dell'esclusione, circolanti nel discorso sociale nazionale sulla immigrazione e sullo straniero.

Nel tentare una sintesi storico-critica del settore, già nel 2004 Franca Sinopoli si interrogava sui limiti della definizione e sullo spazio separato che essa ha arbitrariamente imposto alla produzione degli scrittori migranti all'interno del sistema letterario nazionale: "Come fare interagire la letteratura italiana della migrazione con il sistema della letteratura italiana contemporanea?" (*Prime linee di tendenza* 101), si chiedeva la comparatista romana. Interrogativo, questo, che rimane aperto ancora oggi e che conferma come la categoria stessa di letteratura della migrazione e le sue numerose varianti — letteratura migrante, scrittura della migrazione, letteratura italofona, scritture letterarie della migrazione, letteratura degli stranieri in Italia[1] — oltre ad avvicinarsi solo parzialmente al fenomeno che intendono circoscrivere, sembrano riproporre quei meccanismi di esclusione sociale e politica che erano nate per combattere: anziché valorizzare, separano; anziché includere, ghettizzano.[2] A prescindere infatti dalle loro specifiche peculiarità, scrittrici e scrittori italofoni, stranieri o diasporici o ancora italiani ma etnicamente misti, sono stati forzatamente ricondotti all'interno della tipologia migrante. La varietà dei loro percorsi di ricerca e la difformità delle loro soluzioni espressive sono state livellate in un'unica dimensione, quella dell'esperienza migratoria — vissuta o meno — con chiare ripercussioni sulla prassi ermeneutica, che è rimasta vincolata ai dati autobiografici e al presupposto di una funzione

---

[1] "Letteratura degli stranieri in Italia" è la formula usata da Sinopoli nel 2004 per distinguere la fase allora più recente della produzione di autrici e autori italofoni rispetto da una prima fase, maggiormente orientata verso forme autobiografiche e documentarie legate alla realtà della migrazione. Come già Armando Gnisci, il quale aveva operato una distinzione fra "migranti che scrivono" e "scrittori migranti" (*Creolizzare l'Europa* 172-173), Sinopoli ricorreva a criteri estetici per ordinare l'eterogenea produzione degli stranieri italofoni e proponeva di distinguere fra "scritture migranti" e "scritture letterarie della migrazione" (*Prime linee di tendenza* 103). Di scritture migranti si occupa uno dei più recenti contributi sullo stato dell'arte, curato da Fulvio Pezzarossa e Ilaria Rossini: *Leggere il testo e il mondo. Vent'anni di scritture della migrazione in Italia* (2012). Evidente già nel titolo del volume è il rilievo assegnato alla funzione socio-culturale della produzione migrante piuttosto che al suo valore estetico-letterario.

[2] A proposito della scarsa attenzione dedicata dai media e dalla critica letteraria alla scrittura migrante, nel 2012 sulla pagina culturale de *Il fatto quotidiano* si è aperto un dibattito al quale hanno partecipato Igiaba Scego, Mohamed Malih, Adrian Bravi, Milton Fernandez, Bijan Zarmandili. Quest'ultimo, nel suo intervento emblematicamente intitolato *Il ghetto degli scrittori migranti*, valutava il rischio insito nel discorso sulla letteratura della migrazione nei termini di un'istituzionalizzazione della sua perifericità nel quadro del sistema letterario italiano. Secondo lo scrittore italo-iraniano, anziché smantellare il "ghetto sommerso", la denuncia della marginalizzazione degli scrittori migranti potrebbe avere l'esito contrario di creare "un grande ghetto degli scrittori migranti che finisce per essere istituzionalizzato dall'intellighenzia ufficiale" (Zarmandili 2012).

testimoniale delle opere esaminate. Il limite della categoria risiede, a mio avviso, nella sua elasticità; elasticità che se in un primo momento garantiva un ampio grado di inclusività, oggi al contrario genera uno stato di incertezza definitoria, evidente nella variabile associazione dell'aggettivo migrante all'ambito tematico delle opere o a quello linguistico e biografico dei soggetti scriventi, con una netta prevalenza per quest'ultimo; ne sia prova il fatto che il più delle volte il requisito ritenuto necessario dalla critica per rientrare nella categoria in questione è essere di nazionalità straniera ed esprimersi nella lingua di Dante. Tuttavia, non sempre tali parametri sono rispettati e sovente i temi, la lingua o l'origine di chi scrive violano una precisa corrispondenza ai presupposti dell'etichetta. È questo il caso delle autrici che esaminerò di seguito, comunemente incluse nella onnicomprensiva categoria della letteratura migrante alla quale, tuttavia, in vario modo sfuggono, vuoi perché sono di nazionalità italiana (come Ubah Cristina Ali Farah, per la quale l'italiano è una lingua madre e non un territorio straniero da attraversare e possedere attraverso la scrittura), vuoi perché in varia misura infrangono il consolidato repertorio tematico del racconto migratorio, contaminandolo o più spesso sostituendolo (ed è questo in specie il caso di Ornela Vorpsi), con il discorso sull'alterità di genere e sulle forme di violenza che opprimono la donna, sia essa migrante o nativa, tanto nel contesto sociale di origine quanto in quello di accoglienza.

Per le ragioni fin qui esposte, alla fuorviante e imprecisa denominazione di letteratura della migrazione si preferisce in questa sede quella di letteratura postcoloniale, non ultimo in considerazione del fatto — certamente non secondario — che le autrici in questione condividono la condizione di *in-betweeness* che secondo Bhabha è propria del soggetto postcoloniale; abitano cioè quegli spazi di mezzo (*in-between space*) che sono il lascito più fecondo della colonizzazione. È proprio in questi spazi terzi, sospesi tra più lingue e culture, che l'ibridazione è possibile e feconda. Essa favorisce la nascita di nuove forme di soggettività e di nuove "strategies of selfhood — singular or communal — that initiate new signs of identity, and innovative sites of collaboration, and contestation, in the act of defining the idea of society itself" (Bhabha, *The Location of culture* 1-2). In quanto luoghi di negoziazione di identità private e collettive, gli *in-between space* assecondano il configurarsi di inedite strategie discorsive in grado di rivisitare e riformulare i concetti tradizionali di identità nazionale, ma anche etnica e di genere. Per Ornela Vorpsi,[3] ad esempio, la condizione di *in-betweener* fra la lingua e la cultura d'origine — l'albanese — e le lingue e le culture della migrazione e della scrittura — l'italiano e il francese — è il frutto di un percorso migratorio

---

[3] Nata a Tirana nel 1968 si è trasferita in Italia nel 1991 per frequentare l'Accademica di Brera a Milano. Dal 1997 risiede a Parigi.

liberamente scelto; per Ubah Cristina Ali Farah,[4] invece, di madre italiana e padre somalo, nata in Italia e cresciuta a Mogadiscio, è un codice genetico che fin dalla nascita ha contrassegnato la sua duplice appartenenza culturale e linguistica, amplificandola nella dimensione diasporica dell'esperienza privata e collettiva. Malgrado le necessarie differenze, in entrambi i casi, la presa della parola avviene da una *location* decentrata, che è rappresentativa della dimensione transculturale dell'età postcoloniale.

Che la letteratura migrante sia "la versione italiana dell'emergere delle letterature post-coloniali nelle lingue europee della grande colonizzazione" (Gnisci, *Creolizzare l'Europa* 83), era peraltro già stato rilevato dai pionieri di quest'area di ricerca, che vanta tra i primi critici anche studiosi provenienti dal mondo accademico nordamericano, più esposti culturalmente al campo dei *postcolonial studies*.[5] Tuttavia, fatta eccezione per qualche isolato tentativo di uso critico (Morosetti 2004, Comberiati 2010, Proglio 2011, Lombardi-Diop e Romeo 2012, Lori 2013, Sinopoli 2013, Bond e Comberiati 2013), nel corso degli anni l'espressione letteratura postcoloniale ha stentato ad affermarsi nel panorama della critica letteraria italiana al posto della formula più politicamente neutra di letteratura della migrazione o della denominazione, più recente, di letteratura transnazionale.[6] La riluttanza dei critici di casa scaturisce, forse, da ciò che Lidia Curti chiama "cultural amnesia" (*Female Literature of Migration in Italy* 62). Un deficit di memoria storica ha permesso all'Italia di allontanare dalla coscienza culturale l'avventura espansionistica nazionale, insieme alla delusione del suo fallimento politico e alla cultura razzista che la sosteneva. Tale triplice rimozione ha prodotto e produce effetti visibili sulla percezione odierna della migrazione, sulla cultura del diverso e sul difficile rapporto con l'"altro" nella società italiana. Anche nel campo letterario sembra dunque all'opera ciò

---

[4] Nata a Verona nel 1973, è vissuta a Mogadiscio fino al 1991, quando in seguito allo scoppio della guerra civile si è trasferita prima in Ungheria e poi in Italia. Oggi risiede a Bruxelles.

[5] Mi riferisco a Graziella Parati e a Sante Matteo che negli anni Novanta hanno contribuito all'avvio e al consolidamento di questo campo di studi con una decisa preferenza per il filone africano; la prima con l'antologia *Mediterranean Crossroads: Migration Literature in Italy* (1999), il secondo con *Africa Italia* (1999) successivamente pubblicato in versione ampliata in inglese con il titolo di *ItaliAfrica. Bridging Continents and Cultures* (2001).

[6] Il sito El Ghibli, da sempre il portale di riferimento per le principali risorse online in questo settore di studi, categorizza la produzione degli autori stranieri in Italia in base alle voci di "narrativa transnazionale" e "poesia trasnazionale". In un intervento del 2015, Franca Sinopoli parla di *Caratteri transnazionali e translinguismo nella letteratura italiana contemporanea*, normalizzando il fenomeno e ricomprendendolo all'interno della letteratura italiana *tout court*. Sulla stessa linea si colloca la proposta da me avanzata nell'introduzione al saggio *Il controcanto delle scrittrici migranti* (2014).

che sul piano storico-politico Ponzanesi ha definito "postcolonial unconscious"[7] (*Il postcoloniale italiano* 26), ovvero un atteggiamento culturale che minimizza o disconosce il passato coloniale nazionale e, di conseguenza, anche la sua eredità storica in termini di flussi migratori, trasferimenti diasporici e identità miste. È proprio questa eredità che l'ipotesi di un postcoloniale italiano riporta alla luce, istituendo rapporti storico-culturali fra la letteratura italiana e i "processi di decolonizzazione, di postcolonialismo e neocolonialismo che interessano l'Italia a partire dalla seconda metà del Novecento" (Sinopoli, *Postcoloniale italiano* 7). Insieme alla contestualizzazione storica dei fenomeni migratori contemporanei, la prospettiva coloniale asseconda un'altra significativa operazione critica: il ripensamento dell'identità italiana sotto il profilo etnico, linguistico e culturale. In tale direzione è orientato il volume *Postcolonial Italy. Challenging National Homogeneity* di Lombardi-Diop e Romeo che, nato in un contesto accademico nordamericano, adotta estensivamente la nozione di postcoloniale per comprendere "processes of racialization, gendering, and cultural transformations engendered within contemporary Italy by the legacy of colonialism, emigration, and global migrations" (*Postcolonial Italy* 2) e per ridefinire, in base a tali processi, la questione della storia e dell'identità nazionale al di fuori del paradigma dell'omogeneità culturale. È secondo quest'accezione estensiva che in questa sede si intende sostituire — e non affiancare — all'etichetta di letteratura della migrazione quella di letteratura postcoloniale italiana. Tale operazione non intende circoscrivere la produzione di autrici e autori provenienti dalle ex-colonie,[8] ma ambisce a portare in primo piano l'orizzonte tematico e storico di una letteratura che, anche qualora non sia elaborata da soggetti biograficamente legati alla storia coloniale, si configura comunque in una dimensione

---

[7] Una disamina su scala globale delle contraddizioni del mondo postcoloniale è stata proposta da Neil Lazarus in *The Postcolonial Unconscious* (2011), dove il concetto di inconscio postcoloniale funge da punto di partenza per una critica a tutto campo nei confronti del mancato avvento di un nuovo ordine mondiale e del rafforzarsi delle disuguaglianze socio-economiche e di genere nel mondo decolonizzato. Analogo per certi aspetti è l'approccio critico di Sandro Mezzadra in *La condizione postcoloniale. Storia e politica nel presente globale* (2008), laddove lo studioso mostra all'opera, nel progetto postcoloniale dell'Occidente, le stesse dinamiche liquidatorie e assolutorie già messe in atto dal discorso coloniale per svalutare qualsiasi forma di azione del soggetto colonizzato.

[8] Circoscritto alla produzione di autrici e autori provenienti dalle ex-colonie italiane — e in particolare dai territori africani occupati dall'Italia (Libia, Etiopia, Eritrea, Somalia) — è l'uso dell'espressione letteratura postcoloniale italiana da parte di Laura Lori, la quale accoglie la distinzione tra letteratura della migrazione e letteratura postcoloniale già avanzata da Gnisci e Ali Mumin Ahad (*Inchiostro d'Africa* 9-13). Anche Bond e Comberiati parlano di letteratura postcoloniale secondo un'accezione prevalentemente storico-geografica in riferimento alle opere di scrittrici e scrittori albanesi italofoni (*Il confine liquido* 15-16).

transnazionale, mettendo in comunicazione mondi geografici, linguistici e culturali diversi, e delineando quel terzo spazio di cui parla Bhabha — un "universo terzo" (Passerini 19) — nel quale il dialogo fra cultura di arrivo e di partenza genera nuovi paradigmi identitari.[9] Infine, se si riconosce alla dimensione critica postcoloniale una intrinseca forza *"oppositional"* (Said, *The World, the Text, and the Critic* 29), ovvero la tendenza a contrastare e demistificare le ideologie sottese alla creazione delle varie forme di subalternità nazionale e culturale generate dall'imperialismo europeo, nell'opera delle autrici in questione tale forza si somma a quella connaturata alla scrittura al femminile, che da parte sua contrasta e demistifica le ideologie patriarcali di controllo e dominio della donna. Scopo della mia indagine è dunque mostrare come le autrici oggetto di indagine tendano a contrastare l'ideologia dominante, dando vita nella loro *fiction* a un controdiscorso o controcanto,[10] che porta in primo piano gli spazi e le culture attraversate dal soggetto femminile e include nella questione dell'alterità — passaggio obbligato del percorso dell'esule e del migrante — anche quella di genere.

Seconda premessa. Di che tipo di violenza si parla quando si parla di violenza di genere
Tanto il mondo dell'informazione quanto il mondo accademico tendono a declinare in termini fisici e materiali il concetto di violenza, trascurando tutta una serie di pratiche e situazioni, in cui pur non verificandosi una diretta aggressione fisica viene tuttavia esercitata una violenza sull'individuo. Marie-France Hirigoyen si serve dell'espressione "molestie morali", per indicare la violenza 'invisibile' che viene esercitata su un individuo, spesso con la complicità e l'assenso del sistema socio-culturale di riferimento. Per la psicoterapeuta francese sono molestie morali tutti quei processi di destabilizzazione psichica ed emotiva tramite i quali si aggredisce la personalità dell'altro allo scopo di manipolarla, dominarla e finanche annientarla. Contrariamente alla percezione comune dell'atto violento, la molestia morale non ha nulla di clamoroso o di straordinario, non fa notizia, non suscita sdegno o

---

[9] È secondo questa prospettiva più inclusiva che Gabriele Proglio si avvale della nozione di letteratura postcoloniale italiana per rileggere i processi storici che hanno favorito le trasformazioni culturali in atto nella società occidentale, in quanto "oggetto dell'azione [della letteratura postcoloniale] è la ridiscussione e ridefinizione del processo simbolico, della significazione, tramite la proliferazione di narrazioni che [...] attraverso il terreno dell'immaginario collettivo sull'altro e sull'altrove, moltiplicano ed estendono le possibili letture, come anche le percezioni multiple sul passato e sul presente" (*Memorie oltre confine* 21).
[10] Già da me usato in relazione all'opera di Ornela Vorpsi (*Il controcanto delle scrittrici migranti* 2014), il concetto di controcanto è qui esteso anche alle opere di Ali Farah per indicare la tendenza di certa scrittura femminile a contrapporre nuove soluzioni e alternative al discorso sociale dominante sui ruoli di genere.

riprovazione, perché si inscrive all'interno delle dinamiche sociali quotidiane. Essa non si esprime nello scontro fisico né prevede spargimenti di sangue, ma si concretizza in "manovre ostili aperte o nascoste" (*Molestie morali* XI), finalizzate a minare la personalità di un individuo. Tra le più diffuse forme di molestie morali Hirigoyen annovera la provocazione, l'allusione, il non detto, lo stereotipo, la colpevolizzazione. L'invisibilità di tali procedure di aggressione — spesso irriconoscibili alla stessa vittima, minimizzate dalla società e difficilmente sanzionabili sotto il profilo penale — garantisce la mancata percezione della gravità del fenomeno e di conseguenza la solitudine della vittima e l'impunità dell'aggressore. Ci ricorda però Hirigoyen che la molestia morale, "sebbene nascosta", è pur sempre "una violenza indubbia, che mira a combattere l'identità dell'altro e a privarlo di ogni individualità" (XVI).

L'approccio di Hirigoyen rovescia l'ottica dalla quale si guarda comunemente alla violenza e accende i riflettori su tutte quelle forme di offesa psicologica che pervadono la vita sociale, e che sono tanto più pericolose quanto più passano inosservate sia nell'ambiente domestico sia nel mondo lavorativo. Ora, nell'affrontare il tema della violenza di genere ho scelto di rifarmi al concetto di molestia morale per due ragioni principali: in primo luogo perché la prospettiva obliqua offerta da Hirigoyen mi sembra particolarmente adatta a cogliere la situazione di oppressione psicologica affrontata dai personaggi femminili nelle opere oggetto d'indagine; in secondo luogo perché il concetto di molestia morale permette di riconsiderare la violenza di genere alla luce dei ripetuti meccanismi di aggressione messi in atto dal discorso sociale e dalla cultura di appartenenza nei confronti del soggetto femminile. In tal senso il concetto di molestia morale stabilisce un ponte teorico con il campo sociologico della "violenza simbolica", che nelle parole di Bourdieu è una forma di violenza esercitata attraverso "the purely symbolic channels of communication and cognition" (*Masculine Domination* 2) e percepita come naturale perché inscritta nelle pratiche quotidiane: "immanent in everyone's habitus" (33). In analogia con l'idea della violenza simbolica, la molestia morale richiama l'attenzione non sulla violenza fisica, bensì sulla riproduzione di meccanismi di dominazione e controllo nelle pratiche sociali, nei discorsi e nelle interazioni quotidiane. Del resto lo stretto legame tra il piano clinico e il piano sociale è evidente in molti luoghi in cui Hirigoyen riconduce la molestia al sistema sociale di riferimento, valutando l'efficacia della prima in relazione alla connivenza del secondo: "[...] questo tipo di aggressione consiste nell'invadere [...] il territorio psichico altrui. L'attuale contesto socioculturale consente alla perversione di svilupparsi perché la tollera. [...] Il potere non impone regole e si libera delle sue responsabilità" (*Molestie morali* XII-XIII). Impercettibile e insidiosa la molestia morale è dunque concepita come il sintomo diffuso di un sistema in cui disuguaglianze e gerarchie sono mantenute non tanto attraverso la forza fisica quanto attraverso forme di dominio simbolico. Se applicati alla questione della violenza di genere, tali strumenti teorici permettono di approfondire la percezione e la comprensione del fenomeno, giacché la violenza contro le donne non si esaurisce nel femminicidio o nell'aggressione sessuale, ma si esprime comunemente in abusi psicologici ed emotivi che, pur non lasciando tracce visibili sul corpo, sono in grado di esercitare gli stessi effetti distruttivi della violenza fisica. Quest'ultima è spesso l'atto finale di una lunga storia di molestie morali minimizzate e passate sotto silenzio, non un evento eccezionale estraneo al contesto ideologico e culturale in cui si manifesta. Scopo di questo saggio è appunto correlare la violenza fisica ai meccanismi di dominio e sfruttamento del soggetto femminile che sottendono le pratiche sociali comuni.

In tale ottica il concetto di "violenza sistemica" elaborato da Slavoj Žižek rappresenta un prezioso strumento teorico di riferimento per sviluppare l'indagine critica proposta. Žižek parla di violenza sistemica per indicare il campo di origine e d'azione della violenza fisica — che egli definisce "soggettiva" — che può essere letta e spiegata solo alla luce del contesto (sistema) che la genera:

> At the forefront of our minds, the obvious signals of violence are acts of crime and terror, civil unrest, international conflict. But we should learn to step back, to disentangle ourselves from the fascinating lure of this directly visible 'subjective' violence, violence performed by a clearly identifiable agent. We need to perceive the contours of the background which generates such outbursts. [...] Subjective violence is just the most visible portion of a triumvirate that also includes two objective kinds of violence. First there is a 'symbolic' violence embodied in language and its forms [...]. Second, there is what I call 'systemic' violence, or the often catastrophic consequences of the smooth functioning of our economic and political systems.
>
> (*Violence* 1)

Il concetto di violenza sistemica, così enunciato, offre una prospettiva filosofica più ampia per mettere a fuoco il rapporto tra violenza fisica e aggressione morale. Žižek denuncia l'apparente neutralità del tessuto socio-economico e delle forme di pensiero ad esso sottese, sviluppando il discorso sulla violenza sistemica secondo una linea di pensiero che coniuga l'approccio marxista con quello psicoanalitico di ascendenza lacaniana. Gli aspetti della sua complessa riflessione che mi sembrano pertinenti al concetto di molestia morale riguardano da un lato il legame fra contesto sociale e violenza individuale, dall'altro la critica ai miti dell'ideologia liberale. Nel primo caso — come già sottolineato in merito alla violenza simbolica — la violenza sistemica viene individuata quale contesto di crescita e sviluppo per le forme apparentemente innocue di aggressione perpetrate nei confronti dei soggetti minoritari; in altre parole, la violenza sistemica è intesa come il terreno di coltura anonimo della violenza soggettiva. "Systemic violence" — scrive Žižek — "is [...] something like the notorious 'dark matter' of physics, the counterpart to an all-too-visible subjective violence" (2). Essa va necessariamente presa in considerazione per comprendere "what otherwise seem to be 'irrational' explosions of subjective violence" (2).

Il secondo aspetto, ovvero la critica che il filosofo sloveno rivolge all'umanesimo liberale, richiama da vicino la tendenza "oppositional" degli studi postcoloniali, in quanto rivisita i miti del liberalismo occidentale, quali la tolleranza e i diritti umani, evidenziandone i limiti e le contraddizioni. Secondo Žižek, il concetto di tolleranza può diventare strumento di violenza nel momento in cui viene usato per giustificare uno stato di inerzia nei confronti dell'oppressione — "blindness to oppression on behalf of 'respect' for the Other's culture" (126) — ed è pertanto funzionale a legittimare la violenza sistemica piuttosto che a combatterla. "Why are so many problems today perceived as problems of intolerance, rather than as problems of inequality, exploitation or injustice?" (119), si chiede Žižek, alludendo all'uso strumentale della tolleranza per differire l'azione di cambiamento e perpetuare le ingiustizie del sistema. "Emancipation, political struggle, even armed struggle" (119) sono per il filosofo le forme di resistenza alla violenza sistemica, di contro alla tolleranza in quanto categoria ideologica asservita al sistema. La stessa demistificazione viene proposta nei confronti della tendenziosa universalità del concetto dei diritti umani, "a position that presents itself as neutral-universal" (126), ma che effettivamente privilegia una certa cultura che è eterosessuale, maschile e bianca, per la quale "universal human rights are effectively the rights of white male property owners to exchange freely on the market and to exploit workers and women, as well as expert political domination" (126).

Combinando insieme la teoria psicoanalitica di Hirigoyen e la riflessione filosofica di Žižek, nell'indagine che segue esaminerò le molestie morali cui sono esposte le figure femminili tratteggiate da Vorpsi e Ali Farah, allo scopo di evidenziare il processo di interiorizzazione della violenza sistemica, tramite il quale si cristallizza intorno al soggetto una sorta di prigione morale — fatta di divieti, limiti, riduzioni e stereotipi — in cui la donna è costretta 'normalmente' a vivere e a costruire la propria individualità. Per esplorare le diverse reazioni dei personaggi femminili alla violenza sistemica prenderò in considerazione due romanzi: *Il paese dove non si muore mai* di Ornela Vorpsi (2005) e *Madre piccola* di Ubah Cristina Ali Farah (2007).

Il paese dove non si muore mai[11]
Il paese ironicamente celebrato nel titolo del romanzo d'esordio di Ornela Vorpsi è l'Albania totalitaria degli anni Settanta e Ottanta, in cui l'autrice è nata

---

[11] Scritto in italiano e pubblicato da Einaudi nel 2005, il romanzo era uscito nel 2004 in traduzione francese per i tipi di Actes Sud. Nel 2006 ha vinto il Grinzane Cavour Opera Prima, il Viareggio Repaci per "Le nuove culture europee". Sulla singolare vicenda editoriale dell'opera e sulla sua "traslazione linguistica" si veda Daniele Comberiati (*Scrivere nella lingua dell'altro* 225-227). A proposito delle varianti tra le due versioni del romanzo (tre se si include la prima stesura in italiano) si rimanda all'intervista di Maria Cristina Mauceri (2006).

e cresciuta. Del regime socialista di Enver Hoxha e dei suoi effetti sulla società albanese la scrittrice traccia un ritratto amaramente sarcastico, per il tramite di figure femminili il cui destino di morte nega l'adagio del titolo. La violenza sociale con cui si confrontano le donne albanesi si definisce presto sotto la forma apparentemente innocua dello stereotipo di genere. Accanto all'insofferenza, all'incoscienza e alla megalomania — caratteri distintivi del popolo albanese snocciolati dalla narratrice in apertura di romanzo — figura infatti l'ossessione per la "questione della puttaneria" (*Il paese dove non si muore mai* 7), ovvero l'ossessione per la sessualità femminile, con tutto il complesso e ambivalente meccanismo di attrazione e timore che ogni ossessione porta con sé, e che si traduce in un serrato meccanismo socio-culturale di controllo e punizione della donna. Il potente neologismo vorpsiano coglie una fra le più comuni e radicate forme di molestia morale: ovvero la riduzione della donna alle sue caratteristiche fisiche e alle sue funzioni sessuali. Semplicemente perché appartiene al genere femminile, indipendentemente dalla sua volontà e dal suo comportamento, la donna albanese deve fare i conti con il pregiudizio maschile della "puttaneria", che ne fissa lo sviluppo identitario sul binario di una riduttiva sessualizzazione.[12] Le diverse figure femminili che si alternano nel romanzo sono tutte in varia misura vittime di tale pregiudizio di genere. Si tratta di donne (reali o immaginarie poco importa) tacitate dalla violenza sistemica, alle quali la scrittrice presta una voce e un palcoscenico per raccontare vicende di molestie morali ed emarginazione sociale.

Fra le figure che Vorpsi sottrae al silenzio e all'oblio spicca la madre di Kristina, a cui si è "gonfiata" la pancia mentre il marito è in prigione: "Togliere aveva voluto. Sangue, e poi sangue e ancora sangue le era colato tra le cosce finché si era svuotata tutta" (26). Sola e denigrata dalla comunità, la madre di Kristina muore a ventisei anni, ripudiata perfino dai familiari, i quali pur professandosi ferventi cattolici la sacrificano sull'altare della violenza sistemica, per allontanare da sé la colpa della "puttaneria". La vicenda della madre di Kristina, analogamente alle vicissitudini delle altre figure femminili vorpsiane, si inscrive all'interno di un duplice quadro di violenza sistemica: la violenza politica esercitata dal regime totalitario da un lato e il "terrorismo" esercitato

---

[12] Tra le autrici albanesi che tematizzano la questione di genere si segnala Anilda Ibrahimi. Nel romanzo d'esordio *Rosso come una sposa* (2009), la scrittrice, che risiede in Italia dal 1997, ripercorre la storia dell'Albania del Novecento mettendo a confronto i dispositivi sociali del matriarcato e del patriarcato e soffermandosi — con minore insistenza e slancio critico rispetto a Vorpsi — sui meccanismi di oppressione della donna albanese, innescati dalla questione socio-culturale della *kurveria* (dall'albanese *kurva*, termine con cui si indica una donna di facili costumi). Per una analisi delle figure femminili nei romanzi di Ibrahimi si rinvia a Franca Pellegrini (*Traslazioni narrative* 2013) e a Carla Carotenuto (*Figure di donna* 2014). Una lettura comparata dei romanzi d'esordio di Vorpsi e Ibrahimi, in relazione alla rappresentazione culturale del femminile, è stata proposta Karol Karp (*Pensare e vivere all'albanese* 2015).

dalla cultura patriarcale dall'altro (Johnson, *Patriarchal Terrorism*). Sottesa al sistema delle relazioni quotidiane, tale duplice forma di violenza non viene percepita nella sua drammatica arbitrarietà bensì come giusta e naturale, e ricava dalla soppressione della vittima la sua legittimazione. La morte 'naturale' della madre di Kristina — esito tragico del tentativo di abortire un figlio illegittimo — è percepita come l'evento punitivo che ristabilisce il 'giusto' ordine sociale, ordine che la donna ha sfidato seguendo i propri istinti; allo stesso modo è altrettanto 'giusta' e accettata dalla comunità l'incarcerazione del marito, un "calzolaio di Stato" (25), che ha osato sfidare il potere del regime comunista, rubando del cuoio per farsi delle scarpe tutte per sé. La sproporzione tra la colpa e la punizione dei due coniugi è evidente. In entrambi i casi è all'opera la violenza di un sistema politico e sociale che si accanisce contro l'umanità degli individui, la quale si esprime tanto nel diritto di amare quanto nel diritto di emanciparsi.

Un'ulteriore osservazione conferma la risonanza di questo episodio all'interno di un discorso sui sottili meccanismi della violenza morale. "Corona di Cristo" è il titolo emblematico del capitolo nel quale viene evocata la madre di Kristina: l'espressione — ci informa la narratrice — è usata per indicare un fiore che in francese è chiamato "fleur de la passion" (23); insieme alla intrinseca simbologia erotico-sessuale del fiore, la notazione terminologica proietta sulla figura femminile in oggetto una rete di suggestioni semantiche che ne fanno l'epitome della polarità esistenziale delle donne vorpsiane, collocate all'interno di un contesto simbolico che le definisce come soggetti che amano e soffrono.[13] Soggetti, in altre parole, profondamente umani e comuni, come comune è il fiore della passione: un fiore che non è esclusivo dell'Albania ma cresce in molti paesi occidentali, avrebbe tristemente scoperto tempo dopo la narratrice, alludendo simbolicamente al destino di isolamento e oppressione della donna anche al di fuori dello stato totalitario.

Il contrasto con una torbida figura maschile che appare nello stesso capitolo contribuisce, infine, a rendere più incisiva e amara la sorte della madre di Kristina. Si tratta di Babako, un bisnonno che impunemente e ripetutamente molesta sessualmente la compagna di giochi di sua nipote, mentre la comunità è impegnata ad allontanare da sé l'onta della "puttaneria". La denuncia della cecità della violenza sistemica è chiara: lo svilimento e la condanna sociale della pulsione erotica femminile è funzionale non tanto e non solo al rispetto di un presunto codice d'onore maschile, quanto a legittimare la normalità della pulsione erotica maschile anche quando questa si traduce in vizio, sfruttamento e

---

[13] Incentrati su soggetti femminili dalla sofferente vitalità sono anche, della stessa autrice, i romanzi *La mano che non mordi* (2007) e *Fuorimondo* (2012). Una lettura in prospettiva psicoanalitica di *La mano che non mordi* è stata proposta da Emma Bond ("*Verde di migrazione*" 2010). Per una panoramica sulla centralità delle figure femminili nell'opera vorpsiana si veda Vaclav Marek (*Tra l'Occidente e i Balcani* 2014).

violenza. Colpa delle donne vorpsiane è minare, con la loro individualità e le loro scelte, la tenuta di un sistema sociale misogino che riproponendo gli stessi meccanismi del colonialismo scarica sul corpo della donna il peso della colpa e della vergogna di un intero popolo.[14]

A restituirci l'immagine della madre di Kristina è una narratrice plurima, dai molti nomi e dalle varie età: ora bambina, ora adolescente, ora giovane donna. La scoperta del mondo che accompagna le varie fasi della sua vita, dall'infanzia alla maturità, coincide con la scoperta delle prigioni morali che ingabbiano lo sviluppo della donna all'interno di un sottile sistema di offese alla femminilità. Aborto, prostituzione, molestie sessuali, sospetto, isolamento, pregiudizio, delazione, suicidio: sono questi i nodi della rete in cui sono intrappolate le donne vorpsiane nell'indifferenza del sistema e spesso anche nell'inconsapevole adesione ad esso. È questo il caso di Blerta e Dorina, due giovani donne che, come la madre di Kristina, si trovano imprigionate all'interno di un *pattern of violence* la cui natura sistemica preclude loro qualsiasi via d'uscita all'infuori della sottomissione al maschio o, quando ciò non è possibile, del suicidio: "Dorina era molto intelligente e bella, ma un problema di salute alle gambe di tanto in tanto le causava dei cedimenti. Con Dorina non ci si può sposare, una moglie così... macché! Però un po' di sesso si può fare per poi gettarla via, come lei ha gettato se stessa alle acque" (60). La stessa sorte tocca a Blerta che appena sedicenne si getta nelle gelide acque del lago perché incinta, "per scomparire in due" (59), sottolinea la narratrice, rilevando però al contempo come questa sorte non sia contemplata dall'uomo: "[...] che io sappia, nel lago non vanno a morire gli uomini, o almeno gli uomini albanesi non soffrono il mal d'amore al punto di spingersi fin lì, e poi loro non rimangono incinti, non hanno bisogno di simili gesti disperati" (59). L'asimmetria sociale fra l'uomo e la donna è qui suggerita dalla incisiva manipolazione terminologica vorpsiana,[15] mentre altrove viene evocata liricamente, ma sempre allo scopo di affermare quella differenza biologica che dona alla donna ciò che nega all'uomo, vale a dire la facoltà di procreare: "Oh gli uomini maledizione. Le donne, l'amore, il sangue e il sesso nero. La morta aveva toccato questo. Il mistero del nascosto, fatto di rami scuri e di sangue che scorre" (26). Nell'intensità di questo passo trova espressione un ulteriore aspetto dell'immaginario vorpsiano, ovvero la sovrapposizione "di vita biologica e di vita sociale, embricate l'una nell'altra, non separate come in molte narrazioni

---

[14] Mi riferisco a una delle principali spinte al colonialismo, vale a dire la volontà dei governi europei di dirottare all'esterno le tensioni sociali interne. Trasposta sul piano della violenza di genere, tale dinamica scarica sulla donna le tensioni interne alla società, lasciandole irrisolte.
[15] La maschilizzazione grammaticale del lemma "incinta" è un'interessante operazione linguistica di resistenza all'oppressione del discorso maschile, che si muove in direzione opposta alle tradizionali rivendicazioni dell'assenza del femminile nel linguaggio (si vedano a proposito i fondamentali saggi di Luce Irigaray, *Parlare non è mai neutro* 1991 e *Io tu noi. Per una cultura della differenza* 1992).

contemporanee" (Benedetti 2006). L'intreccio del mondo materiale (biologico) e del mondo simbolico (sociale), ricorrente in molti altri luoghi del romanzo, sembra indicare una comunione impossibile del corpo individuale (femminile) con il corpo sociale.[16]

Blerta, Dorina, la madre di Kristina, ma anche Ormira, Elona, Ina, Eva e le altre donne del romanzo — "Molteplici eroine che ne formano una sola" (Rizzante 2008) — sono espressione non solo delle epoche interiori dell'autrice, ma anche delle gabbie morali all'interno delle quali la donna è destinata a muoversi nelle varie fasi della vita.[17] Esemplari a proposito sono altre due figure femminili evocate dalla narratrice: Bukuria e Ganimete, rispettivamente madre e figlia, prostitute per necessità, internate, rieducate e infine uccise dal regime. La loro vicenda di emarginazione e sfruttamento, oltre a testimoniare la violenza politica dell'Albania guidata da Hoxha, è un potente atto d'accusa nei confronti dell'ipocrisia della società patriarcale, nutrita di vizi privati e pubbliche virtù. Una società dove gli uomini divorano "con gli occhi le belle ragazze" ma chiudono "gli occhi a tutti i vizi" quando passano per strada con la moglie (48), e le donne — benché attratte dal mistero di "queste due solitarie figlie di Eva, che accoglievano solamente visite maschili, e di nascosto" (44) — non hanno il coraggio di bussare alla porta di Bukuria e Ganimete né di offrir loro gesti di solidarietà, salvo poi però saccheggiarne la casa quando la mano lunga del regime interviene a punire madre e figlia con la deportazione e l'internamento. Passiva per timore di divenire a sua volta bersaglio della violenza di regime, la comunità dei vicini si dimostra sadicamente attiva di fronte allo spettacolo dell'umiliazione. "Non tenevano una buona condotta, le hanno punite per immoralità" (47), si sente rispondere la narratrice dopo aver chiesto chiarimenti sulla fine di Bukuria e Ganimete. E ancora una volta l'autrice trasferisce allusivamente la colpa dalle vittime alla società, mettendo in primo piano la sottile violenza in atto nelle 'immorali' pratiche quotidiane della comunità dei vicini.

A dispetto della loro tragica sorte, le due prostitute sono figure testuali dotate di una forza contrastiva — con Said potremmo dire "oppositional" — nei confronti della violenza sistemica. Tale forza trasforma la silenziosa denuncia dell'oppressione in principio di riscatto e in possibilità di azione. Il mistero che emanano le due donne è infatti intimamente collegato al mistero della letteratura che, allo stesso modo della sensualità, disturba il regime perché sfugge al controllo e al dominio del partito. Bukuria e Ganimete non tengono una buona

---

[16] Per una lettura del valore simbolico del corpo femminile ne *Il paese dove non si muore mai* si rimanda ad Anita Pinzi (*Corpi-cerniera: corpi di donna* 2013) e Giorgia Alù (*Resistance Written and Imagined* 2014). Significativa è la centralità del corpo femminile anche nelle fotografie di Vorpsi; si veda a proposito il racconto fototestuale *Vetri rosa* (2006).
[17] La molteplicità identitaria della narratrice è stata interpretata da Alù come risposta alla dislocazione dell'io migrante e come forma di resistenza allo sguardo totalitario del regime (*Resistance Written and Imagined* 10-11).

condotta non solo perché ricevono uomini di nascosto, ma anche perché sono avide lettrici:

> D'estate tirava fuori una sorta di sedia a sdraio che scricchiolava sotto i movimenti del suo corpo ben arrotondato, e consumava romanzi; *Carmen, Bel-Ami, Une vie, Guerra e pace* mentre il sole stuprava ogni poro della sua pelle scaldandola tutta fino al calar della sera. [...] Spiare Ganimete per me era intravedere da una fessura i misteri che avvolgono la donna. Lei osservava il cerchio che io disegnavo intorno alla sua persona, ma non c'era disagio; tra noi aveva messo radici leggere un patto silenzioso, una solidarietà senza nome... Ganimete per me era Carmen.
>
> (Vorpsi 45)

Nell'Albania dell'uguaglianza forzata, la sensualità è un reato perché contraddice la morale di Madre-Partito, non può essere rieducata, né controllata o addomesticata. Alla stregua della letteratura, la sensualità oppone resistenza alla violenza del sistema, è in altre parole rivoluzionaria. In un passo significativo del romanzo, la narratrice, ripensando al celebre quadro di Delacroix "La libertà che guida il popolo", osserva che forse dovrebbe chiamarsi *"La sensualità che guida il popolo"*, perché "forse la rivoluzione ha a che fare con la sensualità, o forse può riuscire grazie alla sensualità?" (67-68). Se così non fosse, ovvero, se la sensualità non fosse rivoluzionaria, perché la propaganda di regime avrebbe dovuto coprirle i seni nei libri di testo della narratrice bambina? Con i seni coperti la libertà è censurata, la sensualità respinta e cancellata. "La morale totalitaria è la vittoria della laidezza sulla bellezza", scrive Rizzante (2008). Eppure, ad essere presa di mira in questa riflessione estetico-politica non è solo la censura di regime, ma anche la presunta libertà dell'Occidente e il fatto che sia l'una che l'altra abbiano bisogno di esprimersi attraverso il corpo femminile. La scoperta, anni più tardi, che nei libri dell'Italia capitalista la libertà guida il popolo per mezzo di "seni abbaglianti", suscita nella narratrice ormai adulta una serie di domande che inducono il lettore a rimettere in discussione il valore della libertà femminile in Occidente:

> La libertà possedeva dei seni così abbaglianti (non tutte le donne li hanno, a volte basta allattare un figlio per far perdere la poesia ai seni, mi diceva la mamma), la libertà aveva il potere di sedurre e incantare, e non sembrava aver allattato. Perché non era capitato a un uomo di perdere la maglia così? Perché proprio lei era al centro del dipinto? [...] Cosa facevano quei seni nudi in mezzo alla rivoluzione? Serviva la sensualità alla rivoluzione? E se sì, come? Alla fine: chi vinse la battaglia quel giorno?
>
> (Vorpsi 68)

L'aneddoto vorpsiano tocca una questione scomoda e spesso rimossa: mentre denuncia la violenza dell'Albania comunista che teme e censura la libertà, svela la violenza implicita nelle democrazie capitaliste che invece la denudano. In ogni caso, sia nei paesi totalitari sia nei paesi liberali la battaglia si svolge sul corpo simbolico e reale della donna. Del resto, se la donna in Albania è vittima di un sistema sociale misogino, l'epilogo del libro ci mostra come l'Occidente, tanto sognato e idealizzato dalla narratrice, non sia immune da questa stessa sindrome. Giunta nella "terra promessa" (107) che dà il titolo al capitolo finale, la narratrice che ora, non a caso, risponde al nome di Eva, vede il suo entusiasmo smorzarsi di fronte ad una serie di difetti di bellezza. Ed è ancora una volta con un aneddoto che Vorpsi formula il suo sottile *j'accuse* nei confronti della violenza sistemica. Quando, subito dopo essere sbarcata nel Belpaese, Eva acquista i biglietti dell'autobus dal tabaccaio, rimane abbacinata dallo spettacolo del superfluo e si illude di essere approdata in "un altro mondo" (109):

Eva scoprì che voleva rimanere là, di sicuro ci volevano delle ore per curiosare in tutta quella lussuria che sconcertava i suoi occhi: carte colorate, lettere d'oro, forme capricciose di cioccolatini, chewing-gum, biscotti mandorlati, caramelle di menta fresca, menta forte, menta dolce, menta-liquirizia, biglietti della lotteria con dei disegni di sirene, e per finire, un uomo [...] che sembrava essersi materializzato da una carta da gioco. Il fante di cuori [...].

(Vorpsi 109-10)

Nel frattempo sua madre, che l'attende all'aperto tenendo strette le "valigie di pelle finta" (109), viene avvicinata da un giovanotto il quale le chiede: "A quanto scopi?" (110). La donna, che non sa l'italiano, risponde con un sorriso, pensando che il giovane voglia portarle i bagagli. La migrazione coincide dunque con la scoperta che, anche nella democratica Italia, la "puttaneria" è uno stigma che la donna si porta dietro come un marchio invisibile da una sponda all'altra dell'Adriatico. Nel contrasto tra le aspettative e il reale si chiude ironicamente il romanzo: l'"altro mondo" che Eva e sua madre scoprono nel Belpaese è solo quello luccicante e affollato di oggetti inutili della tabaccheria; il mondo reale è sempre lo stesso, fatto di steccati, confini, offese e mortificazioni, è il mondo dove si compiono quotidianamente e impunemente attentati morali contro la donna.

Madre piccola[18]

Anche *Madre piccola* — come *Il paese dove non si muore mai* — è una narrazione-mosaico in cui la questione dell'identità viene affrontata per il tramite di una dimensione plurale e collettiva. Più voci si alternano infatti sul

---

[18] Con *Madre piccola*, uscito per i tipi di Frassinelli nel 2007, Ali Farah ha vinto il premio Vittorini nel 2008. Un racconto dallo stesso titolo, contenente *in nuce* temi e atmosfere poi estesamente sviluppate da Ali Farah nel romanzo in questione, è stato antologizzato da Ali Mumin Ahad nel capitolo "Corno d'Africa. L'ex impero italiano" nel *Nuovo planetario italiano* curato da Gnisci nel 2006 (241-293).

palcoscenico del racconto, assecondando i modi e le forme dell'oralità,[19] e intrecciando i fili di più storie per raccontare la diaspora somala: "Storia circolare di povera gente mossa dal desiderio" (*Madre piccola* 15). Una delle più estese al mondo, la diaspora somala è la conseguenza della guerra civile che ha insanguinato il paese negli anni Novanta e ha disperso i suoi abitanti in varie direzioni del mondo: dall'Italia agli Stati Uniti, dalla Scandinavia al Canada. Della dimensione geografica della diaspora il romanzo rende conto attraverso le vicende private dei quattro narratori: tre donne — Axad, Barni, Domenica — e un uomo — Taageere. Alla stregua di moderni aedi, i quattro narratori cantano i percorsi dei somali in fuga, ne seguono l'andirivieni da un paese all'altro, ne segnalano gli incroci inaspettati, interrogandosi costantemente sul trauma del distacco violento, sull'erranza senza meta e sul senso di inappartenenza che li accompagna. Il disegno centrale che scaturisce dalla polifonia del racconto[20] ci restituisce la storia della protagonista femminile dal doppio nome: Axad-Domenica, emblematicamente dimidiata dall'esperienza diasporica in due identità culturali e linguistiche, l'una somala, l'altra italiana. Identità che variamente si intersecano nel corso del romanzo fino a ricomporsi nel finale, con l'accettazione di essere "iska-dhal", cioè una "mezzamista" (121) o una "nata-insieme, nata-mescolata" (95). Sono evidenti le tracce autobiografiche del personaggio e altrettanto evidente è la segnalazione testuale della sua scissione interiore, in 'un prima' e 'un dopo' narrativo, che potranno ricomporsi solo quando la protagonista avrà percorso le vie della diaspora e si sarà confrontata con le molteplici voci ed esperienze dei compagni di viaggio e di racconto.

Sul piano storico la scissione identitaria dei personaggi è marcata dalla separazione temporale del loro vissuto in 'un prima' e 'un dopo' disgiunti da una cesura innominabile: la guerra civile, il lutto, la perdita, la violenza. Si tratta di eventi rimossi dal racconto, ma presenti nel filo di sofferenza che cuce insieme le varie storie della diaspora e nelle riflessioni sull'imperscrutabilità del destino che mescola capricciosamente le vite narrate, separandole e intrecciandole come "strade che si rincorrono" (93). È così che imprevedibilmente si incrociano i percorsi dei vari personaggi e i destini delle voci che ne narrano le vicende: Axad si imbatte in Taageere, futuro marito e

---

[19] L'accostamento di oralità e scrittura accomuna la ricerca espressiva anche di altre autrici e autori di origine africana, quali Igiaba Scego, Ribka Shibatu, Gabriella Ghermandi, Kossi Komla-Ebri, Cheikh Tidiane Gaye, solo per nominarne alcuni. Chiaramente legato alla volontà di recupero della cultura africana, dove l'oralità è — e, ancor di più, era — la più diffusa forma di trasmissione del sapere, il tentativo di conferire un ritmo orale al racconto si pone al servizio della struttura polifonica dei testi postcoloniali, in cui l'esperienza privata acquisisce senso e valore all'interno di una dimensione simbolica collettiva.

[20] Analoga struttura presentano i romanzi di Igiaba Scego *Rhoda* (2004) e *Oltre Babilonia* (2008), dove la diaspora somala prende forma attraverso una narrazione multifocale al femminile.

padre di suo figlio, e ritrova Barni, la cugina di cui ha preso le tracce allo scoppio della guerra civile. Il momento dell'incontro imprevisto è spesso attraversato, nel romanzo, da uno slancio utopico di riconciliazione collettiva, che rimane tuttavia trattenuto dal mancato affrancamento dalla violenza della guerra civile. La risonanza di quest'ultima si palesa nel carico di sofferenza che i personaggi femminili si portano dentro. Nelle parole di Axad, lo stupore dell'incontro con la cugina Barni si trasforma infatti nel racconto del dolore che contrassegna i confusi percorsi della vita diasporica:

Il principio: follia di smarrimento. Storia mia che avevo rimosso, di tante separazioni. Ti ho lasciata, sorella mia, sono partita e ho cancellato tutto d'un colpo. Nove anni, avevamo nove e dieci anni quando ci siamo viste l'ultima volta. Ricordi? Sapevamo forse che ci saremmo ritrovate oggi, dopo più di vent'anni? Ma gli affetti profondi sono di fibra sotterranea. Persistente. Vent'anni ti dicevo spezzati a metà. La prima metà: una vita qui, dimenticanze. Ho cancellato il somalo, rapidamente. Rimuovere, la nostra mente fa questo, chiude dentro gli armadi. [...] Cancellare un territorio della memoria e costruirne uno nuovo. [...] La seconda metà dei vent'anni trascorsi? Vita di diaspora, peregrinazioni senza destino. [...] La notte con gli occhi spalancati. Le ore passavano con quel rodimento, come un piccolo scalpello che scava, minuziosamente, la carne. [...] Cercavo, dentro di me, le radici delle esistenze.

(Ali Farah 97-98)

Per meglio comprendere la peculiarità della diaspora somala è opportuno collocarla nel contesto della profonda dissoluzione sociale e territoriale dell'ex-colonia italo-inglese. La guerra civile scatenatasi nel 1991 ha fatto precipitare il paese in una situazione di instabilità cronica, accendendo odi e tensioni interetniche non ancora sopite e aprendo nuovamente il territorio somalo — nell'epoca postcoloniale — al saccheggio delle potenze occidentali. Privati di una terra alla quale poter fare ritorno, i migranti somali — osserva Proglio — sono proiettati "fuori dalle orbite sociali del paese di partenza" e "del paese d'arrivo" (122), conservando come "unici appigli e ancoraggi validi" le "reti parentali e relazionali" (123). La possibilità di riallacciare i legami comunitari al di fuori della terra natale è dunque di vitale importanza per i personaggi di *Madre piccola*, in quanto assicura loro una continuità identitaria in un contesto di nomadismo geografico e di precarietà sociale e affettiva. La ricorsività dei personaggi che sono di volta in volta "sia voce narrante che soggetto narrato", contribuisce "a far risaltare la rete di parenti, amici, conoscenti che si viene a creare nel mondo a seguito della diaspora, come se nella dispersione ci fosse un'energia uguale e contraria che tende a ricollegare gli uni agli altri" (Lori 60). Tale energia si manifesta anche nella ricorsività e circolarità del racconto, attraverso il quale viene ricostruita una visione plurima e dislocata della terra d'origine.[21]

Ciò nonostante, l'incrociarsi delle strade diasporiche non sempre è occasione di recupero gioioso di una identità territoriale. Ne è un esempio l'incontro di Barni e Ardo, dal quale affiorano le tensioni di una guerra civile che si estende oltre i confini nazionali. Barni è una delle "madri piccole" del romanzo, la quale dopo la fuga da Mogadiscio è approdata a Roma, dove lavora come ostetrica. Saranno i tracciati metropolitani a farla imbattere in Ardo, una giovane somala il cui atteggiamento e i cui orecchini in filigrana d'oro con incastonato un occhio di tigre hanno il potere di riaccendere le tensioni del conflitto civile somalo, risvegliando in Barni risentimento e ricordi traumatici. A tormentarla è in particolare il ricordo vivido di un'aggressione, in cui quegli stessi orecchini le vennero sottratti da dei banditi durante la guerra civile. Il tentativo di far luce non tanto sull'accaduto quanto sulle ostilità etniche aprirà per Barni un nuovo percorso diasporico, non più geografico ma simbolico, che le permetterà di prendere le distanze dalla violenza sistemica che è esplosa nel conflitto somalo e ha impresso tracce profonde nella vita dei soggetti coinvolti. Per non cedere alla tentazione di riproporre gli stessi meccanismi violenti di cui è stata vittima, Barni sceglie allora di combattere il risentimento che prova e di aprirsi alla riflessione che la induce a interrogarsi su "perché gli uomini, sempre e ovunque, hanno bisogno di decidere che è nemico e chi no" (169). A sciogliere definitivamente le tensioni interetniche sarà tuttavia un altro evento fortuito: la maternità di Ardo. L'assistenza che Barni fornisce ad Ardo al momento del parto è il segno della possibilità di una riconciliazione, nella comune scelta di opporsi con la vita alla distruzione della guerra civile: "Io ho preso tra le mie mani la bambina di Ardo. Ho lavato il suo sangue, l'ho attaccata al seno. Quella creatura è nata lavata, pulita dal rancore" (182). La possibilità di una conciliazione le verrà invece negata dal marito, che l'abbandona perché incapace di accettare una donna che lo mantiene e appartiene al gruppo dei "nemici": "[...] noi e voi, assassini e vittime, vittime e assassini, chi è chi se basta solo spostare il punto di vista?" (166), si chiede Barni, denunciando l'assurda arbitrarietà di una violenza che ha scatenato un conflitto fratricida e continua a smuovere rancori e risentimenti al di là dei confini africani.

Insieme alla risonanza della guerra civile, le vite diasporiche dei personaggi devono fare i conti con la violenza "simbolica" delle città di approdo — "mappe vuote senza sentimento" (79) — dove sono soprattutto le donne migranti ad affrontare l'emarginazione etnica e sociale. Shamsa, ad esempio, "chiarore di mare profondo, bellezza da sirena" (80), ha attraversato i paesi freddi del Nord Europa insieme ai suoi sei figli "attaccati alla gonna", a un marito "dal cuore geloso di serpe" e alla tristezza che giorno dopo giorno la invade e la fa

---

[21] La molteplicità delle voci della diaspora fa della Somalia una "nazione di narrazioni", come osserva Alessandra di Maio a proposito delle opere dell'autore somalo Nuruddin Farah (*Introduzione. Una nazione di narrazioni* 7).

"scivolare sulla sostanza" (79). L'estraneità dei paesi di transito e di arrivo è sempre evidenziata dall'assenza di colore e dall'anonimato socio-spaziale, in contrapposizione alla familiarità e alla vitalità del paesaggio somalo prima della distruzione. A differenza di Vorpsi, Ali Farah non si avvale di incisivi neologismi per affrontare l'asimmetria tra le donne e gli uomini della diaspora, ma usa un linguaggio che procede per nessi associativi inespressi ed è sostenuto da una tensione dialogica che si scioglie in frequenti interrogativi. Il tono ondivago, da confessione intima, che segna il fluire del racconto non è al servizio di una malinconica ricognizione interiore, ma contribuisce a circoscrivere e a isolare episodi di sopraffazione morale della donna sui quali il discorso ciclicamente ritorna. La violenza della guerra e l'esperienza dello sradicamento sembrano infatti non aver avuto nessuna incidenza sui dispositivi sociali di dominio e controllo della donna inscritti nella cultura e nella società somale. Pertanto, le figure femminili del romanzo (certamente più numerose e intense di quelle maschili) si fanno portatrici di una duplice esclusione: etnica e di genere. Relegate ai margini delle società di approdo in quanto etnicamente diverse, le donne di *Madre piccola* devono altresì fare i conti con i meccanismi di marginalizzazione di genere, accettati come 'naturali' all'interno delle comunità somale. Alcuni esempi sono utili a portare in superficie quello che è a mio avviso uno dei temi centrali del romanzo: ovvero la resistenza silenziosa delle donne alle molestie morali esercitate dai dispositivi culturali di comunità profondamente patriarcali e maschiliste.

Il primo caso riguarda le due donne di Sacid Saleeban, un giovane somalo dai tratti picareschi che si improvvisa prima regista della diaspora somala negli Stati Uniti e poi maldestro imprenditore commerciale. La sua leggerezza istrionica sarebbe fonte di comicità se non fosse in stridente contrasto con il dolore delle donne che lo affiancano: la prima è la fidanzata che rinuncerà all'amore per lui grazie a un passaporto falso che le permetterà di attraversare l'Atlantico, trasformando la diaspora politica in diaspora di genere; l'altra è la giovane moglie impostagli dalle norme della comunità di origine, ignara dei veri sentimenti del marito e "avvezza a tante sopportazioni" (127). Le due figure femminili si sovrappongono in un comune destino segnato dalla rinuncia — ad essere amate e ad amare — e dallo svilimento della loro individualità da parte di "tanti codici che ti dicono come devi essere e pietà nessuna" (127). La moglie, non amata, di Sacid Saleeban muore dopo aver partorito "tre eredi in fila puri di genealogia": "Quanti anni aveva? Ventidue anni quando l'hanno seppellita. E dicono che è scivolata da un parapetto. La verità è talmente debole" (127). Analogamente a quanto avviene ne *Il paese dove non si muore mai*, nel romanzo di Ali Farah le donne sono schiacciate dai condizionamenti culturali e dai modelli di comportamento immanenti nelle pratiche sociali; paradossalmente, le "madri piccole" del romanzo sfuggono alla violenza della guerra civile ma non all'indifferenza e all'oppressione della comunità. La triste sorte della moglie di Sacid Saleeban alimenta in Axad una riflessione sull'amore e il matrimonio;

riflessione nella quale prende forma l'insidioso processo di interiorizzazione dei meccanismi di sopraffazione inscritti nelle interazioni sociali:

> Io avevo finito con il pensare dell'amore che è pura dipendenza. [...] Dipendenza mentale, dipendenza fisica, quello che vuoi. [...] Allora, non so come spiegarti, con questo quadro davanti ero arrivata persino ad accettare l'idea del matrimonio come contratto: equilibrio talmente difficile che se è artificiale non cambia molto. Pensavo — figurati un po' — che l'amore non è un ingrediente fondamentale per il matrimonio. [...] Altrimenti come spiegarsi il modo in cui Sacid Saleeban e la moglie avevano resistito?
> (Ali Farah 125-26)

L'aggressione morale del sistema patriarcale che vincola la donna a ruoli sociali e familiari fissi, sganciati dalla sua scelta e dalla sua volontà, sono invisibili atti di "predazione" (*Molestie morali* XIV), ci ricorda Hirigoyen, che posso concludersi "con un vero e proprio omicidio psichico" (IX). È effettivamente in uno stato di passività e letargia psichica che prende avvio nel romanzo la vicenda di Axad. Al seguito del fidanzato Libeen, Axad attraversa il grigiore delle città del Nord Europa, dalla Finlandia all'Olanda, trasportata dalla dipendenza psichica dal proprio uomo; dipendenza che se da un lato le permette di superare una "malattia di troppe solitudini" (108) e il trauma di un padre scomparso nel conflitto somalo, dall'altro la blocca in una "prigione di immobilismo" (101) da cui riuscirà ad affrancarsi solo attraverso il confronto con le vicende di solitudine e dolore di altre donne somale. L'immobilismo cui si riferisce Axad è duplice: esso si compone dell'isolamento del soggetto diasporico nella società di arrivo e della solitudine del soggetto femminile all'interno della comunità di origine: "Non riuscivo a spiegarmi perché la mia gente, che credevo così solidale, sta abbandonando questa ragazza a se stessa" (117), si chiede Axad di fronte alla solitudine di tante donne somale che, come Shamsa, cercano di fuggire ad ogni costo dalla guerra e precipitano poi nella depressione, passando dalla prigione fisica rappresentata dal paese di provenienza — "Un paese valeva l'altro, purché fosse fuori da quella prigione" (117) — a una altrettanto insidiosa prigione morale. La violenza sistemica del gruppo ancora una volta non è estranea all'oppressione femminile: Shamsa non viene aiutata perché ha violato i codici di genere della cultura somala, decidendo di partire senza l'autorizzazione di suo padre. Ha commesso, in altre parole, un reato di disubbidienza, manifestando la propria volontà e scegliendo di agire attivamente. È questa la ragione per la quale anche il fratello Libeen le ha negato solidarietà: "Perché nessuno è andato mai a soccorrerla?" — si chiede Axad — "Depressioni ne ha avute tante, troppe. Libeen non era tipo da non capirlo. Per questo mi ha mandata: sapeva, ma non voleva occuparsene personalmente. Questione di uomo a uomo, donna a donna?" (117).

Quanto alla protagonista Axad-Domenica, la sua scissione interiore di donna migrante appartenente a più lingue e culture, si esprime nel conflitto fra i diversi territori culturali e linguistici che la definiscono: è questo il caso dei frequenti spaesamenti linguistici e delle amnesie lessicali che la colgono dopo lunghe permanenze in Italia e che suscitano la disapprovazione dei parenti somali (239). Axad e Domenica vivono nell'opposizione reciproca: ciascuna identità è interpretata come il tradimento dell'altra, ciascuna identità viene mistificata dal discorso sociale dell'appartenenza: "Sei somala", "Sei italiana", sono espressioni solo apparentemente neutre, perché in realtà cariche della 'violenza' ideologica che divide il mondo fra un Nord benestante (Domenica) e un Sud povero (Axad). Per sottrarsi all'oppressione simbolica del linguaggio Axad ingaggia allora una lotta interiore contro se stessa, cercando di sopprimere una delle sue due voci e di vivere mimetizzandosi di volta in volta nel contesto socio-culturale che la circonda. Gli echi politici di questo dissidio privato sono chiari: mentre la Somalia precipita nel caos di un conflitto fratricida, Axad cerca di eliminare Domenica, usando come teatro di battaglia sia il linguaggio (l'oblio e la cancellazione di una delle due lingue in cui è nata e cresciuta) sia il proprio corpo, sul quale iniziano a materializzarsi "ragnatele di segni":

Qualsiasi oggetto appuntito mi serviva. A incidermi, a vedere il colore del sangue. Ragnatele di segni sulla mia superficie. Mi chiedevano cosa mi ero fatta, in molti. [...] Non riuscivo a parlare. Le braccia coperte da maglie lunghe, solo le mani si vedevano, intarsiate.

(99)

L'autolesionismo di Axad può essere letto come reazione all' "omicidio psichico" perpetrato dalla violenza politica: il personaggio riproduce sulla pelle lo smarrimento della diaspora, riversa contro se stesso il bisogno di azione e di presa in carico del proprio destino, anticipando in qualche modo il bisogno di raccontare con i segni del linguaggio la propria storia. A proposito della centralità del corpo nella scrittura delle autrici postcoloniali e del legame tra testualità e corporeità, Clotilde Barbarulli osserva che

quando le donne — che si volevano (e si vogliono) mute, in tempi e luoghi diversi — acquistano voce, cioè quando il silenzio si fa parola, la loro scrittura non può che manifestare quel mondo plurimo corporeo che il sistema patriarcale ha negato. Restituiscono un corpo fatto di organi che propone un tempo di ricordi, e di sofferenza per le violenze, reali e simboliche, della Storia. Non scrivono solo sul corpo, ma iscrivono nella pagina il corpo [...].

(Barbarulli, 2012)

In *Madre piccola* il trasferimento dei segni dal corpo alla pagina avviene nel penultimo capitolo, intitolato "Domenica". Esso si struttura come una testimonianza nella quale convergono in più chiara unità i vari racconti della diaspora di cui è intessuto il romanzo. Allo stesso modo la scissione interiore della protagonista riesce, in questo momento finale, a ricomporsi e armonizzarsi alla luce di un pluralismo identitario che accetta la compresenza di fedi e appartenenze diverse: "Studiavo il Corano e facevo il Ramadan per qualche ora insieme ai miei cugini e, contemporaneamente, accompagnavo a messa la mamma" (237). La riaffermazione della plurivocità del soggetto diasporico esprime il rifiuto di punti di vista fissi, unitari e, pertanto, intrinsecamente oppressivi. Tale rifiuto viene del resto riproposto nella struttura polifonica del romanzo e nel plurilinguismo che lo distingue. Di fatto, le varie strade della diaspora convergono nel finale per creare un'identità narrativa non solo duplice ma plurima, giacché non va dimenticato che le due soggettività della protagonista — Domenica e Axad — si riconciliano attraverso il confronto con le altrui storie di migrazione. Plurime sono anche le esperienze traumatiche e i lutti che la protagonista deve superare: la morte del padre nella guerra civile, la colpevole lontananza della madre e infine tutte le assenze con cui la diaspora al femminile deve misurarsi. Interviene, infine, l'esperienza della maternità (annunciata nel titolo) a moltiplicare la valenza simbolica del finale come momento di presa di coscienza. La maternità della protagonista, come già nell'episodio di Barni e Ardo prima esaminato, segnala la cessazione delle ostilità fra Axad e Domenica e l'avvento di un nuovo inizio a fianco del piccolo Taariikh, al quale si trasmette l'eredità di un'identità mista: Taariikh porta il nome del nonno che "si perse nella battaglia" (256), ma l'italiano sarà la sua lingua madre, ci informa Domenica (258-59). Essere "iska-dhal", italosomala, può allora concepirsi non nei termini della dimidiazione, ma secondo il principio opposto dell'unione e della fusione, che rende conto di una soggettività non scissa ma ibrida, e proprio per questo, interamente "umana".

Conclusioni
Dalla loro prospettiva eccentrica al crocevia di più lingue e culture, Vorpsi e Ali Farah costruiscono un discorso narrativo che situa la questione della migrazione nel più ampio contesto delle dinamiche postcoloniali italiane ed europee. Entrambe le autrici portano in primo piano le contraddizioni dello scenario postcoloniale nel quale traumi e violenze sociali sono evidenti segnali di continuità con il passato coloniale anziché il suo superamento. Al contempo, entrambe collegano la dimensione transculturale al discorso sulle questioni identitarie e di genere. Se come afferma Spivak nella culturale coloniale la donna è doppiamente marginale e subalterna (*Can the Subaltern Speak* 28), nei due romanzi esaminati — che, val la pena sottolineare, sono due opere prime — la duplice subalternità della donna migrante risulta una questione tuttora aperta, che il mondo decolonizzato non ha ancora saputo — o voluto — affrontare e risolvere. Mostrando le varie forme di violenza morale e mettendo in scena la femminilità offesa, le due autrici avviano, dunque, un discorso di genere che smentisce l'avverarsi di un mondo postcoloniale nuovo e giusto e, così facendo, denunciano quella che Žižek considera la forma più insidiosa di violenza sistemica che, come ricordato nella seconda premessa, consiste nel presentare sotto la veste dell'universalità valori e diritti che alla prova dei fatti si rivelano i privilegi di pochi uomini bianchi, "property owners to exchange freely on the

market and to exploit workers and women, as well as expert political domination" (*Violence* 126).

Inoltre, attraverso le loro opere Vorpsi e Ali Farah attivano altresì un discorso critico sulla doppia subalternità dell'intellettuale donna che, per usare ancora una volta le parole di Spivak, trova nella perdita il suo privilegio: "The postcolonial intellectuals learn that their privilege is their loss" (*Can the Subaltern Speak* 28). L'abbandono della terra, della cultura e della lingua di origine è il trauma autobiografico che le due autrici rovesciano nel "privilegio" della presa di coscienza della subalternità — sociale e di genere — correlata alla loro condizione di scrittrici migranti, diasporiche, cosmopolite e transnazionali. Il racconto di questa condizione in una lingua diversa da quella d'origine produce effetti catartici nei confronti delle invisibili prigioni della vita pratica, perché nella traslazione linguistica e geografica si attua già una dislocazione liberatoria che favorisce l'acquisizione di uno sguardo ibrido e di una condizione di *in-betweeness* in cui — ci ricorda Bhabha — è possibile rinegoziare nuove soggettività. Pertanto, la presa della parola da parte delle scrittrici postcoloniali non è riducibile, a mio avviso, a una funzione meramente terapeutica e rappacificatrice (Reichardt 23), ma costituisce un potente atto di appropriazione di un discorso di genere che, pur non potendo contrastare la violenza sistemica di una società androcentrica,[22] ne afferma irriducibilmente la pervasività sociale. Del resto, entrambe le scrittrici non si limitano a documentare le molteplici forme della violenza sistemica nei confronti del soggetto femminile, ma offrono modi e forme possibili di resistenza all'ideologia androcentrica, riconoscendo, in ultima istanza, l'atto narrativo quale forma di *agency*, che permette al soggetto femminile di prendere la parola in risposta alla violenza silenziosa e nascosta del sistema sociale e delle forme di pensiero che lo sottendono.

Università di Macerata

Opere citate

Ali Farah Ubah Cristina, *Madre piccola*, Milano, Frassinelli, 2007.
Alù Giorgia, *Resistance Written and Imagined: The Distancing Visual Narrative of Ornela Vorpsi*, "Journal of Romance Studies" 14 (Spring 2014), 1-18.
Barbarulli Clotilde, *Il corpo in scritture migranti*, "Testo e Senso" 13 (2012), 2-10
Bhabha Homi K., *The Location of Culture*, London, Routledge, 1994.
Benedetti Carla, *Recensione a "Il paese dove non si muore mai" di Ornela Vorpsi*, *L'Espresso* 3 (2006), 124. https://www.nazioneindiana.com/2006/01/27/a-gamba-tesa-a-proposito-di-ornela-vorpsi/ (ultimo accesso: 22 aprile 2017).
Bond Emma, *"Verde di migrazione". L'estetica perturbante dello straniamento ne* La

---

[22] Per quanto concerne la strutturazione androcentrica della società si rimanda a Adriana Cavarero e Franco Restaino, *Le filosofie femministe* (2002).

mano che non mordi *di Ornela Vorpsi*, "Italies" [Online] 14 (2010), 411-25, http://italies.revues.org/3360 (ultimo accesso: 20 aprile 2017).

———, e Comberiati Daniele, a cura di, *Il confine liquido. Rapporti letterari e interculturali fra Italia e Albania*, Nardò, Besa, 2013.

Bourdieu Pierre, *Masculine Domination*, Cambridge, Polity Press, 2001.

Carotenuto Carla, *Figure di donna in* Rosso come una sposa *e* Non c'è dolcezza *di Anilda Ibrahimi* in *Tra innovazione e tradizione un itinerario possibile*, a cura di Maria Luisa Caldognetto e Laura Campanale, Luxembourg, Convivium, 2014, 283-97.

Cavarero Adriana e Restaino Franco, *Le filosofie femministe*, Milano, Mondadori, 2002.

Comberiati Daniele, *Scrivere nella lingua dell'altro. La letteratura degli immigrati in Italia (1989-2007)*, Bruxelles, Peter Lang, 2010.

———, *La letteratura postcoloniale italiana: definizioni, problemi, mappatura* in *Certi confini. Sulla letteratura italiana della migrazione*, a cura di Lucia Quaquarelli, Morellini, Milano, 2010.

Curti Lidia, *Female Literature of Migration in Italy*, "Feminist Review" 87 (2007), 60-75.

Di Maio Alessandra, *Introduzione. Una nazione di narrazioni* in Nuruddin Farah, *Rifugiati. Voci della diaspora somala*, Roma, Meltemi, 2003, 7-16.

Gnisci Armando, *Creolizzare l'Europa: letteratura e migrazione*, Roma, Meltemi, 2003.

———, a cura di, *Nuovo planetario italiano. Geografia e antologia della letteratura della migrazione in Italia e in Europa*, Troina, Città Aperta, 2006.

Hirigoyen Marie-France, *Molestie morali. La violenza perversa nella famiglia e nel lavoro*, Torino, Einaudi, 2000.

Ibrahimi Anilda, *Rosso come una sposa*, Torino, Einaudi, 2009.

Irigaray Luce, *Parlare non è mai neutro*, Roma, Editori Riuniti, 1991.

———, *Io tu noi. Per una cultura della differenza*, Torino, Bollati Boringhieri, 1992.

Johnson Michael P., *Patriarchal Terrorism and Common Couple Violence: Two Forms of Violence against Women*, "Journal of Marriage and Family" 57 (May 1995), 283-94.

Karp Karol, *Pensare e vivere all'albanese. Il concetto di cultura ne* Il paese dove non si muore mai *di Ornela Vorpsi e* Rosso come una sposa *di Anilda Ibrahimi*, "Études Romanes de Brno" 36 (2015), 207-18.

Lazarus Neal, *The Postcolonial Unconscious*, Cambridge, Cambridge University Press, 2011.

Lombardi-Diop Cristina and Romeo Caterina, a cura di, *Postcolonial Italy. Challenging National Homogeneity*, New York, Palgrave Macmillan, 2012.

Lori Laura, *Inchiostro d'Africa. La letteratura postcoloniale somala fra diaspora e identità*, Verona, ombre corte, 2013.

Marek Vaclav, *Tra l'Occidente e i Balcani. L'opera narrativa di Ornela Vorpsi*, "Studia Literaria Universitatis Iagellonica Cracoviensis" 9.3 (2014), 191-200.

Matteo Sante, a cura di, *ItaliAfrica. Bridging Continents and Cultures*, New York, Forum Italicum Publishing, Stony Brook, 2001.

Mauceri Maria Cristina, *L'Albania è una ferita che brucia ancora. Intervista a Ornela Vorpsi, scrittrice albanese che vive in Francia e scrive in italiano*, Kúmá. Creolizzare l'Europa 11, 2006 http://www.disp.let.uniroma1.it/kuma/ poetica/ kuma11vorps.html (ultimo accesso: 20 ottobre 2013).

Meschini Michela, *Il controcanto delle scrittrici migranti: Ornela Vorpsi e le radici leggere della bellezza*. In *Tra innovazione e tradizione un itinerario possibile*, a cura di Maria Luisa Caldognetto e Laura Campanale, Luxembourg, Convivium, 2014, 299-314.

Mezzadra Sandro, *La condizione postcoloniale. Storia e politica nel presente globale*, Verona, ombre corte, 2008.
Morosetti Tiziana, a cura di, *La letteratura postcoloniale italiana. Dalla letteratura d'immigrazione all'incontro con l'altro*, numero speciale "Quaderni del '900" 4 (2004).
Mumin Ahad Ali, *Corno d'Africa. L'ex impero italiano* in *Nuovo planetario italiano. Geografia e antologia della letteratura della migrazione in Italia e in Europa*, a cura di Armando Gnisci, Troina, Città Aperta, 2006, 241-93.
Parati Graziella, a cura di, *Mediterranean Crossroads. Migration Literature in Italy*, Madison, NJ, Fairleigh Dickinson University Press, 1999.
Passerini Luisa, *Prefazione* in Gabriele Proglio, *Memorie oltre confine*, Verona, ombre corte, 2011, 7-11.
Pellegrini Franca, *Traslazioni narrative. Strategie di mediazione* in *Vergine Giurata di Elvira Dones* e *Rosso come una sposa di Anilda Ibrahimi* in *Il confine liquido. Rapporti letterari e interculturali fra Italia e Albania*, a cura di Emma Bond e Daniele Comberiati, Nardò, Besa, 2013, 149–66.
Pezzarossa Fulvio e Rossini Ilaria, a cura di, *Leggere il testo e il mondo. Vent'anni di scritture della migrazione in Italia*, Bologna, Clueb, 2012.
Pinzi Anita, *Corpi-cerniera: corpi di donna* in *Il paese dove non si muore mai di Ornela Vorpsi* in *Il confine liquido. Rapporti letterari e interculturali fra Italia e Albania*, a cura di Emma Bond e Daniele Comberiati, Nardò, Besa, 2013, 167-184.
Proglio Gabriele, *Memorie oltre confine. La letteratura postcoloniale italiana in prospettiva storica*, Verona, ombre corte, 2011.
Ponzanesi Sandra, *Il postcolonialismo italiano. Figlie dell'Impero e letteratura meticcia*, "Quaderni del '900" 4 (2004), 25-34.
Reichardt Dagmar, *La presenza subalterna in Italia e la scrittura come terapia, Incontri.* "Rivista europea di studi italiani" 28.1 (2013), 16-24.
Rizzante Massimo, *La bellezza andrà all'inferno? Lettera a Ornela Vorpsi*, 15 maggio 2008, http://www.nazioneindiana.com/2008/05/15/la-bellezza-andra-all'inferno-lettera- a-ornela-vorpsi/ (ultimo accesso: 18 marzo 2017).
Said Edward W., *The World, the Text, and the Critic*, London, Vintage, 1991.
Scego Igiaba, *Rhoda*, Roma, Sinnos, 2004.
_____, *Oltre Babilonia*, Roma, Donzelli, 2008.
Sinopoli Franca, *Prime linee di tendenza della critica sulla letteratura della migrazione in Italia (1991-2003)*, "Neohelicon" 31 (2004), 95-109.
_____, a cura di, *Postcoloniale italiano: tra letteratura e storia*, Aprilia, Novalogos, 2013.
_____, *Caratteri transnazionali e translinguismo nella letteratura italiana contemporanea*, "La modernità letteraria" 8 (2015), 53-63.
Spivak Gayatri Chakravorty, *Can the Subaltern Speak?* in *The Postcolonial Studies Reader*, a cura di Bill Ashcroft, Gareth Griffiths, Helen Tiffin, London, Routledge, 1995, 24-28.
Vorpsi Ornela, *Il paese dove non si muore mai*, Torino, Einaudi, 2005.
_____, *Vetri rosa*, Milano, Nottetempo, 2006.
_____, *La mano che non mordi*, Torino, Einaudi, 2007.
_____, *Fuorimondo*, Torino, Einaudi, 2012.
Zarmandili Bijan, *Il ghetto degli scrittori migranti,* "Il fatto quotidiano" (12 marzo 2012), http://www.ilfattoquotidiano.it/2012/03/12/il-ghetto-degli-scrittori-migranti/196705/ (ultimo accesso: 18 aprile 2017).
Žižek Slavoj, *Violence*, London, Profile Books, 2008.

Massimiliano L. Delfino

A Cinematic Anti-Monument against Mafia Violence: P. Diliberto's *La mafia uccide solo d'estate*

Abstract: This article explores how contemporary cinema can serve as artistic means to reflect upon, and ultimately counteract, the Mafia's cultural production of violence. It analyzes Pierfrancesco Diliberto's *La mafia uccide solo d'estate* (2013) as a movie that, by thematizing the Mafia in a personal and biological manner, serves as a striking example of an anti-monument. Drawing on concepts from monument theory and documentary theory, the article shows how the movie's anti-monumental form allows the spectators' active sensitization to and purging of Mafia culture through the sacrificial blood of its victims. From such a perspective, *La mafia uccide solo d'estate* proves to be an essential movie to consider in the context of both the present negotiation of Italian identity linked to its most recent violent history, and the contemporary directions of Italian auteur cinema.

Keywords: Mafia, Violence, Anti-Monument, Documentary, History.

Introduction
1969. A couple is making love under the sheets. The movie cuts to a computer-generated image showing a group of spermatozoa racing through the fallopian tube. Their trip is juxtaposed to one of a car full of armed men speeding through a tunnel. A voice-over comments on the caustic parallelism with the following words: "E così mentre gli spermatozoi di mio padre correvano verso la meta, gli uomini di Totò Riina uscivano dall'ultima galleria per arrivare a Palermo." The tragedy announced unfolds. The men reach *viale Lazio*, enter the apartment immediately below the couple's love nest in search of their enemies, and kill them in a bloody shootout. The movie cuts again to the spermatozoa, which, scared by the noise, flee in fear away from the ovum. Behind them, a slower, clumsier spermatozoon, unaware of all that has occurred, finally reaches his goal and fecundates the egg. The movie's protagonist Arturo recognizes himself in that union, and utters: "Se Totò Riina non avesse organizzato la cosiddetta strage di viale Lazio, io non sarei mai stato concepito."

Such is the powerful narrative incipit of *La mafia uccide solo d'estate* (*The Mafia Kills Only in Summer*), Pierfrancesco Diliberto's debut movie of 2013.[1]

---

[1] Pierfrancesco Diliberto, also known as Pif, has worked as a freelance video-journalist for the Italian investigative TV show *Le Iene*, and has since conducted his own TV show titled *Il testimone* for MTV, where he follows the life of famous personalities in a documentaristic fashion. His previous cinematic experience is the crucial collaboration as assistant director for Marco Tullio Giordana's *I cento passi*, which revolves around the historical figure of Peppino Impastato and his struggles against the Mafia. *La mafia*

The movie offers right from the beginning a discourse that satirically explores the relationship between the Mafia and its effects on the citizens' political, experiential and, indeed, biological "being-in-the-world." It systematically investigates the possibility of both societal and individual defenses in relation to the Mafia phenomenon and the violence it produces. In spite of its being substantially a historical fiction — or a docudrama, since all of the historical facts shown in the movie are accurate — the movie presents not only a novel, biological reading of the Mafia *problématique*, but moreover serves as an anti-monument that provokes an ethical reaction to national historical memory and stimulates the viewers' emancipatory potential for the present.

In order to demonstrate the above thesis, I will organize the analysis in four sections. After introducing the reader to the movie's peculiar satirical tone and autobiographical component, my analysis shows how a biological analogy is foundational to its thematization of the Mafia phenomenon. I then discuss the movie's documentaristic dimension and the palingenetic value it attributes to the blood of those who sacrificed themselves in the fight against the Mafia. In the last part, I trace how monuments and memorial plaques of anti-Mafia heroes act as open sources of such palingenetic value, and argue that by performatively and interactively prompting its viewers to take a first-person stance against Mafia culture, the movie in its totality should be read as an anti-monument.

1. An Idiosyncratic and Innovative Approach to the Mafia
The movie tells the life story of Arturo, a boy particularly sensitive to the presence of the Mafia, in Palermo from 1969 to 1992, the year in which both Giovanni Falcone and Paolo Borsellino were killed. The protagonist's love story with a girl named Flora is the main narrative thread employed to foreground the pervasive climate of violence, danger, and death that constantly defines and shapes both Arturo's life and that of the Palermitan people. The various stages of Arturo's courtship of Flora, spanning from elementary school to adulthood, serve to highlight different dramatic moments of Palermitan Mafia history. Throughout the movie, many different historical personalities cross paths with the lives of the two protagonists, such as Boris Giuliano, General Carlo Alberto Dalla Chiesa, and Totò Riina. The continuous interweaving of Arturo's life with the Mafia reveals the movie's central core of reflection, namely the societal effects of what Jane and Peter Schneider fittingly define as Mafia's "cultural

---

uccide, written in collaboration with Michele Astori and Marco Mantani, has been received extremely well by the Italian audience, grossing over four million euros from movie-theater distribution alone and receiving many important prizes such as two *David di Donatello*, two *Nastri d'Argento*, and one Golden Globe. The film inspired the production of a very successful TV series of the same name that aired in 2016, directed by Luca Ribuoli, but again written by Diliberto and Michele Astori (and Stefano Bises). An ideal prequel to *La mafia uccide* for tone and content is Diliberto's *In guerra per amore* (2016).

production of violence" (81).

It is important here to note that Diliberto's personal life experience as a Palermitan directly informs *La mafia uccide*, a fact that establishes a close correlation between the body of Arturo and the one of Diliberto himself, the voice-over narrator, protagonist, writer, and director of the cinematic project.[2] Like Diliberto, who was born in 1972, Arturo's life in Palermo spans the oppressively violent years of the aftermath of the first (1962) and the second (1981) Mafia wars, the Maxi Trial (1986) and the dramatic Mafia murders of 1992. The choice of structuring the movie as a drama interspersed with frequent comic sketches further underlines this link by recalling the author's own humorous televisual works that made him famous in Italy as Pif.

Arturo's fictional story thus possesses an important autobiographical dimension that needs to be highlighted in order to understand *La mafia uccide* from both a formal and a reader-response perspective. The movie's opening, shot in the typical hand-held camera style that characterizes Dilberto's work as Pif, does not merely serve to introduce the audience to the protagonist's love for Flora, but most importantly to establish a visual and aural connection between the narrator and Pif *qua* main character. Viewers are therefore led to believe that Diliberto is telling a hyperbolic version of his *own* life when in the next scene he starts recounting the aforementioned story of his character's conception. This at once fictional and yet personal re-writing of Diliberto's past interestingly makes the movie come into close proximity with the autofictional genre.[3] The absolute identification between Pif and the protagonist is only disrupted eight minutes into the movie, when his father refers to his character as "Arturo", thus making viewers realize that they are not watching a filmic autobiography proper. The strong association between Diliberto and Arturo however remains, suggesting viewers to experience the movie's fictional content as an honest and intimate first-person account of Mafia agency.

In addition to this autobiographical element, Diliberto bravely chooses to employ a satirical narrative tone — here intended as a mode of social criticism that employs irony to achieve an ethical "ameliorative aim" (Hutcheon 43) — in order to approach Mafia culture and violence. The grotesque tinge that consequently characterizes the film finds in Sorrentino's *Il divo* (2008), with which it shares the editor Cristiano Travaglioli, an important reference point — especially in its treatment of Giulio Andreotti, as will be discussed below.

However, the only real precursor to the movie's satirical view of the Mafia

---

[2] Diliberto refers to the autobiographical dimension of his movie in different interviews. See for example Marilena Vinci's or Lilly Gruber's interview from 2013.
[3] Doubrovsky originally coined the term *autofiction* for his novel *Fils* in 1977. It names a kind of autobiographical narration that Philippe Vilain subsequently defined as "fiction homonymique ou anominale qu'un individu fait de sa vie ou d'une partie de celle-ci" (74). Insofar as Arturo does not share Diliberto's first name, *La mafia uccide* cannot in its totality be read in strictly autofictional terms.

phenomenon is Roberta Torre's *Tano da morire* of 1997, an idiosyncratic choral musical that purposefully overcomes the reluctance of past filmmakers to make people laugh about Mafia stories.[4] *La mafia uccide*'s comic tone is achieved by recounting historical events through the eyes of its main character Arturo. The director retrieves and updates the Italian Neorealist focus on children as protagonists of the cinematic historical drama, while at the same time responding to the contemporary global cinema trend that features very young protagonists witnessing key historical events.[5]

Far from downplaying the devastating effects of the Mafia presence, the comic depiction of historical figures reveals the film's central anti-Mafia activism. By showing renowned people and events directly interacting with the author of the story himself, Diliberto elicits from spectators an emotively charged response to, and reappraisal of, recent historical facts. Tying the portrayal of controversial characters — such as Cosa Nostra boss Totò Riina — to Diliberto's own personal life experience in Palermo allows spectators to gain a deeper, more dramatic and nuanced understanding of the film's satirical tone. The satirical representation of historical events and people acquires a tragic connotation when it is centered on a person whose body is inscribed by that very story and not simply told by an external, potentially stereotyping and superficial, authorial instance.

With Diliberto's film we thus move from stories that reflect on the ambiguity of the sociocultural role of the Mafia in the Italian social fabric to a protagonist, Arturo, who clearly bears on his very body the signs of that evil he later seeks to efface. If, as Siebert puts it, the "mafia disputes the state's legitimate monopoly of violence" and "the very definition of the mafia, in the final analysis, is anchored in the usurpation of a 'right' over the life and death of individuals" (20), Diliberto writes his story to explore not only Mafia's thanatopolitics, but also its violent control of and interference with the living, even the neutral and innocent.

According to Dana Renga, newer Italian Mafia movies — and the realist, classic mode of storytelling they employ — tend to "focus on stories that are both pleasurable and familiar" and ultimately suggest "that the country is populated with heroes ready to combat evil at all costs." These films, by putting forth "a fantasy of a nation united against Mafia villainy," end up avoiding dealing with the Mafia as national trauma, and thus postponing the due

---

[4] For a discussion of the relationship between comedy and Mafia movies, see Millicent Marcus's "Postmodern Pastiche, the Sceneggiata, and the View of the Mafia from Below in Roberta Torre's *To Die For Tano*" (2002).

[5] Films that are part of this trend are, for example, A. Wood's *Machuca* (Chile, 2004), C. Hamburger's *The Year My Parents Went on Vacation* (Brazil, 2006), E. Kusturica's *When Father Was Away for Business* (Yugoslavia, 1985), W. Allen's *Radio Days* (USA, 1987) and G. Salvatores's *Io non ho paura* (Italy, 2003). I am grateful to Fabrizio Cilento for drawing my attention to this cinematic trend.

mourning process (14). Diliberto departs from such a filmic tradition by basing his story on a character whose body suffers the effects of the Mafia and whose life span coincides with a national rise of awareness concerning the Mafia's violent agency on the collectivity. Arturo is at once a conflation of the figures of director, writer, spectator, and the epitome of national conscience. As such, the continuous interplay of private story and public history — coupled with an engaged narration that manages to conflate tragedy and comedy, fiction and reality — is able to transcend traditional narrations and present spectators with Palermitan Mafia history and the trauma it produces, while impeding any sort of "avoidance" or "compulsion to repeat" (Renga 9).

2. *A Biological Reading of the Mafia*

As described at the outset, the very life of the main character Arturo not only is parodically determined by the Mafia, but somehow originated in a bloody event perpetrated by it. In this way, Arturo receives a special "imprinting" that comically makes him utter "Mafia" as his first word, and enables him to recognize Mafiosi at a glance, as if the child could see through their mere appearances and reach their ontological status of criminals. This satirical "superpower" clearly parodies that of superheroes, who conventionally acquire special abilities in traumatic circumstances similar to the events of *viale Lazio* shown here.

However, Diliberto's biological reading of the Mafia is all but a merely superficial comic device. The author suggests that the Mafia phenomenon has never been a reality existing in simple opposition to State forces. On the contrary, as demonstrated by Mafia scholar Francesco Benigno, among others, even its very formation in Risorgimental times occurred not *against* the newly founded Italian state, but rather *within* it and *alongside* it (370). Diliberto therefore creates a character who reflects this historic intertwining by bodily experiencing the lacerating consequences of his ambiguous citizenship. As Arturo/Diliberto says in the movie's opening: "Siamo a Palermo, e qui la Mafia ha sempre influenzato la vita di tutti, e in particolar modo la mia", where the key word *influenzato* (influenced, from the latin *in-fluere*, to flow into), hides also a secondary darker meaning related to the semantic field of contagion and disease.

It soon becomes clear that the boy's sensitivity to the Mafia comes at a time when he lacks the cultural instruments that would allow him to understand the implications of his abilities. As a being biologically determined by the Mafia, Arturo cannot yet comprehend that what brought about his birth in the past is also what pathologically endangers and limits in the present his existence and that of his community.

The relation of Arturo to the ambiguous figure of Prime Minister Giulio Andreotti further elucidates this biological discourse. Diliberto openly associates Andreotti with the very essence of the Mafia phenomenon. In an interview conducted by Lilli Gruber on Italian national television, Diliberto reminded the audience that even if the legal sentence that saw Andreotti tried for Mafia collusion was terminated for lack of evidence, it nevertheless proved that many personal encounters took place between Andreotti and various Mafia members. The director then explicitly added: "Non ci sono dubbi ormai [...] o si tifa per Andreotti, o si tifa per Falcone; delle due l'una, non possiamo tifare per tutti e due." For the director, the "grey area" defined by Jane and Peter Schneider as characterizing the Mafia *intreccio* between Italian politicians and *mafiosi* is, in the case of Andreotti, certainly less obscure than what it appears to be at first sight (34).

Diliberto is certainly not alone in taking this position. In his book on the history of Cosa Nostra in Sicily between the Fascist era and 1995, Alexander Stille devotes important pages to Andreotti's history, and explains why definitive proof of his participation in the Mafia's decision-making process cannot be obtained. However, Stille, like Diliberto, concludes that the political leader had indeed a "political and moral responsibility for the well-documented collusion with the mafia of the leaders of his faction in Sicily," and that Andreotti was "perhaps the most important player in a political class that accepted a culture of illegality and knowingly used the mafia's strength in southern Italy for its own political advantage" (401).

It is in this perspective that one should read Arturo's fascination for Andreotti and the latter's role in elucidating the biological interference of the Mafia with the protagonist. Young Arturo is so "influenced" by the prime minister's persona that, fascinated by his actions and thoughts, he chooses to disguise himself as the prime minister on the occasion of a carnival party. His willingness to transform himself into Andreotti symbolizes how the Mafia in the film comes to appropriate biological and cultural spaces *internal* to the individual. This invasion, which should be read as a parodic extremization of Foucault's analysis of modern biopolitical regimes and their direct control over the body, makes the Mafia the opposite of a peripheral menace that one can clearly define and eventually counteract with conventional measures (210). Just as the so-called *intreccio* reveals the presence of the Mafia at the core of the Italian political system, in Diliberto's movie Cosa Nostra is shown as a cancerous presence located at the very heart of the social body, a presence that disrupts the inside/outside divide that normally characterizes individuals' private spheres in modern society.

In the movie, the Mafia's influence — in its double meaning earlier discussed — saturates Palermo, and produces a cultural and material contagion that, through systematically enacted violence, slowly threatens to control and dominate the entire society. When, as shown in the story, something as simple and quotidian as iris cakes become inedible because of the possible presence of bullets within them, or when two car bombings produce dire consequences in the private homes of the film's protagonists — among them Flora's home which is inadvertently devastated despite not being targeted — it becomes clear how in

Diliberto's view the Mafia transcends the internal/external relationship by transgressing all boundaries between public and private spaces. One is constantly exposed to the danger of traumatic harm, just as Arturo is when he sits on top of the Fiat car that will explode only a few hours later killing judge Chinnici and his men.

Strikingly, the film then juxtaposes the Mafia's omnipresence with the norm of silence or false unawareness by playing with clichés and norms that structure Palermitan society. In step with Palermo's masculinist culture, for example, members of the community blame men's frequent and mysterious deaths in the city on women: "A Palermo ammazzano più le femmine che l'infarto" — an exclamation reminiscent of the famous line uttered by Franco Citti's character in Coppola's *The Godfather II*: "[…] in Sicily women are just as dangerous as shotguns." Keyed as choral bearers of popular beliefs, these characters reveal the ignorance, sexism, and *omertà* at play in the face of Mafia violence.

The moment of self-recognition in which the protagonist is finally able to start untangling himself from the Mafia's cultural production of violence and *omertà* occurs only at the funeral function in honor of his friend General Dalla Chiesa. On that occasion, the absence of Arturo's hero Andreotti from the church reveals to the young boy a sign of bad faith that will give credence to the teachings of his anti-Mafia journalist friend Francesco. Rocco Chinnici's death will later confirm this realization. And it is precisely when Palermitans, too, "'scoprirono' che esisteva la mafia," as the narrator says, that the movie can symbolically transition from Arturo's childhood to adulthood showing a montage of the *Maxi processo* (1986-87).

This montage subtly functions as a metonymy of Arturo's growth. His becoming a man is only hinted at through images that display the rising awareness of both Palermitan residents and Italians in general in the face of groundbreaking confessions by Mafia members arrested and interviewed during these years. No other visual device is used to signal the passage of time, and it is indeed with a shock that, after the montage, viewers recognize the adult character lying on the bed as Arturo, who has now become a young man (interpreted by Diliberto himself). The parallel underlines that Arturo — and with him the Italian people he symbolically represents — can only truly reach maturity through the knowledge of what determined his birth. His development becomes complete once we see him step out of his childhood bed, leave the house, and turn into an active member of civil society.

The character of Flora, Arturo's future wife, undergoes an analogous development. In line with the Italian tradition of *donna angelicata* that dates back to Italian medieval poetry of *dolcestilnovo*, Diliberto constructs her as the absolute and, at least at first, unattainable object of desire. Arturo falls in love with Flora in elementary school, and her ambiguous reactions to his courtship constitute the driving force of the movie's narration, just like the character of Beatrice serves to structure Dante's love story in his *Vita nova*.

However, in stark parodic contrast to the Italian poetic tradition, Flora does not possess — at least until the very end of the movie — any salvific potential at all. It is precisely Flora's various refusals that will later put the protagonist in direct contact with the aforementioned Palermitan historical characters, and, during adulthood, oblige Arturo to work for Salvo Lima, a politician whom he knew to be directly related to Cosa Nostra. Flora is so implicated in the Mafia culture that she works for Lima without ever doubting his political sincerity to the point of arguing with Arturo when he suggests otherwise. Lima's violent death, however, will eventually make her call into question the man's true political identity.

Flora is at first characterized by the paradoxical ambiguity of being the only figure able to complement the life's aspirations of the protagonist, while also being part of the culture Arturo has grown up fearing and learning to refuse. In the scene in which Arturo finally reveals his love for her on a sofa, and which ends in the above-mentioned argument about Lima, the red rose Arturo holds visually separates the couple in their respective fields of thought. As the shot suggests, their union is impossible at this point, before Lima's death, for Arturo has started his emancipatory struggle against the Mafia construct, while Flora is still implicated in it.

It is similarly not by chance that Arturo and Flora will meet and finally kiss for the first time during the demonstrations following Borsellino's death. Only by accepting complete rejection of Mafia culture as the crucial turning point of their love story can one fully justify the otherwise seemingly unmotivated and abrupt kiss the couple share. The two casually meet standing in the crowd that, — raging against the state and the Mafia alike after the brutal and outrageous murders — is trying to reach Palermo's cathedral in protest. Their reunion is accompanied by the crowd's shouted slogan: "Fuori la mafia dallo stato!," which explicitly voices the movie's central theme of emancipation from an internal threat.

Arturo's personal fulfillment with Flora is granted only after his having engaged in social activism. Specularly, it is precisely at the moment in which Flora untangles herself from Mafia culture by truly recognizing its pervasiveness and deadly consequences, that she is also able to understand true love. No words are needed between the two lovers: The achievement of political awareness corresponds to the recovery of biological agency.

The couple can thus kiss in a temporally suspended state of bliss. While dramatic extra-diegetic music cathartically peaks, the voice of the other protesters is suddenly silenced, and the two lovers are framed by quick shots that keep their kiss at the center of the action. These rapid cuts taken from different angles end up drawing a circle around the lovers and ultimately shatter the continuity of space/time around them, making the exceptionality and the urgency of the public demonstration powerfully coincide with the sublime fulfillment of private personal desire.

3. *The Value of Referential Blood*

Beyond the fate of its main characters, the truly compelling quality of *La mafia uccide* resides in its aspiration to allow viewers to undertake a similar process of emancipation. To prepare the ground for such transformation, the director cuts through the fictional ontology of the cinematic image by inserting historical footage in the movie's montage. These images reveal the documentaristic second nature of the movie, a form of filmmaking that in recent years has evolved to include works that depart from traditional ideas of the genre, as testified by Ary Folman's 2008 animation movie *Waltz With Bashir*.[6]

Documentary filmmaking, for Bill Nichols, is characterized by a "self-chosen mandate to represent the historical world rather than to imaginatively invent alternative ones"; this willingness transcends the traditional documentary formula of structuring either a non-narrative investigation, or a narrative mimetic recounting of historical facts (*Introduction to Documentary* 19). The documentary as a genre is thus being conceived more and more as a way to approach the filmic medium, rather than as a form that can be achieved when a given set of fixed conventional requirements is respected. *La mafia uccide* displays what Nichols terms "the informing logic" typical of documentary filmmaking essence, the presence of an argument about the historical world for which a solution is ultimately sought (21).

The movie's documentary nature is especially apparent when historical footage of the times is used and Arturo/Diliberto's voice-over mediates the images by adding and contextualizing information. He thereby provides a direct interpretation of historical reality that represents the informative documentary component just described.

Such an interplay between fiction and historical reality also serves to shape the film's own desired readership mode. The movie creates in its spectators a set of expectations and assumptions about its use of history that makes them overcome the traditional "suspension of disbelief" that characterizes cinematic audiences. It makes them reach, instead, a more critically conscious approach to its textual strategies and the interaction between the informative and the ludic aspects of the narrative.[7] If for Dirk Eitzen the primary distinction of any documentary text is that it prompts the audience to ask itself if the text is lying, Diliberto exploits this impulse to make viewers rethink recent historical events

---

[6] *Waltz with Bashir* is an animated documentary based on a soldier's experience of the 1982 Lebanon war that does not rely on real film footage up until the very last scene of the movie.

[7] As Nichols writes: "We may define documentary not in institutional (discursive) nor textual terms but in relation to its viewers. Taking a text in isolation, there is nothing that absolutely or infallibly distinguishes documentary from fiction [...]. The distinguishing mark of documentary may be less intrinsic to the text than a function of the assumptions and expectations brought to the process of the viewing act" (*Representing Reality* 24).

and re-read them in light of their emotive filmic participation (92).

Part of this strategy resides also in the juxtaposition of real footage in key diegetic moments to shots that mimic the televisual aesthetics of the time, as for example in the aforementioned scene of Dalla Chiesa's funeral, when Arturo realizes that Andreotti has decided not to participate in the public mourning of the anti-Mafia hero. The short inserts, characterized by identical televisual grain and colors of the true footage, serve to situate the protagonists directly in the past reality as if they were an integral part of the historical events narrated on screen. These inserts allow for the "multi-layered, performative exchange between subjects, film-makers/apparatus and spectators" that Bruzzi considers as the distinctive trait of recent documentary practices and their renewed anti-Bazinian approach to filmic "transparency" (10).

Diliberto thus not only plays with the audience's understanding of facts versus fiction, but also with their perception of present and past experiences. These juxtapositions in fact create a short circuit in which the past becomes present once again by re-activating the historical moment through the presence of the main characters. Thus Arturo's story — for instance, when he is walking among the funeral crowd in San Domenico's church — merges with national historical trauma. This conflation of space/time ultimately serves to place the Italian viewers at the very center of the fiction. Through the catalytic body of Arturo, the director creates the fictitious presence of a past historical moment, prompting viewers to form an ethical judgment on both the community's past and the present political situation it contributed to creating.

This temporal short circuit further aims at meaningfully thematizing violence within the movie. For David Riches, violence is better understood and studied through different contexts by uncovering "the dynamics" at play in the triangulation between the perpetrator, the victim, and the witness, all possessing a respective interpretation of the violent act (8). Through the aforementioned stylistic choices, the director is able to conflate the figures of the victim (Arturo) and the witness (the viewer) in order to elicit an informed and emotive response to the horror depicted on screen. Furthermore, the author forces viewers to take a stance, since witnesses too, precisely because of their inaction, at times risk participating in the perpetrators' misdeeds.

At a deeper level, what further anchors the urgency and the referentiality of Diliberto's cinematic project are those filmic shots in which the consequences of Mafia violence are displayed in their most explicit and repulsive forms. Such is the case, for example, when Pio La Torre, Rocco Chinnici, and their bodyguards are shown dead in their bloody materiality. The director notably does not re-create these images on set, but rather uses real shots of the corpses — pure "emanation of the referent," as Barthes would put it, and thus direct indexical traces of Mafia violence (80) — for their documentary value.

By making viewers face these gruesome images, Diliberto seems to suggest that beyond the interpretation of a violent event or historical period remains always the horror of a disfigured, dismembered, or violated body. For the director, then, the possibility of understanding and counteracting the cancerous force that causes blood to be shed lies precisely in reconsidering the blood itself as possessing palingenetic potential.

Blood, as evidence of violence and death, functions here as a symbolic trigger for resistance. Given the important performative dimension of political self-sacrifice, the image of the injured or dying human body has to be understood as connected with the community and aimed at mobilizing a public reaction in the direction of a sociopolitical renewal. Karin Fierke, in her essay titled *Political Self-Sacrifice*, finds that wounded bodies sacrificed for a common cause allow the community to experience potential for resistance. For her, "the dying body at one and the same time becomes the embodiment of the death of community and the condition for its restoration — that is, the act that destroys life in order to create new life" (85).[8] One should read in the same vein the paradoxical existence of Arturo himself, a man who, in spite of his origin due to an internalization of the negative, is able to represent the condition of restoration of Palermitan society.

As discussed above, if the first part of the film metaphorically biologizes the Mafia's necrotic relation to life in order to satirically expose the cultural domination that it achieves over individuals, the second part reveals the blood of anti-Mafia heroes as a vital force for the achievement of individual and communal resistance and counter-struggle.

4. *Diegetic Monuments and the Film as Anti-Monument*

Monuments enter at this point in our analysis, just as they reveal their crucial importance at the end of the movie itself. The movie's biological (fictional) and the documentaristic (factual) discourses culminate in its treatment of monuments to anti-Mafia heroes. The final sequence consists of a montage in which Arturo and his wife Flora take their son, at different stages of his infancy, to the memorial plaques of anti-Mafia heroes such as Paolo Borsellino, Giovanni Falcone, Boris Giuliano, Rocco Chinnici and others, because, as the voice-over specifies, "Quando sono diventato padre ho capito che i genitori hanno due compiti fondamentali: il primo è quello di difendere il proprio figlio dalla malvagità del mondo; il secondo è quello di aiutarlo a riconoscerla."

The sequence aesthetically reiterates the interesting friction already established within the movie between fiction and reality, since the realistic shots

---

[8] Particular case studies taken into consideration by Fierke are the death of Jerzy Popiełuszko in 1984, the self-immolation of Vietnamese Buddhist monks in the early 60s, and the conception of sacrifice in the contemporary Middle East. Given the pervasiveness of the Mafia influence and the clearly understood dangers of fighting it, undoubtedly the death of any activist who fought actively against the Mafia — and died because of it — has to be included in the same category of self-sacrifice.

taken by Arturo's shaky hand-held camera are contrasted by dramatic background music. This tension is also built on a tight juxtaposition between the personal and the collective spheres, allowing us to expand the list of intermedial styles employed in the movie — the televisual, the monumental, the documentarist and the journalistic — to include also the home movie genre.[9] Each different shot of the final montage underlines the cultural and political growth of Arturo's son, whom he wants to raise as a citizen aware and capable of recognizing evil. Following the definition of art historian Joech Spielmann, we can define monuments as

> works of art reminding us of people or events. Erected in a public space [...] and designed to endure. A monument fulfills a function of identification, legitimization, representation, anticipation, interpretation and information [...]. Discussion, development and reception are an integral part of the monument itself. In order to be and remain a monument, it must be subjected to ritual reception.
>
> (cit. in Carrier 35)

It is not by chance that Diliberto stresses the importance of the ritualistic return to and explanation of the monumental plaques. Arturo exposes his son to their presence not merely by describing the circumstances of the murders the plaques commemorate, but also their lasting contributions. He emphasizes how the lives of these men have impacted his own past as well as Italian laws — such as Pio La Torre's law of *reato di associazione mafiosa* introduced in 1982 — and thus how their actions have strengthened society's and the state's defenses. These public artifacts thus allow for a repolarization of the public space, making permanent the memory of an event that is believed to be foundational for the social identity of that community.

In this sense, *La mafia uccide* has to be seen as part of the epitaphic tradition of Mafia movies discussed by Millicent Marcus. For Marcus, movies like *Il giudice ragazzino*, *Placido Rizzotto*, and *I cento passi* can be seen as "cinematic tomb inscriptions designed to transmit the legacy of moral engagement and social justice for which their protagonists died" (*In Memoriam* 292). The engaged and memorialistic intent is intrinsic to each of these movies as all conclude their narration with textual intertitles. The writings serve as epitaphic remembrances honoring the death of the protagonist and also as devices that directly imbue in audiences the ineluctable sense of death and the consequential outrage deriving from the irrecoverable loss of such unique lives.

Aware of this heritage, Diliberto, who worked as assistant director on the set of *I cento passi*, chooses to place right before the final credits an epitaphic collage of newspaper cut-outs of articles about the sacrifices of anti-Mafia

---

[9] The journalistic genre is most notably present during Arturo's TV reportages and right before the movie's closing credits, as will be discussed below.

heroes. He also displays his version of a celebratory plaque at the very beginning of the movie, dedicating it "Ai ragazzi della sezione catturandi della squadra mobile di Palermo; Al Quarto Savona 15; A tutti gli agenti di scorta che sono caduti nell'adempimento del proprio dovere." Furthermore, the movie opens with Flora passing in front of the plaque of Chinnici and ends contemplating it again: a circular self-reflexive stance that reveals the function of the movie to be that of a cinematic monument. In fact, just as Peter Homans writes, "cultural forms other than the traditional monument — such as film — can serve as 'functional equivalent' of a monument" (24), the very nature of the cinematic image should be seen here as acquiring a monumental dimension.

A closer analysis further reveals that the didactic approach to monuments that Diliberto's *alter ego* Arturo performs for his son is specular to the one that he has been deploying throughout the movie with viewers. The final sequence thus reveals itself to be the *mise en abyme* of the whole *La mafia uccide qua* film. Just like one of the monumental plaques shown in the finale, the movie too suggests its own emancipatory potential for the audience. For Diliberto, through the monumental concretization of past bloodshed, perennial therapeutic sources open up in the wounded space of the city, and thus allow for a conscious civil re-appropriation of public space against indifference, forgetfulness, and ignorance. It is as if Diliberto, with his close-ups of monuments' surfaces, were directly replying to Robert Musil's statement of 1927, according to which the most important characteristic of monuments is that they "are so conspicuously inconspicuous. There is nothing in this world as invisible as a monument" (61). Monuments thus become protagonists once again against the indifference and the decay with which they are associated in modern times.[10]

However, by self-reflexively revealing its own artifice, *La mafia uccide* can be more fruitfully read as part of the discursive field of anti-monuments rather than traditional monuments. In other words, the movie transcends its own epitaphic and thus monumental potential, and becomes an anti-monument in its own right.[11]

In deconstructing conventional memorialistic forms of expression, the film belongs to a tradition that started in the early twentieth century, when artists, according to Bryan-Wilson, began to reflect on how not to "ossify the past [nor] glorify destruction with elegant bronzes," but rather achieve a "self-reflective

---

[10] Both the threat of decay and indifference towards monuments are here directly highlighted by the director through the close-up shot of the sign that says: "Non depositare rifiuti sotto la lapide del Generale Dalla Chiesa."

[11] Throughout the essay, the anti-monumental category is used in contrast to the counter-monumental one. In spite of the apparent interchangeability of the two in critical discourse, Q. Stevens, K. Frank and R. Fazakerley propose to refer to counter-monuments only to designate "dialogic monument[s] that critique the purpose and the design of a specific, existing monument, in an explicit, contrary and proximate pairing" (259).

decentering" by re-conceptualizing the very mode of monumental expression (194). Especially after the horrors of World War II and Nazi fascism, the form through which traditional monuments symbolically favored social remembrance and conveyed their pedagogical function had to be rethought. In the West, according to Carrier, 1945 marked a "watershed in the history of monuments in terms of both style and utility" (19). "Multiple and *open*" forms of remembrance were favored over the traditional and therefore "'enduring,' 'objective,' 'desirable' and 'pro-'" kind of monument (214, 7).

The trajectory of questioning the very nature of a monument eventually led to the birth of anti-monuments, which for Young refuted "the heroic, self-aggrandizing figurative icons of the Nineteenth Century celebrating national ideals and triumphs" in favor of "antiheroic, often ironic and self-effacing conceptual installations marking the national ambivalence and uncertainty of late Twentieth-century postmodernism" (93). As Lipstadt writes: "If a [traditional] monument is dignifying of death in war, the anti-monument exposes the horrors of war" (65). Anti-monuments thus push for their own symbolic, and at times even material, deconstruction, since, as Young suggests, they conceptually "stand against [themselves]" (66).

A major example of an anti-monument is the one conceived by Jochen Gerz and Esther Shalav-Gerz's in 1986 and placed in Hamburg, simply titled *Monument Against Fascism*. It consisted of a twelve-meter tall stele covered in lead, which was gradually lowered into the ground until its complete disappearance in 1993. The monument notably allowed, and actually encouraged, people to inscribe on its surface their names or other messages, thus participating in a ritual appropriation of the monument itself as locus of active reflection on collective history. In this way, public space is at least partially recuperated by the community — a strategy that radically opposes the traditional monument's monolithic imposition of a unidirectional ideological message. Precisely because of its visible final absence, the progressive disappearance of the monument, or its self-effacement, further prompts a remembrance of the cause it stood for. The artifact ultimately asks people to "stand up against injustice," as the inscription read, instead of remaining passively sheltered behind a traditional monument's symbolic message.[12]

We should read in this vein the ironic title of the movie: "La mafia uccide solo d'estate." The seemingly reassuring words that the father uses with his son to make him sleep peacefully at night are in fact the expression of a culture of

---

[12] The full inscription reads: "We invite the citizens of Harburg, and visitors to the town, to add their names here next to ours. In doing so, we commit ourselves to remain vigilant. As more and more names cover this 12-metre tall lead column, it will gradually be lowered into the ground. One day it will have disappeared completely, and the site of the Harburg monument against fascism will be empty. In the end it is only we ourselves who can stand up against injustice" (Young 130).

conscious denial. In this sense the movie seems to challenge itself, since what it shows clearly serves to contradict the claim contained in its own title, standing for the ignorance that produces it. Anti-monuments represent subversive stances that always speak "against the traditionally didactic function of monuments, against their tendency to displace the past they would have us contemplate — and finally, against the authoritarian propensity in monumental spaces that reduces viewers to passive spectators" (Young 96).

La mafia uccide, unlike traditional anti-Mafia films, similarly demands the active participation of its spectators in understanding its performative and satirical treatment of history. The movie progressively displays its own deconstruction, increasingly substituting satirical depictions with historical facts. Furthermore, instead of constructing a hagiographic narrative only focused on the sacrifice of exceptional individuals, Diliberto seeks to oppose the Mafia by having spectators become experientially aware of the cultural spaces it occupies within society. Ultimately, and just like the self-effacing stele, the cinematic project wishes both to achieve the complete communal emancipation from Mafia culture and violence, and also prompt citizens' first-person social activism.[13] After the death of the anti-Mafia heroes shown in the movie, it is indeed only "we ourselves who can stand up against injustice."

Conclusion

La mafia uccide performs a rewriting of history that requires full participation from the audience. Its satirical tone, which at first glance risks downplaying the viewers' filmic engagement with history, in reality allows a much broader audience to partake in a common catharsis. Unlike a traditional monument to Mafia victims, the movie succeeds in becoming a didactic tool that, rather than merely glorifying the actions and sacrifices of the dead, acts on the sensitivities of the living.

Here Diliberto shows that even the fetus deterministically born as a Mafia product from a slow and unaware spermatozoon, possesses the strength to go against the very circumstances that allowed it to come to life. His cinematic project stands as an anti-monument that, by foregrounding a biological declination of the Mafia issue, permits the viewers to have a novel understanding of the cultural dimension of the phenomenon.

But the triangulation established between Arturo, the viewer, and Diliberto creates a productive tension only insofar as it ultimately encounters the blood and the sacrificial bodies of those who died to protect the Italian state from the destructive presence of Cosa Nostra. The movie thus meaningfully reflects upon

---

[13] Similarly, Bufalino, one of the most important modern Sicilian writers and close friend of anti-Mafia writer Leonardo Sciascia, at the end of his introduction to the collection of essays on Sicily titled *Il fiele ibleo*, dedicates his work to a time in which "nella terra che amo, guarita, parleranno di mafia solo i sociologi dell'antico e le tesi di laurea" (8).

Riches's aforementioned triadic structure of violence: not only are viewers urged to identify with the victims to avoid their own indirect participation in the deeds of the perpetrators, but one of the victims, Arturo, is depicted as an aware and informed witness of the violence perpetrated against him and his whole community. Thus viewers and victims are ultimately impelled to become forces of resistance against Mafia culture and the violence it causes.

Just as the fictional Arturo does with his journalistic profession and with his commitment to educating his son, Diliberto calls upon our conscience by shaping an anti-monument to the dead that communicates with the living: a biological, "therapeutical" device of emancipation from violence that can help us learn from the past in order to act decisively towards a different future. For the story of the Mafia — sadly — does not end in 1992.

Columbia University

Works Cited

Ankersmit, Franklin Rudolf. *Historical Representation*. Stanford UP, 2001.
Barthes, Roland. *Camera Lucida: Reflections on Photography*. New York: Hill and Wang, 1981.
Benigno, Francesco. *La mala setta*. Torino: Einaudi, 2015.
Bruzzi, Stella. *New Documentary*. London: Routledge, 2006.
Bryan-Wilson, Julia. "Building a Marker of Nuclear Warning." *Monuments and Memory, Made and Unmade*. Ed. Robert S. Nelson and Margaret R. Olin. U of Chicago P, 2003: 183-204.
Bufalino, Gesualdo. *Il fiele ibleo*. Cava dei Tirreni: Avagliano, 1995.
Carrier, Peter. *Holocaust Monuments and National Memory Cultures in France and Germany Since 1989: The Origins and Political Function of the Vél' D'hiv' in Paris and the Holocaust Monument in Berlin*. New York: Berghahn Books, 2005.
Doubrovsky, Serge. *Fils: roman*. Paris: Éditions Galilée, 1977.
Eitzen, Dirk. "When Is a Documentary?: Documentary as a Mode of Reception." *Cinema Journal* 35.1 (Autumn, 1995): 81-102.
Fierke, Karin Marie. *Political Self-Sacrifice: Agency, Body and Emotion in International Relations*. Cambridge UP, 2013.
Foucault, Michel. *Dits et écrits: 1954-1988. Vol. 3*. Paris: Gallimard, 1994.
Gruber, Lilli. "PIF testimone d'Italia – Otto e Mezzo 07/12/13." *YouTube*, uploaded by La7 Attualità 3 Dec 2013, www.youtube.com/watch?v= jQhw3HN5Pm4.
Homans, Peter. *Symbolic Loss: The Ambiguity of Mourning and Memory at Century's End*. Charlottesville: UP of Virginia, 2000.
Lipstadt, Helene, "Learning from Lutyens. Thiepval in the Age of the Anti-Monument." *Harvard Design Magazine* (Fall 1999): 65-70.
Marcus, Millicent. "In Memoriam: The Neorealist Legacy in the Contemporary Sicilian Anti-Mafia Film." *Italian Neorealism and Global Cinema*. Ed. L. Ruberto and K. Wilson. Detroit: Wayne State UP, 2007. 290-307.
_____. "Postmodern Pastiche, the Sceneggiata, and the View of the Mafia from Below in R. Torre's *To Die for Tano*." *After Fellini: National Cinema in the Postmodern Age*. Ed. Millicent Marcus. Baltimore: Johns Hopkins UP, 2002. 234-51.

Musil, Robert. *Posthumous Papers of a Living Author*. Trans. Peter Wortsman. New York: Penguin Books, 1987.
Nichols, Bill. *Introduction to Documentary*. Bloomington: Indiana UP, 2010.
_____. *Representing Reality: Issues and Concepts in Documentary*. Bloomington: Indiana UP, 1991.
Renga, Dana. *Unfinished Business: Screening the Italian Mafia in the New Millennium*. Toronto: U of Toronto P, 2013.
Riches, David. *The Anthropology of Violence*. Oxford, Uk: Blackwell, 1986.
Rowlands, Michael, and Christopher Tilley. *Monuments and Memorials*. "Handbook of Material Culture." London: SAGE, 2006.
Schneider, Jane, and Peter Schneider. *Reversible Destiny: Mafia, Antimafia, and the Struggle for Palermo*. Berkeley: U of California P, 2003.
Siebert, Renate. *Secrets of Life and Death: Women and the Mafia*. London: Verso, 1996.
Stevens, Quentin, Karen A. Franck, Ruth Fazakerley. "Counter-monuments: The Anti-monumental and the Dialogic." *The Journal of Architecture* 17.6 (2002): 951-72.
Stille, Alexander. *Excellent Cadavers: The Mafia and the Death of the First Italian Republic*. New York: Vintage Books, 1996.
Vilain, Philippe. *L'Autofiction en théorie*. Chatou: Les Éditions de la Transparence, 2009.
Vinci, Marilena. "Pierfrancesco Diliberto, intervista." *YouTube*, uploaded by RB Casting 27 Nov. 2013, www.youtube.com/watch?v=MCBXGVxQH-M.
Young, James. *At Memory's Edge: After-images of the Holocaust in Contemporary Art and Architecture*. New Haven: Yale U P, 2000.

Filmography

Allen, Woody, director. *Radio Days*. Orion Pictures, 1987.
Coppola, Francis Ford, director. *The Godfather: Part II*. Paramount Pictures, 1974.
Di Robilant, Alessandro, director. *Il giudice ragazzino*. Rai Due / RCS Films, 1994.
Diliberto, Pierfrancesco, director. *La mafia uccide solo d'estate*. Wildside, 2013.
_____. *In Guerra per amore*. Wildside, 2016.
Folman, Ary, director. *Waltz with Bashir*. Bridgit Folman Film Gang, 2008.
Giordana, Marco Tullio, director. *I cento passi*. Rai Cinemafiction, 2000.
Hamburger, Cao, director. *The Year My Parents Went on Vacation*. Gullane, 2006.
Kusturica, Emir, director. *When Father Was Away for Business*. Centar Film, 1985.
Salvatores, Gabriele, director. *Io non ho paura*. Cattleya / Medusa Film, 2003.
Scimeca, Pasquale, director. *Placido Rizzotto*. Arbash Film, 2000.
Sorrentino, Paolo, director. *Il divo*. Indigo Film, 2008.
Torre, Roberta, director. *Tano da morire*. Lucky Red, 1997.
Wood, Andrés, director. *Machuca*. Paraiso Productión, 2004.

Vito Zagarrio

"A History of Violence":
violenza, resistenza, tolleranza, sacrificio nel cinema italiano

Sinossi: Il saggio affronta i temi di violenza, resistenza, tolleranza e sacrificio declinate dal cinema, dal dopoguerra a oggi. Un cinema che sempre di più è ibridato con la televisione, il documentario, le arti elettroniche e digitali, le arti visive, la Rete. Dal cinema d'Autore a quelli di Genere, il cinema ha sempre rappresentato la violenza, sposandola spesso al motivo — tipico della tradizione cristiana ma anche laico — del sacrificio. Dal Neorealismo alla Commedia, dal cinema dei Maestri al nuovissimo cinema italiano del nuovo millennio, il mezzo audiovisivo impone problemi etici importanti.
Parole chiave: Cinema, documentario, violenza, Altro, generi, immigrazione, resistenza, sacrificio, televisione, critica.

Il titolo di questo saggio gioca con quello di un noto film di Cronenberg (*A History of Violence*, appunto), autorevole esponente di un cinema nordamericano (il regista è canadese, ma i suoi film rientrano nel sistema hollywoodiano) che ha molto a che fare con la violenza. Una violenza che è nella società — nei suoi nuclei fondanti, dalla famiglia alla scuola, dall'esercito alle chiese, dalla politica all'economia —, e che è tra i tratti caratteristici dell'intera storia del cinema (penso a *The Great Train Robbery* di Porter, del 1903, con il primo sparo verso la macchina da presa della storia). In particolare, la violenza è alla base del cinema hollywoodiano, quello dei generi ma anche quello più autoriale, come si evince da un libro di Leonardo Gandini (*Voglio vedere il sangue. La violenza nel cinema contemporaneo*).

Ma la mia riflessione è rivolta alla violenza nel cinema italiano, e soprattutto a come le quattro parole d'ordine proposte interagiscano nella storia del nostro film. Violenza, resistenza, tolleranza, sacrificio: giustamente il *call for papers* per questo numero cita *Lamerica* di Gianni Amelio, a proposito della dinamica violenza-non violenza; nel cinema del regista calabrese, infatti, è spesso presente una violenza sociale, come quella del drammatico inizio di *Ladro di bambini* o del finale di *Così ridevano*, ma anche una riflessione sulla necessità del sacrificio (ad esempio nell'assunzione della "colpa" — termine fondamentale nella cultura cattolica — da parte di uno dei fratelli per coprire l'altro nello stesso *Così ridevano*).

Il cinema italiano "classico": la problematica della violenza
Proverò all'inizio a tracciare alcune linee di tendenza, puntando su alcuni momenti centrali della storia del cinema nazionale. Un ovvio esempio da cui partire è quello del Neorealismo, dove i quattro termini interagiscono sempre:

penso alla figura di Don Pietro in *Roma città aperta* e alla sua capacità di coniugare nel suo personaggio la "Resistenza" (nel doppio senso di movimento politico e di pazienza civile), la violenza della Storia, la tolleranza verso l'odio, e infine il martirio.

Particolarmente forte è il capitolo finale di quel capolavoro rosselliniano, in cui il prete (Aldo Fabrizi) e il leader comunista Manfredi, alias Ferrari (Marcello Pagliero) vengono condotti nel luogo delle torture (nella storia il realistico centro della Gestapo di via Tasso). Rossellini costruisce una *location* e un'atmosfera molto diversa dalle arie aperte del neorealismo: qui le stanze sono oscure e tenebrose, la luce sembra quella di un film espressionista. E in questo luogo incubico il cattivissimo nazista, Bergman, tenta prima di circuirli e di sedurli per convincerli a parlare, poi ordina la tortura del capo comunista, cui si chiede di fare i nomi dei generali badogliani e dei capi della resistenza. A quel punto il film slitta nell'horror, con Manfredi che viene torturato con strumenti orrorifici, come una tenaglia per cavare le unghie o una fiamma ossidrica. Sembra, appunto, Cronenberg, o un *horror movie* del futuro cinema americano postbellico; mentre esplode anche un altro genere, il melodramma. *Melo* che ha caratterizzato del resto tutto il film: basta pensare alla celebre morte di Pina (Anna Magnani), che si sacrifica — ma il significato della sua morte è stato molto discusso — correndo dietro al suo uomo portato via dai nazisti, urlando "Francesco!, Francesco!". E don Pietro ne abbraccia le spoglie, come in una Pietà michelangiolesca a parti invertite, dove il Cristo deposto è una donna (incinta) e la Vergine è il prete.

Torniamo al finale del film: quando don Pietro viene condotto davanti a Manfredi, ormai quasi morto dal dolore delle torture, prima chiede al compagno se ha fatto dei nomi ("Non hai parlato...?"), poi si accorge che l'uomo è già spirato e inveisce con violenza contro il gruppo dei tedeschi, maledicendoli aspramente. Con una straordinaria interpretazione registica, Rossellini fa arretrare simultaneamente il gruppo degli astanti (il maggiore Bergman, Ingrid, la donna nazista che seduce l'amante di Manfredi — anche lei cattivissima, truccata come le donne perdute del noir americano — i torturatori, le guardie). Ma subito dopo si pente ("Che cosa ho detto...?!"), si inginocchia, con la luce che crea l'atmosfera di un quadro di Caravaggio, e prega. Violenza, resistenza, tolleranza e sacrificio si coniugano splendidamente in questa scena: la violenza della Storia, incarnata dalla follia ideologica nazista (in una scena di poco precedente un ufficiale, il capitano Hartmann, interpreta tutta la storia recente tedesca come una storia di massacri: "Morden, Morden!"); la resistenza politica e umana di questa "strana coppia" (ma non tanto strana nel contesto del '45) costituita dal prete cattolico e dall'ateo comunista; il sacrificio di entrambi nel nome di un comune ideale di libertà e di giustizia; la tolleranza, nelle parole di don Pietro, che perdona a chi ha fatto del male e si prepara con pazienza alla morte, il sacrificio estremo. Nel finalissimo del film, infatti, il parroco è condotto davanti al plotone di esecuzione, accompagnato da un altro prete (che appare invece non allineato, se non consenziente ai fascisti quando lo invitano a fare presto), che tenta di consolarlo: "Ah, non è difficile morire bene" — risponde Don Pietro — "è difficile vivere bene". Con una bella invenzione registica, i soldati italiani del plotone di esecuzione sbagliano volutamente il bersaglio (non se la sentono di ammazzare ingiustamente un prete e un italiano), e l'ufficiale tedesco (guarda caso lo stesso che la notte prima, ubriaco, aveva parlato della violenza tedesca e dell'ansia di libertà dei popoli da loro oppressi) è costretto a sparare personalmente il "colpo di grazia". E nella celeberrima inquadratura finale, i bambini amici del parroco, che hanno assistito all'esecuzione, si avviano mestamente, abbracciati l'un l'altro, verso la città, il cui paesaggio è dominato centralmente dalla cupola di San Pietro. Abbracciati, in gruppo (la nuova generazione, il collettivo), verso il futuro (la città che si vede in fondo), verso un avvenire che mostra ancora dei Valori, come quelli cristiani rappresentati dalla cupola michelangiolesca. Un chiaro simbolo di "speranza", termine che aggiungerei a quelli di "resistenza" e di "tolleranza".

Questo lungo, snervante, segmento finale del film, dove Rossellini si avventura in un importante saggio storico (l'incontro tra la tradizione marxista e quella cattolica, la strana alleanza tra le forze monarchiche e quelle comuniste), è segnata da alcuni simboli importanti, che gettano nuova luce sul significato di *Roma città aperta*. Ad esempio, in tutta la sequenza finale — quella della tortura e morte di Manfredi — la scena è dominata da un'ombra, proiettata da una luce dal basso e che si staglia — irrealisticamente — sia dietro la figura del prete che dietro quella dell'ufficiale nazista. Non si capisce bene cosa sia: pare uno strumento di tortura, o una pressa simile a quella dei primi strumenti di stampa; o più verosimilmente una bilancia. Un simbolo di violenza, dunque, ma anche di giustizia, che viene minacciosamente proiettata sulla parete sino a sembrare una croce, o peggio una croce uncinata. Si tratta di un simbolo denso e importante, che fa capire come il Neorealismo non sia quello semplicemente etichettato come il film girato fuori dai teatri di posa, interpretato da attori non professionisti, e attento a una fotografia della realtà. Qui, invece, le metafore sono complesse, e il film diventa una profonda riflessione etica che denuncia la violenza fascista e nazista e condanna anche l'ingiustizia e la malvagità umana alla base di tante sofferenze che toccano uomini e donne, bambini, adulti e anziani.

Proseguendo sulla rappresentazione della violenza nazista, voglio spostare l'attenzione verso il cinema post-resistenziale di registi come Carlo Lizzani, che sarà nella sua lunga filmografia fortemente interessato al tema dell'Olocausto.[1] Un caso esemplare è *L'oro di Roma*, film che racconta l'episodio vero in cui i nazisti, nella Roma occupata, pretendono dalla comunità ebraica tutto l'oro possibile. Gli ebrei tollerano, resistono alla violenza in modo pacifico

---

[1] Mi preme di citare qui l'importante libro di Marcus, *Italian Film in the Sdadow of Auschwitz*.

predicando la pazienza e la tolleranza. Ma alla fine del film, uno dei protagonisti, un giovane ebreo pacifista e contrario alla violenza, decide di sposare la Resistenza e uccidere per ragioni "giuste". La scena finale lo vede abbracciare la violenza, sparando — con la morte nel cuore — a un soldato tedesco.

Anche qui resistenza alla violenza e accettazione della violenza per ragioni etiche si sposano provocando un dilemma morale sconcertante, lontano dai trionfalismi della guerra partigiana come epica della Nazione. E qui l'elenco dei film è vasto: c'è tutto il filone dei film resistenziali, da *Paisà* a *Il generale Della Rovere* dello stesso Rossellini, da *Achtung banditi!* a *Hotel Meina* — ancora Lizzani —, da *L'Agnese va a morire* di Montaldo a *La lunga notte del '43* di Vancini.[2] Spesso ritorna il tema del sacrificio — tema fondamentale della tradizione cristiana — che si coniuga anche con il motivo dell'identità italiana: faccio l'esempio di De Sica ne *Il generale Della Rovere*, in cui il protagonista diventa eroe suo malgrado, in qualche modo forzando il suo carattere di partenza. Cosa che avviene anche in un altro film dello stesso anno (1959), il celebre *La grande guerra* di Monicelli. Si tratta di due film che vincono a pari merito il Leone d'oro del festival di Venezia, e oltre a essere considerati un passaggio di testimone dal Neorealismo alla Commedia all'italiana, propongono un tema simile: l'eroe per caso, legato però a una rilegittimazione dell'orgoglio nazionale attraverso un sacrificio. Nel film di Rossellini il truffatore De Sica muore da eroe, identificandosi col personaggio che dovrebbe solo interpretare; nel film di Monicelli, i due comici Sordi e Gassman muoiono da eroi essendo stati per tutto il film due dichiarati codardi. "Io non so niente, io sono un vigliacco!" — continua a gridare il personaggio di Sordi, morendo però pur di non fare la spia.

Lasciando da parte la Resistenza, violenza e sacrificio si sposano spesso nel cinema degli Autori postbellici. Penso soprattutto a Pier Paolo Pasolini, nel cui cinema la violenza è sociale: è la violenza delle periferie, dell'ignoranza, del degrado economico e morale. La violenza dei "ragazzi di vita", dei protettori delle prostitute, dei piccoli criminali delle borgate romane. E a volte il sacrificio si cela in personaggi da cui non te l'aspetti. Come nel caso del finale di *Accattone*, con la morte del protagonista che suona come un sacrificio "cristologico": "Ah, mo' sto bene…", mormora il morente "Accattone" (Franco Citti), dopo l'incidente con la moto che ha rubato. E paga per tutti noi, novello Cristo dei poveri e delle prostitute. D'altra parte Pasolini ha scelto Bach per contrappuntare con la colonna sonora le bruttezze del mondo che ha scelto di descrivere.

Il vero Cristo sarà messo in scena con *Il Vangelo secondo Matteo*, altro capolavoro pasoliniano che declina il binomio violenza-sacrificio con una lettura

---

[2] Si veda a questo riguardo Zinni, *Fascisti di celluloide. La memoria del ventennio nel cinema italiano.*

"politica" del Messia: il Vangelo letto da un intellettuale laico ma profondamente formato dal cristianesimo, un modello alto che permette una riflessione sulla società, l'ideologia, la Storia nella direzione di una diversa giustizia sociale.

La violenza permeerà sempre di più il cinema di Pasolini, sino a quella cieca e paradossale di *Salò, o le 120 giornate di Sodoma*, dove la rilettura del fascismo viene coniugata con una rappresentazione estrema del sadismo e del feticismo come metafore di un grande Rimosso della coscienza collettiva. Un "Perturbante" della Storia e degli esseri umani che rende drammatico tutto il complesso, faticoso percorso di Pasolini, sino alla sua propria morte, che ha a sua volta a che fare con la violenza e il sacrificio (*Una vita violenta* è del resto uno dei suoi romanzi più famosi).

Questo schema etico e narrativo resta in tutta l'ampia casistica di film recenti che si rifanno alla lezione, l'eredità e il modello del cinema pasoliniano: penso ad *Alì ha gli occhi azzurri* di Claudio Giovannesi, che riprende la frase della *Profezia* di Pasolini per raccontare le periferie di Ostia oggi popolate dagli immigrati di seconda generazione. Penso a *Non essere cattivo* del prematuramente scomparso Claudio Caligari: anche qui Cesare (Luca Marinelli) è un povero Cristo della periferia di Ostia. Ma sono molti altri i film italiani che tentano di raccogliere l'eredità pasoliniana, a dimostrazione di quanto il modello del grande intellettuale italiano abbia influenzato il cinema nazionale.

Ma parlando di violenza e sacrificio nel cinema dei Maestri non si può non fare riferimento al Visconti di *Rocco e i suoi fratelli*. Rocco (Alain Delon) è un'altra figura cristologica, che si sacrifica per salvare la sua famiglia rovinata dagli eccessi violenti dell'altro fratello Simone (Renato Salvatori). È lui, alla fine, il mite e saggio fratello, a sacrificarsi intraprendendo la carriera del pugile. Simone ha ucciso la donna amata/odiata. In una scena famosissima Salvatori accoltella Nadia, Annie Giradot. E la donna a sua volta si trasforma in un Cristo al femminile: appoggiata a un palo, allarga le braccia come ad attendere la coltellata fatale. Si sacrifica anche lei, mentre la scena evolve in un crescendo parossistico, in cui Simone continua a colpire l'ex amante alla schiena, in riva all'idroscalo.

Il finale del film è un misto di melodramma puro e di discorso di critica sociale: Simone ritorna a casa e confessa al fratello l'omicidio di Nadia. Rocco, in preda alla disperazione, urla, piange e colpevolizza se stesso piuttosto che il fratello assassino, arrivando a offrirgli riparo in casa. Ma l'altro fratello, l'operaio Ciro, si ribella a questa decisione familiare, e corre a denunciare il fratello maggiore. Nel finalissimo, Luca, il fratellino minore, va a trovare Ciro durante una pausa dal lavoro in fabbrica, e l'operaio racconta al bambino l'idea di un mondo migliore nel quale la gente non sarà più costretta a emigrare. Mentre il piccolo si allontana, il volto di Rocco, campione di uno sport violento cui è arrivato suo malgrado, campeggia sui manifesti che pubblicizzano l'incontro di boxe.

Trionfa ancora, dunque, il tema del sacrificio, laico, di ascendenza cristiana o addirittura come parodia del sacrificio redentore del Cristianesimo, che permea gran parte del cinema italiano e che pare l'unica risposta, date le circostanze, alla violenza che circonda tutti. Potrei aggiungere fra questi personaggi che impongono un riferimento alla simbologia cristologica, il Titta Di Girolamo de *Le conseguenze dell'amore* di Paolo Sorrentino. Il protagonista (Toni Servillo) è un uomo della mafia, che abita in Svizzera e il cui lavoro è quello di versare i soldi della mafia nelle banche svizzere. Appare come un freddo gentiluomo, anche se è tossicodipendente ed è capace di emozioni forti, come quella di innamorarsi sino alla morte. Per "le conseguenze dell'amore", Titta rifiuta di consegnare alla mafia una valigia con dieci milioni di dollari, e per questo viene ucciso. Nella celebre sequenza finale, il corpo di Titta viene calato lentamente, con una gru, in una vasca di cemento. Con questa minaccia la mafia vorrebbe indurlo a parlare, ma Titta, come il Manfredi di *Roma città aperta*, muore testardamente portando nella tomba i suoi segreti. Non c'è l'ideologia, però, ma ci sono alri sentimenti, come l'amore, l'amicizia e l'orgoglio personale. "Voi avete rubato la vita mia, ed io mi rubo la valigia vostra" — dice Titta al capo mafia. Anche qui violenza, morte, sacrificio ed espiazione si mescolano in una inevitabile simbologia cristologica: si veda l'inquadratura sconcertante in cui il protagonista è appeso alla gru come ad una croce, e dietro di lui — squisitamente composto dalla fotografia di Bigazzi — si staglia una collina che tanto assomiglia al Golgota. Ovviamente allo spettatore spetta il compito di determinare fino a che punto si tratti di di una dichiarata simbologia cristologica o di un'allegoria più ironica, pur mirata alla denuncia della cultura mafiosa.

La violenza nei/dei generi
Questo per quanto concerne il cinema d'autore. Nel cinema "di genere" la violenza assume altro significato. La troviamo nei "generi" del cinema nazionale, dallo spaghetti western al cappa e spada, dal "peplum" all'horror. In questi modi tipici dell'industria *mainstream* e del cinema "di profondità" la violenza permea il prodotto a tal punto che diventa il codice stesso di alcuni generi (western, azione, detective, horror, ecc.), o in altri viene banalizzata e/o esorcizzata (come nella commedia all'italiana). Certo, qui si pone il problema se il trattare la violenza come divertimento, come parodia o come provocazione grottesca finisca col diminuirne la portata negativa sul pubblico o invece rischi di incrementare la violenza stessa. Il tema è annoso e non facilmente risolvibile, perché impone riflessioni etiche che cambiano negli anni. La stessa rappresentazione della violenza autoriale pone delle forti riserve morali: ricordo un appassionato attacco del critico Lino Miccichè contro *Natural Born Killers* di Oliver Stone che, a suo dire, nell'enfatizzare il gesto violento magari al fine di esorcizzarlo, finiva con il rendersene immoralmente complice.

Se vogliamo prendere degli esempi alti, parto dal cinema di Sergio Leone, che mette insieme due modelli forti come il western hollywoodiano classico e il film samurai, aggiungendovi poi un pizzico di commedia all'italiana: *Per un pugno di dollari* è un adattamento di *Joijmbo* di Kurosawa, e Clint Eastwood, il gringo "senza nome", prende il posto del solitario samurai che difende i poveri contadini giapponesi. Ecco dunque che la violenza tipica del western va decodificata contestualizzandola nel suo genere filmico e alla luce dei suoi modelli letterari e cinematografici. I duelli o i "trielli" di Leone sono come i numeri di danza dei musicals hollywoodiani, con dei propri codici e stili che il regista italiano porta al massimo parossismo: vedi il triplice duello tra Clint Eastwood, Eli Wallach e Lee Van Cleef in *Il buono, il brutto e il cattivo*, vedi la sfida tra l'uomo senza nome e la banda di Ramon in *Per un pugno di dollari*, il duello apparentemente impari tra Harmonica (Charles Bronson) e gli scagnozzi di Frank in *C'era una volta il west*. Leone — e dopo di lui tutta l'infinita serie di spaghetti western — ibrida semmai la violenza con la commedia all'italiana: la trilogia di *Per un pugno* e seguenti è spesso contrappuntata di situazioni comiche o ironiche, e il personaggio del "brutto" è una maschera grottesca degna dei personaggi alla Sordi o alla Tognazzi. Una evoluzione di quel western "alto" leoniano sarà il western-commedia con Bud Spencer e Terence Hill (*Lo chiamavano Trinità*), dove la violenza diventa pura *slapstick comedy*.

Infatti, la stessa, cosiddetta, commedia all'italiana è spesso permeata di violenza: la violenza del grottesco ne *I mostri* e ne *I nuovi mostri*, la violenza della morte nel finale de *Il sorpasso*, la violenza familiare e sociale di *Brutti sporchi e cattivi* (di un autore, Scola, che passa progressivamente dalla pura commedia al dramma e alla critica sociale).

Schema simile nel "peplum" e nei suoi infiniti sviluppi: lo stesso Leone comincia la sua carriera con un film storico-mitologico (*epic sandal*, come traducono il peplum gli studiosi anglo-americani), l'interessante *Il colosso di Rodi*. Anche in questo caso la violenza è un "numero" circense fatto con gli occhi dei bambini che giocano alla guerra; un modo, forse, per esorcizzare la stessa violenza e riadattarla a un universo familiare e riconoscibile, quello dei fumetti.

Quando non sono i fumetti e i giornaletti adolescenziali, è la televisione a fare da ammortizzatore della violenza: i *mafia movies* italiani, da *La piovra* a *Il capo dei capi*, tentano di riportare nell'alveo rassicurante del genere poliziesco e gangster una violenza durissima che è nella società e nella storia italiane. La mafia, devastante fenomeno socio-economico che ha le sue radici in una violenza assoluta nei gangli fondanti della società e del potere, viene in qualche modo derubricata col ricorso ai codici generici, e a volte declinata — ancora una volta — col sorriso, come nel caso del piccolo cult *La mafia uccide solo d'estate* di Pif. Anche qui vale lo stesso commento che ho fatto sopra: se il cinema ha una funzione etica e sociale, è possibile trattare la violenza col sorriso? È possibile parlare di mafia con ironia? E d'altra parte è possibile parlare di Olocausto con un — pur amaro — sorriso? È la domanda che pone un piccolo capolavoro come *La vita è bella* di Benigni.

La mia opinione è che la violenza debba essere comunque "decodificata", analizzata nei codici dei generi, e che si debbano dare allo spettatore gli strumenti per non assorbirla passivamente: altrimenti come dovremmo comportarci nei confronti delle infinite immagini di violenza, facilmente accessibili anche ai nostri figli, che ci vengono dai quotidiani telegiornali, dai talk shows o dal web?

Diverso è il discorso che riguarda Matteo Garrone e la rappresentazione della violenza nei suoi film: anche in *Gomorra* troviamo l'uso dei generi, con un omaggio esplicito al gangster (la citazione di *Scarface*); ma non è certo un banale *camorra movie*. Anzi, diventa invece, attraverso il meccanismo immaginario del genere e la base narrativa del romanzo di Saviano che è alla base del film, un affresco universale, un dramma cosmico costruito ai bordi tra realismo e anti-realismo.

Una parola va poi dedicata all'horror italiano, un genere non autoctono di cui è stato ed è indiscusso maestro Dario Argento. Qui la violenza pesca nell'inconscio, nell'onirico, dà vita ai fantasmi di una società: da *L'uccello dalle piume di cristallo* e *Quattro mosche di velluto grigio* a *Profondo rosso* e *Suspiria*, Argento esorcizza i nostri incubi. La sua violenza diventa a volte forma pura, come nell'insistita descrizione di schizzi di sangue che diventano pennellate di colore o nell'ossessione delle teste tagliate che prefigurano l'orrore contemporaneo dell'Isis. La violenza argentiana diventa persino "politica": è l'evoluzione dell'Argento più tardi, come quello de *La terza madre* che, attraverso uno schema narrativo da horror classico, dipinge un impietoso ritratto della società italiana nel terzo millennio.

Insomma, la violenza è una forza "cosmica" con cui l'arte ha sempre avuto a che fare, dall'arte paleolitica alla realtà virtuale. Affrontarla nel cinema, nella televisione, nelle arti visuali e digitali, nel documentario, nelle serie televisive, nel web, impone agli operatori culturali, agli autori, ai creatori di contenuti, problemi etici di primissimo piano, specialmente in questo nuovo millennio che vive all'insegna della globalizzazione dell'informazione.

Il cinema del nuovo millennio

A proposito del terzo millennio è proprio agli anni duemila che dobbiamo arrivare per una più complessa declinazione delle nozioni di violenza, tolleranza, sacrificio. E ancora di più l'analisi del cinema — che nel nuovo secolo è diventato un cinema "espanso", che mescola vari formati e modi (lungometraggio, corto, documentario, serie tv, arti elettroniche, installazioni, ecc.) e propone nuovi luoghi della visione (non solo la vecchia sala cinematografica, ma il computer, il cellulare, i molti schermi possibili) — impone delicate questione morali. Anche quando la si rappresenta per denunciarla, la violenza rischia di contaminarci, di infettarci, di renderci complici.

Il cinema degli anni duemila introietta e mette in scena la violenza che è nella società, nella politica, nella famiglia, nelle relazioni interpersonali, nel vivere quotidiano che Papa Francesco ha lucidamente messo in luce in alcune sue sortite pubbliche.[3] La violenza è quella politica di molti film sulla società italiana contemporanea, come *Diaz* di Daniele Vicari, *Suburra* di Stefano Sollima, o *Romanzo di una strage* di Marco Tullio Giordana. Se guardiamo al cinema italiano contemporaneo attraverso il registro di questi film, cogliamo un'irruzione della Storia, declinata però dal punto di vista più strettamente ideologico e politico. La Storia irrompe come irrompe la polizia con inaudita violenza dentro la scuola in *Diaz*, che ricostruisce i fatti avvenuti verso la fine del G8 di Genova 2001, quando i poliziotti massacrarono la gente ospitata dalla scuola trasformata in un improvvisato dormitorio. Vicari usa in maniera sofisticata il linguaggio cinematografico, con uno stile tra "nouvelle vague" e cinema d'azione americano, emoziona senza strafare nel mostrare la "macelleria" sanguinolenta dell'assalto alla scuola. Evita il tono della fiction televisiva che invece emerge ogni tanto nell'altro film "ideologico" uscito in contemporanea con il film di Vicari, *Romanzo di una strage*, dedicato alle bombe contro la Banca dell'Agricoltura. Due film, comunque, che confermano il rinnovato interesse dei cineasti — e in parte del pubblico — per i "misteri d'Italia"; che è il titolo, tra l'altro, di un libro curato da Christian Uva su come il cinema ha rappresentato i tanti "misteri" irrisolti della società politica italiana, dalla mafia alla camorra, dal terrorismo allo stragismo di Stato (*Strane storie. Il cinema e i misteri d'Italia*). *Suburra* è film ancora più crudo, che colpisce allo stomaco con la rappresentazione della violenza nell'Italia berlusconiana e post, quella della politica corrotta, dei valori basati su sesso droga e potere, dell'arrivismo e dall'ingordigia.

Ma la violenza è spesso più sottile, sta a volte nella vita familiare, che un regista come Ivano De Matteo sa cogliere bene nei suoi film: come *La vita possibile*, storia di una donna che da Roma fugge a Torino col figlio, non riuscendo più a sopportare la violenza domestica; o come *I nostri ragazzi*, dove due coppie di amici della buona borghesia scoprono che i loro bravi ragazzi hanno ucciso una povera barbona. O, soprattutto, come *La bella gente*, ritratto impietoso della famiglia, anche quella apparentemente illuminata ed equilibrata. La storia è quella di una coppia "di sinistra", due cinquantenni (Alfredo/Antonio Catania, e Susanna/Monica Guerritore) che hanno fatto il post-'68 all'Università e ora sono due borghesi illuminati, che si battono contro la discriminazione e hanno idee politicamente corrette. Trascorrono l'estate nella loro casa di campagna, dove abitano coi loro vicini Paola e Fabrizio, due tipi molto diversi, futile lei, volgare e machista lui. Un giorno Susanna vede sulla strada una prostituta ucraina maltrattata dal suo protettore, e le salta in mente di "salvarla",

---

[3] Mi riferisco all'incontro di Papa Bergoglio con gli studenti e i docenti dell'Università Roma il 17 febbraio 2017.

costringendo il marito a portarla a casa per poi aiutarla a uscire dal giro e a trovare un lavoro normale. Dopo una prima resistenza, la ragazza (Nadja/Victoria Larchenko) si abitua e si affeziona alla coppia. Ma presto le contraddizioni esplodono: il vicino di casa offre soldi alla ragazza, il figlio di Susanna e Alfredo la seduce, insomma una serie di equivoci e di preconcetti fanno sì che la donna illuminata e antirazzista diventi alla fine gelosa e cattiva e che tutti i protagonisti dimostrino il peggio della loro personalità dietro il buonismo apparente. Nadja finisce col diventare il motore per l'esplosione dei conflitti, un personaggio che fa detonare i pregiudizi di uno spaccato di società. Tema non nuovo, questo, a partire da *Teorema* di Pasolini; ma il regista tratta il tema con grande capacità di scrittura e di recitazione, facendo immedesimare lo spettatore con pregi e difetti dei protagonisti della vicenda, nessuno dei quali si salva moralmente. La "bella gente" non è affatto bella. E quella gente siamo noi, possiamo arguire. Qui il cinema dà la possibilità di essere specchio di una società e di un modo di vivere; ed anche di far riflettere lo spettatore, magari impietosamente, su comportamenti che non sono distanti dalla sua vita quotidiana.

Questo tema della coppia che improvvisamente si trova ad affrontare un triangolo senza saperlo gestire è certamente delicato, come delicato e complesso è il tema della prostituzione, sia dal punto di vista del gender che da quello della rappresentazione dell'immigrazione. Anche in questo caso, infatti, come in molti altri film degli anni duemila, il tema è il rapporto con l'Altro. Altro nel senso di Diverso in senso etnico o sessuale, Altro anche nel senso di inconscio, di "altro da sé".

Il tema dell'immigrazione è diventato, dagli anni novanta in poi, sempre di più un pretesto per parlare della società italiana, dell'ex Bel Paese nel nuovo millennio, delle complessità dell'essere umano. La rappresentazione dell'immigrato, nelle sue varianti (prostituta, lavoratore al nero, clandestino, madre partoriente, cadavere) è una miccia che fa detonare conflitti latenti, e una cartina di tornasole dei nostri difetti.

Un argomento che sta cuore al cineasta Andrea Segre, che da sempre, con documentari e film, mette in scena la complessità dell'immigrazione. Ricordo i suoi due film di finzione, *Io sono Li* e *La prima neve* (protagonisti una cinese e un africano), ma anche i tanti documentari. Tra questi voglio citare *Il sangue verde*, che ricostruisce i fatti di Rosarno del 2010, quando un intero paese fu insanguinato dagli scontri tra popolazione locale e immigrati, accusati di essere violenti. Ma la violenza (fisica, psicologica, sociale) è in tanti film sull'immigrazione, da *Là-bas* di Lombardi a *Fuocoammare* di Rosi: film costellati di cadaveri (come quelli veri ripresi dal documentario di Rosi) o di conflitti di gruppi etnici e di classe. Tema attualissimo ancora oggi, in Italia e in un'Europa travolta da fili spinati e barriere ideologiche.

Qui il dibattito sulla posizione "etica" del cineasta è ampio. Il sopracitato *Fuocoammare*, documentario celebrato e pluripremiato (ha vinto l'Orso d'oro a

Berlino ed è stato il candidato italiano all'Oscar) è stato citato da qualche critico come film "pornografico", proprio per la sua esibizione della violenza (terribili le inquadrature dei cadaveri degli immigrati annegati e avvolti nei cellophanes verdastri), oltre che la sua contaminazione di realtà e finzione. Si corre forse il rischio di un voyeurismo nel momento in cui si mostra la violenza pur volendo denunciarla? È un problema, ripeto, che percorre tutta la storia dell'arte, oltre che del cinema, da Caravaggio a Picasso, da Guttuso a Bill Viola. Difficile prendere posizione, talmente soggettivo è l'approccio etico. Ma certo una "posizione" l'autore di un testo audiovisivo la deve avere all'interno del suo progetto narrativo.

Questa "posizione" è essenziale, ad esempio, nei molti film narrativi o documentari o réportages che affrontano il tragico tema dell'Altro, in senso etnico, sociale, sessuale, psichico.

La violenza dell'"Altro"
Io, l'altro, titola il suo film il regista maghrebino operante in Italia Mohsen Melliti. Dove la virgola è importante, poiché fa capire il punto di vista, il soggetto guardante. Sono "io", l'Altro — ci vuole dire Melliti —, questo è il punto di vista dell'alieno, di chi viene dall'altra parte (della costa mediterranea e della cultura, o della religione). Ma ci vuole dire anche che l'Altro sta proprio nell'Io, in un soggetto che a questo punto è reciproco e collettivo. È un titolo, comunque, che rende bene il tormentato rapporto — fatto di scambio di ruoli e di pre-giudizi — con il nuovo migrante. Fare i conti con la nuova immigrazione significa fare i conti con un Inconscio nascosto, con le viscere delle radici culturali e dell'identità italiana (e in particolare, in questo e in altri casi, siciliana). Da soggetto di un "sogno" (soprattutto americano) di cambiamento — di luogo e di ceto — a oggetto di un "miraggio", come quello che spinge la nave dei disperati de *Lamerica* verso l'Italia

Il ribaltamento dei ruoli e delle parti (da popolo che pratica la migrazione a popolo che subisce la migrazione) ha provocato certamente un corto circuito e un trauma che ha evidenziato la natura psicanalitica del rapporto con l'"Altro".[4]

Emblematico, in questo senso, è *Tornando a casa* di Vincenzo Marra, uno dei registi che più rivendica un ritorno all'etica del "Neorealismo", che racconta di un gruppo di pescatori napoletani soliti ad andare a fare le proprie battute di pesca in Sicilia, ai limiti delle acque territoriali tunisine. In un film contaminato di vari ispirazioni e generi (il film "civile" e quello di camorra), Marra segue in particolare la storia di un ragazzo che opta per lo scambio di identità (il giovane si impossessa del documento preso da un cadavere) e, preso per tunisino dalla guardia costiera, decide coscientemente di confondersi tra gli immigrati che vengono rispediti in patria. Qui la sensazione del corto circuito, del ribaltamento

---

[4] Mi permetto di rimandare al mio *Noi e l'altro. Cinema ed immigrazione nel New-New Italian Cinema*, in "Studi emigrazione. International Journal of Migration Studies".

dei ruoli, del trauma dello scambio delle parti è chiara (ecco anche la relazione con *Lamerica*). Marra sceglie un "verismo" forte e socialmente impegnato e mette in scena una sorta di "porta girevole" attraverso cui l'emigrazione classica siciliana diventa l'immigrazione in Sicilia di un "alieno" non ancora comprensibile (nel linguaggio e nei comportamenti). Anche qui il tema del doppio, dello scambio delle parti, dei ruoli, di punti di vista. Così anche il protagonista di Marra può dire: sono "io, l'altro".

Provo dunque a ragionare sul tema dell'emigrazione nel cinema italiano contemporaneo (tema che è stato al centro di molti convegni internazionali e di una vasta saggistica)[5], anche con l'occhio al tema della violenza che è inevitabilmente sotteso dalla rappresentazione di una tragedia epocale e planetaria. Violenza che è nella povertà e nella guerra da cui fuggono i migranti; violenza che è nello sfruttamento degli scafisti e nelle morti in mare; violenza che è nella discriminazione razziale e nel coinvolgimento nella criminalità, una volta sopravvissuti al trauma del viaggio.

Se è vero che l'*Autre* è anche una metafora di Inconsci individuali e collettivi, come se ne mettono in scena i labirinti? Prendiamo un'inquadratura de *La nostra vita* di Daniele Luchetti: all'inizio del film, ancora prima dei gioiosi titoli di testa (Elio Germano e Isabella Ragonese cantano una canzone di Vasco Rossi sul loro letto matrimoniale), il protagonista, piccolo imprenditore edile, butta un mattone dentro un buco dell'edificio in costruzione. Vediamo il mattone precipitare dall'alto verso il basso, dal punto di vista del terreno del profondo fosso. È il punto di vista, scopriremo fra poco nel film, di un cadavere. Perché in quel precipizio è caduto un lavoratore "clandestino", un romeno di cui nessuno, per un certo periodo, ha segnalato la scomparsa o rivendicato l'identità. Lo farà, più tardi, il figlio, con cui il protagonista tenterà di stabilire un'amicizia.

Elio Germano scoprirà il cadavere scendendo nel buco per recuperare un cellulare. E dunque facendo i conti con un proprio "buco nero". Perché questo buco può diventare metafora di un Perturbante — per dirla in termini freudiani — e di un Rimosso (la *Verdrängung* lacaniana) che affiora in maniera tragica. Costretto a negoziare con questo simbolico "buco" dell'Inconscio, il protagonista potrà, pian piano, anche ricostruire la propria vita distrutta dalla morte della moglie e ricostruirsi una identità. E attorno al buco nero e al suo segreto cadavere si muovono altre migrazioni ed altre emarginazioni: il figlio dell'operaio morto, la donna con cui il protagonista e suo fratello (Raul Bova) hanno una storia, la donna nera dell'usuraio Zingaretti (nell'inedito ruolo di un capellone disabile. Il tutto sullo sfondo delle periferie di una metropoli di cui si

---

[5] Si veda ad esempio *(Ri)narrare il meridione*, convegno di Erice, a cura di Antonio Vitti, maggio 2009. Interessante la conferenza tenuta, al Calandra Italian-American Institute della Cuny nell'ottobre 2008, da Grace Russo Bullaro, docente presso il Lehman College: "Da terrone a extra-comunitario: la rappresentazione della razza nel cinema italiano contemporaneo".

vede l'angosciante skyline.

In una possibile "estetica del brutto", Luchetti — lo ha fatto Amelio prima di lui — gioca sul paesaggio urbano postmoderno, messo a contrasto con la purezza di sentimenti ancestrali: bella la sequenza di Germano che parla col figlio dell'operaio morto, su un terrazzo dell'edificio in costruzione, mentre la luce del tramonto si riflette nella macchina da presa. La macchina a mano — ricorrente in tutto il film — dà un'ansia sottile alla scena, che si conclude con il ragazzo romeno che manda a quel paese l'Italiano. La vittima e il Carnefice, a sua volta vittima di un Sistema e di un Fato.

I film che fanno i conti col migrante sono spesso popolati di cadaveri che emergono a volte dal mare o dal fiume, come nel caso de *La giusta distanza* di Carlo Mazzacurati, un regista prematuramente scomparso. In questo caso si tratta del corpo della giovane maestra (Valentina Ludovini) che emerge dal fiume, un topos importante nei film del regista padovano dato che il fiume contrappunta i paesaggi della Bassa Padana nella sua opera. La scoperta del delitto dà un sapore di thriller a un film che per tre quarti è invece fatto solo di sguardi, di silenzi, di assenze, di sottrazioni. Significativa la scena in cui il meccanico tunisino, segretamente innamorato della giovane maestra Mara, la spia nascosto sotto la casa di lei. Si tratta di una scena di intenso voyeurismo e di forte sensualità, basato sulle soggettive del tunisino.

La regia di Mazzacurati è apparentemente statica, e sembra essere un "osservatore distante". Osserva "alla giusta distanza", che è poi il metaforico titolo e la filosofia del film: guardare con intensità la realtà, ma anche restandone emotivamente fuori. "Ma se avessi guardato con la giusta distanza — dice il giovane protagonista del film — Hassan sarebbe ancora in carcere…". In un'altra scena di voyeurismo notturno, gli sguardi si moltiplicano e si incrociano: l'uomo spia la maestra, ma viene a sua volta spiato dal giovane protagonista, Giovanni. E questa rete di sguardi è d'altronde esplicitata dall'intreccio di "intercettazioni" che è alla base della narrazione: il ragazzo che entra nella mail della maestra, in qualche modo violentandola più di quello che farà l'apparentemente innocuo autista dell'autobus dalla faccia d'angelo. Il ragazzo controlla la giovane maestra, e le missive di lei all'amica diventano una sorta di "diario", ed anche di voce narrante del film. Aiutato dalla splendida fotografia di Luca Bigazzi, Mazzacurati costruisce un'atmosfera da noir, dove emerge il paesaggio padano (dichiarato in partenza da una ripresa aerea sul fiume). Un paesaggio-personaggio in cui si muovono etnie diverse (non soltanto Hassan, ma anche la moglie russa di Amos/Battiston, sposata via internet), e che esalta gli scambi simbolici del film. Il sesso tra la maestra e il meccanico è anche la metafora di un "accoppiamento" di culture diverse, esplicitate dalla scena della festa, dove si mescolano la festa popolare veneta e la danza tradizionale maghrebina e dove il meccanico riporta letteralmente la luce alla festa — cambiando un cavo.

Emblematico di una nuova "incomunicabilità", tra gli esseri umani come tra le etnie e i popoli, è *Occidente* di Corso Salani, altro regista morto prematuramente. Un film tutto di regia, di sguardi, di atmosfere, di sofferenze, che resta nella memoria e nella pelle. Storia di due solitudini, anche qui, nel contesto di una *location* che metaforicamente rimanda alla solitudine e agli spiazzamenti: ad Aviano, accanto alla base americana, si muovono come fantasmi Malvina, una ragazza rumena con un passato tragico, e Alberto, professore in un istituto locale. Lei ha vissuto sulla sua pelle la rivoluzione romena dell'89 (sulle immagini di repertorio di quell'evento parte il film), lui si innamora di lei e comincia a pedinarla, a osservarla, a spiarla. Il "pedinamento" zavattiniano si sposa qui con un voyeurismo più disperato e impotente (come quello di Hamman ne *La giusta distanza*), tanto che Alberto non riesce alla fine ad impedire il suicidio della donna: un ennesimo suicidio metaforico, sintomo di una impossibile conciliazione tra culture ed etnie. Il personaggio femminile è una delle figure di alieno/a più tragici di questi film di cui stiamo parlando: la sua disperazione è totale, e Salani la esplicita mostrandoci la sua sessualità, per cui Malvina svende il suo corpo, deprezzandolo, facendo la prostituta ma senza farsi pagare, con voluto masochismo, come a volersi punire del peccato di esistere e di avere delle cicatrici non rimarginabili. Impietosa l'inquadratura (un freddo carrello) che mostra Malvina che si fa abusare sessualmente da un uomo di colore, sul cofano di una macchina, mentre sordida è quella in cui si fa violentare da uno sconosciuto, in un cesso, mentre Alberto ascolta fuori, soffrendo in maniera morbosa.

È lo spleen dell'Altro, che il cinema italiano comincia a raccontare. Non più i turbamenti del piccolo italiano di fronte all'alieno (come in *Vesna va veloce* o *Un'altra vita* di Mazzacurati), ma il disagio dell'alieno stesso, che ha un suo proprio malessere. Significativo, in questo senso, è *Good Morning Aman* di Claudio Noce, storia di due solitudini, quella dell'italiano Valerio Mastandrea e quella di Aman, il ragazzo somalo, che spesso le inquadrature tendono a mescolare, a mettere in confronto, a sdoppiare. Ambedue i personaggi con delle sorde disperazioni, ambedue con tendenze al suicidio. Si prenda per esempio la lunga sequenza finale, tra realtà e sogno, in cui i due protagonisti tornano a un paesaggio ancestrale, in un'altra dimensione. Noce insiste a inquadrare i due volti: i due profili in autobus, i due volti nell'ampio paesaggio, i due profili ancora sulla montagna; le facce, i colori, le etnie sono appaiate, accostate con intensa volontà di stare addosso ai personaggi. E il film sembra stare addosso soprattutto ad Aman: "io, l'altro", ancora una volta. Il film inizia significativamente con un dettaglio degli occhi di Aman e con una sua soggettiva (sfocata, sulla folla). Si scoprirà dopo che il film inizia dove finisce, con Aman seduto nell'auto elegante da cui non vorrebbe uscire.

Noce insiste dunque in operazioni che tentano di far comunicare razze diverse, ma che finiscono col fallire: la morte è di frequente il risultato simbolico di questi tentativi.

I silenzi sono anche alla base dello stile di *Saimir* di Munzi, dove la storia d'amore tra il ragazzo albanese e la ragazza italiana rivela il desiderio di una integrazione, di una ibridazione di culture, pelli, comportamenti, sessualità. I silenzi, dicevo: si veda tutta la prima lunga sequenza sino allo sbarco, costruita senza musica (o meglio solo col sottofondo, a tratti, della musica proveniente dall'autoradio), solo sui suoni diegetici, sui silenzi, sulle attese, e poi sulla documentazione della realtà drammatica (lo sbarco), ripresa con l'impietosa crudezza di un finto documentario. Munzi costruisce un film solo apparentemente semplice nella sua struttura ma intrigante nella complessità dei personaggi: primo fra tutti il protagonista Saimir, che in qualche modo fa esplodere le regole familiari ed etniche, prima tentando una impossibile storia d'amore con Michela, la ragazza italiana che scappa quando prova ad entrare nel mondo di Saimir, poi facendo arrestare il padre Edmond e tutta la banda familiare. Restano nella memoria alcune inquadrature, come quella agghiacciante in cui gli emigrati, mandati nei campi a lavorare come schiavi, avanzano verso la macchina da presa come degli zombi; e poi il viaggio, nel camioncino di Edmond, degli immigrati appena sbarcati, con un bambino albanese che chiede: "E' lontana l'Italia?". "Questa è l'Italia", risponde Saimir. Una battuta di dialogo che vuole forse dirci della distanza del nostro Paese dagli alieni. L'Italia è "comunque" lontana, e a sua volta aliena.

Per una conclusione: "Sette opere di misericordia"
Il tema dell'Altro è anche alla base di un film poco conosciuto ma che sintetizza perfettamente i quattro motivi di violenza, resistenza, tolleranza, sacrificio: si tratta di *Sette opere di misericordia* dei gemelli Gianluca e Massimiliano De Serio, il cui titolo fa riferimento al messaggio evangelico e all'insegnamento ecclesiastico delle sette opere di misericordia corporale e spirituale, ma al contempo storia cruda di un rapporto di violenza e di espiazione. Un po' come faceva Pasolini, i fratelli registi rileggono attraverso le "sette opere di misericordia" le contraddizioni della nostra società e le pieghe complesse dell'animo umano. Nel film la violenza, sottile o esplicita, mentale e corporea, si coniuga volutamente col sacrificio, la resistenza, la tolleranza e infine l'espiazione e il cambiamento. È la storia di una sorta di rapporto sado-masochista, anche se tenero, tra un anziano italiano (Roberto Herlitzka) e una ragazza, immigrata dall'Est Europa. Il vecchio viene sequestrato e intrappolato nel suo appartamento da questa giovane donna immigrata, che stabilisce con lui uno strano rapporto di amore e odio. Lui è dapprima prigioniero e alla mercé dei voleri di lei, ma lentamente il rapporto vittima/carnefice cambia ed è il vecchio, alla fine, a condurre il gioco. Il film dei fratelli De Serio è un'opera d'arte unica nel recente panorama italiano: per la sua messa in scena, la sua forte ispirazione etica e lo stile senza compromessi. La questione dell'immigrazione si incrocia qui con temi meno storicamente datati e più generalmente universali: la sessualità, il rapporto uomo-donna, l'invecchiamento, il conflitto generazionale, il gender, il disagio sociale, la critica di classe.

Qui il tema dell'Altro è declinato nella sua accezione più profonda, più psicanalitica. E, come nei casi più alti già analizzati (*Roma città aperta, Rocco e i suoi fratelli, Accattone,* su tutti), in *Sette opere di misericordia* violenza e sacrificio rimandano dichiaratamente alle radici cristiane, come fanno don Pietro e Manfredi, Rocco e Accattone e come fanno anche i due protagonisti atipici del film dei gemelli De Serio che interpretano in maniera diversa ma complementare i temi della violenza (in senso quasi sado-masochista), del sacrificio e in qualche modo anche della "resistenza".

Con questa parola voglio chiudere la mia riflessione. Film come *Sette opere di misericordia* dimostrano che c'è anche un cinema che "resiste". Una conferma, questa, che esistono opere altamente simboliche, ambiziose nel linguaggio e coraggiose nella storia, ottimi esempi di un cinema "fuori norma" che gioca sui margini tra documentario e finzione, un cinema indipendente e lontano dalle strategie di mercato dell'industria tradizionale, che è una delle caratteristiche più interessanti del nuovissimo cinema italiano.

Oltre a violenza, tolleranza e sacrificio bisogna puntare sulla "resistenza": resistenza etica, resistenza politica, resistenza formale. Resistenza alla stessa violenza, che deve essere decodificata e disinnescata. Sarebbe banale e stupido eliminarla completamente dal linguaggio e dalle trame narrative, perché la sua rappresentazione appare come un intrinseco bisogno dell'uomo e delle sue forme espressive. Censurarla o impedirla sarebbe controproducente, perché — a mio avviso — alcuni film apparentemente non violenti (penso ad esempio alla commedia più commerciale, quella natalizia e riconciliante) nascondono violenze più profonde e nascoste. Ma occorre senz'altro analizzarne le cause, le forme, i modelli. E il cinema "espanso" di cui parlavo sopra (l'immagine audiovisiva che invade sale cinematografiche, televisori, telefonini, computer, ecc.) ha forse più delle altre arti, per la sua capacità di diffusione, di influenza, di modellizzazione, di manipolazione, un suo profondo dovere di riflessione etica.

Università Roma Tre

Opere citate

Gandini, Leonardo, *Voglio vedere il sangue. La violenza nel cinema contemporaneo.* Milano: Mimesis, 2014.

Marcus, Milicent. *Italian film in the Shadow of Auschwitz.* Toronto: University of Toronto Press, 2007.

Uva, Christian, a cura di. *Strane storie. Il cinema e i misteri d'Italia.* Sovera Mannelli: Rubbettino, 2011.

Zinni, Maurizio. *Fascisti di celluloide. La memoria del ventennio nel cinema italiano (1945-2000),* Venezia: Marsilio. 2010.

Filmografia

Amelio, Gianni. *Lamerica*. 1994.
_____. *Così ridevano*. 1998.
_____. *Ladro di bambini*. 1992.
Argento, Dario. *L'uccello dalle piume di cristallo*. 1970.
_____. *Quattro mosche di velluto grigio*. 1971.
_____. *Profondo rosso*. 1975.
_____. *Suspiria*. 1977.
_____. *La terza madre*. 2007.
Benigni, Roberto. *La vita è bella*. 1997.
Clucher, E. B. (Enzo Barboni). *Lo chiamavano Trinità*. 1970.
Cronenberg, David. *A History of Violence*. 2005.
De Matteo, Ivano. *I nostri ragazzi*. 2015.
_____. *La bella gente*. 2015.
_____. *La vita possibile*. 2016.
De Serio, Gianluca e Massimiliano. *Sette opere di misericordia*. 2011.
Diliberto, Pierfrancesco [Pif]. *La mafia uccide solo d'estate* 2013.
Garrone, Matteo. *Gomorra*. 2008.
Giordana, Marco Tullio. *Romanzo di una strage*. 2012.
Giovannesi Claudio. *Alì ha gli occhi azzurri*. 2012.
Hawks, Howard, *Scarface*. 1932.
Kurosawa, Akira. *Joijmbo*. 1961.
Leone, Sergio. *Il colosso di Rodi*. 1961.
_____. *Per un pugno di dollari*. 1964.
_____. *Il buono, il brutto e il cattivo*. 1966.
_____. *C'era una volta il west*. 1968.
Lizzani, Carlo. *L'oro di Roma*. 1961.
_____ *Achtung banditi!* 1951.
_____. *Hotel Meina*. 2007.
Lombardi, Guido. *Là-bas*. 2011.
Luchetti, Daniele. *La nostra vita*. 2010.
Marra, Vincenzo. *Tornando a casa*. 2001.
Mazzacurati, Carlo. *La giusta distanza*. 2007.
_____. *Vesna va veloce*. 1996.
_____. *Un'altra vita*. 2006.
Melliti, Mohsen. *Io, l'altro*. 2007.
Montaldo, Giuliano. *L'Agnese va a morire*. 1976.
Munzi, Francesco. *Saimir*. 2004.
Noce, Claudio. *Good Morning Aman*. 2009.
Pasolini, Pier Paolo. *Accattone*. 1961.
_____. *Il Vangelo secondo Matteo*. 1964.
_____. *Salò, o le 120 giornate di Sodoma*. 1975.
Porter, Edwin S., *The Great Train Robbery*. 1903.
Risi, Dino. *Il sorpasso*. 1962.
_____. *I mostri*. 1963.
Risi, Dino, Scola Ettore, Monicelli Mario, *I nuovi mostri*. 1977.
Rosi, Gianfranco, *Fuocoammare*. 2016.
Rossellini, Roberto. *Roma città aperta*. 1945.

_____. *Paisà*. 1946.
_____. *Il generale Della Rovere*. 1959.
Salani, Corso *Occidente*. 2000-
Scola, Ettore, *Brutti sporchi e cattivi*. 1976.
Segre, Andrea. *Io sono Li*. 2011.
_____. *La prima neve*. 2013.
Sollima, Stefano. *Suburra*. 2015.
Sorrentino, Paolo. *Le conseguenze dell'amore*. 2004.
Stone, Oliver. *Natural Born Killers* (*Assassini nati*). 1994.
Vancini, Florestano. *La lunga notte del '43*. 1960.
Vicari, Daniele. *Diaz*. 2012.
Visconti, Luchino. *Rocco e i suoi fratelli*. 1960.

Danila Cannamela

The *Pharmakeía* of Blood:
Misuse, Abuse, & Reuse in the Young Cannibals' Narrative of Violence

Abstract: This article explores the link between the Young Cannibals' 90s narrative of random violence and their obsession with consumables. Was their consumer dystopia solely a provocative contamination of literature with pop culture? Addressing this question, I engage Žižek's observations on the pervasive invisibility of "objective violence" in capitalist society, along with Agamben's reflections on body usage. The goal is to illustrate how the Young Cannibals used violence as a powerful *phármakon*. Monitoring its action and side effects, one can highlight a concealed aspect of hyper-consumer society: this system infuses objects with agency, while turning consumers into throw-away goods. The Cannibal writers' representation of such an idiosyncratic relationship generates a form of literary "revenge." Their bloody reuse of consumer society can ambiguously serve as a curative awakening call, yet it also functions as an ironic narcotic, administered to numbed readers.

Key Words: Young Cannibals, late postmodernism, consumables, nonhuman agency, pulp narrative fiction.

> Certe immagini mi rimangono piú impresse, specialmente quella di un uomo che si girava e sparava a tutti come ogni tanto qualcuno in America entra da Burghy e spara ma è soltanto un caso tra molte migliaia di persone che vivono normalmente come noi sono cose che possono capitare a causa del caldo o delle vicissitudini personali non una strage metodica come quella che sta succedendo adesso in Ruanda.
>
> (Aldo Nove, Superwoobinda 59)

> […] Now I'm thinkin', it could mean you're the evil man. And I'm the righteous man. And Mr. .45 here, he's the shepherd protecting my righteous ass in the valley of darkness. Or it could be you're the righteous man and I'm the shepherd and it's the world that's evil and selfish. I'd like that. But that shit ain't the truth.
> The truth is you're the weak. And I'm the tyranny of evil men. But I'm tryin'. I'm tryin' real hard to be a shepherd.
>
> (Quentin Tarantino, "Pulp Fiction" 158)

Introduction
Since its original publication two decades ago, *Gioventú cannibale* (1996) — "La prima antologia italiana dell'orrore estremo" — has offered readers of Italian literature a striking instance of splatter violence and iconoclasm. Its pervasive blood, graphic corporality, and obscene language unsettled a 90s literary scene that was still anchored to a tradition of high-brow culture and moralistic perspectives. Featuring ten provocative short stories by young Italian authors, the anthology combined a mimetic approach to everyday life with a dystopic serialization of violence. These writers, dubbed the Young Cannibals, shared an interest in portraying a youth culture especially defined by extra-literary experiences — television, comics, music, and fashion. Their peculiar realism, which twisted reality into a psychotic and hyperbolic representation, adopted a cinematic pulp style to portray the sugarcoated distortions of a consumer society in which retail stores were artificial paradises, TV was a hypnotizing magic box, and the act of murder was senseless yet irresistible, not unlike an impulse purchase.

Packaged within a single volume of Einaudi's trend-setting series *Stile libero*, *Gioventú cannibale* collected the scattered voices of young authors into one clear prophetic message of "undici sfrenati, intemperanti, cavalieri dell'Apocalisse formato splatter nei reparti pieni di ogni ben di Dio del supermarket Italia."[1] The anthology's first-time gathering of the Young Cannibals' voices served to codify an emerging literary phenomenon that blended noir and pulp fiction. In American culture this hybrid genre had a long literary tradition, which the cinematographic success of Quentin Tarantino's *Pulp Fiction* (1994) updated and revitalized.[2] In Italy, the first signs of this new genre's emergence vividly appeared in *Ricercare*, the creative writing laboratory hosted yearly in Reggio Emilia. In 1995, *Ricercare* aimed to explore new possible routes for Italian narrative fiction. The event featured readings and discussions of works by Niccolò Ammaniti, Isabella Santacroce, Enrico Brizzi, and Tiziano Scarpa. All these writers were later associated with the Young Cannibals' group.[3]

By the late 90s, the moniker "cannibali," along with other critical labels such as "cattivisti" and "scrittori pulp," had come to designate not only the authors

---

[1] I am quoting from the editorial blurb in the 1996 back cover of *Gioventù cannibale*. The authors anthologized in the collection appear in the following order: Niccolò Ammaniti and Luisa Brancaccio (co-authors of "Seratina"), Alda Teodorani, Aldo Nove, Daniele Luttazzi, Andrea G. Pinketts, Massimiliano Governi, Matteo Curtoni, Matteo Galiazzo, Stefano Massaron, and Paolo Caredda.

[2] The term "pulp literature" was originally used for second-rate literature, published on paper of poor quality (known as "pulp"). On the definition of pulp, see Pezzarossa; Sinibaldi.

[3] The name Young Cannibals is a reference to the underground comic magazine *Cannibale*, which featured disturbing satire and extreme violence (Castaldi 76).

anthologized in *Gioventú cannibale* but, more broadly, a whole new generation of Italian writers.[4] Transgressive and yet fascinated with a homogenizing mass culture, these writers generally exhibited an ironic disengagement. By 2006, when the anthology was reprinted in celebration of its decennial, it had achieved cult status among young readers. Through its two decades of popularity, *Gioventú cannibale* provided an intriguing moniker and a prophetic charisma to a narrative lineage that would represent the innovative openness of Italian postmodernism to extra-literary realms and languages. Furthermore, by repurposing the experimentalism of the neo-avant-gardes and the contents of 80s generational literature, the "pseudo literary movement" of the Young Cannibals created a literary intersection that deserves further investigation.[5]

This article examines the Italian pulp's discourse of "violent consumerism," revealing a series of counterintuitive relationships between users and consumables. As we will see, in the "supermarket Italia," goods are misused, bodies are abused, and literature is a complex product of reuse. As goods remain virtually untouched, they rise both as tangible avatars of a loss of meaning and providers of consumer identities for purchase. Conversely, human bodies are abused: they are randomly "consumed," murdered, tortured, and brutally dismembered. As for pulp literature — a patchwork of extra-literary materials — it redeploys average consumers' lives by transforming them into seemingly brand new stories.

Exploring the interdependent practices of misuse, abuse, and creative reuse in the Young Cannibals' works, I contend that their narrative fiction engages violence as a powerful *phármakon* (φάρμακον) — which in ancient Greek refers to the dual nature of poison and remedy of any medicine. Over-exposure to casual bloodshed may trigger a beneficial awakening in reader–consumers, yet it may simultaneously become a toxic invitation to persist in their self-consuming behaviors. In addition, this overdose of violence reveals unexpected meta-literary effects. The Young Cannibals "compound" a creative re-semantization by producing polemic contents and textual innovations from the "waste" of high-brow culture. Ultimately, my analysis suggests that these works disclose a range of "off-label uses" that goes beyond the postmodern practices of contamination and jocose relativism. Their narrative of violence is comparable to a multifaceted "*pharmakeía* of blood," through which moral realism

---

[4] The term "cattivisti" was particularly used to distinguish the Young Cannibals from a parallel narrative lineage inspired by good sentiments. The main representatives of the so-called "letteratura buonista" were, among others, Giulio Mozzi and Susanna Tamaro. The dualism between "cattivisti" and "buonisti" mirrored the cinematic dichotomy of two American movies released in 1994: the "cattivista" *Pulp Fiction* and the "buonista" *Forrest Gump*.
[5] In "Lettera a Pulp" Tiziano Scarpa defined the Young Cannibals a "pseudo-movimento letterario" (Mondello 65).

intertwines with immoral disengagement, while a ubiquitous irony corrodes an enchanted 90s society.[6]

Locating the Young Cannibals' Narrative of Violence in Its Socio-Cultural Context
Before I begin exploring the Young Cannibals' narrative of violence as both a poisoning narcotic and revitalizing antidote, it is useful to reconstruct briefly the context of these texts — the "crime scene" in which their fictional world of "atrocità quotidiane" took place.[7] *Gioventú cannibale* was first and foremost an editorial product, skillfully designed by Severino Cesari and Paolo Repetti of the Einaudi publishing house. These two directors of the *Stile libero* series had realized in the mid-90s that a new narrative lineage was taking shape, and they envisioned *Gioventú cannibale* as an attempt to formalize this trend. In Cesari's article "Dopo i cannibali," he effectively summarizes how the plan for this iconic collection evolved from the initial idea of creating a horror anthology to the final "epiphany" of the title:

Era notte, una bella notte di primavera, ed eravamo un po' in affanno, nella redazione romana Einaudi, quando arrivò al computer l'elenco di titoli proposto da Daniele Brolli (scrittore, critico, disegnatore, ex gruppo Valvoline, con Igort Carpinteri Mattotti) per la *sua* antologia. Era tempo di chiudere il libro. Daniele – gli avevamo chiesto noi di Stile libero, Paolo Repetti e io – forse è il momento giusto, prepara, tu che sai, tu che conosci, una antologia dell'*orrore estremo*. Era nato dunque così il progetto: come antologia italiana di genere. Poi, a forza di discutere e litigare, di togliere e inserire autori (Daniele all'inizio era un po' sospettoso di Ammaniti, per esempio, poi se ne innamorò), l'antologia prese forma, e fu sempre più cosa comune. Il genere era sempre meno importante, importante era la forza genuina, l'energia dei testi. Alla fine, la *sentivamo*. Sentivamo il libro come una creatura viva. Ma si chiamava ancora… **Spaghetti splatter**. […] Non ci piaceva tanto, ma sapevamo che un titolo sarebbe venuto. In genere, arrivano all'ultimo minuto. E quella notte arrivò, con gli altri proposti da Daniele. Quando leggemmo ad alta voce *Giovani cannibali*, *Gioventù cannibale*, ci guardammo: era lui. Chiudemmo il libro così.[8]

Although Einaudi was undoubtedly clever in giving the catchy name "Young Cannibals" to an emergent literary phenomenon, one might argue that the

---

[6] In ancient Greek, the term *pharmakeía* [φαρμακεία] covers a broad range of meanings. It defines the use of medicine or the administering of drugs; it can also more extensively designate the notion of medicament or remedy. In addition, the term can mean poison and, in a further accepted meaning, the word signifies sorcery and use of magical arts (*Greek-English Lexicon* 751).
[7] *Gioventù cannibale* is divided in three sections: "Atrocità quotidiane," "Adolescenza feroce," and "Malinconie di sangue."
[8] The article was originally published in French, with the title "Les jeunes cannibales," in the journal *Magazine littéraire* 407 (2002): 20-24; in 2003 the web site *Carmilla* published an Italian translation of the article, with the title "Dopo i cannibali."

phenomenon was not so much an entirely new trend, but the last stage of Italian postmodernism. The young writers' consumer dystopia exacerbates the postmodern gusto for the contamination of high-brow literature with "trashy" residuals — advertising jingles, TV shows, pornographic materials, comics, popular music hits, and video games. Yet, their work is not merely linguistic exploration. The Young Cannibals' rich *pastiche* delimits a terrain that is off-limits both for traditional literary discourse and the avant-garde anti-discourse. It purposefully occupies a precarious realm wherein a plurality of voices, stories, and perspectives risks deterioration into media populism.[9]

From a historical perspective, according to Renato Barilli, it is possible to trace a genealogy for the 90s pulp writers, linking these young authors to both the antagonistic literary languages of the neo-avant-garde — the Gruppo '63 — and the poetics of reuse that characterized the Gruppo '93. In any case, the Young Cannibals find their more direct origins in Tondelli's writing (Barilli 11). With Tondelli — and before him, with Arbasino, Malerba, and Palandri — Italian literature sees the development of a less formal literary language, finally able to reach "una borghesia piccola piccola o […] un proletariato degno di promozione" (11). From a thematic perspective, the Young Cannibals represent an involution of the generational dreams that informed Palandri and Tondelli's 80s writing. If Palandri's Boccalone can proudly affirm, "ho fame di cose. le merci sono di tutti, le persone non sono di nessuno" (116) and Tondelli can assert, through his eighteen-year-old traveler, "noi stiamo bene a sentirci italiani e ne siamo anche fieri e orgogliosi che capiamo che questi legami qui sono nati tra la gente che lavora" (*Altri libertini* 57), the Young Cannibals turn this human sense of belonging, self-exploration, and sharing into a horror parody.

Because of its careless indulgence in violence, the Cannibal writers' work generated a lively debate among the critics. According to Cesari, the core issue was that the narrative fiction featured by *Gioventú cannibale* belongs to the literary territory of a new "psychic realism," which inevitably clashes with the Italian tradition of moral realism ("Dopo i cannibali"). Such a mass psychosis, staged in the overstuffed "supermarket Italia," can also be linked to the programmatic disengagement of postmodern literature. As Wu Ming I has argued in the essay "New Italian Epic," late postmodernism turned into a "baroque" love for self-referential excess:

Gli anni Novanta non furono solamente "il decennio piú avido della Storia" (secondo la definizione di Joseph Stiglitz), ma anche il decennio piú illuso, megalomane, autoindulgente e barocco. La celebrazione chiassosa del potere e dello "stile di vita occidentale" toccò livelli mai raggiunti prima, roba da far sembrare frugali le feste di Versailles durante l'Ancien Régime.
Arte e letteratura non ebbero bisogno di saltare sul carrozzone dell'autocompiacimento, perché c'erano salite già da un pezzo, ma ebbero nuovi incentivi per crogiolarsi

---

[9] On the criticism of postmodern media populism, see Ferraris.

nell'illusione, o forse nella rassegnazione. Nulla di nuovo poteva piú darsi sotto il cielo, e in molti si convinsero che l'unica cosa da fare era scaldarsi al sole tiepido del già-creato. Di conseguenza: orgia di citazioni, strizzate d'occhio, parodie, *pastiches*, remake, revival ironici, trash, distacco, postmodernismi da quattro soldi.

(6-7)

Although Wu Ming I's polemic attack on the self-referential attitude of postmodernism does not directly refer to the Young Cannibals, the criticism of a literature that basks in its own disengagement suits the unrestrained exhibitionism of the Italian pulp. From the perspective of Wu Ming I's "New Italian Epic" — a new "epic" committed to compelling story-telling and powerful historical narratives — the crowded emptiness of the Young Cannibals' non-places and non-stories is the "by-product" of a literature in crisis, one that could only survive by being spiced up with special-effect blood splatter. In 1996 Giulio Ferroni had expressed similar reservations about the clumsy literary attempts to emulate *Pulp Fiction*. In the article "Abbasso i seguaci di 'Pulp fiction,'" he openly criticized the Italian pulp as a type of literature that desperately tries to compete with the media to capture the audience's attention. As Ferroni affirmed, "una letteratura che si sente alle corde rispetto a forme culturali più veloci e più 'visibili', sembra potersi fare strada solo con la provocazione e con l'eccesso, immergendosi in deformazioni, poltiglie, cattiverie di tutti i tipi, manipolando il sesso in tutte le forme e le scomposizioni possibili" (27).

The Young Cannibals' violence also elicited criticism from writers who felt confined within the subaltern traditions of noir, science fiction, and erotic fiction. For example, the Italian anthology *Cuore di pulp* (1997) was intended as a response of "authentic" Italian pulp writers to the Young Cannibals. According to the anthology's editors, Fabio Giovannini and Antonio Tentori, the issue with the pulp genre was that a group of improvised "cattivisti" was striving to "épater le bourgeois" with fake blood, ironic detachment, and a *maudit* style that enticed the voyeuristic conformity of Berlusconi's television (8-9). By contrast, Italian scholar Edoardo Sanguineti generally showed a sympathetic openness towards "i seguaci di *Pulp fiction*." Yet, he contended that the Young Cannibals' violence concealed a disturbed narcissism (Berisso 122). For Sanguineti, this disorder finds its origins in the distressed solitude that one might experience in collective spaces, like discos or supermarkets. The fictional universe of the Young Cannibals would thus mirror a private obsession, the obsession of an ego that is simultaneously abandoned and overbearing, and therefore extremely vulnerable to dependence on consumption, as triggered by television's tantalizing promises (Berisso 122).

The critics of *Gioventú cannibale* (and its "narrative spin-offs") are undoubtedly correct that, at a meta-literary level, its narrative of violence performs a cannibalization of any notion of boundary, be it linguistic, literary, or moral. Yet, from a strictly thematic perspective, the question to investigate is whether the Young Cannibals' over-exhibited brutality hides other possible meanings beyond its celebration of excess, or if it is solely a captivating device.[10] In other words, what, if anything, is behind the Young Cannibals' rhetoric of violent transgression? "Emptiness," we are tempted to say; and yet this emptiness overflowing with random violence might rather be a cover-up for another — and virtually invisible — type of horror. When violence is random and pervasive, it loses its capacity to affect people. What becomes truly horrific, then, is not violence per se, but our lack of awareness of its ubiquitous brutality.

The sensation of human suspended agency in the midst of an imperceptible flow of horrific events powerfully emerges in "Seratina," the opening short story of *Gioventú cannibale*. In this work, Niccolò Ammaniti and Luisa Brancaccio describe a night out of two upper-class young men, which inexplicably escalates into a series of violent events. The horror show officially begins when Emanuele, Aldo, and their friend Melania, decide to trespass into a zoo. To please Melania, Emanuele tries to capture a baby kangaroo, and he eventually shoots an aggressive-looking mother kangaroo. His survival instinct and the splatters of blood are the only objective traces of meaning in such a senseless story; as the narration emphasizes: "niente aveva piú senso se non la pallottola sparata senza prendere la mira che andava dritta al cervello, che esplodeva schizzando oltre le sbarre la poltiglia rossa, che apriva la testa in due a un marsupiale [...]" (31).[11]

The question of the Young Cannibals' pervasive use of violence — whether their rhetoric of excess is solely a narrative device — could be reframed in these terms: Can a senseless violence so tightly connected to the social dynamics of late capitalism be truly private and aimless? Stefania Lucamante has briefly touched upon this question, suggesting that the Young Cannibals exhibit a twofold approach towards consumer society: "They all seem to be creatively stimulated by the consumeristic benefits of today's open market of goods, where all merchandise can lead to happiness, although it must be noted that their writings are not at all devoid of very critical underpinnings" (16). The critical underpinning to which Lucamante refers appears quite distinctly when one explores the recursive motif of blood and the intimation of its primal vital function. Elaborating on the novelty of *Gioventú cannibale* in his introduction entitled "Le favole cambiano," Daniele Brolli has argued that the Italian literary tradition has always taken for granted the intentionality of evil; yet, the moralism of its social realism failed precisely because it denied the existence of a collective imagery of blood. Such "immaginario del sangue" is deeply rooted in primary impulses that can generate atrocious behaviors and characters: serial killers, murderous sects, attackers of minority groups, perpetrators of massacres,

---

[10] On this interpretative issue see Barenghi's article "I Cannibali e la sindrome di Peter Pan."

[11] I am quoting from the 2006 edition of *Gioventú cannibale*.

and rapists (v-vi). Through these characters, *Gioventú cannibale* spotlights the "illogical logic" of blood and makes violence a central, albeit seemingly unjustified plot point. This senseless violence, though, is not meaningless, but rather conveys an idiosyncratic criticism of the 90s' socio-cultural apparatus.

Speaking of unreasonable brutality, it is important to stress that the blood splatters of the Young Cannibals' casual violence emerged within an otherwise peaceable and optimistic society that developed in the aftermath of the fall of the Berlin Wall and the end of the Cold War. The speechless language of blood thus stands as the resounding voice of dissent within a Western society that presumed itself to be happy and logical. Blood, as a "checkpoint" of life and death (Brolli ix), triggers instinctive repulsion, and this instinctual distancing elicits a sudden recodification of meanings that have been taken for granted. The notion of "checkpoint" finds a psychoanalytical elaboration in Julia Kristeva's definition of abjection as the borderline experience that shatters "the wall of repression and its judgments" and leads the ego back to the "abominable limits from which, in order to be, the ego has broken away" (15). In constituting an extreme experience at the threshold of life and death, blood "is an alchemy that transforms death drive into a start of life, of new significance" (15). Borrowing from Kristeva's conceit of abjection as the resurrection of significance, it is possible to see how the Young Cannibals' abysmal brutality is a radical attempt to renegotiate the meaning of violence in a late-capitalist society that has virtually neutralized "real" violence, and yet it perpetrates daily a violent bacchanal of consumption.

Through the revelatory function of its "splatter filter," the Young Cannibals' blood exposes a variety of collective psychoses that smolder beneath the shiny surface of a consumer world that appears perfectly regulated by the principles of "efficiency, calculability, predictability, and control" (Ritzer 13). However, in order for such a system to maintain its illusory position of pleasant reality, subtle and virtually invisible forms of coercion must be in place, regulating the peaceful happiness of the "supermarket Italia."

Addressing the issue of scarcely visible, yet pervasive forms of violence in Western society, Slavoj Žižek has distinguished "subjective violence," or the brutality that we perceive both physically and ideologically, from "objective violence," a form of violence that, as he argues, "took on a new shape with capitalism" (12). One comes from individuals' evil intentions, the other from an impersonal system that allows "the self-propelling metaphysical dance of capital" to run the show.[12] As Žižek further explains, "the fundamental systemic violence of capitalism" relies precisely on the fact that "violence is no longer attributable to concrete individuals and their 'evil' intentions, but is purely

---

[12] On the notion of imperceptible violence, see also Nixon's discussion of "slow violence" and "structural violence" in the introduction to *Slow Violence and the Environmentalism of the Poor* 10-14.

'objective,' systemic, anonymous" (12-13). Indeed, capitalism's violence seemingly comes out of nowhere, like the irrational bloodshed of *Gioventù cannibale*'s characters. By making robotic consumers literally bleed, the Young Cannibals use blood as a re-oxygenating agent, a powerful yet dangerous *phármakon* capable of awakening reader-consumers to the horror of their routine. Ironically, though, this emphasis on fictionalized blood, which is simultaneously hyper-real and unreal, indulges the audience's addictive search for new and more extreme experiences to consume.

"Il mio sangue da Pam insieme al detersivo bianco": Misuse of Goods in the "Supermarket Italia"

In the short story "Pam," titled after a chain of Italian supermarkets and collected in *Superwoobinda* (1998), Aldo Nove recounts the dream of an unnamed consumer who goes grocery shopping while wounded.[13] After jumping off a balcony, the protagonist breaks his head; yet, as if nothing happened, he goes to buy groceries at the Pam supermarket. When the man enters the grocery store, he is still bleeding, but immediately feels healthy again — "io mi sento un cliente normale con il carrello normale una vita normale" (76). As a short story collection, *Superwoobinda* can be considered an editorial sequel to *Gioventù cannibale*. The collection is structured as a swift overview of consumer rituals, and its stories, like shows flipped past while channel surfing, often remain incomplete. The questions it raises point again to the tension between individually motivated and systemic violence: what is the precise connection between Nove's isolated psycho-consumer (who purchases his "happy normality" at Pam) and the socio-economic dynamics of late capitalism? Can the supermarket shopper's "acquirable (a-)normality" exemplify an illusion of freedom shared by millions of consumers around the world?

It is not a coincidence that in 1996, when the Young Cannibals literary phenomenon arose, McDonalds acquired Burghy, the largest Italian fast-food chain, and planned on opening 87 additional franchised restaurants in Italy (Taino 23). In the mid- to late-90s, the expansion of the American fast-food corporation in Europe and Asia testified to a broader socio-cultural transition that, according to sociologist George Ritzer, tied the late-capitalist process of McDonaldization with the postmodern culture depicted by Fredric Jameson.[14] In a McDonaldized society, products have turned into commodities; social relations have been reduced to superficial exchanges; history has crystallized into a

---

[13] *Superwoobinda*, published by Einaudi in 1998, is the new version of *Woobinda. E altre storie senza lieto fine* (originally published by Castelvecchi in 1995), with two additional short stories.

[14] Ritzer defines McDonaldization as "the process by which the principles of the fast-food restaurant are coming to dominate more and more sectors of American society as well as of the rest of the world" (1).

"hodgepodge of past, present, and future"; and productive technologies have been replaced by "reproductive technologies" like TV and computers (48-49).

The Young Cannibals' psycho-realism magnifies the irrationalities that 90s Italian society could have developed through rational systems that accelerate production, maximize profits, and minimize costs. Consumerism is in fact founded on a macroscopic paradox: its fast cycle can spin only if consumers do not fully consume. In other words, to fuel consumerism, consumables must be minimally used yet immediately replaced. The "supermarket Italia" can only keep up a rapid turnover of its shelves if goods are truly misused — venerated as fleeting status symbols or discarded when still usable. Guido Viale has summarized a fundamental "side-effect" of this practice of planned obsolescence, stating that consuming "non è altro che un gigantesco processo di produzione di rifiuti" (16). Hence, we may add that consumer society is a high-speed polluting society based on an accelerated production and management of waste. Waste, though, should not be solely understood in terms of final disposal — its terminal stage — but as an ongoing generation of partial or inappropriate uses that leads to new (and unneeded) purchases. Yet, as Serenella Iovino remarks, the "slow violence" fueled by waste and misuse is especially concerning because it is seemingly invisible "proprio come sono relativamente invisibili il riscaldamento globale, i residui radioattivi delle guerre o il Pacific Plastic Patch" (32).

Illustrating the problems of non-use and misuse, "Seratina" by Ammaniti and Brancaccio works as a parable of the subtle "objective violence" that consumerism enables through its deceptive notion of consumption. The three protagonists, Emanuele, Aldo, and Melania, are trapped in a circular narrative, like consumers wandering in a labyrinthine mall who must come up with *something new* to do (or buy) in order to complete the empty ritual of their night out. The friends' outing begins as a quick trip to buy cigarettes, but it dilates into an endless voyage, punctuated by references to products that are intentionally misused. For instance, the characters never smoke the package of Marlboro Lights they went to buy; like *Pulp Fiction*'s briefcase, cigarettes function as narrative McGuffins (10). While driving around Rome, Aldo tells Emanuele how he bargained for a Rolex watch for twenty grams of cocaine (11); when the three friends trespass into the zoo, Melania pours Jack Daniels into the mouth of a sea lion (21). Finally, in his reckless driving, Aldo honks as if his horn were the joystick of the videogame *Mortal Kombat* (33).

As Emanuele explains in a brief reflection to the reader, his life as a bourgeois consumer is similar to the caged existence of a hamster who is forced to run on a wheel: "La gente crede che i criceti si divertano. Non è vero. I criceti sulla ruota ci salgono per sbaglio e ci mettono un sacco di tempo a capire che solo se la smettono di correre la ruota si ferma e possono scendere" (15). The protagonists' hamster-like helplessness is in evidence throughout "Seratina": they are unable to stop a frivolous night of loitering that triggers a series of harmful episodes, from the brutalization of several zoo animals to the wounding of Nunzia, a transvestite who fails to answer correctly a seemingly random trivia question.[15] Constantly on the spinning wheel of consumerism, as their night out expands uncontrollably and without good reason, the three protagonists appear as victims and perpetrators of an endless cycle of consumption.

Through its inventory of misused consumables, "Seratina" shows that goods exercise agency over humans because objects have been increasingly charged with values, far beyond their practical functionality. Aldo's father's gun is the consumer good in the story that especially illustrates this enhanced agency. Aldo had always "used" the gun to shoot at no-parking areas — "ci sparava ai divieti di sosta. Era una fissazione quella pistola" (18). Yet, from possibly being a harmless toy or the symbol of a complex father-son relation, the gun eventually turns into the weapon that kills the mother kangaroo and wounds the transvestite prostitute, transforming a silly story into a grotesque tragedy. The agency that goods exercise over their human "owners" is stressed at a visual level on the covers of the Young Cannibals' books, which feature consumables that turn into sentient agents or out-and-out instruments of torture. The original cover art of *Gioventú cannibale*, for example, displays a disquietingly large razor, and the 1998 edition of *Superwoobinda* features a monocular TV on the front cover, opposite a giant monocular armchair on the back cover. In similar fashion, Tiziano Scarpa's *Occhi sulla graticola* and Isabella Santacroce's *Destroy* heavily borrow from the visual language of comics, emblazoning an objective pop art landscape with imagery that evokes the large, astonished eyes of Japanese manga and the scattered objects of Charles Burns.

The paratextual strategy of depicting objects with agency mirrors the texts' own unfolding of a rich "dizionario cosale," as Sanguineti dubbed it (Berisso 119). In *Gioventú cannibale*, not only do knives, slicers, and poultry shears threaten harm to humans; even children's toys become pitiless vindicators with "a law-preserving function" (Benjamin 287). The agency of these objects keeps their owners entangled in consumerism. As Renato Barilli contends, the novelty of the Young Cannibals' fiction is that it must account for "i suoi spasmi, le sue contrazioni, accelerazioni, catastrofi, in sintonia con l'intero universo tecnologico; in una stretta immedesimazione tra esseri organici, fatti di carne e di ossa, e invece, dall'altra parte, l'infinita popolazione dei servomeccanismi" (16). Yet, this close identification between organic beings and inorganic objects comes with a price. In Paolo Caredda's "Giorno di paga in via Ferretto," we find a visual metaphor for the symbiosis between human and "servant mechanisms," and we see its consequences. In this short story, Danny, the "serial vindicator" hired by Mr. Drago to punish his former lover Monica, is fascinated with the

---

[15] It is worth mentioning that the (not so random) question was, "Lo sai qual è la capitale degli Stati Uniti?" (39), a question that suggests a precise connection between capitalism and violence.

Transformer toys that belong to his victim's son. For Danny, these mutant robot toys stand as the objective correlative of a snap-fit "mondo trasformato" in which caterpillar trucks can suddenly mutate into threatening, unforgiving vindicators — "Un Predacon può essere molto vendicativo," he affirms (*Gioventú cannibale* 165, 167). Beyond Danny's plotting for revenge, the image of the vindictive Transformer is evocative of the barely avertable role reversal through which "transformer-goods" daily vampirize their owners, turning them into bloodless exhibitors of consumables.

The visual metaphor of the Transformer toy can guide our understanding of Nove's perspective on the humanization of goods. In a 2010 interview with *La repubblica*, the writer remarked that a crucial phenomenon of our recent history has been to charge goods with affection and love (Stancanelli). Through an osmotic exchange, goods have gradually humanized themselves, while men and women have turned into commodities. In Santacroce's *Destroy*, the hallucinated protagonist, Misty, seems to have detected this process of human commodification when she declares: "Implacabilmente osservo lo spettacolo della quotidianità bastarda che vuole sudditi umili e alienati" (33). By contrast, Nove's characters are true mechanical servants, who idolize a moloch-like television because "solo la televisione è umana" (*Superwoobinda* 124).

In this dystopic world of human puppets and anthropomorphized goods, the act of buying becomes the marker of a dehumanized humanity. Being *normal* means being the human objects of a systemic "buyolence," an ambiguous form of violence that combines subtle coercion and compulsive desire to buy more. Not by chance, in Nove's "Il mondo dell'amore," Michele affirms his normative identity in these terms: "Io e Sergio siamo normali, e per questo, ogni sabato pomeriggio, tiriamo su e andiamo alla Iper della Folla di Malnate" (*Gioventú cannibale* 54). Although a real toponym, "Folla di Malnate" is also an interpretative clue; the name may suggest a connection between the depersonalizing notion of crowd ("folla") and the collective insanity ("follia") that such a crowd fosters.

The Young Cannibals' "supermarket Italia" is set in the early days of the Internet, when a monocular TV was providing several powerful narratives, fostering a popularized version of postmodern "pluralism." In Matteo Galiazzo's short story "Cose che io non so," the founder of a new cult explains this storytelling mechanism to her messiah. She asserts that people will worship him because they have previously believed in a long list of "stories": "La gente ha creduto in passato a panzane ben peggiori. Nel liberismo, per esempio. O nel comunismo. O nella bontà. O nella cattiveria. O nell'uomo. O nella donna. O negli animali. O *in te*" (*Gioventú cannibale* 118). Yet, in this dystopic universe which developed after the boom of commercial television, TV is the reassuring voice-over that guides consumers' choices: "Non capisci piú quello che fai, sei lí e guardi la tele" (Nove, *Superwoobinda* 81). Another inhabitant of the 90s population that *Gioventú cannibale* portrays is the punk musician Nicolas, who has found in commercials something "authentic" he can believe in: "[...] ci credo nella pubblicità e nel mondo di sogno che promette: solo lí si possono vedere casalinghe con fisici da fotomodelle, invece che chiattone baffute, sempre disperate per il figlio tossico o anche contadini lindi e sorridenti, felicissimi di rompersi il culo nei campi" (85). In this context, it is not surprising that one of *Superwoobinda*'s protagonists asserts that the flattening *arche* of his world is indeed yogurt, the yogurt commonly found in Mulino Bianco's snacks: "[…] tutto è fatto di yogurt, tutte le cose sono uguali e non vale la pena di prendersela troppo" (85).

Yet, the chain of cannibalizations that consumerism enables does not end with consumables appropriating human identities and beliefs. As in a game of Chinese boxes, consumables are, in turn, devoured by their brand names, and even brand names can cannibalize each other. Not by chance, in 1996, the *Corriere della sera* titled the news of McDonalds' acquisition of Burghy with a cannibalizing metaphor: "McDonalds si mangia Burghy." Recalling a technique that Bret Easton Ellis adopted in his novel *American Psycho* (1991), Daniele Luttazzi's "Cappuccetto splatter" offers an exemplary case of pervasive branding and the consequent annihilation of the object in terms of its usability. The short story is a 90s adaptation of "Red Riding Hood" in which a Hungarian top model, traveling to bring some benzodiazepine to her "granny-fashion designer," is brutalized by a "P.R.-wolf" and eventually rescued by her "agent-hunter" (*Gioventú cannibale* 63-68). This postmodern fable proceeds by meticulously associating brand names with products. Objects are either further described by their brand — for example, "un ombrello Knirps" (63) — or they are identified by synecdoche — "Guarda, Cappuccetto rosso, se vuoi posso accompagnarti con la mia Twingo" (64). Ventolin, Serax, Perry Ellis, Prada, Kraft, Bassetti — to mention only a few firms — punctuate a narrative of extreme violence and actual cannibalism, concretizing the brutality of consumerism as a sort of flattening substitution of lifestyles, expectations, emotions, fears, needs, and memories, with the materiality that promises to deliver them. Brands are used similarly in Ammaniti's "L'ultimo capodanno dell'umanità." Exhibiting this shift from human feelings to emotional brand values, Ammaniti uses the brand name of a tonic liquor to describe the artificially relaxed atmosphere at Giulia Giovannini's house during the New Year's Eve dinner: "E si sentiva nell'aria un'atmosfera intima, tranquilla e rilassata da amaro Averna che strideva un po' con il bombardamento aereo che avveniva, oltre le finestre, nel cielo romano" (Fango 60).

By exercising agency and affective power on humans, consumables also acquire a redeeming value. They become fetishes of the emotions that consumers can only experience through objects for sale. In a world where goods act as a substitute for the human, consumables and brand names are truly embedded with an ineffable sentiment of *pietas*, a sentiment of loving care generated via transfer, from the human to the nonhuman. Nove has stressed the redeeming value of goods in the novel *La vita oscena* (2010), in which his autobiographical protagonist has a redemptive "encounter" with a bottle of soda while lying in a hospital bed. Observing the bottle that his aunt bought at a discount store, the character engages in a transformation that lets him momentarily recover his humanity. The bottle — "un'*imago Christi* da poveracci" (42-43) — projects on the protagonist a compassionate, and virtually mystical, feeling of belonging; in turn, he is charged with the emotional intensity that the off-brand imitation Coca-Cola emanates. In its degraded commodification of the Christian mystery, the bottle incarnates a lost sense of human care — "Era la mia bottiglia sul comodino dell'ospedale. Sentivo che dovevo prendermene cura. Sentivo che lei si sarebbe presa cura di me" (43). Although the store-brand cola is a low-quality imitation of the original, it is capable of affecting the protagonist by instilling him with a renewed sense of accountability for his own humanity.

In a similar way, in *Dei bambini non si sa niente* (1997), Simona Vinci — a writer close to the Young Cannibals' cultural *milieu* — describes the loss of innocence of her protagonist, the ten-year-old Martina, through her changed attitude towards everyday objects. Everyday objects are a lost paradise for this child of the 90s, who regrets not having enjoyed more opportunities to wonder at things:

Il solito lampadario arancione sospeso come un disco volante sul tavolo, e la tovaglia gialla decorata con disegni di enormi limoni. Il ventilatore con le pale bianche coperto da un velo di sporcizia. Gli oggetti, le abitudini, le sembravano un bellissimo mondo perduto. I fagiolini, le stoviglie, le pantofole a fiori della madre, il lampadario arancione, erano cose piene di affetto e senso, cose che ieri odiava, ma che oggi sarebbe stato bello poter osservare con calma e dolcezza.

(155)

Martina's reflection, triggered by domestic objects, expresses remorse for her literally rushing into things, for encountering and misusing adult contents when she could have easily found comfort in her childhood's "old stuff." Overcharged with complex meanings, misused objects paradoxically become the emotional seismograph of a commodified humanity. Yet, as repositories of misplaced values and emotions, these objects are also unperceivable agents of "consumer violence."

"Adesso però era un corpo, da cui fuoriuscivano gli organi tristi come organetti": Abusing Bodies to Spare Objects
In Andrea Pinketts's "Diamonds Are For Never," another story in *Gioventù cannibale*, the lacerated body of a man, whose organs ooze out of him "sadly like the sound of barrel organs," is one amidst myriad bodies that is consumed by random brutality (*Gioventù cannibale* 71). In the Young Cannibals' emphasis on corporeality, violence is not only ruthless, but openly obscene. Bodily

descriptions are carefully constructed so that the privacy of the human body "explodes" in graphic repugnancy; for instance, in Matteo Curtoni's "Treccine Bionde," what appears to be a girl dancing at a concert abruptly turns into a dismembered body that keeps on dancing: "[…] Treccine Bionde era stata così bella e adesso era così vuota, i suoi intestini scivolati fuori dal lungo squarcio slabbrato aperto nella pancia come la parodia di una vagina, di un sesso supplementare e inutile" (*Gioventú cannibale* 99).

Addressing the question of such a hyperbolic corporeal violence, in the chapter "Cannibali, narratori *Pulp Fiction* o *Forrest Gump*," Elisabetta Mondello references a 1996 interview of Aldo Nove with *il manifesto*, in which the writer affirmed: "Un racconto di Ammaniti non è più violento di una serata su Canale 5" (65). Mondello explains this polemic comparison by pointing out that, according to Nove, the bloodshed of pulp short stories does not signal real violence; rather, violence is the abuse that is inflicted daily on spectators when they are subjected to Berlusconi's TV programs, advertisements, and other mass media, which sneakily impose homogenizing models of civilization. Extending Mondello's reflection, we can see that the Young Cannibals' discourse *of* violence is a revelatory discourse *about* violence. Their narrative viciously exposes the taboos of consumer society. That is, first and foremost the late-capitalist apparatus makes everybody desire new and different objects; then, while providing these objects, capitalism also makes it virtually impossible for humans to use those objects fully, thus keeping consumers spinning on a constantly accelerated wheel of consumerism. If, as Emanuele Trevi maintains, the proliferation of trashy elements in Italian pulp implies the proliferation of violence (208), then overused human bodies are the obscene trash of this taboo commerce.

Willing participants in the torture of consumption, the Young Cannibals' consumers are the complacent subjects-objects of a sadomasochistic ritual that makes them agents of the bare act of being used by the system. In Nove's "Il mondo dell'amore," Michele and Sergio's death exemplifies how even *normal consumers* are complacent agents of their own usage: after a day of shopping, the two friends emasculate themselves by posing in a sixty-nine — "Il primo da donna. E l'unico da moribondo" — thereby experiencing the extreme spectacle of their own death (*Gioventú cannibale* 62). In another example, the "avvocato Rinaldi" in Ammaniti's "L'ultimo capodanno dell'umanità" offers a corporal metaphor for the abuse that consumers exact on themselves. He pays a prostitute-mistress to indulge in the lowest level of degradation, to be "a schiavo perfetto" who is beaten by his cruel lady and eats luxurious oysters from her feet (*Fango* 50).

The masochistic pleasure of these "used consumers" fosters a never-ending chain of abuses. This aspect emerges in Enrico Brizzi's *Bastogne*. The novel opens *in medias res* with the narration of Occhi-blu's rape. She is assaulted by the protagonist, Ermanno, and his cousin, "Cousin Jerry." After the rape,

Ermanno elaborates on his "buyer's remorse" in (ab)using an object — the girl's body — that has lost its sexual appeal. The drugged and bleeding Occhi-blu, who lies before his eyes, is very different from the pretty girl he had met: "adesso lei è compressa e già alienata, diversa in modo irreparabile," Ermanno thinks (19). Since he cannot "return" Occhi-blu's broken body to a store, he can only angrily destroy it: "La danneggio, questa mezza troia, la punisco, ché mi si è guastata subito. Ovvio" (19).

Nove, Ammaniti, and Brizzi's raw images of masochist consumers present, with socio-historical differences, thematic similarities with Giorgio Agamben's analysis of body usage among ancient Greeks and Romans. In these ancient cultures, the condition of slavery primarily had a physical connotation; the slave was one whose work — or praxis — coincided with the use of his or her own body. However, as Agamben explains, this usage should not be understood in terms of the master's coercion of the slave's body; rather, the corporeal usage of the slave constitutes a shifted embodiment of the master's agency. In other words, the slave's life is delimited by a sort of bodily co-participation: "Il padrone usando il corpo dello schiavo, usa il proprio corpo, e lo schiavo, usando il proprio corpo, è usato dal padrone" (46). In a parallel way, in the dystopic society of the Young Cannibals, an impersonal market-master extends its body's agency onto the consumers' bodies, leading them toward a self-consuming search for new needs, trends, and branded goods.

Agamben illustrates a connection between slavery and political life that has evolved from Greek and Roman societies to Western capitalism. In ancient cultures, the slave was a sort of quasi-human whose labor allowed free men to enjoy a truly human life — also known as *bios politikos*. Yet, while for Greeks and Romans slavery was a commonly accepted social practice, the body in modern society after Freud became repressed (43). The Young Cannibals polemically address this cultural transition, connecting the notion of corporeal exploitation with a collective need of concealment. In their texts, a hidden sub-humanity, including prostitutes, transvestites, gigolos, immigrants, drug addicts, and homeless people, becomes an uncomfortable and ubiquitous presence. We perceive the "obscene" emergence of these second-class lives in Santacroce's *Destroy*. Through the daily memories of Misty, a 90s "underground woman," Santacroce summarizes the tragic paradox of a young prostitute who sells her body behind closed doors but avoids appearing in public: "Pensavo solo a girare il più possibile sottoterra, evitando con prudenza qualsiasi luce naturale. Il sintetico, l'artificiale, era solo plastica quello che volevo e dovevo tenere il volume del walkie alto, e sviare scrupolosamente possibili conversazioni, possibili contatti fisici" (28). In a more ironic fashion, in *Occhi sulla graticola*, Tiziano Scarpa opens a digression, "Sulla natura del succo maschile nel tardo capitalismo," to recount the secret daily commerce of two young men who sell their sperm as a rejuvenating lotion for their old landlady, and in exchange receive a discount on their rent. However, this clandestine commerce of bodies remains relegated in the "otherness" of a sub-human space, wherein it can be hidden from normal cheerful consumers.

Body usage remains conveniently hidden because human exploitation plays a pivotal role in maintaining the (im)balance of Western society. Alda Teodorani has explored this thorny issue in her short story, "E Roma piange," also anthologized in *Gioventú cannibale*.[16] Unlike other Italian pulp authors, this woman writer has more explicitly engaged with uncomfortable topics such as blood and sex. According to science fiction writer Valerio Evangelisti, while the Young Cannibals had the effect of elegantly eliciting discomfort, Teodorani's goal was to represent atrocity with disarming openness ("Ed altri"). "E Roma piange" is the brutal account of the abuses performed by a unique street cleaner — a collector of the "human rottenness" that fills Rome's underground train stations, fast food restaurants, and public restrooms. (46). Teodorani draws out the bloody connections among money, politics, and what may look like "'un'ondata improvvisa di violenza, inammissibile'" (51). In her short story, the "street cleaner" is a southern immigrant who had once sold Kleenex at traffic lights, now employed by an old man to dispose of people. The punisher enjoys his job, and his consumption of bodies verges into anthropophagy and sadistic abuses. Nevertheless, no one in all of Rome notices his acts of hyper-violence; the street cleaner's victims are sub-lives that exist to be ignored. The peripheral characters who are massacred each day by Teodorani's vindicator live only to guarantee, through their expulsion from the consumer apparatus, the perpetuation of that apparatus via their undocumented or illicit labor. The disturbing image of the "unnoticed massacre" finds a further parallel in the current situation of Western manufacturing relocating to developing countries where exploitation of labor becomes unperceivable.

In turning an immigrant into a punisher, Teodorani comments on the anti-immigration sentiment that was rapidly spreading in Rome. In particular, she bitterly parodies the wall posters that, in the 90s, bemoaned the presence of immigrant window-cleaners. The posters spread a rhetoric of fear, warning Italian citizens of the risk that newly arrived immigrants could appropriate goods and privileges formerly reserved for local people. In this context of paranoia, the killer street cleaner plays the role of one who has been oppressed but becomes an oppressor, and who now fights to gain an illusory control over his (self-)consumption.

Broadly speaking, Teodorani's short story exemplifies how pulp literature engages with disturbing contents, including distressed eroticism and pornography, to spur provocative reflections. My point is that these writers do not play on an empty "esibizionismo di immoralità" (Spinazzola 17), but rather use this exhibitionism to "mirror" a society where nudity and sex are widespread

---

[16] This interpretation of "E Roma piange" was developed through an email exchange I had with Teodorani in Spring 2016.

marketing tools. What is the value of an obscenity that has been diluted and abused? Nove has commented on this process of devaluation in the previously mentioned interview with *La repubblica*. The writer shared that when he was young, he and his friends used to dig in the trash for pornographic magazines:

> [Le riviste] Erano segrete, proibite e residuali. Per questo erano salvifiche. La pornografia era l'altrove, la salvezza stava nello scarto. Attraverso la pornografia conoscevamo il mondo. Ma il mondo, oggi, è completamente pornograficizzato. La politica, la cultura i rapporti umani. La sensazione è quindi quella che non ci sia più niente da scoprire. Roland Barthes diceva "osceno è ciò che si propone come erotico ma non lo è affatto". A me sembra che l'oscenità, oggi, sia il non saper dare confini alle cose. Tra fantasia e immaginazione, tra realtà e finzione, tra politica e pornografia.
>
> (Stancanelli, "La mia vita oscena")

Nove's "forbidden" readings were indeed *sacred* because, by being the waste of the social body, they were part of a purification ritual. Those "dirty" magazines allowed him to separate his renewed self from a pile of objectified impurities.[17] It is interesting to note that a similar reflection on pornography appears in the American movie *Fight Club* (1999), a film that, like the Young Cannibals' works, represents 90s consumer society. The voice-over of Jack, the first-person narrator, describes his middle-class life as a collection of Ikea furniture and accessories. The sequence, which visually mimics an Ikea catalogue, closes with the statement "I would flip through catalogs and wonder, 'What kind of dining set *defines* me as a person? We used to read pornography. Now it was the Horchow Collection" (Uhls 5). Consumer culture has ultimately substituted the cathartic impurity of pornography with the impeccable cleanliness of a dinnerware set. Dirt, borrowing from the anthropologist Mary Douglas, is the signifier of both the existence of and contravention to a social order (35). Representing a world in which consuming is a clean "surrogate" of transgression, the Young Cannibals link the blurring of ethical boundaries to the loss of obscenity's exclusive sacredness.

Italian pulp parodies a dangerous flattening of values, showing how on TV, even repulsive corporeality and mass murders become appealing; on screen, even fecal waste is carefully concealed, and "nella pubblicità non c'è mai merda" (Nove, *Superwoobinda* 66) because it has been carefully idealized and sanitized of its smell. By contrast, life offscreen is a shadowy dump, and reality retains the stink of all its corporeal humors. The fictional reality of media is threatening because it prevents spectators from the purifying and self-discovering encounter with their own dirt. An artificial paradise wherein everything is clean is indeed a screened cage where there is nothing left to discover.

---

[17] On the connection between waste and purification, see Viale 16-17 (in particular the reference to Calvino's *La strada di San Giovanni*).

Nove's perspective on obscenity as a secret window on the world, a private cognitive practice to treasure jealously, recalls Pier Vittorio Tondelli's declarations regarding the accusations of obscenity that he faced for his debut novel *Altri libertini* in 1980. Undoubtedly, for his widening of the moral and linguistic boundaries of literature, Tondelli can be considered a precursor to the Young Cannibals' "sperimentalismo non-avanguardista" (Spinazzola 16). As Tondelli explained, obscenity is an act that occurs outside the scene, like the classical example of Medea, who does not kill her children onstage because for ancient Greeks, infanticide was unrepresentable. Yet, if that action were to be represented onstage, we would experience a moment of revelation, such as, "è osceno ciò che ci apre gli occhi su qualcosa che avveniva sempre dietro la nostra scena celebrale e sentimentale" (*Opere* 1116). Thus, for Tondelli, that which is obscene always involves accessing a path that leads to deeper knowledge of ourselves, a path that brings us beyond our social and individual boundaries and lets us engage in a dangerous snooping behind the stage. However, the author of *Altri libertini* warns us of a voyeuristic understanding of obscenity, whose sole purpose is an unveiling for its own sake, or even worse, a commercialization of corporality (*Opere* 1117).

While Tondelli expressed a certainty about the private value of obscenity, the Young Cannibals generally linger in an ambiguous middle ground between cognitive unveiling and empty scopophilia. For instance, the obscure experience that Vinci represents in *Dei bambini non si sa niente* gives rise to a devious mix of dangerous snooping and rising awareness. The novel embraces the scabrous, and yet ferociously innocent, perspective of a group of children who experiments with sex and ends up sodomizing the ten-year-old Greta, causing her death. One of the children, Martina, looks in shocked disbelief at Greta's corpse, and expresses the difficulty of detecting the boundary-point in their secret game. At what point does a fascination with the corporeal unknown verge on physical abuse? The question remains unresolved, as Martina admits: "Non ci ho mai pensato, che i nostri corpi potessero farsi male. Non ho mai pensato se erano cose giuste o sbagliate, erano cose, erano i nostri giochi, era come essere fratelli e sorelle, era come essere grandi, ma piccoli" (147). Again, the ambiguity of the boundary is the central topic of Ammaniti's "Carta," a narration that pivots around the image of the material limen. This short story tells about a group of lazy employees of the Department of Health, who check on the house of an unstable old lady living alone in unsanitary conditions. When the three employees enter the fetid apartment, they face a horrific spectacle: piles of garbage, magazines, bodily waste, and skinned cats. The old lady is nowhere to be found, and the employees assume she is dead. Their first instinct is to leave the scene, but then the visceral curiosity — "una curiosità morbosa, sporca" — to see more of that inhumanity takes over, and they decide to penetrate that "inferno," that "intestino di cadavere gonfio di escrementi" (Fango 297). Coluzza, the first-person narrator, even admits: "[...] volevo vedere che fine aveva fatto quella poveraccia. Volevo vedere il cadavere di quella povera donna divorato dalle blatte. Non mi bastava quello che avevo visto" (*Fango* 297).

"Carta" is not only a story about the loss of a sense of boundary, but also a reflection on the consequences of nonchalantly trespassing the boundary. By overexposing readers to extreme contents — to "postmodern murders on stage" — these works evoke the risk of a passive addiction to violence. An audience that is accustomed to off-limit experiences is no longer perturbed or darkly fascinated by shocking events. What becomes violent, then, is the rising threshold of tolerance for violence, the neutralization of indignation. An exemplary case of this sort of violence is Nove's short story "La strage di via Palestro." After watching the scene on the news, the protagonist goes to witness in person the aftermath of a mafia massacre caused by a car bomb in Milan. He declares, though, that he was more moved by TV than by watching the scene in person with some friends. Only on television, "la strage ti entra a casa all'improvviso" (*Superwoobinda* 28); only at home, can this spectator "comfortably" enjoy the thrilling entertainment of a *real* massacre.[18] Emotionally anesthetized, Nove's characters binge on the spectacle of violence and soon after engage in an *obscene* food binge at a local Burghy fast-food restaurant — "[…] ho preso un king-bacon e le patatine regular e un cheese e il succo d'arancia e un apple-bag, mentre la mia ragazza ha preso un king-cheese e il fish e una patatine small e la coca max" (*Superwoobinda* 29).

By contrast, in Scarpa's *Occhi sulla graticola*, a truly repulsive and corporeal episode of diarrhea sparks an authentic connection between Carolina and Alfredo, two young people who meet by chance on a steamboat in Venice. They experience a mutual, unfiltered, bare corporeality — each seeing the body of a stranger exposed in its primal functionality — and this enables them to engage in an emotional resetting that reaches the "fondamenta creaturali dei nostri corpi" (12). The delicate irony of Scarpa's writing attenuates a crescendo of intensity: the initial "vergogna totale e reciproca" (12) evolves into a puzzling moment of human recognition. In this passage, nudity does not lead to obscenity because the characters' gaze — "minerale, oggettivo, crudo" (12) — is not screened through a third, electronic eye observing them, as Tondelli remarks, "un occhio malevolmente curioso, un occhio cinico e non umano" (1117).

"Non è possibile essere solo buoni, né essere solo cattivi": The Bitter Irony of Reusing

Non è possibile essere solo buoni, né essere solo cattivi. Non è nemmeno possibile essere *più buoni* di altri, o *più cattivi* di altri. Si può nei confronti di persone singole, o di un

---

[18] On the topic of the media's spectacularization of violence, see Baudrillard's criticism of the news reporting of the Gulf War.

gruppo comunque limitato, ma non si può nei confronti dell'umanità intera. Non si può essere buoni con tutti. Per questo Dio non è né buono né cattivo.

(*Gioventú cannibale* 116)

With these words, the first-person narrator of Matteo Galiazzo's short story "Cose che io non so" sketches her vision of good and evil, applied to both God and humans. This profession of moral relativism provides a meta-discourse on the Young Cannibals' ironic representation of everyday life in the "supermarket Italia." Paraphrasing Galiazzo's character's statement, one can certainly assert that it is possible to be ironic with a limited group of readers, but not with all of humanity. Therefore, while a shrewd audience detects the parodic deformation of its own consumer habits, readers who are seeking the latest literary phenomenon are "punished" by becoming victims of a concealed practice of reuse. Mashed and splattered, their consumer lives are customized as brand-new transgressive fiction. The Cannibal writers repurpose their readers-consumers' lives into trashy consumable stories. However, the relation that exists between a "reused" capitalist lifestyle and irony is purposefully ambiguous. Is this practice of literary recycling a form of mimesis or a wild-eyed deformation of late-capitalist society?

The presence in the Young Cannibals' writings of a peculiar ironic nuance — between bitter sarcasm and grotesque psychosis — has led many critics to see in the Italian pulp a "realismo oggettivante puramente mimetico," namely, a realism that mirrors reality but does not take any ethical or theoretical stance (Carnero 33). This type of criticism similarly emerges in Alessandro Baricco's review of Santacroce's novel *Destroy*, originally published in *La repubblica* and then collected in the volume *Barum 2*. Commenting on Santacroce's monstrous ability to perceive "la *quantità* del mondo" — a mimetic ability that the young generation of writers generally shares — Baricco compares works like *Destroy* to the index of an encyclopedia, to a superficial mapping that does not help readers understand their society (140). By representing a chaotic and mesmeric world that has lost any relation to real life, the Young Cannibals' works undoubtedly generated wonder, yet Baricco cannot help but marvel in disbelief, "Le *ragioni del reale* dove diavolo sono finite? Che ne è del caro, vecchio Senso?" (140). His rhetorical questions pinpoint a central component of pulp realism: the Young Cannibals' mimetic representation deforms everyday life into a hallucinogenic 90s "magic realism," in which drugs, alcohol, and television act as powerful spells over consumers.

Going back to Baricco's criticism that Santacroce's writing creates a crowded inventory that privileges quantity over quality, one might wonder whether rendering the "quantity of the world" does not perhaps mean grasping the quality of a capitalist world that uniquely values the quantification of commodities, profits, and sales. Thus, in this "real-unreal" dystopia, violence, filtered through irony, becomes a deforming device that estranges the readers and entrusts them with the role of interpreters of their own hidden degradation. As Alberto Asor Rosa has contended, commenting on Ammaniti's work, the humor that pervades the latter's short stories provides a tool to perceive — or rediscover — the sense of boundaries (x). Yet, Asor Rosa says, Ammaniti does not unravel the knot of his comic deformations; he leaves the readers at the threshold, to face alone the comedic dimension of an uncomfortable reality.

Comic deformation is the narrative strategy that allows the Cannibal writers to twist realism into estranged realism. By showing a deeply distorted consumer society, the Young Cannibals seem to readapt Verga's narrative strategy of "objective estrangement." If read in terms of "objective deformation," Nove's statement "perché solo la televisione è umana" sounds as twisted and detached as Verga's well-known passage from "Rosso Malpelo": "Malpelo si chiamava così perché aveva i capelli rossi; ed aveva i capelli rossi perché era un ragazzo malizioso e cattivo" (186). This postmodern dark humor exacerbates the shared tics, neurosis, and unconfessed fears of a 90's *normality* that takes the shape of an oddly familiar psychosis. The Cannibal writers' caustic stories pivot on a careful work of narrative montage that uses reality to create a literary "mockumentary." Flat consumer routine is cut and reassembled in a fictional representation that is realistic enough to generate cognitive violence, yet fantastic enough to trigger uncanniness and laughter in its readers. Exposed to such a dystopic "docu-fiction," readers may wonder, echoing Brizzi's dissolute character Ermanno, whether as "consumed-consumers," "siamo soltanto modeste sorprese dell'uovo kinder, immobili, carini, muti ogni volta che apriamo bocca, perfettamente inutili" (76).

As Filippo La Porta has noted, because of the Young Cannibals' mimesis of pop culture, they might be better defined as "moralists, as analysts of social mores, anthropologists, aphorists, essayists" rather than creative writers (72).[19] Their "anthropological" practice of observation and literary narration is indeed a form of literary recycling. The violence of this practice is very subtle: through their ironic reuse and rewriting of consumerism, the Young Cannibals mount a literary "revenge" that they attain by feeding the "same old stuff" to a consumer-driven audience that is always hungry for the new. But literature is never totally new, and its practice of creation inevitably involves the deforming violence that is inherent in assembling previous discourses into a "new" narrative. To illustrate this evolutionary process of literary abuse and reuse, we can return to Ammaniti's "Carta." When the three employees finally see the old lady, she is lying naked on her bed. She has been eating newspapers, so her skin has turned into a sort of translucent paper, tattooed with words: "Milioni di lettere, di parole, di frasi, di pubblicità, di articoli di fondo, di cronaca di Roma la coprivano in ogni centimetro del corpo" (*Fango* 299). Like a text of the Young

---

[19] For a thorough analysis of ethical "impegno" in Italian postmodern literature and culture, see Antonello and Mussgnug.

Cannibals, the monstrous lady has absorbed the world around her into the "paper" of her flesh; and yet, once that world has been imprinted on her skin, like tattooed words, the old wrinkly body becomes abominably *new*.

Through their idiosyncratic emulation of everyday life, the Young Cannibals generated a literary phenomenon that bears similarities to the mechanism of the avant-garde, in which the *pars destruens* — the antagonism that rises from provocative use of scatological, extra-literary, and "oral" languages — is the actual *pars construens*. Santacroce's *Destroy* in fact opens with a quote from Nietzsche's *Ecce Homo*: "Io sono il primo immoralista: con ciò sono il distruttore *par excellence*" (5). In their brief experience, which can be roughly circumscribed between 1995 and 1998, the Young Cannibals' postmodern reuse partially slipped into "riscritture paranoiche che mett[o]no in discussione qualsiasi autorità intra- ed extra- testuale, sia essa sintattica, cronologica o geografica, a favore di un'eccessiva fluidità che banalizza ogni cosa" (Simonetti 167). The risk of undertaking these rewrites was that they would never have a long-term impact on the cultural panorama, that in their celebration of the contamination of genres and their ambiguous exploitation of the mass-media society, they would be nothing more than a literary flash mob that merely annoyed the orderly establishment of the publishing industry. Today, however, it is possible to see how this unsettling "pop-up phenomenon" has contributed to innovating Italian narrative fiction in its language, style, genres, and themes. Most importantly, this pulp "realism" has opened the possibility to create literary works that provocatively blur the divide between high-brow culture and paraliterature while captivating a younger audience.

Furthermore, it is crucial to note that in their evolution, the 90s young "cattivisti" embraced a type of literature that sought to turn the disturbing void of their early works into a productive — and "healing" — sense of disorientation, which could then be used as a collective instrument of knowledge (Vasta). In their more recent novels, authors like Nove, Santacroce, and Teodorani still deal with violence, delving into themes such as criminality, addiction, prostitution, and geopolitical and ecological issues. Yet, they are doing so from a different critical and genre perspective. In *Tutta la luce del mondo* (2014), Nove has retold Francis of Assisi's life through the eyes of the saint's nephew, Piccardo. This historical narration explores the political crisis of the Middle Ages, while meditating on the meaning of sanctity. Teodorani's *Gramsci in cenere* (2016), retraces the seventies stories of a little village in Romagna, its struggles and leftist values. Santacroce, in her trilogy of Eva, is denouncing the complex dynamics of minors' exploitation. In line with the realist turn of Italian "hyper-modern" narrative fiction, these former Cannibals are now demonstrating a more explicit and constructive sense of ethical engagement.

Conclusion

As Tiziano Scarpa wrote in "Lettera a Pulp," the Italian pulp was a very lucrative commercial project, and its legacy included the sticky label of "cannibal literature." Yet, Scarpa added, as a result of his association with the Young Cannibals, his work had ceased to be judged in aesthetic terms — "È bello? È brutto?" Readers instead judged it according to its adherence to the "Cannibal" style — "È ancora cannibale? Non è più cannibale?" (Mondello 68). Although Scarpa intended his statement as a provocation against the myopia of critics, it highlights how the "pseudo-movement" of the Young Cannibals rewrote the rules of the literary game in Italy at the end of the twentieth century. Through their provocative cannibalization of marginalized extra-literary territories, the Cannibal writers generated a broad re-semantization that has invested the idioms, genres, and topics of Italian literature with new meaning. Yet, their re-generation of meaning goes beyond a linguistic or meta-literary "apocalypse": Italian pulp writing has highlighted, in a smug ironic tone, the invisible system of violence that shaped 90s consumerism. By exploring the interrelated dimensions of misuse, abuse, and reuse, the Young Cannibals' bloodshed exposes therapeutic effects and poisoning spells. As both the pervading narcotic of capitalist society and its awakening antidote, blood reveals the inconsistencies of lives emptied of meaning and crowded with consumable goods.

University of St. Thomas

Works cited

Agamben, Giorgio. *L'uso dei corpi. Homo sacer, IV, 2*. Venezia: Neri Pozza, 2014.
Ammaniti, Niccolò. *Fango*. Torino: Einaudi, 1996.
Antonello, Pierpaolo, and Florian Mussgnug, eds. *Postmodern Impegno: Ethics and Commitment in Contemporary Italian Culture*. Oxford: Peter Lang, 2009.
Asor Rosa, Alberto. "Introduzione." Ammaniti. *Fango*. v-x.
Barenghi, Mario. "I Cannibali e la sindrome di Peter Pan." *Tirature '98. Una modernità da raccontare: la narrativa degli anni novanta*. 34-40.
Baricco, Alessandro. "Destroy." *Barum 2: altre cronache dal Grande Show*. Milano: Feltrinelli, 1998. 138-41.
Barilli, Renato. "Ricercare e la narrativa nuova-nuova." *La bestia*. Ed. Nanni Balestrini and Renato Barilli. 1(1997): 8-18.
Baudrillard, Jean. *The Gulf War Did Not Take Place*. Trans. and ed. Paul Patton. Bloomington: Indiana UP, 1995.
Benjamin, Walter. "Critique of Violence." *Reflections: Essays, Aphorisms, Autobiographical Writings*. Ed. Peter Demetz. Trans. Edmund Jephcott. New York: Schocken Books, 1986. 277-300.
Berisso, Marco. "Cannibali e no." Interview with Edoardo Sanguineti. *La bestia* 1(1997): 116-27.
Brizzi, Enrico. *Bastogne*. Milano: Baldini & Castoldi, 1996.

Brolli, Daniele. "Le favole cambiano." Introduzione. *Gioventú cannibale.* 2006: v-x.
Carnero, Roberto. *Under 40: i giovani nella nuova narrativa italiana.* Milano: Bruno Mondadori, 2010.
Castaldi, Simone. *Drawn and Dangerous: Italian Comics of the 1970s and 1980s.* Jackson: UP of Mississipi, 2012.
Cesari, Severino. "Dopo i cannibali." *Carmilla: letteratura, immaginario e cultura d'opposizione*, 4 June 2003. https://www.carmillaonline.com/2003/06/04/dopo-i-cannibali/.
Donnarumma, Raffaele. *Ipermodernità. Dove va la narrativa contemporanea.* Milano: Il Mulino, 2014.
Douglas, Mary. *Purity and Danger: An Analysis of Concepts of Pollution and Taboo.* New York: Praeger, 1966.
Easton Ellis, Bret. *American Psycho.* New York: Vintage Books, 1991.
Evangelisti, Valerio. "'ED ALTRI...': il caso Alda Teodorani." *Carmilla: letteratura, immaginario e cultura d'opposizione*, 11 May 2003. https://www.carmillaonline.com/2003/05/11/ed-altri-il-caso-alda-teodorani/
Ferraris, Maurizio. *Manifesto del nuovo realismo.* Roma: Laterza, 2012.
Ferroni, Giulio. "Abbasso i seguaci di 'Pulp Fiction': Meglio la normalità della trasgressione." *Corriere della sera*, 30 April 1996: 27.
Fight Club. Dir. David Fincher. 20th Century Fox, 1999.
Giovannini, Fabio, and Antonio Tentori, eds. Introduzione. *Cuore di pulp: Antologia di racconti italiani.* Roma: Stampa Alternativa, 1997. 3-10.
Gioventú cannibale. Ed. Daniele Brolli. Torino: Einaudi, 1996.
Gioventú cannibale. Ed. Daniele Brolli, with an essay by Emanuele Trevi. Torino: Einaudi, 2006.
Iovino, Serenella. "'Un po' troppo incorruttibile.' Ecologia, responsabilità e un'idea di trascendenza." *L'analisi linguistica e letteraria. Ecocritica ed ecodiscorso. Nuove reciprocità tra umanità e pianeta.* Ed. Elisa Bolchi and Davide Vago. 24 (2016): 21-34.
Kristeva, Julia. *The Power of Horror: An Essay on Abjection.* Trans. Leon S. Roudiez. New York: Columbia UP, 1982.
La Porta, Filippo. "The Horror Picture Show and the Very Real Horrors: About the Italian Pulp." *Italian Pulp Fiction.* Ed. Stefania Lucamante. 57-76.
A Lexicon. Abridged from Liddell and Scott's Greek-English Lexicon. Oxford: Oxford UP, 1977.
Lucamante, Stefania, ed. and trans. "Introduction: 'Pulp,' Splatter, and More: The New Italian Narrative of the *Giovani Cannibali* Writers." *Italian Pulp Fiction: The New Narrative of Giovani Cannibali Writers.* Madison, Teaneck: Fairleigh Dickinson UP, 2001. 13-37.
Mondello, Elisabetta. *In principio fu Tondelli: letteratura, merci, televisione nella narrativa degli anni Novanta.* Milano: Il Saggiatore, 2007.
Nixon, Rob. *Slow Violence and the Environmentalism of the Poor.* Cambridge: Harvard UP, 2011.
Nove, Aldo. *La vita oscena.* Torino: Einaudi, 2010.
_____. *Superwoobinda.* Torino: Einaudi, 1998.
Palandri, Enrico. *Boccalone.* 1979. Milano: Bompiani, 1997.
Pezzarossa, Fulvio. *C'era una volta il pulp. Corpo e letteratura nella tradizione italiana.* Bologna: Clueb, 1999.
Pulp Fiction. Dir. Quentin Tarantino. Miramax. 1994.

Ritzer, George. *The McDonaldization of Society 5*. Thousand Oaks: Pine Forge Press, 2008.
Santacroce, Isabella. *Destroy*. 1996. Milano: Feltrinelli, 1998.
Scarpa, Tiziano. *Occhi sulla graticola*. 1996. Torino: Einaudi, 2005.
Simonetti, Paolo. "Postmoderno/Postmodernismi: Appunti bibliografici di teoria e letteratura dagli Stati Uniti." *Status Quaestionis* 1(2011): 127-82.
Sinibaldi, Marino. *Pulp. La letteratura nell'epoca della simultaneità*. Roma: Donzelli, 1997.
Spinazzola, Vittorio. "Crollo dei miti e rilancio delle fantasie." *Tirature '98. Una modernità da raccontare: la narrativa degli anni novanta*. 14-19.
Stancanelli, Elena. "La mia vita oscena." Interview with Aldo Nove. *La repubblica*, 18 November 2010. http://ricerca.repubblica.it/repubblica/archivio/repubblica/2010/11/18/la-mia-vita-oscena.html?ref=search.
Taino, Danilo. "McDonald's si mangia Burghy." *Corriere della sera*, 22 March 1996: 23.
Tarantino, Quentin, "Pulp Fiction." Film script, 1993.
Tirature '98. Una modernità da raccontare: la narrativa degli anni novanta. Ed. Vittorio Spinazzola. Milano: Il Saggiatore; Fondazione Arnoldo e Alberto Mondadori, 1997.
Tondelli, Pier Vittorio. *Opere. Romanzi, teatro, racconti*. Ed. Fulvio Panzeri. Milano: Bompiani, 2000.
_____. "Viaggio." *Altri libertini*. Tondelli. *Opere. Romanzi, teatro, racconti* 49-96.
Trevi, Emanuele. "Spazzatura e violenza: sull'etica cannibale." Postfazione. *Gioventù cannibale* 2006. 203-09.
Uhls, Jim. "Fight Club." Film script, 1998.
Vasta, Giorgio. "Cosa raccontano i giovani scrittori." *La repubblica*, 10 June 2009.http://ricerca.repubblica.it/repubblica/archivio/repubblica/2009/06/10/cosa-raccontano-giovani-scrittori.html.
Verga, Giovanni. "Rosso Malpelo." *Tutte le novelle*. Vol. 1. Ed. Corrado Simioni. Milano: Mondadori, 1970.
Viale, Guido. *Un mondo usa e getta: la civiltà dei rifiuti e i rifiuti della civiltà*. Milano: Feltrinelli, 1994.
Vinci, Simona. *Dei bambini non si sa niente*. Torino: Einaudi, 1997.
Wu Ming I. "New Italian Epic." *New Italian Epic: letteratura, sguardo obliquo, ritorno al futuro*. Torino: Einaudi, 2009. 5-61.
Žižek, Slavoj. *Violence: Six Sideways Reflections*. New York: Picador, 2008.

Enrico Zucchi

Tolleranza, violenza, diritti.
In margine a una recente raccolta di studi

Sinossi: Facendo riferimento alla recente pubblicazione di una raccolta di studi sulla tolleranza dall'epoca moderna ai nostri giorni (*Tracing the Path of Tolerance*), si discute della validità di nozione di tolleranza e delle sue implicazioni etiche e politiche nella società multiculturale contemporanea, in cui la questione della tolleranza è stata spesso evocata in relazione agli attacchi terroristici di matrice integralista o ai massicci sbarchi nel Mediterraneo. Nel corso del saggio vengono riconosciuti molteplici limiti di questo concetto, naturalmente debole, e si propone di attuare, nei confronti dello "straniero", una strategia differente, basata sul riconoscimento di un'uguaglianza di diritti attraverso la quale sembra possibile combattere in maniera più efficace la recente ondata di violenza.
Parole chiave: tolleranza, diritti, violenza, multiculturalismo, democrazia.

Nella storia del pensiero politico il concetto di tolleranza non rappresenta un principio meramente astratto, ma delinea piuttosto uno spazio concreto all'interno del quale si è resa possibile l'individuazione di quei diritti civili e politici che sono alla base di ogni società democratica. Questa nozione, così significativa e al contempo fragile, è stata evocata in numerosi contesti anche molto differenti: essa è stata originariamente impiegata nell'Europa della prima modernità, principalmente nelle comunità protestanti, per rivendicare il diritto alla libertà di culto; nel corso dei secoli il dominio di riferimento della tolleranza si è notevolmente allargato, prestandosi a diventare un presupposto istituzionale indispensabile a regolare la convivenza sociale, tanto più irrinunciabile all'interno di una società multiculturale in cui minoranze di carattere etnico, religioso, politico, di genere e sessuale richiedono di essere tutelate.

Un concetto largamente accettato e teorizzato, quello di tolleranza, ma allo stesso tempo spesso oggetto di critiche veementi, in quanto considerato come surrettizio strumento di un potere politico egemonico. Esemplificativo di questa duplice tensione era il fatto che nel 2015 ricorressero due anniversari importanti per la storia dell'idea di tolleranza: da una parte, si celebravano i 250 anni dalla pubblicazione della voce *Tolérance* (1765), redatta dal teologo ginevrino Jean-Edme Romilly, all'interno dell'*Encyclopédie* di Diderot e D'Alembert, il prodotto forse più maturo e completo, dal punto di vista filosofico, della stagione dell'Illuminismo. Romilly, in quel contesto, predicava il ricorso sistematico a una tolleranza pratica e non speculativa in nome della debolezza intrinseca dell'essere umano: questa si configurava come una virtù necessaria per stabilire la pace e la prosperità delle genti, capace di allontanare ogni forma di violenza:

La tolérance est en général la vertu de tout être faible, destiné à vivre avec des êtres qui lui ressemblent. L'homme si grand par son intelligence, est en même temps si borné par ses erreurs et par ses passions, qu'on ne saurait trop lui inspirer pour les autres, cette tolérance et ce support dont il a tant besoin pour lui-même, et sans lesquelles on ne verrait sur la terre que troubles et dissentions. C'est en effet, pour les avoir proscrites, ces douces et conciliantes vertus, que tant de siècles ont fait plus ou moins l'opprobre et le malheur des hommes; et n'esperons pas que sans elles, nous rétablissions jamais parmi nous le repos et la prospérité.

(390)

Più oltre si spingevano le teorie degli esponenti di quello che Jonathan Israel definisce "Radical Enlightenment", i quali, da Spinoza a Voltaire, sostenevano che la tolleranza non fosse soltanto una misura utile al consolidamento del quieto vivere, quanto piuttosto uno dei cardini di quella rivoluzione della mente che di fatto è all'origine del sistema politico moderno.

Ma nel 2015, e veniamo al secondo degli anniversari che ricordavamo, ricorreva anche il cinquantenario dalla prima pubblicazione del saggio di Herbert Marcuse, *Repressive Tolerance* (1965), nel quale venivano denunciati i limiti di una tolleranza utile ad avallare una politica lassista e privata di ogni responsabilità morale che giovava più agli oppressori che non agli oppressi.

Prendendo spunto da tali occasioni, nel maggio del 2015, con il collega Paolo Scotton e gli altri membri del comitato scientifico, a vario livello coinvolti nelle attività della Scuola Galileiana di Studi Superiori, abbiamo organizzato un convegno internazionale con l'intenzione, tanto di riflettere sulle origini e sugli sviluppi del concetto di tolleranza, quanto di sondarne la validità nel contesto politico e sociale odierno, anche in virtù del fatto che, in seguito a eventi tragicamente rilevanti del nostro presente, come l'attentato alla sede di Charlie Hebdo nel gennaio del 2015 e lo scoppio della crisi dei migranti nel Mediterraneo, tale nozione era tornata al centro del dibattito mediatico, spesso chiamata in causa da coloro che, leggendo nelle pieghe degli attacchi terroristici e dell'aumento esponenziale degli sbarchi il segno del fallimento dell'idea di società plurale e multiculturale, sostenevano che alla violenza di matrice integralista si dovesse opporre l'intolleranza più intransigente e che ai migranti nel migliore dei casi andasse negata l'accoglienza.

Alcune delle risposte che i numerosi studiosi internazionali intervenuti durante il convegno hanno dato al quesito da noi posto sono state raccolte in un volume, intitolato appunto *Tracing the Path of Tolerance: History and Critique from the Early Modern Period to the Present Day*, che discute il concetto di tolleranza a partire da una prospettiva interdisciplinare che coinvolge la storia delle idee, la filosofia politica, la letteratura, il diritto, la storia delle religioni. I dieci saggi che compongono il volume affrontano la questione attraverso differenti approcci disciplinari e con metodologie eterogenee: ciò che tuttavia li unisce è la comune percezione della debolezza intrinseca di un'idea e di una pratica, quella della tolleranza, che appare, nei suoi elementi costitutivi, come il prodotto, per mutare le parole di Adone Brandalise, "dell'assunzione della propria posizione come un presupposto indiscutibile" (168). Insomma, la nozione di tolleranza presume un rapporto di disparità fra tollerante e tollerato, dal quale non può nascere integrazione né comprensione, ma soltanto indifferenza.

Una delle questioni preliminari affrontate nel libro è l'origine storica di questo concetto. Il saggio di José Luis Villacañas indaga la formazione dell'idea di tolleranza nel contesto cinquecentesco delle guerre di religione, soffermandosi in particolare sulla figura di un misconosciuto pensatore spagnolo, Antonio del Corro. L'autore, nel ricostruire la biografia avventurosa di questo personaggio, mostra come egli intendesse la tolleranza a partire da una massima peculiare della pratica devozionale cristiana, sostenendo che la legittimazione di posizioni religiose minoritarie era necessaria per costruire una comunità cristiana unita nel segno della carità e della non belligeranza. Il tentativo utopistico di del Corro non portò ad alcun risultato concreto, ma la sua esperienza, come quella di molti altri uomini coevi, preparava in qualche modo il terreno per la discussione che attorno al tema della tolleranza si svolge tra Sei e Settecento.

A questo periodo sono dedicati i saggi di Judith Vega e di Miguel Giusti; Vega, in particolare, ricostruisce il significato del concetto di tolleranza a quest'altezza attraverso un'analisi accurata e originale che spazia fra i testi dei maggiori autori di riferimento, da Spinoza a Locke, passando per Lessing. Nel suo contributo mostra le diverse accezioni del termine, che si sovrappongono dando luogo a una nozione assai frastagliata, talora impiegata in funzione di una visione politica e religiosa molto ristretta, talaltra investita di un senso più ampio, ossia quello di un riconoscimento mutuale fra tollerante e tollerato all'interno di uno stato di diritto fondato sulla partecipazione attiva di ogni cittadino ai processi democratici. L'articolo di Giusti offre una panoramica complementare sulla pluralità di significati assunti dal concetto di tolleranza ed elenca cinque diverse interpretazioni che si affermano tra Sei e Settecento: si va da una tolleranza della fallibilità, quella di Romilly, a una di stampo contrattuale, da una cosmopolita ad una "espressiva", sino alla tolleranza di carattere "moralistico". Il saggio, che si muove tra le pagine di Bayle, Locke, Lessing e Mill, sottolinea pregi e limiti di questa idea nel contesto politico e religioso del tempo.

I contributi successivi esplorano alcuni aspetti del dibattito sulla tolleranza che si svolge nel corso dell'Illuminismo, il periodo in cui questa idea ha avuto forse maggior fortuna. Eppure, i saggi contenuti nel volume, si impegnano a dimostrare come, anche nel secolo dei Lumi, pensatori e filosofi di diverse nazioni palesino alcune perplessità sulla validità di questo concetto.

Fabrizio Lomonaco sonda invece la produzione di Jean Le Clerc, famoso pubblicista e teologo svizzero, impegnato nel corso della sua vita a esplorare tutte le possibili applicazioni del concetto di tolleranza. Attraverso un esame minuzioso del retroterra filosofico della riflessione di Le Clerc, Lomonaco mostra la complessità che questa nozione assume nel discorso dell'autore, il quale lo impiega tanto in ambito religioso che politico. Questa stessa ambiguità della tolleranza, la cui estensione sembra nel Settecento aumentare sempre più, ritorna anche nel contributo dedicato da Alberto Carrera a uno degli autori più rappresentativi del giansenismo lombardo, Pietro Tamburini. Carrera mostra anzi come la riflessione politica e religiosa sul concetto di tolleranza avesse, per Tamburini, un'evidente ricaduta nel campo del diritto. Dal punto di vista del sovrano, infatti, la tolleranza rivela ancora una volta la sua natura problematica, in quanto un'attitudine tollerante nei confronti di ogni cittadino che fa parte della comunità politica potrebbe causare il disgregamento della stabilità civile. Al re è concesso di essere, a sua discrezione, tollerante nei confronti di qualche suddito che andrebbe punito secondo la legge, e conseguentemente di concedergli la grazia, ma la tolleranza, in uno stato monarchico, secondo il Tamburini, non può configurarsi in nessun caso come un diritto, ma piuttosto come una generosa elargizione del sovrano che andrà valutata caso per caso e che potrà in ogni momento essere ritirata. Il grave problema che sorge sul finire del secolo di Voltaire, in cui la tolleranza è diventata un valore chiave universale, consta infatti nei limiti di applicazione di questo concetto. Il contributo seguente, firmato da chi scrive, si sofferma proprio su questo problema tutt'altro che paradossale. L'oscillazione del concetto di tolleranza fra sfera etica e sfera giuridico-politica è al centro della riflessione di numerosi teologi e filosofi fra Sette e Ottocento, e il saggio in questione tenta di ricostruire l'andamento di questo ampio dibattito sui confini di applicabilità della tolleranza: qualora esistesse una tolleranza illimitata, anche nei confronti delle categorie più pericolose, fra le quali al tempo non si inserivano soltanto i dissidenti politici ma anche gli atei, si rischierebbe di avallare un relativismo che corromperebbe profondamente la società e l'ordine costituito. Tanto in Francia quanto in Italia si levano voci anche assai autorevoli contro il "tollerantismo", ossia l'atteggiamento di chi è incline a tollerare senza misura qualsiasi comportamento o credo. Questa crociata, che si dirige principalmente contro Voltaire, considerato colui che aveva coniato questa concezione onnicomprensiva di una tolleranza filosofica, non è portata avanti soltanto da cattolici bigotti e arretrati, ma intacca in profondità il dibattito culturale dell'epoca, minando la validità della nozione di tolleranza dal punto di vista civile e giuridico, come dimostra anche il trattato più importante di diritto penale dell'epoca, *Dei delitti e delle pene* (1764) di Cesare Beccaria: la transizione dallo stato di sudditi a quello di cittadini impone l'abbandono del concetto giuridico di tolleranza e il rifiuto di ogni norma basata sulla clemenza o sulla grazia.

I due saggi che seguono spostano l'attenzione sulla contemporaneità e affrontano, a partire da differenti prospettive disciplinari, i problemi relativi alla pratica della tolleranza nella nostra società multiculturale. Nel primo Vincent Tiberj offre uno studio sociologico, incentrato sul caso francese, del cambiamento della percezione dell'altro nella società francese degli ultimi trent'anni. Se, da una parte, nel corso degli ultimi decenni è andato sempre più calando il pregiudizio secondo cui esistano razze superiori e razze inferiori, e l'indice di tolleranza e di accettazione della diversità è andato progressivamente crescendo, dall'altra è possibile affermare che dal 2009 in poi, ossia in seguito alla crisi economica, il tasso di tolleranza nei confronti delle minoranze è sceso e negli ultimi anni, come prevedibile, se si registra una graduale scomparsa dell'antisemitismo, ha subito tuttavia un netto aumento l'avversione alle minoranze islamiche. Ma i grafici di Tiberj mostrano che il calo della tolleranza è anche trasversale rispetto all'appartenenza politica e indipendente dagli attacchi terroristici, dal momento che l'indice di tolleranza non è cresciuto in conseguenza di quelle stragi: lo studioso francese afferma che gli sbalzi di questo barometro sono piuttosto legati alle narrazioni con cui le *élites* politiche e sociali presentano i fatti. Lo stesso principio è condiviso da Angelo Monaco nel capitolo *(In)Tolerance and Multiculturalism in the UK: The Case of British South Asians*, che si concentra sulle narrazioni del multiculturalismo fatte dall'interno di comunità etniche e religiose minoritarie che fanno parte della contemporanea società britannica.

Infine, gli ultimi due contributi costituiscono un tentativo di ripensare il concetto di tolleranza alla luce dell'itinerario storico e teorico sviluppato negli articoli precedenti. Le criticità di questa nozione, sottolineate nel corso degli interventi qui ospitati, impongono infatti una riflessione sulla possibilità di ricorrere ancora, nel contesto contemporaneo, all'idea di tolleranza. A questo punto del percorso sorgono infatti alcune domande ineludibili: nonostante la sua intrinseca fragilità la tolleranza rappresenta oggi, nel ventesimo secolo, in primo luogo un valore positivo, ma soprattutto uno strumento concretamente utilizzabile nel far fronte alle sfide del presente? Si può effettivamente combattere la violenza con la tolleranza? Non è forse necessario superare il concetto di tolleranza per costruire una società più giusta ed egualitaria?

A queste domande tentano di dare risposta Vincenzo Pace e Paolo Scotton, mettendo in luce non tanto il valore di per sé indubbiamente positivo della tolleranza, quanto piuttosto i pericoli che deriverebbero da un'attitudine intollerante, soprattutto all'interno di una società in cui persone e idee che sono considerate anche radicalmente diverse rispetto alle nostre coesistono di fatto con noi. Vincenzo Pace, in particolare, analizza le ragioni che stanno dietro alla crisi di nervi che, a partire dalla caduta del muro di Berlino, ha caratterizzato la storia del continente europeo, ora alle prese con le difficili questioni poste dall'immigrazione di massa e dal multiculturalismo religioso. Il sostanziale fallimento delle politiche plurali e multiculturali — non si è infatti data integrazione — ha prodotto, argomenta Pace, una crescente ostilità nei confronti degli stranieri; al contempo l'Europa non è stata capace di definire veramente la propria identità, né dal punto di vista religioso, né tanto meno da quello *lato sensu* culturale.

L'esame di Pace si snoda in primo luogo al "laboratorio balcanico" e in particolare alla Bosnia multi-religiosa, a maggioranza islamica, mostrando come il conflitto religioso si sia introdotto a poco a poco nella guerra dei Balcani assumendo un ruolo fondamentale nella memoria collettiva, capace di promuovere, meglio di altri repertori ideologici, la conflagrazione delle ostilità. Analizzando i risultati di un'intera stagione politica, dalle decisioni relative all'immigrazione della Germania dell'era Merkel al successo della retorica xenofoba di alcuni partiti politici europei, Pace sonda le varie risposte date alla questione, dal processo di "assimilazione" proposto fra gli altri da Sarkozy ("Assimilare è in fondo chiedere a chi porta con sé e su di Sé tratti culturali diversi di non pretendere che lo Stato li riconosca in alcun modo", 143), al "differenzialismo", secondo cui si considera lo straniero talmente differente da lasciargli riprodurre, a distanza e in miniatura, il modello di società che questi ha lasciato. Questi due prodotti dell'esercizio di una tolleranza diffidente e fredda conducono a risultati molto limitati, in termini politici e sociali: a partire da questa disamina, d'accordo con Raphaël Liogier, Pace propone di guardare, come suggerisce Liogier, a un relativismo che non coincida più con una tolleranza integrale, disposta ad accettare *in toto* qualsiasi idea, senza esprimere alcuna riserva, ma che si fondi sulla discussione nella sfera pubblica di pratiche che, per quanto frutto di una specificità culturale, possono talora ledere la dignità della persona.

Paolo Scotton, a sua volta, insiste ancora una volta sulla fragilità concettuale della nozione di tolleranza, riflettendo sul rapporto fra educazione e tolleranza e sull'impossibilità di concepire quest'ultima come un comportamento meramente passivo. In particolare, analizzando le posizioni di alcuni pensatori assai rilevanti del Novecento, Edgar Morin e Martha Nussbaum, l'autore enfatizza la necessità di superare una concezione monolitica di identità individuale e collettiva, permettendo all'altro non soltanto di esistere, ma di interagire con un io capace di aprirsi e di mettersi in discussione.

La postfazione di Adone Brandalise riprende questi ragionamenti, invocando "un pensiero e un'etica che non diano l'altro come qualcosa che debba essere tollerato, ma che riconoscano che l'altro accade insieme al nostro accadere" (169), e sostenendo che, di fronte all'obsolescenza della tolleranza, l'altro è letteralmente necessario.

La raccolta offre quindi un contributo alla storia dell'idea di tolleranza, rilevandone in qualche modo le debolezze strutturali, nel tentativo di ripensarne la funzione all'interno del panorama politico e sociale odierno. Ciò che alla fine dell'indagine risulta pacifico è che senza tolleranza non può che esserci violenza e prevaricazione, e questo dato non viene mai messo in dubbio. Al contempo tuttavia appare altrettanto chiaro che nel rapporto con l'altro la nozione di tolleranza deve essere oggi rivista e integrata, in primo luogo, sul versante politico, con la rivendicazione non tanto di una tolleranza che dissimula l'assunzione di superiorità culturale da parte del tollerante nei confronti del tollerato, quanto piuttosto di un'uguaglianza di diritti: soltanto eliminando quella disparità che, come argomentato in precedenza, la nozione di tolleranza naturalmente evoca, si potrà garantire al diverso, al migrante, di essere trattato con giustizia, non perché "tollerato" a partire da una filantropica prospettiva pietista, ma perché considerato come qualunque altro cittadino, in possesso degli stessi diritti, sottoposto alla stessa legge. Secondariamente, il concetto di tolleranza va rifunzionalizzato in chiave etica, con la messa in discussione della rappresentazione rigida che sempre più tendiamo a dare della nostra identità, senza la quale l'altro non potrà che rimanere inevitabilmente lo straniero. Il rifiuto radicale di mettere in gioco, nel confronto con il diverso, le nostre convinzioni, non produrrà che l'emarginazione di questo altro, il quale, a sua volta, potrà leggere in questa esclusione un invito all'affermazione di sé attraverso la violenza.

Università di Padova

Opere citate

Brandalise, Adone. "L'altro necessario: obsolescenza della tolleranza." In Scotton-Zucchi 2016, 163-170.
Carrera, Alberto. "Tra giurisdizionalismo e diritto naturale. La tolleranza nell'opera del giansenista Pietro Tamburini (1737-1827)." In Scotton-Zucchi 71-86.
Giusti, Miguel. "Matrici ermeneutiche della tolleranza settecentesca: una nozione parassitaria." In Scotton-Zucchi 44-52.
Israel, Jonathan. *Radical Enlightenment: Philosophy and the Making of Modernity 1650-1750*. Oxford: Oxford University Press, 2001.
Liogier, Raphaël. *Le Mythe de l'islamisation. Essai sur une obsession collective*. Paris: Points, 2016.
Lomonaco, Fabrizio. "Jean Le Clerc "giornalista" e teorico della tolleranza." In Scotton-Zucchi 54-70.
Marcuse, Herbert. "Repressive tolerance." In R. P. Wolff, B. Moore, and H. Marcuse. *A Critique of Pure Tolerance*. Boston: Beacon Press, 1965. 81-118.
Monaco, Angelo. "(In)Tolerance and Multiculturalism in the UK: The Case of British South-Asians." In Scotton-Zucchi 116-130.
Pace, Vincenzo. "Una casa comune abitata da estranei." In Scotton-Zucchi 132-147.
Romilly, Jean-Edme. "Tolérance." In *Encyclopédie ou Dictionnaire raisonné des Sciences, des Arts et des Métiers*. Vol. XVI. Neufchastel: Faulche, 1765.
Scotton, Paolo. "Ectopic Collectivities. Education and the Problem of Tolerance in the Contemporary Philosophical Debate." In Scotton-Zucchi 148-162.

Scotton, Paolo e Enrico Zucchi, a cura di. *Tracing the Path of Tolerance. History and Critique from the Early Modern Period to the Present Day.* Newcastle-upon-Tyne: Cambridge Scholars Publishing, 2016.

Tiberj, Vincent. "'E pur si muove': How Racism and Prejudices are Evolving in France." In Scotton-Zucchi 102-115.

Vega, Judith. "A Toleration of the Enlightenment: From Limiting State Power to Empowering Citizens." In Scotton-Zucchi 23-43.

Villacañas, José Luis. "La tolleranza nel contesto ispanico del Cinquecento: il caso di Antonio del Corro." In Scotton-Zucchi 8-22.

Zucchi, Enrico. "The Boundaries of Tolerance: Oppositions to 'Tolérantisme' in the Religious and Juridical Culture of the Late Eighteenth Century." In Scotton-Zucchi 87-100.